A. Baumgarten

Rechtsphilosophie auf dem Wege

Arthur Baumgarten

Rechtsphilosophie auf dem Wege

Vorträge und Aufsätze aus fünf Jahrzehnten

Herausgegeben von
Helene Baumgarten · Gerd Irrlitz · Hermann Klenner

AKADEMIE-VERLAG · BERLIN
1972

Erschienen im Akademie-Verlag GmbH, 108 Berlin, Leipziger Straße 3–4

Einband und Schutzumschlag: Hans Kurzhahn
Lizenznummer: 202 · 100/9/72
Herstellung: IV/2/14 VEB Druckerei »Gottfried Wilhelm Leibniz«, 445 Gräfenhainichen/DDR · 3839
Bestellnummer: 5828 · ES 4 B 1-6, 3 B 2
EDV: 752 165 5
38,– M

Inhalt

Zum Weg Arthur Baumgartens

Arthur Baumgarten, geboren am 31. März 1884, gestorben am 27. November 1966, hat uns kein rechtsphilosophisches System als sein endgültiges hinterlassen. Der große Methodenlehrer der Rechtswissenschaft, der den Weg zur Wahrheit zu beschreiben und dann auch zu gehen sich entschloß, blieb diesem Ziele bis an sein Ende treu. So blieb er ein Rechtsphilosoph auf dem Wege.

Dieses Sich-bewußt-nach-vorn-Verändern unterscheidet ihn von den meisten seiner Fachkollegen, deren Lebenswerk sich oft genug als bloße Exegese ihrer Habilitationsschrift darstellt. Und wenn er in seinem postum erschienenen autobiographischen Bekenntnisbuch mit berechtigtem Stolz von sich schreibt, daß er wohl einer der wenigen Gesellschaftswissenschaftler sei, der sich vom bürgerlichen Idealismus zum proletarischen Materialismus durchgerungen habe,[1] so hat er eher untertrieben. Denn das macht wohl das Einzigartige an ihm aus, daß er in einem Alter, da viele schon nicht mehr in der Lage sind, überhaupt etwas dazuzulernen, sein ganzes bis dahin vollbrachtes Werk vollendete, indem er es im Marxismus aufhob. So gestaltete er in seinem eigenen Werk jene Einheit von Kontinuität und Diskontinuität, die im Bereich der Ideologie die Ablösung des Bürgertums als weltprogressive Klasse durch das Proletariat widerspiegelt und die ein Jahrhundert zuvor sich als größter Bruch und Fortschritt in der Geistesgeschichte der Menschheit vollzogen hatte.

Denn daß er seine letzten Lebensjahrzehnte als politisch kämpfender Gelehrter, als bewußter Ideologe und noch dazu auf seiten der Arbeiterklasse, lehrend und bis zum letzen Atemzug lernend zugleich, zubringen würde, ist ihm an der Wiege wahrlich nicht gesungen worden.

Der Sohn und Enkel von Wissenschaftlern – sein Vater war pathologischer Anatom und Bakteriologe – schien zunächst nicht von der Bahn abzuweichen, die um die Jahrhundertwende einem fleißigen, nicht unbegüterten Begabten vorgezeichnet war. Nur in der Wahl des Faches wich er von seinen Vorfahren ab und wählte, seinem älteren Bruder folgend, die Jurisprudenz für sein Studium. Auf Tübingen, Genf und Leipzig folgte Berlin, wo er bei

v. Liszt – zweifellos dem folgenreichsten Strafrechtler der hauptstädtischen Universität – mit einer Arbeit promovierte, die sich von den hunderten ebendemselben Gegenstand gewidmeten Dissertationen eigentlich nur dadurch unterschied, daß sich ihr Autor um die Beantwortung der konkreten Sachfrage wenig kümmerte, statt dessen auf eine *allgemeine* Strafrechtstheorie zusteuerte, aus der allein sich die richtigen Problemlösungen ergeben würden. Man kann diese Art des Herangehens aus einer Vorliebe für die Metaphysik erklären, und Baumgarten selbst hat das später getan, man kann aber auch diese Arbeitsweise als Abneigung gegen Eklektizismus, als Hinneigung zum Systemdenken deuten. Und beides dürfte zutreffen!

Sicher liegt in dem von Nietsche so verhängnis-, aber wirkungsvoll verketzerten Willen zum System eine der Bedingungen für die Unerbittlichkeit, mit der Baumgarten seinen Weg ging. Aber in der ständigen Bereitschaft, Halbfertiges und Widersprüchliches beiseite zu schieben, die entscheidende oder gar einzige Quelle seiner Entwicklung zu sehen, hieße denn doch arg danebengreifen.

Man kann Kelsen zum Beispiel nicht vorwerfen, widerspruchsfreies Systemdenken *nicht* angezielt zu haben, und doch gibt es bei ihm seit 1911 bis zum heutigen Tag keinerlei Entwicklung seines Gedankeninhalts, oder jedenfalls keinerlei wesentliche: die unfruchtbarste Fruchtbarkeit, mit der je ein Rechtstheoretiker seinem Bibliographen gedient hat.

Verstand ohne Vernunft, das war Baumgartens Sache nicht. Sicher zwang ihn sein Lehramt – seit 1909 in Genf, seit 1920 in Köln, seit 1923 in Basel, seit 1930 in Frankfurt (Main), seit 1933 wieder in Basel, seit 1946 in Leipzig und seit 1949 in Berlin – zum rechtsphilosophischen System; aber sein Wissen um die erforderliche Einbettung der Rechtsphilosophie in der Philosophie als einer Weltanschauung und seine nicht endende Bereitschaft, sich von der gesellschaftlichen Wirklichkeit belehren zu lassen, das erst ergab jene Physiognomie, die seinem Wesen gemäß war.

In seinen erkenntniskritischen und methodologischen Prolegomena zu einer Philosophie der Moral und des Rechts bekannte Baumgarten sich – offensichtlich von Hume und James beeinflußt – zum provisorischen Charakter der Wissenschaft, da sich die für unser Weltbild maßgebliche Erfahrung nie vollende.[2] Deshalb konnte Baumgarten von seiner vormarxistischen Etappe sagen, daß seine Philosophie zwar einen schweren Fehler enthalten habe, daß dieser Fehler aber korrigierbar gewesen sei.[3]

Seine undogmatische Denkweise gründete sich übrigens auf eine tiefempfundene Abneigung gegen Irrationalismus und Prinzipienlosigkeit. Er ironisierte den von ihm durchaus verehrten Descartes, der damit beginne, an allem zu zweifeln, und damit ende, an alles zu glauben.[4]

Das alles muß gesagt werden, um nicht erst die Illusion aufkommen zu lassen, als ob Baumgarten in einer reinen Entfaltung seiner Ideen und Prinzipien schließlich beim Marxismus gelandet wäre. Solch einen einheitlichen Ideenstrom hat es zu keiner Zeit gegeben.

Gewiß war Baumgarten, seitdem er zu denken begann, Demokrat. Aus seiner Ablehnung gegenüber den politischen und sozialen Verhältnissen des Wilhelminischen Deutschlands machte er keinen Hehl. Besonders seit seiner Genfer Zeit war er ein glühender Verfechter jener Aufklärungsideale von der Gleichheit, Freiheit und Brüderlichkeit. Ja, er empfand von jeher Sympathie für den Sozialismus, den er freilich als schöne Utopie verstand.

Aber ohne seine Bereitschaft, die Ergebnisse seines Denkens dem Praxiskriterium zu unterwerfen und aus den Anforderungen des gesellschaftlichen Fortschritts Folgerungen für seine Ideen und sein Verhalten abzuleiten, die den Bruch mit dem liebgewordenen Bisherigen einschlossen, wäre er nie in die Zielzone seines Lebens gelangt. Er gestand, daß es eigentlich eine die gesamte Zivilisation in Frage stellende Katastrophe war, die ihn vom Bann des bürgerlichen Denkens befreite: der Faschismus.

Denn zunächst hielt sich seine Abneigung gegen das obrigkeitsstaatliche Machtdenken mit seiner Ablehnung des Marxismus die Waage.[5] Und auch als er 1933 Deutschland verließ, klammerte er sich noch an bürgerlich-liberale Ideen und Idole, von denen er eine Wiedergeburt erhoffte.[6]

Als ihn zu Beginn des Hitler-Regimes Karl Mannheim, der Wissenssoziologe, fragte, was er tun solle, denn bei seinen Verdiensten könne man ihm doch nichts anhaben, auch wenn er Jude sei, zögerte Baumgarten keine Sekunde: „Und wären Ihre Verdienste denen von Plato und Aristoteles gleich, verlassen Sie Deutschland!" Und er beschloß, obschon persönlich zunächst nicht gefährdet, es selbst auch zu tun. „Wenn ich keine Lehrtätigkeit im Ausland finde, werde ich Zigarren verkaufen", sagte er von sich, „davon verstehe ich etwas." Und das war nicht einmal Galgenhumor.

Aber während Baumgartens Kollegen bestenfalls ratlos den Weg in die innere oder äußere Emigration (ohne Konsequenzen, aber mit Konzessionen) gingen, während sich die Mehrzahl der Hochschullehrer wenigstens juristischer Profession den braunen Banditen anpaßte oder deren blutiges Handwerk offen rechtfertigte, vollzog Baumgarten selbst kompromißlos den Bruch nicht nur mit dem Faschismus, sondern mit der Gesellschaft, aus deren Schoß eben dieser Faschismus gekrochen war.

Das Ausbleiben jedweder nennenswerten nationalen oder internationalen Reaktion bürgerlicher Provenienz auf die faschistische Kampfansage gegen alle Errungenschaften der Menschheitskultur führte bei Baumgarten zu einer stetig wachsenden Einsicht in den gesetzmäßigen Zusammenhang von Monopolkapital und Faschismus und ließ ihm nur noch die Hoffnung auf die sozialistische Arbeiterbewegung.

Baumgarten überprüfte in diesen entscheidenden Jahren seines Lebens alle seine früheren Positionen, studierte die Werke von Marx, Engels und Lenin und besuchte, nachdem er sich die russische Sprache angeeignet hatte, die Sowjetunion. Und er wurde – allmählich – ein anderer.

In seiner unmittelbar vor Kriegsausbruch veröffentlichten juristischen Methodenlehre[7] wird seine Hinwendung (nicht sein Übergang, wohlgemerkt) zum dialektischen Materialismus erstmals wissenschaftlich voll sichtbar: der Marxismus sei geeignet, die bisherige Rechtslehre zu revolutionieren, und das mit der durchaus humanen Zielstellung, den Gegensatz der in Besitzende und Nichtbesitzende gespaltenen Gesellschaft zu überwinden; der Krieg habe hingegen von jeher zum Geschäft des Kapitalismus gehört, weshalb unter ihm Freiheit, Gleichheit und Brüderlichkeit unmöglich seien; erforderlich sei eine „durchgreifende Änderung der Struktur unseres Gesellschaftslebens", die man nicht von idealistischen Theorien erhoffen könne, denn die brächten uns mit den Machthabern dieser Welt nicht in einen ernstlichen Konflikt. Mit solchen Meinungen empfindet Baumgarten sich keineswegs als subjektiver Marxist, im Gegenteil: noch hält er die materialistische Geschichtsauffassung für den seiner eigenen Auffassung nach einzig wirklich gefährlichen Gegner, zu dem er freilich jetzt eher Brücken als Widerspruch sucht.

Natürlich war von dem Eindruck, daß der Dämon des Klasseninteresses das Bürgertum daran hindere, die aufgebaute Kultur zu verteidigen, bis zu der zwanzig Jahre später formulierten Einsicht, daß der Marxismus als Methode und Weltanschauung schlechthin unerschütterlich sei,[8] ein weiter Weg. Aber schon Mitte der dreißiger Jahre mußte ihn dieser Weg in einen unüberwindlichen Gegensatz auch zu jenen bürgerlichen Intellektuellen bringen, die glaubten, man könne antifaschistisch und antibolschewistisch zugleich sein.

Gerade weil auch heute wiederum eine der Hauptformen, mit denen der schlechthinnige Gegensatz in unserer Epoche zugedeckt werden soll, darin besteht, eine Affinität „totalitärer" Ideen von links und rechts zu entwickeln,[9] ist Baumgartens Klarsicht von damals noch immer zukunftsträchtig. Hinzu kam, daß Baumgarten auch nicht auf den Bequemlichkeitsweg eines um Lenins Werk verkürzten „Marxismus" verfiel. „Noch nie ist eine solche Verbindung von strenger Wissenschaft und staatsmännischem Genie gesehen worden"[10], sagt Baumgarten von Lenin.

Und schließlich begnügte Baumgarten sich auch nicht mit einer kontemplativ bleibenden Konversion zum Marxismus. Von solchen Konversionen weiß man ja auch, daß sie bei nächstbester Gelegenheit in Katzenjammer und Renegatentum umschlagen. Baumgarten war nie ein karitativer oder Fairplay-Sozialist. Er war Erkenner und Bekenner zugleich: so wurde er Mitbegründer der Schweizer Partei der Arbeit. Am deutlichsten zeigte sich freilich sein durchaus unplatonischer Humanismus in seinem Verhältnis zum Aufbau der antifaschistisch-demokratischen und sozialistischen Gesellschaft im östlichen Teil Deutschlands, in den er auch übersiedelte. Hier bekannte er sich zur praktizierten Volkssouveränität, die er gegen Unbelehrbare aus dem bürgerlich gebliebenen und rasch wieder imperialistisch werdenden Westdeutschland verteidigte. Er beeinflußte die Anfangsgeneration der sozialistischen Juristen durch die tiefe weltanschauliche Durchdringung seines Lehrstoffes, durch die Überfülle seines Wissens, die es ihm ermöglichte, bei jedem Problem dessen Geschichte mitzudenken, durch die Übereinstimmung von Denken und Fühlen in seinem kommunistischen Humanismus. Und hier fand er endlich auch die gesellschaftliche Anerkennung, die ihm gebührte.

Unvergeßlich ist auch seine warmherzig-weise Stellungnahme, als der Weltimperialismus auf Ägypten den Bombenterror begann und gleichzeitig die Konterrevolution in Ungarn ihr Haupt erhob.[11]

Sein persönliches Verhältnis zum praktischen Anliegen der Arbeiterbewegung zeigte sich auch in seinen liebevollen Beziehungen zur Sowjetunion. In ihr sah Baumgarten den gelungenen Versuch, die letzten Intentionen des Marxismus zu verwirklichen. Für ihn war das große Wagnis, mit wissenschaftlicher Erkenntnis das menschliche Zusammenleben zu gestalten, mit der tiefsten Sympathie des Wissenschaftlers gesegnet. Ein bislang unveröffentlichtes Manuskript aus den Jahren 1962 bis 1964 („Einstellung gegenüber der Politik der Sowjetunion"), in der er die sowjetische Politik der friedlichen Koexistenz gegenüber der Mao-Position verteidigt, enthält die guten Worte: „Die erste Pflicht eines Kommunisten scheint mir in unserer Zeit zu sein: durchstehen. Dem Klassenfeind nicht in die Hände zu arbeiten."

Ohne hier eine allseitige Würdigung der philosophischen Ideen Arthur Baumgartens zu versuchen, die in ihrer ausgereiften Form in vielem mit dem dialektischen Materialismus übereinstimmen, möchten wir wenigstens den Leitfaden in der Entwicklung seiner philosophischen Konzeption skizzieren.

Baumgarten behandelte das Antinomieproblem, die dialektische Beziehung von Einheit und Vielheit, als das Grundproblem der Philosophie und als Leitthema der Geschichte der Philosophie.[12] Sein eigenes philosophisches Werk ist durch die in ihm waltende Beziehung von Einheit und Vielheit, von Entfaltung und Umbruch gekennzeichnet. Es gewinnt aus der Spannung von Kontinuität und Diskontinuität seine eigentümliche Gestalt in der Geschichte des philosophischen Denkens.

Was ist das bleibende Element in Baumgartens philosophischem Denken? Baumgarten ging von einem eudämonistischen Altruismus der Moraltheorie und im Zusammenhang damit von einem gnoseologischen und methodologischen Empirismus aus. Diese Prinzipien haben wohl während seiner intensiven Studien und seiner politischen Erfahrungen in der Weimarer Republik, in der Schweizer Emigration und in der Deutschen Demokratischen Republik eine umfassende Entwicklung und schließlich ihre dialektisch-materialistische Berichtigung erhalten; sie sind aber recht eigentlich die bleibenden Fundamente seiner Philosophie.

Das philosophische Frühwerk „Moral, Recht und Gerechtigkeit" (1917) bringt das erste Leitthema und dessen Beziehung zur sozialen Konzeption des Autors deutlich zum Ausdruck. Die durch wissenschaftliche Erfahrung und Erziehung verbreitete altruistisch-eudämonistische Moral, die der Anlage des menschlichen Wesens entspreche, werde im Prozeß einer längeren sozialen Evolution eine wirtschaftlich, politisch und vor allem emotional-ethisch geeinte Menschheit hervorbringen. Um sich jetzt bereits über die unübersehbaren, „unlösbaren Widersprüche auf allen Gebieten des Geisteslebens" erheben zu können, bedürfe die altruistische Ethik des Leitbildes einer transzendenten Welt, die das Ziel einer heilen Gesellschaft als eine Art „metaphysischer Glauben" in pädagogischer Absicht anschaulich vorstelle.[13] Die überkommene christliche Religion wird ausdrücklich als mit dem Ethos der Wissenschaften unvereinbar abgewiesen, und es bleibt lediglich ein religiös gefärbter Altruismus. Um der individualistischen Konsequenz des Eudämonismus zu entgehen[14] und um von der betont ethisch-subjektiven Gesellschaftslehre einen Zugang zu den Kategorien objektiver sozialer Zusammenhänge zu erhalten, nimmt Baumgarten eine weitgreifende, offensichtlich von Bergson beeinflußte Theorie des Unterbewußten auf, eines Erlebnisstromes, der die Individuen im Erkennen wie im Handeln verbindet und als objektiver „unterbewußter Geist machtvoll die ganze Weltgeschichte durchwaltet"[15].

Auf der Grundlage dieser ethischen Orientierung faßt Baumgarten die Philosophie in entscheidender Polemik gegen den Positivismus als eine auf der Erfahrung aufbauende Weltanschauung vom Ganzen der Wirklichkeit. Baumgarten legt auf die erkenntnistheoretische Fundierung seiner Kulturphilosophie und auf die erkenntnistheoretische Diskussion der Differenz zu anderen Philosophien (besonders zu Bradley, Bergson, dem Neukantianismus) besonderen Wert. Seine Erkenntnistheorie ist ursprünglich stark vom Pragmatismus beeinflußt, wenn er auch die Wahrheitstheorie von James abweist und als wahr definiert, „was einleuchtet auf Grund möglichst vollständiger Erfahrung, wobei unter dem Begriff der Erfahrung auch Gedankenexperimente einbezogen werden, wie sie etwa die Mathematiker anstellen". Evidenz ist „wesentliches Moment des Wahrheitskriteriums."[16]

Soweit die Schilderung der ursprünglichen philosophischen Position Baumgartens. Man erkennt unschwer den starken Einfluß von W. James' (1842–1910) und F. C. Schillers (1864–1937) pragmatischem „Humanismus".

Nicht nur die Betonung der Antinomie von Einheit und Vielheit, nicht nur die Polemik gegen die transzendentale Erkenntnistheorie des Neukantianismus zugunsten einer psychologischen Fundierung der Erkenntnislehre, die gesamte empiristische Wissenschaftslehre in Verbindung mit einem liberalistisch orientierten metaphysischen „Glauben“ findet sich in den Schriften des amerikanischen und englischen Pragmatismus der Jahrhundertwende.

Baumgartens philosophisches Denken setzt im Rahmen eines zunehmenden Weltanschauungsbedürfnisses der bürgerlichen Intelligenz mit Beginn der imperialistischen Phase der kapitalistischen Gesellschaft ein. Der Dualismus von positivistischer Wissenschaftslehre und Offenbarungsreligion oder die Reduktion der Philosophie auf reine Erkenntniskritik mit einem danebenstehenden ethischen Feld formaler Werte, wie das der Neukantianismus praktizierte, erwiesen sich gegenüber der akuteren Widersprüchlichkeit des gesellschaftlichen Lebens zunehmend als unzureichend. Baumgarten sucht innerhalb dieser ideologischen Situation des Bürgertums nach einer weltanschaulichen Fundierung des Rechts und der Rechtswissenschaft und nach einer weltanschaulichen Bindung der Gesellschaft überhaupt im Sinne bürgerlich-demokratischer Ideale.[17] Philosophie ist für ihn auf die gesellschaftliche Wirklichkeit und deren Klärung im Sinne des Liberalismus gerichtet. Das durchgehende Problem einer philosophischen Weltanschauung war für Baumgarten der Nachweis eines realen objektiven Weltzusammenhangs, der die transzendenten Zielpunkte Freiheit und Glück zusammenschließt. Baumgarten sieht das Bindeglied zwischen transzendentem Ideal und Realität zunächst im Unterbewußten, später in den vom Neo-Vitalismus, besonders von H. Driesch (1867–1941) entwickelten „Sozialentelechien“. Er klärt dieses Problem in einer Gedankenarbeit von außerordentlicher Konsequenz auf ganz anderer Grundlage schließlich in den vierziger Jahren zum dialektisch-materialistischen Gesetzesbegriff des Marxismus-Leninismus.[18]

Trotz der offensichtlichen Beziehung der ursprünglichen Philosophie Baumgartens zum Pragmatismus wäre es oberflächlich, bei der Betrachtung allein dieser Beziehung stehenzubleiben. Sie erscheint nur in der Durchführung dieser „relativen Metaphysik“, und aus ihr wäre der Weg von einer betont bürgerlichen liberalen Ideologie zum wissenschaftlichen Sozialismus und dialektischen Materialismus nicht zu erklären. Baumgartens Weg zum Marxismus-Leninismus hat auch nicht diese Aspekte seiner Philosophie als Ausgangspunkt für den Übergang vom bürgerlichen zum sozialistischen Denken. Hinter der Beziehung auf James, Bergson und einige andere spätbürgerliche Denker steht die weltanschauliche und soziale Orientierung A. Baumgartens auf das Gedankengut der französischen und englischen Aufklärung des 18. Jahrhunderts. Baumgarten wußte um die eigentlichen klassischen Quellen der bürgerlich-demokratischen Ideologie und hielt an den wissenschaftlichen, sozialen und ethischen Maßstäben dieser Phase der klassischen bürgerlichen Philosophie fest. Die Orientierung auf das ursprüngliche progressive bürgerliche Denken in Baumgartens spätbürgerlicher Philosophie des Liberalismus wird an zwei Problemkreisen seiner Schriften deutlich, die auch seine vor 1939 liegenden Werke tendenziell aus dem Traditionskreis des Pragmatismus, der Lebensphilosophie, des Neo-Vitalismus und einiger anderer epigonaler Theorien, an die Baumgarten anschloß, herausführten.

Der erste Gesichtspunkt ist die betont *gesellschaftliche* Orientierung der altruistischen und eudämonistischen Ethik. Baumgarten vermeidet den Subjektivismus wie auch den Individualismus etwa des Pragmatismus. Er betont stets den allgemeinen sozialen Bezug des Glücks und hält dadurch die echte Verantwortung seiner auf die „Totalität der Erfahrung“ gerichteten „Metaphysik des Transzendenten“ offen.

Der andere Gedankengang ist in Baumgartens Bemühen um eine möglichst konkrete Theorie des vielschichtigen gesellschaftlichen *Fortschritts* gegeben. Vor allem in der Schrift „Der Weg des Menschen“ versucht er, den Evolutionismus bis zum konkreten Aufweis tatsächlicher Fortschrittsprozesse vorzutreiben.[19]

Der stets latente Bezug auf das Gedankengut der Aufklärung mußte sofort stark hervortreten, sobald dem konsequent am Prinzip der Erfahrung orientierten Baumgarten die Brüchigkeit und Unfähigkeit der liberalen Politik und Weltanschauung im Angesicht der faschistischen Herrschaft klar wurden. Baumgarten nahm die Erbschaft der Aufklärungsphilosophie, die das produktive Glücksempfinden aller Menschen in einer solidarischen Gesellschaft verhieß, ernst und erkannte den grundsätzlichen Widerspruch der vorhandenen kapitalistischen Gesellschaft zu jener konkret-gesellschaftlichen altruistischen Soziallehre. Baumgarten stand angesichts der offenbaren Unwirklichkeit der bürgerlichen Demokratie gegenüber dem Faschismus vor dem Bankrott des aufrichtigen bürgerlichen Liberalismus und seiner optimistischen evolutionistischen Weltanschauung. Er konzentrierte sich in dieser Situation auf die klassisch-bürgerlichen Grundlagen seiner Philosophie und stieß, da er die bisher als „Transzendentes“ gefaßten progressiven humanistischen Ideale in einer realen Evolution praktisch wirksam sehen wollte, zum wissenschaftlichen Sozialismus als der zeitgemäßen Emanzipationstheorie vor. Die beiden Werke „Grundzüge der juristischen Methodenlehre“ (1939) und die „Geschichte der abendländischen Philosophie“ (1945) markieren diesen entscheidenden Wendepunkt vom Liberalismus zum Sozialismus. Baumgarten schreibt hier noch nicht als Sozialist, nicht als Materialist. Aber er beginnt, für sich einen Weg vom Gedankengut der Aufklärung zum Sozialimus zu bahnen.

In seiner Methodenlehre formuliert Baumgarten die neue Fragestellung:

„Angesichts der drohenden Barbarei erkennen in unseren Tagen Unzählige, daß wir an die Soziallehren der lange Zeit verspotteten Aufklärung anknüpfen müssen, um sie tiefer und solider zu begründen und sie auf breiterem Gebiet und intensiver zu verwirklichen, als es bisher gelungen ist." „Wer die Geistesgeschichte, besonders die Geschichte des Rechts, aufmerksam überprüft, kann sich des Eindrucks kaum erwehren, daß es die Bestimmung der Menschheit ist, im Lauf ihres geschichtlichen Daseins eine große Arbeitsgemeinschaft freier, gleicher Wesen zu bilden, um auf allen Gebieten der Kultur und Zivilisation eine immer produktivere Tätigkeit zu entfalten."[20]

Baumgarten diskutiert in diesem Zusammenhang auch das Problem, das M. Horkheimer (geb. 1895) und Th. Adorno (1903–1969) einige Jahre später als die „Dialektik der Aufklärung" behandelten. Aber wie anders verläuft Baumgartens kritische Revision des bürgerlichen Denkens als in der sogenannten kritischen Theorie der Frankfurter Schule. Er gelangt zur Einsicht, daß die bürgerliche Welt die Konzeption der Aufklärung, die ihr Geburtshelfer gewesen war, im Schritt ihrer eigenen Entwicklung verlassen und geradezu ins Gegenteil verkehrt habe. Baumgarten sieht die kapitalistische Entwicklung des 19. und 20. Jahrhunderts als Abfall von den klassischen Ideen des siècle des lumières. Die Idee der in ihrer Vereinigung emanzipierten Menschheit ist für ihn aber festzuhalten, sie bedarf eines ganz anderen Adressaten: der organisierten Arbeiterbewegung mit dem Ziel der sozialistischen Gesellschaftsordnung.[21]

Baumgarten beginnt, durchaus noch im Rahmen seiner bisherigen philosophischen Fragestellungen, marxistische Ideen aufzunehmen, und es konnte nur noch eine Frage der Zeit sein, daß er ganz auf die Positionen der neuen klassischen Weltanschauung überging. Er spricht die Unausbleiblichkeit der sozialistischen Revolution für Westeuropa aus, akzeptiert die Marxsche Ökonomie und die Marxsche Klassenkampflehre.[22] Seine altruistische Ethik beginnt auf die marxistische Theorie der sozialistischen Gesellschaft überzugehen.[23] Die anfangs vorgetragenen (allerdings traditionellen bürgerlichen) Bedenken gegen den historischen Materialismus (angebliche Unterschätzung der historischen Rolle der Ideen zugunsten eines „ökonomischen Determinismus", Einschränkung des Menschen zum bloßen Klassenwesen)[24] treten bereits in der „Geschichte der abendländischen Philosophie" zurück. Baumgarten gibt hier eine in wesentlichem zutreffende und zustimmende Charakteristik des Marxismus und dessen Stellung in der Geschichte des philosophischen Denkens.[25] Der Marxismus „ist die erste Philosophie, die nicht nur die Bestimmung, sondern auch die Fähigkeit hat, die menschliche Gesellschaft durchgreifend umzugestalten. Man kann heute von ihm mit Recht sagen, was man mit Unrecht von der Reformation gesagt hat, daß es ihm gelungen ist, das Antlitz der Erde zu verändern. Er hat dies vermocht, weil er zur weltanschaulichen Grundlage der internationalen Arbeiterbewegung wurde."[26]

Der Übergang Baumgartens zur dialektisch-materialistischen Philo-Philosophie war für ihn auf Grund seiner ursprünglichen philosophischen Position mit der intensiven Diskussion zentraler Probleme des Marxismus-Leninismus verbunden. Man erkennt an Baumgartens Arbeiten zum Marxismus-Leninismus sehr gut, worin dieser sich von den Grundpositionen der neueren bürgerlichen Philosophie unterscheidet. Baumgarten mußte, um seiner altruistischen Gesellschaftslehre den Ausgang zur gesellschaftlichen Realität zu öffnen, die Formulierung der sozialen Postulate als Elemente eines Transzendenten aufgeben. Die sozialistische Ethik und Rechtslehre waren nur mit historisch-materialistischer Methode zu erfassen, und Baumgarten hat daher die kritisch-materialistische Auffassung der gesellschaftlichen Ideen als historisch-konkreter Abstraktionen bestimmter materieller Verhältnisse eingehend behandelt. Die Aufhebung des Transzendenten war aber nicht möglich ohne eine dialektische Neufassung der Antinomie von Einheit und Vielheit, also nicht ohne Anerkennung der realen Dialektik der Wirklichkeit. Baumgarten überschritt seine bisherige Antinomienlehre. Sie hatte von der Einsicht in die Unlösbarkeit des Widerspruchs im Wesen der Dinge selbst zur Systemkonstruktion transzendenter Wesenheiten geführt, in denen der Widerspruch behoben und dadurch die Freiheit des Menschen in der Behauptung der idealen Einheitsform erhalten war. Baumgarten kommt nun auf das Problem der objektiven Dialektik wiederholt zurück und bringt in diesem Zusammenhang aufschlußreiche Gedanken zur inneren Beziehung von progressiver Weltanschauung, Materialismus und Dialektik in der Gegenwart.[27] Er hat schließlich mit dem Aufsatz „Das Verhältnis der Dialektik zur Identitätslogik" (1950)[28] eine seiner hervorragendsten marxistischen Studien geschrieben, die auch zum Besten gehört, was von den marxistischen Philosophen der DDR zu diesem Thema gesagt worden ist.

Die abschließende philosophische Stellungnahme Baumgartens bilden seine „Bemerkungen zur Erkenntnistheorie des dialektischen und historischen Materialismus" (1957). Man liest und beurteilt die Schrift am besten mit den ausführlichen späteren Erläuterungen des Autors zu ihr.[29] Wie schon im Aufsatz über „Die marxistische Lehre von der Wahrheit" hat er die Evidenztheorie der Wahrheit, die er noch in den „Grundzügen" vertrat, verlassen und die dialektisch-materialistische Theorie aufgenommen.[30]

Baumgarten bleibt auch in diesem späten Werk seiner Tradition treu, die Probleme der philosophischen Weltanschauung auf dem Grunde erkenntnistheoretischer Erörterungen zu behandeln. Die Einwände gegen die Abbildtheorie[31] hindern nicht, daß Baumgarten im ganzen eine dialektisch-materialistische Klärung seiner fünf Jahrzehnte währenden intensiven Arbeit auf dem Felde seiner an der Erfahrung des Menschen orientierten, die Erfahrung des Menschen orientierenden, unverbrüchlich mit dem Fortschritt der Menschheit unserer Zeit gehenden Philosophie erreicht.

Arthur Baumgartens philosophischer Weg bietet nicht ein antiquarisches ideologiegeschichtliches Interesse. Er wirft Probleme der marxistisch-leninistischen Philosophie auf, ihres Gesamtzusammenhangs, ihres Gegensatzes zu den Strömungen gegenwärtiger bürgerlicher Philosophie und Kritik des Marxismus-Leninismus, Probleme der konkreten Interpretation einzelner Teile der marxistisch-leninistischen Philosophie, die geblieben sind und die bei Baumgarten zu studieren, gleich ob er sie bewältigt oder nur bezeichnet hat, immer fruchtbar für die Sache ist. A. Baumgarten ringt seit der Mitte der vierziger Jahre um den konsequenten dialektischen Materialismus. Er hat dabei die materialistische Beantwortung der „großen Grundfrage aller, speziell der neueren Philosophie" (Engels), der Frage nach der Ursprünglichkeit der Materie oder des Geistes, nicht als ein formelles, außerhalb der konkreten philosophischen Arbeit stehendes Thema angesehen. Baumgarten ging von konkreten Themen der Philosophie aus und verstand seine Wendung zum dialektischen Materialismus als die Entwicklung seiner Themen. Nicht als deren Abbruch und Vergessen. So ist auch bis zuletzt etwas in seiner Philosophie und sozialistischen Theorie geblieben, das dem Marxismus-Leninismus nur entgegengeht, nicht aber in ihm aufgegangen ist. Das Große an Baumgartens Werk ist, daß es in verschiedenen dieser Punkte nicht einfach Vor- oder Unmarxistisches rekapituliert, sondern auch Denkanstöße für die konkrete Interpretation des dialektischen Materialismus gibt.

Ohne Zweifel hat Baumgarten den fundamentalen Gegensatz von Materialismus und Idealismus, der die ganze Geschichte der Philosophie bestimmt, nicht umfassend gewürdigt. In seiner „Geschichte der abendländischen Philosophie", wo der Antagonismus von Materialismus und Idealismus selbstverständlich gesehen wird, erscheint Materialismus vorwiegend als Diesseitsphilosophie, Idealismus als jenseitsorientierte Ideologie. Das reicht für einen Begriff beider philosophischer Grundrichtungen nicht aus. Baumgarten substituiert der Geschichte der Philosophie auch statt dieser Grundrichtungen das spezifische ontologische und methodologische Problem der Antinomie von Einheit und Vielheit. Aber von dieser Position aus diskutiert er Fragen, die zu stellen sich auch für uns durchaus lohnt. Eine davon ist die Wertschätzung jedes echten Materialismus für die Empirie. Baumgartens Werk hält diese „empiristische" Tendenz des Materialismus wach. Der Materialismus erkennt die Überlegenheit der Wirklichkeit über das Ideale an. Er fußt auf der Relativität aller Ideen, aller Konzeptionen gegenüber der unendlichen konkreten Empirie. Hier berührt sich die Materialismus-Auffassung des späten Baumgarten noch mit Baumgartens früher – und vom

Pragmatismus inspirierten – Ablehnung „reiner" Konstruktionen. Das Empirieproblem im dialektischen Materialismus ist aber auch für uns ein wesentliches Thema.

Ein anderer konkreter Gesichtspunkt wird von Baumgarten am dialektischen und historischen Materialismus nachdrücklich bezeichnet: das sensualistische Element des historischen Materialismus. Die sensualistische Einsicht, daß der Mensch als konkretes sinnlich-geistiges Wesen seiner realen natürlichen und sozialen Umwelt ausgesetzt ist, daß er strebendes und leidendes Wesen ist, das sich vergegenständlichen und Glück empfinden will, ist im historischen Materialismus bewahrt. Die materiale Glücksethik der französischen Aufklärung war daher auch – durch die Vermittlung des utopischen Sozialismus hindurch – eine wesentliche Quelle der materialistischen Geschichtsauffassung. Ohne diesen konkreten Aspekt des Materialismusproblems, den Baumgartens Arbeiten hervorheben, ist der französische Materialismus des 18. Jahrhunderts kaum sachgerecht als eine Quelle des dialektischen Materialismus zu verstehen. In Baumgartens Schriften bildet die Beziehung von sensualistischer Ethik und Materialismus ein zentrales Thema. Er gibt allerdings auch in seinen letzten Berliner Arbeiten die seinem Verständnis der materialistischen Geschichtsauffassung entgegenlaufende ethische Begründung des Sozialismus nicht ganz auf. Damit bleibt er vor der materialistischen Begründung des Sozialismus stehen. Denn so berechtigt die ethische Argumentation im Rahmen der Interpretation der Gesellschaftsordnung ist, so unrichtig ist sie bei der Begründung ihrer geschichtlichen Notwendigkeit.

Arthur Baumgarten hat innerhalb der bezeichneten und bis zuletzt nicht abgeklärten Widersprüche philosophische Zusammenhänge deutlich gemacht, die wert sind, behandelt und geklärt zu werden. Wie in der ethischen Begründung des Sozialismus die Lauterkeit und Liebenswürdigkeit der Persönlichkeit A. Baumgartens durchdringt, so bezeugt sich in den konkreten marxistischen und in den noch außerhalb des Marxismus verbleibende Fragestellungen die reiche philosophische Kultur des Denkers und Forschers Baumgarten.

Sein Werk demonstriert wie kaum ein anderes die Unabdingbarkeit anhaltender, immer erneut einsetzender philosophischer Reflexion für das Verständnis der sozialen und wissenschaftlichen Bewegung der Zeit und für die Teilnahme am Fortschritt dieser Bewegung. Arthur Baumgartens philosophisches Denken gehört durch seine marxistischen Resultate und mehr noch durch den originalen Weg, auf dem der aufrechte und konsequente Denker zu ihnen gelangte, zu den lehrreichsten Erscheinungen der deutschen Wissenschaftsgeschichte des 20. Jahrhunderts.

Mit diesen Darlegungen über die allgemeine und die philosophische Entwicklung Baumgartens ist mehr als nur der Rahmen abgesteckt, innerhalb dessen sich sein rechtsphilosophischer Werdegang vollzog. Auf der Suche nach einer neuen idealistischen Philosophie, mit deren Hilfe die Revolutionsforderungen nach einer Gesellschaft Gleicher, Freier und Brüderlicher zu verwirklichen seien, betrachtete er die Rechtswissenschaft zunächst als „Organ der Philosophie". Von hier aus versteht sich sein Bestreben, das Recht auf der Ethik (nicht auf der Moral, wohlgemerkt) zu gründen[32], es als einen „Versuch zum Richtigen" zu deuten.

Mit solch einer Ausgangshaltung konnte Baumgarten naturgemäß keinen Anschluß an irgendeine der zahlreichen rechtsphilosophischen Schulen finden, die damals ein geduldetes Plätzchen an den juristischen Fakultäten fanden und zu erhalten trachteten.

Nicht daß Baumgarten sich vor Ideen anderer verschloß. Das wäre gegen seine Art gewesen. Und tatsächlich teilte er zumindest den erkenntnistheoretischen Idealismus mit wohl allen seinen Fachkollegen. Auch liest man aus seinen Schriften die Anregungen geradezu heraus, die er anderen verdankt, auch wenn er dem Zitieren abhold war. Ja er neigte bis in seine Berliner Zeit hinein dazu, in andere das hineinzulesen, was vernünftigerweise bei ihnen eigentlich hätte drinstehen sollen. Dem Humanisten fiel es schwer, an Unvernunft im Menschen zu glauben.

Aber von seinen Fachkollegen des beginnenden 20. Jahrhunderts unterschied ihn, daß er die Gesellschaftslehre des 18. Jahrhunderts so ernst nahm, wie sie einst gemeint war. Die besten Illusionen der Vergangenheit waren es, die Baumgarten vor den Verwirrungen der herrschenden Meinungen seiner Zeit schützten.

Daher seine Abgrenzung von den Theoretikern, die unmittelbar imperialistisch-aggressive Zielsetzungen reflektierten, etwa von Erich Kaufmann, der unter ausdrücklicher Ablehnung einer Gemeinschaft frei wollender Menschen den „siegreichen Krieg" zum „sozialen Ideal" hochphilosophierte.[33]

Daher seine Abgrenzung von den Positivisten, die das Recht von der Gesellschaft zu trennen als methodologische Tugend ausgaben und mit ihrem Credo von der gleichen Gültigkeit und daher Gleichgültigkeit aller Werte die Verantwortungslosigkeit des Juristen für den Rechtszustand der Gesellschaft zu beweisen meinten.[34]

Daher aber auch seine Enttäuschung über die modernistischen Richtungen der Interessenjurisprudenz und der Freiheitsschule, denen weder eine ausgeprägte Gesellschafts- noch Philosophiekonzeption zugrunde liege und die daher, statt die Rechtswissenschaft zur Veränderung der Welt zu erheben, sie zu einer bloßen Technik degradierten.[35]

Wohlgemerkt, all dies wurde von Baumgarten in der utopischen Annahme eingewendet, man könne vom positiven Recht her die Gesellschaft tiefgreifend umgestalten. Seine Kritik an den verschiedenen Richtungen vermochte folglich ihre Thesen auch nicht zu widerlegen, ja Baumgarten strebte das nicht einmal an. Nicht Widerlegung drohe den neukantianischen Theoremen, gegen die sie schon durch Dunkelheit und Vieldeutigkeit ihrer Leitsätze geschützt seien, sondern Beseitigung kraft Intuition sich verändernder Menschen!

Bei allen Unterschieden, ja Gegensätzen zwischen Baumgartens rechtsphilosophischen Positionen in den zwanziger Jahren und den Lehrmeinungen seiner damaligen Kollegen hieße es arg danebengreifen, wenn man auch nur die Möglichkeit in Betracht zöge, daß seine späteren Anschauungen sich ideologisch-evolutionär, gewissermaßen ihre eigenen Ideenkeime entfaltend, herauskristallisiert hätten. Ohne das Totalversagen bürgerlich-liberaler Theorien vor den Praktiken der Faschisten (deren Einbruch sie oft genug sogar begünstigt hatten), ohne die Bewährung der internationalen Arbeiterbewegung und ihres staatlich organisierten Vorpostens, der Sowjetunion, hätte Baumgarten auch als Rechtsphilosoph nicht den Weg eingeschlagen, der im Verlauf der Jahre zum Marxismus führen mußte.

Denn Baumgarten blieb nicht bei der Einsicht stehen, daß im Interesse eines Sieges über den Faschismus die Westmächte „sogar“ mit der Sowjetunion paktieren müßten, deren soziale Umwälzungen daher in Kauf zu nehmen seien, eine Einsicht, die Thomas Mann so meisterhaft zu gestalten wußte.[36] Für Baumgarten wurde der revolutionäre Übergang vom Kapitalismus zum Sozialismus zu einer Lebensnotwendigkeit der Gesellschaft. Gleichzeitig analysierte er die Determinierung des Rechts, des politischen Systems und der Rechtsideologie durch die ökonomische Macht. Für ihn waren der Faschismus und die Perversion des Rechts unter der faschistischen Diktatur nicht vom Himmel gefallen oder aus der Hölle heraufgeschickt worden. Für ihn war der Nationalsozialismus keine kleinbürgerliche Entgleisung, kein Zufallsprodukt der Geschichte, sondern aus dem Spätkapitalismus hervorgegangen. Ökonomisch bedingt ist für ihn auch der apologetische Charakter der überkommenen bürgerlichen Jurisprudenz. Seine nun erst souverän werdende Abrechnung mit ihr findet ihr zugespitztes Urteil in der lakonischen Feststellung: da der ökonomisch determinierte Machtwille gesellschaftlicher Gruppen unbekümmert um die Wahrheit auf den sozialwissenschaftlichen Erkenntnisprozeß einwirkt, gelangen in ihren Einsichten zur Herrschaft die Absichten![37]

Diese wohl aus aktuellem Anlaß gewonnene, aber grundsätzlich gemeinte durchaus marxistische Deutung des bürgerlichen Rechts und der dieses Recht rechtfertigenden Rechtsphilosophien ergänzt Baumgarten später – in Auswertung seiner Teilnahme am Aufbau einer zunächst antifaschistisch-demokratischen, dann sozialistischen Rechtsordnung – durch eine vor allem die Aufgaben des Rechts und der Juristen einer Arbeiter-und-Bauern-Macht analysierenden Studie.[38]

Allerdings wird man sich damit abfinden müssen, daß Baumgartens Einwirkung auf seine Hörer und Schüler zumindest in seinen letzten beiden Lebensjahrzehnten – die seltene Kunst der Überzeugung des Noch-nicht-Überzeugten war ihm eigen – vielfältiger war, als seine literarische Hinterlassenschaft es bezeugt. Glücklicherweise trifft das nicht auf sein persönlichstes wissenschaftliches Anliegen zu: das Völkerrecht zum Weltfriedensrecht emporzusteigern.[39] Gerade weil er (besonders einprägsam in einem unmittelbar nach Kriegsende gehaltenen, bis jetzt nicht veröffentlichten Referat über das Schuldproblem) den zweiten Weltkrieg nicht auf das Konto irgendeines Volkscharakters oder kriegerischen Dämons schrieb, hielt er sich für verpflichtet, das ihm anvertraute Werkzeug in den Dienst des Friedens zu stellen.

Wohl wissend, daß das Recht auf Frieden nicht – jedenfalls nicht explizit – zum ursprünglichen Menschenrechtskatalog gehört, hielt er dafür, daß durch den Roten Oktober das Menschenrecht der Völker auf Frieden aus einer Sehnsucht zum verbindlichen Standard zwischenstaatlicher Beziehungen geworden sei. Gegen die etatistischen Fehldeutungen des Völkerrechts gewandt, die er für Ausdruck oder Rechtfertigung einer Wolfsmoral hielt, versuchte er mit immer neuen Argumenten, das Volk als Subjekt und zugleich unmittelbaren Adressaten des Völkerrechts nachzuweisen. Baumgartens Lehre involviert – und das ist ihr politisches Ziel –, daß jedermann von Völkerrechts wegen berechtigt und verpflichtet ist, sich für die Erhaltung des Friedens zu betätigen, was auch immer das Landesrecht, dem er ansonsten untersteht, dazu sagen möge. –

Es war ein langer Weg, auf dem Baumgarten zu guter Letzt auf die richtige Seite gelangt ist, zum Marxismus, den er in seinen Grundlagen als veritas aeterna empfand.[40]

Die nachfolgend abgedruckten Aufsätze aus einem halben Jahrhundert überreicher Forschungstätigkeit deuten die Stationen dieses Weges an. Noch immer gilt es für einen dialektischen Erkenntnisprozeß aus dem Kampf, aber auch aus der Geschichte der Kämpfe zu lernen.

Anmerkungen

1 Baumgarten, Vom Liberalismus zum Sozialismus (geschrieben im wesentlichen bis 1964), Berlin 1967, S. 7
2 Baumgarten, Erkenntnis–Wissenschaft–Philosophie, Tübingen 1927, S. 623
3 Prof. Dr. Baumgarten zu seinem 60. Geburtstag, Basel 1944, S. 27
4 Baumgarten, in: Jacobi-Festschrift, Berlin 1957, S. 16
5 Baumgarten, Die Wissenschaft vom Recht und ihre Methode, Tübingen 1922, Bd. 2, S. 571; Baumgarten, Der Weg des Menschen, Tübingen 1933, S. 383
6 Baumgarten, Die deutsche Wissenschaft in ihrem Verhältnis zur Sowjetunion, Berlin 1952, S. 4 ff.
7 Baumgarten, Grundzüge der Juristischen Methodenlehre, Bern 1939, S. 24 ff., 89 ff., 192
8 Baumgarten, Bemerkungen zur Erkenntnistheorie des dialektischen und historischen Materialismus, Berlin 1957, S. 178
9 Vgl. etwa A. J. Gregor, Contemporary Radical Ideologies, New York 1968
10 Baumgarten, Geschichte der abendländischen Philosophie, Basel 1945, S. 555
11 Baumgarten, in: Staat und Recht 1956, S. 957
12 Vgl. Baumgarten, Erkenntnis–Wissenschaft–Philosophie, Tübingen 1927, S. 612–613
13 Baumgarten, Moral, Recht und Gerechtigkeit, Bern 1917, S. 152, 156
14 Vgl. zu dieser Problematik des Eudämonismus: Baumgarten, Rechtsphilosophie, in: Handbuch der Philosophie, München/Berlin 1929, S. 43 f.
15 Baumgarten, Der Weg des Menschen, Tübingen 1933, S. VI, X, 261 ff.
16 Baumgarten, Der Weg des Menschen, S. V. Vgl. die kritische Auseinandersetzung mit der Erkenntnistheorie des Pragmatismus, in: Erkenntnis–Wissenschaft–Philosophie, Tübingen 1927, S. 586 ff., 624
17 „Der Krieg, der über Europa hereingebrochen ist, enthält eine erschütternde Aufforderung, den Positivismus und Materialismus abzuschwören und sich einem religiös begründeten universellen Altruismus zuzuwenden.“ (Moral, Recht und Gerechtigkeit, S. 158) Vgl. die grundsätzliche Reflexion auf das Problem der Aktivierung einer philosophischen Weltanschauung in: Erkenntnis–Wissenschaft–Philosophie, S. 559
18 Vgl. die Retrospektive auf diese Kategorien und ihren Zusammenhang bei Baumgarten in der Selbstdarstellung „Vom Liberalismus zum Sozialismus“, S. 30, 31
19 Vgl. Der Weg des Menschen, S. 298 ff. „... weil die Weltanschauung, für die wir in der Geschichte eine Bestätigung suchen, wesentlich gekennzeichnet ist durch den Glauben an einen Aufstieg der Menschheit in ihrem historischen Dasein.“
20 Baumgarten, Grundzüge der juristischen Methodenlehre, S. 91
21 Vgl. ebenda, S. 89
22 Vgl. ebenda, S. 84, 174
23 Vgl. ebenda, S. 7
24 Vgl. ebenda, S. 20 f., 91 f.
25 Vgl. bes. § 21 (Der dialektische Materialismus) und § 39 (Die marxistische Gesellschaftslehre), in: Baumgarten, Die Geschichte der abendländischen Philosophie, Genf 1945, S. 336 ff., 469 ff. Es ist hier nur Gelegenheit, auf den außerordentlichen

Reichtum der unkonventionellen philosophiegeschichtlichen Darstellung Baumgartens zu verweisen. Das Buch ist seiner sozialistischen Tendenz und seiner antispekulativen, empiristischen Orientierung wegen eine einmalige Erscheinung unter den zahllosen bürgerlichen deutschen Philosophiegeschichten.

26 Ebenda, S. 336

27 Vgl. bes. Geschichte der abendländischen Philosophie, S. 341 f. Die Dialektikdiskussion setzt bereits in den Grundzügen der juristischen Methodenlehre, (S. 79 f.) ein. Vgl. bes. aufschlußreich: Baumgarten: Vom Liberalismus zum Sozialismus, S. 58

28 Baumgarten, in: Miscellanea Academica Berolinensia, Berlin 1950

29 Vgl. Baumgarten, Vom Liberalismus zum Sozialismus, S. 59–90

30 Vgl. Baumgarten, in: Jacobi Festschrift, Berlin 1957, S. 11 ff.

31 Vgl. Bemerkungen zur Erkenntnistheorie des dialektischen und historischen Materialismus, S. 58 ff.; Vom Liberalismus zum Sozialismus, S. 71 f.

32 Baumgarten, Moral, Recht und Gerechtigkeit, Bern 1917

33 Kaufmann, Das Wesen des Völkerrechts, Tübingen 1911, S. 146; dagegen Baumgarten, in: Archiv für Rechts- und Wirtschaftsphilosophie 1922, S. 223. Kaufmann beendete übrigens folgerichtig seine Laufbahn als Kronjurist Adenauers im KPD-Verbotsprozeß.

34 Kelsen, Hauptprobleme der Staatsrechtslehre, Tübingen 1911, S. V ff.; Radbruch, Grundzüge der Rechtsphilosophie, Leipzig 1914, S. 1 ff.; dagegen Baumgarten, a. a. O. S. 218 und Monatsschrift für Kriminalpsychologie 1924, S. 225 ff.

35 Dazu: Baumgarten, Die Wissenschaft vom Recht und ihre Methode, Tübingen 1920, Bd. 1, S. 377 ff., Bd. 2, S. 630 ff.

36 Thomas Mann, Doktor Faustus, Berlin 1961, S. 460 ff.

37 Baumgarten, Logik als Erfahrungswissenschaft, Kaunas 1938, S. 12

38 Baumgarten, Rechtswissenschaft und Politik, in: Staat und Recht 1957, S. 969 ff.

39 Baumgarten, Frieden und Völkerrecht, Berlin 1954; sowie in: Staat und Recht im Lichte des großen Oktober, Berlin 1957, S. 75; Neue Justiz 1949, S. 153; 1951, S. 442; 1958, S. 1

40 Baumgarten, Vom Liberalismus zum Sozialismus, S. 8, 112
– vgl. auch: Baumgarten-Festschrift, Berlin 1960, 278 S.; Baumgarten-Festschrift (Wissenschaftliche Zeitschrift der Humboldt-Universität zu Berlin, Gesellschaftswissenschaftliche Reihe, Jahrgang XIII), Berlin 1964, 105 S.; Polak, Arthur Baumgarten, Berlin 1959; Steiniger, in: Neue Justiz 1951, S. 444 und 1954, S. 189; Benjamin, in: Staat und Recht 1954, S. 167–194; Klenner, in: Neue Justiz 1967, S. 37–40 und: Forschungen und Fortschritte 1967, S. 187–188

Alte und neue Strafrechts- und Zivilrechtsauffassung[1]

(1911)

I. Eine ungemein große Zahl von Schriften über die Grundauffassung des Strafrechts haben uns die letzten Jahre gebracht. Und doch ist keine völlige Klarheit über die Frage geschaffen, ob durchgreifende Unterschiede zwischen der Strafrechtstheorie, die man gewöhnlich als die klassische bezeichnet, und den mit dem Anspruch auf Neuheit auftretenden Anschauungen, auf die der Ausdruck moderne Schutzstrafe hinweist. Ein weiteres Wort über dieses Problem wird um so weniger Mißfallen begegnen, als die Aussicht auf Förderung durch die geringe Gefahr erkauft wird, eine schier unübersehbare Flut durch einen überflüssigen Tropfen angeschwellt zu sehen. Wo viel geschrieben ist, erscheint es schwer, etwas Neues zu sagen, und schwer, dem Leser, der gegen Wiederholung abgestumpft ist, Verdruß zu bereiten.

Wer über prinzipielle Fragen sich in einem Augenblick äußert, in dem drei Völker darauf harren, daß aus ihren Vorentwürfen zu einem Strafgesetzbuch sich ein allgemeine Mißstände beseitigendes neues Recht entwickle, der muß, wenn er nicht will, daß seine Stimme gänzlich ungehört verhalle, ein Wort der Verständigung suchen. Dazu wollen auch diese Zeilen beitragen.

Nicht Verständigung, sondern nur Verzögerung solcher, wenn sie auf anderem Wege beschafft werden kann, liegt in der Aufstellung, daß von vornherein zwischen der klassischen Vergeltungstheorie und der modernen Anschauung kein Unterschied bestehe. Auch nach letzterer sei die Strafe notwendig Vergeltung, denn unter Vergeltung habe man im Strafrecht nichts anderes zu verstehen als die zweckmäßige Reaktion auf eine Übeltat. Natürlich kann man ja das Wort Vergeltung in einem Sinn fassen, in dem jede Strafe, die Anspruch auf den Titel einer vernunftgemäßen Maßregel macht, Vergeltung genannt werden muß. Der Begriff der Vergeltung verliert dann eben seine spezifische Bedeutung, die er auf dem Gebiete der Strafrechtstheorien erlangt hat, und die Theorie, deren Eigenart bisher

[1] Veröffentlicht in: Schweizerische Zeitschrift für Strafrecht 1911, S. 387–398.

durch ihn bezeichnet wurde, muß sich nach einem anderen Ausdruck umsehen. Worte dürfen solche nicht trennen, die sachlich auf dem gleichen Standpunkt stehen, sie dürfen aber auch nicht solche zueinander bringen, deren Meinungen in Wahrheit divergieren. Und in Wahrheit klafft ein Abgrund zwischen den Bekennern der Vergeltungstheorie und den Anhängern der modernen Schutzstrafe, ein Abgrund aber, über den hinweg sie sich vielleicht doch die Hand reichen können.

Kann sich der Kriminalist eine anziehendere Aufgabe denken als die, welche ihm die neue Strafrechtsschule zuweist: nach genauer Erforschung der individuellen und sozialen Ursachen des Verbrechens diejenige Maßregel suchen, welche den Besserungsfähigen bessert, den unheilbar Antisozialen ausscheidet, vor der akuten Kriminalität, dem einmaligen Fehltritt durch Einschüchterung bewahrt? Es ist ein Ziel, des Schweißes der Edlen wert, freilich auch ohne Schweiß gewiß nicht zu erreichen. Denn die an sich schon nicht leichte Aufgabe wird einmal dadurch erschwert, daß der Bürger keinesfalls dem freien Ermessen des staatlichen Beamten ausgeliefert werden soll, daß das Strafgesetz auch in Zukunft die Bedeutung einer Magna Charta sich zu bewahren hat. Sodann sind bestimmte Vorstellungen, welche in Wahrheit keine Berechtigung haben, aber vom Volk mit einer unüberwindlichen Zähigkeit festgehalten werden, ich meine die ethischen Werturteile über das Verhältnis von Übeltun und Übelleiden, so lange zu respektieren, bis es gelingt, überall die geläuterte Auffassung zu verbreiten, daß einer durch das Wohl der Gesellschaft geforderten Maßregel ethische Bedenken niemals im Wege stehen können.

Gegenüber einer solchen Strafrechtslehre hat die Vergeltungstheorie, die alte, echte meine ich, fast etwas Naives. Es gehört schon einiger Mut dazu, sich zu ihr zu bekennen, so gewiß ist man des Lächelns der Gegner. Die Strafe soll wirklich nichts anderes sein, als eine durch das moralische oder das sozial-ethische Empfinden des Menschen geforderte Reaktion auf die schlechte oder gesellschaftsfeindliche Tat? Die Wissenschaft weiß nichts Besseres zu tun, als das in manchen, keineswegs in allen Kreisen der Bevölkerung instinktiv Empfundene als der Weisheit letzten Schluß hinzunehmen?

Es werden nun wohl zunächst diejenigen, welche in der Strafe als einem unabweisbaren Postulat unseres moralischen Empfindens etwas über Zweckbestrebungen weit Erhabenes sehen, aus der Diskussion ausscheiden. Solchen Idealisten gegenüber gibt es kein zur Bekehrung zwingendes Argument, man geht über ihre verschwindend kleine Zahl hinweg zur Tagesordnung.

Die Mehrzahl der Anhänger der Vergeltungstheorie, die einen gewiß nicht unerheblichen Bruchteil aller derer ausmachen, die sich überhaupt mit den Grundfragen des Strafrechts beschäftigen, sucht den Gedanken der Vergeltung irgendwie mit dem Zweckgedanken zu vereinigen. Darüber aber, wie dies zu geschehen hat und inwiefern durch eine solche Vereinigung ein Vorteil gegenüber der modernen Schutzstrafe erzielt wird, herrscht der größte Streit. Ohne irgendwelche Prätention der Originalität will ich im folgenden meinen persönlichen Standpunkt in Kürze darlegen:

Der modernen Theorie müßte man ohne weiteres beitreten, wenn nicht die Auffindung einer völlig rationellen Strafe ein Ding der Unmöglichkeit wäre. Konsequente Durchführung von Spezial- und Generalprävention ist, wie von mehreren Seiten dargelegt, nicht durch die gleiche Maßregel zu erreichen. Sodann muß, wenn die Spezialprävention in wirksamer Weise eingreifen soll, der einzelne dem Ermessen der über die konkrete Ausgestaltung der Strafe befindenden Behörde ausgeliefert werden – was im Rechtstaat unmöglich erscheint. Endlich vermag die Respektierung der ethischen Bewertung von Handlungen, deren Mißachtung seitens des Gesetzgebers gefährliche Folgen haben könnte, eine durch die Rücksichten der General- und Spezialprävention gebotene Regelung bis zur Unkenntlichkeit umzugestalten. Alles, was wir in absehbarer Zeit im Strafrecht werden leisten können, wird vom Standpunkt ausklügelnder Zweckerwägung höchst unvollkommenes Stückwerk sein. Unter diesen Voraussetzungen ist es wohl nur natürlich, wenn die Strafrechtspflege ihre Grundlage anstatt in utilitaristischen Überlegungen in dem tief eingewurzelten Rechtsgefühl sucht, das uns gebietet, dem Verstoß gegen die Regeln des Zusammenlebens der Gesellschaft ein gegen den Übeltäter sich richtendes Übel folgen zu lassen. Dieses Rechtsgefühl ist als ein Entwicklungsprodukt des menschlichen Zusammenlebens und daher als zur Förderung desselben geeignet anzusehen. Sollte dereinst der Tag kommen, an dem es seine Schuldigkeit getan hat und gehen kann, um einer allumfassenden Zweckerwägung Platz zu machen, dann wird dieser Tag die Anhänger der Vergeltungstheorie bereit zur Mitarbeit an dem großen Werk finden:

„Verteilt man auf den Sternen neues Lehn . . .“

Wenn in dem Vergeltung heischenden Rechtsgefühl die Zweckidee als Entwicklungstendenz waltet, kann es schließlich nicht wundernehmen, daß bewußte Zweckerwägung sich mit ihm vereinigen läßt, immerhin lehrt nähere Überlegung des Zusammenhanges zwischen Vergeltungs- und Zweckidee, daß bei der Vereinigung ein Gegensatz überwunden werden muß.

Der Zweck heiligt die Mittel. Das ist das Prinzip, durch das einer rationalistischen Interessenverfolgung der weiteste Spielraum geschaffen wird. Es ist ein ungesundes Prinzip, wie uns die Geschichte und die Erfahrung des täglichen Lebens lehren, nicht geeignet für den kurzsichtigen

Menschen, der das letzte Ende seiner Handlungen nicht sehen kann. Mit der Verwerfung dieses Prinzips ergibt sich zugleich die Notwendigkeit, etwas unbedingt Respektwürdiges anzuerkennen, etwas, was nicht verletzt werden darf, mag der Zweck, zu dem die Verletzung geschieht, auch ein noch so guter sein. Es ist schwer einzusehen, was das unverletzliche Etwas hienieden anders sein sollte als die Person des Nebenmenschen, die niemals zum Mittel für die Erreichung irgendwelcher Zwecke Dritter degradiert werden darf. Da nun aber doch der Mensch dem Nebenmenschen gegenüber nicht ganz wehrlos dastehen kann, so bildet sich bei ihm das Gefühl aus, daß der Übeltat eine Übelzufügung kraft ethischen Gebots folgen müsse, ganz ohne Rücksicht auf die Zweckmäßigkeit solcher Übelzufügung für dritte Personen. Was bewußt nicht erstrebt werden darf, das erreicht man, ohne es zu wollen: In Wahrheit ist die Durchführung jenes Gebots ein höchst wirksames Schutzmittel gegen Übeltäter.

Wer den soeben in großen Umrissen gezeichneten Zusammenhang zwischen Vergeltungs- und Zweckidee anerkennt, wird zugeben, daß zwischen ersterer und der bewußten Zweckerwägung ein Gegensatz besteht, aber auch wer diesen Zusammenhang für eine unbegründete Hypothese hält, kann nicht leugnen, daß, wenn bewußten Zweckerwägungen Einfluß auf die Bestrafung eingeräumt wird, ein wichtiger Vorteil der Vergeltungsstrafe verlorenzugehen droht. Denn wie man einerseitts nicht bestreiten wird, daß es dem sittlichen Empfinden der meisten widerstrebt, einen Menschen für andere zu opfern, so steht andererseits fest, daß eine Zweckstrafe, die nicht einseitig auf die Besserung des Delinquenten abstellt, eine solche Aufopferung enthält, nicht aber eine von dem sittlichen Empfinden selbst geforderte Vergeltungsstrafe.

Wenn oben gesagt wurde, daß die Zweckerwägung sich mit der Vergeltungsidee deswegen vereinigen läßt, weil letztere dem unbewußten Walten der Zweckidee entstammt, so sollte damit nur ein bescheidener Erklärungsversuch für einen zweifellosen Anwendungsfall des Erfahrungssatzes gegeben sein, daß die Anerkennung von Handelsprinzipien die Zulassung von Ausnahmen von denselben nicht ausschließt. Wir wollen den einen nicht den Zwecken des anderen opfern und glauben doch zum Kriegführen berechtigt zu sein. Hundert- und tausendfach durchbrechen wir in unserer individuellen Lebensbetätigung die Maximen unseres Handelns, und doch ist kein Irrtum verhängnisvoller als der, daß mit den Maximen völlig gebrochen, die Prinzipienlosigkeit zum Prinzip erhoben werden müßte. Man kann und darf nicht stets ganz konsequent handeln, und man kann doch nicht darauf verzichten, vielfach sein Handeln nicht anders als durch konsequente Ableitung aus einem Prinzip gegenüber sich und andern zu rechtfertigen. Solche Anschauungen scheinen manchen ein Zeichen unklaren Denkens, für diejenigen aber, welchen sie sich aus der Beobachtung des menschlichen Handelns – des individuellen und des sozialen – ergeben haben, sind sie, wie gesagt, ein Erfahrungssatz, gegen den die Logik vergebens anzukämpfen sich bemüht.

Pascal hat recht: C'est un grand mal de suivre l'exception au lieu de la règle. Il faut être sévère et contraire à l'exception. Mais néanmoins, comme il est certain qu'il y a des exceptions de la règle il faut en juger sévèrement, mais justement. Die vergeltende Gerechtigkeit ist nur für uns eine Regel, die Ausnahmen zuläßt; daher erscheint uns eine Bestrafung zunächst nur gerecht, wenn und soweit sie durch die Gerechtigkeit aufgefordert wird, und tragen wir trotzdem kein Bedenken, eine Strafe, deren soziale Nützlichkeit sich erweisen läßt, auch wenn sie sich uns als gerechte Vergeltung nicht aufdrängt, Platz greifen zu lassen. Aber freilich – und darin unterscheiden wir uns von den Modernisten – die Strafe muß in letzterem Fall sich durch ihre zweifellose Zweckmäßigkeit, sozusagen durch ihre soziale Notwendigkeit, legitimieren. Wer bei jeder Strafe verlangt, daß der Beweis ihrer Nützlichkeit erbracht werde, der wird schließlich genötigt sein, sich mit recht fragwürdigen Beweisen zu begnügen, wenn er überhaupt strafen will.

Immer aber behält, auch da, wo bewußte Zweckerwägung zur Begründung einer Strafe herangezogen wird, das Gerechtigkeitsgefühl die Berechtigung zur Ziehung einer äußersten Grenze, bis zu der die Strafe gehen darf. Nicht nur unser bon sens, sondern auch unser sittliches Empfinden machten die Annahme solcher Vorschläge wie des einer völligen Ausrottung der wegen irgendwelcher Gebrechen für die Gesamtheit wertlosen oder gefährlichen Existenzen zur absoluten Unmöglichkeit.

Es ist von Anhängern der Vergeltungstheorie die Frage aufgeworfen worden, ob wir Maßregeln, die nicht aus dem Vergeltungsbedürfnis, sondern aus bewußter Zwecksetzung hervorgehen, als Strafe zu bezeichnen haben oder nicht; insbesondere hat man Maßregeln, durch welche Verbrecher von der Fortsetzung ihres Treibens abgehalten werden sollen, den Strafcharakter abgesprochen. Die Frage hat größere Bedeutung, als der erste Blick, der nur einen Wortstreit erschaut, erkennen läßt. Unseres Erachtens ist in der Ausscheidung der Präventivmaßregeln aus dem Strafrecht eine Komplikation und, was ungleich wichtiger ist, eine schwere Gefahr für die unschuldigen Gefährlichen gegeben.

Die Komplikation sehe ich darin, daß zwei Maßnahmen vorgenommen werden, wo eine einzige ausgereicht hätte. Gefahr aber für die Unschuldigen kann nie ausbleiben, wenn sie mit den Schuldigen zusammengekoppelt werden. Schwerlich wird man, wenn einmal die Ausscheidung aus dem Strafrecht erfolgt ist, zwischen den verbrecherischen und den nicht verbrecherischen Gefährlichen scharf unterscheiden, sondern alle ohne Rücksicht auf ihre Person den Maßnahmen unterwerfen, welche man im Interesse der Gesamtheit für rätlich hält. Damit ist dann die jede Achtung vor der Persönlichkeit in den Wind schlagende Utilitätspolitik verwirklicht, welche zu bekämpfen eine der vornehmsten Aufgaben der Vergeltungstheorie ist. Wir können daher unmöglich denen zustimmen, welche den Konflikt der Strafrechtstheorien dadurch zugunsten der Vergeltungstheorie zu lösen suchen, daß sie die Sicherungen und sonstigen Zweckmaßnahmen aus dem Strafrecht herausweisen. Ganz logisch ist es freilich vielleicht nicht, Vergeltungsstrafe und allerhand Zweckmaßnahmen unter einen Hut bringen zu wollen, aber ein Nebeneinanderbestehen von Vergeltung und bewußter Zweckerwägung ist überhaupt in gewissem Sinn, wie oben dargelegt wurde, eine Antinomie, und jedenfalls erscheint die unstreitbare Übung, den Satz, daß der Zweck das Mittel nicht heiligt, anzuerkennen und dann doch wieder durch Ausnahmen zu durchbrechen, vom logischen Standpunkt aus nicht einwandfrei. Wie auf das Handeln des einzelnen, so haben auch auf das der Gesamtheit widerstreitende Erwägungen und Instinkte Einfluß, und es ist ein vergeblicher, von Pedanterie nicht ganz freier Versuch, das, was sich natürlicherweise zum Gesamteffekt verbindet, aus Gründen der Logik trennen und zu gesonderter Wirkung kommen lassen zu wollen.

Nach dem bisher Gesagten ist bei uns ein Zusammenwirken mit den Anhängern der modernen Strafrechtstheorie nicht unmöglich. Ebenso wie sie sind wir bestrebt, gegen das gewerbsmäßige Verbrechertum, gegen Vagabunden, Trunkenbolde, liederliches Volk aller Art sowie gegen diejenigen, denen ein unausrottbarer Hang zum Verbrechen eingepflanzt ist, eine Art der Bestrafung zu ersinnen, durch die die Gesellschaft in wirkungsvoller Weise geschützt wird. Nur gegenüber dem normalen Verbrecher, d. h. gegenüber demjenigen, der zu keiner besonderen, eine bestimmte Behandlung im Interesse der Gesellschaft fordernden, mehr oder minder scharf abgrenzbaren Gruppe gehört, tritt nach unserer Auffassung die vergeltende Strafe in den Vordergrund, und auch auf diesem Gebiete verdrängt sie die bewußte Zweckerwägung nicht vollständig. So wird kein Besonnener leugnen, daß, wenn eine gesetzwidrige Manipulation mit Sprengstoffen ohne Rücksicht auf eine im konkreten Fall erkannte oder erkennbare Gefahr unter strenge Strafe gestellt wird, dies mit Vergeltung wenig zu tun hat. Ebenso ist klar, daß in einem Bezirk, in dem viele Messerstechereien vorkommen, die Gerichte zu höheren Strafen greifen werden, als es dem Vergeltungsbedürfnis entspricht. Aber das alles hindert nicht, in dem Vergeltungsgedanken noch heute die Grundlage des Strafrechts zu erblicken. Nichts kann unrichtiger sein als die Behauptung, der Vergeltungsgedanke erweise sich für die Bestimmung der Strafe völlig steril. Der Neuling in der Strafrechtspraxis wird freilich schwer daran tun, aus dem Gesetz und dem Rechtsgefühl zusammen eine Strafe zu schöpfen. Sind für einen unter gewöhnlichen Umständen begangenen Diebstahl in einem Geldbetrage von 10 Franken acht Tage oder sechs Wochen Gefängnis eine „geeignete Sühne"? Das Rechtsgefühl verweigert hierauf scheinbar die Antwort, und doch gibt es keinen Praktiker, dem jene Frage sonderliche Verlegenheit bereiten würde, obgleich er für die von ihm gefundene Strafgröße nicht irgendwelche Zweckerwägungen anführen könnte. Es haben eben die Gerichte für gewisse Fälle typischen Charakters ein bestimmtes traditionelles Strafmaß, und je nach der besondern, in einer den reinen Typus nicht aufweisenden Tat hervortretenden Verschuldung erhöht oder mindert der Richter die poena ordinaria. Dieses Verfahren allein kann der Strafrechtspflege den Ruf der Gerechtigkeit sichern, denn nur dieser Berechnung vermag das strafnehmende Publikum mit Verständnis zu folgen. Man glaube nicht, daß solches Verständnis etwa nur bei den habitués der Anklagebank gefunden wird. Bringen auch diese allein eine ausreichende Kenntnis der Gerichtspraxis mit, um ihre Strafe im voraus mit einiger Genauigkeit berechnen zu können, so wird doch auch der, den zum ersten Mal eine Strafe trifft, bemüht und imstande sein, durch Vergleich mit dem, was über andere, ähnlicher Verbrechen Schuldige verhängt worden ist, sich ein Urteil darüber zu bilden, ob seine Bestrafung eine gerechte oder eine ungerechte war. So kann denn auch der Richter Aug in Aug dem Angeklagten seine Strafe verkünden; er hat nicht etwa die traurige Pflicht, seinem Nebenmenschen mitzuteilen, daß er irgendwelchen auf das Wohl der Gesamtheit abzielenden Zweckerwägungen zum Opfer falle. Allerdings hat man gesagt, daß es dem Menschen übel anstehe, sich zum sittlichen Ritter über seinen Nächsten aufzuwerfen, aber es ist wirklich nicht einzusehen, warum das Pathos der Entrüstung über den Eingriff in die menschliche Ordnung nicht innerhalb dieser Ordnung zum Ausdruck gelangen sollte.

Da auch der der modernen Theorie zugeneigte Richter in einer großen Zahl von Fällen gar nicht anders wird handeln können, als es der klassischen Theorie entspricht, sind die praktischen Unterschiede, zu denen die Divergenz in der Grundauffassung des Strafrechts führt, nur geringe. Immerhin muß hier nochmals auf den Punkt aufmerksam gemacht werden, der schon oben berührt wurde. Wer sich zur Vergeltungstheorie bekennt, der wird zwar darum nicht von vornherein der Zweckerwägung jeden Einfluß auf die Bestrafung abstreiten wollen, aber er wird bei einer Maßregel, die eine erheblichen Eingriff in die Existenz eines anderen enthält und von dem Bedürfnis nach Vergeltung der Übeltat nicht gefordert wird, die größte Vorsicht walten lassen. Nur unter dieser Voraussetzung ist es möglich, der Strafe das Ansehen einer gerechten Maßregel zu erhalten, dessen jede große soziale Einrichtung dringend bedarf.

II. Wenn wir bedenken, daß der tiefste Grund für die Lebenskraft der Vergeltungstheorie in der für den Menschen bestehenden Unmöglichkeit verstandesmäßig eine völlig zweckmäßige Maßregel gegen die Verbrecher ausfindig zu machen, beruht, so tritt durch diese negative Seite der Kampf der Strafrechtsschulen mit dem zunächst wesentlich das Zivilrecht betreffenden Kampf zwischen Begriffs- und Interessenjurisprudenz in Zusammenhang. Der Anhalt am Rechtsgefühl auf dem Gebiet des Strafrechts, die Beherrschung des Lebens durch das Gesetz ermöglichende „Begriffsknetung" auf zivilistischem Gebiet rechtfertigen sich, weil es über Menschenkraft geht, das sozial Richtige in jedem Einzelfall mit Sicherheit festzustellen. Würde es eine Methode geben, das Wahre in der Regelung der Lebensverhältnisse aufzufinden, dann möchte diese, die allerdings wohl mit „Begriffsknetung" keine sonderliche Ähnlichkeit hätte, an die Stelle unserer bisherigen „juristischen Scholastik" treten. Vorläufig dürfte die Entdeckung einer solchen Methode nicht weniger als eine Utopie erscheinen, als die des perpetuum mobile oder des Steins der Weisen. Der Vorschlag, den jungen Juristen anstatt bei Windscheid in eine Fabrik und in eine Bank in die Lehre zu schicken, damit er das pulsierende Leben kennenlerne anstatt toter Begriffe, bringt uns dem erwünschten Ziel nicht näher. Das einzige, was man erreicht, wird sein, daß der junge Jurist, nachdem er sich eine hübsche kaufmännische Bildung angeeignet hat, in voller Erkenntnis der Sachlage zu dem Beruf übergeht, für den er nun besser geeignet ist als für den, welchem er sich ursprünglich widmen wollte.

So bleiben wir denn bis auf weiteres bei der alten Schule, die die Gemeinrechtler so trefflich inauguriert haben. Sie kann uns nicht übermäßig viel versprechen, aber was sie verspricht, das hält sie: die ungefähre Beherrschung des Lebens durch das Gesetz und damit Richtersprüche, die vielleicht nicht von salomonischer Weisheit, aber immerhin im großen und ganzen ebenso weise sein werden wie die, welche Hinz und Kunz aus tiefgründigen Zweckerwägungen schöpfen.

Man behauptet freilich, daß die konstruktive Jurisprudenz nicht imstande sei, dem Gesetzinterpreten sichere Resultate zu bieten. Man schreibt ihr die gleiche Sterilität zu wie der Vergeltungstheorie. Da man die Wahl zwischen dem argumentum a contrario und dem Analogieschluß habe, ließen sich entgegengesetzte Entscheidungen gleich gut begründen. Aber hier wird aus einem in der Tat nicht seltenen Versagen der Methode der Schluß auf ihre völlige Unbrauchbarkeit gezogen und nicht einmal geprüft, ob der Fehler nicht durch ihre feinere Ausbildung vermieden werden könnte. Ein leidenschaftsloser Beobachter wird zugeben, daß, selbst wenn die Methode der konstruktiven Jurisprudenz nicht verbesserungsfähig sein sollte, doch mit ihrem völligen Verschwinden die Anwendung des Gesetzes in weit höherem Grade dem Zweifel unterliegen würde, als dies heute der Fall ist. Man braucht sich nur mit einem Laien über die Entscheidung von Rechtsfragen zu unterhalten, um zu erkennen, daß der bon sens oft da schwankt, wo die juristische Logik, d. h. alles das, was wir an Begriffen und Räsonnement in der Schule, in der wir ausgebildet sind, also in der der Begriffsjurisprudenz, gelernt haben, unerbittlich auf ein bestimmtes Resultat weist.

Freilich hat, wie jedes Ding, auch die menschliche Unfähigkeit, die materielle Wahrheit in der Regelung der Lebensverhältnisse zu finden, ihre Grenze. Wie wir oben zugegeben haben, daß Zweckerwägungen uns vielfach geeignete Strafmaßregeln weisen können, so leugnen wir natürlich nicht, daß sich sehr häufig auf dem Gebiet des Privatrechts vernünftige von törichten Bestimmungen mit Sicherheit sondern lassen. Dies zu beachten ist vor allem Aufgabe des Gesetzgebers, aber auch der Richter muß es beherzigen. Auf dem weiten Gebiet, auf dem die Begriffsjurisprudenz zu keinem völlig sichern Ergebnis gelangt, hat der Richter freie Hand, die materiell bessere Entscheidung zur Durchführung zu bringen. Und auch da, wo die Begriffsjurisprudenz kaum einen Zweifel läßt, es aber anderseits feststeht, daß der Gesetzgeber, wenn er an den zur Entscheidung stehenden Fall gedacht hätte, ihn in anderer Weise entschieden haben würde, als nach der logischen Interpretation seiner Norm angenommen werden muß, kann die Berufung auf den Geist der Rechtsordnung oder deren Gesamttendenz das unerwünschte Resultat verhindern. Freilich darf dabei der Richter nie außer Auge lassen, daß um der Erreichung einer billigen Entscheidung im Einzelfall willen nicht die Vorteile einer gesetzestreuen Rechtsprechung geopfert werden dürfen und daß die Berufung auf den Geist des Gesetzes bis zu einem gewissen Grad eine Verletzung der Gesetzestreue enthält. Denn was man so den Geist der Gesetze heißt, das ist zumeist der Herren eigner Geist.

In der so geschaffenen schwierigen Situation das Richtige zu treffen, ist Sache des juristischen Takts, der nicht erlernt werden kann, dessen Anlage aber durch Betätigung in der Anwendung des Rechts weiter entwickelt wird. Nicht ganz mit Unrecht macht man den in der Schule des gemeinen Rechts ausgebildeten Richtern den Vorwurf, daß sie die Subtilitäten der Begriffsjurisprudenz auf die Spitze trieben, so das Gebiet des arbitrium iudicis verengernd, und daß sie nicht die genügende Kühnheit besäßen, um der vernunftsmäßigen Lösung auf Kosten einer überstrengen Gesetzestreue den Sieg zu verschaffen. Diesen Dispositionen arbeitet die sogenannte

Freirechtsschule wirkungsvoll entgegen. Darum wird man ihre maßlose Heftigkeit und ihre Blindheit verzeihen müssen, in der sie wähnt, die Gegner trieben Begriffskultus um der Begriffe willen, sie stünden noch auf dem Standpunkt der scholastischen Doktrin in Überschätzung des Abstrakten gegenüber dem Konkreten, während in Wahrheit die begriffliche juristische Denkarbeit für das praktische Leben und nur für dieses wirkt, mögen auch die Arbeiter sich dessen nicht immer bewußt sein. Vielleicht sind solche an sich unberechtigte Vorwürfe notwendig, um alle, die zur Mitarbeit an der Rechtspflege berufen sind, zur Überlegung über die Methode ihres Schaffens anzuregen und dadurch den sachlichen Fortschritt herbeizuführen, an den wir glauben müssen, wenn wir die Lust an unserm Beruf behalten sollen.

Karl Binding[1]

(1920)

Die Rechtswissenschaft hat in Karl Binding einen ihrer bedeutendsten Jünger verloren, vielleicht den Getreuesten unter den Getreuen. Sie war seine erste und seine letzte Liebe. Wohl schien es anfänglich, als ob Binding sich der Geschichtswissenschaft, der sein erstes Buch, über das burgundische Königreich, gewidmet war, zuwenden wollte, aber bald wurden für ihn die historischen Studien zu einem Zweig der Pflege der Rechtswissenschaft, speziell der Strafrechtswissenschaft. So ist denn hier ein starker, feuriger Geist von früher Jugend bis hart an eine Altersgrenze, die nach der Auffassung des Psalmisten ein ungewöhnliches Maß menschlicher Lebensdauer bezeichnet, voll begeisterter Hingabe, unermüdlich und ohne Kräftenachlaß tätig gewesen im Dienste der Jurisprudenz. Die Ars boni et aequi dürfte nicht viele ähnliche Triumphe aufzuweisen haben.

Die Frucht dieses Lebens ist eine stattliche Zahl von umfangreichen, zum Teil mehrbändigen Werken und eine Fülle von Artikeln in gelehrten und auch etwas weniger gelehrten Zeitschriften und Journalen. Wer, wie es heute nicht selten vorkommt, den Erfolg einer Gelehrtenlaufbahn nach der Zahl der Seiten abschätzt, die die emsige Feder durcheilte, kann da einem plaudite amici nicht widerstehen. Und auch der Einsichtsvollere neigt sich voll Bewunderung, wenn er sieht, wie fast jede von den vielen tausend Seiten Zeugnis ablegt von gediegenstem Wissen, gründlichem Nachdenken, Scheu vor Wiederholungen und Banalitäten, wie fast lauter Meisterarbeit geliefert ist.

Die Lektüre von Bindings Schriften lehrt, daß juristische Bücher bei aller Wissenschaftlichkeit, Akribie und Detailforschung nicht langweilig und trocken zu sein brauchen. Das juristische Einzelphänomen, das uns oft so stumpf entgegenstarrt, weiß der Verfasser zu vergeistigen, indem er es in einem größeren Zusammenhang rückt. Auch appelliert er an das Gemüt sowohl wie an den Verstand. Nicht bloß bei den großen prinzipiellen

[1] Veröffentlicht in: Schweizerische Zeitschrift für Strafrecht, Bd. 33, 1920, S. 187 bis 191

Entscheidungen, sondern auch soweit es sich um technische Vorschriften handelt, die scheinbar nur äußern Zweckmäßigkeitsrücksichten zu dienen haben, findet er in oft überraschender, packender Weise Beziehungen zu ethischen Problemen, zu Postulaten der Gerechtigkeit heraus. Den eigenartigsten Reiz aber verleiht allem, was er schreibt, sein origineller, prächtiger Stil. Binding besaß eine geflügelte Phantasie, die sein lebhaftes Temperament zu Exzessen fortzureißen drohte; aber ein scharfer Verstand und künstlerischer Sinn für Maß und Harmonie legten den Zügel an. Seine Sprache ist reich, doch nie überladen; seine Wendungen sind kühn, nie verwegen. Gänzlich fern lag ihm das Manirierte und Affektierte, nur ein höchst oberflächlicher Beobachter könnte es bei ihm zu finden meinen. Fast größer noch denn als Schriftsteller zeigte Binding sich als Redner, mochte er nun am fünfhundertjährigen Gründungstag einer der bedeutendsten Pflegestätten des Geisteslebens den weihevollen Gefühlen Ausdruck geben, die eine ökumenische Gelehrtenversammlung bewegten, mochte er in einem achtstündigen Strafrechtskolleg von der ersten bis zur letzten Stunde sich die Aufmerksamkeit aller bessern Elemente eines großen Auditoriums sichern, mochte er seinen Schülern, die ihm die höchste studentische Ehrung darbrachten, dafür danken, „daß sie mit der Fackel ihrer Jugend hineinleuchteten in den Lebensabend ihres alten Lehrers".

Mit alledem ist nun freilich noch nicht die ganz singuläre Stellung erklärt, die Binding unter den zeitgenössischen deutschen Kriminalisten einnahm. Wer immer später die Geschichte der Rechtswissenschaft unserer Zeit schreibt, der wird den Mann als eine gewaltige, überragende Figur zeichnen müssen.

Τίς τ' ἄρ' ὅδ' ἄλλος Ἀχαῖος ἀνὴρ ἠΰς τε μέγας τε,
Ἔχοχος Ἀργείων κεφαλὴν τε καὶ εὐρέας ὤμους;

Dieser Mann besaß nicht nur Gelehrsamkeit, Scharfsinn, Gerechtigkeitsgefühl und eine hervorragende Darstellungsgabe, er besaß auch eine zähe Energie des Denkens und eine Macht der Synthese, die ihn befähigten, wuchtige Gedankengebäude aufzuführen. Manche seiner Mitbewerber sind ihm vielleicht an Fülle glücklicher Einzeleinfälle gleichgekommen oder haben ihn sogar übertroffen, aber keiner hat wie er in schöpferischer Tat ein imponierendes System hervorzubringen gewußt. Dabei denke ich nicht an sein Handbuch des Strafrechts, das für einzelne Lehren der allgemeinen Rechtstheorie und des Strafrechts sehr erheblichen Wert hat, aber, weil zu großzügig angelegt, in den ersten Anfängen steckenblieb, sondern an sein Lehrbuch des besondern Teils des deutschen Strafrechts und vor allem an sein monumentales Werk „Die Normen und ihre Übertretung". Ein solcher Bau wird durch keine Kritik, mag sie auch noch so grundsätzlich, noch so berechtigt sein, aus der Welt geschafft, er bleibt bestehen als ein Zeugnis der Kraft des Geistes. Das stolze Horazische exegi monumentum hätte Binding mit Fug und Recht unter seine Lebensarbeit setzen dürfen.

Der Beginn von Bindings Wirksamkeit fällt in eine Zeit, da in der Kriminalrechtswissenschaft eine Reaktion gegen die Willkürherrschaft der Abstraktionen einer philosophischen Schule dringend erforderlich schien. Dabei konnte man in der Weise vorgehen, daß man für die Erreichung der handgreiflichen, praktischen Ziele der Strafe mit Hilfe der in den Naturwissenschaften erprobten Methoden und der Induktion die geeigneten Mittel ausfindig zu machen suchte. In dieser Richtung ist mit feinem Takt für den Zug der Zeit, mit viel Temperament, einer gewandten Feder und ausgezeichnetem Organisationstalent Franz von Liszt für die deutsche Wissenschaft bahnbrechend tätig gewesen. Vielleicht ist der Augenblick nicht fern, da man die Dinge wieder etwas tiefer zu erfassen sich gedrungen fühlt und, ohne zu Hegel zurückzukehren oder die sorgfältige empirische Forschung aufzugeben, für das Recht wie für alle menschliche Betätigung überhaupt den Zusammenhang sucht mit einer philosophischen, metaphysischen Weltauffassung. Indessen sind diese Blätter nicht Zukunftswünschen, sondern dem Gedächtnis eines Kriminalisten gewidmet, der das Heil seiner Wissenschaft auf einem ganz andern Wege als dem eben bezeichneten zu finden glaubte. Binding wollte reformatorisch wirken, nicht als Kriminalsoziologe, wie der von ihm aufs heftigste bekämpfte Liszt, nicht als Philosoph, der er nicht war und nicht zu sein wünschte, sondern als Jurist.

Das juristische Fundament der Strafe sieht Binding in den Normen, den Rechtsbefehlen; für das Recht soll die strafbare Handlung, das Verbrechen im wesentlichen nichts anderes sein als vermeidbare Normübertretung, Ungehorsam gegenüber dem Rechtsbefehl. Daß sich alle bedeutungsvolleren allgemeinen Verbrechensmerkmale aus diesem Grundgedanken heraus genau bestimmen lassen, das darzulegen war die Aufgabe der „Normen". Nun ist freilich nicht darüber hinwegzukommen, daß uns die wissenschaftliche Betrachtung des Strafrechts auf Erwägungen soziologischer, ethischer, moralischer Natur führt, wofern man nicht den noch nie erbrachten und von Binding überhaupt nicht versuchten Nachweis führt, daß das Rechtliche zu den spezifischen irreduktiblen Grundkategorien des menschlichen Denkens gehört. Daß dem so ist, erhellt, sobald man sich die Fragen vorlegt, wie denn der Gesetzgeber dazu kommt, eine Norm aufzustellen, insbesondere etwas zu verbieten, und wie es sich erklärt, daß er den Ungehorsam gegen seinen Befehl mit Strafe belegt. Auf die erste Frage kann man kaum anders antworten als mit dem Hinweis auf die Aufgabe des Gesetzgebers, individuelle oder soziale menschliche Interessen zu schützen. Dies sieht Binding nicht nur sehr wohl ein, sondern er hat auch eine treffliche Formulierung für den Gedanken in die Strafrechtswissenschaft eingeführt, indem er lehrt, der Gesetzgeber habe die Verletzung und Gefährdung von Rechtsgütern zu untersagen. Mit dem Rechtsgut ist nichts anderes gemeint als ein individuelles oder soziales Interesse, und es steht mit dem, was wir oben über Bindings Abneigung gegen die soziologische Betrachtungsweise sagten, durchaus im Einklang, wenn er den von ihm selbst aufgestellten Begriff des Rechtsgutes, von dem sich das Soziologische nun einmal nicht abstreifen läßt, etwas stiefmütterlich behandelt. Die Ausführungen Bindings über den Rechtsgutbegriff ermangeln der Präzision, und Liszt hatte nicht sonderlich schweres Spiel, als er es unternahm, den Bindingschen Rechtsgutbegriff einer zersetzenden Kritik zu unterziehen. Was die zweite der oben bezeichneten Fragen, die nach der Erklärung der Strafe als Ungehorsamsfolge betrifft, so hat es bisweilen den Anschein, als glaubte Binding, sie mit Hilfe einer juristischen Konstruktion beantworten zu können. Das durch das Verbrechen verletzte staatliche Recht auf Botmäßigkeit soll sich in ein Recht auf Strafe verwandeln. Indessen ist eine solche konstruktive Vorstellung, wie die der Verwandlung eines Rechtes in ein anderes, nichts als ein Hilfsmittel für eine anschauliche Darstellung und ersetzt nicht die sachliche Erklärung. Wir haben uns daher ausschließlich an die Ausführungen zu halten, in denen Binding die Bestrafung der Normübertretung auf das Bedürfnis der Bewährung der Rechtsautorität gegenüber dem Ungehorsam zurückführt. Diese Strafrechtstheorie der Autoritätsbewährung ist, von allen sonstigen Bedenken einmal abgesehen, jedenfalls insofern unzulänglich, als sie nichts über das Maß der Strafe aussagt. Die Autorität des Rechts ist durch eine Polizeiübertretung genau so wie durch ein schweres Verbrechen in Frage gestellt. Von einer Strafrechtstheorie verlangen wir aber, daß sie uns den Unterschied in der Bestrafung der beiden Fälle verständlich mache. Hierzu bedarf es einer Abschätzung der in dem Verbrechen enthaltenen sozialethischen Schuld oder des Interesses der Gesellschaft an der Unterlassung des Verbrechens, womit wir wieder offensichtlich beim Ethischen, Soziologischen angelangt wären.

Man sollte meinen, daß die Mängel der rein juristischen strafrechtlichen Betrachtungsweise sich noch mehr im speziellen als im allgemeinen Teile äußern würden. Wenn schon der Gesetzgeber, auch soweit es sich ausschließlich ums Befehlen handelt, mit der Norm neminem laede nicht auszukommen vermöchte, so liegt doch auf der Hand, daß der Normenkatalog sehr viel kürzer und einfacher wäre als das staatliche komplizierte Verzeichnis der strafrechtlichen Tatbestände. Man sieht also nicht recht ein, wie die Normentheorie für die Herausarbeitung der einzelnen strafrechtlichen Tatbestände von erheblichem Wert sein soll. Trotzdem möchten wir glauben, daß Binding sich um keinen Teil der Strafrechtswissenschaft ein so bedeutendes Verdienst erworben hat wie um die Systematik des speziellen Teils. Allerdings ist es für diese Systematik keine genügende wissenschaftliche Grundlage, wenn gesagt wird, die Verbrechen zerfallen in Rechtsgutverletzungen, Rechtsgutgefährdungen und reine Ungehorsamsdelikte. Dies gilt jedenfalls so lange, als nicht der Begriff des Rechtsgutes genauer bestimmt und vor allem mit der Strafrechtstheorie in Beziehung gesetzt ist. Indessen bietet die bezeichnete Bindingsche Unterscheidung immerhin eine gewisse allgemeine Orientierung über den speziellen Teil und es ist bisher von der Wissenschaft de lege lata nichts geschaffen, was sie in dieser Funktion ersetzen könnte. Während die Bindingsche Unterscheidung den meisten Kriminalisten unmittelbar zu einer Einteilung der strafbaren Handlungen dient, hat sie für Binding selbst zunächst Bedeutung für die Einteilung der Normen. Wäre nun Binding ganz konsequent vorgegangen, hätte er die einzelnen Normen mit Rücksicht auf die Frage formuliert, welche Handlungen der Gesetzgeber zu untersagen und anzuordnen habe, dann wäre er, wie schon angedeutet wurde, zu einer verhältnismäßig kleinen Zahl ziemlich allgemein gefaßter Normen gelangt und die schwierige Aufgabe der mannigfaltigen Differenzierung der strafrechtlichen Tatbestände wäre damit erst zum allergeringsten Teile erledigt gewesen. Zum Glück für die Strafrechtswissenschaft hat an dieser Stelle seiner Gedankenarbeit Binding die gewohnte Folgerichtigkeit vermissen lassen und hat nicht sowohl in deduktivem Verfahren als vielmehr mit Hilfe seines tiefen historischen Verständnisses und seines feinen Gefühls für die Bedürfnisse des Rechtslebens in Form der Normen strafrechtliche Tatbestände, d. h. solche Verhaltensweisen entwickelt, die sich eignen, zum Gegenstand der Bestrafung gemacht zu werden. Die Hauptsache dabei ist, daß Binding den einzelnen Tatbestand nicht einfach als ein Konglomerat von Tatbestandsmerkmalen auffaßt, daß bei ihm alle diese Merkmale zusammengeschweißt sind durch einen einheitlichen Gedanken. Ist eine solche Behandlungsweise des speziellen Teils des Strafrechts nicht ganz selbstverständlich? Es scheint doch wohl nicht, wenigstens behandeln Praktiker und Theoretiker gleichermaßen die Tatbestände fast durchweg so, daß sie nach einer ganz vagen, nichtssagenden allgemeinen Charakterisierung die einzelnen Merkmale, am Wortsinn klebend, zu analysieren suchen. Die Folge davon ist ein chaotisches Übereinandergreifen der einzelnen gesetzlichen Tatbestände, eine Annahme von Konkurrenzfällen, wo ein einziges Strafgesetz der Handlung völlig gerecht wird. Hiergegen energischen, grundsätzlichen Protest erhoben zu haben, ist eine wissenschaftliche Tat ersten Ranges.

Das Beste an einer bedeutenden, geistigen Lebensarbeit ist nicht, was sich an einzelnen, in Formeln gefaßten Lehren überliefern läßt. Der wertvollste Teil solchen Schaffens besteht nicht in dem wägbaren, meßbaren Niederschlag, der in der Retorte zurückbleibt, sondern in den Ausstrahlungen, die in dem imponderablen Äther des Geistes ins Unermeßliche fortwirken. Denken wir auch bei den Spuren von Karl Bindings Erdentagen an die Wirkungen, an denen sich die Ursachen nicht demonstrieren lassen, an die Anregungen und Erweckungen neuen geistigen Lebens. Derartiges läßt sich nicht registrieren, wohl aber wird die Generation, die den belebenden Einfluß einer hervorragenden geistigen Persönlichkeit unmittelbar an sich erfahren hat, deren Namen weitergeben an die kommenden Geschlechter, damit es noch in ferner Zeit heiße:

Er glänzt uns vor, wie ein Komet entschwindend,
Unendlich Licht mit seinem Licht verbindend.

Neueste Richtungen der allgemeinen Philosophie und die Zukunftsaussichten der Rechtsphilosophie[1]

(1922)

I. Daß in Deutschland gegenwärtig im Mittelpunkt des philosophischen Interesses die Phänomenologie steht, unterliegt wohl keinem Zweifel. Diese von Husserl begründete Forschungsmethode läßt sich am besten nicht nur historisch erklären, sondern auch ihrem Wesen nach verstehen, wenn man sie in Gegensatz stellt zum sog. Psychologismus. Ist sie doch in den „Logischen Untersuchungen" im Kampf gegen die psychologistische Logik Christian Sigwarts ihren Grundzügen nach herausgearbeitet worden. Es war ein glücklicher Griff, gerade Sigwart als Gegenpart zu wählen, denn dieser Schriftsteller war allgemein dafür bekannt, in der Logik verhältnismäßig wenig den Psychologen zu spielen, und wenn ihm gegenüber der Vorwurf des Psychologismus erhoben wurde, so wurde ohne weiteres deutlich, daß es sich hier um einen ganz grundsätzlichen Vorstoß gegen die traditionelle Logik handelte. Das Stigma des Psychologismus wird dieser Logik deshalb angeheftet, weil sie den beurteilten Sachverhalt in dem Urteilsakt als einem empirischen psychologischen Ereignis aufgehen lasse, weil für sie das: zwei mal zwei ist vier, nichts anderes sei als der Bestandteil eines in der Psyche irgendeines Subjekts sich abspielenden Vorgangs. Es handle sich hierbei um nicht mehr und nicht weniger als die Auflösung aller objektiven, ‚ewigen' Wahrheiten in ein Spiel vergänglicher subjektiver Vorstellungen, was am deutlichsten daraus hervorgehe, daß ein Gefühl der Evidenz, ein rein subjektives psychologisches Moment der Fels sei, auf den die übliche Logik die Wahrheit des Urteils in letzter Linie gegründet sein lasse. Ich glaube nicht, daß eine solche Polemik dem Gegner eine Vorstellungsweise imputiert, die diesem in Wirklichkeit fremd ist. Die Logik wird durch die jeweils herrschende Erkenntnistheorie beeinflußt sein, und diese ist oder war jedenfalls bis vor kurzem die des Subjektivismus im Sinne von Berkeley, Kant und Schopenhauer. Ist die Welt meine Vorstellung, so partizipiert alles, was in der Welt vorgeht, an der Bedingtheit und Beschränktheit meines psychischen Lebens. Nun wird man

[1] Archiv für Rechts- und Wirtschaftsphilosophie, 1922, Bd. XVI, S. 237–320

allerdings einwenden, daß alle die genannten Subjektivisten, insbesondere Kant der wichtigste von ihnen, in verschiedenen Beziehungen über den Subjektivismus hinausgegangen seien. Daß wenn nichts anderes, so doch das Denken wirklich sei, liege in der großen Tradition des Subjektivismus, und wenn Kant sage, daß wir die Dinge nicht so sehen wie sie an sich seien, sondern so wie sie uns erscheinen, so meine er mit den Dingen nicht die Vermögen des menschlichen Geistes, wie die Formen der Anschauung oder die Kategorien des Verstandes, die auch nach seiner Ansicht, so wie sie an sich seien, erschaut werden könnten. Das alles mag zugegeben werden, es bleibt darum nicht minder wahr, daß im allgemeinen nach der subjektivistischen Auffassung der Gegenstand der Erkenntnis an der Natur des ihn produzierenden oder in sich aufnehmenden Subjekts teilnimmt und daß somit eine von einer subjektivistischen Erkenntnistheorie beeinflußte Logik notwendigerweise psychologistischen Charakter erhält.

Der Grundgedanke des Subjektivismus ist dieser: bei jeder Vorstellung ist der vorgestellte Gegenstand psychischer Natur, insofern er eingeht in die Vorstellung als etwas allein dem Subjekt gehöriges Psychisches; wenn das vorstellende Subjekt annimmt, der Gegenstand existiere unabhängig von der Vorstellung, würde sein, auch wenn die Vorstellung nicht wäre, so verliert es sich in haltlose Hypothesen. Die eben bezeichnete Betrachtungsweise kann, in ihre Konsequenzen verfolgt, den Menschengeist zur Verzweiflung treiben. Schließlich stellt sich alles als Schein heraus, alle Wirklichkeit entzieht sich uns. Denn wer bürgt uns dafür, daß nicht auch das Denken selbst Illusion sei; auch dieses ist ja, soweit es für mich ist, mir nur gegeben in der Selbstbetrachtung, in der Vorstellung, gleiches gilt von der Vorstellung des Denkens, und so geht es fort ins unendliche. Bei keinem Gegenstand kann ich anhalten, ohne sofort wegen des stets gegebenen Dualismus von Wirklichkeit und Denken, Vorstellen dieser Wirklichkeit, mit einer möglichen Illusion rechnen zu müssen. Wenn Descartes in seinen skeptischen Untersuchungen letztlich bei dem „Ich denke" befriedigt einhält, so hat er das Ende des möglichen Zweifelns nicht erreicht. Wer denkt, kann sehr wohl die Frage aufwerfen, ob er denkt, und er kann diese Frage nicht beantworten, ohne sein eigenes Denken vor sein inneres Auge zu rücken. Dabei drängt sich ihm dann die Möglichkeit auf, daß das denkende Ich als Objekt eine Illusion des betrachtenden Ichs sei. Hiermit Hand in Hand geht ja nun freilich die Gewißheit, daß zum mindesten das betrachtende Ich wirklich sei, aber auch diese Gewißheit sieht sich, kaum entstanden, dem Zweifel preisgegeben, der dazu führt, das die Gewißheit hegende Ich wiederum zum Objekt der Betrachtung zu machen und das für gewiß Gehaltene als möglicherweise unwirklich aufzuweisen. So hat man immer und immer wieder Gewißheit, um sie immer und immer wieder zu verlieren, und es ist nicht abzusehen, wer in dem unaufhörlichen Wechsel dieses Widerstreits schließlich die Oberhand behalten wird.

In der eben geschilderten Sisyphusarbeit sollte sich eigentlich der um den gesicherten Besitz von Gewißheit bemühte menschliche Intellekt erschöpfen. Jedermann weiß nun aber, daß er das nicht tut, daß er vielmehr nach anfänglichem Zweifel an irgendeiner Gewißheit, die dauernd zu behaupten ihm denknotwendig oder praktisch unabweislich scheint, einen festen Rückhalt findet. Wie Descartes in dieser Hinsicht dachte, wurde schon erwähnt. Auch davon war die Rede, daß es Kant nie einfiel, an der Fähigkeit des menschlichen Geistes, seine eigenen Vermögen adäquat zu erkennen, Zweifel zu hegen. Er hat sich das hier in Betracht kommende Problem wohl überhaupt nicht ernstlich vorgelegt. Seine Nachfolger haben sich auch nicht allzusehr den Kopf darüber zerbrochen, sie nahmen eben an, daß in der Transzendentalphilosophie ein von den Bedingtheiten des empirischen Ichs befreites überempirisches Ich seine Feststellungen trifft. In neuester Zeit ist wohl der Gedanke aufgetaucht, daß zur Erfassung des von Kant herauspräparierten Gerüstes des Menschengeistes gewisse besondere Kategorien verliehen seien, gleichzeitig aber wurde die Annahme, daß für besagte Kategorien wieder Kategorien stehen müßten und es nun so ins unendliche weitergehe, als absurd abgelehnt. Will man die Stellungnahme der Kantianer zu den hier berührten Fragen richtig verstehen, so muß man in Erwägung ziehen, daß der Gedanke des Subjektivismus bei Kant im Grunde genommen nur unvollkommen entwickelt ist. Ließe sich doch die Behauptung vertreten, daß Kant überhaupt nicht Subjektivist war, daß er gar nicht annahm, daß Objekt werde notwendig durch das Subjekt bestimmt, vielmehr nur der Sinnlichkeit Schuld daran gab, daß wir die Dinge nicht erkennen, wie sie sind. Der Intellekt täuscht uns nicht, zieht keinen Schleier über die Dinge, wie sie an sich sind. Hätten wir eine intellektuale Anschauung, dann könnten wir die Dinge sehen von Angesicht zu Angesicht. Warum soll uns nun aber intellektuale Anschauung schlechthin versagt sein? Kant muß am Ende selbst, wenigstens mit Bezug auf die Geistesvermögen als Objekte der Erkenntnis, die Existenz einer solchen Anschauung vorausgesetzt haben, und man kann sich nicht wundern, daß bald nach Kant kühne Geister, die seine Philosophie zum Ausgangspunkt nahmen, sich eine intellektuale Anschauung zusprachen und mit deren Hilfe apodiktische Urteile über das Wesen Gottes und der Welt fällen zu dürfen glaubten. Ist die Welt in letzter Linie Geist, woran die idealistischen Metaphysiker, von denen hier die Rede ist, im Grunde ihres Herzens nicht zweifelten, dann ist nicht einzusehen, warum der Menschengeist sie nicht so, wie sie in ihren tiefsten Zusammenhängen wirklich ist, erfassen sollte. Daß es so etwas gebe, wie eine Welt der sinnlichen Erkenntnis, eine Welt der bloßen Erscheinung, wird so wenig bestritten, daß vielmehr diese Welt innerhalb der wirklichen geistigen ihre Stätte genau bezeichnet und umrissen wird. Natürlich kann die intellektuale Anschauung, die eine auf das Wesen der Dinge gehenden Erkenntnis ermöglicht, nicht als ein jedem normalen Menschen zustehendes Vermögen angesehen werden. Der Durchschnittsmensch ist seiner geistigen Konstitution nach auf empirische Erkenntnis angewiesen. Fichtes Versuch, seine Philosophie dem Publikum geradezu aufzudrängen, muß scheitern. Schelling und Hegel sind sich wohl bewußt, daß die Einsichten, die sie vortragen, nur erwählten Geistern zugänglich sind.

Die Phänomenologie unterscheidet sich von der der deutschen idealistischen Metaphysik zur Voraussetzung dienenden Lehre von der intellektualen Anschauung, mit der sie unleugbar eine gewisse Verwandtschaft hat, vor allem dadurch, daß sie weit eher als Forschungsmethode für einen regulären wissenschaftlichen Betrieb gelten möchte. Wie alle uns augenblicklich beschäftigenden Betrachtungsweisen will auch die Phänomenologie über den Standpunkt des empirischen Ichs hinausgelangen. Sie glaubt dies in ziemlich einfacher Weise bewerkstelligen zu können, indem sie die Feststellung trifft, daß neben der Vorstellung als empirisch psychologischem Vorgang der Gegenstand der Vorstellung im Bewußtsein existiert. Inwieweit damit gesagt sein soll, daß der Gegenstand der Vorstellung seinem Wesen nach erkannt wird, braucht hier nicht untersucht zu werden, es genügt, sich zu vergegenwärtigen, daß die Phänomenologie auf dem bezeichneten Wege die Bewußtseinsschau von dem der psychischen Wahrnehmung als Erkenntnisakt anhaftenden Problematik reinhalten zu können glaubt. U. E. begeht sie dabei einen doppelten Fehler. Einmal scheint es uns nicht richtig zu sein, daß im Bewußtsein der Gegenstand der Vorstellung als etwas Nicht-Psychisches von der Vorstellung als etwas Psychischem unterschieden werden kann. Was unterschieden wird, ist das vorstellende Ich und der vorgestellte Gegenstand, die indessen trotz aller Unterscheidung doch als in der Vorstellung des Ich vereint vom Bewußtsein geschaut werden. Was ich sehe, erscheint mir als mein Ich insofern es mir als etwas von mir Vorgestelltes erscheint; dabei erscheint mir aber doch, was ich sehe, als etwas von dem vorstellenden Ich durchaus Verschiedenes und Unabhängiges. Es ist hier das interessanteste jener Phänomene gegeben, für deren Darstellung in Form einer Philosophie der Widersprüche nach einem von mir früher gemachten Vorschlag eine Art Propädeutikum für eine Weltanschauungslehre geschaffen werden sollte. Den zweiten Irrtum der Phänomenologie sehe ich darin, daß sie das den psychischen Akt des Vorstellens und angeblich daneben den vorgestellten Gegenstand schauende Bewußtsein nicht als etwas konkret Psychisches, empirisch Wirkliches gelten lassen will, während es doch prinzipiell gerade so gut ein subjektiv bedingter Erkenntnisakt eines individuellen Ich ist, wie die unreflektierte, primitive Vorstellung. Hier wie auch sonst ist dem, der im Dienst ewiger, absoluter Wahrheiten die subjektivistische oder die psychologistische Betrachtungsweise mit Hilfe eines überempirischen Ichs oder schauenden Bewußtseins überholen zu können glaubt, entgegenzuhalten, daß ein derartiges Ich oder Bewußtsein überempirisch nur für den ist, der freiwillig darauf verzichtet, es zum Gegenstand der Erfahrung zu machen.

Um auf dem Gebiet, auf dem wir uns gegenwärtig befinden, auch nur einigermaßen zur Klarheit zu gelangen und womöglich gar vor dem uns bedrängenden Zweifel eine sichere Zuflucht zu finden, bedarf es eingehenderer Überlegungen. Die naive Auffassung, fast könnten wir als gleichbedeutend setzen, die antike, ist die des erkenntnistheoretischen Realismus: sie nimmt den Gegenstand hin als eine von dem Betrachtenden unabhängige Wirklichkeit. Das Subjekt findet sich in der Vorstellung nicht unmittelbar selbst wieder. Das Etwas-im-Bewußtsein-Haben ist zunächst noch nicht im Bewußtsein reflektiert. Immerhin fällt doch sehr bald in das Bewußtsein des Ich der Dämmerschein des in der Vorstellung enthaltenen Ich und gibt im Verbande mit den Sinnestäuschungen und ihren oft sehr bedenklichen Konsequenzen den Anstoß zu den ersten erkenntnistheoretischen Überlegungen. Der Gegenstand, den ich sehe, ist bisweilen woanders, als wo ich ihn sehe, oder es stellt sich heraus, daß er überhaupt nicht vorhanden ist. So muß offenbar der Gegenstand, wie ich ihn sehe, doch etwas anderes sein als der wirkliche Gegenstand. Vielleicht verhält sich die Sache so, daß das, was ich sinnlich wahrnehme, allemal in meinem Körper sich abspielt und Erkenntnis nur insoweit zustandekommt, als äußere Gegenstände oder deren Bestandteile in meinen Körper eindringen? Aber damit wäre doch schließlich gar keine befriedigende Erklärung gegeben, denn ich nehme eben die Dinge nicht wahr als Vorgänge in meinem Körper, sondern als der Sphäre der Außenwelt angehörig. Man kann, wenn es gilt, sich den Unterschied des Gegenstandes, wie er vorgestellt wird, von dem Gegenstand, wie er wirklich ist, klarzumachen, nicht bei einer Betrachtung stehenbleiben, für die der Gegenstand, wie er vorgestellt wird, immer noch ein Ding der physischen Außenwelt bleibt. Man muß vielmehr ganz radikal vorgehen, muß den Gegenstand als Vorstellung in seiner strengen Gegensätzlichkeit zu dem Gegenstand als physischem Ding zu erfassen versuchen. Die sog. wirkliche Welt, in der ich lebe, ist gerade so gut eine rein psychische wie die der Erinnerung, der Phantasie, des Traums. Daß ihr außerhalb des Geistes eine an sich existierende Welt entspreche, ist eine Annahme, die sich höchstens auf ein Argument wie das des Descartes, daß Gott in seiner Wahrheitsliebe den Menschen nicht täuschen werde, zu stützen vermag. Die eben gekennzeichnete subjektivistische Auffassung, die sich im modernen philosophischen Denken die Herrschaft erobert hat, bedeutet nun keineswegs einen Abschluß der Entwicklung. Die Phänomenologie stellt einen der Versuche dar, sie zu überwinden. Allerdings ist es recht fraglich, ob ihr Erfolg beschieden sein wird, aber immerhin trifft sie mit ihrem Hinweis auf den Unterschied von Vorstellung und Gegenstand der Vorstellung recht nahe an den schwachen Punkt der gegnerischen Position. Schopenhauer, dieser große Subjektivist, war von einem sehr richtigen Instinkt geleitet, als er im Interesse seiner Lehre gegen die Unterscheidung von Vorstellung und vorgestelltem Gegenstand polemisierte. Gewiß liegt, wie wir schon sagten, der vorgestellte Gegenstand nicht neben der Vorstellung im Bewußtsein, wohl aber besteht, und das ist etwas Verwandtes, innerhalb der Vorstellung ein Gegensatz zwischen Subjektivem und Objektivem. Dieser Gegensatz läßt sich des nähern in folgender Weise beschreiben: Es scheint mir notwendig zu denken, daß ich beim Akt der Vorstellung in meiner geistigen Subjektsphäre verharre und dabei den vorgestellten Gegenstand der Außenwelt in diese Sphäre einschließe; andererseits stelle ich mir doch ganz offensichtlich den Gegenstand in der Außenwelt als etwas von mir, dem vorstellenden Subjekt, toto coelo Verschiedenes vor. In der Vorstellung bin ich agierend. Ich stelle vor, es ist undenkbar, wie ich etwas vorstellen kann, ohne daß dabei das vorgestellte Etwas an meiner geistigen Natur teilnimmt. Ich muß also wohl oder übel mich zum Subjektivismus bekennen. Andererseits predigt die Vorstellung der Außenwelt mit unwiderstehlicher Überzeugungskraft, daß die vorgestellte Außenwelt sich gänzlich unabhängig, ja geradezu gegensätzlich zu dem vorstellenden Ich verhält. Es ist nicht leicht zu sagen, wie man sich mit dieser Antinomie der Vorstellung abfinden soll. Hier, wie so oft, wenn es sich um die für den Verstand unlösbare Entwirrung des Ineinander des Verschiedenartigen handelt, wird, wie wir sehen, die Lösung in einer die Wirklichkeit vergewaltigenden Zerstückelung gesucht: Der Vorstellungakt ist psychisch, der von dem Vorstellungsakt sorgsam zu unterscheidende Gegenstand der Vorstellung braucht es nicht zu sein. So wenig wie dieses Verfahren können wir eine Lehre billigen, die die realistische Thesis der naiven Auffassung einfach als Täuschung verwirft und allein die subjektivistische Antithesis des reflektierten Bewußtseins anerkennt. Es ist nicht einzusehen, was der Sinn einer so außerordentlichen und doch auch im gegenwärtigen Stadium der geistigen Entwicklung ganz unabweislichen Täuschung sein sollte. Die Behauptung, daß sie aus praktischen Gründen erforderlich sei, ist aus der Luft gegriffen. Keine Entschädigung für die unbefriedigende Leugnung der so evidenten Realität der Außenwelt bietet die Annahme, daß der Geist wenn schon nicht etwas außer ihm Existierendes, so doch die in ihm sich abspielenden Vorgänge oder wenigstens den Mechanismus, mit dessen Hilfe er diese Vorgänge zustande bringe, adäquat erkennen könne. Anstatt in Potenzierung reflektiver Akte nach völlig sichern formalen Wahrheiten zu haschen, sollten wir lieber, so gut es gehen will, in den Niederungen der Erkenntnis aus den Antinomien der Sinneswahrnehmung eine fruchtbare Bereicherung unserer Weltanschauung zu gewinnen suchen. Eine restlose Lösung dieser Antinomien scheint uns nicht möglich. Es besteht für Erkennen und Sein bei aller gegenseitigen Durchdringung ein quälender Dualismus, der sich im gegenwärtigen Entwicklungsstadium des Menschengeistes nicht beseitigen läßt. Aber, ich meine, soviel läßt sich doch sagen, daß die physische Welt als Gegenstand der Erkenntnis nicht etwas so gänzlich Ungeistiges sein kann, wie es zunächst, nachdem einmal das Subjekt sich seiner selbst bewußt geworden war, den Anschein hatte, und daß das Subjekt, das in der Erkenntnis eine ganze für die Dauer geschaffene Welt sich zu eigen macht, denn doch wohl nicht das verschwindend kleine rasch verglimmende Lichtlein sein kann, als das man es sich neuerdings meistens vorstellt. Es mögen somit in erkenntnistheoretischen Erwägungen die metaphysischen Lehren von der Geistigkeit alles Seins und von der Göttlichkeit des Menschengeistes eine Stütze finden.

Nachdem wir gesehen haben, wie die Phänomenologie den Gegenstand der Vorstellung von der Vorstellung selbst loslöst, wird es nicht wundernehmen, wenn sie auch sonst da, wo in Wirklichkeit die Einheit eines Ineinander gegeben ist, scharf gesonderte Erscheinungen aufweisen zu können glaubt. So meint z. B. Scheler, die Werte seien durchaus von den Lustgefühlen zu scheiden und die wahre Ethik habe daher nichts mit Eudämonologie zu tun. In Wahrheit wird jedoch nicht die Schönheit der Rose als etwas von dem von ihr hervorgerufenen Entzücken Unterscheidbares geschaut, sondern all dieses Entzücken durchdringt den Gegenstand und trägt dazu bei, ihn als schönen erschauen zu lassen. Nur durch den Rekurs auf die quantitativ abgestuften Lustgefühle ermöglicht uns ein Vergleich zwischen der Schönheit der Rose und der der Nelke, wobei freilich wegen Verwebung des Quantitativen mit dem Qualitativen in den Lustgefühlen der Vergleich notgedrungen ein hinkender bleiben muß. Wie die Isolierungstendenz der Phänomenologie in der Ethik zur Ablehnung der Verwendung eines allgemeinen Einheitsmaßes führt, so steht sie der gewöhnlichen psychologischen Erklärung der geistigen Vorgänge entgegen. Man ist gewohnt, auf psychologischem Gebiet alle Erscheinungen, wenn irgend möglich, als Kombinationen einer verhältnismäßig kleinen Zahl von Elementen aufzufassen, wobei man sich wohl bewußt ist, daß es sich hier nie um einfache Summierung handelt, sondern mit der Verbindung stets etwas Neues gegeben ist. Die Phänomenologen haben dagegen die Neigung, anstatt das eine aus dem andern abzuleiten, ein jedes als schlechthin eigenartig aufzufassen. Darauf zielt Wundt ab, wenn er der Phänomenologie zum Vorwurf macht, über den Satz der Identität in ihren Bestimmungen nicht hinauszugelangen, Wahrheit sei eben Wahrheit, Evidenz Evidenz und so gehe es weiter. Diese Kritik ist schwerlich ganz unberechtigt. Andererseits wird aber freilich zugegeben werden müssen, daß die bis vor kurzem herkömmliche Psychologie der Vielfältigkeit spezifischer seelischer Prozesse nicht genügend Rechnung trägt und daß insofern die Reaktion der Phänomenologen, mag sie auch über das Ziel hinausschießen, begreiflich und nicht ohne Verdienst ist.

Schon vor dem Auftreten der Phänomenologie finden wir eine philosophische Richtung, die wie jene, wenn schon auf beschränkterem Gebiete. den Hang zeigt, das, was man bisher auf anderes zurückführen zu können glaubte, als etwas Besonderes, letztlich Unauflösliches darzutun. Wir denken an die Neokritizisten. Den Ausgangspunkt bildet hier das Sollen, das entgegen aller Evidenz als etwas nicht nur vom psychischen Sein, sondern vom Sein überhaupt Grundverschiedenes angesehen wird. Wie das Sollen vom Sein, glaubt man dann ferner auch das moralische Sollen vom rechtlichen Sollen aufs schärfste sondern zu können. Das rechtliche Sollen ist eine Grundkategorie für sich: auch gibt es außer dem Begriff des Rechtes eine Idee des richtigen Rechtes, die gegenüber der sittlichen Idee ihre grundsätzliche Eigenart durchaus zu wahren weiß. Bei alledem handelt es sich freilich für den Neokritizisten immer nur um etwas Formales, um ein Richten und Ordnen der Gedanken, während der Phänomenologe, mehr platonisch als kantisch eingestellt, in seiner Schau nicht nur Formen, sondern auch Inhalte erfaßt. Aber so gewaltig dieser Unterschied vom esoterischen Standpunkt der Schulen aus auch sein mag, für die Außenwirkungen, zu denen wir unter anderem die Beeinflussung der Rechtslehre zu rechnen haben, ist er ziemlich bedeutungslos. Dem Anspruch auf völlige Eigenwüchsigkeit, der von allen Einzelwissenschaften so gern erhoben wird, sind die beiden in Betracht kommenden philosophischen Richtungen gleich günstig. Es kann daher nicht wundernehmen, daß in den neuesten Untersuchungen über das Wesen der Rechtswissenschaft der Unterschied von Neukantianismus und Phänomenologie sich bisweilen fast völlig verwischt. Kelsen wird allgemein und gewiß mit Recht zu den Neukantianern zugerechnet. Sein Schüler Felix Kaufmann, der das Jahr des Erscheinens von Kelsens „Hauptprobleme der Staatsrechtslehre“ als das Geburtsjahr der eigentlichen Rechtswissenschaft bezeichnet, zählt sich zu den Phänomenologen. Man könnte meinen, daß, sobald man sich von den Grundlagen ausgehend an die konkreten Rechtssätze heranmache, eine Divergenz zwischen neokritisch und phänomenologisch fundierter Rechtswissenschaft zutage treten müsse. Aber das ist durchaus nicht notwendig, da die Formen der ersteren für jeden Inhalt Raum haben und die Phänomenologie wohl anregt, im Recht etwas ganz Besonderes zu sehen, aber die nähere Bestimmung dieses Besonderen gänzlich der Wesensschau des einzelnen überläßt.

Es wurde schon oben angedeutet, daß die Phänomenologie als allgemeine Forschungsmethode auftritt. Vielleicht geht es zu weit, wenn man diese Behauptung sich auf sämtliche Phänomenologen beziehen läßt, aber mir scheint, daß wer die grundlegenden Schriften Husserls liest, sich des Eindrucks nicht erwehren kann, daß hier ein wenn auch nicht allen, so doch vielen zugänglicher Weg gewiesen werden soll, auf dem durch geregeltes Zusammenwirken ein besserer Zustand philosophischer Einsicht herbeigeführt werden kann. Wir finden uns eindringlich aufgefordert, das in unserem Bewußtsein Gegebene genauestens zu achten. Dadurch werden wir, wie uns sofort ad oculos demonstriert wird, befähigt, den Psychologismus mit Hilfe einer scharfen Unterscheidung der Vorstellung und des Gegenstandes der Vorstellung zu überwinden. Angespornt durch diese und manche andere glückliche Entdeckung unseres Führers geben wir uns der Hoffnung hin, bei einiger Übung selbst dieses oder jenes bisher Übersehene aufzufinden und dazu beizutragen, daß allmählich vor dem geistigen Auge der Menschheit ein neuer Weltbau aufgeführt werde. Erinnern wir uns nun an das eben über die Isolierungstendenz der Phänomenologie, insbesondere ihre Stellungnahme zur herkömmlichen Psychologie Gesagte, so können wir uns nicht verhehlen, daß die Phänomenologie eine ungeheure Gefahr mit sich bringt. Was werden da nun nicht die zahllosen Unberufenen, die sich gern als Jünger der Philosophie aufspielen, in sich zu lesen glauben und mit wohlklingenden Namen versehen als unanfechtbares Ergebnis ihrer Wesensschau öffentlich vorzutragen sich erdreisten. Unanfechtbar in der Tat, denn sie haben ja nicht mehr wie nach früherem Brauch in sorgsamer Analyse in dem entdeckten Neuen eine besondere Kombination allbekannter Elemente nachzuweisen, sondern dürfen es ohne weiteres als etwas ganz Unerhörtes ausposaunen. Erfreute sich unser Geistesleben normaler Gesundheit, so wäre solcher Mißbrauch nicht allzusehr zu fürchten. Aber in den Zeiten unglaublicher Unaufrichtigkeit, um nicht zu sagen Verlogenheit, in denen wir leben, kann man nicht ohne schwere Besorgnis sehen, wie auf einem neuen Wege der Fälschung des nutrimentum spiritus Tür und Tor geöffnet wird. Wir haben da soeben einen schweren Vorwurf gegen unser gegenwärtiges Geistesleben erhoben und möchten nicht, daß jemand meine, es sei leichtfertig geschehen. Auch handelt es sich um eine höchst wichtige praktische Angelegenheit, da guter Wille und gemeinschaftliche Arbeit ganz wohl etwas zur Reinigung des Augiasstalles beitragen mögen. Ich will daher meine Überzeugung von der Unehrlichkeit unseres Zeitgeistes etwas näher begründen.

Der Rationalismus des 18. Jahrhunderts mag als oberflächlich bezeichnet werden, aber er war ganz gewiß nicht unehrlich. Er sah von den Dingen nur die Außenseite und kannte im wesentlichen nur äußere Verknüpfungen. Doch sah er, was er sah, klar und deutlich im hellen Tageslichte. Die Reaktion gegen den aufklärerischen Rationalismus ist in Deutschland die historisch-romantische Richtung. Sie wendet sich den irrationalen Mächten zu, versenkt sich in die Natur, die Geschichte, die Kunst. Man huldigt also einer immanenten, nicht einer transzendenten Auffassung, sucht die Bereicherung und Vertiefung, nach der man sich sehnt, heraus aus der Armut und Plattheit des bisherigen Lebens, in dieser Welt. Die Stunde der Neubelebung des religiösen aufs Transzendente gerichteten Lebens ist noch nicht gekommen. Aber seitdem durch Christus die Liebe zu einem transzendenten Gott der abendländischen Kulturwelt mitgeteilt wurde, konnte hier kein Verweltlichungsprozeß, so mächtig und nachhaltig seine Wirkungen auch sein mochten, die Sehnsucht nach dem Transzendenten zum Erlöschen bringen. Wer sich zur immanenten Weltauffassung bekennt, also das Göttliche in dieser Welt in irgendeiner ihrer Daseinsformen eingeschlossen sein läßt, der meint im Grunde seines Herzens doch den transzendenten Gott. Daran liegt es, daß der Überschwang der Gefühle, der in gewissen Erscheinungen der Renaissance, und viel deutlicher noch in der Romantik, den Mächten dieser Welt entgegengebracht wird, auf die Nachwelt, mag sie auch die Werke, in denen er sich äußert, eine Zeitlang uneingeschränkt und mit Vorbehalt dauernd bewundern, schließlich doch als etwas im letzten Grunde nicht völlig Echtes wirken muß. Vielleicht ist es das Schönste an Goethes herrlicher Figur, daß er auch in dieser Hinsicht über die Schwäche seiner Zeit erhaben war. Wohl ist in Goethes Natur ein sonderlich starker Zug zum Transzendenten nicht bemerkbar, aber so viel wahrer Religion war er sich, nach dem Gesamteindruck seines Schaffens zu urteilen, doch bewußt, daß er gegenüber dieser Erdenwirtschaft, so gründlich er sie kannte und so innig er sie liebte, sich die Losgelöstheit dessen zu bewahren wußte, der zu etwas Besserem geboren ist. Ganz anders die eigentlichen Romantiker, ganz anders die Hegelsche Philosophie, das ausgereifteste System einer immanentistischen Lebensanschauung. Gerade an den Lehren dieses im Grunde kühlen, etwas pedantischen Dialektikers ließe sich der Vorwurf, den wir gegen die von ihm vertretene Geistesrichtung erheben, am leichtesten deutlich machen. Heißt es da nicht, daß die Geschichte des Menschengeschlechts, diese

Geschichte, die sicherlich zu Gott führt, aber vorläufig noch in ihren vielfach ungeschickt tastenden, bisweilen rückläufigen Bewegungen von ihrer Gottesferne nur allzu deutlich Kunde gibt, der Boden der Ehre Gottes sei? Erscheint nicht kraft einer künstlichen Dialektik von der Art, daß man mit ihr alles und nichts beweisen kann, der in der Geschichte zu uns redende Geist, der, wenn er überhaupt eine gute Botschaft bringt, sie stammelnd und stotternd ausspricht, als die sich voll entfaltende Gottheit selbst? Und sollen wir nicht den Staat, diese unentbehrliche, aber nur allzu menschliche Institution, als etwas Göttliches verehren und bewundern, weil sich von ihm in einem gewissen Sinne sagen läßt, daß er Freiheit und Notwendigkeit in sich vereine. Man versteht den Ingrimm, den solches Gerede bei Schopenhauer, einem der ehrlichsten Geister, die je existiert haben, hervorrief, man versteht den Pessimismus dieses Mannes in einer Umwelt, die solche Kathederweisheit mit Begeisterung aufnahm und verbreitete. Man kann nicht ohne Rührung auf die Gestalt Schopenhauers blicken. Es ist sein Schicksal, in einer Zeit gesättigter Selbstzufriedenheit von einer leidenschaftlichen, ausschließlichen Liebe zum Echten, zum Ernst der Wahrheit erfüllt zu sein. All die Pfeiler, auf die sich sein System stützt, sind eherne Realitäten: das Leid der Welt, die Sehnsucht nach einem transzendenten Nirwana, die inmitten der Jämmerlichkeiten dieses Lebens das Herz befällt, Mitleid und Kunst, die uns dem großen Ziel näher führen, die Abkehr vom Leben, die den Frieden bringt. Wir glauben und hoffen, daß er nicht alles gesehen hat, was für unsere Auffassung vom Sinn des Lebens entscheidend ins Gewicht fällt, auch mag er nicht alles, was er sah, richtig gedeutet haben. Aber wir sind keineswegs sicher, daß der Aspekt des Lebens, den er in der Lauterkeit seines Wesens geschaut hat, nicht bis ans Ende der planetaren Entwicklung des Menschengeistes eine der wenigen ernstlich in Betracht kommenden Weltanschauungen bleiben wird. Die Zeitgenossen Schopenhauers konnten seiner Philosophie schon deshalb nicht gerecht werden, weil der Aufschwung der Technik, die rasche Fortentwicklung der Natur- und Geschichtswissenschaft, das soziale und das nationale Problem die Geister viel zu sehr fesselten, als daß sie für das Transzendente sonderlich empfänglich gewesen wären. Während Schopenhauer gegenüber Hegel einen Aufschwung in höhere Sphären bedeutet, macht sich schon zu des ersteren Lebzeiten eine allgemeine Reaktion gegen Hegel im Sinne einer Ernüchterung und Vergröberung der Betrachtungsweise bemerkbar. Wir denken an die historisch-kritische Bearbeitung des Christentums, an den Materialismus der beginnenden zweiten Hälfte des 19. Jahrhunderts. Man ist weniger geist- und gefühlvoll als die Romantiker, aber aufrichtiger als sie. So achtenswert erscheint diese Bewegung, daß man bedauern möchte, daß sie so kurz gewesen ist. Bevor sie durch die Schrecken des wilhelminischen Zeitalters verdrängt wird, taucht nun noch eine Erscheinung auf, die zu den interessantesten der Geistesgeschichte Deutschlands gehört. Friedrich Nietzsche hatte eine erhabene, hochfliegende Seele, der nur das Transzendente wirklich Genüge leisten konnte. Indessen verhinderten gewisse mehr akzidentelle Besonderheiten seiner Anlage in Verbindung mit der geistigen Atmosphäre, in der er lebte, daß sich eine transzendente Lebensanschauung bei ihm ausbildete, und so erschöpfte er seine Kräfte in der Bemühung um das unmögliche Ziel, innerhalb des Diesseitigen ein Übermenschliches zu erdenken. Mit den Attributen des Übermenschentums, die sein angespannter Wille seiner reichen Phantasie abtrotzt, suchte sich freventlich das auf ihn folgende reinmaterialistische Zeitalter zu schmücken, gerade wie auf dem Bilde, von dem Schopenhauer erzählt, die Affen sich mit der Perücke und dem Krückstock belustigen, die der gen Himmel fahrende Kant ihnen herabwirft. Daß sich in den letzten Jahrzehnten des 19. Jahrhunderts eine gänzliche Materialisierung des Empfindens einstellte, erklärt sich unschwer daraus, daß bei uns nach langer Karenz sich endlich der Nation und dem einzelnen im weitesten Maß die Gelegenheit bot, zu äußerer Macht und Geld und Gut zu gelangen. Das waren denn die Werte, die wie alles Neue zunächst so begehrenswert erschienen, daß man für ihren Erwerb gern seine Seele verschrieb. Eine Philosophie, die auf höhere Ziele den Blick lenkte, wurde vom Zeitgeist geringschätzig behandelt, der leere Formalismus der Neukantianer, der sich gegenüber jedem Inhalt, also auch gegenüber jeder Zwecksetzung auf dem Gebiete des Handelns, geduldig erweist, erhält den Rang einer Art offizieller Philosophie. Dabei will man nun aber doch nicht auf den Anschein jenes Besitzes verzichten, der einst die Nation in der Sphäre des Geistigen groß gemacht hatte. Alle innere Größe bezeichnenden Epitheta legt man sich immer noch bei. Wie mit Trophäen behängte man sich mit Wortgeflechten, die den Magazinen der schöngeistigen und philosophischen Literatur der Vergangenheit entstammten und in die dereinst geistige Realitäten, Gedanken und Gefühle, wennschon vielleicht wie in etwas zu weite, aufgebauschte Gewänder, eingekleidet gewesen waren. Ja man überbot alles bisher Dagewesene in einem immer höher geschraubten, sich immer mehr zuspitzenden Stil. So konnte man schließlich glauben, auf die übrige Welt als oberflächlich und geistig unbedeutend herabblicken und dabei im privaten und öffentlichen Leben eine ausschließlich auf die handgreiflichsten Güter gerichtete Realpolitik betreiben zu dürfen. Zu Ehren dieser Gesellschaft sei es gesagt, daß in ihr ein sehr ordinärer, aber doch wenigstens ehrlicher Zynismus immerhin nicht ganz selten angetroffen werden konnte.

Daß die Phänomenologie dem eben geschilderten Treiben, das keineswegs ausschließlich der Vergangenheit angehört, dienen kann und wird, scheint mir unleugbar. Ist sie doch, wie wir sahen, in hervorragendem Maße geeignet, Worte für Gedanken passieren zu lassen. Andererseits muß es ihr aber doch auch zugute gerechnet werden, für Köpfe wie Max Scheler, die ernstlich nach neuen geistigen Realitäten ausschauen, ein Vehikel gebildet zu haben. Da der Gedankenbau dieses Philosophen noch nicht zum Abschluß gelangt ist, soll hier nicht erörtert werden, inwiefern seine Schriften, insbesondere sein ethisches Hauptwerk, der Rechtlslehre ein neues Fundament bietet.

II. Wir wagen die Voraussage, daß später einmal die Phänomenologie als eine Parallelerscheinung zu dem von William James vertretenen radikalen Empirismus aufgefaßt werden wird, womit sie in eine Gesellschaft gerät, auf die sie stolz sein kann. Freilich muß man, um die Ähnlichkeit anzuerkennen, mehr auf die praktische Tragweite der Methode als auf ihre erkenntnistheoretische Einkleidung sehen. Der radikale Empirismus, von dem hier die Rede ist, wird von den kontinentalen Denkern vielfach für erkenntnistheoretisch roh erklärt und ist wohl auch in dieser Hinsicht gänzlich naiv. In dem Postulat aber, in das er ausmündet, steht er der Phänomenologie sehr nahe. Richtet eure Blicke, lehrt William James, mit aller Aufmerksamkeit auf euer Inneres; befreit euch dabei von allerhand intellektualistischen Vorurteilen, die euch irgendwelchen Theoremen zuliebe von vornherein eine bestimmte Einstellung geben möchten! Wie sein geistiger Vorfahr Bacon, hinter dem er an Verstandeskraft kaum zurücksteht, den er an Seelengröße überragt, verlangt James von dem Jünger der Philosophie in erster Linie einen unbefangenen Blick. Was Bacon von dem Reich der Natur sagt, hätte unser Philosoph cum grano solis von dem inneren Reich sagen können, in das er einführen möchte: nisi sub persona infantis intrare non licet. Folgt die Menschheit dieser Anweisung, dann darf sie erwarten, daß allmählich immer mehr Rätsel sich lösen, immer mehr Materialien für den Bau einer neuen Weltanschauung herbeigeschafft werden. William James wirkte dadurch besonders anspornend auf die Energien seiner Mitmenschen, daß er sich selbst nicht als den Träger großer Offenbarungen hinstellt, sondern als den Vorverkünder einer Ära, die das, was er im wesentlichen nur als möglich aufweist, in weitem Umfang verwirklichen wird. In diesem Sinne zitiert er in einem seiner Vorträge die Verse Tennysons:

> Ring out, ring out my mournful rhymes,
> But ring the fuller minstrel in.

Freuen wir uns vorläufig an ihm, diesem Vergil, der uns in dem Inferno unseres eigenen Geistes ein Führer geworden ist. Es ist nicht angebracht, an dieser Stelle einen Überblick über die den Psychologen von Fach interessierenden psychologischen Entdeckungen William James zu geben. Nur auf die großen Data, die den Grundzug seiner Weltauffassung bestimmen, wollen wir einen Blick werfen. Zuvor soll jedoch ein Wort von der Methode gesagt werden, deren wir hier zum zweiten Male begegnet sind.

Bedeutende Geister verfallen nicht selten in den Irrtum, daß, was sie sehr deutlich in sich lesen, von andern mit ebensolcher Klarheit erkannt werden könne. Sie haben die Bescheidenheit, ihr ganzes Verdienst darin zu sehen, daß sie sich die Mühe gegeben haben, das Auge auf sich selbst zu richten und mit angespannter Aufmerksamkeit auf diesem wichtigsten aller Gegenstände verharren zu lassen. Solche Bescheidenheit macht sich dann durch die Hoffnung bezahlt, daß man erst am Anfang der Entdeckungen stehe, daß man den Schlüssel gefunden habe, der das Tor einer reichen Schatzkammer öffnet. Nicht was man mit Hilfe des Verfahrens erreicht hat, sondern das Verfahren selbst, so naheliegend, so einfach es auch ist – ein wahres Ei des Kolumbus –, erscheint als das eigentlich Wichtige. In Wahrheit verhält es sich nun aber so, daß die meisten Menschen gänzlich unfähig sind, selbst die einfacheren Vorgänge ihres eigenen Seelenlebens anders als ganz verschwommen in sich abzuspiegeln; steht es bei jemand in dieser Beziehung anders, so ist er damit ohne weiteres ein ausgezeichneter Psychologe, ein relativ seltenes Phänomen. Daher ist die Experimentalpsychologie, sobald sie über anderes als das Allergröbste Aufschluß geben will, so unzuverlässig. Die Untersuchungsperson, in aller Regel quivis ex populo – auch wenn sie nicht gerade Laboratoriumsdiener ist –, vermag in keiner Weise deutlich anzugeben, was sich beim Urteilen oder Werten in ihr abspielt. Was sie dabei wahrgenommen haben will, ist meistens ganz Nebensächliches, bloße Begleiterscheinung des zu untersuchenden Vorgangs, und es hat geradezu etwas Komisches, wenn das bedeutungsloseste Geschwätz über die elementaren Denkakte in sorgfältiger Aufzeichnung der Nachwelt erhalten wird. Die Experimentalpsychologen gehen, mögen sie sich nun darüber klar sein oder nicht, von dem Satz aus, daß der Geist sich alles dessen, was in ihm vorgeht, deutlich bewußt sein müsse. Unsere Zeit, die vielleicht keine größere wissenschaftliche Tat, als die Entwicklung der Lehre vom Unbewußten aufzuweisen hat, kann an diesem Axiom unmöglich festhalten. Weil nun aber ganz zweifellos das Ich, das manches Unbewußte in sich birgt, durchaus nicht notwendig fähig sein muß, die bewußten Vorgänge sich zu klarer Erkenntnis zu bringen, darf man nicht das Kind mit dem Bade ausschütten und meinen, die psychologische Selbstbeobachtung sei überhaupt nicht imstande, eine tiefere Kenntnis vom Geist und damit von der Welt, wahre Philosophie, zu vermitteln. Wir irren schwerlich in der Vermutung, daß die Mißerfolge der Experimentalpsychologie und die

Oberflächlickeit eines so erheblichen Teils der stricto sensu psychologischen Literatur zum Teil an der Abneigung schuld sind, mit der man namentlich in Deutschland dem Psychologismus gegenübertritt. Man beurteilt den Baum nach seinen Früchten und meint, es müsse offenbar das Geistige oder die Normen des Geistigen etwas ganz anderes sein, als was die Psychologie mit ihren Methoden zu bearbeiten unternehme; es müsse sich darum handeln, mittels eines ganz besonderen Vermögens, etwa einer intellektualen Anschauung, in eigenartige, von den seelischen Vorgängen durchaus verschiedene Wesenszusammenhänge einen Einblick zu gewinnen. Das scheint uns nun ein verhängnisvoller Irrtum zu sein. Selbst der Mechanismus der einfachsten psychischen Vorgänge liegt nicht dem Auge eines jeden, wohl aber des schärfer blickenden Psychologen offen, der dabei keines andern Verfahrens, als des der gewöhnlichen Selbstbeobachtung sich bedient. Ist die Sehkraft des Psychologen in ganz besonderem Grade gesteigert, dann gewinnt er auch von den verwickelteren seelischen Prozessen ein klares Bild, und dann wird ihm wohl gemeiniglich der Ehrentitel eines großen Philosophen nicht versagt werden. Eigentlich sollte man freilich zu einem großen Philosophen noch mehr verlangen. Eine solche Bezeichnung will so recht nur für den passen, der nicht nur die Gabe hat, deutlicher in sich zu lesen, als es dem Durchschnittsmenschen vergönnt ist, sondern der auch mehr in sich zu lesen findet als andere. Auch ein solcher Mensch hat nichts in sich, was andern gänzlich fehlte. Sonst wäre er für uns ein Monstrum. Wohl aber ist in ihm, was bei andern in dunklem Keim verschlossen liegt, zur Blüte entfaltet; in ihm tritt der Menschengeist in ein neues Entwicklungsstadium. Aber auch er hat keine andere Forschungsmethode, als die einfache Selbstbeobachtung. Nach alledem müssen wir der Hoffnung entsagen, es könnte der Appell, sich selbst einer eindringlichen Beobachtung zu unterwerfen und die Ergebnisse genau zu beschreiben, käme er auch aus noch so beredtem Munde, eine Ära großer Entdeckungen auf dem Gebiet des Seelenlebens herbeiführen. Es bedarf großer Begabung, um eine wahrhaft fördernde Beschreibung der Denkvorgänge zu liefern, es bedarf dessen, was vielleicht allein als Genie bezeichnet zu werden verdient, um etwas Neues zu sehen, das unmittelbar die Weltanschauung der Menschheit zu beeinflussen vermag. Trotzdem wäre es ganz verfehlt, die Forderung genauer Beobachtung und Beschreibung der Facta, die unser Seelen- und in letzter Linie unser Weltbild bestimmen, jeden heuristischen Wert absprechen zu wollen. Angespannte Selbstbeobachtung und der methodische Vergleich der Ergebnisse des eigenen mit denen des fremden Schauens schärfen das innere Auge. Freilich muß man Geduld haben, will man diese Wirkung sich deutlich äußern sehen. Wichtiger ist folgendes: Die großen Männer, deren innere Schau eine Epoche in der Entwicklung des Menschengeistes bedeutet, haben meistens unverhältnismäßig mehr Gewicht auf die Verbindung aller Tatsachen in einem umfassenden Gedankensystem als auf eine möglichst deutliche Bezeichnung der Grundtatsachen gelegt, für die gerade ihnen zuerst der Blick sich öffnete. So erklärt sich das Bestehen einer ganzen Kategorie von Versuchen psychologischer Verdeutlichung, die im Hinblick auf die Philosophie dieses oder jenes großen Denkers später unternommen worden sind. Wieviel besser wäre es gewesen, wenn der Entdecker selbst das, was er vor allen andern sah, uns genau geschildert hätte. Er dachte vielleicht ganz naiv, daß das von ihm Gesehene jedem einleuchten müsse, und verschmähte es daher, länger dabei zu verweilen. Die methodische Forderung, von der hier die Rede ist, soll ihn verhindern, uns um eine unschätzbare Aufklärung zu bringen. Man sage nicht, daß, wer geistig weiter entwickelt sei als seine Zeitgenossen, von diesen ja doch nicht verstanden werden könne, da sich das Neue in ihm auch mittels der genauesten Schilderung nicht übertragen lasse. Es verhält sich in Wirklichkeit so, daß, wer weiter fortgeschritten ist als wir, dadurch, daß er, so gut es gehen will, von dem neuen Aspekt, der sich ihm eröffnet, redet, das latente Verständnis in uns für ihn weckt, uns selbst allmählich auf seine Stufe hebt. Das Schlimme ist nur, daß ein großer Mann oft selbst nicht weiß, was das wesentlich Neue an seinem Lebenswerk ist. Hält er sich selbst zu eingehender Schilderung der Grundtatsachen an, so schadet es nicht viel, wenn er meint, nicht in diesen, sondern in ihrer geschickten Verbindung zu einem Ganzen liege der Hauptwert seiner Leistung. Auch wird, wenn der radikale Empirismus in dem Sinne, in dem William James ihn versteht, zur allgemeinen Forschungsmethode geworden ist, viel weniger häufig als bisher ein Autor sich und das Publikum über die Haltlosigkeit einer Philosophie täuschen, hinter deren gelehrt und tief klingenden Ausdrücken vielleicht nichts als ein schattenhafter, seit Generationen nicht mehr überprüfter Sinn steckt. Vor allem aber kann jene systematische Beobachtung und Deskription der psychischen Realitäten dazu führen, den reichen Besitz an innern Gütern, den unendlich viele miteinander teilen, in methodischer psychologischer Sichtung klarzustellen und für den Aufbau einer Philosophie zu verwerten. Man denke an die psychologische Bearbeitung der religiösen Erfahrung, die durch das bekannte Werk von William James die schönste Bereicherung und Inspiration erhalten hat. Vielleicht ist es gestattet, an dieser Stelle die früher gegebene Anregung zu wiederholen, es möchte sich die psychologische Untersuchung auf das ganze Gebiet des Transzendenten erstrecken, also außer auf das transzendente Religiöse, auf das transzendente Glück, dessen Begriff dem Pessimismus und der Resignation so vieler Menschen zur Voraussetzung dient, auf das transzendente Objekt, wie es in jedem Urteil der Selbstbeobachtung entgegentritt, auf das Transzendente in dem Symbolismus der Kunst.

Die Weltanschauungstatsachen, die William James' Geist lebendiger als der irgend eines seiner Zeitgenossen erfaßte, scheinen mir vor allem zu sein: die Möglichkeit – im strikten Gegensatz zur Notwendigkeit – einer sich bis ins Transzendente verlierenden Verbesserung und Erhöhung des Menschen- und Weltschicksals, das Vorhandensein übermenschlicher Mächte, die sich für einen glücklichen Ausgang des Weltdramas einsetzen, die dem Menschen kraft seiner Freiheit sich bietende Wahl, bei dem Kampf des Guten und Bösen als bloßer Zuschauer zu verharren oder für die eine oder andere Partei in die Schranken zu treten, die sich daraus ergebende Mitverantwortlichkeit für den schließenden Ausgang. Das alles ist nun freilich für William James nicht unmittelbar der Erfahrung gegebene Tatsache, sondern zunächst nur Gegenstand einer Annahme als möglich, die, weil sie den tiefsten Bedürfnissen der menschlichen Natur entspricht, durch einen Willensakt zur Wahrheit erhoben wird. William James macht diesen Umweg zum Glauben an die von ihm vorgetragene Weltanschauung wohl wesentlich nur deshalb, weil er diese Weltanschauung gern auch solchen mitteilen möchte, die sich voraussichtlich weigern werden, sie von vornherein als überzeugend anzunehmen. In der Erkenntnis, daß in Weltanschauungsfragen eine Überredung mit den Mitteln des gewöhnlichen intellektualistischen Beweisverfahrens äußerst problematisch ist, ruft er den Willen zu Hilfe und behauptet, daß man nur glauben zu wollen braucht, um dem Geglaubten Wirklichkeit zu verleihen. Wenn jemand, sagt James mit seinem Lieblingsbeispiel, der sich bei einer Bergpartie verstiegen hat und keine andere Rettungsmöglichkeit vor sich sieht als höchstens die eines gewagten Sprungs über einen Abgrund, sich entschließt, an das Gelingen des Sprungs zu glauben, so wird sein Glaube sich bewahrheiten; ist er dagegen voll von Bedenklichkeiten, so ist vorauszusehen, daß ihm der Sprung mißglücken wird. Der Philosoph gibt uns da einen ausgezeichneten Rat; man kann sich in vielen Lebenslagen durch den Willen zum Optimismus bestimmen und wird dabei häufig mit dem frei gewählten Glauben recht behalten, aber schließlich ist eine solche Autosuggestion doch ein künstliches, mit der inneren Wahrhaftigkeit schwer verträgliches, Hilfsmittel, zu dem man nur im äußersten Notfall seine Zuflucht nehmen sollte. In Fragen der Weltanschauung insbesondere hat man doch zunächst das ganze Arsenal der Vernunftsgründe zu erschöpfen, bevor man, bei einem non liquet angelangt, sich entschließt, durch einen Willensakt dem Zweifel ein Ende zu machen. Ja, man sollte in aller Regel, selbst wenn nach reiflichster Abwägung des Für und Wider der Vernunftsgründe ein sicheres Ergebnis sich nicht erzielen läßt, es lieber der weiteren Erfahrung des Lebens überlassen, eine Überzeugung in dem einen oder anderen Sinne herbeizuführen, anstatt sich selbst durch autoritative Willkür die Überzeugung aufzudrängen, die sich als die förderlichste darstellt. Der Pragmatist wird uns nun freilich an dieser Stelle entgegenhalten, daß wir einen ganz unrichtigen Begriff von Wahrheit hätten. Die pragmatistische Auffassung der Wahrheit, deren Hauptbegründer James sei, lasse es als ausgeschlossen erscheinen, daß das von ihm vorgeschlagene Verfahren mit der Wahrhaftigkeit im Widerspruch stünde. Sei Wahrheit nichts anderes als Nützlichkeit einer Vorstellung, dann könne man den nicht unwahrhaftig schelten, der sich entschließe, die als nützlich erkannte Vorstellung für wahr zu nehmen. Ich könnte erwidern, daß es von dem Standpunkt dieser Wahrheitstheorie eines Willensentschlusses gar nicht bedürfe, wenn Nützlichkeit feststände, möchte aber lieber überhaupt nicht auf den Einwand eingehen, da mir die pragmatistische Auffassung der Wahrheit als der schwächste Teil der Jamesschen Philosophie und, insoweit sie überhaupt der Widerlegung bedarf, längst widerlegt erscheint. Lassen wir es nun auf sich beruhen, wie William James zu dem Glauben an die dem Menschen sich bietende Möglichkeit, zu dem glücklichen Ausgang des Weltdramas beizutragen, gekommen ist und wie er diesen Glauben rechtfertigte. Die Art und Weise, wie er diesem seinem lebendigen Glauben Ausdruck zu geben wußte, hat vielen die Augen dafür geöffnet, daß damit in der Tat der Sinn unseres Lebens in einem sehr wesentlichen Teile richtig getroffen ist. Die Beziehungslinien von der Jamesschen Weltanschauung zum Recht sind, soviel wir sehen können, jedenfalls in Deutschland bisher nicht gezogen worden. Überhaupt verlangt das europäische, zum mindesten das kontinentale Denken doch wohl eine mehr intellektualistische Zusammenfügung der einzelnen Gedanken zum System, als es dem geistigen Temperament des großen Amerikaners entspricht. Wir werden daher das Ganze seiner Lehre schwerlich übernehmen können. Wohl aber glauben wir, daß einzelne der von ihm unvergleichlich formulierten Gedanken zu den Grundpfeilern des Baus unserer zukünftigen Philosophie gehören werden. Hiervon wird unten noch zu sprechen sein.

III. Daß zwischen den Anschauungen William James' und denen Henri Bergsons eine gewisse Verwandtschaft besteht, haben beide Philosophen mit Genugtuung hervorgehoben. Freilich kann es sich dabei nur um die praktische Gesamttendenz handeln, der kognitive Apparat ist bei beiden verschieden genug. Wie James erklärt auch Bergson dem Intellektualismus den Krieg und – was wichtiger ist – sucht auch er dem Menschen die Hoffnung zu geben, er könne, wenn er sich nur auf die in den Tiefen seiner Seele verborgenen Energien besinne und von ihnen den geeigneten Gebrauch mache, in geradezu unbegrenztem Maße zu dem Fortschritt der

Welt beitragen. Was dem kontinentalen, namentlich auch dem deutschen Denker die Lehre Bergsons viel interessanter erscheinen läßt als die des Amerikaners, ist der systematische, intellektualistische Charakter dieser blendenden Erscheinung des Antiintellektualismus, ein Charakter, den wir Deutschen nun einmal von einer eigentlichen Philosophie verlangen. Bei Bergson bemächtigt sich die biologische Entwicklungstheorie, und zwar eher in der Form des Lamarckismus als des Darwinismus, des Gebietes der Erkenntniskritik. Wenn der Mensch aus dem Kampf des Daseins als der Sieger über alle anderen Tierrassen hervorgegangen ist, so dankt er das vor allem dem Gehirn, mit dem er durch einen Schöpfungsakt der Lebenskraft, des élan vital, ausgestattet worden ist. Das Gehirn beschränkt die unendliche Fülle der Perzeptionen auf das für die dem Individuum dienlichen Reaktionen erforderliche Maß. Dazu kommt dann die Ausbildung der intellektuellen Funktionen, die uns zwar nicht wahre Erkenntnis der Dinge, für die sie vielmehr weit eher hinderlich ist, wohl aber in der vortrefflichsten Weise eine schematische Vorausberechnung der unsere physische Existenz betreffenden Ereignisse und damit eine kluge Politik des Handelns ermöglicht hat. Wollen wir tieferes Verständnis für die Welt gewinnen, so müssen wir uns von der intellektualistischen Einstellung tunlichst freimachen, uns gewissermaßen auf eine ursprüngliche, unmittelbare Betrachtungsweise zurückbesinnen, müssen uns mit anderen Worten statt der Intelligenz der Intuition bedienen. Die Intuition zeigt uns, wie in einer echten, nicht ins Raumhafte verzerrten Zeit unvorhersehbar unaufhörlich Neues entsteht, wie in uns selbst die Kräfte ruhen, spontan, wahrhaft schöpferisch zu wirken. Bergsons Lehre von der Intuition entspringt offenbar dem gleichen Bedürfnis wie der radikale Empirismus und die Phänomenologie. Irgendwie, das ist überall die Losung, muß der harte, enge Rahmen des Weltbildes, das vorwiegend durch die Naturwissenschaften bestimmt worden ist, durchbrochen werden, müssen neue, weitere, hoffnungsvollere Perspektiven dem Auge sich öffnen. Ob man gerade der Bergsonschen Anweisung Folge zu leisten sich bemühen wird, hängt von der Gesamtbeurteilung ab, die man seiner Philosophie zuteil werden läßt.

Der besondere Reiz der Bergsonschen Philosophie liegt – von seinem glänzenden Stil, der ihn zu einem der ersten französischen Schriftsteller macht, ganz abgesehen – in der geistreichen Art und spielenden Leichtigkeit, mit der er ein großes empirisches Tatsachenmaterial zur Begründung seiner Ansichten verwendet. Es wäre nun aber ungerecht, sein Verdienst nur in diesen Vorzügen zu sehen und ihm die eigentliche philosophische Originalität abzusprechen. Gewiß ist die Ähnlichkeit mit Schopenhauer bisweilen frappant, aber selbst gegenüber diesem Denker, mit dem er sich mehr als mit irgendeinem andern berührt, bewahrt er seine Selbständigkeit. Bei Bergson läßt gewissermaßen auf den Grund des ursprünglichen integralen Weltbildes durch Weglassungen und Unterstreichungen der Intellekt im Interesse der Erhaltung im Kampf ums Dasein ein künstliches Schema entstehen, das schließlich allein die Oberfläche des Bewußtseins einnimmt. Bei Schopenhauer dagegen ist von vornherein für den Menschen die Welt seine Vorstellung, d. h. das Werk seines Intellektes; nur auf einem ganz geheimnisvollen Weg vermag in außergewöhnlichen Fällen der menschliche Geist seinen metaphysischen Herkunftsort sich zum Bewußtsein zu bringen und die Täuschung der Vorstellung zu durchschauen. Dem entspricht, daß nach Bergson der Mensch, der zu intuitiver spekulativer Erfassung der Dinge sich durchringt, in einer und derselben Welt die Vorteile der Artefakte seines Intellektes und das freie Spiel seiner Kräfte verwerten kann, während nach Schopenhauer mit dem Lichte metaphysischer Erkenntnis über die Welt der Vorstellung die unabwendbare Katastrophe hereinbricht. Fragen wir nun, ob Bergsons Weltanschauungslehre, die wir als eine interessante und originelle anerkennen, richtig ist, so dürfen wir dabei nicht absolut zwingende Beweise verlangen oder ebensolche Gegenbeweise erbringen wollen. Eine Philosophie kann durch die Art, wie sie die Summe der Erfahrungsdata zum System zusammenfügt, sich als einleuchtend, besser noch als plausibel darstellen. Sie kann nicht strikte bewiesen oder widerlegt werden. Wenn wir uns nicht zu Bergsons Philosophie bekennen können, so liegt das einfach daran, daß, wie aus der unten zu gebenden kurzen Skizzierung unserer eigenen Weltanschauung sich ergeben wird, die Sprache der Erfahrung uns in einem anderen Sinne zu deuten zu sein scheint. Die scharfe Unterscheidung verschiedener Erkenntnisvermögen dürfte sich nachgerade in einem ehrenvollen Alter von ein paar tausend Jahren überlebt haben. Was man in den letzten Jahrhunderten wesentlich mit ihr erreichen wollte, war die Beseitigung der den Menschengeist seit den frühesten Anfängen des philosophischen Nachdenkens quälenden Widersprüche. Auch Bergson hat, wie sich aus seiner ersten Schrift Les données immédiates de la conscience – deren Titel man, beiläufig bemerkt, in neuere deutsche Philosophensprache mit „Phänomenologische Untersuchungen“ übersetzen könnte – klar ergibt, seine Unterscheidung von intelligence und intuition in Bemühung um die Lösung gewisser Antinomien herausgearbeitet. Die so unglaublich hartnäckigen Zenonschen Sophismen führen ihn auf die vraie durée im Gegensatz zur spatialisierten Zeit, wobei ihm letztere nicht anders erklärlich erscheint, denn als Produkt eines besonderen Geistesvermögens, eben der zum Zweck praktisch nützlicher Reaktionen verliehenen intelligence. Auch der nicht enden wollende Streit zwischen Determinismus und Indeterminismus, meint er, könne nur dadurch geschlichtet werden, daß man den ersteren als die Betrachtungsweise jener mit Raum und Kausalität arbeitenden intelligence auffasse, den letzteren als die einer intuition, die uns in den Fluß des freien devenir réel zu versetzen vermöchte. Hiergegen wäre einmal zu bemerken, daß die Antinomien von Bergson nicht richtig bestimmt werden, insofern den Beweisen des Zenon für die Unmöglichkeit der Bewegung nicht die Antinomie von raumhafter Zeit und wahrer Zeit, sondern die für den Raum sowohl als für die Zeit geltende des Kontinuierlichen und seiner Zusammensetzung aus direkten Teilen zugrunde liegt und insofern im Willensakt wohl Freiheit, Losgelöstheit und Zusamenhang als untrennbar verbunden erfahren werden, dagegen die Kausalitätsbetrachtung sich durchaus nicht kraft der Konstitution des menschlichen Intellektes auf schlechthin alles bezieht, sondern zu solch universellem Gebrauch erst seit verhältnismäßig kurzer Zeit durch eine leicht zu erklärende Übung ausersehen worden ist. Mehr noch fällt ins Gewicht, daß die Antinomien, so wie sie sich Bergson darstellen, durch seine Unterscheidung von intelligence und intuition nicht beseitigt, vielmehr nur verschoben werden. Denn wenn man leugnet, daß die beiden Geistesvermögen sich auf dieselbe Realität beziehen, dann tritt man in Widerstreit mit der Evidenz der Erfahrung: gibt man es aber zu, dann bleibt ihre Gegensätzlichkeit schließlich doch unbegreiflich. Letztere Schwierigkeit würde nicht bestehen, wenn die Intelligenz, wie Bergson es bisweilen anzudeuten scheint, sich wirklich darauf beschränkte, aus der Totalität des ursprünglich Gegebenen das eine wegzulassen, das andere hervorzuheben; in Wahrheit können aber doch die Antinomien nur dadurch zustande kommen, daß sich die Intelligenz in aggressiver Gegensätzlichkeit zur Intuition verhält, und man weiß nicht, wie sie es fertig bringt, ohne sich eine eigene Welt zu schaffen, die der Intuition so zu vergewaltigen. Wie in dem oben besprochenen Fall des Gegensatzes von Subjekt und Objekt, tut man auch in dem hier interessierenden besser daran, die Antinomie, die sich nun einmal nicht eskamotieren läßt, anzuerkennen und anstatt zu lösen, metaphysisch zu deuten. Wer wie Bergson und viele andere heutige und frühere Philosophen das Antinomische der Wirklichkeit durch die Annahme verschiedener Betrachtungsweisen oder Geistesvermögen zu beseitigen sucht, der findet nicht nur, was er vermeiden wolle, an einer anderen Stelle wieder und geht des eben bezeichneten Vorteils für die Metaphysik verlustig, sondern gerät auch in die Gefahr, die eine Seite der Wirklichkeit oder gar beide im gegenseitigen Verhältnis ungebührlich zu vernachlässigen. Im Namen der Intelligenz hat man sich mit Recht darüber beschwert, daß ihr nur die Funktion, die Behauptung des physischen, nicht etwa auch die des geistigen Lebens zu fördern, zugesprochen werde. Die Intuition wird dadurch benachteiligt, daß der Mensch erst seine ihm von der Natur gegebene geistige Konstitution sozusagen umkrempeln muß, bevor er über sie zu gebieten und sich dadurch zu den von ihr aufgewiesenen, wie uns scheint, zum Teil jedenfalls recht einfachen Wahrheiten Zugang zu verschaffen vermag. Nähere Ausführungen über die Bergsonsche Philosophie erübrigen sich um so mehr, als sie bisher zu einer durchgebildeten Morallehre, an die die Rechtslehre anknüpfen könnte, nicht geführt hat.

IV. Die vorstehenden Ausführungen werden in ihrer Gesamtheit den Eindruck erwecken, daß wir in den besprochenen philosophischen Richtungen mehr die Anzeichen des Herannahens einer neuen Epoche philosophisch begründeter Weltanschauung als die entscheidenden Leistungen selbst erblickten. Dies ist denn auch in der Tat unsere Meinung. Es ist etwas Großes, daß allenthalben von führenden Geistern die Überwindung von Lehren gesucht wird, die in den Mechanismus der äußeren und inneren Welt oder in einen rein formalen Apriorismus der Weisheit letzten Schluß setzen. Wir würden nicht glauben, daß Bergson und Scheler, das Wort des Spinoza auf sich anwendend, behaupten dürften: veram se invenisse philosophiam und finden es begreiflich, daß man William James den Namen eines Philosophen im strengen Sinn verweigert. Aber wenn diese Männer sich zum Glauben an die Möglichkeit einer Wesensschau oder zu dem an unbegrenzte Schaffenskraft der spontanen Energien des menschlichen Willens bekennen, so sind das Taten, die, wenn der Dichter die Schlachten des Geistes wie den Trojanischen Krieg besänge, ein: ewig werde dein gedacht, Bruder an der Griechen Festen, verdienen würden. Sie sind nicht die einzigen, die solchen Ruhm erworben haben. Ich will hier nur Driesch nennen, der, von der Naturwissenschaft herkommend, erst durch seine biologischen Untersuchungen dem Mechanismus den Todesstoß versetzt hat und uns nun in seiner Wirklichkeitslehre den Zugang zur Metaphysik eröffnen will. Gewiß besteht der Wert aller hier genannten und uns bekannten neuesten Philosophie mehr in ihrer bahnbrechenden als ihrer aufbauenden Wirksamkeit; freuen wir uns immerhin daran, daß, wenn man neben der Philosophie noch Psychologie und Soziologie berücksichtigt, das erforderliche Material für das System einer neuen Philosophie so ziemlich beisammen ist.

Daß die Philosophie, zu der der Geist unserer Zeit sich hinbewegt, wie sie auch sonst immer ausgestaltet sein mag, transzendenten Charakter zu tragen hat, scheint mir außer Zweifel zu stehen. Wenn wir heute in den meisten Ländern eine kräftige Neubelebung des religiösen Gefühls wahrnehmen, so zeigt sich darin ein Zug zur Transzendenz. Denn eine innerweltliche Religion ist, wie Driesch sehr treffend sagt, das hölzernste aller Eisen. Das Christentum jedenfalls ist im allerhöchsten Maße transzendent, weswegen die Philosophie des beginnenden 19. Jahrhunderts, insbesondere der Hegelianismus, nichts weniger war, als was sie nicht ungerne hätte sein mögen, eine vernunftmäßige Fortbildung des Christentums. Dagegen scheint uns Flournoy durchaus recht zu haben, wenn er in seiner „Philosophie de William James", einem Buch, das kein irgendwie Denkfähiger ungelesen lassen sollte, bemerkt, die Gedanken seines Autors über Gott und sein Verhältnis zur Welt ließen sich zwanglos in den Entwicklungsprozeß des christlichen Denkens einfügen. Der Zusammenhang mit dem christlichen Ideenkreis beruht vor allem darauf, daß James Gott als Persönlichkeit und das Weltziel als transzendent auffaßt. Wenn ein Mann, dessen ganzes Wesen sich zu einer transzendenten Weltanschauung bekennt, eine so hinreißende Wirkung seiner Zeitgenossen innerhalb und außerhalb seines Vaterlandes ausübt, wie das bei James der Fall ist, so ist das wohl ein Anzeichen für das Aufdämmern der Erkenntnis, daß alle Dinge dieser Welt, von denen seit der Epoche der Auflehnung gegen das mittelalterliche Christentum Renaissance, Humanismus, Aufklärung, französische Revolution, Romantik, Sozialismus und wilhelminisches Zeitalter geschwärmt haben, nicht das letzte endgültige Ziel unseres Strebens darstellen können, daß dieses vielmehr transzendent ist, somit vom Geiste nicht klar erfaßt, sondern nur vorausgeahnt werden kann.

Das Transzendente ist, so muß man annehmen, nicht nur etwas vorläufig noch nicht deutlich Erkennbares, sondern auch etwas vorläufig nur potentia, nicht actu Vorhandenes. Im Gegensatz zur gesamten antiken Metaphysik, die in diesem Punkte für die christliche Theologie durchaus maßgebend ist, darf das Vollkommene nicht an den Anfang versetzt werden. Hegel ist vielleicht der erste Philosoph, der diesem Postulat in seiner Annahme einer Entfaltung des Weltgeistes in der Weltgeschichte unzweideutig gerecht wird. Eine noch größere Rolle spielt das Werden des Göttlichen bei Bergson: Dieu se fait. Für James ist die hier in Betracht kommende Forderung vor allem deswegen ganz unabweisbar, weil neben einem vollkommen guten und allmächtigen Wesen der Mensch mit allem, was er ist und leistet, zur Bedeutungslosigkeit herabsinken würde. Den Sinn des Lebens sieht er ja eben darin, daß für das Weltheil – nicht nur sein eigenes Heil – die Mitarbeit des Individuums nicht schlechthin entbehrlich ist.

Mit Recht nimmt James in sein Weltprogramm nicht nur die Anerkennung eines selbst vor Gott nicht haltmachenden Meliorismus, sondern auch die Forderung auf, daß dem Menschen die Fähigkeit zugestanden werde, den Eintritt des Bessern in der Welt zu fördern. Nur wenn diese Voraussetzung erfüllt wird, erhalte der Mensch ein Anrecht auf das Verantwortungsgefühl, ohne das höheren Naturen das Leben unerträglich wäre.

Man hat gesagt, hier spreche aus James der sich selbst überhebende Amerikaner, der nicht zugeben wolle, ihm könne irgend etwas unerreichbar sein. Es handelt sich indessen in Wahrheit um eine viel allgemeinere Angelegenheit, und das Jamessche Postulat muß auch der Europäer sich zu eigen machen. Das Verantwortungsgefühl, wie James es sich denkt, muß dem modernen Menschen ein Ersatz des uns immer mehr abhanden kommenden Schuld- und Sühnegefühls sein. Es läßt sich kaum leugnen: das Wort Schuld und seine Synonyme in andern Kultursprachen werden in nicht ferner Zeit als anarchistisch angesehen werden müssen. Ich denke dabei nicht in erster Linie daran, daß sich auf dem Gebiet des Strafrechts der Schuldbegriff immer mehr zu verflüchtigen droht und der Name bei den meisten modernen Kriminalisten mit der Vorstellung von Inquisition, Folter, Scheiterhaufen und ähnlichen Schrecken unlösbar verknüpft ist. Viel bedeutsamer scheint mir die innere Stellungnahme zur Weltkatastrophe. Es wird kaum nötig sein, das Mißverständnis abzuweisen, daß wir von der Schuld reden wollen, die Kaiser, Könige, Präsidenten, Kanzler, Minister, Gesandte und sonstige Diplomaten auf sich geladen haben. Man hat allen Grund, sich zu fragen, ob wirklich die großen Persönlichkeiten so bestimmend auf die Weltgeschicke eingewirkt haben, wie vielfach behauptet wird; daß die „Persönlichkeiten", über deren „Schuld am Kriege" man heute in vielen Kreisen streitet, auch soweit nicht von der Natur geradezu als Kasperle ausstaffiert waren, im wesentlichen Marionetten gewesen sind, wird doch wohl von Tag zu Tag deutlicher. Was für uns in diesem Zusammenhang allein Interesse hat, ist dies: Wenn eine Nation, die volles Recht hat, auf eine große geistige Vergangenheit stolz zu sein, eine Nation zudem, in der so gewaltige Kräfte leben, daß man in ihr allenthalben die künftige Weltherrscherin wittert, sich von Tag zu Tag rascher auf der abschüssigen Bahn des Materialismus und der Mechanisierung des inneren Lebens treiben läßt, und dann plötzlich eine furchtbare Katastrophe eintritt, so würde man meinen, es sei Grund genug für ein Trauern in Sack und Asche gegeben. Davon läßt sich nun aber nicht nur augenblicklich nicht das geringste wahrnehmen, sondern wir müssen uns offensichtlich mit dem Gedanken vertraut machen, daß sich davon überhaupt nie etwas wird wahrnehmen lassen. Man schreckt nicht deshalb zurück, sich schuldig zu bekennen, weil man sich vor dem furchtbaren Urteil des eigenen Gewissens, sondern weil man sich vor den Schikanen des Verbandes fürchtet. Man weist den Schuldvorwurf des Gegners trotzig zurück und heißt ihn selbst den Schuldigen, aber das alles hat keine tiefere Bedeutung, bedeutet insbesondere nicht, daß man den Schuldbeladenen nicht über einen andern Schuldigen zu Gericht sitzen lassen will. Nur der wahrhaft Unschuldige, er, der ohne Fehl war, konnte es den Menschen verbieten, über einander zu richten; der Schuldige nimmt das Schuldurteil aus jedem Munde demütig an, er glaubt, daß es, woher es ihm auch entgegentöne, jederzeit von Gott komme. Wir aber halten im Grunde unseres Herzens den Gegner für so wenig schuldig wie uns selbst, wir wissen ja überhaupt gar nicht mehr, was es heißt, schuldig zu sein. Die eigentliche Zerknirschung des Herzens ob der eigenen Bosheit und die aus ihr hervorschnellende Energie der Sühnebereitschaft finden wir modernen Menschen nur noch als schattenhafte Erinnerung in den Tiefen unseres Bewußtseins. Nietzsche durfte die alten Gesetzestafeln nur zerschlagen, weil sie toter Buchstabe geworden waren. Die Welt war ihm dankbar, daß er sie von lästigen Gespenstern befreite. Obwohl die Nietzesche Kritik der christlichen Moral eine höchst scharfsinnige und in gewisser Beziehung geradezu bahnbrechende psychologische Leistung war, so trifft sie doch im Hauptpunkt schwerlich den Kern der Sache, sie wird vor allem der lebenspendenden Kraft des Schuld- und Sühnegedankens viel zu wenig gerecht. Der Christ sieht in seinem Gott noch etwas zu Fernes, ihm zu Fremdes, als daß er ihm gegenüber zunächst den Hang verspürte, „vollkommen zu werden, wie der himmlische Vater vollkommen ist". Weit näher liegt ihm der Gedanke, im Verhältnis zu Gottes Vollkommenheit seine eigene Unvollkommenheit recht deutlich zu spüren, Gott das Recht unbegrenzter Entrüstung über solche Erbärmlichkeit zuzusprechen und in tiefster Dankbarkeit für jede Art von Begnadigung die schwerste Sühne willig auf sich zu nehmen. Diese Auffassung war verhängnisvoll, wenn man bloße Selbstkasteiung, segensreich, wenn man gute Werke als die geforderte Sühne ansah. Ihr tritt bei den Protestanten, vor allem bei den englischen Puritanern, eine andere gegenüber, derzufolge das Bild Gottes im Herzen des Gläubigen weniger das Gefühl, wegen der eigenen mangelnden Vollkommenheit Verzeihung erlangen zu müssen, als den lebhaften Wunsch erweckt, mit allen Kräften die Sache eines solchen Wesens zu verteidigen. Es ist klar, daß hier wie vom Standpunkte der Sühnelehre aus der menschlichen Tätigkeit ein höchster Ansporn gegeben wird, und daß, wenn nicht die Spannungsenergien des menschlichen Lebens sich abschwächen sollen, nachdem einmal die Idee der Sühne uns verlorengegangen ist, nicht auch die vom Menschen als Gotteskämpfer aufgegeben werden darf. Ist es andererseits richtig, daß der vollkommene, allmächtige Gott eines Kämpfers für seine Ehre nicht bedarf, so dürfen eben solche Epitheta Gott nicht beigelegt werden. Soll man nun mit Wells' Mr. Brittling im Gott den Great Captain der Armee des Heils sehen, in die sich die Menschen als Soldaten einreihen können? Aber dann wäre Gott eben doch nicht das Äußerste, Höchste, als das vielmehr das erst zu erkämpfende Weltheil zu gelten hätte. Bedenkt man, wie sehr sich gerade die besten Geister aller Nationen dagegen sträuben, Gott als eine neben dem Menschen im Universum stehende, in sich abgeschlossene Persönlichkeit aufzufassen, während doch andererseits Persönlichkeit für uns die höchste denkbare Seinsform darstellt, so wird die Lehre nicht zu kühn sein, daß Gott nichts anderes ist, als der in der Zerstreuung des jetzigen Universums lebende, im Menschen, wennschon nicht notwendiger-, so doch möglicherweise seine höchste Manifestation findende Weltgeist im Zustand höchster, vorläufig als Persönlichkeit vorzustellender Vereinheitlichung und Vollendung, zu dem er sich im Weltprozeß schließlich emporzuringen bestimmt ist.

Der Gang von den niederen Stufen zu den letzten Zielen muß der der Entwicklung sein. Wenn man immer und immer wieder in irgendeiner Weise an Hegel Anlehnung sucht, so liegt das daran, daß er der Philosoph der Entwicklung war und man auf allen Gebieten des wissenschaftlichen Denkens noch heute an die Fruchtbarkeit der Entwicklungsidee glaubt. Das Hauptwerk des berühmtesten unter den zeitgenössischen Metaphysikern lautet: L'évolution créatrice, und wenn in der Biologie heute Darwin ein wenig veraltet ist, so teilt der Entwicklungsgedanke dieses Schicksal nicht: Der Begriff der Entwicklung wird in sehr verschiedener Weise bestimmt. Wir möchten ihn hier zunächst in einem möglichst weiten Sinne fassen. Wenn wir sagen, daß in der Welt eine Entwicklung vor sich gehe, so soll das vorerst einmal nur heißen, daß das, was geschieht, bevor es geschieht, als notwendig, wahrscheinlich oder möglich gegeben ist. Bezeichnet man solches Präformiertsein als etwas Rätselhaftes, so stimmen wir bei. Nur scheint es uns nicht viel rätselhafter als vieles andere in der Welt. Jedenfalls ist es weit davon entfernt, ein bloß abstraktes Schemen zu sein. Wir erleben es täglich und stündlich: in der Form der Notwendigkeit in den Zwangswirkungen, die wir auf die äußeren Dinge und sie auf uns ausüben; in der Form der Wahrscheinlichkeit in der Beeinflussung durch starke, nahezu überwältigende Motive; in der Form der bloßen Möglichkeit in der bei ungefährem Gleichgewicht des Für und Wider sich unserem Willen bietenden Wahl. Könnten wir uns der Meinung des Deterministen anschließen, dann ließe sich der Entwicklungsgedanke im Hinblick auf das letzte transzendente Ziel sehr leicht zum Ausdruck bringen. In dem Universum, so wäre zu sagen, liegt die Notwendigkeit beschlossen, daß alle Bewegungen und Wandlungen schließlich in einem Zustand transzendenter Vollkommenheit ihren Abschluß finden. Ein solcher Fatalismus, möchte er gleich manchem eine lockende Weltanschauung bieten, scheint im Widerspruch zu stehen mit unserem Postulat höchster Verantwortlichkeit des Menschen. William James hat denn auch mit Entschiedenheit immer und immer wieder betont, man müsse damit rechnen, daß die große Partie verlorengehe. In diesem Punkte können wir uns ihm nicht völlig anschließen. Der Geist, der élan vital, oder wie man es ausdrücken will, ist unsterblich, hat in seinen Tiefen unerschöpfliche Kräfte, mit denen er jedes Hemmnis, jede Lähmung, die Trägheit oder Bosheit der des freien Willens teilhaftigen Individuen wieder wettmachen kann. Es wird sich also bezüglich des guten Ausgangs doch nur um die Möglichkeit eines Aufschubs auf unbestimmte, aber nicht endlose Zeit handeln können. Mehr als die Möglichkeit, an der Herbeiführung solchen Aufschubs wie umgekehrt an einer Beschleunigung des Siegs des Guten beteiligt zu sein, vermögen wir dem Verantwortlichkeit fordernden menschlichen Gefühl nicht zu bieten. Wir möchten aber meinen, daß es sich damit auch zufrieden geben wird.

Es fragt sich nun aber doch, ob zu dem Begriff der Entwicklung, so, wie er hier zur Verwendung gelangte, nicht doch etwas mehr gefordert werden muß, als wir soeben in ihn hineingelegt haben. Wollte man annehmen, daß plötzlich in einer im übrigen kunterbunt zusammengewürfelten Welt der Zustand des Heils eintrete kraft einer von Anfang an gegebenen Notwendigkeit, so wäre das keine Entwicklungsphilosophie. Unter einer solchen versteht man nur eine Betrachtungsweise, derzufolge nicht nur durch leeres Verrinnen der Zeit der Weltverlauf sich immer mehr dem krönenden Ereignis nähert, sondern in den Ereignissen, die er mit sich bringt, die Züge des schließlichen Ausgangs sich mit zunehmender Deutlichkeit ausprägen. Um also von dem evolutiven Charakter unserer Lehre Rechenschaft abzulegen, müssen wir wohl zunächst angeben, wie denn das Ziel des Weltprozesses, das "divine event, to which the whole creation moves" gedacht werden soll.

Das, worauf schließlich alles hinausläuft, ist das nicht in klarer Erkenntnis, sondern nur in der Vorahnung erfaßbare, universelle transzendente Glück. Unsere Weltanschauung trägt somit eudämonistischen Charakter. Das Glück, das von der ganz außer Rand und Band geratenen neueren Moralphilosophie mit solcher Geringschätzung behandelte Glück, ist der Extrakt, die Quintessenz des Lebens, für die praktische Vernunftlehre der einzige überhaupt denkbare Bewertungsmaßstab. Weil Lust- und Unlustgefühle des ganzen Lebens wechselvolles Spiel nicht nur begleiten, sondern im Innern durchdringen, haben wir ein Maß für den Sinn aller Vorgänge. Man hat gesagt, das vernünftige Ziel des menschlichen Strebens sei nicht möglichst viel Glück – beileibe nicht, das wäre ja ein wahrhaft ordinärer Standpunkt – sondern möglichst viel Leben. Aber sieht man denn nicht, daß, wer das Leben nicht bloß in seinen Äußerlichkeiten, sondern auch nur einigermaßen in dem, was es innerlich bedeutet, abwägen oder bemessen will, schlechterdings sich an das Glücksgefühl halten muß? Ein hochberühmter neuerer Philosoph hat die Anregung gegeben, statt des Glücks die Tätigkeit zum ethischen Maßstab zu machen, eine Anregung

– ich muß hier leider früher Gesagtes wiederholen –, für die Hampelmänner dankbarer sein werden als Menschen. Weswegen man dem Eudämonismus in neuerer Zeit so feindselig gesinnt ist, habe ich an anderer Stelle auszuführen gesucht. Hier soll nur des einzigen, wahrhaft schwerwiegenden Einwandes gedacht werden. Die Freude, die jemand bei Betrachtung einer schönen Landschaft empfindet, ist, wie oben gesagt, nichts sich äußerlich an den Eindruck des schönen Bildes Anheftendes, sondern etwas mit diesem Eindruck zu einer Einheit Verschmelzendes. Das ist eine für den Eudämonismus zum Teil günstige, zum Teil ungünstige Feststellung. Denn wenn sie uns in der Überzeugung bestärkt, daß im Glück als in der alles durchdringenden Innerlichkeit der Dinge das Wesen des Lebens beruht, so gibt sie doch andererseits zu einer für den Eudämonismus bedenklichen Frage Anlaß. Geraten denn nicht die Lustempfindungen mit andern Momenten, bloßen Wahrnehmungsvorgängen oder dergleichen in einen so untrennbaren Konnex, daß sie ihre Abmeßbarkeit, ihres vom Eudämonismus behaupteten oder vorausgesetzten quantitativen Charakters verlustig gehen? Mengen sich ihnen nicht unlösbar Dinge bei, die wir, um sie zu wägen, mitwägen müßten und die sich doch nun einmal ganz und gar nicht wägen lassen? Wäre die Lust allemal eine Art dumpf in sich abgeschlossenes Gefühl, das der in sich vielgestaltige Eindruck auslöst, dann könnte von einem Mehr oder Minder die Rede sein; wenn aber in diesen ästhetischen Genuß das Sehen einer Landschaft, in jenen das Hören einer Melodie einbezogen wird, wie soll sich dann behaupten lassen, daß der eine „größer" sei als der andere. Hier besteht in der Tat eine Schwierigkeit, und zwar, wie wir meinen würden, eine Schwierigkeit, die sich im gegenwärtigen Stadium menschlicher Erkenntnisfähigkeit gar nicht restlos lösen läßt. Nur besteht eine Schwierigkeit prinzipiell gleicher Art, soweit es sich um die Meßbarkeit materieller Gegenstände handelt; auch hierbei tritt die Möglichkeit, das rein Quantitative in der Messung von dem übrigen, sagen wir einmal der solidity, zu trennen, in einen im letzten Grunde unerklärlichen Gegensatz zu dem eignartigen Verwobensein von Raum und Materie. Freilich läßt sich der Vergleich räumlicher Größen praktisch leicht durchführen, während wir bei dem Versuch, Lustgefühle gegeneinander abzuwägen, zwar gewiß nicht einen völligen Mißerfolg zu verzeichnen haben, aber doch nie zu einem klaren Ergebnis gelangen. Im großen und ganzen läßt sich's schon machen, aber es bleibt ein Erdenrest zu tragen peinlich. Bei dieser Sachlage begreift man, daß der Ausweg, den Brentano und, seinen Anregungen folgend, die phänomenologische Richtung Schelers weisen, von vielen mit Freude begrüßt wurde. Die phänomenologische Einstellung führt dazu, das Lustgefühl aus dem Vorgang der Bewertung ganz auszusondern, sodann den Wert von dem bewerteten Gegenstand zu unterscheiden und endlich den Geist nach einer ihm immanenten Regel den einen Wert dem andern vorziehen zu lassen. So könnte es in der Tat sein, aber so ist es nicht. Die eigene innere Schau läßt uns das sagen, die Weisheit der Sprache bestärkt uns darin. Fast alle Ausdrücke, deren man sich bedient, um irgendwelche Prinzipien des Handelns zu bezeichnen, weisen auf eine quantitative Bestimmung hin. Wird von uns ein Vergleichen gefordert, so ist damit gesagt, daß in dem Verschiedenartigen ein Gemeinsames gesucht werden soll, und wenn von einem höhern oder größern Wert oder Gut die Rede ist, so deuten die Komparative darauf hin, daß es auf ein Mehr oder Weniger an dem Gemeinsamen ankommt, daß das Gemeinsame etwas Quantitatives ist. Wenn Brentano in seinen bekannten ethischen Betrachtungen letztlich auf eine dem menschlichen Beurteilungsvermögen eigene Funktion des „Vorziehens" abstellt, so beweist er schon in der Wahl des Ausdrucks erhebliches Geschick. Es war gar nicht leicht, eine Formulierung zu finden, durch die der Gedanke an Quantitätsunterschiede nicht hervorgerufen würde. Es war das aber andererseits notwendig, wenn man dem Eudämonismus entgehen wollte, denn daß das in Betracht kommende Quantitative kaum etwas anderes sein kann als das Glücksgefühl, liegt auf der Hand. Es wäre nun denkbar, daß es ein Vorziehen gäbe ohne vorausgehende Quantitätsabmessung, aber die Ausdrücke, die sich ganz unwillkürlich einstellen, wenn man davon redet, wie beim Handeln die Wahl zwischen verschiedenen Möglichkeiten getroffen wird, lassen es zweifellos erscheinen, daß nach der Psychologie der Sprache dem Akt des Vorziehens die Feststellung eines Mehr oder Minder vorausgeht. Vielleicht wird man sagen, daß diese Psychologie wenig zuverlässig sei. Mit Unrecht, wie wir meinen würden. Über die feiner differenzierten geistigen Prozesse, diejenigen namentlich, die erst das Ergebnis einer neueren Entwicklung sind, soll man die Sprache nicht befragen. Dagegen spricht viel dafür, daß sie uns das Wesen der fundamentalen innern Vorgänge in den großen Zügen durchaus zutreffend wiedergibt. Sie gewährt uns unter viel günstigeren Bedingungen, als die ihr einigermaßen verwandte Experimentalpsychologie arbeitend, die Summe der sich über viele Generationen erstreckenden innern Erfahrung umfassender Menschengruppen.

Geht es denn nun wirklich in der Welt dem Glück entgegen? Um die Frage guten Gewissens bejahen zu können, brauchen wir nicht festzustellen, daß die Totalität des in der Welt, soweit wir sie kennen, vorhandenen Glücks in steter Zunahme begriffen ist; es genügt, wenn sich immer mehr und mehr Glücksmöglichkeiten eröffnen, die Zubereitungen für die Erhöhung des Glücks sich fortdauernd vermehren und die gleichzeitig eintretende Einbuße an Glück demgegenüber als etwas mehr Akzidentelles erscheint. In diesem Sinne läßt sich nun, glaube ich, eine Bilanz zugunsten des Eudämonismus ziehen. Die Grausamkeit, mit der die Menschen in den Beziehungen des öffentlichen Lebens einander Leid zufügen, hat sich zusehends vermindert. Das Wehetun mißfällt in immer höherem Grade. Im Strafrecht wird das besonders deutlich: die auf diesem Gebiet frühern Zeiten zur Last fallende Inhumanität scheint uns heutzutage geradezu unverständlich. Welch ein Wandel der Gesinnung hier eingetreten ist, erhellt vielleicht am klarsten, wenn man bedenkt, daß ein Mann von so hoher moralischer Gesinnung wie Thomas von Aquin sich mit der Idee der ewigen Höllenstrafen befreunden konnte. Etwas weniger empfindlich als bezüglich der Leideszufügung durch Strafe ist das moderne Gewissen gegenüber den Kriegsgreueln. Immerhin dürfen wir zu Ehren der heutigen Menschheit sagen, daß der Krieg, der früher ganz allgemein als ein unvermeidliches Übel hingenommen wurde, jetzt von einer nicht unerheblichen Minorität als eine schwere Demütigung für Sieger und Besiegte und als etwas empfunden wird, das auf jeden Fall vermieden werden sollte und schließlich auch vermieden werden wird. Von all den unzähligen Qualen, die Mutter Natur so freigiebig über die Erde verstreut, hat der Fortschritt der ärztlichen Kunst einige fast völlig beseitigt, die meisten erheblich vermindert. Technische Disziplinen verschiedenster Art haben es ermöglicht, einem viel größeren Personenkreis als früher günstige oder wenigstens erträgliche Lebensbedingungen zu sichern. Wohl war der wirtschaftliche Aufschwung, den die sich verfeinernde Technik ermöglichte, von Schäden schwerster Art begleitet, aber man ist sich im allgemeinen darüber einig, daß es sich dabei um Mißstände handelt, die sich erheblich mildern lassen, und keinesfalls prinzipiell geeignet sind, die errungenen Vorteile völlig zunichte zu machen. Auch wagen wir es, die Entwicklung der Wissenschaften und Künste als glückspendend zu begrüßen und den gebildeten Menschen für ein glücklicheres Wesen zu erklären als den halbtierischen Wilden. Die weitaus größte Bereicherung aber an Glück hat der Menschheit die Gotteserfahrung gebracht. Man vergleiche nur den naiven Frohsinn der Frühzeit der Antike, die einem harmonisch gestalteten Dasein entspringende gemessene Freude ihrer Blütezeit mit der unendlichen Spannweite der Gefühle, über die der vom Christentum beeinflußte abendländische Geist verfügt. Freilich steht zunächst dem „himmelhoch jauchzend" ein „zu Tode betrübt" gegenüber, und nachdem zunächst die gute Botschaft sich als eine im höchsten Sinn frohe erwiesen hatte, mochte lange Zeit das Gefühl der Sündhaftigkeit das der Gotteskindschaft überwiegen. Aber schließlich, wir sprachen davon schon, fingen die schwarzen Schatten zu weichen an, und für den modernen Menschen kann das Gefühl des Transzendenten nur einen Zuwachs an beseeligender Kraft bedeuten.

Nicht einmal in den gröbsten Umrissen können die einzelnen Stadien der Entwicklung hier vorgeführt werden. Wohl aber soll versucht werden, das allgemeine Schema der Entwicklung, das Entwicklungsgesetz, zu bezeichnen. Es ist das der Widersprüche, genauer gesagt, das des Versuchs der Auflösung von Widersprüchen. Den für die Entwicklung der Wissenschaften maßgeblichen könnte man die Antinomie des Forschens nennen. Tu ne me chercherais pas, si tu ne m'avais pas trouvé. (Pascal.) Das gilt nicht nur, wenn Gott es ist, der gesucht wird, sondern bezüglich des banalsten Objektes. Will ich einen konkreten Gegenstand wiederfinden, den ich verloren habe, so besteht der Wunsch, die Empfindung des gegenwärtigen Habens mir wieder zu verschaffen; um nun diesen Wunsch hegen zu können, muß ich doch wissen, was ich da eigentlich wünsche, muß die Wirklichkeit, die impression in der Humeschen Terminologie, in der lustbetonten Vorstellung des Wunsches, der idea, sozusagen antizipieren. Dieses Antizipieren ist nun eben das Widerspruchsvolle, von dem hier die Rede ist. Es ist ein Besitzen des Erwarteten und doch weil Noch-nicht-Besitzen, ein Nicht-Besitzen. Das Problem ist in seinen wesentlichen Momenten kein anderes als das viel behandelte, noch ganz neuerdings von Bergson in „Matière et Mémoire" in Angriff genommene des Wiedererkennens. Wie kann ich denn überhaupt irgendeinen Gegenstand wiedererkennen? Ich habe ihn gesehen, das war die impression und sie ist vorüber. Nun plötzlich sehe ich den Gegenstand wieder, die impression wiederholt sich. Wie kann ich sagen, daß ich da nun denselben Gegenstand wie früher vor mir habe? Wie wird die Brücke von der ersten, der verlorenen, zur zweiten, der gegenwärtigen, impression geschlagen. Man wird geneigt sein zu sagen, durch die Erinnerung, durch die Vorstellung von der Sache, die mir geblieben ist. Aber wenn die Erinnerung, wie es mit Hume noch heute viele annehmen, nichts anderes ist als ein abgeblaßter Eindruck, eine idea, dann kann die Erinnerung die Rolle nicht spielen, die ihr zugemutet wird. Die Erinnerung als undeutliches Abbild des ursprünglichen Eindrucks ist etwas anderes als dieser und kann mit bestem Willen zu keinem Wiedererkennen verhelfen, sondern höchstens dazu, daß ich die Ähnlichkeit des erneuten Eindrucks mit dem Erinnerungsbilde feststelle, wodurch ich nicht an den ersten Eindruck herankomme. Da wird nun vielleicht der Phänomenologe frohlocken. Gewiß, höre ich ihn sagen, kommt ihr hier wie so oft mit eurer rein psychologischen Auffassung in unlösbare Schwierigkeiten. Der vergangene Eindruck ist allerdings etwas anderes als das Erinnerungsbild, aber es handelt sich auch gar nicht darum, den Eindruck wiederzuerkennen, es soll vielmehr der Gegenstand selbst wiedererkannt werden. Habe ich in meinem Bewußtsein außer der Vorstellung den Gegenstand der Vorstellung, dann erklärt sich das Wiedererkennen ganz einfach daraus, daß ich den Gegenstand im Bewußtsein behalten habe oder mir bewußt werden kann, daß ich ihn im Bewußtsein gehabt habe. Leider kann man sich doch nicht so leicht aus der Verlegenheit ziehen. Die scharfe Trennung von Vorstellung, Eindruck, einerseits, Gegenstand derselben andererseits widerspricht der inneren Erfahrung. Außerdem muß, wenn der jetzt gesehene Gegenstand als derselbe wiedererkannt werden soll, wie der früher gesehene, zunächst in Hinsicht auf den Gegenstand selbst eine Verschiedenheit vorliegen, da sonst der Akt der Identifizierung sinnlos wäre. Man müßte also annehmen, daß das Identifizierte nicht der Gegenstand sei, sondern das Wahrnehmen des Gegenstandes, und dies könnte nur fälschlicherweise für identisch, es müßte für ähnlich erklärt werden. Doch genug von solch erdachter Psychologie. Der Fehler einer Theorie des Wiedererkennens, die lediglich mit der Erinnerung als abgeblaßter Vorstellung arbeitet, besteht in Wahrheit nicht darin, daß sie über solcher Vorstellung den Gegenstand vergäße, sondern darin, daß sie nicht darauf achtet, wie die Wahrnehmung, die impression, in einem gewissen Sinn unverlierbar ist, bestehenbleibt insoweit, als erforderlich ist, um das Erinnerungsbild als ihr ungleich erscheinen und, wenn die Wahrnehmung sich wieder einstellt, als mit dem verlorenen und doch irgendwie aufbewahrten Eindruck identisch erklären zu lassen. Wer meint, ein solches Haben und Nicht-Haben gebe es nicht, der denke an den Augenblick, da ihm ein Name, den er vielleicht lange gesucht hat, sozusagen auf der Zunge schwebt. Wollten wir eine Erklärung für den widerspruchsvollen Zustand geben, so müßten wir sie sicherlich in der Lehre vom Unbewußten suchen. – Die Ausführungen über das Suchen und Wiedererkennen des verlorenen Gegenstandes bilden gewissermaßen eine Vorstufe zu den verwickelteren Untersuchungen über die Antinomie des Forschens, die in den Antizipierungen der Individualisierung und der neuen Spezies zum Ausdruck kommt. Der Forscher, der sich von einem Metall oder einem Knochen einen Begriff zu bilden begonnen hat, möchte zwecks Festigung und Sicherung seiner Erkenntnis den neuen Begriff an neuen, ihm zu unterstellenden Individuen erproben, oder er steckt sich gar das kühnere Ziel, eine bisher unbekannte Spezies des Allgemeinbegriffs Metall oder Knochen zu entdecken. Der Begriff umfaßt die Individuen, der Allgemeinbegriff die Spezies. Mit dem Menschen halte ich Sokrates, mit dem Tier das Pferd, mag ich auch bisher mit dem Individuum und der Spezies, von denen die Rede ist, keine Bekanntschaft gemacht haben. In einer besonderen Form treffen wir hier das Haben und gleichzeitige Nicht-Haben wieder an. Nichts, was entdeckt, mag es sich nun um einen Gegenstand der Außenwelt, einen psychischen Vorgang oder eine Gesetzmäßigkeit handeln, ist völlig neu, alles war in einem gewissen Sinn schon bekannt, vorweggenommen in dem Begriff, der uns danach suchen läßt oder das zufällig Aufgefundene als ihm zugehörig, weil in ihm enthalten, aufweist. Insoweit ist die Platonische Lehre von der Anamnese ganz zutreffend, nur läßt sie unberücksichtigt, daß in dem gleichen Wesen neben dem alten Bekannten ein Fremder steckt. Die Antinomie des Forschens hat sich als unendlich fruchtbar erwiesen, insofern man sie naiv behandelte, sich bemühte, wie man es heute noch mit dem größten Eifer tut, die Erwartungen, die sich in den allgemeinen Begriffen ausdrücken, durch Erweiterung der Erfahrung zu erfüllen. Weniger ertragreich für die geistige Entwicklung scheinen die Anstrengungen gewesen zu sein, die die Menschheit jahrtausendelang auf die Lösung des logischen Widerspruchs verwendet hat, als den sich die Antinomie darstellt. Der Universalienstreit ist berüchtigt. Allmählich ist man des Streitens müde geworden, ohne sich deswegen auf eine bestimmte Lösung geeinigt zu haben. Anfangs hatte man wie bei den meisten anderen Antinomien von dem Verschiedenen, das zur Einheit zusammenfließend den Widerspruch darbietet, das eine als für nicht seiend erklärt. Nach Plato hat nur der Begriff als Idee wahre Existenz, die Nominalisten degradieren den Begriff zum vocis flatus. Die neueren Philosophen glaubten eine Zeitlang, die Lösung darin gefunden zu haben, daß von dem Anschauungsbild das Verstandes- oder Vernunftvermögen den Schattenriß der Allgemeinvorstellung ablöst. Schade nur, daß, wenn man für die Selbstbeobachtung genauer zusieht, die Allgemeinvorstellung gar nichts Abgelöstes ist, vielmehr zu den konkreten Einzelbildern im Verhältnis unlösbarer Verwobenheit steht. Man wird sagen, das sei nichts als ein notwendiger Schein. Aber warum entsteht eine solcher Schein? Es wird m. E. einen beträchtlichen Schritt vorwärts bedeuten, wenn sich erst einmal die Psychologie des Unbewußten an das Problem heranmacht. Nicht erinnern wir uns in der Allgemeinvorstellung an das, was wir früher einmal deutlich mit dem Auge des Geistes erschaut haben, wohl aber erleben wir in ihr den Übergang von der Welt des Unbewußten oder Unterbewußten in die – in quantitativer Hinsicht jedenfalls – so viel ärmere des Bewußtseins. So wird begreiflich, daß wir in der Allgemeinvorstellung einen aus den wenigen bewußten konkreten Vorstellungen nicht ableitbaren sich deutlicher Fassung entziehenden Reichtum zu spüren glauben. Sieht man näher zu, so zeigt sich freilich, daß mit der Heranziehung des Unterbewußten die Antinomie nicht aus der Welt geschafft ist. Die Art und Weise, wie wir soeben das Unbewußte mit dem Bewußten kommunzieren ließen, ist in sich widerspruchsvoll. Dies aber eben ist die Signatur der Geschichte aller Antinomien, daß die Bemühungen des menschlichen Geistes nicht zu ihrer Lösung, wohl aber in irgendeiner Weise zu einer Erweiterung der menschlichen Erkenntnis beitragen. Bedenkt man, was die Psychologie des Unterbewußtseins bisher schon geleistet hat, so wird man jede Quelle, aus der ihr neue Nahrung zufließt, mit Freuden begrüßen. Es wäre von großer Wichtigkeit, wenn die durch manche Tatsachen nahegelegte Annahme von der Universalität des Unterbewußtseins sich wissenschaftlich erhärten ließe; die ihr durch Untersuchungen über die Allgemeinbegriffe sich bietende Unterstützung darf daher nicht als wertlos angesehen werden. Als weitere für die Entwicklung des Geistes bedeutungsvolle Antinomie mag die bereits oben besprochene von Subjekt und Objekt erwähnt werden. Subjekt und Objekt vereinigen sich in allen unseren Erkenntnisakten auf unbegreifliche Weise. Die Welt ist etwas von mir Verschiedenes und ist es als meine Vorstellung doch wiederum nicht. Man braucht nicht notwendig die Vereinigung des eigenen Ich mit der vorgestellten Welt zu erkennen; hat man sie einmal erkannt, so ist es schwer, das Ichsein der Welt als Schein auszugeben, obschon es immer wieder versucht wird. Dagegen ist es heute noch gang und gäbe, das Ansichsein der Welt in Abrede zu ziehen. Wir sahen, wie man auch damit nicht durchkommt. Also hätte es dabei sein Bewenden: die Welt ist mein Ich und ist andererseits an sich. Das Resultat der gewaltigen Geistesarbeit, die auf das Problem verwendet wurde, scheint trostlos. Es ist indessen viel reicher, als man auf den ersten Blick meint. Wenn wir in der psychologischen Durchdringung, Vertiefung der Kategorien, in der „psychologie transcendentale" seit Aristoteles sehr erhebliche Fortschritte gemacht haben, so verdanken wir das der subjektivistischen Erkenntnistheorie. Auch ist es für die Metaphysik von großer Bedeutung, daß man es lernt, die Unvermeidlichkeit der Antinomien einzusehen.

Die in praktischer Hinsicht wichtigste aller Antinomien ist die des Ich und Du. Der von jeher bestehende Unterschied des Ich und der Gesellschaft tritt in den Anfängen der Entwicklung dem Ich nicht ins Bewußtsein, das Ich verliert sich für sich selbst sozusagen in der Gesellschaft. Man ist, wie wir es bei Levy-Brühl sehen, versucht, dem Mitglied der primitiven Gesellschaft das individuelle Bewußtsein überhaupt abzusprechen. Mit zunehmender Kultur fordert das Individuum aus der bisher ungeteilten Gütermasse immer mehr seinen besonderen Anteil heraus, und es dauert nicht allzulange, bis es sich selbst zum alleinigen Endzweck seines Handelns erhebt, die anderen, die Gesellschaft, nur noch als Mittel zur Befriedigung seiner Bedürfnisse ansieht. Das ist nun freilich eine falsche Theorie, der die Erfahrung während des ganzen Laufs der Geschichte auf Schritt und Tritt widerspricht. Auch läßt sich die Position des prinzipiellen Individualismus und Egoismus nicht durch das Zugeständnis halten, daß dem Menschen von der Natur ein Gefühl der Sympathie mit seinen Nebenmenschen eingepflanzt sei. Hat ein solches Gefühl nicht eine tiefere Wurzel, die auf ein ursprüngliches Einssein von Ich und Du zurückführt? Drängt sich eine solche Annahme nicht ganz besonders dann auf, wenn ein Individuum nicht nur Freud und Leid anderer in abgeschwächtem Maß mitempfindet, sondern, wie man es so oft sehen kann, seine eigene Existenz unbedenklich für andere hingibt? Man wendet sich also in der Theorie von einer Betrachtungsweise ab, der zufolge das Individuum von vornherein als ein isoliertes Interessenzentrum erscheint, man nimmt an, daß es mit Verwandten, Mitbürgern, Mitmenschen, Gott irgendwie zur Einheit verknüpft ist. Darüber aber, wie diese Vereinigung zu denken sei, ist bisher nicht einmal eine merkliche Klärung des Problems zu verzeichnen. Anstatt auf diese Untersuchungen, die uns später doch noch zu beschäftigen haben werden, näher einzugehen, möchten wir hier zum Schluß unserer Betrachtung über die Antinomie des Ich und Du auf ihre gewaltig fördernden Wirkungen hinweisen. Auf wissenschaftlichem Gebiet äußern sich diese Wirkungen vor allem in einer eingehenden Analyse der Motive des menschlichen Handelns. Wichtiger ist die unabsehbare Bereicherung, die der Geist dadurch empfangen hat, daß aus dem Urschlamme des primitiven Gemeinschaftslebens die helle, schön gegliederte Welt des individuellen Seelenlebens emporgestiegen ist und in dieser Welt als herrlichste Frucht der Altruismus, die freie Aufopferung des egoistischen Glücks für das anderer, in höchster Form die Hingabe des eigenen Lebens an Gott, zur Reife gelangen konnte.

Auf keinem Gebiet hat der menschliche Geist die Antinomien, auf die er allenthalben stößt, zu beseitigen vermocht. Überall aber hat ein instinktmäßiges Drängen nach ihrer Überwindung oder der bewußt unternommene Versuch, sie mit den Mitteln des logischen Denkens aufzulösen, zu mancherlei Art von Erweiterung, Vertiefung, Bereicherung des Geisteslebens und insofern zu einem wahren Fortschritt geführt. Bisweilen mag es dabei so zugegangen sein, daß man innerhalb des Weltausschnittes, in dem Verschiedenartiges ineinander zu wogen scheint, bei genauerer Prüfung entgegengesetzte Teile als voneinander verschieden, aber in sich homogen erkennt und den Charakter des Widerspruchsvollen nur für das Zwischengebiet bestehen läßt. Wendet man nun letzterem allein seine volle Aufmerksamkeit zu, dann kann man das eben bezeichnete Verfahren wiederholen, und so geht es weiter, wobei die Antinomie nie aus der Welt geschafft wird und entgegen der Erwartung des Suchenden der Schatz schließlich darin besteht, daß ein Gebiet der Erfahrung Schritt für Schritt von der scharfen Pflugschar des unterscheidenden Denkens durchfurcht worden ist. Man sieht, daß unsere Auffassung der Antinomie als treibender Kraft im Entwicklungsprozeß mit der Fichte-Hegelschen Dialektik Ähnlichkeit hat und sich doch auch von ihr unterscheidet. Das dreigliedrige dialektische Schema, dessen Nerv die Antithese ist, hat Hegel von Fichte übernommen und zum Agens der Weltentwicklung gemacht. Was uns an dieser Dialektik unwahr scheint, ist die erst provisorische, dann schließlich endgültige Auflösung der Gegensätze in die Synthese. Die Wirklichkeit hat ein rauheres Antlitz, und das Reich vollkommener Auflösung aller Widersprüche ist anders als Hegels absoluter Geist, non de hoc mundo. Die heutigen Hegelianer, las ich an einer Stelle, die ich nicht mehr aufzufinden vermag, ich glaube, es war bei James, wissen mit der Hegelschen Dialektik nicht sonderlich viel anzufangen, sie sind sich aber doch im Grunde darüber einig, daß Dialektik solcher Art in irgendeiner Form in die Philosophie hineingehört. Ich habe eben gezeigt, wie ich mir die Erfüllung dieser Erwartung denke.

Was oder vielleicht besser wer ist es denn nun eigentlich, der auf dem einen oder andern Wege sich im Weltprozeß zum transzendenten Glück emporarbeitet? Der Weltgeist, wird man antworten. Sicherlich, aber das ist nicht viel mehr als eine Tautologie. Was wir vor allem wissen möchten und worüber Hegel sich so vorsichtig ausschwieg, ist ja doch, ob und in welchem Sinne das individuelle Ich des Menschen an der Entwicklung beteiligt ist. Ist das individuelle Ich ganz und gar nicht identisch mit dem sich zur Vollendung entwickelnden Geist, so muß ich mich mit der überwiegenden Majorität der Menschen dazu bekennen, daß mir an dem Ausgang der Entwicklung wenig gelegen ist. Nennt man eine solche Gesinnung ordinär, so scheint uns die Hingabe eines Wesens, das Person heißen will, an ein anderes Persönliches oder angeblich Überpersönliches, das nicht mit ihm eins ist, subaltern, knechtsmäßig. Bevor wir jedoch einen solchen Verhandlungston anschlagen, suchen wir wohl besser eine Verständigung. Das Ich, das wir als den Endzweck unseres Handelns ansehen, und das Ich, dessen Interessen der Gegner hinter denen anderer zurückzustellen lehrt, ist nicht dasselbe. Ersteres ist mit dem andern, mit allem andern, also auch mit dem, für das letzteres sich opfern soll, identisch. Die Differenz ist darum nun nicht etwa eine rein terminologische. Unsere Gegner wollen die von uns behauptete Identität nicht anerkennen. Das einzige Ich, das sie kennen, ist ein Atom des unermeßlichen Universums, das Atom soll seine eigene elende Existenz für eine größere Existenz opfern; sie sehen nicht, daß das Ich, weil es ein solches Opfer freudig auf sich nimmt, sich als identisch erweist mit dem Wesen, für das es sich opfert, mag ihm diese Identität vielleicht auch nicht zu Bewußtsein kommen. Einen andern lieben heißt fühlen, daß sein Leben, insonderheit sein Glück, mit dem eigenen identisch ist. Die Liebe kann, wenn ihr Grad und ihr Gegenstand dazu angetan sind, sich zu dem Gefühl steigern, daß das Zentrum unseres wahren Lebens gar nicht in dem liegt, was man gewöhnlich das eigene Ich nennt, sondern in einer andern Person. „Laß mich sterben mir, laß mich leben dir." Hier wird Verschiedenes in Eins gesetzt. Man glaube nicht, die Schwierigkeit sei damit gelöst, daß man in sich selbst gewissermaßen zwei Leben unterscheide, ein niederes, das des alten Adam, und ein neues höheres, das der Göttlichkeit teilhaftig sei. Denn was man immer sagen mag, völlig verschieden sind die beiden Leben nicht, sie sind eins, weil jedes mein Leben ist, ja es hat sich der Widerspruch verdoppelt, insofern das höhere Leben, von dem da die Rede ist, Gott und mir zugleich angehört. Es ist die Antinomie des Ich und Du, die wir oben als Beispiel für die Kategorie der Antinomien anführten und mit der wir uns jetzt so gut es gehen will, auseinanderzusetzen haben. Sie berührt sich mit einer andern gleichfalls erwähnten Antinomie, der des von Subjekt und Objekt. Die Welt ist meine Vorstellung und damit mein eigen Ich, andererseits ist doch dies Ich offensichtlich nur ein ganz armseliger Teil dessen, was als Welt vorgestellt wird. Der Solipsismus läßt sich als Größenwahn höchster Potenz bezeichnen, und wenn ich nicht irre, gibt es moderne Psychiater, die ihn als eine Form von Geisteskrankheit, Narzismus oder dergleichen bezeichnen. Aber wenn es Krankheit sein mag, bei ihm zu verweilen und namentlich nach ihm zu leben, so ist es andererseits für jede etwas höher entwickelte Intelligenz fast unvermeidlich, ihn nicht nur als möglich, sondern als logisch unabweislich zu konzipieren. Der Mensch ist das Universum; kein Wunder, daß er Gottes Leben lebt. Und doch ist nichts offensichtlicher, als der unendliche Abstand des Menschen von Gott, so daß für Gott, für das Universum, leben, sein Leben für etwas von uns Verschiedenes hingeben heißt. Der Widerspruch läßt sich nicht endgültig lösen, wohl aber führt er uns zu tieferer Erkenntnis, indem er uns dazu drängt, uns schließlich jenem Acheron des Unterbewußten und Unbewußten zuzuwenden, mit dem sich die moderne Psychologie seit einiger Zeit zu befreunden begonnen hat.

Die Parapsychologie, über deren bisherige Ergebnisse das Buch von Österreich „Der Okkultismus im modernen Weltbild" in knappster Form recht übersichtlich unterrichtet, legt die Vermutung nahe, daß der Mensch, der im bewußten Leben in die engen Schranken der Individualität gebannt ist, in seinem unterbewußten und unbewußten psychischen Dasein weit eher den Charakter der Universalität für sich in Anspruch nehmen kann. Freilich gibt es heute noch viele Forscher, die die Existenz von einem unbewußten Psychischen für etwas schlechthin Unmögliches erklären. Aber nicht nur ist, wie unter andern Dwelshauvers in seinem schönen Buch „L'Inconscient" deutlich gezeigt hat, in der Psychologie ohne die Annahme eines solchen Unbewußten heutzutage kaum mehr auszukommen, sondern es ist unseres Erachtens dies Unbewußte, wenn man nur daran denkt, wie oft wir einen Gedanken aus einer dunkeln Tiefe, in der er offenbar eine bewußtlose Existenz führt, in unser Bewußtsein heraufholen, Gegenstand einer unmittelbaren täglichen Erfahrung. Und dies Unbewußte, das offensichtlich jedermann zu seinem Ich rechnen muß, darf sich, wie wir sagten, einer gewissen Universalität rühmen. Das Unbewußte kommuniziert so offen mit unserm bewußten Leben, daß wir es ins Ich einbeziehen müssen, und es kommuniziert so ungebunden mit andern Ichs, daß in ihm die individuellen Sonderungen verschwinden. Wird die eben geschilderte Universalität des Ichs durch die Parapsychologie nahegelegt, so gibt, wie wir bereits andeuteten, die Lehre von den Universalien Anlaß, in der Sphäre des Unbewußten den Ort zu sehen, an dem wir in weit reicherer Fülle, als es uns bei Bildung von Allgemeinbegriffen zum Bewußtsein kommt, die Schatten möglicher kommender Dinge sich bewegen.

Ist nun das Unbewußte das Universelle, so wäre am Ende das Unbewußte die Gottheit? Dieser Gedanke ist indessen mit aller Entschiedenheit abzulehnen. Das Unbewußte ist eine niedrige Form des Geistigen, wir kennen nichts Höheres als die Person. Die Überperson ist eine gesteigerte Person. In dieser Beziehung hat das Christentum durchaus recht gegenüber allen Auffassungen, denen zufolge das Göttliche eher unter dem Symbol des Nichts, als unter dem des konzentriertesten Lebens zu denken ist. Dagegen können wir unmöglich der christlichen Theologie beitreten, wenn sie lehrt, daß das göttliche Wesen gewissermaßen aus einem Gefühl der Einsamkeit heraus den Menschen geschaffen habe, um sich in ihm zu spiegeln. Es ist unverständlich, ja recht eigentlich widersinnig, nicht nur widerspruchsvoll, daß in der Fülle des Beisichseins Gottes die Sehnsucht nach der Kreatur auftauchen sollte, und ebenso unannehmbar ist der Sündenfall der zur Kontemplation und Verherrlichung Gottes geschaffenen Wesen, die Verurteilung zur Zwangsarbeit im irdischen Dasein, die Erlösung durch die Selbstaufopferung des Gottessohnes. Neben dem persönlichen, allmächtigen, allwissenden, allgütigen Gott ist für ein simultanes Menschenschicksal keine Möglichkeit gegeben. Es bleibt somit keine andere Wahl, als daß wir in Gott das persönliche Wesen sehen, das sein wird, wenn die ganze Fülle des im Unbewußten keimhaft Ruhenden zur hellen, bewußten Wirklichkeit sich entwickelt hat. In diesem Gott muß dereinst das individuelle Ich sich wiederfinden. Nur wird es dann nicht mehr Individuum sein, sondern Gott, der es der Anlage nach schon vorher war. Hierin liegt die Unsterblichkeit, wie sie das individuelle Ich von jeher sehnsüchtig sich gewünscht und in seinen besten Repräsentanten als seine unverlierbare Anwartschaft in sich gespürt hat. Wie aber soll man es sich vorstellen, daß aus der evidentermaßen so dürftigen Erscheinung des individuellen Ichs ein universelles Wesen wird, ohne daß die Identität des Ichs dabei zugrunde geht? Daß wir auf die Frage nicht eine völlig befriedigende Antwort geben wollen, braucht nach allem Vorausgehenden kaum betont zu werden; wir möchten es nur, was wir bezüglich des Endziels des Entwicklungsgangs behaupten, einem möglichst weiten Kreise einigermaßen annehmbar machen. Dazu soll uns wieder die neueste Psychologie verhelfen. Locke scheint geglaubt zu haben, das Ich bestehe recht eigentlich darin, daß eine Reihe psychischer Erlebnisse durch ein Bewußtsein auf dasselbe Subjekt bezogen würden. Hiernach wäre es, wenn die Erinnerung an die gesamte Vergangenheit bei dem Ich endgültig erlischt, mit dem Ich ein für allemal vorbei; erhält eine neue Reihe von Erlebnissen wiederum ein Zentrum im Bewußtsein, so entsteht notwendig ein neues Ich, eine neue Persönlichkeit. Bei genauerem Zusehn werden vielleicht die wenigsten diese Ansicht billigen. Wenn jemand, um nur einen von den vielen naheliegenden Einwänden geltend zu machen, nach einer schweren Krankheit seine ganze Vergangenheit vergessen hat, so bleibt er doch immer derselbe, dasselbe Ich. Wenn man uns am Abend sagte, daß wir am Morgen erwachen werden, ohne die geringste Erinnerung an unsere Vergangenheit, an irgendeinen Gedanken, der uns unser früheres Leben ins Bewußtsein brächte, so würden wir das für sehr unwahrscheinlich halten, aber schwerlich sagen, es sei deswegen unmöglich, weil wir dann über Nacht gestorben sein müßten und das neue Leben gar nicht mehr unser Leben wäre. Wir würden das deswegen nicht sagen, weil wir annehmen, daß unser Ich losgelöst ist von den einzelnen Bewußtseinsvorgängen, losgelöst von allen Anlagen und Charaktereigenschaften in dem Maße, daß es, wenn schon, wie gesagt, höchst unwahrscheinlich, so doch nicht schlechthin undenkbar wäre, daß unser Ich mit der ganzen Vergangenheit tabula rasa machte, auch durch eine gänzliche Wandlung seiner Eigenschaften hindurchginge und doch immer noch dasselbe Ich bliebe. Was bedeutet denn aber eine solche Identität, die trotz der vorausgesetzten radikalen Änderung aufrechterhalten bleibt? Nun, sie bedeutet vor allem so viel, daß, wenn das Neue in jeder Beziehung besser zu werden verspräche als das alte, wir durchaus nicht von der Furcht der Vernichtung unseres Ich angepackt würden, vielmehr mit einer vielleicht von der Wehmut des Abschieds von lieben Gewohnheiten etwas getrübten Freudigkeit dem neuen Leben entgegengingen. Es wäre das gegeben, worauf es in der hier interessierenden Angelegenheit wesentlich ankommt, die Aussicht auf ein Weiterleben, deren unser Herz bedarf und die himmelweit entfernt ist von der Hoffnung, mit der man die sterbende Blume trösten möchte und die sie so entschieden zurückweist in den Worten:

Aber sind sie, was ich war,
Bin ich selber es nicht mehr,

Jetzt nur bin ich ganz und gar
Nicht zuvor und nicht nachher.

Vielleicht zeugt die Selbstbeobachtung so deutlich für die eben aufgestellte These, daß wir die Erfahrungen der neueren Psychologie, von denen wir vorhin sprachen, gar nicht heranzuziehen brauchten. Indessen ist die Sache wichtig genug, um alles, was irgendwelche Aufklärung über sie bietet, hochwillkommen zu heißen. So sei denn hier aus den so interessanten Beobachtungen, die man über Spaltungen der Persönlichkeit neuerdings gemacht hat, Nutzen gezogen. Es kommt vor, daß ein und dasselbe Individuum sich in zwei oder mehr Personen spaltet, die nach Anlage, Wissen, Bildungsgrad nicht weniger voneinander verschieden sind als Geister, die verschiedene Körper bewohnen, einander kennen und als getrennte Wesen, bisweilen geradezu als Feinde, behandeln. Nicht selten gelingt es der Kunst des Psychologen, diesem sukzessiven Sich-Zerlegen in verschiedene Personen durch geschickte hypnotische Behandlung ein Ziel zu setzen, die Einheit der Persönlichkeit wiederherzustellen. Ist es nun nicht evident, daß in dem drolligen Personenwechsel, von dem hier die Rede ist, das Ich, das bewußte Ich, das gleiche bleibt, wie sehr auch seine Inhalte und seine Reaktionsweisen sich jeweils ändern müssen. Sehen wir hier nicht ganz unmittelbar, wie das Ich etwas Tieferes, Selbständigeres, Bleibenderes ist als die Personen, die dem Wort entsprechend wie Masken darauf gedrückt sind und es jeweilig so oder anders repräsentieren? Ist dem aber so, besteht dann nicht die Hoffnung, daß auch die Person mit ihren individuellen Beschränktheiten, die ein jeder normale Mensch während seines Lebens ist, dahinschwinden mag, ohne das Ich im tiefsten Kern seines Bewußtseins zu alterieren, und daß dieses Ich sich unter ganz veränderten Bedingungen nach dem Verlust der jetzigen beschränkten individuellen Existenzen in einem unendlichen besseren Dasein als universeller Geist wiederfinde in nicht so völlig anderer Weise, als wenn jemand aus dumpfem Brüten über längst vergangene traurige Dinge auffährt und sich plötzlich in eine helle Gegenwart versetzt sieht[1].

[1] Der große Leibniz hat in seiner Philosophie nicht nur von dem Gedanken der Entwicklung weitestgehend Gebrauch gemacht, sondern er erkannte auch das, was sich entwickelt, als etwas Geistiges. Seine Monaden sind geistige Kräfte, die das Universum aus sich heraus entwickeln, wobei das Unbewußte und das Unterbewußte, Begriffe, die er in die neuere Philosophie einführte, Durchgangsstadien bilden. Jede Monade trägt in sich das ganze Universum, bringt es aber gewissermaßen unter einem besondern Gesichtswinkel zum Ausdruck und erweist sich hierdurch als beschränkte Individualität. Wie konnte nur aus dem Samen solcher Gedanken nichts Besseres herauswachsen als die Wolffsche Philosophie, ein kalter

Der Abriß einer Philosophie, die für die Rechtslehre verwertet werden soll, kann, mag er auch noch so knapp sein, bei Behandlung der Antinomie des Ich und des Du nicht ausschließlich die höchste Wesenheit, Gott, berücksichtigen. Es darf insbesondere die Frage nicht übergangen werden,

und ziemlich oberflächlicher Rationalismus, der der Wucht, mit der das Kantsche Denken seine gefährlichen, vielfach abschüssigen Bahnen wandelte, nicht standhalten konnte. Man ist auf den ersten Blick geneigt, Leibniz selbst die Schuld daran beizumessen. Hätte er nur, anstatt Mathematik, Jurisprudenz, Geologie, Geschichte, kirchliche und weltliche Politik und sonstige – man könnte fast sagen – Allotria zu betreiben, sein nahezu beispielloses Ingenium voll und ganz in den Dienst der Philosophie gestellt, dann hätte die auf ihn folgende Entwicklung des philosophischen Denkens vielleicht ein ganz anderes Aussehen erhalten. So wie die Dinge liegen, ist seine Philosophie über seine Briefe und kleine Gelegenheitsschriften verstreut, vielfach unklar und soweit klar, nicht selten verkünstelt, bisweilen geradezu flach und schal. Nicht einmal seine Stellungnahme zu der erkenntnistheoretischen Alternative Realismus oder Idealismus ist ganz deutlich. Zu den größten Bedenken und, wie wir meinen würden, Mißverständnissen hat der Satz Anlaß gegeben, daß jede Monade das ganze Universum abspiegele, wobei über lauter Spiegeln der zu spiegelnde Gegenstand vergessen scheint. Nimmt man aber auch an, es liege eine Inkorrektheit des Ausdrucks vor und es sei gemeint, daß jede Monade das als seiner Natur nach geistig zu denkende Universum von einem besonderen Standpunkt aus entwickle, so bleibt doch immer die Frage, wie mit Bezug auf das Universum als Ganzes Vielheit und Einheit miteinander sich vertragen, einer tiefern Untersuchung bedürftig. Das Gegenteil einer solchen bietet die Leibnizsche Lehre, derzufolge es sich ganz ernstlich um eine unendliche Vielheit von Universa handelt, jedes dieser Universa die mehr bezeichnete individuelle Note trägt und für die harmonische Übereinstimmung der so differenzierten Universa die Zentralmonade, der große Uhrmacher Gott, bei ihrer Erschaffung die nötigen Veranstaltungen getroffen hat. Das ist, wenn man auch von der berüchtigten Theorie von der bestmöglichen aller Welten ganz absieht, überhaupt keine Philosophie mehr, sondern verschlechterte christliche Theologie. So wird man denn wohl in der Tat das Studium der Leibnizschen philosophischen Schriften, bei denen wir so viele geniale einzelne Gedanken treffen, nicht ohne schwere Enttäuschung über das schließliche Ergebnis beenden können. Nur darf man nicht, dem ersten Impuls folgend, die Vielgeschäftigkeit des Mannes, anstatt der Zeit und der Verhältnisse, in denen er lebte, verantwortlich machen. Seine Zeit hatte keine Sehnsucht nach einer neuen Metaphysik. Und wie hätte der Protestant Leibniz die Keckheit haben sollen, die Grundlagen der christlichen Weltanschauung anzutasten. Spinoza, der „gottlose Jude", hatte in metaphysicis nicht die gleichen Hemmungen zu überwinden, von ihm war viel eher eine Großtat auf diesem Gebiet zu erwarten. Höchstens könnte man bedauern, wenn derartiges überhaupt einen Sinn hätte, daß Leibniz nicht in einem Zeitalter geboren ist, in dem ein gewandeltes Weltempfinden die alten Schläuche sprengt und neue Gefäße vonnöten sind. In einem solchen Zeitalter wäre er, dessen Stärke weniger ob zwischen dem menschlichen Individuum und der sich ins Transzendente steigernden Persönlichkeit Gottes personale Mittelglieder stehen oder ob außer diesen Personen nur Unpersönliches existiert oder jedenfalls für die Betrachtung vom Standpunkt des Menschen aus in Betracht kommt. Es sind, wie kaum besonders betont zu werden braucht, nicht sowohl die Engel, an die wir hier denken, als vielmehr die sogenannten Gesamtpersönlichkeiten, die menschlichen Verbände. Die Existenz solcher Gesamtpersönlichkeiten als realer Wesen ist vor allem von Gierke behauptet und zu erweisen versucht worden. Wir bewundern aufrichtig die umfassende Gelehrsamkeit, die Darstellungskunst und den Scharfsinn, die Gierke, ohne Zweifel einer der bedeutendsten Juristen der neueren Zeit, auf seine organische Theorie verwendet hat; nichtsdestoweniger erscheint uns diese Theorie als ein so gefährlicher Irrtum, daß wir keine Gelegenheit, gegen sie Front zu machen, vorübergehen lassen möchten. Wenn Gierke sich darauf beschränkt hätte, die menschlichen Verbände für Organismen zu erklären, die an Realität hinter den von den Naturwissenschaften behandelten nicht zurückstehen, so wäre damit eine ebenso wahre wie fruchtbare Idee zum Ausdruck gelangt. Er verlangt aber mehr für seine Verbände: sie sollen als dem von einer Seele belebten menschlichen Organismus gleichstehend und damit als Persönlichkeit anerkannt werden. In einer ungemein klar geschriebenen und sehr gedankenreichen Arbeit über Gierke als Rechtsphilosophen, die vor kurzem erschienen ist, wird der Versuch gemacht, Gierke dahin auszulegen, daß er den Verband als ein reales transpersonales Wertganzes und als Wesenszusammenhang aufgefaßt habe. (Gwewitch im Logos.) Ist aber der Verband etwas Transpersonales, so weiß man wirklich nicht, was es heißt, daß er nicht nur auf Schritt und Tritt als Persönlichkeit bezeichnet, sondern auch als willensfähig, ja deliktsfähig angesehen wird. Auch ist nach normaler Wertung der Verband als etwas Unpersönliches der Persönlichkeit als Wert unterlegen. Wer anders urteilt, ist entweder – sei es offener, sei es verkappter – Mystiker, oder er bezieht, ohne sich dessen bewußt zu werden, das Unpersönliche auf eine Persönlichkeit und wertet es um dieser Beziehung willen. Wer etwas Unpersönliches am höchsten schätzt, der tut es um des unpersönlichen Gottes willen, mit dem ihn seine mystische Erfahrung bekannt gemacht hat, oder deswegen, weil seinem Unterbewußtsein die erhebende Einwirkung des Unpersönlichen auf eine menschliche oder göttliche Persönlichkeit gegenwärtig ist. Daher dürften denn wohl auch die

in dem Organ, das nach Pascal Gott und die Prinzipien spürt, als in seinem unvergleichlichen kombinierenden Scharfsinn lag, sicherlich ein ganz anderer Philosoph geworden, als es für ihn um die Wende des 17. und 18. Jahrhunderts möglich war.

meisten, die durch die organische Theorie beeinflußt, die menschlichen Verbände, insbesondere den Staat, als etwas Höherwertiges ansehen als die Einzelperson, in ihm eine wahre Persönlichkeit, eine Kollektivpersönlichkeit, erblicken. Nicht etwas Überpersönliches ist ihnen der Staat, sondern eine Überpersönlichkeit. Ist er nun aber eine solche, dann liegt es nahe, von dem Individuum zu fordern, daß es ihm alles opfere, nicht nur sein Leben, sondern auch seine Vernunft und sein Gefühl in sittlichen Dingen. Das Individuum ist, Leib und Seele zusammengenommen, nichts als eine Einzelzelle und muß als solche dem Gesamtorganismus schlechthin untergeordnet werden. Nicht viel anders steht es, wenn man in dem Staat ein der Einzelpersönlichkeit an Wert überlegenes transpersonales Wesen erblickt, auch hierbei treibt man einem fanatischen Molochdienst entgegen. Vergebens bemüht sich hier Gierke, Einhalt zu tun. Ihm persönlich widerstrebte der Gedanke einer vollständigen Annullierung der Einzelpersönlichkeit zugunsten der Gesamtpersönlichkeit. Seine Genossenschaftstheorie soll zwischen denen, die dem Staat alles, und denen, die dem einzelnen alles geben wollen, vermitteln. Der Verband und der ihm angehörende Einzelne durchdringen sich nach ihm in der Weise, daß Nutzen und Schaden des einen auch Nutzen und Schaden des anderen ist. Aber in Wirklichkeit macht sich oft eine schroffe Gegensätzlichkeit geltend; sie allein ist es ja, die die praktische Problematik des Verhältnisses begründet. Besteht nun ein Interessengegensatz, dann kann der Einzelne unmöglich mit dem Kollektivwesen auf dem Fuß der Gleichheit behandelt werden, und ist erst einmal die Überordnung des Kollektivwesens anerkannt, dann wird die Einzelperson schließlich zum bloßen Mittel für die Zwecke des Kollektivwesens herabsinken. Das ist die Frucht, die der Baum der Theorie von dem persönlichen oder überpersönlichen Gesamtwesen bisher immer noch getragen hat, und nach dieser Frucht soll er beurteilt werden.

Die menschlichen Verbände sind nicht Persönlichkeiten, sie sind aber noch weniger etwas Transpersonales, Überpersönliches, vielmehr etwas Subpersonales, Unterpersönliches. Mit dieser Auffassung steht ein weitgehender Patriotismus, steht insbesondere Aufopferung des eigenen Lebens für das Vaterland durchaus in Einklang. Mag es doch sehr wohl sein, daß das Vaterland, um dessen Erhaltung es sich handelt, nicht nur mit einer unabsehbaren Reihe persönlicher Einzelexistenzen verknüpft ist, sondern auch für die Förderung des letzten Ziels alles unseres Handelns ungleich viel mehr bedeutet als der Bestand unseres vorübergehenden irdischen Lebens. Ist freilich nur der ein wahrer Patriot, der über der Idee des Vaterlandes Gott und die Menschheit vergißt, ja geradezu den Verstand verliert, dann kann der Patriot das Vaterland nicht als etwas Unterpersönliches denken. Wir können es also schon wagen, auf die Gefahr hin als schlechte Patrioten verschrien zu werden, die menschlichen Verbände als etwas Unterpersönliches anzusehen. Was ist aber nun dieses Unterpersönliche des Nähern. Es ist, so läßt sich vielleicht ganz kurz sagen, ein sozialer Organismus. Damit eine solche Formel sich als fruchtbar bewähre, müssen wir auf zwei hochbedeutsame Richtungen der modernen Wissenschaft Bezug nehmen, auf die Forschungen des großen Neovitalisten Driesch und auf die von Comte begründete, besonders von Durkheim weiter ausgebildete soziologische Methode. Driesch hat, wie es uns scheint, unwiderleglich dargetan, daß eine rein mechanistische Betrachtungsweise nicht ausreicht, um das Organische zu erklären, daß beim Aufbau des Organismus organisierende Zielkräfte, Entelechien, am Werke sein müssen. Mit den natürlichen Organismen haben die menschlichen Verbände eine unleugbare Verwandtschaft. Dies mit Entschiedenheit betont und in eingehender Vergleichung ausgeführt zu haben ist das eine bleibende Verdienst der organischen Theorie älteren Stils, das man nicht deswegen vergessen sollte, weil der Wunsch in allem und jedem Übereinstimmung zwischen den beiden Erscheinungen zu entdecken, zu mancherlei Absurditäten geführt hat. Soviel Ähnlichkeit zwischen natürlichem Organismus und menschlichem Verband besteht zweifellos, daß es gestattet ist, den Begriff der Entelechie von jenem auf diesen zu übertragen. Man sage nicht, das, was auf dem Gebiet des naturhaften organischen Lebens von rein mechanischen Kräften nicht geleistet werden könne, möge auf dem Gebiet des sozialen Lebens ganz wohl den an diesen Leben beteiligten menschlichen Intelligenzen zugeschrieben werden, ohne daß es erforderlich sei, daneben noch das Vorhandensein von unbewußten Zielkräften anzunehmen. Gerade das kann man der organischen Gesellschaftslehre nicht abstreiten, daß die Eigenart des gesellschaftlichen Lebens sich aus einer Kombinierung bewußter Zwecksetzungen einzelner Gesellschaftsglieder nicht restlos erklären läßt. Zieht man aber das unbewußte Triebwollen der einzelnen heran, auf das Haff in seinen Untersuchungen über die Körperschaften mit Recht so großes Gewicht legt, dann muß es, um sich zum Ganzen des Verbandslebens zu fügen, als organisiert gedacht werden, womit wir wieder bei den Entelechien angelangt wären. Über das Wesen der den sozialen Organismen innewohnenden Entelechien sind bis jetzt noch nicht mit streng wissenschaftlicher Methode Forschungen angestellt worden, aber es besteht Hoffnung, daß dem Mangel in nicht allzu ferner Zeit abgeholfen sein wird. Hier mag sich recht wohl die Comte-Durkheimsche soziologische Methode bewähren. Die Gesellschaftswissenschaft ist trotz Comte vielfach geneigt, den Gegenstand ihrer Betrachtung in einzelne individual-psychologische Tatsachen aufzulösen und ihn mit Hilfe der bekannten für diese maßgeblichen Gesetzmäßigkeiten zu erklären. Demgegenüber hat Durkheim die Regel aufgestellt: Il faut condidérer les faits sociaux comme des choses, womit er, wenn ich ihn recht verstehe, meint, daß die letzten Grundsteine, mit denen der Soziologe als mit kompakten, einer weiteren Zerlegung für ihn nicht bedürftigen Einheiten arbeitet, die viele Individualfakta in sich begreifenden sozialen Phänomene sind. Besser vielleicht noch denn als Sachen hätte er die sozialen Tatsachen als Atome bezeichnet. Erst wenn diese soziologische Betrachtungsweise der Dinge einmal eingeführt ist, werden spezifisch soziologische Gesetzmäßigkeiten entdeckt werden, die für die Relationen zwischen den faits sociaux maßgeblich sind. Es ist wohl kaum zu kühn, wenn wir annehmen, daß die zunächst aufgefundenen Gesetze mit den mechanistischen Gesetzen der Assoziationspsychologie am ehesten Verwandtschaft aufweisen werden. Will man nicht alte Irrtümer wiederholen, so wird man sich dann mit solchen Gesetzen nicht begnügen dürfen, vielmehr nach den organisierenden Zielkräften suchen, die denen entsprechen, deren Wirken in den natürlichen Organismen uns von Driesch demonstriert worden ist. Die größte und schwerste Aufgabe der neuen soziologischen Methode wird es sein, Wesen und Betätigungsart der Sozialentelechien möglichst exakt zu bestimmen. Bei alledem nun handelt es sich freilich, zwar nicht, wie wir meinen möchten, um Utopien, aber doch um Zukunftsperspektiven. Man wird es uns also schwerlich verargen, wenn wir vorläufig auf sozialem Gebiet intuitiv die Dinge zu erfassen suchen, bevor die wohlbegründete Aussicht auf wissenschaftlich gesicherte Ergebnisse in Erfüllung geht. Wird nun irgend jemand, der sich einigermaßen in seine Umgebung einzufühlen weiß, an eine Verbandspersönlichkeit als bewußtes geistiges Wesen glauben und nicht vielmehr bewußtes persönliches Leben nur den einzelnen zusprechen und das, was man Volksgeist oder dergleichen heißt, als unbewußte Zielkräfte auffassen, deren Wirksamkeit einer simultanen und sukzessiven Vielheit von Einzelexistenzen die Einheitszüge des Verbandslebens mitteilt. Man kann den Wert dieser Kräfte nicht hoch genug einschätzen. Alles bewußte höhere geistige Leben entwickelt sich in den Verbänden. Jene großen Verbände, die wir Staaten nennen, sind zwar nicht notwendig, aber vielfach mit besonderem, in seiner Eigenart schwer ersetzlichem Kulturleben so eng verknüpft, daß mit ihrer Auflösung oder Schwächung auch jenes Leben zugrunde geht oder verkümmert. Dies allein genügt, um für den Staatsbürger die sittliche Pflicht zu begründen, sein Leben für den Staat, dem er angehört, hinzugeben. Auch sind die Kräfte, von denen wir reden, die Sozialentelechien, nicht nur wertvoll, sondern auch gewaltig, so gewaltig, daß der Mensch nicht selten sich im Vergleich mit ihnen geradezu ohnmächtig vorkommt. Aber er tröste sich; man kann von der Entelechie im Verhältnis zum bewußten Menschengeist sagen, elle est grande dans son genre, mais son genre est petit, richtiger noch: sie ist mächtiger als der Menschengeist, aber der Menschengeist ist edler als sie. Sie ist Gigant, er ist Götterkind. Auf ihr ruhen noch die Schatten des Erebos, auf ihn fällt der erste Strahl apollinischen Lichtes. Daher sollte sich der Mensch bewußt sein, daß, wenn er schon wenig vermag aus eigener Kraft, er doch berufen ist, die dunkeln Mächte des Gesellschaftslebens in seinen Dienst zu nehmen. Der Arzt vermag kein Medikament zu erfinden, das so wunderkräftig wäre, wie die Heilkraft der Natur, deswegen braucht er aber doch nicht untätig das Walten dieser Kraft abzuwarten, sondern kann die blind zutappende an der richtigen Stelle, und zwar zur richtigen Zeit einsetzen lassen. Gerade so verhält sich der Staatsmann zu den Grundkräften des Gesellschaftslebens. Er muß sie erkennen und anerkennen, braucht sie aber nicht völlig frei gewähren zu lassen, sondern kann innerhalb gewisser Grenzen einen lenkenden Einfluß auf sie ausüben. Nicht der Staatsmann, wohl aber der Mensch vermag bisweilen noch mehr. In seltenen weihevollen Augenblicken gelingt es der heroischen Anstrengung des bewußten freien Willens einzelner, eine von den tief verborgenen Möglichkeiten der Entwicklung in genialer Schau zu erkennen und der dämonischen Kraft des Volksgeistes ein neues Ideal entgegenzusetzen, dem sie schließlich zu unterliegen bestimmt ist. Denkt man an solche Augenblicke, so drängt sich die Überzeugung unwiderstehlich auf, daß, so unentbehrlich auch die dunkeln Mächte des Gesellschaftslebens für den geistigen Fortschritt der Menschheit sein mögen, das letzte Ziel, auf das die Weltentwicklung hinstrebt, in dem Reich der bewußten Persönlichkeit beschlossen ist.

Wer mit uns den Menschengeist als ein Stadium einer bis ins Transzendente reichenden Entwicklung auffaßt, kann unmöglich sich zu einer Philosophie bekennen, die alle Welträtsel zu lösen beansprucht. Was uns von Hegels Entwicklungslehre trennt, ist vor allem, daß er, Immanentist wie er war, in dem absoluten Geist seiner Philosophie die Entwicklung zum Abschluß gelangt sein läßt. Wenn man sich die Persönlichkeit des Mannes und den von ihm ausgeübten Einfluß seiner Philosophie vergegenwärtigt, so erscheint in dieser Auffassung eine groteske Selbstüberschätzung oder eine unsägliche Bescheidenheit hinsichtlich der an das summum bonum, das Weltziel, gestellten Anforderungen. Des weitern kann man sich doch wohl auch damit nicht einverstanden erklären, daß Hegel die Weltentwicklung mit der menschlichen Entwicklung gleichsetzt. Mit Recht hat Driesch diese Einsetzung des Teils für das Ganze getadelt. Wir können ja freilich von dem, was nicht mehr oder weniger unmittelbar den Menschen betrifft, nicht viel sagen, aber schließlich brauchen wir doch nur auf den gestirnten Himmel über uns zu blicken, um nicht auf Grund unserer menschlichen Erfahrung die Entwicklung des Weltgeistes abschließend beurteilen zu wollen. Wir kennen von den mit der Menschheitsgeschichte gleichbedeutenden Entwicklungsvorgängen einen kleinen Teil. Alle Eschatologie ist äußerst problematisch. Hinsichtlich des Entwicklungsziels können wir zu gewissen Überzeugungen allgemeiner Natur gelangen, aber da wir es als transzendent auffassen, verbietet sich von selbst jede nähere Bestimmung. Hinsichtlich des Ursprungs aller Dinge gilt das Wort des tiefblickenden Amiel: Les origines sont mystérieuses. Wir werden vom Anfang wohl nicht eher etwas Genaueres wissen, als bis wir am Ende sind. Was wir von unserm gegenwärtigen menschlichen Standpunkt aus übersehen können, das ist nur ein kleiner Ausschnitt aus einem gewaltigen Entwicklungsprozeß, dessen Ausgang wir zu ahnen glauben. Die Philosophie kann kaum mehr tun, als, die Summe der Erfahrung ziehend, die Linie der uns bekannten Wegstrecke verlängern und dadurch die Ahnung des Ziels bestätigen und verdeutlichen. Es gibt nicht wenige denkende Menschen, die nach reiflicher Überlegung auf die eben bezeichneten Hilfsdienste der Philosophie verzichten zu sollen glauben. Was über die von der Natur uns mitgegebene Ahnung des tiefsten Lebenssinnes hinausgeht, kann, so meint man, nur übernatürliche Offenbarung geben. Unser Denken sei nicht dazu bestimmt, uns in dieser Angelegenheit zu fördern. Wirft man aber überhaupt die Frage auf, wozu und warum uns unser Denken gegeben sein mag, dann wird man ihm eine Funktion nicht schlechthin absprechen dürfen, die es seit den ältesten Zeiten nicht selten im Widerstreit mit den schärfsten Verboten aller Art mit unwiderstehlicher Entschiedenheit für sich in Anspruch genommen hat. Die Geschichte der Philosophie zeigt, daß die Menschheit es sich nun einmal nicht nehmen läßt, mit Hilfe des Denkens Aufklärung über die letzten Dinge zu erstreben. Auch läßt sich nicht behaupten, daß sie dabei gänzlich erfolglos gewesen wäre. Wer, wie wir, sich zu einem transzendentalen Evolutionismus bekennt, kann leicht zeigen, wie durch angestrengteste Geistesarbeit einer solchen Anschauung die Wege geebnet worden sind. Gewiß ist das Spinozasche: scio me veram invenisse philosophiam ein bedenkliches Wort. Von den Philosophien, die die abschließende Lösung der Welträtsel geben wollten, hat keine mehr als nur einen Teil der Wahrheit enthalten. Aber kaum eine unter allen, die uns erhalten sind, die nicht das Licht menschlicher Erkenntnis um einen unverlierbaren Strahl der Wahrheit bereichert hätte. Behaupten, daß die philosophische Weltanschauung, die wir für die richtige halten, dem Los alles Menschlichen, der Unvollkommenheit, entzogen sei, hieße sich in unerträglichen Widerspruch mit dem Geist dieser Anschauung setzen. Wir müssen mit einem möglichst großen Bruchstück der Wahrheit auszukommen suchen, bis wir etwas Besseres erreichen können. Wir geben zu, daß es nicht ungefährlich ist, so zu denken. Manchen unter uns ist es gegeben, sich in den sichern Port, den tiefsten Herzensgrund, wo die Ahnung der letzten Heilsmöglichkeiten wohnt, zurückzuziehen und von dort aus lächelnd auf das unbeholfene Stückwerk des in seiner jetzigen Gestalt so vergänglichen eigenen Systems zu blicken. Der Humor in dieser Form gehört zu den höchsten Stimmungen, deren der Mensch teilhaftig ist. Er ist heilsam als Quelle unbegrenzter Toleranz gegenüber der Gedankenarbeit anderer, er kann aber auch, und dies ist die Gefahr, von der wir eben redeten, lähmend auf die eigene und fremde Schaffenslust einwirken. Es gibt somit ein Zuviel des Humors höchster Art. Man widme mit vollem Ernst seine besten Kräfte der dem Denken der Menschheit gestellten höchsten Aufgabe, selbst wenn man sich nicht verhehlen kann, daß man zu ihrer Lösung bestenfalls nur einen bescheidenen Beitrag zu liefern vermag.

Die Maxime, sich selbst durch den eigenen Willen nützliche Ansichten als Überzeugungen aufzunötigen, ist, wie wir oben ausführten, nicht schlechthin zu billigen. Ist man aber gewissermaßen am Ende seiner Weisheit angelangt, hat man nach den Regeln der Beweisführung alles Für und Wider vorgebracht und abgewogen, und bleibt dann immer noch ein Zweifel an der Wahrheit einer lebenbejahenden Weltanschauung, dann darf man wohl mit pragmatistischen Mitteln die endgültige Zustimmung zu gewinnen suchen. Wie der Mensch durch keine Skepsis sich den Glauben, der zur Erhaltung seiner materiellen Existenz notwendig ist, rauben läßt, wie er, um mit Epiktet zu reden, den Löffel beim Essen in den Mund und nicht etwa in die Augen steckt, so wird er sich auch eine Auffassung aneignen dürfen, die durch elementare spirituale Bedürfnisse gefordert wird. Auch wird man sich vielleicht in einem noch tiefern Sinne schließlich zum Pragmatismus bekennen müssen. Wir sind gewohnt, uns das Verhältnis von Erkenntnis und Willen so vorzustellen, daß das Wollen als Akt der Wahl erst gegenüber dem abgeschlossenen Erkenntnisvorgang einsetzt. Sehr feine Psychologen, wie z. B. der noch lange nicht genügend bekannte und gewürdigte Maine de Biran, haben sich um den Nachweis bemüht, daß der Vorgang des Erkennens auf einem Willensakt beruhe. Es handelt sich hier um ein Problem, das deshalb äußerst schwierig ist, weil es dem Denken kaum gelingen will, das Denken selbst und das Wollen vor seinem Objektiv festzuhalten. Muß man mit Rehmke und Driesch annehmen, es handle sich einfach um ein: Ich habe bewußt etwas, nicht um ein: Ich werde mir bewußt? Mir scheint, wir stoßen hier zum letzten Male auf eine irreduktible Antinomie. Die Erkenntnis ist uns nicht einfach als etwas Zuständliches gegeben, es liegt ihr ein freier Willensakt zugrunde, wir haben nur bewußt, was wir uns zu Bewußtsein bringen, aber andererseits ist auch nicht in einem „Im Anfang war die Tat" die volle Wahrheit enthalten, denn der freie Wille, auf den hier abgestellt sein soll, kann nicht ohne Widerspruch als ein aus dem Dunkel des Unbewußten hervorschießender Lichtstrahl gedacht werden. Geht man der Antinomie näher nach, wie wir es an anderer Stelle zu tun gedenken, so wird man zwar für sie schwerlich eine Erklärung finden, wohl aber wird aus ihr eine Erklärung dafür entnommen werden können, daß theoretische Erwägungen zwar viel, aber nicht alles für den Erwerb einer Weltanschauung leisten und daß mit einer leichten, wohl nur äußerlichen Variation des Fichteschen Wortes gesagt werden darf: Was einer für eine Philosophie hat, das hängt davon ab, was für ein Mensch er sein will.

Leider steht uns nun noch eine Auseinandersetzung mit der Erkenntnistheorie bevor. Dem Einfluß des gewaltigen Kantschen Geistes ist es zuzuschreiben, daß, wer immer einer metaphysischen Weltanschauung huldigt, heute noch von vielen für gänzlich rückständig gehalten wird, für unfähig, die durch Kants Kritik herbeigeführte Revolution des Denkens zu begreifen. Wir erklären uns nicht nur trotz ziemlich eingehenden Studiums der erkenntnistheoretischen Literatur für unbelehrbar, sondern haben die Dreistigkeit, den Vorwurf der Rückständigkeit zurückzugeben. Die Geschichte der Philosophie seit Kant scheint uns genugsam gezeigt zu haben, daß die Erkenntniskritik nicht der Weg zur Wahrheit ist und daß bei Kant, so bewundernswert seine Originalität und Denkkraft war, der Grundgedanke der Erkenntniskritik weder besonders tief gefaßt noch völlig folgerichtig durchgeführt worden ist.

Daß wir die Dinge nicht so sehen, wie sie sind, sondern so, wie sie uns erscheinen, führt Kant auf die Bedingtheit unserer Erkenntnis durch die Sinne zurück. Hätten wir eine intellektuale Anschauung, so wäre uns eine adäquate Erkenntnis möglich. Ist es nun wohl richtig, daß die Sinne unserer Erkenntnis subjektiven Charakter verleihen? Kant hat, soweit die Lockeschen secondary qualities in Betracht kommen, den Beweis der Subjektivität als leicht zu führen und längst erbracht angesehen. Indessen ist die Sache doch nicht ganz so einfach. Ich will die Schwierigkeit, die ich im Auge habe, durch ein elementares Beispiel deutlich machen. Ein Gegenstand, den eine Anzahl von Menschen wahrgenommen hat, erscheint allen mit Ausnahme eines einzigen nach dem übereinstimmenden Zeugnis der Sinne während einer gewissen Zeit fortdauernd als der gleiche, dem Einen nach dem Zeugnis fast aller Sinne ebenfalls; nur für den Geschmack scheint diesem Einen der Gegenstand im Lauf der Zeit ein anderer geworden zu sein: erst war er süß, jetzt ist er bitter. Nähere Untersuchung ergibt, daß bei dem Dissentienten seit der ersten Wahrnehmung eine physiologische Veränderung des Geschmackorgans vor sich gegangen ist. Offenbar verhält es sich hiernach so, daß man nur dank der Beschaffenheit des Geschmacksorgans den Gegenstand im allgemeinen als süßen wahrnimmt, er ist nicht an sich, sondern nur für den Menschen im normalen Zustand süß, für einen Menschen in abnormem Zustand mag er bitter und und für ein mit nicht-menschlichen Organen versehenes Wesen unbeschreiblich anders beschaffen sein. Die schwierige Frage, die uns hier interessiert, ist nun ausschließlich die folgende: Kann man nicht daraus, daß dem von allen uns bekannten Wesen am höchsten entwickelten in normalem Zustand der Gegenstand süß erscheint, den Schluß ziehen, daß man mit der Annahme, er sei süß, der Wahrheit näher kommt als mit der, er sei bitter, oder hat es in Anbetracht der Abhängigkeit der Wahrnehmung des Süßen oder Bitteren vom Organ des Wahrnehmenden überhaupt keinen Sinn, Süßigkeit oder Bitterkeit dem Gegenstand selbst zuzusprechen. Ähnlich verhält es sich bezüglich der Farbe. Die überwiegende Mehrzahl der Menschen sieht diese Kuh als eine rote, nicht so ein paar Farbenblinde; bei Nacht ist sie, wie alle Kühe, für jedermann schwarz, und durch ein grünes Glas gesehen, scheint sie dem Durchschnittsmenschen grün zu sein. Gibt uns nicht der Umstand, daß, wenn man überhaupt etwas sieht, also bei Tageslicht durch das gewöhnliche planetare Medium der Luft dem normalen Menschen die Kuh rot erscheint, einiges Recht auf die Behauptung, die Kuh sei rot, mag sie auch für ein paar kranke Mitmenschen und für uns alle unter normalen Bedingungen und für Wesen mit imaginären Sehwerkzeugen oder grasgrüner Sonne ganz anders aussehen? Ich bin nicht sicher, daß die Frage unbedingt zu verneinen ist.

Die Leistung Kants auf dem Gebiet der Sinneswahrnehmung betrifft die Subjektivität von Zeit und Raum. Zunächst ein Wort von der Apriorität beider. Aus der Apriorität darf durchaus nicht auf die Subjektivität geschlossen werden. Diese Behauptung kann ich hier nicht anders rechtfertigen als mit einem Hinweis auf das Unterbewußte. Wie im Unterbewußtsein, nach dem, was wir vorhin sagten, ein Zugang zu dem Schattenreich der Möglichkeiten kommender Dinge sich eröffnet und damit der Stoff für die Bildung abstrakter Begriffe geboten wird, so mag sich die Struktur der Felder, auf denen die Dinge sich bewegen, der Seele im Stadium des Unterbewußten einprägen. Erwidert man, daß derartiges schwer vorzustellen, so gebe ich das gern zu, weigere mich aber anzuerkennen, daß durch die Annahme der Subjektivität von Zeit und Raum die Aprioristik der synthetischen Urteile verständlicher wird. Es ist rätselhaft, wie man erkennen kann, daß die kürzeste Verbindung zwischen zwei Punkten *allemal* die gerade Linie ist, und es ist dies so rätselhaft, weniger weil die Erfahrung a posteriori nicht die Totalität der möglichen Fälle erschöpfen kann, als weil man gar nicht weiß, wie man sich die Allheit der Fälle, von der da im Urteil etwas ausgesagt wird, überhaupt vorstellen soll. Könnte ich mit meinem Denken die Allheit nur recht fassen, dann möchte ich in ihr so gut oder so schlecht wie in andern Dingen etwas objektiv Gegebenes erkennen. Was Kant im übrigen über Zeit und Raum vorbringt, läßt sich nicht übel mit Zuhilfenahme einer drastischen Wendung Lassons dahin zusammenfassen, daß er gelehrt hat, den Raum und die Zeit nicht wie Töpfe anzufassen, in die die Dinge gestellt seien, oder wie Eigenschaften, die den einzelnen Dingen anhaften. Das Verhältnis der einzelnen Dinge zu den sie in sich aufnehmenden Einheiten von Raum und Zeit ist in der Tat ein ganz eigenartiges, für das man vergeblich nach Analogien gesucht hat. Insoweit hat Kant durchaus recht, nur darin irrt er, daß er meint, man komme dem Wesen der Sache irgendwie näher, wenn man Zeit und Raum als subjektive aprioristische Formen der Anschauung aufzufassen versuche. Mehr Interesse bietet seine Auffassung von Zeit und Raum in einer anderen Beziehung. Wäre unsere Anschauung von Raum und Zeit in unabänderlicher Weise in der Konstitution des menschlichen Geistes begründet, wie Kant annimmt, dann würden wir darin ein starkes Argument dafür sehen, daß entgegen Kants Annahme die Wirklichkeit im Sinn der Welt des Dings an sich mit unserer subjektiven Auffassung von Zeit und Raum übereinstimmt. Denn es spricht doch wohl viel dafür, daß die Dinge sich wirklich so verhalten, wie ein Wesen wie der Mensch sie notwendig sehen muß. Wird doch unser Zweifel an der Objektivität von Farbe und Geschmack zum nicht geringen Teil dadurch hervorgehoben, daß uns ein und dasselbe Ding durchaus nicht notwendig kraft unserer menschlichen Konstitution von bestimmter Farbe oder bestimmtem Geschmack zu sein scheint. Leider ist es nun nicht ganz sicher, ob Kant darin recht hatte, daß er meinte, der Mensch könne unter gar keinen Umständen aus seiner Raumanschauung heraus. Helmholtz war bekanntlich der Ansicht, man könne sich die Menschen unter Bedingungen vorstellen, unter denen die Axiome der euklidischen Geometrie nicht von ihnen anerkannt werden würden. Neuerdings hat Henri Poincaré ausgeführt, daß unter den unzähligen möglichen Raumanschauungen schließlich diejenige sich ausgebildet und gefestigt habe, die den durch äußere Einflüsse geforderten Reaktionsbewegungen am besten entsprach. Es scheint ihm übrigens nicht ausgeschlossen, daß auch heute noch trotz der entgegenstehenden, durch vieltausendjährige Vererbung festgewurzelten Gewohnheit ein Mensch bei anhaltender Bemühung sich einen vierdimensionalen Raum zur Anschauung bringen könne. Das sehr naheliegende Bedenken, daß doch die praktische Nützlichkeit unserer Raumanschauung eigentlich die objektive Wirklichkeit eines Raumes wie des unsrigen voraussetzt, hat Poincaré, soviel ich sehen kann, nicht entkräftet. Inwieweit wir durch Existenz und Verwertbarkeit nicht-euklidischer Geometrien genötigt werden, unsere Raumanschauung als nur relativ berechtigt anzusehen, entzieht sich meiner Beurteilung. Was die Zeit betrifft, die wegen ihres Verhältnisses zum Gedanken der Entwicklung für uns von ungleich größerer Bedeutung ist als der Raum, so ist es wohl bisher noch nicht ernstlich versucht worden, eine von der allgemein verbreiteten Zeitanschauung verschiedene als in den Bereich unserer Anschauungsmöglichkeiten fallend zu erweisen. Insbesondere hat die Einsteinsche Relativitätstheorie, an die man in diesem Zusammenhang denken könnte, nur mit der Messung, nicht mit dem Wesen der Zeit zu tun. Damit steht durchaus im Einklang, daß diese Theorie für die Praxis revolutionierende Bedeutung hat; interessiert doch, wie Poincaré einmal treffend sagt, den Physiker nicht, was die Dinge sind, sondern ob und wie er sie messen kann. Auch braucht es uns nicht wunderzunehmen, daß die Physiker und ihre philosophischen Trabanten über der Betrachtung der für ihre Wissenschaft erheblichen Relation den Blick für die Sache selbst verlieren; es ist das eine der häufigsten Formen der für die Verbreitung philosophischer Weltanschauung so verhängnisvollen déformation professionelle. Wer sich das Auge eröffnen will für die Zeit, der gehe lieber bei Augustin als bei Einstein in die Schule. Kann nun aber auch keine physikalische Relativitätstheorie unsere Überzeugung von der objektiven Realität der Zeit erschüttern, so ist doch zweifellos unser Wissen von der Zeit ein fragmentarisches. Nichts ist in sich widerspruchsvoller als die Zeit. Um nur an das merkwürdigste von den Rätseln zu erinnern, die uns die Zeit aufgibt: es ist schlechthin unbegreiflich, daß die Zeit, die in diesem Augenblick bis zu einem bestimmten Punkt gelangt ist, sich rückwärts in der Unendlichkeit verlieren sollte, weswegen denn ein Denker wie Renouvier einen absoluten Anfang der Zeit annehmen zu müssen glaubte. Es ist aber ganz ebenso unbegreiflich, wie es einen solchen Anfang geben kann. Man wird sagen, die Annahme der Subjektivität löse das Rätsel: man mache in Spekulationen über den Anfang der Zeit einen falschen Gebrauch von einem zur relativen Ordnung von Erscheinungen gegebenen Vermögen. Aber was sind denn das für Ordnungsvermögen, die sich dazu hergeben, ja es geradezu in sich haben, daß man mit ihnen Unfug treiben muß.

Ist die Sinnlichkeit an dem Scheinhaften der von uns angeblich erkannten Welt schuld, dann bleibt immer noch die Hoffnung, mittels einer intellektualen Anschauung von dem wahren Sein der Dinge Kunde zu erhalten. Irgendein zwingender Grund für die Nicht-Existenz einer solchen Anschauung läßt sich nicht beibringen und ist am allerwenigsten von Kant beigebracht worden, der sie selbst in gewisser Weise implicite anerkannte und dessen unmittelbare Nachfolger in ihrem Gebrauch zum Teil geradezu Orgien feierten. Was Kant zur Ablehnung des Vermögens der intellektualen Anschauung veranlaßte, war seine Abneigung gegen allen Überschwang im Denken so gut wie im Fühlen. Aus dieser Stimmung heraus hat er, wie sich uns im weiteren Verlauf der Untersuchung noch bestätigen wird, die Regel aufgestellt, daß in allen Spekulationen über das eigentliche Sein der Dinge ein falscher Gebrauch von Geistesvermögen, eine unzulässige Verwendung des zur empirischen Erkenntnis Geeigneten für das Transzendente gefunden werden könne, und hat damit dem originellsten und folgenschwersten Gedanken seiner ganzen Philosophie Ausdruck gegeben. Wenn man die Schriften mancher Nachfolger Kants liest, so ist man nicht selten geneigt, die Kantsche Regel zur Anwendung zu bringen, denn was da diese Seher in intellektualer Anschauung von einer der Welt der Erscheinung zugrunde liegenden höheren Wirklichkeit zu erspähen meinen, das ist größtenteils ganz offensichtlich dem Arsenal der Welt der Erscheinung entlehnt. Dies darf uns jedoch nicht an der Einsicht hindern, daß wir nicht einer einleuchtenden Norm des menschlichen Denkens, sondern einem Machtspruch Kants Folge leisten, wenn wir den menschlichen Geist von vornherein für unfähig erklären, neben der durch die Sinne bedingten bloßen Erscheinungswelt – falls wir mit derartigem nun einmal rechnen müßten – das an sich Seiende von Angesicht zu Angesicht zu schauen. Im übrigen ist es nicht unsere Aufgabe, an dieser Stelle auf die intellektuale Anschauung und die mit ihr verwandte phänomenologische Schau noch einmal einzugehen.

Der tiefste Grund für den subjektiven Charakter der menschlichen Erkenntnis liegt nicht in ihrer Bedingtheit durch die Sinnlichkeit, sondern darin, daß das Subjekt ganz unmittelbar sich selbst in dem Erkannten wiederfindet, darin, daß es unbegreiflich ist, wie etwas von mir im Erkenntnisakt erfaßt werden kann, ohne dadurch mit meinem Ich zu verschmelzen. Wird nun, das ist die Frage, das an sich gegebene Wesen des Gegenstandes durch besagten Verschmelzungsprozeß nicht irgendwie verfälscht? Stellt man das erkenntnistheoretische Problem in dieser Weise, so ist es streng genommen unlösbar, es ist ein Verdienst Leonhard Nelsons, mit der größten Entschiedenheit auf den sich hier ergebenden regressus in infinitum hingewiesen zu haben. Gegen den angeregten Zweifel ist in der Tat in keiner kritischen Einstellung ein Kraut gewachsen. Man gelangt zu keiner Kritik, die über alle Kritik erhaben wäre. Man muß also wohl oder übel irgendwo den an sich unmöglichen Zweifel unterdrücken und in die Fähigkeit des menschlichen Geistes, wahre Erkenntnis zu gewähren, Vertrauen setzen.

Dies hat denn auch Kant getan, insofern er annimmt, daß es dem menschlichen Geist möglich sei, von seinen eigenen Vermögen eine adäquate Kenntnis zu erlangen. Daß der Menschengeist allgemeine Formen der Rezeptivität, Kategorien des Verstandes, regulative Prinzipien der Vernunft zu seiner Verfügung hat, das scheint nach Kant nicht so, sondern ist objektiv wahr. Wie es freilich kommt, daß man an diesem Punkte zu wahrer Erkenntnis gelangt, obschon zu aller Erkenntnis Anschauung erforderlich sein soll und die allein hier in Betracht kommende intellektuale dem Menschen abgesprochen wird, ist von Kant nicht klargestellt worden. Er wußte indessen sein Arsenal der Denkmittel, das uns heute manches ohne nähere Prüfung aus dem Arsenal der Scholastik überkommene Stück zu enthalten scheint, mit so imponierender Sicherheit vorzuführen, daß es lange Zeit in weiten Kreisen als die wirkliche Ausrüstung des menschlichen Geistes hingenommen wurde. So bestimmt nun aber auch Kant den wahren Mechanismus des menschlichen Geistes zu durchschauen glaubte, in gewisser Hinsicht blieb er doch der oben erwähnten Regel, daß alle Spekulationen über das Ansichsein der Dinge auf Mißbrauch von Mitteln für empirische Erkenntnis zurückgehe, durchaus getreu. Denn es ist ja schließlich nur das Funktionieren des menschlichen Geistes für die Erscheinungswelt, das in der Vernunftkritik einen Gegenstand der menschlichen Erkenntnis bildet. Will jemand versuchen, in seinem Erkennen von den Funktionen rückwärts zu dem funktionierenden, die Welt der Erscheinung mitsamt dem empirischen Ich hervorbringenden überempirischen Ich, seinem wahren Wesen, seiner möglicherweise über die Erschaffung einer Welt der Erscheinung weit hinausgreifenden Bestimmung vorzudringen, dann ruft ihm Kant warnend zu, er sei im Begriff, sich Selbsttäuschungen hinzugeben, eine etwa aus der Annahme einer substantiellen Seele oder ähnlichen Theorien für die empirische Welt passende Kategorie auf das so ganz andersartige, seiner Erkenntnis nur einmal verschlossene Gebiet des transzendenten Ansichseins zu übertragen. Da hierbei wohl im wesentlichen Abneigung gegen Überschwenglichkeit im Wissenwollen, jedenfalls alles eher als eine allgemeine Norm des menschlichen Denkens aus dem Philosophen spricht, hat nicht nur ein Fichte oder Schelling, sondern auch der nüchterne Schopenhauer ihm kein Gehör geschenkt. Ist es uns gegeben, die Stricke und Hebel der Maschine zu erkennen, dann werden wir wohl auch dahinterkommen können, was denn nun schließlich die Maschine in Bewegung setzt. Macht man Schopenhauer, der das Ding an sich als Willen auffaßt, den Vorwurf, er habe dabei eine Anleihe an die Welt der Erscheinung gemacht, so kann man natürlich Kant, wenn er, um das Zustandekommen der Welt der Erscheinung klarzustellen, hinter die Kulissen geht, in ganz der gleichen Weise begegnen.

Alle menschliche Erkenntnis hat nach Kant entweder unmittelbar die empirische Sinnwelt oder die menschlichen Geistesvermögen, soweit sie Voraussetzungen für diese Welt bilden, zum Gegenstand. Hätte Kant diese Auffassung ganz folgerichtig durchgeführt, so wäre seine Philosophie zwar wegen ihrer Geschlossenheit und Originalität bewundernswert, aber nicht nur ein recht enger und vielfach gewaltsam zusammengefügter Gedankenbau, sondern sie würde unserem Gefühl geradezu platt erscheinen. Dieser Beurteilung entgeht die Kantsche Philosophie nur deshalb, weil in ihr das Wissen zugunsten einer etwas frostigen, aber darum nicht weniger hoheitsvollen Pflichtmoral oder, wie man auch sagen könnte, Religion der Pflicht die bezeichneten Einschränkungen erfährt. Um nun seiner Morallehre, seiner praktischen Philosophie die Wege zu ebnen, mußte er in seiner theoretischen Philosophie deren Grundgedanken in gewisser Weise Abbruch tun, womit nicht gesagt werden soll, daß ihm dieser Zusammenhang ganz klar zum Bewußtsein gekommen wäre. Daß die Art und Weise, wie Kant das Ding an sich in der Kritik der reinen Vernunft mit der Welt der Erscheinung in Beziehung treten läßt, dem Geist der Erkenntniskritik schroff widerspricht, ist von Schopenhauer und schon vor ihm von Schulze überzeugend dargetan worden. Schwieriger ist die Frage zu entscheiden, ob Kant überhaupt den Begriff einer Sphäre des Ansichseins, der objektiv gegebenen Wirklichkeit anerkennen mußte oder auch nur durfte. Zahlreiche Kantianer unserer Tage meinen, es sei für einen derartigen Begriff in der Kantschen Philosophie kein Raum, und in der Tat verlangt wohl die Konsequenz des Grundgedankens dieser Philosophie, die Vorstellung von einem Ansichsein als ein praktisches Mittel zur Ordnung der empirischen Welt und die unabweisliche Annahme, daß wenigstens der menschliche Geist an sich existiere, als transzendentalen Schein anzusehen. Wenn nun Kant so nicht verfuhr, so mag das zum Teil daran gelegen haben, daß er den Kardinalpunkt des Subjektivismus nicht klar erfaßt hatte. Es kommt indessen in dieser Angelegenheit gar nicht so sehr auf den Subjektivismus an. Ja, wir wagen es zu behaupten, daß die wesentliche Bedeutung der Kantschen Kritik der theoretischen Vernunft ganz dieselbe bleiben würde, wenn er erkenntnistheoretischer Realist gewesen wäre. Das Wesentliche der Kantschen theoretischen Philosophie ist nicht der von ihm sehr schwach begründete Satz, daß die Welt der Erfahrung eine Welt der Erscheinung ist, sondern die zwar ganz und gar nicht bewiesene, aber geistreiche und für viele sehr bestechende Lehre, daß wir etwas anderes als die sinnliche Welt und die Mittel, uns diese zum Bewußtsein zu bringen, nicht erkennen können und daß unsere Spekulationen über eine übersinnliche Welt unzulässige Entlehnungen aus dem unserer Erkenntnis allein zugänglichen Gebiet, wertlose Phantasien darstellen. Von diesen Theorien nun mußte Kant eine Ausnahme zulassen. Mehr als an seiner ganzen übrigen Philosophie lag ihm an der Freiheit des menschlichen Willens, die in sich zu spüren für ihn die gewaltigste aller seiner

Lebenserfahrungen war. Da er nun irrigerweise die sinnliche Welt für unabänderlich determiniert hielt, mußte die Freiheit in der übersinnlichen, der intelligibeln Welt ihren Standort finden. Wäre er Realist gewesen, so hätte er das freie Wollen selbstverständlich als etwas an sich Seiendes angesehen, als Subjektivist hätte er sagen sollen, die Freiheit existiere als eine intelligible nur für das Subjekt. Als der eigenartige Subjektivist, der er nun einmal war, brachte er das „Für-uns-Sein" mit der Sinnlichkeit Zusammenhang und mußte daher die intelligible Freiheit in die Sphäre des Ansichseins versetzen. Es ließ sich voraussehen, daß er hierbei nur wenig Zustimmung finden werde. Nicht deswegen, weil die meisten der Freiheit einen Platz in der sinnlichen Welt anweisen zu können glaubten, denn noch heute ist man fast allgemein davon überzeugt, daß bezüglich der sinnlichen Welt die Kausalbetrachtung denknotwendig sei. Wohl aber ist ein echtes, starkes Freiheitsgefühl eine viel zu seltene Erscheinung, als daß man nicht versuchen sollte, Kants Glauben an eine intelligible Freiheit durch eine gar nicht schwer zu ersinnende psychologische Erklärung der Illusion der Freiheit zu ersetzen. Kant hat nicht das Recht, sich über ein solches Verfahren zu beschweren. Denn dabei wird nur in etwas vergröberter Form das Rezept auf ihn angewendet, nachdem er selbst die Pfeiler der rationalistischen Metaphysik zu Fall gebracht hatte. Wurde von ihm nicht die Lehre von der Seele als einer unzerstörbaren Substanz in sehr feinen transzendentalpsychologischen Ausführungen als Schein erwiesen? Hat er nicht in ähnlicher Weise mit einigen von den Gottesbeweisen aufräumen wollen? Was man gegen diese Angriffe des Allzermalmers hauptsächlich vorbringen kann, kommt auf das Argument heraus, mit dem er selbst sich am wirkungsvollsten gegen die Angriffe auf seine intelligible Freiheit zu verteidigen vermöchte. Selbst wenn, so wäre zu sagen, die Annahme einer zu allerhand falschen Substituierungen, Hypostasierungen und dergleichen Unsinn mit Notwendigkeit führenden geistigen Veranlagung nicht ganz unwahrscheinlich wäre, so müßte doch die psychologische Erklärung, durch die die Seele als Substanz, Gott, die intelligible Freiheit wegdisputiert werden soll, dem ganz unzureichend erscheinen, der diese Dinge wirklich in sich gespürt hat und nicht davon wie der Blinde von der Farbe redet.

Die theoretische Philosophie Kants bringt eine Verfeinerung des Humeschen Positivismus und wird in der heute gewiß noch nicht zum Abschluß gelangten Entwicklung dieser Richtung später wahrscheinlich noch einmal eine bedeutende Rolle spielen. Die heutigen Positivisten sind meistens etwas zu grobkörnig, um sich der Dienste, die Kant dem Positivismus geleistet hat, klar bewußt zu sein. Die Art und Weise, wie er das menschliche Wissen auf die Sinnenwelt und die zu ihrer Ordnung erforderlichen Denkmittel beschränkt, ist meisterhaft. Wenn er die Zurückführung der den Menschengeist von jeher quälenden, auf ein transzendentes Denken und Sein hinlenkenden Antinomien, von denen er übrigens nicht die packendsten herausgriff, aus einer irreführenden Nötigung des Geistes, seine Vermögen falsch zu verwenden, erklärte, so scheint mir das ein zwar unrichtiger, aber doch geradezu genialer Gedanke zu sein, zu dem freilich die Humesche Behandlung des Kausalitäts- und Substanzbegriffs schon ein gewisses Analogon bot. Die heutigen Positivisten zerbrechen sich nicht sonderlich den Kopf über die Antinomien, wohl aber sind auch sie genötigt, sich mit den großen unmittelbaren Erfahrungen des Übersinnlichen, namentlich mit der Gotteserfahrung, auseinanderzusetzen. Irren wir nicht, so wird die Bestrebung, die Vorstellung des Göttlichen als Illusion zu erweisen, der heute nur sehr schwächliche Mittel dienen, in der nächsten Zeit eine kräftige, freilich in letzter Linie doch auch wieder unzureichende Unterstützung durch die Sublimierungstheorie der Psychoanalyse erfahren. Es ist nicht ausgeschlossen, daß Kantsche Erkenntnistheorie und Psychoanalyse später einmal die Eckpfeiler des Positivismus bilden werden. Die neuere philosophische Schule, die heutzutage den Zusammenhang mit Kant am stärksten betont, ist die sog. neukantische. Das Verhältnis zur Sinnenwelt ist dasselbe wie bei Kant, nur daß die Sinnenwelt als die einzige, für den Menschen überhaupt in Betracht kommende Wirklichkeit angesehen wird. Eine Welt des <Ansichsein> gibt es nicht, wohl aber eine solche des Geltens, die von der des Seins der Wirklichkeit durchaus verschieden gedacht werden soll. Es gelten die Formen des Geistes, mit denen die Wirklichkeit gestaltet wird, es gilt vor allem die moralische Sollensnorm, der im System der Neukantianer ganz wie bei Kant ein Ehrenplatz eingeräumt wird. In Bestätigung des Wortes des Theologen Beck: semper enim sanctos imitari volumus, ubi non debemus, nehmen die Neukantianer an, daß in der Welt des Seins die Freiheit keinen Platz finde und, da nun einmal das Sollen Freiheit vorauszusetzen scheint, so muß wohl die Freiheit der Sphäre des Geltens angehören. Es ist daher das Moralische kein anderes höheres Sein als das Sinnliche, sondern eine ganz andere Betrachtungs-, Richtungs-, Ordnungsweise oder wie man das, worunter man sich doch nichts Deutliches vorstellt, immer nennen will. Die Abschwächung gegenüber Kant liegt darin, daß während die Energie des Kantschen Denkens die Antinomie, den Einbruch von der einen Sphäre in die andere, sich zu Bewußtsein zu bringen wußte – wenngleich das Wie dieses Einbruchs nicht geklärt wurde –, die abgeblaßte neukantische Auffassung sich mit dem Idyll zweier friedlich nebeneinander bestehender Betrachtungsweisen zufrieden gibt. Sucht man nähere Auskunft über die schemenhafte zweite Betrachtungsweise, so wird man mit Kunstausdrücken abgespeist und schließlich dahin beschieden, daß einem für das Normative offenbar die erforderliche Erkenntnisfähigkeit abgehe. Es ist bei einem solchen Verfahren für die Neukantianer nicht schwer, noch eine Reihe anderer intrikater Probleme der Wissenschaftslehre und der Weltanschauung zu lösen. Das Reich des Geltens ist mit den Vergabungen an die Ordnungsprinzipien der Wirklichkeit und an die Sollensnormen keineswegs schon ausgegeben. Warum soll hier nicht auch die Rechtsidee ihre Provinz erhalten? Fragen wir, was denn unter der Rechtsidee des näheren zu verstehen sei, so bietet uns Stammler eine Formel, in der wir mit bestem Willen nichts andres als eine Tautologie finden können, oder Binder erklärt unumwunden, daß man das nicht zu sagen vermöge. Wer auf letztere Antwort ärgerlich erwidert, daß das ein trostloses Ergebnis philosophischer Bemühungen sei, der bekommt das Kantsche sapere aude zu hören. Es gehört in der Tat Mut dazu, neukantische Philosophie zu betreiben. Wer freilich der eigenartigen neukantischen Einstellung habhaft werden kann, der ist befreit von allem Leid". Insbesondere wird sich ihm das Geheimnis der Religion offenbaren; es wird sich bei der Religion eben wieder um eine ganz besondere, nicht näher zu beschreibende Betrachtungsweise handeln. Auf Gott als persönliches Wesen muß freilich verzichtet werden, da bei der theistischen Anschauungsweise nach Kelsen eine der zahlreichen Hypostasierungen einer Norm vorliegt. Furcht vor Hypostasierungen trennt auch den Neukantianer von dem Phänomenologen, mit dem er, wie oben bemerkt, in der allgemeinen Tendenz, das Universum in getrennte Reiche auseinanderfallen zu lassen, durchaus übereinstimmt. Der Phänomenologe schaut übersinnliche Wesenheiten, die Fortentwicklung der Kantschen Lehre läßt den Neukantianer das Übersinnliche für alles andere eher denn für eine besondere Wesenheit erklären. Da aber der neukantianische Gedanke von durchaus verschiedenen, einander unberührt lassenden Betrachtungsweisen in Unklarheit gehüllt ist und der Phänomenologe seine besonderen Wesenheiten gleichfalls der Kontrolle entzogen hat, so mag der praktische Unterschied ganz wohl hinter der Übereinstimmung zurücktreten, derzufolge es beiderseits abgelehnt wird, die niedere und die höhere Sphäre, das Sinnliche und das Übersinnliche als sich ineinander schiebend und einander bekämpfend zu denken. In dieser wichtigen Angelegenheit erscheint die immanentistische Philosophie als die dritte im Bunde. Wer meint, daß man das Göttliche im gegenwärtigen Stadium der menschlichen Existenz vollkommen zu erfassen vermöge, der gelangt, das ist eine Erfahrung, die man immer und immer wieder mit der immanentistischen Weltanschauung gemacht hat, schließlich dazu, in eine jegliche Gestaltung menschlichen Treibens das Göttliche hineinzuverlegen. Das Göttliche, das angeblich die sinnliche Welt durchdringen und erheben soll, erweist sich als allem gegenüber indifferent, als etwas, das zwar nicht jenseits dieser Welt, wohl aber neben sie zu liegen kommt. Das ist folgendermaßen zu erklären: Das Transzendente ist in Wahrheit etwas für den Menschen in hoc statu durchaus nicht völlig Realisierbares. Allerdings kann schon jetzt eine Annäherung an das Göttliche erfolgen, und wenn es der Fall ist, so mag bei dem, dem sie gelingt, der Eindruck entstehen, er führe sozusagen zwei Leben, ein irdisches und daneben eines, das ganz in Gott aufgehe. Aber in aller Regel macht sich bald die Überzeugung geltend, daß das Leben eben doch eines ist, hienieden nie völlig göttlich sein werde und durch eine Einschränkung des materiellen irdischen Lebens dem göttlichen Leben nach Möglichkeit genähert werden müsse. Daher dann die Weltflucht. Von diesem Fall ist der des Immanentisten sorgfältig zu unterscheiden. Bei dem wahren Immanentisten, der uns behäbig versichert, daß er hier und jetzt mitten in einem göttlichen Leben sich befinde, ist das Göttliche nur in ganz schwacher Potenz vorhanden, und was er für göttliches Leben ausgibt, ist ein vages kosmisches Gefühl, die undeutliche Vorstellung von einem Zusammenhang zwischen ihm selbst und allem andern, von einer harmonischen Gesetzmäßigkeit alles Seins. Derartiges ist natürlich mit schlechthin jeder Lebenshaltung in irdischen Dingen vereinbar. Immanentisten dieser Art finden wir unter den Philosophen und Theologen vom Fach, häufiger unter den Literaten, massenweise in dem großen, für Weltanschauungsfragen interessierten Publikum. Und nun mag man wählen. Will man mit Ordnungsideen, Höhenwerten, Weltgefühlen, die inmitten der wirklichen Welt mit ihrer unsäglichen Angst und Not, ihrem brutalen Kampf zwischen den Leidensgefährten, ihrer gesicherten Aussicht auf baldige dauernde Bewußtlosigkeit eine gewissermaßen in sich geschlossene vollkommene Welt für sich bilden, den von jeher erhobenen Anspruch des Menschenherzens auf ein besseres Dasein als beglichen ansehen? Oder will man nicht lieber zugeben, daß alles, was uns in unserm gegenwärtigen Entwicklungsstadium zugänglich ist, selbst das Beste und Höchste, in einem oft tief verborgenen innern Widerspruch eine schwer erträgliche Unvollkommenheit birgt, daß wir unter dem Druck der Antinomien beständig unser geistiges Leben nach allen Richtungen zu erweitern streben und so jenem Ziel näher kommen, an dem das, was wir jetzt Menschenleben nennen, höchstens die Bedeutung eines vergangenen Kämpfens und Leidens für uns haben wird? Den Bedürfnissen, denen die rationalistische Philosophie mit ihren endgültigen Lösungen aller Welträtsel gedient hat, werden wir freilich mit unserer Auffassung sowenig gerecht wie dem Wunsch der Fanatiker der Erkenntnistheorie, sich nur um Fragen, die sie mit Sicherheit beantworten können, kümmern zu brauchen. Aber kommt es darauf an? Oder sollen wir dem

Gegner weichen, weil wir nicht, wie er, hier und jetzt eine volle Freiheit anerkennen? Nun, es lohnt sich hier wohl um des guten Tropfens willen, den schlechten in Kauf zu nehmen. Denn die Freiheit, die uns mit Determinationen unlösbar verknüpft scheint, die glauben wir in der wirklichen Welt in dem Kampf für den Endsieg als starke Macht einsetzen zu können. Was wir als letztes Ziel des Weltprozesses hinstellen, das höchste Glück, wird mancher als etwas weniger Reines, weniger Erhabenes bezeichnen, als die objektiven Werte der modernen Ethik, höchste Sachlichkeit, allgemeine Gesetzmäßigkeit des Handelns oder dergleichen. Aber wenn das wahr wäre, so hätte doch immer unser Ziel den Vorteil, von der innern Lebenswärme, die dem ordinären Lustgefühl eignet, erfüllt zu sein. Auch unsere Vorstellung von einem ewigen Leben wird man mit Geringschätzung behandeln wollen im Gedanken an das, was Hegel von der falschen Unendlichkeit sagte. Eine sich ins Endlose erstreckende Zeit, heißt es da, ist keine Ewigkeit. Das mag richtig sein, nur hat die Dauer, von der wir reden, vor der Ewigkeit, deren man augenblicklich inmitten des Stroms der Zeit teilhaftig wird, den Vorzug, auch gegenüber dem Ernst des Todes standzuhalten und nicht von ihm mit allem übrigen in den Abgrund der Nacht herabgerissen zu werden. Endlich müssen wir zugestehen, daß es uns viel Mühe kostet, auch nur einigermaßen begreiflich zu machen, wie bei der sich ins Transzendente versteigenden Wandlung des Geistes unser Ich letztlich doch erhalten bleibt, während der Immanentist in der Erkenntnis der kosmischen Zusammenhänge seines Lebens und Wirkens ganz leicht in ein göttliches Dasein einzugehen vermag. Indessen bedenke man, daß auf das Bewußtsein eines universellen Lebens der letzterwähnten Art auch der ins Wasser hüpfende Frosch ein Anrecht hat, während die Göttlichkeit, deren künftige Verwirklichung wir dem Verstande annehmbar machen möchten, das Ziel der tiefsten Sehnsucht des Menschenherzens bildet.

Wir haben in den vorstehenden Ausführungen allmählich die Bahnen der Erkenntnistheorie verlassen und sind schließlich wieder bei metaphysischen Erörterungen angelangt. Das war keine ungewollte Entgleisung, sondern entsprach unserer Absicht. Sollte doch gezeigt werden, wie wenig die von Kant errichteten Schranken imstande sind, den denkenden Geist vom freien Flug ins Metaphysische abzuhalten. Man kann Kantianer strenger Observanz, Neukantianer oder Kantianer unter ersatzloser Unterdrükkung der Kantschen Morallehre, also positivistischer Kantianer sein, wie man Platoniker, Spinozist oder Leibnizianer sein kann. Die Behauptung, daß es sich bei den einzelnen metaphysischen Systemen um Phantasiegebilde ohne Erkenntniswert, bei der Kantschen Erkenntniskritik um eine für normales Denken schlechthin maßgebliche Bestimmung der Wege aller künftigen Philosophie handle, kann, wie wir gezeigt zu haben hoffen, heutzutage kaum mehr ernst genommen werden.

Es ist nicht schwer, aufzuweisen, daß sich aus unserer metaphysischen Weltanschauung gewisse Folgerungen für die Ausgestaltung des Rechtes ziehen lassen. Die Zivilisation muß von uns, wie wir sahen, als ein Gut in Anspruch genommen werden. Nun ist Zivilisation nicht wohl denkbar ohne Beseitigung oder wenigstens erhebliche Einschränkung der Selbsthilfe und überhaupt aller rohen Gewalttat im Verhältnis der einzelnen zueinander durch Einführung einer mit unwiderstehlicher und damit eben sanfter Macht sich durchsetzenden allgemeinen Friedensordnung. Eine solche Friedensordnung darzustellen, ist das Recht berufen. Was besonders jenen wichtigen Teil der Schutzordnung betrifft, den man Strafrecht nennt, so wird hier versucht werden müssen, den Gedanken von einem unausbleiblichen weltordnungsgemäß begründeten Zusammenhang von brutaler Selbstsucht und Leiden des Selbstsüchtigen den Gesellschaftsmitgliedern möglichst tief einzuprägen. Nicht nur zwecks Abwendung von Gewalttaten soll das Recht eine überlegene Macht ins Leben rufen, es soll auch die Organisationen, deren die Wirtschaft bedarf, sei es selbst begründen, sei es ermöglichen und fördern. Hierbei ist nicht nur auf das beste volkswirtschaftliche Ergebnis, sondern auch darauf zu achten, daß das Ergebnis nicht auf Kosten höherer sittlicher Interessen erzielt, daß vor allem nicht ein schrankenloser Egoismus großgezogen werde. Obschon das Familienleben eine im wesentlichen innerliche Angelegenheit ist, so bedarf es doch auch einer äußern Organisation durch das Recht. Man sieht vielfach gerade auf diesem Gebiet das Recht als einen Eindringling an, der mit plumper Hand in feine Seelenbeziehungen eingreifen will. Man denkt dabei zu sehr an diesen oder jenen einzelnen Fall und vergißt die sittlichen Einwirkungen, die die Institution als Ganzes auszuüben hat. In nur allzu vielen Fällen wird das dem Familienleben zugrunde liegende eheliche Verhältnis nicht durch die seelische Harmonie, sondern nur durch das Pflichtgefühl der Beteiligten zusammengehalten werden können. Käme nur der Wert der Ehe für die Ehegatten in Betracht, so wäre vielleicht unter solchen Umständen die Auflösung der Ehe zu befürworten. Da nun aber die Auflösung der Ehe das Verhältnis der Eltern zu den Kindern in schwerster Weise schädigt, ist zu fürchten, daß, je mehr die Auflösung der Ehe erleichtert wird, in um so weiterm Umfang die Jugend der unersetzlichen Gelegenheit, die Wirkung der höchsten menschlichen Fähigkeit, der Liebe, an sich zu verspüren, beraubt wird. Um die Pflegstätten der Liebe der aufwachsenden Generation zu erhalten, muß das Recht sich für die Beständigkeit des Ehebandes einsetzen. Dabei ist freilich hier ganz besonders zu beachten, was nach unserer philosophischen Auffassung überhaupt als Regel für die Gesetzgebung aufgestellt werden muß, daß nämlich der Gesetzgeber aufs sorgfältigste sich von dem gegenwärtigen Stand und den Entwicklungsaussichten des sittlichen, kulturellen Volkslebens Rechenschaft ablegen sollte. Einer vorübergehenden Abschwächung des Gefühls für die Notwendigkeit der Unantastbarkeit der Ehe kann der Gesetzgeber entgegenwirken, wie er selbst durch ungeschickte Maßnahmen eine solche Abschwächung herbeiführen kann. Weist aber die Entwicklung auf ein allmähliches Absterben, dann ist die Anwendung gesetzlicher Heilmethoden nur unnütze Quälerei. Mit dem Familienrecht steht das Schulrecht in engem Zusammenhang. Die Erziehung der Kinder dürfte, selbst wenn es möglich wäre, aus dem eben bezeichneten Grunde, dem sich noch mancher andere beigesellen ließe, den Eltern nicht aus der Hand genommen werden. Wohl aber ist es der Staat den werdenden Bürgern schuldig, Schulzwang einzuführen und den Lehrbetrieb zu regeln. Die durch die Schule zu gewährende oder zu fördernde Bildung ist nicht ausschließlich die intellektuelle, sondern auch die sittliche, und intellektuelle Bildung ist etwas anderes, als Übung im formalen Denken und Erwerb technischer Kenntnisse. Die Schule muß für eine Weltanschauung den Boden bereiten. Es hat eine Zeit gegeben, in der der Schulunterricht ganz durchdrungen war von einer zu allgemeiner Herrschaft gelangten Weltanschauung. Es wird vielleicht wieder einmal eine solche Zeit geben, aber heute hat keine Weltanschauung Anspruch darauf, sich in diesem Maße des Unterrichts zu bemächtigen. Wir stehen auf dem Standpunkt, daß der Unterricht, soweit er nicht gerade Religionsunterricht ist, weltanschauungsfrei sein soll. Leider ist ein solcher weltanschauungsfreier Unterricht das Gegenteil von dem, was er sein sollte, er ist eine Pflegschule einer bestimmten Weltanschauung, nämlich der des Positivismus. Der Unterricht in Sprachen und Naturwissenschaften ist seinem Wesen nach vorwiegend technisch, der in Literatur und Geschichte wird in oberflächlicher Weise erteilt, da man diese Dinge nur aus einer Weltanschauung heraus tiefer erfassen kann. Bei solcher Ausbildung müssen unzählige Keime höhern geistigen Lebens auf dem Weg durch die Schule verkümmern. Der Religionsunterricht kann ihnen vielfach nicht zum Leben verhelfen, weil gerade zwar nicht Kindern, wohl aber jungen Leuten ein klares Empfinden für das Veraltete der christlichen Lehre eigen ist, weil nur ein durch mancherlei Lebenserfahrung und lange Kontemplation geübter Blick unter der Lava der christlichen Theologie das Feuer ewiger Grundwahrheiten zu entdecken vermag. Wie soll da nun geholfen werden? Mir scheint sich, wie ich an anderer Stelle ausgeführt habe, folgender Ausweg zu bieten. Daß jede konstruktive Metaphysik etwas Individuelles, Subjektives hat, wird man vorläufig gelten lassen müssen, dagegen kann man sich heute schon mit der Hoffnung auf mehr oder weniger unmittelbaren Erfolg dafür einsetzen, daß das Rätselhafte, Antinomische unseres Lebens in allen seinen Erscheinungsformen als eine objektiv erweisliche Tatsache angesehen wird. Für das eigentliche Kindesalter sind die Evangelien, das herrlichste Denkmal einer Religion in ihrer Kindheit, von unvergleichlichem Wert, und es bietet daher der katholische oder protestantische Religionsunterricht dieser Altersstufe die ihr zuträglichste Geistesnahrung. In der zweiten Epoche der Jugend sollte sich dagegen allem wissenschaftlichen Unterricht wie eine begleitende Musikstimme die Lehre beimischen, daß, wo überall der Menschengeist Eroberungen zu machen suchte, schon in frühen Zeiten Rätsel auftauchten, mit denen er trotz mancherlei Fortschritts im Grunde genommen heute noch ringt. Hierdurch bliebe jedem die in seiner Veranlagung liegende Möglichkeit erhalten, sich allmählich zu einer bestimmten transzendenten Weltanschauung durchzuringen, und andererseits würde auch dem Positivismus fair play gewährt, da ja doch auch er Gelegenheit hat, den Geist eines jeden schließlich für seine Lösung der Welträtsel zu gewinnen. Nicht nur in den Bestimmungen des Familien- und Schulrechts hat der Staat zum Erziehungsproblem Stellung zu nehmen. Was für den Griechen ganz selbstverständlich war, in der späteren Rechtsphilosophie aber einen Höhepunkt darstellt, den vielleicht nur Fichte erreicht hat, das muß für uns wieder ein Gemeinplatz werden. In allen seinen Anordnungen muß der Staat als höchstes Ziel die Erziehung des Bürgers zur Tugend vor Augen haben. Tugendhaft ist nach unserer Philosophie, wer geeignet ist, die Entwicklung des Geistigen zu fördern. Daher wird es ratsam sein, einem jeden möglichst vielseitige Anregung zu bieten, seine intellektuellen und sittlichen Fähigkeiten zu üben. Von den mancherlei Postulaten an die Rechtsgestaltung, die sich hieraus ergeben, seien nur einige erwähnt. Für Staats- und Gemeindeverfassung empfehlen sich demokratische Formen; zum Privatrecht (Wirtschaftsrecht) zurückkehrend müßten wir, ganz abgesehen von seinen volkswirtschaftlichen Vorteilen, dem Privateigentum das Wort reden; schließlich wäre sorgsam darauf zu achten, daß nicht das Recht mit seinen zahlreichen Organisationen die Kräfte eines jeden gänzlich absorbiere und dadurch das für die Erreichung des höchsten Ziels ganz unentbehrliche Mittel, die Auferziehung freier Persönlichkeiten, verhindere.

Sollte der vorgelegte Versuch eines transzendenten Evolutionismus dazu beitragen, die Überzeugung zu verbreiten, daß wir in der allgemeinen Philosophie das Vorstadium der Methodologie und Materialsammlung bald hinter uns haben werden und die Zeit nahe ist, da man sich zu neuen Weltanschauungen durchringen wird, so wären unsere Bemühungen reichlichst belohnt. Nur aus den neuen Weltanschauungen kann eine wahre neue Rechtsphilosophie hervorgehen. Wenn in letzter Zeit so viele angeblich rechtsphilosophische Schriften erscheinen, so wird damit kein Fortschritt der Rechtsphilosophie herbeigeführt, da ein solcher in funktioneller Abhängigkeit von einem Fortschritt der allgemeinen Philosophie steht und in jenen Schriften die Rechtsphilosophie sich auf eigene Füße stellen will. Was geboten wird, das mag Förderung einer allgemeinen Rechtslehre sein, hat aber mit philosophischer Betrachtung, die immer auf das Ganze des Weltzusammenhangs abstellt, wenig zu tun.

Die einzige, sich einer allgemeinern Verbreitung erfreuende Rechtsphilosophie unserer Tage ist die weiterentwickelte oder, richtiger gesagt, auf die modernen Verhältnisse angewandte scholastische des Thomas von Aquin. Sodann verdient mit Recht den Namen einer Rechtsphilosophie die Lehre des Göttinger Philosophen Leonhard Nelson. Als zukunftsreich kann ich freilich seine Auffrischung der Friesschen Philosophie nicht ansehen. Nelson erscheint mir größer in der Kritik als im Aufbau. In seinem ausgezeichneten Buch „Die Rechtswissenschaft ohne Recht" habe ich von den ungerechten Übertreibungen und Entstellungen, die man ihm vielfach vorwirft, nichts finden können. Eine Rechtswissenschaft, deren angesehenste Vertreter sich so wenig um den tiefsten Kern des Rechtsbegriffs bemühen, wie es seitens unserer Koryphäen der Fall ist, kann schon als Rechtswissenschaft ohne Recht bezeichnet werden. Man wird in diesem Urteil bestärkt, wenn man sieht, was diejenigen, die der Sache auf den Grund gehen, unter dem Beifall der Umstehenden ans Tageslicht fördern. Eine Ordnung, die letztlich auf dem schwankenden Fundament der jeweils herrschenden Interessen und Tendenzen ruht oder die sich nach dem Ideal des siegreichen Krieges zu orientieren hat, dürfte kaum auf den schönen Namen Recht Anspruch erheben können. Jedenfalls hat eine normative Disziplin, die einem Recht solcher Art gewidmet ist, – und zu den normativen Disziplinen wird ja doch die Rechtswissenschaft nach durchaus herrschender Auffassung gezählt – mit Wissenschaft oder gar mit Philosophie schwerlich etwas zu tun. Auch die Ausführungen, die Kohler unter dem Titel einer Rechtsphilosophie bietet, müssen wir als unrichtig etikettiert bezeichnen. Diese Einschätzung seines Buchs hindert nicht, daß wir für den Gedankenreichtum, die gewaltige geistige Spannweite, das gesunde Urteil, den in einzelnen Bemerkungen hervorleuchtenden Tiefsinn Kohlers die aufrichtigste Bewunderung hegen. Wenn er nicht unglücklicherweise eine Rechtsphilosophie geschrieben hätte, würden wir kaum wagen, ihm die Befähigung dazu abzustreiten. So bleibt denn für den, der nach einer modernen Rechtsphilosophie sucht, außer der Nelsonschen wirklich nur noch die neukantische, und zwar vorwiegend in der ihr von Stammler gegebenen Form. Es ist nicht meine Absicht, mich über diese Rechtsphilosophie hier nochmals auszusprechen. Eine Rezeption in complexu ist ihr fast von allen Seiten –

meistens unter hoher Anerkennung der auf sie verwendeten geistigen Energie – verweigert worden. In der eigentlichen Rechtsphilosophie kann man die neukantische Richtung vielleicht heute schon als eine der Vergangenheit angehörige Erscheinung ansehen. Dagegen lebt sie dort in einer Auffassung der Rechtswissenschaft, deren Entstehung von einem ihrer Anhänger in das Jahr 1911 als das des Erscheinens von Kelsens Hauptproblemen verlegt wird, und die, wenngleich wir ihr ein frühes Ende prophezeien möchten, heute noch eine beträchtliche Anziehungskraft auf viele Geister ausübt. Als eine eigentlich philosophische möchten wir diese Auffassung nicht ansehen, weil sie jeden festen Zusammenhang mit einem philosophischen System entbehrt, ihre Inspiration, wie wir sahen, geradesogut von der Phänomenologie wie vom Neukantianismus empfangen kann. Was sie charakterisiert, ist wesentlich etwas Negatives: die Jurisprudenz soll von allen andern Disziplinen emanzipiert werden. Als normativer Disziplin sichert Kelsen ihr Unabhängigkeit zu von der mit dem Kausalitätsgesetz arbeitenden Soziologie und Psychologie. Wie aber soll sie als normative Disziplin ihre Selbständigkeit gegenüber der Ethik behaupten? Sander hat richtig erkannt, daß das rechtliche Sollen Kelsens, dessen nähere Bestimmung im unklaren bleibt, in letzter Linie als sittliches gedacht werden muß, und will daher im Recht nicht sowohl einen Normenkomplex als vielmehr einen Relationszusammenhang sehen, der einen eigenartigen Erfahrungsgegenstand bildet. Was dieser Gegenstand nun eigentlich ist, verspricht Sander uns in künftigen Publikationen auseinanderzusetzen. Wir wissen also bisher noch nicht, welche positiven Merkmale das Recht der gänzlich auf eigene Füße gestellten Jurisprudenz wohl an sich tragen mag. Soviel wissen wir immerhin: Kausalität, Wollen, Zweck sind es keinesfalls. Auch sehen wir, daß in diesem Punkt Kelsens Behandlung des Rechtsproblems mit großer Sympathie von vielen aufgenommen wird. Weswegen nun dieses Kesseltreiben der Juristen gegen alles, was Mark und Blut ausmacht? Ist da nur der Wunsch maßgeblich, wenn irgend möglich einen besonderen Gegenstand, mit dem sich keine andere Wissenschaft beschäftigt, ganz für sich in Anspruch zu nehmen? Oder ist es eine dekadente Unfähigkeit, das Ineinander der Dinge zu schauen, die die Welt in gänzlich getrennte Wissenschaftsgebiete auseinanderfallen läßt? Derartige Momente spielen gewiß eine Rolle, aber man wird zugeben müssen, daß die Tendenz zur Ausschüttung alles stofflichen Inhalts aus dem Rechtsbegriff durch die Eigenart der Rechtswissenschaft, wennschon beileibe nicht wirklich gefordert, so doch nahegelegt wird. Es ist von großer Wichtigkeit für die Entwicklung der Rechtsphilosophie, daß die Versuchung zum rechtswissenschaftlichen Formalismus auf ihre Ursachen zurückgeführt und dadurch ihrer Gefährlichkeit beraubt wird. Die allgemeine Philosophie, in der die Wurzeln der Rechtsphilosophie ruhen, wird nicht das Licht der Welt erblicken, ohne daß verschiedene Geistesdisziplinen sich zusammenfinden in dem starken Wollen einer neuen Weltanschauung. Es steht also nicht wenig auf dem Spiel, wenn es sich darum handelt, den Juristen vor der Täuschung zu bewahren, das Wesen seiner Wissenschaft in einer formalistischen Betrachtungsweise zu suchen.

Bekanntlich war Laband einer der ersten, die den Zweck aus den rechtswissenschaftlichen Definitionen verbannen wollten. Dabei war für ihn weder der Neukantianismus noch sonst irgendeine philosophische Anschauungsweise maßgebend. Was ihn zu seinen verhängnisvollen Ausführungen veranlaßte, war folgende Beobachtung: Wollte das Recht in seinen Anordnungen den Zweck der Rechtsinstitutionen zum Ausdruck bringen, so wäre damit in diese Anordnungen ein Moment der Unbestimmtheit hineingetragen. Rechtlich geboten wäre ja doch dann nur, was dem kundgegebenen Zweck entspräche, und der Schluß vom Zweck auf das Mittel ist nun einmal kein ganz sicherer. Anstatt nun hieraus zu folgern, daß das Recht hinsichtlich der zu bezeichnenden Zwecke mit Sparsamkeit zu verfahren, insbesondere seine entfernteren Zwecke in scrinio pectoris verschlossen zu halten hat, hat Laband den Zweck überhaupt aus den Rechtssätzen hinausgewiesen. Er bedachte nicht, daß man in den einfachsten Angelegenheiten, geschweige denn bei Aufstellung eines umfassenden Planes für das Zusammenleben einer größeren Gruppe von Menschen, seinen Willen nicht mit der erforderlichen Knappheit verlautbaren kann, ohne wenigstens die näheren oder nächsten Befehlszwecke kenntlich zu machen. Man kann sagen, daß die Zwecke der Rechtsinstitutionen nicht in die rechtlichen Vorschriften und infolgedessen auch nicht in die rechtswissenschaftlichen Definitionen gehören. Aber man kann nicht leugnen, daß die Rechtsinstitutionen selbst von Zweckmomenten durchsetzt sind.

Eine größere Unterstützung noch als in Labands Methodologie hat die formalistische Rechtsauffassung in dem Bestreben gefunden, die allgemeinen Rechtsbegriffe als Darstellungsmittel für jede denkbare positive Rechtsordnung auszugestalten. Um dies deutlich zu machen, bedarf es etwas eingehenderer Ausführungen, die am besten an einem Beispiel orientiert werden. Es handle sich darum, den Begriff der Schuld zu bestimmen. Hätten wir die Aufgabe zu lösen, so würden wir nach einem für das Recht verwertbaren Schuldbegriff suchen, der sich mit dem der gegenwärtigen Entwicklungsphase des allgemeinen sittlichen Bewußtseins entsprechenden tunlichst deckt. Wir würden also in der Erwägung, daß wir immer noch gewohnt sind, einen sittlichen Schuldvorwurf ausschließlich gegen einen freien Willensakt zu richten, dem freien Wollen einen Platz in unserer Schulddefinition zuweisen. Dadurch würden wir nun freilich, wie ich hier nicht näher darlegen kann und zum Zwecke meiner Beweisführung nicht darzulegen brauche, verhindert, in der Fahrlässigkeit eine Schuldform zu sehen. Die fahrlässige Handlung ist nicht freies Wollen des übeln Erfolgs und fordert das sittliche Unwerturteil, das wir Schuldurteil nennen, nicht heraus. Gerade deswegen würden wir sie gemäß unserer Strafrechtsauffassung, derzufolge die Schuld für die Bestrafung die größte Rolle spielt, ganz anders behandeln als das vorsätzliche Verbrechen und würden es, da man verschieden zu behandelnde Dinge besser nicht unter den gleichen Hut bringt, vorziehen, Ausdrücke wie fahrlässiges Verbrechen, Fahrlässigkeitsstrafe, zu vermeiden. Man sieht, wir haben die Tendenz, die Begriffe mehr im Hinblick auf das unserer Ansicht nach den heutigen Verhältnissen angemessene Recht als auf das gegenwärtige positive Recht zu bilden. Ich gebe ohne weiteres zu, daß diese Tendenz nicht ungefährlich ist und daß man ihr nicht allzufrei nachgeben darf. Es hat in der Tat immer etwas Mißliches, wenn man sagen muß, eine Erscheinung unterfalle einem juristischen Begriff eigentlich nicht, im Sinne des Gesetzes aber doch. Andererseits ist derartiges aber unter allen Umständen unvermeidlich, die juristische Begriffsbildung kann unmöglich alle Extravaganzen eines positiven Rechtes mitmachen. Wo da nun die Grenze zu ziehen ist, läßt sich nicht leicht bestimmen, und ich finde es begreiflich, wenn man sagt, unsere Schulddefinition trage zu wenig dem Gesetz Rechnung. Für den Gesetzgeber sei Schuld nicht notwendig freies Wollen eines übeln Erfolgs oder dergleichen, sondern ein vom Gesetz mißbilligter Willensfehler; hiermit sei man nicht nur dem Vorsatz, sondern auch der Fahrlässigkeit, die für den Gesetzgeber zweifellos Schuld sei, gerecht geworden. Die Definition der Gegner, die wir hier einmal akzeptieren wollen, ist im Verhältnis zu der unsrigen abgeblaßt, immerhin enthält sie noch materielle Momente, unter andern das psychologische des Willens. Dagegen wird nun wieder Protest erhoben. Nicht nur einzelne Menschen, heißt es, können schuldhaft handeln, sondern auch Gesamtpersönlichkeiten. Selbst wenn man das vom Standpunkt des geltenden Rechtes aus bestreiten wollte, so müsse doch ein Begriff wie der der Schuld so weit gefaßt werden, daß er der Schuldfähigkeit juristischer Personen nicht im Wege stehe. Gesamtpersönlichkeiten nun hätten keinen Willen im psychologischen Sinn, wenigstens dürfe die Richtigkeit der Definition eines so allgemeinen Rechtsbegriffs wie der Schuld nicht davon abhängen, daß es der Fall sei. Das Psychische ist also jetzt aus der Definition vertrieben und, da man nichts Konkretes, ja überhaupt eigentlich gar nichts hat, was man an ihre Stelle setzen könnte, deckt man die Leere mit einem mysteriösen Ausdruck wie juristischer Zurechnungspunkt zu und bekennt sich damit zu dem hier bekämpften Formalismus. Es liegt auf der Hand, wie unrichtig diese Methode ist. Wird wirklich eine Gesamtpersönlichkeit von einem Gesetz für schuldig erklärt und hat sie wirklich keinen Willen im psychischen Sinne, so entsteht zunächst die Frage, ob der Gesetzgeber hier mit dem Wort schuldig nicht in ganz willkürlicher Weise verfährt. Oder sollte man schließlich, weil ja auch einmal ein Gesetzgeber ein baufälliges und darum gefahrdrohendes Haus für schuldig erklären könnte, den Begriff so bestimmen, daß er auch auf Häuser Anwendung zu finden vermag? Beruht die Verwendung des Wortes schuldig nicht auf reiner Willkür, so muß offenbar eine sachliche Veranlassung gegeben sein, die des Willens im psychologischen Sinn unfähige Gesamtperson ebenso zu behandeln wie die des Willens fähige, natürliche Person. Hat man das zur Gleichstellung führende Moment gefunden, so wird man sich fragen müssen, ob es richtig ist, um seinetwillen den Schuldbegriff so zu erweitern, daß sowohl dieses Moment als der Willensfehler darunter fällt. Mir scheint offensichtlich, daß es aller Sprachlogik widerspricht, da von Schuld zu reden, wo ein Wollen im psychologischen Sinn nicht gegeben ist. Man hat also die Wahl: entweder bildet man für die Schuld und das andere ebenso wie sie zu behandelnde Moment einen gemeinschaftlichen Oberbegriff oder man läßt die beiden unüberbrückt nebeneinander stehen, da doch nichts in der Welt uns zwingt, für alles, was gleiche Behandlung verdient, ein und dasselbe Wort zu verwenden. Glaubt man aber, man dürfe mit dem Wort Schuld so umspringen, daß man es von dem Zusammenhang mit dem Willen losreißt, so wollte ich mir das schließlich immer noch eher gefallen lassen, als daß man das Wort Willen auf etwas Nichtpsychisches bezieht. Indessen ist selbst diese Frage als terminologische nur von sekundärer Bedeutung. Das Wichtigste ist, daß das in Betracht kommende nichtpsychische Moment, mag man es nun nennen, wie man will, geradesogut wie der Wille im psychologischen Sinn der konkreten Wirklichkeit angehören, geradesogut wie der Wille außer für die Rechtswissenschaft auch noch für eine andere Disziplin Bedeutung haben wird. Es verbergen sich hinter einem Wort wie Zurechnungsgrund oder dergleichen, wenn überhaupt ein Sinn mit ihm verbunden wird, allerhand Lebenserscheinungen, die deswegen, weil man sie unter einem abstrakten Begriff zusammenfaßt, nicht etwas von der Materie der Psychologie, Soziologie usw. kategorial Verschiedenes, spezifisch Rechtliches ausmachen. Noch ein anderes Beispiel möge das formalistische Verfahren, das namentlich auf die Jugend bestechend wirkt, erläutern. Sowenig wie der Wille im psychologischen Sinn soll die Kausalität im Sinne der Philosophie eine Rolle spielen. Wollte man damit nur sagen, der Jurist könne die Kausalität in einem etwas engeren oder etwas weiteren Sinne nehmen als der Philosoph, so wäre dagegen nichts einzuwenden. Die These, die hier in Frage kommt, ist die von der absoluten Spezifität des juristischen Kausalbegriffs. Zunächst wird die Kausalität der Unterlassung herangezogen. Es verursacht im Rechtssinne nicht nur, wer positiv handelnd eine Bedingung für den Erfolg setzt, sondern auch wer es unterläßt, eine Bedingung für den Nichteintritt des Erfolgs zu setzen. Anstatt nun zu forschen, in welchen Fällen und aus welchen soziologischen und sittlichen Gründen der Gesetzgeber oder auch die Verkehrsübung sich veranlaßt sieht, Herbeiführen und Nichthindern in der gleichen Weise zu behandeln, begnügt man sich mit der Feststellung, daß die Kausalität im Rechtssinn etwas ganz anderes ist als das Setzen einer Bedingung. Um die spezifische Natur der juristischen Kausalität außer Zweifel zu stellen, verweist man darauf, daß nach gewissen Rechten jemand für den Schaden haftet, den das Herabfallen eines Gegenstandes aus dem Fenster eines von ihm bewohnten Hauses anrichtet. Hier ist juristische Kausalität gegeben, obschon der Kausierende vielleicht selbst, wenn er gewollt hätte, den Eintritt des Erfolgs nicht zu verhindern vermochte. Ergo: die juristische Kausalität ist etwas von dem, was man in den andern Disziplinen Kausalität nennt, ganz und gar Verschiedenes. Die Deduktion hält näherer Prüfung nicht stand. Es wäre zu untersuchen, ob nicht die Haftung in dem letzterwähnten Fall auf der Vermutung eines vielleicht im Einzelfall schwer beweisbaren Kausalzusammenhangs beruht. Trifft das zu, dann hat die besagte Regelung für den Begriff des Kausalzusammenhangs keine Bedeutung. Kommt dagegen in der Anordnung eine rücksichtslose Politik der Generalprävention zum Ausdruck, so wäre eben ein Fall der Haftung ohne Verursachung gegeben. Das in diesem Fall gegebene Moment mit dem, was sonst Verursachung genannt wird, unter einem höheren Kausalitätsbegriff vereinigen, hieße den Sprachgebrauch nutzlos vergewaltigen. Wollte man sich darüber hinwegsetzen, so würde der Begriff der Kausalität im weiteren Sinne allerdings mit dem in andern Wissenschaften Verwendung findenden Kausalitätsbegriff nicht identisch, andererseits aber doch weit entfernt sein, etwas Spezifisch-Rechtliches zu bedeuten. Es wäre eine formale, praktisch wertlose Zusammenfassung von Kausalität (in einem auch außerhalb der Rechtswissenschaft üblichen Sinne) und andern, für rechtliche Haftbarmachung sowie möglicherweise auch unter nichtjuristischen Gesichtspunkten bedeutungsvollen Momenten. Unser Resultat ist dieses: Dadurch, daß man gewisse der Rechtswissenschaft mit andern Wissenschaften gemeinsame Tatbestände zusammen mit unbestimmt gelassenen Momenten in Anbetracht der Gleichheit der Rechtsfolgen unter denselben Oberbegriff bringt und diesen ohne Rücksicht auf den Sprachgebrauch nach den erstgenannten benennt, wird der Anschein erweckt, als versteckten sich hinter demselben Namen durchaus verschiedene Dinge, als hätte die Rechtswissenschaft ihre völlig spezifischen Gegenstände, mag sie auch wie andere Wissenszweige von Schuld, Kausalität und dergleichen reden.

Den weitaus gefährlichsten Verbündeten findet jener Formalismus, der die Rechtswissenschaft von Wissenschaften, wie Psychologie und Soziologie, gänzlich zu trennen und schließlich vom Boden der allgemeinen Philosophie loszureißen sucht, in der über dem Begriff des rechtlichen Sollens schwebenden Unklarheit. Bevor ich auf die Schwierigkeiten eingehe, die gerade das rechtliche Sollen bereitet, wäre in aller Kürze das Sollen überhaupt und insbesondere das sittliche Sollen ins Auge zu fassen. Da ich in meiner Polemik gegen die scharfe Unterscheidung von Sollen und Sein, die heutzutage in philosophischen Kreisen vielfach als ein jeder Anfechtung entzogenes Axiom angesehen wird, fast allein stehe, wird man es mir nicht verargen, wenn ich mich zu dem Gegenstand hier nochmals äußere, ganz abgesehen davon, daß die Besonderheiten des rechtlichen Sollens nicht in Loslösung von dem Problem des sittlichen Sollens behandelt werden können.

Das konkrete Moment, aus dem in letzter Linie alles Sollen seine Lebenskraft zieht, ist der Druck, den die motivierende Vorstellung auf den Willen ausübt, ein Druck, der den Willen, ohne dabei seine Freiheit zu vernichten, auf einen Entschluß hindrängt. Ein solcher Druck kann nur ausgeübt werden, weil die vorzunehmende Handlung einem Bedürfnis der menschlichen Natur entspricht. Es liegt hier also ein psychisches Kausalverhältnis vor, nicht in dem Sinne, daß der Handlungsentschluß durch die Vorstellung herbeigeführt würde, vielmehr ist die Vorstellung der Anreiz, der Erreger, die Wirkung das Sich-gedrängt-Fühlen, die Sollizitation, das Bedürfnis wird als die eigentlich wirkende Kraft anzusehen sein. Nun werden gewiß manche die vorstehende Charakterisierung des in Betracht kommenden psychischen Tatbestandes beanstanden, vielleicht wegen der Verwendung des Begriffs der wirkenden Kraft oder aus andern Gründen. Indessen kommt auf eine derartige Meinungsverschiedenheit in diesem Zusammenhang nichts an. Ebensowenig kommt darauf etwas an, daß möglicherweise der eine oder andere das Bedürfnis nicht unter die Kategorie des Seienden bringt. Die Gegner, die mich hier interessieren, sagen nicht, daß der Tatbestand, in dem ich nach dem Vorstehenden das Sollen verlege, von mir unrichtig bezeichnet sei oder daß es sich dabei schon um etwas der Seinssphäre nicht Angehöriges handle, sondern, daß das Sollen mit unserm Tatbestand, den auch sie als existierend anerkennen, nichts zu tun habe. Nun gebe ich zu, daß, wenn man von Sollen redet, dabei in aller Regel nicht die konkrete Abwicklung eines Kausalverhältnisses, sondern das korrespondierende, psychische Kausalgesetz gemeint ist. Dabei kommen wir, wie die Gegner zugeben, aus dem Gebiet des Psychologischen nicht heraus. Dann ist aber auch nicht einzusehen, weshalb wir das Sollen nicht in psychologischer Betrachtungsweise erfassen könnten. In den

Regeln der Kochkunst, in den Anordnungen der medizinischen Wissenschaft geben gewissermaßen die Bedürfnisse der Natur dem Menschen allgemeine Anweisungen, wie er zu verfahren habe, um sie zu befriedigen. Freilich hat sich dabei ein Prozeß der Verschiebung ins Objektive und darauf folgender Rückwendung ins Subjektive eingestellt. Die medizinische Wissenschaft sagt uns nicht, daß jedesmal, wenn gewisse Veränderungen eingetreten sind, wir das Bedürfnis empfinden, bestimmte Heilmethoden anzuwenden; sie sagt vielmehr, daß, wenn wir nicht mit den Heilmethoden die Veränderungen bekämpfen, wir unser physisches Wohlsein gefährden, und zieht daraus den Schluß, daß wir nach solcher Belehrung im Durchschnitt der Fälle den Wunsch haben werden, gegebenenfalls die vorgeschriebenen Maßnahmen zu unserer Heilung zu treffen. Es sind also unsere wohlverstandenen Bedürfnisse, die da in gebieterischem Ton zu uns sprechen. Nirgends taucht hiernach die Nötigung auf, das Verständnis des Sollens in einer andern Betrachtungsweise als der psychologischen zu suchen. In der Tat würde auch vielleicht niemand eine solche Nötigung verspürt haben, wenn es sich um kein anderes Sollen als das der eben bezeichneten Art handelte. Die angebliche Unmöglichkeit, das Sollen in psychischen Vorgängen und Kausalregeln aufgehen zu lassen, soll wesentlich in der Lehre vom sittlichen Sollen, dann auch in der von den logischen und ästhetischen Normen hervortreten. Wir wollen es hier bei der Untersuchung bewenden lassen, ob wirklich das sittliche Sollen sich ohne die Zuhilfenahme einer ganz neuen Betrachtungsweise nicht verstehen läßt.

Manche sehen in der Moral nichts anderes, als den anfänglich von außen auf den einzelnen durch die Gesellschaft ausgeübten Druck, der allmählich sich in ein inneres Bedürfnis, die Interessen der Gesellschaft zu achten, umwandelt. Hier liegt nichts vor, was sich nicht mit den Mitteln der Psychologie erfassen ließe. Aber auch, wer annimmt, daß es sich beim Sittengebot um eine ursprünglich aus der Natur des einzelnen ergebende Forderung handle, kann in der Moral Psychologist bleiben. Warum sollte nicht, wenn vielleicht nicht in allen, so doch in vielen Fällen unter den zahlreichen Bedürfnissen des Individuums sich eines finden, das die übrigen beherrscht und der Betätigung des Menschen eine Grundrichtung verleiht. Ernste Schwierigkeiten entstehen für die psychologische Betrachtungsweise eigentlich nur dann, wenn man mit Kant die Notwendigkeit zu verspüren glaubt, daß ein und dasselbe höchste Gesetz des Handelns schlechthin für alle Menschen gelte. Indessen können diese Schwierigkeiten, wenn man näher zusieht, nicht sowohl an der psychologischen Auffassung des moralischen Sollens als vielmehr an der Richtigkeit der Kantschen Prämisse von der Notwendigkeit eines universellen Moralgebots Zweifel erwecken. Zunächst freilich scheinen sich beide vortrefflich vereinigen zu lassen, insofern es ein Bedürfnis gibt, das offensichtlich für jedermann in gleicher Weise als allbeherrschendes angesehen werden kann, das Glücksbedürfnis. Zu Kants Zeiten war es noch feststehendes Dogma, an dem Kant nicht rüttelte, daß der Eudämonismus für die empirische Betrachtung das oberste Kausalgesetz ist. Heutzutage glaubt daran niemand mehr, und das ist ein Fortschritt in der Erkenntnis, denn es hieße dem Menschen viel mehr Vernunft zutrauen, als er besitzt, wenn man annehmen wollte, daß er sich in allem, was er tut, von dem Prinzip leiten lasse, sein Glück in möglichst hohem Maße zu fördern. Wohl aber gilt heute noch, mögen die Philosophen es nun zugeben oder nicht, daß der auf sich selbst besinnende Mensch, ein nicht so sehr häufiges Phänomen, das Glücksmotiv als den höchsten Leitsatz alles seines Handelns erkennt. Fragt uns der Kantianer, woher wir das Recht zu einer solchen Feststellung nehmen, dann verweisen wir ihn auf die ihm vielleicht nicht ganz unbekannte Kategorie der synthetischen Urteile a priori, für die sich nirgends – auch auf dem Gebiet der Mathematik nicht – ein besseres Beispiel finden läßt als in dem Grundsatz des Eudämonismus. Wenn Kant in diesem Grundsatz das Sollensgesetz zu finden sich weigert, so begründet er das vor allem damit, daß den Menschen das nicht vorgeschrieben zu werden brauche, was sie schon ohnedies tun. Er hielt eben irrigerweise das aprioristische Sollensprinzip des Eudämonismus für ein induktiv gefundenes Kausalgesetz des menschlichen Handelns. Das Kantsche Argument verliert alle Bedeutung, sobald man erkennt, daß der Eudämonismus darüber unterrichtet, welches Bedürfnis der menschlichen Natur vor dem Forum der Vernunft als das entscheidende erscheint. Der Eudämonismus ist uns somit unantastbar. Das Bedenkliche ist nur, daß man mit ihm nicht zu dem Ergebnis gelangt, das Kant mit Recht für die Moral postuliert, nämlich zu einem für alle gleichen Moralgesetze. Denn mit der formellen Gleichheit, die darin besteht, daß jeder sein höchstes Glück erstreben soll, ist uns nicht gedient. Wir brauchen ein Moralgesetz, daß die Bestrebungen aller Menschen auf ein gemeinsames Ziel konvergieren läßt. Dieses Ziel nun, meint eben Kant, könne nicht in der sinnlichen Natur des Menschen, der das Glücksbedürfnis angehört, sondern nur in seinem übersinnlichen Wesen begründet sein. Die Kantsche Lösung hängt aufs engste mit seiner Unterscheidung von sinnlicher und übersinnlicher Sphäre, die wir für irrig halten, zusammen. Ist es erlaubt, den Baum nach seinen Früchten zu beurteilen, so spricht gegen die Kantsche Lehre, daß mit dem rein formalen Sittengesetz, in das sie gipfelt, wohl noch nie jemand etwas anzufangen gewußt hat. Tiefgreifenden Einfluß hat Kants praktische Philosophie eigentlich nur insoweit geübt, als viele ihr ein inappellables Vernichtungsurteil gegen den Eudämonismus und überhaupt jegliche Verwendung psychologischer Vorstellungsweise in der Moral entnehmen zu müssen glaubten. Ist solcher Glaube nun berechtigt? Wir haben zu zeigen versucht, daß der Mensch, wenn er in einem letzten, höchsten Akt der Synthese gewissermaßen die Summe aller innern und äußern Erfahrung zu ziehen sucht, vielleicht doch wenigstens die allgemeinen Grundzüge einer Politik des Handelns zu erkennen vermag, die geeignet ist, ihn und die Gesamtheit seiner Nebenmenschen zu dem Ziel eines allen gemeinsamen höchsten Glücks zu führen. Daß dabei die Denkformen psychologischer Betrachtung nicht durchbrochen zu werden brauchen, scheint mir offensichtlich. Die Anlage des Menschengeistes wird als eine solche angesehen, daß ein bestimmtes Verhalten, eben das moralische, seine Fortentwicklung zu höchstem Glück zu fördern vermag. Um das zu verstehen, braucht man keine wesentlich andern Kategorien zu verwenden, als um einzusehen, was es heißt, wenn der Arzt uns eine bestimmte Lebensweise vorschreibt und hinzufügt, daß ihre Befolgung sich uns zwar vielleicht nicht sofort, aber doch sicher einmal später im Leben als ungemein wohltätig erweisen wird. Bei der ungeheuren Spannweite zwischen dem gegenwärtigen Stand und dem Ziel der menschlichen Entwicklung ist es allerdings sehr schwer, eine Theorie aufzustellen, in der das Ziel, der in seiner Richtung sich bewegende Prozeß, und die dem menschlichen Handeln sich eröffnenden Möglichkeiten, sei es auch nur in den allgemeinsten Zügen, bestimmt werden; aber wer hätte es je leicht gefunden, eine absolute Moral zu begründen? Andererseits läßt sich nicht einsehen, weswegen die Theorie, die wir im Auge haben, etwas schlechthin Unmögliches sein sollte. Keinesfalls können die Schwierigkeiten, denen eine absolute Moral begegnet, uns bewegen, unsere Auffassung des Sollens aufzugeben.

Das rechtliche Sollen ist im letzten Grunde moralisches Sollen. Gewiß spielt im Recht außer dem moralischen Motiv eine ganze Reihe anderer Motive eine Rolle, Furcht vor den vom Recht ausdrücklich in Aussicht gestellten Sanktionen, Nachahmungstrieb, assoziatives Zwangsgefühl. Aber an all das denkt man nicht, wenn man das Recht als eine Sollensdisziplin bezeichnet. Hierbei hat man vielmehr das Sollen im Auge, von dem sich sagen läßt, daß es jeder Rechtsnorm zukomme, selbst wenn sie der Sanktion entbehrt oder ihre Adressaten zunächst keinen Drang in sich verspüren, ihr Folge zu leisten. Auch muß das rechtliche Sollen von der Art sein, daß seine Prinzipien Auskunft über das einzuschlagende Verhalten in Fällen gewähren, in denen mit den gewöhnlichen Regeln der Auslegung sich aus den positiven Rechtsquellen eine Entscheidung nicht gewinnen läßt. Was könnte das nun also für ein Sollen sein, wenn nicht ein sittliches? Man wird vielleicht sagen, ein Sollen, das auf einem spezifischen rechtlichen Bedürfnis, auf dem Rechtsgefühl oder Rechtsempfinden beruht.

Aber ein derartiges Gefühl oder Empfinden als etwas vom Sittlichen durchaus Verschiedenes gibt es nicht, und wenn es existierte, so darf die Rechtswissenschaft aus Zweckmäßigkeitsgründen sowohl als ihrer Tradition nach die Frage nach der Übereinstimmung der Diktate des Rechtsgefühls mit denen des höchsten Gesetzes, der Sittlichkeit, nicht unterdrücken, und die letztlich gebotene Lösung wäre schließlich doch eine auf dem sittlichen Sollen fundierte. Übrigens wäre es für die hier zu verteidigende These nicht ungünstig, wenn das rechtliche Sollen aus dem Rechtsgefühl abgeleitet würde, denn ein solches Sollen wäre ja ganz offensichtlich psychologischer Natur. Gleiches wäre von der einzigen, bisher unerwähnt gebliebenen, Auffassung des rechtlichen Sollens zu sagen, die etwa noch der hier vertretenen von der sittlichen Natur des rechtlichen Sollens entgegengesetzt werden könnte. Es möchte vielleicht jemand auf den Gedanken kommen, das rechtliche Sollen abzuleiten aus den Bestrebungen und Interessen der jeweiligen Machthaber. Haltbar ist diese Auffassung nicht, denn was wäre das für eine Wissenschaft, die sich so knechtisch in den Dienst der augenblicklich herrschenden Strömung stellt? Jedenfalls aber gelangen wir auch mit ihr aus der Kausalitätsbetrachtung nicht heraus.

Man neigt zu einer formalistischen Auffassung des Rechtes, weil man das dem rechtlichen Sollen zugrunde liegende materielle Moment nicht entdecken kann. Es gehört daher in den Zusammenhang unserer Untersuchungen ein Hinweis auf die Schwierigkeiten, die der Entdeckung des schon an sich – wie wir sahen – nicht leicht aufzufindenden sittlichen Motivs im Recht entgegenstehen. Ein großes Hindernis des Sehens ist das Nichtsehenwollen. Nun will man nicht sehen, daß die rechtliche Verbindlichkeit eine sittliche ist, weil man meint, es könne, wenn das der Fall sei, das Recht von der Sittlichkeit nicht unterschieden werden. Wie wir an anderer Stelle näher dargelegt haben, beruht die Besonderheit des Rechtes darin, daß das Recht eine zu einem ideellen System fortgebildete positive Ordnung ist, die ihre Verbindlichkeit gewissermaßen aus einer Blankettvollmacht entnimmt. Die Sittlichkeit verlangt, daß man, um der erforderlichen Ordnung willen, einem positiven, d. h. von einer individuell bestimmten Vernunft entworfenen Lebensplan gehorche. Dieser Plan ist als positiver weder schlechthin eindeutig noch auch vollständig und bedarf daher im Interesse der Sittlichkeit einer Auslegung und Ergänzung, die im Hinblick auf das sittliche Ziel zu erfolgen hat. Das ist gemeint mit der Wendung, die positive Ordnung müsse zu einem ideellen System weiterentwickelt werden. Das Verhältnis von Recht und Sittlichkeit ist hiernach ein immerhin nicht ganz einfaches.

Einen besonderen Anlaß zur Verkennung des wahren Sachverhalts und zu formalistischer Auffassungsweise bietet die Formulierung der Rechtssätze, der immer wieder von Zeit zu Zeit in Untersuchungen über das Wesen des Rechtes, neuestens von Felix Kaufmann große Bedeutung beigemessen wird. Ihrem Wortlaut nach treten die Rechtssätze als von außen kommende Befehle Bürgern und Beamten gegenüber. Die Meinung liegt daher nahe, es müßten die psychischen Vorgänge, in denen das Recht bestehen solle, in dem Wollen der Befehlshaber gefunden werden. Wer sind nun aber in unseren Zeiten die konkreten Befehlshaber, die in den Gesetzen den Rechtsunterworfenen ihren Willen kundgeben? Es liegt auf der Hand, daß es nicht gelingt, sie mit irgendwelcher Bestimmtheit zu bezeichnen, ja man sieht bald ein, daß das Wesen des Rechts in psychischen Akten befehlender Personen nicht gefunden werden kann. Und da mag denn schon der eine oder andere mit dem Schluß bei der Hand sein: also hat das rechtliche Sollen mit psychischen Vorgängen nichts zu tun, gehört einer ganz anderen Sphäre an als der des Psychischen. Man denkt nicht daran, daß die Befehle des Gesetzgebers nur die Voraussetzung dafür sind, daß im Innern der Rechtsgenossen sittliche Motive entstehen oder, genauer gesagt, entstehen würden, wenn die Befehlsadressanten das, was ihrem eigenen Wohl und dem Wohl der Gemeinschaft dient, klar zu erkennen vermöchten. Man sucht die interessierenden psychischen Kausalverhältnisse, die allerdings nur durch ziemlich anhaltendes Denken aufgefunden werden können, nicht da, wo sie eigentlich situiert sind, sondern in sekundären Durchgangspunkten, die oberflächlicher Betrachtung eine bequeme Handhabe bieten.

Nach dem eben Ausgeführten kommt es eigentlich nicht sonderlich darauf an, welches die Bedeutung des Imperativsatzes ist. Wir gehen auf die Frage nur ein, um dem mysteriösen Sollen, dem seinsfremden, verstandbetörenden, möglichst jeden Schlupfwinkel abzuschneiden. Ist ein: Töte nicht oder du sollst nicht töten gleichbedeutend mit dem Satz: Ich will, daß du nicht tötest? Zunächst dürfte soviel sicher sein, daß letztere Formulierung weniger zum Ausdruck bringt, als die beiden ersterwähnten. Tritt doch in diesen anders als in jener der Gedanke zutage, daß die gesprochenen Worte den, der sie hört, zur Verwirklichung des von dem Sprechenden gewollten Tatbestands veranlassen mögen. Man müßte also schon etwa sagen: Ich will, daß diese meine Worte für dich zur Veranlassung werden, von der Tötung eines andern Abstand zu nehmen. Wenn ich Kaufmann richtig verstehe, hält er einen solchen Satz für eine logische Unmöglichkeit, weil man in einem Satz nicht etwas über den in ihm enthaltenen Denkakt aussagen könne. In der Tat ist der Satz: „Das, was ich in diesem Satz sage, ist wahr“ reiner Unsinn, da ein Denkakt sich ebensowenig selbst als seinen Gegenstand ergreifen kann, wie irgend jemand, mit Ausnahme des Herrn von Münchhausen, sich selbst am Zopf aus dem Sumpf zu ziehen vermag. Dagegen kann man sehr wohl in einem Satz etwas über die Worte aussagen, in die er gekleidet wird, da diese ja etwas anderes sind, als der Sinn des Satzes. Der eben von uns proponierte Satz ist also nichts weniger als unsinnig, nur unterscheidet er sich doch durch eine deutliche Nuance des Sinns von den beiden in Betracht kommenden Vergleichsobjekten. Prüfen wir zunächst sein Verhältnis zu dem schlichten Befehl: Töte nicht, so ergibt sich, daß dieser im Gegensatz zu ihm nicht einer reflektiven Stufe des Denkens angehört. Das Subjekt will in ihm nicht zum Ausdruck bringen, daß es sich seines Wollens und der Wirkung, die der Ausdruck seines Wollens auf einen andern auszuüben vermag, bewußt geworden ist, sondern in dem nur zu erschließenden, nicht absichtlich verlautbarten Bewußtsein, daß das Wort die von ihm bezeichnete Vorstellung verwirklichen werde, wird das Wort hervorgestoßen. So drückt der Imperativ gar nichts anderes aus als die Vorstellung des erwünschten Tatbestandes, und zwar entsprechend der primären Bedeutung, die die Wunschverwirklichung im Verhältnis zur sonstigen Gedankenmitteilung für die Sprache beanspruchen darf, in der elementarsten Form. Der Imperativ ist magisch; der Imperativ ist die Wurzel des Verbums. Der umständliche Satz: Ich will, daß diese meine Worte dich vom Töten abbringen, ist, wie gesagt, reflektiv, und zwar in hohem Maße. Wieder etwas anders steht es mit dem Satz: Du sollst nicht töten. Daß das für eine Person bestehende Sollen ein Gegenstück in dem Wollen einer andern hat, zeigt sich schon darin, daß manche Sprachen da, wo wir das Wort Sollen verwenden, mit dem Wort wollen arbeiten. Was soll ich tun? Que voulez-vous que je fasse? Wer von Sollen spricht, wenn er durch seinen Willen den Willen eines andern bestimmen möchte, der bringt anders als der sich des eigentlichen Imperativsatzes Bedienende nicht den gewünschten Tatbestand, sondern die innere Situation, das sich Gedrängtfühlen der angeredeten Person als unmittelbare Ursache der Setzung des Tatbestands zum Ausdruck wie beim Befehl in dem Gedanken, daß das gesprochene Wort seine Verwirklichung nach sich zieht.[1] Nirgends etwas von mysteriösen, der Sphäre der Kausalität und des Seins entrückten Dingen!

Mit dem Formalismus in der Rechtswissenschaft wird sich schon fertig werden lassen. „Mein Sohn, es ist ein Nebelstreif." Dieser Nebelstreif soll unsern Blick nicht abziehen von der schönen, hellen Zukunft der Philosophie und der Geisteswissenschaften, die wir nur als möglich zu erkennen brauchen, um sie uns mit Einsetzung unserer besten Kräfte zu erobern.

[1] Ich möchte vermuten, daß durch ein „du sollst" ursprünglich die Willensäußerung eines anderen übermittelt werden sollte; es hieß so viel wie: einer, der Macht über dein Gemüt hat, möchte dich zum Handeln bestimmen. Man denke an den Dekalog, an die Rechtsgesetze überhaupt, deren Autor sich im Grunde bewußt ist, eine höhere Macht zu repräsentieren. Bei dieser Auffassung erhellt ohne weiteres, warum nicht statt des „du sollst" die einfache Befehlsform gewählt wird.

Leonard Nelsons Rechtslehre und das Naturrecht der Aufklärung[1]

(1925)

Die Abhandlung A. Gysins,[2] die das im Titel dieses Artikels bezeichnete Thema zum Gegenstand hat, ist eine wertvolle Bereicherung der Nelsonliteratur. Der Meister hat allen Grund, sich dieses Schülers zu freuen. Nicht nur werden (im ersten Teil der Schrift) die Grundgedanken der Nelsonschen Rechtslehre mit einer schwer zu überbietenden Präzision und Klarheit vorgeführt, sondern es wird auch (im zweiten und dritten Teil) in selbständiger Geistesarbeit der Versuch gemacht, diese Lehre als Beurteilungsmaßstab für die rechtsphilosophischen Systeme von Grotius und Hobbes und für die Bemühung der Aufklärung um die Probleme der Freiheit und Gleichheit zu bewähren, wobei sie, was sonst auch immer der Erfolg sein mag, eine Lebendigkeit und Anschaulichkeit erhält, die sie in Nelsons eigener Darstellung vielfach vermissen läßt. Freilich darf man nicht meinen, Gysin habe seinem Leser das mühevolle Studium der Nelsonschen Bücher ersparen wollen. Davon kann vor allem deswegen keine Rede sein, weil er die Begründung des Sittengesetzes durch Nelson, die Deduktion der ethischen Prinzipien, mit der die Nelsonsche Ethik letztlich steht und fällt, ganz außerhalb des Kreises seiner Untersuchungen läßt. Unser Verfasser will nicht zeigen, daß Nelson recht hat, sondern er will Verständnis erwecken für die Problemstellung und das methodische Vorgehen Nelsons. Im Deduzieren, Kritisieren, Vorlegen geistesgeschichtlicher Zusammenhänge will er, wenn wir ihn recht verstehen, gerade so weit gehen, daß wir den Gedanken nicht los werden sollen, es möchte am Ende das von den Rechtsphilosophen der Aufklärung ersehnte Land von Fries betreten und von Nelson erobert worden sein.

Der erste Teil der Abhandlung läßt sich etwa folgendermaßen in aller Kürze resümieren. Die Rechtslehre hat es zu tun mit einem Sollensgesetz, nicht mit einem Seinsgesetz. In keinem physischen oder psychischen Geschehen, in keiner kausalen Notwendigkeit eines solchen kann das Recht

[1] Veröffentlicht in: Zeitschrift für Schweizerisches Recht, 1925, Bd. XLIV, S. 326–343.

[2] Walther Rotschild, Die Lehre vom Naturrecht bei Leonard Nelson und das Naturrecht der Aufklärung von Arnold Gysin, Berlin-Grunewald 1924.

gefunden werden. Wie läßt sich das rechtliche Sollensgesetz erkennen? Wie läßt sich überhaupt etwas erkennen? Daß der menschliche Geist sich die Fähigkeit, etwas zu erkennen, zuspricht, kann nicht geleugnet werden; denn der radikalste Skeptiker gibt doch zu, daß er weiß, daß er nichts weiß. Unsere Urteile sind freilich als solche niemals Akte unumstößlich sicherer Erkenntnis, denn sie enthalten eine Vorstellungsverknüpfung, von der behauptet wird, daß sie der Wirklichkeit entspricht, ohne daß in ihr selbst eine Bürgschaft für ihren Wahrheitsgehalt liegen würde. Das, worauf die Wahrheit des Urteils fundiert ist, muß eine dem Urteil vorausgehende, nicht selbst wiederum ein Urteil darstellende unmittelbare Erkenntnis sein. Eine Erkenntnis solcher Art ist in erster Linie die Anschauung, aber nicht nur sie, sondern auch die praktische Vernunfterkenntnis. Der hier interessierende Unterschied zwischen den beiden Arten unmittelbarer Erkenntnis besteht darin, daß die Vernunfterkenntnis sich nicht wie die anschauliche Wahrheit demonstrieren läßt, sondern nur in einer komplizierten psychologischen Untersuchung aus ihrer anfänglichen Dunkelheit heraus ans Licht des Bewußtseins gefördert werden kann. Dabei verfällt die Fries-Nelsonsche Schule nicht etwa in den Psychologismus, denn der Gegenstand der praktischen Vernunfterkenntnis wird von ihr nicht als ein psychischer Vorgang angesehen, nur die Vernunfterkenntnis selbst soll wie jede Erkenntnis etwas Psychisches sein und als solches psychologischer Behandlung unterliegen. So viel über die Methode, das Gesetz der praktischen Vernunft zu erkennen.

Das Gesetz der praktischen Vernunft tritt in einer doppelten Form auf, als moralisches und als rechtliches Gesetz. Nelson unterscheidet die Moralität von der Legalität in der Weise, daß die erstere auf die Form, die letztere auf den Inhalt des praktischen Vernuftgesetzes bezogen wird. Gysin bringt (S. 6/7) folgende Nelsonzitate: „Die Form des Sittengesetzes ist das, was es zu einem Sittengesetz, sein Inhalt ist das, was es zu diesem bestimmten Sittengesetz macht." – „Wir können daher erstens fragen nach dem Verhältnis des Willens der Person, für die etwas Pflicht ist, zur Pflicht, und wir können zweitens fragen nach dem Verhältnis der Tat der Person zu dem, was für sie Pflicht ist. Die erste Frage betrifft die Tat als solche. Ich kann einmal fragen, ob die Tat aus dem Willen, die Pflicht zu erfüllen, hervorgeht, und das andere Mal, ob die Tat der Pflicht gemäß ist." Man kann hier den Einwand kaum zurückhalten, daß der Gegensatz Form und Inhalt des Gesetzes doch etwas ganz anderes ist als der Gegensatz gesetzestreues Wollen und objektive Gesetzeserfüllung. Der zweite Gegensatz betrifft, wenn man näher zusieht, ganz ausschließlich das Motiv der Gesetzeserfüllung, – es kann das Gesetz erfüllt werden aus Gesetzesachtung, oder es kann das Gesetz erfüllt werden schlechthin, d. h. aus irgendeinem beliebigen andern Motiv. Er kann daher nicht zur Charakterisierung des Gesetzes selbst verwendet werden, wofern man nicht mit Kant das Sittengesetz selbst auf das Motiv seiner Befolgung gerichtet sein läßt, wobei man einmal in einen circulus vitiosus gerät und sodann die objektive Gesetzerfüllung als Erfüllung eines andern Gesetzes als des Sittengesetzes auffassen muß. Sehen wir die Unterscheidung Nelsons als begründet an, dann würde die Rechtslehre das Verhältnis der einzelnen zueinander betrachten, wiefern es objektiv dem Gesetz entspricht. Die philosophische Rechtslehre hätte nach Nelsons Definition die Anforderungen zu entwickeln, die an den Zustand einer Gesellschaft zu stellen sind, damit er ein Rechtszustand zu heißen verdient, und das Rechtsideal wäre die dem Einzelnen gestellte Aufgabe, nach der Verwirklichung des Rechtszustandes zu streben.

Als Inhalt des Rechtsgesetzes hat Nelson die Anerkennung der persönlichen Gleichheit zu deduzieren gesucht. „Es wird durch das Gesetz die Ausschließung jedes Verzugs verlangt, der durch die numerische Bestimmtheit der einzelnen Personen bedingt ist." – „Ein anderes Wesen seinem Recht gemäß behandeln, heißt demnach, sein Interesse nie verletzen, es sei denn, daß unser Interesse das mit ihm kollidierende fremde überwiegt. Und hierbei bestimmt sich das Übergewicht allein dadurch, daß wir vom Unterschied der Person absehen, indem wir die kollidierenden Interessen in einer Person vereinigt denken und sie so gegeneinander abwägen." (S. 15.) Daß es sich hierbei um eine inhaltliche Bestimmung des Rechtsgesetzes und nicht etwa nur um eine Wiedergabe des Begriffs der Allgemeingültigkeit in rein analytischem Urteil handelt, kann nach unserem Verfasser kaum zweifelhaft sein. Was sich aus dem Begriff der Allgemeingültigkeit des Rechtsgesetzes folgern läßt, ist das Prinzip der Gleichheit aller vor dem Gesetz, der Satz, daß kein Einzelner und keine Klasse anders bevorzugt werden kann als auf Grund eines allgemeinen Merkmals, an das gemäß dem Rechtsgesetz die auszeichnenden Folgen geknüpft sind. Das Prinzip der persönlichen Gleichheit besagt etwas anderes als das Prinzip der Gleichheit aller vor dem Gesetz, es besagt, daß das den Vorzug begründende allgemeine Merkmal durch den Gedanken von der Vorzugswürdigkeit des überwiegenden Interesses bestimmt sein soll. Bei dieser Sachlage erscheint aber wohl doch die Nichtberücksichtigung der numerischen Verschiedenheit schon durch das Prinzip der Gleichheit aller vor dem Gesetz garantiert, und es wäre besser, statt von einem Prinzip der persönlichen Gleichheit von einem Prinzip der Interessenabwägung zu reden.

Der Grundsatz der persönlichen Gleichheit im Nelsonschen Sinne enthält einen Hinweis auf die menschlichen Interessen als die Materie, deren

Regelung er dient. Man kann insofern mit Nelson von einem formalen Charakter des Rechtsgesetzes reden. Dieser formale Charakter schließt an sich nicht aus, daß sich einzelne inhaltlich genau bestimmte Naturrechtssätze entwickeln lassen, und es erscheint fraglich, wie mit solchen Sätzen ein positives Recht vernünftigerweise zusammenbestehen könnte. Die Lösung des Rätsels liegt in dem limitierenden Charakter des Rechtsgesetzes. Das Prinzip der persönlichen Gleichheit soll nicht eine Regelung einzelner Interessenkonflikte eindeutig bezeichnen, sondern nur gewisse Regelungen ausschließen und unter den übrigen möglichen die Wahl lassen. Warum dem so ist und warum die angeblich vom Rechtsgesetz gelassene Wahl nicht von den jeweils Beteiligten, sondern von einer allgemeinen positiven Norm getroffen werden muß, wird von unserem Verfasser nicht gesagt. Ist Begrenzung der Freiheitssphären durch ein positives Gesetz notwendig, dann hat sich dieses positive Recht mit dem Eigentum zu befassen, denn Beschränkung der Freiheit eines Menschen in seiner Wechselwirkung mit andern ist Beschränkung der äußern Freiheit und Beschränkungen der äußern Freiheit ist Beschränkung der Freiheit im Gebrauch von Sachen. So gelangen wir zu dem Satz: „Durch das öffentliche Gesetz soll in der Gesellschaft das Eigentum nach dem Prinzip der persönlichen Gleichheit verteilt werden."

Die bisher angeführten Ergebnisse der Untersuchungen Nelsons stimmen im wesentlichen mit den Positionen überein, zu denen schon Jakob Friedrich Fries in seiner philosophischen Rechtslehre gelangt war. Die originelle Großtat Nelsons, der gewaltige Schritt über Fries hinaus besteht darin, daß das Rechtsgesetz, das bei Fries nur einen formalen Inhalt gehabt hat, bei Nelson daneben mit einem eigenartigen materiellen Inhalt versehen wird. Nelson hat ein nichtempirisches, aller objektiven Interessenbeurteilung zugrunde liegendes Vernunftinteresse entdeckt. Dieses Interesse ist das der vernünftigen Selbstbestimmung des Menschen. „Das Ideal für das vernünftige Wesen", sagt Nelson, „besteht in nichts anderem als darin, daß das vernünftige Wesen das, was es, seinem Begriff zufolge, der Möglichkeit nach ist, auch wirklich wird." Es handelt sich hierbei nicht etwa, wie jemand auf den ersten Blick meinen könnte, um eine Tautologie. Es ließe sich an sich denken, daß der ideale Rechtszustand ein Regime der Bevormundung wäre, unter dem normalerweise die Menschen zu einem objektiv vernünftigen Verhalten autoritativ angeleitet würden. Ein derartiges Rechtsideal lehnt Nelson nun eben ab; die Menschen sollen sich in eigener vernünftiger Zielentwerfung ihr Handeln bestimmen.

Wie läßt sich das Nelsonsche materiell bestimmte Ideal mit dem Prinzip der persönlichen Gleichheit vereinigen? Müssen sie ein Kompromiß miteinander eingehen oder wird das eine dem anderen untergeordnet? Die

Antwort bereitet keine Schwierigkeiten, wenn man bedenkt, daß das Rechtsgesetz als kategorischer Imperativ auftritt, der sich nichts abmarkten läßt, während das Ideal der vernünftigen Selbstbestimmung nur „das für unser Leben Erstrebenswerte, das Wertvolle und Edle“ ist. Daher besteht ein Recht zur Selbstbestimmung nur nach Maßgabe des Prinzips der persönlichen Gleichheit. Nelson formuliert: „Alle vernünftigen Wesen haben das Recht, auf die gleiche äußere Möglichkeit zur Selbstbestimmung zu gelangen.“

Das Vernunftinteresse an der freien Selbstbestimmung gelangt dem einzelnen nicht ohne weiteres zum Bewußtsein; es ist von Haus aus dunkel. Darin, daß der Mensch sein wahres Interesse verkennt, besteht der praktische Irrtum, während der theoretische Irrtum nur die Mittel zur Befriedigung eines Interesses betrifft. Mit dem praktischen Irrtum hängt zusammen eine Einschränkung des Satzes: „volenti non fit injuria.“ Wenn jemand im Irrtum über sein wahres Interesse auf sein Recht zur freien Selbstbestimmung verzichtet, so ist solcher Verzicht von Naturrechts wegen unwirksam. Mit andern Worten: Das Recht auf freie Selbstbestimmung ist ein unveräußerliches Recht. Die ursprüngliche Dunkelheit des wahren Interesses ist nicht nur für die Lehre von den unveräußerlichen Rechten, sondern auch für das Problem, ob eine Bevormundung rechtmäßig sein kann, von ausschlaggebender Bedeutung. Eine Bevormundung ist dann rechtmäßig, wenn sie durch das Interesse der Erweckung des zunächst noch schlummernden Verständnisses für das wahre Interesse geboten ist. Man kann daher mit Nelson sagen: Durch das öffentliche Gesetz soll die geistige Freiheit eines jeden gegen künstliche Bevormundung geschützt werden.

Die Nelsonsche Rechtslehre hat zahlreiche Züge, die sie zu einer erfreulichen Erscheinung unseres Geisteslebens machen. Sie stellt sich in schroffen Gegensatz zum Positivismus und zum Relativismus, die leider immer noch in unserer Wissenschaft die Vorherrschaft behaupten. Anders als die neukantische Schule, die mit ihr den Glauben an allgemeingültige ethische und rechtliche Gesetze teilt, gibt sie nicht nur leere Formeln, sondern stellt inhaltlich bestimmte Postulate auf. Diese Postulate sind glücklicherweise nicht die einer reaktionären Weltanschauung, wie sie heute in allen möglichen, teils gleisnerischen, teils abgeschmackten oder rohen Formen an der Tagesordnung sind, sondern entstammen jenem Streben nach individueller geistiger Freiheit, das mehr als irgend etwas anderes den Wert und die Würde des neuzeitlichen Geisteslebens ausmacht. Zu dem Ideal freier Selbstbestimmung des Menschen, in dessen Begründung die Nelsonsche Rechtsphilosophie ihre Krönung findet, möchten auch wir uns rückhaltlos bekennen. Freilich ist damit für uns nur *eine* Forderung eines umfassenderen rechtsphilosophischen Programms bezeichnet, das wir anders als Nelson aus einer empiristisch begründeten Metaphysik ableiten möchten. Für eine Auseinandersetzung mit der Methode Nelsons ist hier nicht der Ort. Sie hätte im wesentlichen drei Stadien zu durchlaufen. Nelson fußt auf Fries, Fries fußt auf Kant. Die Methode Kants ist nun keineswegs unanfechtbar, sondern äußerst problematisch und, wie uns scheint, unannehmbar. Davon wäre zunächst zu handeln. Was Fries und Kant unterscheidet, ist vor allem die eigentümliche psychologische Untersuchung, durch die er zunächst dunkle unmittelbare Vernunfterkenntnis ans Licht zu ziehen sucht. Damit ist der methodologischen Kritik eine zweite schwierige Aufgabe gestellt. Endlich hat Nelson selbst in seiner Deduktion der ethischen Grundprinzipien eine Arbeit geleistet, die bei aller Anlehnung an Fries soviel des Eigenen bietet, daß sie sich nicht mit ein paar Worten abtun läßt, vielmehr die eingehendste Behandlung verdient. Bei dieser für den Kritiker Nelsons mißlichen Sachlage ist es besonders dankenswert, daß unser Verfasser versucht hat, auf einem verhältnismäßig kurzen und einfachen Wege die Fundamentalsätze der Nelsonschen Ethik und Rechtslehre, ich sage nicht zu beweisen, aber doch vorläufig plausibel zu machen. Es gibt kein wirkungsvolleres und, wie mir scheint, auch kein legitimeres Mittel, für eine tiefgreifende und schwer darzustellende und zu begründende Lehre Propaganda zu machen, als wenn man sie sich an der Aufgabe der Klärung und Erklärung der Geistesarbeit der Vergangenheit bewähren läßt. Glaubt jemand, eine neue richtige Lehre gefunden zu haben, so kann er uns unter Umständen, ohne daß es weitläufiger Erörterungen bedürfte, seinen Glauben dadurch mitteilen, daß er unzweifelhafte Verirrungen und offensichtlich fruchtlose Bemühungen der Vergangenheit im Licht seiner Lehre verständlich macht. Unser Verfasser hat es, wie wir oben andeuteten, unternommen, in der eben bezeichneten Weise die Nelsonsche Rechtstheorie an der *Rechtsphilosophie der Aufklärung* zu erproben. Wir möchten nicht glauben, daß ihm dies gelungen sei. Zwar lassen auch die hier in Betracht kommenden Teile der Schrift an Klarheit der Darstellung und Scharfsinn nichts zu wünschen übrig. Während er uns aber, solange er sich auf ein objektives Referat beschränkt, ein durchaus zutreffendes Bild der Rechtsphilosophie der Aufklärung zu bieten weiß, verschiebt und verrenkt sich alles, sobald er den Beurteilungsmaßstab der Nelsonschen Lehre anlegt, anstatt daß latenter Wahrheitsgehalt der erörterten Literatur ans Licht gebracht würde.

Nach Gysin hat im Gegensatz zu Hobbes, der nur mit Hilfe einer quaternio terminorum die Befolgung einer verständigen Utilitätspolitik als pflichtgemäßes Handeln ausgeben konnten, schon der Begründer des Naturrechts der Aufklärung, Hugo Grotius, nach einem praktischen Vernunftgesetz geforscht. Aber da er sich noch nicht von der ursprünglichen Dunkelheit der unmittelbaren ethischen Erkenntnis Rechenschaft ablegte, sei er zu leeren Formeln, analytischen Urteilen, gelangt, und was angeblich aus diesen Formeln deduziert wurde, sei durch unerlaubte Anleihen aus der Empirie gewonnen worden. Außer der Leerheit des grundlegenden Rechtsgesetzes, die der Verfasser auch bei Hobbes feststellen zu müssen glaubt, wird Grotius und überhaupt den Naturrechtslehrern der Aufklärung vorgeworfen, daß sie das richtige Verhältnis von Naturrecht und positivem Recht nicht zu erfassen vermochten. Bei Grotius z. B. steht auf der einen Seite ein bis ins einzelne entwickelter Naturrechtscodex, auf der andern Seite ein positives Recht, das seine Gültigkeit auf den Satz pacta servanda sunt zu stützen vermag. Weil der wahre Inhalt des praktischen Vernunftgesetzes unerkannt blieb, konnte auch nicht erkannt werden, daß diesem Inhalt nur limitierender Charakter zukommt und insofern eine Ergänzung des Naturrechts durch positives Recht erforderlich ist. Während bei Grotius das Verhältnis von inhaltlich näher bestimmtem Naturrecht und positivem Recht gänzlich ungeklärt bleibt, haben andere Naturrechtler versucht, deutlicher zwischen einem vorstaatlichen Naturrechtszustand und dem Zustand der Herrschaft des positiven staatlichen Rechtes zu unterscheiden. Dabei zeigt sich nun aber – wir suchen immer noch unserem Verfasser zu folgen – ein verhängnisvoller Mangel kritischer Besinnung über den Rechtsbegriff. Der Rechtszustand ist den Naturrechtslehrern ein Zustand der Freiheit, erst bei Kant findet sich die klare Erkenntnis, daß er ein Zustand der Beschränkung der Freiheit ist. Besteht aber das Wesen des Rechtes in der Freiheit, dann ist das, was man gewöhnlich allein Recht nennt und auch bei den Naturrechtslehrern Recht sein sollte, das staatliche Recht, eigentlich das Gegenteil des Rechts, seine Aufhebung. Das ist die tiefere Erklärung für den vergeblichen Versuch Rousseaus, ein Staatswesen zu finden, in dem die Freiheit erhalten bleibt. Was den vorstaatlichen Rechtszustand betrifft, so erschien er durchaus nicht allen Autoren wie Hobbes als ein bellum omnium contra omnes. Die meisten dachten sich diesen Zustand in seinen Anfängen als ein friedliches Zusammenleben. Hierbei besteht dann wieder ein Unterschied, insofern die einen unter Heranziehung eines materiell gefaßten Prinzips der Gleichheit einen ursprünglichen Kommunismus konstruierten, die andern, wie namentlich Locke, unter Anerkennung eines ausschließlichen Rechtes auf das Produkt der Arbeit ein Privateigentum im herkömmlichen Sinn gelten ließen. Geht man vom vorstaatlichen Zustand zum staatlichen über, so taucht die Frage auf, ob etwas und eventuell was von der vorstaatlichen Rechtsstellung unter der Herrschaft des staatlichen Rechtes erhalten bleiben soll? Dies ist das Problem der unveräußerlichen Rechte. Gysin meint, das Problem sei für die Rechtsphilosophen der Aufklärung deshalb unlösbar gewesen, weil sie die ursprüngliche Dunkelheit des wahren Vernunftinteresses nicht erkannten, die praktischen Vernunftprinzipien vielmehr für ohne weiteres einleuchtend hielten. Wenn die Menschen sich freiwillig der unbedingten Herrschaft des Staates unterstellen, wie können sie dann behaupten, daß ihnen mit irgendeinem Gebrauch, den der Staat von seiner Herrschaft macht, Unrecht geschehe? Volenti non fit injuria. Nur wenn sie über ein Interesse, ohne es zu kennen, verfügt hätten, dann müßte ihnen das Interesse trotz der Verfügung bewahrt bleiben. So ist Nelsons Lehre von der Dunkelheit des ursprünglichen Vernunftinteresses die einzige Grundlage für die Annahme eines unveräußerlichen Rechtes.

Daß die Methode der Naturrechtler der Aufklärung nicht nur im einzelnen fehlerhaft, sondern auch grundsätzlich unzureichend war, läßt sich schwerlich in Abrede ziehen. Ich glaube aber, man tut ihrer naiven Methode fast zuviel Ehre an, wenn man sie an der in der großen Tradition des Kritizismus erwachsenen, fein ausgeklügelten Methode Nelsons mißt. Und vor allem werden dabei die Aufgaben, die sie sich tatsächlich stellten und in deren Behandlung sie sich immerhin erhebliche Verdienste erworben haben, leicht mißverstanden. In der den Anfängen der wissenschaftlichen Betrachtung eigenen Generalisierungstendenz haben die Rechtsphilosophen der Aufklärung irgendeine Neigung der menschlichen Natur, auf die die äußere oder innere Erfahrung sie hinwies, als die dominierende Grundrichtung des menschlichen Handelns angesprochen und versucht, in konsequenter Unterordnung aller Einzelheiten des menschlichen Verhaltens unter sie eine sittliche oder rechtliche Gesetzgebung zu begründen. Bei Grotius ist es der appetitus societatis, bei Hobbes der Selbsterhaltungstrieb, auf dem alles ruht. Nicht immer waren sich die Autoren darüber vollständig klar, was sie eigentlich selbst unter dem von ihnen ausgezeichneten Grundtrieb verstanden. Ich denke dabei besonders an Grotius. Der appetitus socialis, die Neigung zu einem friedlichen, freundnachbarschaftlichen Zusammenleben, ist von vorneherein als ein unbestimmter Begriff konzipiert. Unklarheiten dieser Art haben schwerlich etwas zu tun mit der ursprünglichen Dunkelheit der praktischen Vernunftprinzipien, wie Nelson sie faßt. Eher könnte auf solche Dunkelheit der Umstand hindeuten, daß immer und immer wieder bald dieser bald jener Trieb der menschlichen Natur zur Grundlage einer allgemeingültigen ethischen Gesetzgebung gemacht wird. Es muß also doch so etwas geben wie allgemeingültige praktische Vernunftprinzipien, sonst würde die Menschheit nicht so hartnäckig danach fahnden, und diese Vernunftprinzipien müssen zunächst dunkel sein, sonst würde man sich schon längst über sie geeinigt haben und sie nicht bald aus dem einen, bald aus dem andern Trieb zu entwickeln suchen. Das sind Schlüsse, gegen die sich so manches einwenden ließe, und doch halte ich sie für nicht so ganz unberechtigt. Ob aber die Dunkelheit, die über den absoluten ethischen Prinzipien liegt, sich mit Hilfe der Nelsonschen Methode oder auf Grund einer umfassenderen induktiven Untersuchung oder auf intuitivem Wege, in phänomenologischer Wesensschau oder sonstwie klären läßt, das läßt sich aus den vergeblichen Bemühungen der Aufklärungsphilosophen um allgemeingültige, letztlich bestimmende ethische Prinzipien in keiner Weise entnehmen.

Nicht angebracht scheint mir der Vorwurf, daß die Grundprinzipien der ältern Naturrechtslehrer leer gewesen seien. Es paßt das nicht auf Grotius, geschweige denn auf Hobbes. Gewiß hat bei Grotius die Unklarheit, in der er sich selbst über den Gehalt seines appetitus societatis befand, dazu geführt, daß er in seinen naturechtlichen Deduktionen nicht selten sein Grundprinzip in tautologische Formeln kleidet. Aber was man unter dem appetitus socialis auch des genaueren verstehen mag, jedenfalls liegt in ihm ein Hinweis auf gegenseitiges Wohlwollen und friedliches Zusammenleben, und damit auf greifbare Inhalte. Unerfindlich ist mir, wie Gysin auch das Hobbessche zum bellum omnium contra omnes in Gegensatz gebrachte Prinzip des Friedens als leer bezeichnen kann. Daß die Menschen einander nicht totschlagen, prügeln, einsperren, berauben sollen, ist doch eine inhaltlich bestimmte Regelung. Gysin sieht in dem Moment des Friedens nur eine formale Bedingung jeder rechtlichen Ordnung. Das wäre nur dann richtig, wenn man sich eine Ordnung überhaupt nicht anders denn als Friedensordnung denken könnte. Wenn Hobbes aus dem Prinzip des Friedens keine einzelnen Verhaltensnormen entwickelt, so liegt das nur daran, daß er es der Staatsgewalt überläßt, zu bestimmen, wie sich das friedliche Zusammenleben im einzelnen zu gestalten hat.

Noch entschiedener müssen wir Hobbes dagegen in Schutz nehmen, daß er sich einer quaternio terminorum schuldig gemacht haben soll, wenn er die Klugheitsmaximen des Egoismus als praktische, im Gewissen bindende Vernunftregeln bezeichnet. In verständiger Politik des Handelns für die Erhaltung der eigenen Existenz sorgen, heißt für ihn, seinem Gewissen Genüge leisten. Wer in der Gewissenspflicht etwas anderes sieht, der nimmt Schemen für Realitäten. Hobbes faßt nicht das Wort ratio bald in dem einen, bald in dem andern Sinn, sondern stets in dem gleichen und will nur nicht, daß wir zwei verschiedene Bedeutungen damit verbinden, da die eine dieser Bedeutungen für ihn ein Nichts ist. Man kann daher auch nicht sagen, daß Hobbes es unterlassen habe, eine Begründung der bindenden Kraft des Staatsvertrags zu geben. Er begründet sie nach seiner Auffassung von dem, was ethisch begründen heißt und allein heißen kann, indem er zeigt, daß die Menschen, wofern sie nicht dem bellum omnium contra omnes und damit der Vernichtung anheimfallen wollen, dem Staatsvertrag treu zu bleiben haben. Ja, die Figur des Staatsvertrags ist für ihn überhaupt nichts anderes als ein Ausdrucksmittel für die Übereinstimmung der Anerkennung einer herrschenden Regierungsgewalt mit dem wohlverstandenen Selbsterhaltungstrieb des Menschen.

Daß bei den Naturrechtslehrern der Vergangenheit vielfach ein mehr oder weniger eingehender Naturrechtscodex unverbunden neben einem als naturrechtlich verbindlich erklärten positiven Recht steht, ist Gysin zuzugeben. Aber es war das für sie keine unvermeidliche Konsequenz ihrer mangelhaften Auffassung des grundlegenden Vernunftrechtsprinzips. Von dem Prinzip des appetitus socialis wie von dem der Selbsterhaltung aus läßt sich die gesuchte Brücke ohne große Schwierigkeit finden. Es ist einfach darzulegen, daß die Regelung der menschlichen Lebensverhältnisse durch eine positive Rechtsordnung dem Interesse eines friedlichen Zusammenlebens und der Selbsterhaltung dient, wie es einfach ist, hinsichtlich zahlreicher einzelner Bestimmungen positiver Rechte den Nachweis zu führen, daß sie anders lauten müßten, um mit den erwähnten Interessen im Einklang zu stehen. Man sage nicht, daß wenn sich durch eine Argumentation aus der Natur der Sache die Regelung eines Lebensverhältnisses gewinnen lasse, dieses Lebensverhältnis insoweit nicht einer positiven Regelung unterworfen zu werden brauche. Über das, was der Natur der Sache entspricht, läßt sich bekanntlich sehr verschieden denken. Um den praktischen Auswirkungen eines solchen Meinungskonfliktes zu entgehen, nimmt man zu einer für alle geltenden positiven Regelung seine Zuflucht. Nun kann aber die positive Regelung so verhängnisvoll sein, daß die Frage auftaucht, ob es nicht besser ist, mit Berufung auf die Vernunft ihr entgegenzutreten und vielleicht lieber die ganze positive Rechtsordnung aus den Fugen zu heben, als sich einer einzelnen Regelung, die zu ihr gehört, zu unterwerfen. Hobbes freilich beantwortete eine solche Frage mit einem radikalen Nein. Er hatte eine Idiosynkrasie gegen Revolutionen, die ihn in ihnen das radikale Übel sehen ließ. Das schlechteste staatliche Recht anerkennen, schien ihm noch immer besser als das bellum omnium contra omnes zurückrufen. Aber dieses bellum omnium contra omnes ist ein Schreckgespenst, an das nicht jedermann glaubt. Es war eine Marotte von Hobbes, zu meinen, daß, wenn die Menschen auch nur für einen Augenblick von der Staatsgewalt befreit seien, sie sich gegenseitig vertilgen würden. Die meisten Naturrechtler nehmen an, daß in gewissen Fällen das Selbsterhaltungsinteresse oder irgendein anderes für das menschliche Handeln letztlich bestimmendes Interesse besser gewahrt werde durch eine auf Begründung einer neuen Rechtsordnung gerichtete Revolution als durch ein geduldiges Ertragen einer despotischen Regierung. Es handelt sich bei diesem Streit um ein Problem der Auffindung des richtigen Mittels für die Befriedigung eines bestimmten gesellschaftlichen Interesses. Wer ein solches Problem aus methodischen Gründen für prinzipiell unlösbar hält, der muß auf alle wissenschaftliche Rechtspolitik verzichten.

Wenn die Schriftsteller der Aufklärung sich einen vorstaatlichen Rechtszustand ausmalen, gekennzeichnet etwa durch Kommunismus oder Privateigentum der einzelnen, so ist das keine Spielerei, auch kein Belegstück eines bedauerlichen Mangels an historischem Sinn. Es ist vielmehr die notwendige Vorarbeit für eine Entscheidung der Frage, ob und inwieweit dem positiven Recht gegenüber Berufung auf das Naturrecht zulässig sein soll. Sieht man im Menschen eine wilde Bestie, die nur durch die Staatsgewalt in Schranken gehalten wird, dann wird man es für richtig halten, alle Eingriffe lieber zu ertragen, als sich außerhalb der staatlichen Ordnung zu stellen und damit prinzipiell den Naturzustand heraufzubeschwören. Hält man mit dem besonnenen Locke die Menschen nur für fähig, auch ohne Unterwerfung unter eine staatliche Ordnung, das Produkt der Arbeit eines jeden als dessen Eigentum zu respektieren und die patriarchalische Gewalt des Familienvaters innerhalb der Familien und im Verhältnis der Familien untereinander zur Anerkennung zu bringen, dann wird man die Menschen wohl auch für verständig genug halten, um ihnen das Recht einräumen zu können, eine schlechte Regierung zu stürzen und durch eine andere zu ersetzen. Der Wert der Untersuchungen über den vorstaatlichen Rechtszustand wird nicht dadurch beeinträchtigt, daß durch die Anerkennung eines solchen Rechtszustandes der Begriff des Rechts in Gefahr gerät, mit dem der Freiheit identifiziert zu werden. Gysin meint, die Naturrechtler der Aufklärung hätten zum Schaden ihrer Lehre verkannt, daß erst mit der Beschränkung der Freiheit das Recht auf den Schauplatz tritt. Aber den Rechtsphilosophen, die Gysin im Auge hat, Hobbes namentlich, war das Recht, mag auch die Formulierung, die sie ihren Gedanken gaben, bisweilen das Gegenteil besagen, nicht Freiheit, sondern Macht. Im Naturrecht erschien ihnen die Macht eines jeden als de jure unbeschränkt, aber tatsächlich paralysiert durch die ebenso unbeschränkte Macht aller andern; im Staat erschien sie ihnen als einerseits beschränkt durch die Rechtsordnung, andererseits aber auch garantiert mittels der Beschränkung der Macht aller andern. Vielleicht wäre es besser gewesen, allein den Zustand, in dem eine, wenn schon beschränkte, so doch effektiv gesicherte Macht besteht, also den staatlichen, als einen Rechtszustand zu bezeichnen. Daß die Terminologie, derzufolge auch die durch das bellum omnium contra omnes zur Wirkungslosigkeit verdammte unbeschränkte Macht Recht genannt wurde, Verwirrung gestiftet habe, wird sich schwerlich begründen lassen. Wenn Rousseau als einen dem

Vernunftrecht entsprechenden Staat nur denjenigen ansehen will, in dem einem jeden durch seine Beteiligung an der Gesetzgebung die Freiheit des Naturzustandes gewahrt bleibt, so ist das nicht einem unzutreffenden Rechtsbegriff zuzuschreiben, sondern jener hohen Einschätzung der Selbstbestimmung, die Kant und Nelson mit dem citoyen de Genève teilen und ihm nicht zum wenigsten zu verdanken haben.

Das Problem der unveräußerlichen Rechte ist im Grunde genommen nur eine eingeschränkte Fassung des eben berührten Problems von den Bedingungen, unter denen die Vorschriften des positiven Rechts von Naturrechts wegen als nichtig behandelt werden dürfen. Daß es ein Gut geben könnte, das wir der Staatgewalt nicht freiwillig aufzuopfern brauchen, hat sogar Hobbes zugegeben. Konsequent und realistisch denkend, nimmt er an, daß der, dem der Staat ans Leben gehen will, sich verständigerweise nicht zu unterwerfen braucht, da in solcher Extremität selbst das dem Rechtsbrecher drohende Medusenhaupt des bellum omnium contra omnes keinen Eindruck mehr machen kann. Andern erscheint der religiöse Glaube oder die Menschenwürde als ein Recht, das kein Staatsvertrag dem Menschen nehmen kann. Mit dem uns schon bekannten Kriterium, dem zufolge ein Recht dann unveräußerlich ist, wenn sein Wert, gemessen an dem für das Recht letztlich maßgeblichen Interesse, größer ist als der der ungestörten Aufrechterhaltung einer bestimmten Staatsgewalt, verbindet sich bisweilen das Kriterium der tatsächlichen Undurchführbarkeit der Verletzung. So wird zum Beispiel gegen die Eingriffe des Staates in die Glaubensfreiheit angeführt, daß was der Staat anzubefehlen und zu erzwingen vermag, gar nicht der Glaube ist, sondern nur das Bekenntnis zum Glauben, und daß der Staat, der durch seine obrigkeitliche Gewalt den Glauben zu beeinflussen sucht, nur Unwahrhaftigkeit und heuchlerische Gesinnung züchten wird. Es wären somit die staatlichen Befehle, an irgendein Dogma zu glauben nach dem Satz impossibilium nulla obligatio als hinfällig, die Vorschriften, durch die ein bestimmtes Bekenntnis erzwungen werden soll, dagegen zunächst nur als unangemessen erwiesen, während ihre naturrechtliche Nichtigkeit allein aus der Unveräußerlichkeit der Wahrhaftigkeit, die mit Hilfe des ersterwähnten Kriteriums zu konstatieren wäre, abgeleitet werden könnte. Daß die Naturrechtslehrer in ihren Diskussionen über die unveräußerlichen Rechte nicht immer mit methodischer Konsequenz vorgegangen sind, ist nicht zu leugnen. Es wäre wunderbar, wenn es anders gewesen wäre. Dagegen scheinen mir die methodischen Schwierigkeiten, auf die Gysin sie stoßen läßt, imaginär. Gysin meint, da sie die ursprüngliche Dunkelheit des wahren Interesses nicht erkannten, vielmehr von der Evidenz des Naturrechts ausgingen, hätten sie rettungslos an der Klippe des: volenti non fit injuria, die sie vergeblich zu umschiffen suchten, scheitern müssen. Indessen durfte der Satz volenti non fit injuria höchstens dann als ein Hindernis für die Anerkennung unveräußerlicher Rechte gelten, wenn man annahm, daß die Bürger sich tatsächlich in einem Staatsvertrag allen nur erdenklichen Eingriffen der Regierungsgewalt unterworfen hätten. Nun bedeutete aber doch die Vorstellung des Staatsvertrags – jedenfalls für den größten der Naturrechtslehrer der Aufklärung, für Hobbes – nichts als ein Ausdrucksmittel der für die den verständig Denkenden obliegende Anerkennung der Befehlsgewalt der Obrigkeit. Es wäre daher das unveräußerliche Recht einfach in einer Reservatklausel in den Staatsvertrag aufzunehmen gewesen. Dazu kommt, daß der Satz volenti non fit injuria nichts weniger als einleuchtend ist, wenn man ihn so versteht, daß jemand, der früher irgendeinmal, vielleicht unbedachterweise oder in der Bedrängnis, in die Verletzung eines Gutes eingewilligt hat, inzwischen aber anderer Meinung geworden ist, beim Wort genommen werden dürfe. Nur in dieser Auslegung bedeutet aber der Satz etwas für die bei den Naturrechtslehrern in Erörterung stehenden Rechte. Mit der Theorie von den unveräußerlichen Rechten wollte man doch denen zu Hilfe kommen, die gegenüber der sich auf den Staatsvertrag berufenden Obrigkeit ihr Leben, ihre Religion, ihre Menschenwürde zu behaupten suchten und sich der Despotie des Staates nicht freiwillig zu fügen gedachten. Nur wenn es sich gerade um das besondere unveräußerliche Recht der freien sittlichen Selbstbestimmung handelt, muß man sich daran erinnern, daß es bei dem Unverständnis vieler Menschen für ihr eigenes wahres Interesse geboten sein kann, ein willig dargebrachtes Opfer der Freiheit zu verweigern.

Souveränität und Völkerrecht[1]

(1931)

Völkerrecht und Landesrecht unter dem Gesichtspunkt möglichen Konfliktes

Es gibt heute kein zweites Rechtsgebiet, auf dem die Erregung der Umorientierung und Neuschöpfung in solchem Maße herrschen würde wie auf dem des Völkerrechts. Allenthalben spürt man die Bemühung, aus den dunkeln Gründen des sittlichen und rechtlichen Empfindens die Normen für die Regelung der internationalen Beziehungen zutage zu fördern, um sie in deutlichen Formeln auszuprägen und ihnen eine systematische Ordnung zu geben.

Man könnte sich fragen, ob die positive Rechtswissenschaft de lege lata sich an der Lösung einer solchen Aufgabe beteiligen darf. Erst wenn, ließe sich sagen, die positive Autorität der völkerrechtlichen Vereinbarung oder festgewurzelten allgemeinen Übung sich des chaotischen Stoffs der Strebungen und Gefühle bemächtigt und ihn in bestimmte Formen gebracht hat, setzt die positive Jurisprudenz ein mit ihrer auslegenden und ausgleichenden, sichtenden und ordnenden Tätigkeit. Indessen haben die methodologischen Untersuchungen der letzten Jahrzehnte aufs deutlichste erwiesen, daß die Schaffung positiven Rechts durch irgendwelche autoritative Instanzen die Rechtswissenschaft und die Rechtssprechung nicht hindert, bei der Auslegung des Rechts auf die Quellen zurückzugreifen, aus denen jene Instanzen geschöpft haben, und in die Auslegung ein Moment der Rechtsgestaltung hineinzutragen. Es besteht, um es kurz zu sagen, überhaupt keine logische Möglichkeit, das positive geltende Recht schlechthin als etwas Gegebenes aufzufassen, das sich als solches mit voller Präzision eruieren und darstellen ließe. Selbst da wo der Gesetzgeber sich verhältnismäßig ausführlich geäußert hat und eigentliche Gesetzeslücken nicht in Betracht kommen, läßt sich eine Anwendung des Gesetzes auf den Einzelfall fast nie bewerkstelligen, ohne daß in dem einen oder andern Punkt auf das abgestellt würde, was der Vernunft oder der Natur der Sache oder dem allgemeinen Rechtsgefühl entspricht.

[1] Veröffentlicht in: Zeitschrift für ausländisches öffentliches Recht und Völkerrecht, Bd. II Nr. 3/4, S. 305–334, und Bd. III, Nr. 2, S. 192–207, Berlin–Leipzig 1931.

Auf einem Gebiet nun, auf dem wie im Völkerrecht die zur Rechtssetzung berufenen Autoritäten sich nur sehr spärlich äußern, wird das rechtsgestaltende Moment bei der Rechtsanwendung eine ganz besondere Rolle spielen und wenn, wie in unsern Tagen, auf einem solchen Gebiet die moralischen Triebkräfte, auf denen letztlich alles Recht beruht, mächtig ans Licht des Bewußtseins drängen und neue Organe der Rechtsprechung geschaffen werden, die dieser Bewegung unmittelbaren Ausdruck zu verleihen vermögen, dann kann die Rechtswissenschaft zusammen mit den Gerichtshöfen in ergänzender Auslegung positiven Rechts eine geradezu epochale Wirksamkeit entfalten. Ob unsere sich in den letzten Jahren in erstaunlichem Maße verjüngende Völkerrechtswissenschaft sich jetzt schon einen Anspruch auf einen so hohen Ruhm erworben hat, wage ich nicht zu beurteilen, vielleicht wäre es überhaupt verfrüht, sich darüber auszusprechen.

Mein Thema ist denn auch nicht die Neubildung einzelner völkerrechtlicher Normen, sondern in erster Linie die eingehendere Analyse einiger Grundbegriffe des Völkerrechts. Die Grundbegriffe, wie ich sie im Auge habe, können zum positiven Völkerrecht gerechnet werden, aber sie sind keineswegs der gedanklich geklärte Ausdruck einzelner völkerrechtlicher Bestimmungen. Sie enthalten vielmehr die konstitutiven Prinzipien, die allen einzelnen positiven Rechtsbestimmungen Sinn und Verstand geben. Daß die Erneuerung der Völkerrechtswissenschaft in den letzten Jahren sogar die konstitutiven Grundbegriffe in Mitleidenschaft gezogen hat, zeigt, wie tiefgreifend sie ist. Über die unmittelbare praktische Tragweite der grundsätzlichen Diskussionen ist damit noch nichts gesagt. An sich wäre es nicht unmöglich, daß aus solchen Diskussionen ein Umschwung der Rechtsauffassung hervorginge, der ohne weiteres das geltende Recht, wie es sich im Leben äußert, aufs einschneidenste beeinflussen würde. Indessen ist derartiges aus Gründen, denen ich hier nicht nachgehen kann, nicht gerade wahrscheinlich. Jedenfalls liegt mir der Gedanke durchaus fern, durch die folgenden Ausführungen irgendwie dazu beitragen zu können, daß unmittelbar von der Wissenschaft her ein neuer Geist über die Praxis des Völkerrechts komme. Mein Ehrgeiz ist nicht so hoch, mein Plan ein ganz anderer. Die Untersuchung einiger völkerrechtlicher Fundamentalbegriffe soll vor allem dazu dienen, den Nebel zu zerstreuen, durch den die Juristenwelt gewisse auf die Dauer unhaltbare Widersprüche in ihren völkerrechtlichen Anschauungen bis auf den heutigen Tag vor sich selbst zu verbergen gewußt hat. Ein System von Begriffen aufstellen, wie das die Völkerrechtswissenschaft seit langem getan hat, heißt noch nicht, diese Begriffe sich in einem sinngemäßen Gedankenzusammenhang deutlich vergegenwärtigen und alle Widersprüche vermeiden, die man unbedingt ausmerzen würde, sobald man mit sich über das, was man denkt und will, ins reine käme. Daher muß die Wissenschaft sich immer und immer wieder aufraffen zu einer Verdeutlichung und kritischen Bereinigung ihrer Grundbegriffe. Wenn sich unsere Völkerrechtswissenschaft um die Erfüllung dieses Postulats weiterhin so ernstlich bemüht, wie es augenblicklich der Fall ist, so wird sie bald erkannt haben, daß unser geltendes Völkerrecht in einer Krise begriffen ist, zu deren Lösung die Organe der Rechtssprechung und sie selbst einen wohl nur bescheidenen, aber doch nicht ganz unwichtigen Beitrag zu leisten vermögen. Die erste Aufgabe, die der Wissenschaft obliegt, besteht darin, daß sie die Krise, die es zu lösen gilt, zunächst einmal möglichst scharf beleuchtet.

Damit habe ich die vorwiegende *Tendenz* meiner *beiden ersten Vorträge* bezeichnet. Ich werde mich zunächst mit der Souveränität beschäftigen und zu zeigen versuchen, daß zwischen der Souveränität nach innen, die die herrschende Lehre nach geltendem Recht zutreffend den einzelnen Staaten zubilligt, und den für die Begründung eines Völkerrechts schlechthin unentbehrlichen Beschränkungen der Souveränität nach außen eine gewisse Unstimmigkeit besteht. Der Konflikt bleibt hauptsächlich deswegen zunächst latent, weil nach herrschender Lehre die völkerrechtlichen Verbindlichkeiten, in denen die Beschränkung der Souveränität nach außen besteht, ausschließlich den Staaten, nicht den der souveränen Staatsgewalt unterworfenen einzelnen Bürgern obliegen. Nun ist aber, wie ich in meinem zweiten Vortrag nachzuweisen versuchen werde, der Einzelne nicht nur, was manche Autoren zugeben, hie und da, sondern immer und wesensnotwendig Subjekt der völkerrechtlichen Verbindlichkeiten. Je mehr man sich hierüber klar wird, um so weniger wird man sich bei dem Nebeneinander von Souveränität des Einzelstaats und völkerrechtlicher Bindung beruhigen wollen. Will man nicht den Schritt zurück zu einer Aufhebung des Völkerrechts tun, dann wird man sich allmählich zu dem Schritt vorwärts, zur völligen Verrechtlichung der Welt in Begründung eines Weltstaats entschließen müssen.

Von dieser Alternative soll mein *dritter Vortrag* handeln. In ihm verlasse ich die Arena spezifisch juristischer Diskussionen und trete ins offene Feld ethischer Erwägungen. An einer Bezugnahme auf die Kontingenz des Wirklichen, auf die historische Lage, in der wir uns gegenwärtig befinden, soll es deshalb doch nicht fehlen, vielmehr geht mein Hauptbestreben dahin, die Idee eines Weltstaats soweit als möglich gegen den Vorwurf der Utopie zu schützen.

Bevor ich in die Erörterungen über den Souveränitätsbegriff eintrete, möchte ich ein paar *rechtsmethodologische Bemerkungen* über die Bildung positivrechtlicher Begriffe vorausschicken. Während unsere Juristen im allgemeinen darauf bedacht sind, bei der Darstellung einzelner Rechtsnormen nichts anderes vorzutragen als reales geltendes Recht, glauben sie bei der Entwicklung gewisser Grundbegriffe dieses Rechts ihrem Idealismus die Zügel schießen lassen zu dürfen. Sie bedenken nicht, daß auch solche Begriffe, wenn Verwirrungen schlimmster Art vermieden werden sollen, auf die Realität geltenden Rechtes zugeschnitten werden müssen. So hoch ich das Buch von Verdroß über die Völkergemeinschaft schätze, den eben berührten Fehler scheint es mir nicht ganz vermieden zu haben. Alle Völker bilden nach Verdroß eine umfassende *Rechtsgemeinschaft*, eine Organisation, in der die einzelnen Staaten eine dem größern Ganzen dienende Funktion erfüllen. Daher ist die Staatsgewalt der einzelnen Staaten im Grunde genommen delegierte rechtliche Gewalt, was nicht hindert, daß aus Zweckmäßigkeitsgründen die von den Organen der Völkerrechtsgemeinschaft gesetzten Normen des Völkerrechts immer nur durch Aufnahme in die einzelstaatlichen Rechtsordnungen für die Bürger verbindlich werden und gegenüber den einzelstaatlichen Anordnungen eine Berufung des Bürgers auf das Völkerrecht als ausgeschlossen erscheint. Leider sind wir noch nicht genügend in der sittlichen und rechtlichen Entwicklung fortgeschritten, um die Darstellung des geltenden Rechts auf eine solche gedankliche Basis gründen zu können.

Was das Völkerrecht anordnet und insbesondere was es nicht anordnet, ist vielfach durch gegenseitiges Mißtrauen und durch egoistisches Macht- und Geltungsbedürfnis der einzelnen Staaten bestimmt, und die Völker sind weit davon entfernt, ihre staatliche Gewalt über ihre Angehörigen wesentlich als ein Mittel zur Erreichung überstaatlicher Ziele aufzufassen. Wenn man in den Rechtsbegriffen, die der Darstellung des geltenden Rechts zugrunde zu legen sind, einem zu hohen sittlichen Idealismus Ausdruck gibt, so verliert man die Fühlung mit diesem Recht und redet schließlich ins Leere. Gewiß ist das Recht in jeder Form etwas, das gelten soll, aber dieses Sollen muß, soweit es sich um geltendes Recht handelt, so gefaßt werden, daß nach dem jeweils gegebenen Stadium der sittlichen Entwicklung mit seiner Verwirklichung im Durchschnitt der Fälle ernsthaft gerechnet werden kann.

Wer in seine Grundbegriffe des geltenden Rechts ein Ideal aufnimmt, das von der Wirklichkeit himmelweit entfernt ist, der ruft eine Reaktion hervor, die in derbem Realismus alle höhern sittlichen Ideen für schlechthin illusorisch erklärt. So kommt es, daß heute von vielen die Ansicht vertreten wird, die Staaten kümmerten sich überhaupt nur um ihre eigene Macht und Prosperität, ein jeder von ihnen berücksichtige, wenn Abschluß oder Erfüllung von Verträgen in Frage stünde, stets nur seine Sonderinteressen, müsse andauernd mit Eroberungskrieg und Vernichtung seitens der

Nachbarn rechnen und selbst auf den günstigen Moment passen, dem Nachbarn an die Kehle zu springen. Ein solcher Realismus ist nun freilich kaum viel weniger wirklichkeitsfremd als der hochgespannte Idealismus, von dem wir soeben sprachen. Mit der Anerkennung eines Völkerrechts ist er gänzlich unvereinbar.

Solange nicht unter den Völkern ein gewisses Verständnis verbreitet ist für höhere, allgemein menschliche Aufgaben, deren Erfüllung durch eine feste, vertrauenswürdige Regelung der Beziehungen der Staaten zu fördern ist, kann kein Völkerrecht zur Entstehung gelangen. Weil tatsächlich ein solches Verständnis aufkeimt und in internationalen Vereinbarungen und Organisation einen freilich vorläufig noch sehr unvollkommenen Ausdruck findet, haben wir so etwas wie ein beginnendes Völkerrecht. An die vorhandenen Ansätze anknüpfend, werden wir unsere völkerrechtlichen Begriffe so zu bilden haben, daß die von uns dargestellten positiven Rechtsnormen tunlichst einen sittlichen Fortschritt anbahnen. Das Völkerrecht hat, wie alles positive Recht, dem Menschen ein Ideal vorzuhalten, mit dessen ungefährer Verwirklichung eine nüchterne Beobachtung des Rechtslebens ernstlich zu rechnen gestattet. Es gilt also zwei Extreme zu meiden. Wir dürfen bei den Anforderungen an den Menschen, die in unsere rechtlichen Grundbegriffe eingehen, den Menschen nicht als Idealwesen nehmen, sondern müssen die Fähigkeiten berücksichtigen, die die Menschen, unter denen unser Recht gelten soll, zu seiner Befolgung mitbringen. Dabei wollen wir uns aber davor hüten, diese Fähigkeiten zu gering einzuschätzen, denn sie sind keine starren Gegebenheiten, vielmehr in stetem Fluß befindlich, und das Vertrauen, das wir in sie setzen, kann dazu beitragen, ihre Entwicklung in günstigem Sinne zu beeinflussen.

Um nicht wegen der Regel, die ich eben aufstellte, in den Verdacht zu kommen, im Grunde genommen doch ein utopistischer Optimist zu sein, will ich gleich an die Spitze meiner Ausführungen über die *Souveränität* den Satz stellen, daß nach geltendem Recht die einzelnen Staaten sich der Souveränität nach innen erfreuen. Das heißt soviel, daß für die rechtswissenschaftliche Betrachtung das Individuum keine höhere irdische Rechtsmacht über sich hat als die des Staates, dem es als Bürger und Untertan angehört, und es bedeutet in dem Zusammenhang unserer Untersuchungen vor allem, daß nicht etwa das Völkerrecht den einzelnen von seinen dem Staat gegenüber bestehenden Verbindlichkeiten befreien kann. Ob der Einzelne durch das Völkerrecht überhaupt gebunden wird, lasse ich vorläufig dahingestellt; selbst wenn es der Fall sein sollte, so könnte doch jedenfalls das Völkerrecht die vom Staat auferlegte Verbindlichkeit vom juristischen Standpunkt aus nicht beseitigen, das Äußerste wäre, daß es durch einen dieser Verbindlichkeit widerstreitenden Befehl eine echte unlösliche juristische Pflichtkollision herbeizuführen vermöchte. Aber keinesfalls gilt für den Juristen der Satz: Völkerrecht bricht Landesrecht.

Das mag bedauerlich sein, ich meinerseits wünschte, es wäre anders, aber es ist nun einmal so. Um uns hiervon zu überzeugen, wollen wir uns zunächst den *Grund der rechtlichen Verbindlichkeit* vergegenwärtigen. Die Menschen bedürfen zum Schutz und zur Förderung ihrer leiblichen und geistigen Interessen einer umfassenden planmäßigen Regelung ihres Zusammenlebens durch äußere Autoritäten. Hierauf beruht die sittliche Verpflichtungskraft des Rechts. Alles was im Interesse eines guten menschlichen Zusammenlebens von einer Zentralstelle her organisiert werden sollte, kann in den Bereich des Rechtes fallen. Was vor allem der gesellschaftlichen Organisation bedarf, ist die für die Fortexistenz der Menschheit leider kaum zu entbehrende Ausübung physischen *Zwangs* im Verhältnis von Mensch zu Mensch. Solcher Zwang wirkt meistens verhängnisvoll, solange er nicht unwiderstehlich ist, und die Unwiderstehlichkeit kann ihm nur dadurch verliehen werden, daß er von einer größern Gruppe organisiert wird. So erklärt sich der enge Zusammenhang zwischen Recht und Zwang. Ein eigentlich konstitutives Moment des Rechtes ist der Zwang nicht. Worauf es letztlich für das Recht ankommt, ist die soziale *Organisationsbedürftigkeit.* Da kein Lebensverhältnis so sehr der sozialen Organisation bedarf wie der Zwang, findet man den Zwang fast stets mit dem Recht verbunden. In der Definition des Rechtes sollte man lieber anstatt auf den Zwang auf die äußere Organisation abstellen, wir würden daher das Recht bezeichnen als positive (von äußerer Autorität gesetzte) soziale Lebensordnung.

Wem soll nun innerhalb einer größern Gemeinschaft die Kompetenz zur Rechtssetzung anvertraut werden? Darüber kann man sehr verschieden denken und hat man sehr verschieden gedacht, aber immerhin ist man sich darüber einig, daß wer in dem Lebenskreis, dem er angehört, eine von der überwiegenden Majorität anerkannte Autorität vorfindet, dieser Autorität im Interesse der für das Gedeihen der Menschheit so unerläßlichen Ordnung Gehorsam schuldet. Die Engländer sprechen hier kurz und treffend von den „authorities that be", denen jedermann zu gehorchen hat. Würden die Menschen nicht verständig genug sein, der im Besitz der Herrschaft befindlichen Obrigkeit sittlich verbindliche Kraft zuzusprechen, dann würden sie sich rettungslos in fortwährenden Revolutionen verzehren. Wir dürfen daher noch einen erweiternden Zusatz zu unserer Definition machen und formulieren: *Das Recht ist geltende* (sich tatsächlich in der Mehrzahl der Fälle durchsetzende), *positive soziale Lebensordnung.*

Und nun zum *Staat.* In unsern heutigen Verhältnissen ist die umfassendste systematisch ausgebaute und geltende Lebensordnung die staatliche.

Der Staat hat den Zwang monopolisiert und weiß mittels seiner Zwangsorganisationen seinen Anordnungen eine Geltung zu verschaffen, die jeden Widerstand seitens einer Einzelperson oder organisierten Gruppe unter dem Gesichtspunkt der Aufrechterhaltung äußerer Lebensordnung als unsittlich erscheinen lassen würde. Daß dies auch mit Rücksicht auf die Völkergemeinschaft gilt, daß nicht einmal das Völkerrecht als geltende positive Lebensordnung mit dem staatlichen Recht konkurrieren kann, will ich etwas näher ausführen.

Vergegenwärtigen wir uns einen *Konfliktsfall zwischen staatlichem Recht und Völkerrecht.* Ein Bürger wird zum Militärdienst aufgeboten für einen Krieg, in den sein Land in Widerspruch mit dem Völkerrecht eingetreten ist. Kann man annehmen, daß dem staatlichen Befehl durch das Völkerrecht die rechtliche Verbindlichkeit entzogen sei? Man kann das, antworten wir, wesentlich deshalb nicht annehmen, weil sich das Völkerrecht als wohldurchdachte Ordnung und an Geltungskraft, also gerade bezüglich der Momente, die für die Verbindlichkeit des Rechts ausschlaggebend sind, mit dem staatlichen Recht nicht vergleichen kann. Wenn unser Bürger sich, um dem Völkerrecht die Treue zu halten, der staatlichen Obrigkeit widersetzt, dann wird er sich von seiten seiner Landsleute, die, wie sich kaum bezweifeln läßt, in ihrer überwiegenden Mehrzahl nach wie vor dem Staat unbedingt gehorchen, den Vorwurf der Rebellion zuziehen. Wie edel auch seine Motive sein mögen, er kann es nicht hindern, daß andere, deren Absichten weniger rein sind, sich auf sein Beispiel stützen, um die staatliche Ordnung zu untergraben. Aber läßt sich nicht entgegnen, daß wenn sein Verhalten der in einem kleinern Kreis herrschenden Ordnung widerspricht, es mit der Ordnung eines größeren Kreises, die sich gegenüber der des kleineren Kreises schließlich durchsetzt, in Übereinstimmung steht? Wäre das Völkerrecht wirklich eine planmäßig durchgebildete, in voller Geltung stehende Lebensordnung, dann spräche in unserem Fall der Ordnungsgedanke, der allem Recht zur sittlichen Grundlage dient, in der Tat zugunsten des Ungehorsams gegenüber dem staatlichen Befehl.

Aber mit der völkerrechtlichen Ordnung und ihrer Geltung ist es nach geschichtlicher Erfahrung bisher ziemlich übel bestellt gewesen. Selbst wenn ein Exekutionsverfahren gegen den völkerrechtswidrig handelnden Staat vorgesehen sein sollte, ist es äußerst fraglich, ob es diesem Staat nicht gelingen wird, durch irgendwelche Versprechungen den einen oder anderen zur Exekution berufenen Staat zur Neutralität zu bestimmen oder gar zu sich herüberziehen und dem Unrecht das tatsächliche Übergewicht zu verschaffen. Aber nehmen wir einmal an, daß die völkerrechtstreuen Staaten Sieger bleiben, so zeigt sich gleich wieder eine empfindliche Lücke des Völkerrechts. Die Folgen des Völkerrechtsbruchs sind durch das Völkerrecht nicht so eingehend geregelt, das Verfahren, in dem sie festgesetzt werden, ist nicht mit solchen Garantien der Unparteilichkeit ausgestattet, daß eine willkürliche unbillige Ausnützung des Sieges nicht zu fürchten wäre. Auch kann bei der Unsicherheit des Völkerrechts kein Staat, der für eine Völkerrechtswidrigkeit büßen müßte, mit hinlänglicher Gewißheit darauf rechnen, daß das Völkerrecht sich ebenso mächtig erweisen wird, wenn es demnächst einmal zu seinen Gunsten spricht. Kann man wirklich ein so unvollkommenes, prekäres Rechtsgebilde wie dieses Völkerrecht für unbedingt respektwürdiger erklären als die festetablierte, wohlgefügte staatliche Rechtsordnung?

Auch ist zu erwägen, daß der einzelne Bürger die völkerrechtliche Verbindlichkeit gegen die ihm vom staatlichen Recht auferlegten natürlich nur dann ausspielen kann, wenn das Völkerrecht sich mit seinen Normen unmittelbar an die einzelnen wendet. Nun begründet aber bekanntlich das Völkerrecht nach durchaus herrschender Lehre immer nur Rechte und Pflichten zwischen Staaten, und es bleibt einem jeden Staat überlassen, inwieweit er die völkerrechtlichen Verpflichtungen zu Verpflichtungen seiner Untertanen ausprägen will. Freilich ist diese Lehre nicht haltbar, wie ich nachzuweisen versuchen werde, indessen zeigt doch schon ihre weitgehende Beliebtheit, wie wenig entwickelt das Völkerrecht heute noch ist. Hätte die zivilisierte Menschheit das Völkerrecht mit einiger Deutlichkeit in ihr Bewußtsein aufgenommen, um es sich dann in Fleisch und Blut übergehen zu lassen, dann würde ein solches Dogma keine Rolle mehr in den Diskussionen der Juristen spielen können.

Bei all dem liegt es mir ganz fern, den, der um des Völkerrechts willen der eigenen staatlichen Obrigkeit Trotz bietet, vom sittlichen Standpunkt aus zu verurteilen. Was ich sagen will, ist nur das, daß er eine Rechtspflicht verletzt, von der ihn das Völkerrecht nicht zu befreien vermag, oder was dasselbe ist, daß er seinen Ungehorsam nicht mit Berufung auf das dem geltenden positiven Recht zugrunde liegende Ordnungsprinzip rechtfertigen kann. Aber die Rechtspflichten sind weder die einzigen noch auch die höchsten Pflichten des Menschen. Es gibt Konflikte mit dem Recht, in denen der Moralist den Rat erteilen wird, die Rücksicht auf das Recht um höherer Ziele willen hintanzusetzen. Der Jurist widerspricht ihm nicht, nur kann er sich auf solch moralische Abwägungen, die tief ins Gebiet der Metaphysik führen mögen, nicht einlassen. Zwar kann der Jurist nicht immer ethischen Erwägungen ausweichen, wenn es sich darum handelt, das Gesetz so auszulegen, wie es dem Allgemeinwohl am besten frommt, aber er sucht wenigstens seine Grundbegriffe von spekulativ-philosophischen Elementen möglichst freizuhalten. Darum nimmt er zum Ausgangspunkt die geltende positive Lebensordnung, deren Wert jeder vernünftige Mensch, wie er im übrigen auch über die letzten Ziele unseres Daseins denken mag, ohne weiteres anerkennt.

Freilich gibt es keinen großen Fortschritt in sittlichen Dingen, ohne daß geltende Ordnungen durchbrochen, durch Tradition geheiligte Gesetzestafeln zerschlagen werden. Aber das schließt nicht aus, daß das Ordnungswidrige der revolutionären Tat an sich ein Übel bedeutet, das der Reformator im Konflikt der Pflichten um eines höheren Gutes willen in Kauf nimmt. Der Jurist kann einen solchen Pflichtenkonflikt nicht ex professo behandeln und entscheiden, ohne seine Kompetenz zu überschreiten. Er tut daher gut daran, sich in seiner prinzipiellen Begründung der Rechtspflicht ausschließlich auf den Wert einer geltenden, positiven Lebensordnung zu beziehen, anstatt das ganze ethische Problem aufzurollen und nähere Bestimmung darüber zu treffen, wann die Rechtspflicht einer höheren sittlichen Pflicht zu weichen hat. Wer, wie die großen Scholastiker, im Besitz eines unerschütterlichen Moralsystems zu sein glaubt, in das sich das Recht einbauen läßt, der mag von vornherein die Rechtspflicht in volle Harmonie mit den übrigen sittlichen Verbindlichkeiten bringen. Aber den modernen Juristen fehlt es in ihrer überwiegenden Majorität an einer solchen Kühnheit in der Entscheidung ethischer Fragen; sie sind vielleicht genötigt, sich im Lauf ihrer Untersuchungen zu bestimmten ethischen Grundanschauungen zu bekennen, aber in ihren fundamentalen Konstruktionen halten sie sich an Sätze, die von den verschiedensten ethischen Standpunkten aus anerkannt werden.

Mit der Behauptung, daß im Hinblick auf die Erreichung der höchsten menschlichen Ziele ein erhebliches Interesse an der Befolgung der geltenden, positiven Lebensordnung besteht, darf der Jurist auf Zustimmung in den weitesten Kreisen rechnen. Er muß sich aber bewußt bleiben, daß, wenn er aus einem solchen allgemein anerkannten Interesse die Rechtspflicht ableitet, die Rechtspflicht sehr wohl mit höheren sittlichen Pflichten in Kollision geraten kann. Denn wer wäre ein solcher Philister, daß er meinen würde, es könnten nie und nimmermehr höhere sittliche Interessen einen Bruch der geltenden, positiven Rechtsordnung rechtfertigen? Wohl wird, um ein Beispiel zu geben, der Jurist die dem Gesetz widersprechende Verweigerung des Militärdienstes aus religiösen Gründen für rechtswidrig, aber damit nicht zugleich auch ohne weiteres für unsittlich erklären. Das liegt nicht daran, daß, wie manche in verhängnisvollem Irrtum meinen, Recht und Sittlichkeit zwei ganz verschiedene Dinge wären, sondern daran, daß in der Rechtspflicht nur ein Teilaspekt des Sittlichen erfaßt wird. Darüber, ob bei integraler sittlicher Beurteilung eine bestimmte Rechtswidrigkeit sittlich geboten ist, wird der Jurist sich wie jeder andere denkende Mensch eine Meinung bilden dürfen, aber er soll sich nicht den Anschein geben, dabei im Rahmen seiner fachmännischen Kompetenz zu bleiben. Wie Berufung auf Gottes Gebot, so kann vielleicht unter Umständen auch die Sorge um die Fortentwicklung des Völkerrechts eine Verletzung staatlichen Rechtes zur sittlichen Tat stempeln. Es mag sein, daß der sittliche Genius der Menschheit Reformatoren auf den Plan ruft, die, dem staatlichen Recht und seinen Sanktionen Trotz bietend, zum Heil unseres Geschlechts eine neue Ära des Völkerrechts begründen. Aber ob, wann und für wen eine solche Mission gegeben ist, das ist eine höchst delikate moralphilosophische Frage, durch deren Beantwortung, wenn Verwirrung vermieden werden soll, die Bestimmung der Begriffe, die dem geltenden Recht zur Grundlage zu dienen haben, nicht entscheidend beeinflußt werden darf.

Vielleicht wird man einwenden, daß wir in unserer Argumentation zu Unrecht den Konflikt zwischen einer rechtlichen und einer sonstigen sittlichen Verbindlichkeit mit dem zwischen zwei rechtlichen Verbindlichkeiten, staatsrechtlicher und völkerrechtlicher Pflicht, gleichgestellt hätten: nicht jener, wohl aber dieser müsse innerhalb der Rechtswissenschaft zum Austrag gebracht werden. Sei die Pflicht gegenüber dem Völkerrecht in einem besonderen Fall aus irgendwelchen Gründen der Pflicht gegenüber dem Staat überlegen, so könne von einer unbedingten rechtlichen Souveränität des staatlichen Rechts logischerweise keine Rede sein. Bei diesem Einwand wird nicht beachtet, daß, wie wir vorhin zeigten, das Völkerrecht sich in den für die Rechtsordnung spezifischen Momenten mit dem staatlichen Recht nicht messen kann. Ob man deswegen dem Völkerrecht den Namen Recht überhaupt abstreiten kann, werden wir später noch untersuchen. Will man dieses werdende, embryonale Recht jetzt schon als Recht bezeichnen, so darf man doch nicht aus dem Auge verlieren, daß die Unvollkommenheit seiner Entwicklung zwischen ihm und dem staatlichen Recht einen Abgrund klaffen läßt. Diesen Abgrund kann vielleicht die philosophische Ethik überbrücken, die Rechtswissenschaft kann es nicht. Sie darf insbesondere nicht die beiden Rechte, wie etwa Reichs- und Landesrecht, zu *einer* Ordnung zusammenschließen, innerhalb deren dann allerdings der Satz gelten müßte: Völkerrecht bricht Landesrecht.

Meistens wird die Souveränität des Staates nach innen anders begründet, als es hier geschehen ist, man leitet sie aus der Autarkie des Staates ab. Eben die Autarkie des Staates ist es dann auch, die der Souveränität des Staates nach außen zur Grundlage dient. Indessen ist die Autarkie des Staates eine Illusion. Denn die Staaten genügen sich selbst in keiner ihrer wesensmäßigen Funktionen. Schon die Alten mußten mit wirklichkeitsfremden Konstruktionen arbeiten, wenn sie den Staat als wirtschaftlich völlig selbständig erscheinen lassen wollten. Für die moderne Welt ist die gegenseitige wirtschaftliche Abhängigkeit der Völker so offenkundig und allgemein zugegeben, daß darüber kein weiteres Wort verloren zu werden braucht. Aber auch ein wirksamer Schutz gegen das Verbrechertum, das in hohem Maße einen internationalen Charakter angenommen hat, läßt sich heute nicht mehr durchführen ohne ein Hand-in-Hand-Gehen der Polizei- und Strafverfolgungsbehörden der verschiedenen Staaten, ein völkerrechtlich geregeltes Auslieferungsverfahren und, wenigstens auf gewissen Gebieten des Strafrechts, ein einheitliches Vorgehen in der Strafgesetzgebung.

Viel wichtiger als dies alles ist, daß die Organisierung der Menschheit in einzelnen Staaten, wenn sie es auf der einen Seite ermöglicht, im Inneren der Staaten den Frieden aufrechtzuerhalten, auf der andern Seite durch die mit ihr verbundene Gefahr eines kriegerischen Konflikts der Staaten untereinander den wichtigsten ihrer Erfolge, die Vermeidung des bellum omnium contra omnes, zunichte zu machen droht. Hobbes durfte es mit den Kriegen zwischen Nationen noch ziemlich leicht nehmen, durfte die Behauptung wagen, daß sie manchmal für ein Volk ganz nützlich sein könnten. Hätte er wie wir den Weltkrieg erlebt und hörte er wie wir gewisse Kriegssachverständige sagen, daß dieser Krieg der jüngsten Vergangenheit gegen den der Zukunft sich als ein Kinderspiel darstellen werde, dann würde vielleicht dieser folgerichtigste aller naturrechtlichen Denker, der stets sein Ziel der Beseitigung des Naturzustandes mit seiner gegenseitigen Vernichtung der Individuen unverrückt im Auge behielt, kurzer Hand jeden Staatsvertrag für unverbindlich erklärt haben, der nicht durch Begründung eines Weltstaats dem Krieg aller Einzelstaaten miteinander als dem gefährlichsten bellum omnium contra omnes ein für allemal ein Ende bereitet. Aber wir brauchen vorläufig noch nicht so weit auszuholen. Soviel ist sicher und entspricht jedenfalls heutzutage der communis opinio der zivilisierten Menschheit, daß die Staaten, wenn sie einigermaßen die wichtigste ihrer Aufgaben erfüllen wollen, durch Schiedsverträge und sonstige internationale Abmachungen die Kriegsgefahr auf ein Minimum zu zu beschränken haben. Wir gelangen somit zu dem Ergebnis, daß die einzelnen Staaten, weit entfernt, sich einer völligen ihrer absoluten Souveränität zur Stütze dienenden Autarkie zu erfreuen, zur Erfüllung ihrer Lebenszwecke genötigt sind, in rechtlich geregelte Beziehungen zu andern Staaten zu treten, was nichts anderes heißt, als daß, wie man auch immer über ihre Souveränität nach innen denken mag, ihre Souveränität nach außen jedenfalls eine beschränkte ist.

Es ist merkwürdig, mit welcher Zähigkeit sich der Glaube an eine mit der Existenz eines Völkerrechts vereinbare Souveränität der Staaten nach außen zu behaupten weiß. Wenn die Staaten nach außen souverän sind, dann wird aus dem angeblichen Völkerrecht notwendig ein Teil des staatlichen Rechtes, etwa die Summe von Sätzen, durch die ein jeder Staat das Verhalten seiner Organe gegenüber andern Staaten rechtlich regelt. Da nun ein Staat sein eigenes Recht stets einseitig abändern kann, kommt für diese Auffassung des Völkerrechts die Bindung in Wegfall, die nach herkömmlicher Begriffsbildung für das Wesen des Völkerrechts unerläßlich ist. Sagt man andererseits, der Staat könne gebunden werden in einseitig unlöslicher Weise, aber nur durch sich selbst, durch eine von ihm getroffene Vereinbarung, dann gibt man die absolute Souveränität nach außen preis. Zur absoluten Souveränität gehört vollkommene rechtliche Freiheit, jederzeit zu tun, was man angemessen findet. Ein Staat, der nach dem Satz pacta servanda sunt in die Lage kommen kann, sich eine Verbindlichkeit aufzuerlegen, von der er sich nicht beliebig zu lösen vermag, hat die eben bezeichnete Freiheit nicht. Nimmt man freilich an, daß der Staat mit Berufung auf vitale Interessen, auf ein domaine réservé oder dergleichen, sich stets von Völkerrechts wegen von jeglicher Verbindlichkeit lossagen dürfe, dann heißt das dem Staat absolute Souveränität zusprechen – und sich über das Völkerrecht lustig machen. Wer es mit dem Völkerrecht ernst nimmt und es in dem Sinne faßt, der ihm im praktischen Leben beigelegt wird, der wird zugeben, daß nicht der eigene im Vertrag sich äußernde Wille eines Staates eine echte Verbindlichkeit für ihn begründet, sondern daß es daneben noch andere Quellen einer völkerrechtlichen Verbindlichkeit gibt, wie Gewohnheitsrecht, die von einer überwiegenden Majorität der Staaten getroffenen Vereinbarungen (mit Beziehung auf die nicht-kontrahierenden Staaten), die allgemein anerkannten Rechtsgrundsätze. Daß es in anbetracht dieses Quellenbestandes des objektiven Völkerrechts gänzlich ausgeschlossen ist, die Entstehung einer völkerrechtlichen Verpflichtung eines Staates durchgängig als freiwilliges Aufsichnehmen der Verpflichtung aufzufassen, hat ganz neuerdings der englische Völkerrechtslehrer Brierly in der überzeugendsten Weise dargetan. Ich möchte an dieser Stelle, anstatt nochmals die Schwächen der Theorie der Autolimitation in extenso aufzudecken, nur auf ein Mißverständnis hinweisen, das, wie mir scheint, nicht wenig dazu beigetragen hat, daß sich diese Theorie so lange behaupten konnte. Die Verpflichtung mag sie nun rechtlicher oder rein moralischer Natur sein, ist wesensgemäß Bindung eines freien Willens und appelliert daher an seinen Konsens zur Vornahme der von ihm geschuldeten Handlung. Dieser Konsens, der bei der Verpflichtung des Individuums durch das staatliche Recht genau die gleiche Rolle spielt wie bei der des Staats durch das Völkerrecht, wird bei der Begründung der Autolimitation nicht selten verwechselt mit der freiwilligen Willensbindung, die beim Kontrakt das Fundament der Verpflichtung setzt. Verbindlichkeit ist eigentlich immer nur Bindung dessen, der sich binden lassen will, sie ist genaugenommen nur ein Versuch der Bindung, ähnlich wie der Vertragsofferte ein Versuch ist, eine vertragliche Bindung herbeizuführen. Kein Wunder, daß schon die Scholastiker aus der Freiheit des Menschen die Theorie vom Staatsvertrag ableiteten, die dann später in der Theorie der Begründung des Völkerrechts durch Selbstbeschränkung der Staaten ihr logisches Seitenstück gefunden hat.

Das Völkerrecht bindet die Staaten, wenn es sie überhaupt bindet, gerade wie das staatliche Recht die Staatsbürger, als eine positive geltende Lebensordnung. Auch braucht sich der Staat nicht dessen zu schämen, daß er sich einer höhern Ordnung zu unterwerfen hat. Er ist wie der Einzelne ein gesellschaftliches Wesen, und zu seiner Würde gehört es, daß er sich einem größern Ganzen einordne, was sich nun einmal nicht ohne Unterordnung bewerkstelligen läßt. Die Frage ist nur die, ob wir unser heutiges Völkerrecht wirklich als eine positive, geltende Lebensordnung bezeichnen dürfen. An der Positivität ist nach dem, was wir eben über die Quellen des Völkerrechtes sagten, nicht zu zweifeln. Viel mehr Bedenken erweckt das *Ordnungsmoment*. Was uns die herrschende Lehre als allgemeine Völkerrechtsordnung vorzutragen pflegt, ist mehr ein Konglomerat von Sonderreglementen als eine einheitliche Ordnung des internationalen Zusammenlebens. Hieraus ergibt sich als sekundäre Folgeerscheinung, daß wir solche Mühe haben, die Vorstellung eines Rechtssubjekts, einer civitas maxima, zu bilden, auf die die Völkerrechtsordnung als ihren Urheber zurückgeführt werden könnte. Die Suche nach dem das Völkerrecht setzenden Subjekt darf uns eine cura posterior sein. Dagegen müssen wir einen Augenblick verweilen bei den Unzulänglichkeiten des Völkerrechts als Ordnung, die in engstem Zusammenhang stehen mit seiner unvollkommenen Geltung.

Das Völkerrecht ist für den, der Ordnung und Geltung als Merkmale des Rechtes ansieht, noch nicht ein vollentwickeltes, sondern erst ein werdendes Recht, das heute schon als ein Recht bezeichnet werden mag, so gut wie man den Embryo eines Menschen einen Menschen nennen darf. Vielleicht hat der Ausdruck Embryo eines Rechts etwas Herabsetzendes für das Völkerrecht, wenn man an sein neuestes Entwicklungsstadium denkt, an den Völkerbund und alles, was sich an völkerrechtlichen Vereinbarungen und Einrichtungen an ihn angeschlossen hat. Geben wir zu, das Kind habe die Wände beschrieen, jedenfalls handelt es sich um ein höchst zartes, noch unreifes Wesen. Wir mußten schon bei Behandlung der Frage nach der Souveränität der Staaten nach innen auf die Mängel des Völkerrechts hinweisen. Wir können uns daher hier kurz fassen. Das Völkerrecht ist, wie niemand bezweifelt, in so hohem Maße fragmentarisch, daß unendlich oft eine Entscheidung von Streitfällen sich nicht mit Sicherheit geben läßt und, wenn sie von Schiedsgerichtshöfen ex aequo et bono oder mit Hilfe künstlicher Konstruktionen gegeben wird, unvermeidlich den Eindruck der Willkürlichkeit erweckt. Selbst bei bestem Willen der Beteiligten stellt sich das Völkerrecht als eine nur sehr unzuverlässige, unvollständige Organisation der Lebensbeziehungen der Staaten dar. Leider fehlt es nun aber, wie die Geschichte lehrt, nur allzuoft an völkerrechtstreuer Gesinnung. Die Mängel in der Durchbildung des Völkerrechts dienen zum willkommenen Anlaß, Macht vor Recht gehen zu lassen. Aus begreiflichen Gründen sind selbst die besonnensten Völkerrechtslehrer nicht selten geneigt, die Geltung des Völkerrechts zu überschätzen. Auch der englische Völkerrechtslehrer Brierly, mit dessen ausgezeichnetem Buch über die Grundlagen der völkerrechtlichen Verbindlichkeit ich sonst in nahezu allen Punkten durchaus einverstanden bin, scheint mir von diesem Vorwurf nicht ganz ausgenommen werden zu können. Er verweist darauf, mit welcher Selbstverständlichkeit im normalen friedlichen Verkehr der Staaten die völkerrechtlichen Bestimmungen unzählige Male verwirklicht werden. Aber für die Geltung einer Lebensordnung bürgt nicht ausreichend die Befolgung derjenigen Normen, die zu übertreten den Normadressaten kein erhebliches Sonderinteresse in Versuchung führt, Sobald sich ein solches Interesse fühlbar macht, ist die Chance der Rechtsbewährung eine bedenklich geringe, wie Entstehung und Art der Führung zahlreicher Kriege, sowie Vergewaltigung der schwachen durch die starken Staaten in eindrucksvoller Weise lehren. Ich glaube, es kann dem Völkerrecht nur dienlich sein, wenn wir uns über sein immer noch bestehendes Kräftigungsbedürfnis keine Illusionen machen. Das Postulat, das Völkerrecht zu befolgen und weiter zu entwickeln, das sich auf die Erkenntnis der mangelnden Autarkie des Einzelstaates stützt, verliert deswegen nicht seine Überzeugungskraft, weil das Völkerrecht vorläufig noch in einem frühen Entwicklungsstadium steht. Den Unterschied der Geltung, der zwischen Landesrecht und Völkerrecht besteht, bei der Entscheidung eines Konflikts der beiden Ordnungen in Rechnung stellen, wie wir es verlangt haben, heißt nicht das Völkerrecht preisgeben.

Es fragt sich nun aber, ob die Pflicht zur Respektierung und Förderung des Völkerrechtes mit der Untertanenpflicht gegenüber dem Staat überhaupt in Konflikt kommen kann. Anders ausgedrückt: Ist ein Widerstreit zu befürchten zwischen der Souveränität des Staates nach innen und der Einschränkung der Souveränität des Staates nach außen? Die Antwort hätte verneinend zu lauten, wenn der Staat durch Ausübung seiner Souveränität nach innen die völkerrechtlichen Verbindlichkeiten, die die Schranken seiner Souveränität nach außen darstellen, gar nicht zu verletzen vermöchte. Offenbar trifft nun aber das Gegenteil dieser Voraussetzung zu:

praktisch liegt die Sache ja stets so, daß das völkerrechtswidrige Verhalten des Staates sich in Befehlen an seine Bürger äußert, wodurch ein Konflikt heraufbeschworen wird zwischen Völkerrechtstreue und Untertanenpflicht. Freilich ist von einem der neuesten Autoren über Souveränität die Ansicht verfochten worden, daß, wenn es keine unbedingte Untertanenpflicht der Staatsangehörigen gebe, die Staaten ihre völkerrechtlichen Verbindlichkeiten nicht erfüllen könnten. Das heißt aber nichts anderes, als uns den sehr naiven Glauben zumuten, daß die Staatsleitung stets aufs eifrigste bemüht sei, dem Völkerrecht nachzuleben und die schlimmste Gefahr für das Völkerrecht darin bestünde, daß die Bürger sich erdreisten könnten, aus Unverstand oder bösem Willen das Völkerrecht gegen die Anordnungen der staatlichen Obrigkeit auszuspielen. Man sieht, wohin es führen kann, wenn man in idealisierenden Rechtskonstruktionen die vorläufige Unvollkommenheit der Geltung des Völkerrechts unberücksichtigt läßt. Wären die Staatsleitungen von einer unverbrüchlichen Völkerrechtstreue, dann wäre das Völkerrecht eine wahrhaft geltende Ordnung und dann hätte vielleicht die Meinung etwas für sich, daß die Einzelnen die Geschicke des Völkerrechts vertrauensvoll ihren Obrigkeiten überlassen dürften und sich nicht durch die Fürsorge für das Völkerrecht im strikten Gehorsam gegenüber dem staatlichen Recht beirren zu lassen brauchten. Solange dagegen die Geltung des Völkerrechts, wie es für unsere Zeiten noch zutrifft, eine höchst prekäre ist, werden durch die Souveränität der Staaten nach innen die besten Freunde des Völkerrechts der Fähigkeit beraubt, dieser Lebensordnung allmählich jene zuverlässige Geltung zu verschaffen, die ihr, wie jeder Rechtsordnung, aufs dringendste vonnöten ist. Mit unserer Auffassung steht in vollem Einklang, daß ein kluger und begeisterter Anhänger einer den ganzen Erdball umfassenden Organisation der Menschheit, wie der bekannte Schriftsteller Wells, den Vorschlag macht, daß sich allenthalben kleinere Vereinigungen von Männern und Frauen bilden sollten, die sich gegenseitig verpflichten, dem Staat Militärdienst und Steuerleistung zu verweigern, wenn er, ohne sich des internationalen Schiedsverfahrens zu bedienen, einen Krieg vom Zaun brechen will.

Man wird uns schwerlich den Vorwurf ersparen, daß wir in den vorstehenden Erwägungen, von Gefühlen fortgerissen, zwei sehr verschiedene Begriffe durcheinander geworfen hätten. Die Treue gegenüber dem Völkerrecht, von der wir redeten, und die in der Tat mit der Untertanenpflicht in Konflikt geraten könne, möge vielleicht eine sittliche Pflicht sein, aber das Völkerrecht fordere sie nicht. Die völkerrechtliche Pflicht sei etwas ganz anderes, was schon daraus hervorgehe, daß sie ihrem Wesen nach nie dem Einzelnen obliege, vielmehr nur den Staat als solchen zum möglichen Subjekt habe. Zwischen der eigentlichen völkerrechtlichen Pflicht und der

Untertanenpflicht der Staatsbürger sei, eben wegen der Verschiedenheit der in Betracht kommenden Pflichtsubjekte, ein Widerstreit völlig undenkbar. Anders gewendet: Die Beschränkung der Souveränität nach außen, die den Staat in seinem Verhältnis zu andern Staaten oder zur Staatengemeinschaft betreffe, berühre gar nicht die Souveränität nach innen als die unbedingte Verpflichtbarkeit des einzelnen durch staatliches Gebot. Das sei die einfache Lösung des von uns behandelten Konfliktsfalls.

Einfach ist die Lösung allerdings, schade nur, daß sie falsch ist. Das Völkerrecht kann gar nicht die Staaten binden, ohne zunächst Einzelne zu binden, und es ist nicht angängig, eine solche Bindung einzelner durch das Völkerrecht nur auf die Einzelpersonen zu beschränken, die im Staat die höchsten Magistraturen innehaben, vielmehr liegt es in der Logik der Dinge, daß, zum mindesten in den demokratischen Staaten, alle Staatsbürger unmittelbar dem Völkerrecht unterworfen sind. Damit ist nun freilich noch nicht gesagt – und insoweit kann ich dem Einwand der Gegner einen gewissen berechtigten Kern zugestehen –, daß das Völkerrecht den Einzelnen in Widerstreit mit seiner staatlichen Untertanenpflicht bringen müßte. Es wäre denkbar, daß das Völkerrecht einen solchen Widerstreit geflissentlich vermeiden und von dem Einzelnen immer nur verlangen würde, mit allen ihm vom Staat freigegebenen Mitteln für seine Verwirklichung besorgt zu sein. Die Pflicht, im Widerspruch mit dem Staatswillen für die Befolgung des Völkerrechts einzutreten, wäre dann nicht als eine völkerrechtliche, sondern als eine rein moralische zu charakterisieren. Es läßt sich indessen zeigen, daß es nicht richtig wäre, eine solche Grenzlinie zu ziehen. Es soll daher mein nächster Vortrag dem Nachweis der Doppelthese dienen: daß das Völkerrecht sich unmittelbar an den einzelnen Bürger wendet und daß es ihn unter Umständen mit der Souveränität des Staates nach innen in Kollision bringen kann. Der Wert dieser Formel besteht darin, daß sie uns aufs deutlichste die Notwendigkeit vor Augen führt, den unerträglichen Konflikt zweier Rechtsordnungen nicht als einen dauernden Zustand anzuerkennen, sondern auf irgendeinem Weg seine Lösung anzubahnen.

Das Subjekt völkerrechtlicher Verpflichtungen

Daß das Völkerrecht ausschließlich zwischen Staaten Rechtsbeziehungen begründe, sich nie berechtigend oder verpflichtend unmittelbar mit Einzelpersonen zu schaffen mache, war lange Zeit durchaus herrschende Lehre. Es wird mir stets unvergeßlich bleiben, mit welch ironischer Überlegenheit ein berühmter Völkerrechtslehrer, bei dem ich als Student Kolleg hörte, von den schwärmerischen Wirrköpfen sprach, die an völkerrechtliche Verpflichtungen von Staatsbürgern glaubten. Ich bin also gewarnt, ich weiß welchem Vorwurf ich mich aussetze, wenn ich mich an die Verteidigung des Satzes mache, daß in erster Linie Einzelne sich als völkerrechtliche Pflichtsubjekte darstellen. Nun ist ja freilich gerade in neuester Zeit das alte Dogma, daß der Einzelne mit dem Völkerrecht nichts zu tun habe, von verschiedenen Seiten angezweifelt worden. Aber ich weiß nicht, ob ich die betreffenden Autoren als Eideshelfer aufrufen kann, denn sie scheinen es mir doch meistens mehr als eine Ausnahme anzusehen, daß Einzelne in völkerrechtliche Beziehungen eintreten. Ebensowenig kann ich eine Stütze suchen in Bestimmungen des *staatlichen Rechts,* die wie der bekannte Art. 4 der deutschen Reichsverfassung die allgemeinen Völkerrechtssätze zu bindenden Bestandteilen des staatlichen Rechtes erheben. Denn eine solche löbliche Nostrifizierung des Völkerrechts durch staatliches Recht geht mich nichts an. Was mich interessiert, ist das originäre Verhältnis des Völkerrechts zum einzelnen Individuum.

Ich behaupte, daß nicht ausnahmsweise oder auf Grund besonderer staatlicher Anordnung, sondern immer und wesensgemäß das Völkerrecht zunächst die Einzelnen und nur indirekt die Staaten verpflichtet. Anders gefaßt: Eine Verpflichtung der Staaten ohne primäre Verpflichtung Einzelner, auf der sie sich aufbaut, ist überhaupt gar nicht denkbar, weswegen sich das Völkerrecht, wenn es die Staaten verpflichten will, gefälligst zunächst an die Einzelnen zu halten hat. Sollte aber nicht am Ende gerade eine solche radikale Formulierung dem von uns vertretenen Standpunkt den häretischen Charakter nehmen? Vielleicht sagt man uns, daß, was wir da als eine große Neuheit auftischten, im Grunde genommen von niemand bestritten werde. An die Verbindlichkeiten einzelner, sagen wir Organpersonen, die notwendig einer Verbindlichkeit des Staats als juristischer Person zugrunde lägen, sei nicht gedacht, wenn von der herrschenden Lehre die Staaten als einzige Pflichtsubjekte des Völkerrechts bezeichnet würden. Es sollten damit nur andere, in die Konstruktion der Verpflichtung des Staates nicht einzubeziehende, völkerrechtliche Pflichten Einzelner ausgeschlossen werden. Machte man uns wirklich eine so bedeutende, wenn auch, wie später noch deutlicher erhellen wird, keineswegs genügende Konzession, so würden wir unsererseits gerne zugeben, die Gegner bisher in einem wichtigen Punkte mißverstanden zu haben. Aber ich fürchte, daß man mit unserer These von der völkerrechtlichen Verpflichtung Einzelner nicht so glimpflich verfahren wird.

Wenn man an der Antithese, daß das Völkerrecht nicht Einzelpersonen, sondern nur Staaten verpflichtet, so zäh festhält, wie es tatsächlich der Fall ist, so liegt das im letzten Grunde daran, daß man mit ihrer Hilfe jeglichen Widerstreit zwischen Untertanenpflicht und völkerrechtlicher Verbindlichkeit zu vermeiden hofft. Läßt man nun irgendwelche unmittelbare Bindung Einzelner durch das Völkerrecht zu, sei es auch nur in dem durch die Begründung einer völkerrechtlichen Bindung des Staates geforderten Maße, so könnte stets der Staat den Einzelnen die Erfüllung ihrer völkerrechtlichen Pflichten verbieten, womit der peinliche Zusammenstoß, den es zu vermeiden gilt, ohne weiteres gegeben wäre. Daher werden sich die Gegner auf die eben ins Auge gefaßte Konzession an unsern Standpunkt nicht einlassen, möchte auch eine benigna interpretatio sie aus dem Wortlaut ihrer Darstellung des herrschenden Dogmas herauszuholen suchen. Sie werden es auf das entschiedenste in Abrede stellen, daß zur Konstituierung einer völkerrechtlichen Verpflichtung des Staates eine völkerrechtliche Verpflichtung Einzelner die unerläßliche Voraussetzung bilde. Auch ist nicht zu leugnen, daß sie sich hierbei auf die traditionelle rechtswissenschaftliche Doktrin über das Wesen der obligatorischen, insbesondere der vertraglichen Bindung juristischer Personen zu stützen vermögen. Bestände kein Streit darüber unter den Juristen, so ließe sich näher ausführen, daß ein Verein sich durch Vertrag verpflichten kann, ohne daß irgendeinem Einzelnen, insbesondere einer Organperson, eine Verpflichtung zur Vertragserfüllung dem Gläubiger gegenüber obliegen würde. Geradeso muß ein Staat eine Verbindlichkeit gegen einen andern Staat eingehen können, ohne daß damit eine völkerrechtliche Verpflichtung eines seiner Bürger oder Funktionäre verbunden sein müßte. Wir sind mit solchen Erwägungen auf ein schwieriges Diskussionfeld gelangt, auf dem man sich nur mit Sicherheit bewegt, wenn man zuvor Klarheit über das Wesen der juristischen Person im allgemeinen erlangt hat.

Sobald man die *Rechtsbeziehungen juristischer Personen* auf solche von Einzelindividuen zu radizieren sucht, gerät man in den Verdacht, Anhänger der Fiktionstheorie zu sein, um damit dem Odium zu verfallen, das dieser Theorie heute anhaftet. Wir möchten daher zunächst nachdrücklich betonen, daß die juristische Persönlichkeit für uns nichts weniger ist als eine Fiktion. Das Zusammenspiel individueller Tätigkeiten, in dem Vereine, Anstalten, Stiftungen weit über die Möglichkeiten der dem Einzelnen zugemessenen Wirkungsweisen hinaus vielleicht jahrhundertelang ein konkretes Zweckhandeln fortsetzen, ist wie irgend etwas in dieser Welt in der Wirklichkeit gegründet und berechtigt uns, den Begriff der *realen Gesamtpersonen* in der Wissenschaft zu verwenden. Aber freilich, die Einheit dieser Gesamtperson ist aufgebaut auf einer Vielheit von Vorgängen, von denen sich ein jeder als den Bestandteil des geistigen Lebens einer Einzelperson darstellt. Wir können die Gesamtperson nie anders erfassen als in und mit der Vielheit von individuellen geistigen Betätigungen einzelner Individuen. Sobald wir, wie unsere Juristen es leider nur allzuoft getan haben, die Verbindung von Vielheit des Individuellen und Einheit der Gesamtperson in der Weise äußerlich verstehen wollen, daß neben oder über den beteiligten Individualpsychen eine ihnen in jeder Beziehung analoge, wennschon erhabenere Überseele ein gesondertes Dasein führt, geraten wir in eine mystische, vom wissenschaftlichen Standpunkt nicht zu verantwortende Vorstellungsweise, die schließlich in puren Fiktionen enden muß.

Die Gesamtperson ist etwas anderes als das bewußte Ich der Einzelpersönlichkeit, sie ist ihm in mancher Hinsicht verwandt, darf ihm aber keineswegs a priori in allen Beziehungen gleichgesetz werden. Nichts ist methodisch unrichtiger, als wenn man in der Rechtswissenschaft argumentiert, daß, was der natürlichen Einzelperson recht ist, auch der Gesamtperson billig sein müsse, und auf die Fragen, ob etwa Gesamtpersonen verbrechensfähig seien, eine eigene Ehre hätten und des unmittelbaren Besitzes teilhaftig werden könnten, in Bausch und Bogen eine bejahende Antwort gibt. Vielmehr ist für alle Rechtsverhältnisse sorgfältig zu untersuchen, ob die zunächst allein gegebene Vielheit individueller Vorgänge die Annahme zuläßt, daß sie für Gesamtpersonen zur Entstehung gelangen. Wenn man diese methodische Regel unbeachtet läßt, kann man, wie die Dogmengeschichte der letzten Jahrzehnte lehrt, vom Boden der Realitätstheorie aus zu fiktiveren Ergebnissen kommen als bei Verwendung der Fiktionstheorie. Denn wer von vorneherein damit rechnet, daß er mit einer Fiktion arbeitet, wird sich dieses Hilfsmittels sparsam und bedächtig bedienen, während, wer in der Gesamtperson eine Realität sieht, ihr oft unbesehen über die Grenzen des Möglichen hinaus Zugang zu allen erdenklichen Rechtsverhältnissen zu gewähren bereit ist. Den korrekten modus procedendi bei Entscheidung der Frage, ob Rechte und Pflichten für Gesamtpersonen entstehen können, will ich an einigen ganz einfachen Beispielen erläutern, die ich gleichzeitig unter dem Blickpunkt der uns letztlich interessierenden völkerrechtlichen Problemstellung auszuwählen und zu behandeln suche.

In langjähriger Tätigkeit hat eine Reihe aufeinanderfolgender *Stiftungs*vorstände gewisse Vermögensgüter einem bestimmten Zweck dienstbar gemacht. Solch einheitliche Zweckverfolgung hat sich nicht von ungefähr eingestellt, sondern beruht auf den mit dem Willen des Stifters übereinstimmenden rechtlichen Veranstaltungen, durch die nach fester Regel individuelle Willen zur satzungsgemäßen Verfügung über das Stiftungsvermögen angehalten werden. Das von der Rechtsordnung ins Leben gerufene Willenszentrum, dessen einzelne Äußerungen auf verschiedene Individuen verteilt sind, ist zwar kein neues bewußtes Ich, keine Überseele, aber nicht weniger real als ein menschliches Einzelindividuum und ihm darin verwandt, daß Vermögensrechte mit ihm verknüpft werden können. Wenn wir sagen, daß der Stiftung als Gesamtperson die das Stiftungsvermögen bildenden Rechte zustehen, so verfallen wir dabei nicht auf Erdichtungen, sondern halten uns an die Tatsachen. Zu diesen Tatsachen gehört unter anderm die Verfügungstätigkeit der Individuen, die jeweils das Amt der Vorstandschaft ausüben. Ist subjektives Recht in erster Linie Willensmacht, so formt sich kein Recht für die Gesamtperson, ohne daß irgendwelchen Einzelpersonen eine rechtliche Verfügungsmacht eingeräumt wird. Wie kommt es denn aber, wird man fragen, daß dann die zum Stiftungsvermögen gehörigen Rechte nicht statt oder neben der Gesamtperson den mit der Verfügung betrauten Einzelnen zustehen? Der Grund liegt darin, daß nicht jede rechtliche Machtstellung ein subjektives Recht ist. Die besondere Verbindung der Macht mit der Person, die zum subjektiven Recht gehört, ist für die Gesamtperson gegeben, nicht aber für den jeweiligen Vorstand, dem die Verwaltung des Vermögens in fremdem Interesse und grundsätzlich nur vorübergehend zugewiesen ist. Daher hat der Vorstand nur die *Ausübung* der Rechte, während diese selbst der Gesamtperson zustehen. In anderer Wendung: Der Vorstand erscheint als Organ der Stiftung. Das alles ist völlig durchsichtige, den Tatsachen angepaßte Begriffsbildung, die keine Spur von Mystizismus oder Fiktionalismus an sich hat.

In einem ganz ähnlichen Denkprozeß läßt sich die Feststellung einer *obligatorischen Bindung* einer Gesamtperson treffen. Unser Stiftungsvorstand verpflichtet sich, eine Leistung zu bewirken, und zwar nicht aus seinem eigenen Vermögen, sondern aus dem der Stiftung. Für die Übertragung dieser Verbindlichkeit als einer kontraktlichen auf seinen Amtsnachfolger bestehen nicht weniger gute praktische Gründe als für die Übertragung einer Verbindlichkeit vom Erblasser auf den Erben. Durch ihre Verknüpfung mit der Vorstandschaft stellt sich die Verpflichtung dar als Verpflichtung der Gesamtperson Stiftung. Ohne die Verpflichtung Einzelner, nämlich der Funktionäre, wäre die Verpflichtung der Gesamtperson nicht denkbar, daraus folgt aber nicht, daß sie für jene ganz dieselbe ist wie für diese. Für die Gesamtperson ist sie Verpflichtung, aus eigenem Vermögen zu leisten, während für den Funktionär die Verpflichtung dahin geht, mit den Mitteln die Leistung zu bewirken, die ihm sein Amt zur Verfügung stellt. Alles scheint in bester Ordnung, und doch wird gerade an dieser Stelle der Widerspruch der Gegner aufs schärfste einsetzen.

Wir wissen, wird es heißen, worauf ihr hinauswollt: Was für die Stiftung gilt, das gilt natürlich mutatis mutandis auch für die *Körperschaft* und damit für den Staat, es gibt keine Verbindlichkeit der Gesamtperson ohne Verpflichtung der Einzelpersonen, die man als ihre Organe zu bezeichnen pflegt. Da nun im demokratischen Staat ein jeder Bürger als Organ des Staates gelten darf, sind die völkerrechtlichen Verpflichtungen primär Verpflichtungen der Bürger und das Thema probandum, die Konfliktsmöglichkeit zwischen Völkerrecht und Untertanenpflicht ist in vollem Umfang erwiesen. Aber die Argumentation steht am entscheidenden Punkt in offenem Widerspruch zu festgewurzelten juristischen Denkgewohnheiten und zur Praxis des Rechtslebens. Denn der Vorstand einer Stiftung denkt nicht daran, sich zu irgendeiner eigenen Leistung, auch nicht zu einer solchen aus dem Stiftungsvermögen zu verpflichten, er will *sich* in gar keiner Weise, viel mehr nur die Gesamtperson verpflichten. Auch würde kein Richter den Vorstand als beklagte Partei zu irgend etwas verurteilen, die Klage aus dem Vertrag muß von vornherein gegen die Gesamtperson gerichtet werden. Eine Verpflichtung des Vorstands gegenüber dem Gläubiger könnte höchstens als rein moralische angenommen werden; vor dem Forum des Rechts ist sie nicht-existent. Wohl besteht aller Regel nach eine Verpflichtung des Vorstands zur Erfüllung der Leistung gegenüber der Gesamtperson, aber aus solchen Verpflichtungen läßt sich keine Verpflichtung gegenüber dem Gläubiger bilden. Es bleibt daher bei dem Satz, daß nur die Staaten, niemals einzelne Subjekte völkerrechtlicher Verbindlichkeiten sind.

So die Gegner. Zunächst ein Wort zu den Verpflichtungen der Organe gegenüber der Gesamtperson, die sie verkörpern. Ich gebe ohne weiteres zu, daß diese Verpflichtungen sich zur Konstruktion des Völkerrechts nicht verwenden lassen. Bekanntlich haben einige Internationalisten das Gegenteil gelehrt. Sie nehmen an, daß das Völkerrecht in den bezeichneten Verpflichtungen aufgehe, aber ihr Völkerrecht ist eben kein wahres Völkerrecht, wie sich schon daraus ergibt, daß der Staat auf die Erfüllung solcher Verpflichtungen stets verzichten und sich dadurch einseitig von jeder völkerrechtlichen Verbindlichkeit befreien könnte.

Und nun zur Hauptsache. Der Einwand, den ich mir soeben selbst als advocatus diaboli gemacht habe, erschüttert die von uns vertretene logisch unumstößliche Auffassung nicht im geringsten, aber er nötigt uns, auf gewisse Arcana juristischer Begriffsbildung etwas näher einzugehen. Es ist ganz richtig, daß nach durchaus gebräuchlicher juristischer Anschauung durch Abschluß eines Vertrags für die Gesamtperson das Organ keine rechtliche Verbindlichkeit gegenüber dem Vertragsgegner auf sich nimmt. Das Organ kontrahiert nicht im eigenen Namen, sondern im Namen der Gesamtperson. Dadurch tritt, was, soviel ich sehen kann, in der juristischen Literatur noch nie klar herausgearbeitet worden ist, an Stelle der spezifischen Organschaft eine andere Rechtsfigur, die der *Vertretung*. Offenbar hat es der Horror vor der Fiktionstheorie verhindert, daß man diesen

Sachverhalt deutlich erkannt hat. Die Eigenart des Organverhältnisses besteht darin, daß sich auf realen Beziehungen der einzelnen Organpersonen eine nicht weniger reale Rechtsbeziehung der Gesamtperson aufbaut. Dagegen handelt es sich, wenn das Organ namens des Vereins einen Vertrag abschließt, um eine Fiktion, und zwar, was die Sachlage verwickelt, um eine *doppelte Fiktion*. Einmal nämlich ist jedes alieno nomine agere eine Fiktion, worüber weiter nichts gesagt zu werden braucht. Die zweite Fiktion besteht in der Annahme, eine Gesamtperson könne sich vertraglich verpflichten, ohne daß korrespondierende Verpflichtungen seiner Organe zur Entstehung gelangen. Das vertragliche Sichverpflichten einer Gesamtperson läßt sich, wie wir gezeigt haben, ganz wohl denken ohne Zuhilfenahme einer Fiktion, aber so wie unsere Juristen es sich denken, ist es (auch abgesehen von dem alieno nomine agere) nichts anderes als eine Fiktion. Mit dieser Behauptung soll kein Vorwurf gegen unsere Rechtswissenschaft erhoben werden. Fiktionen sind technische Hilfsmittel, die bisweilen sehr nützlich, bisweilen überflüssig, bisweilen verwirrend und darum schädlich sind. Ich will die Verwendung der Fiktion in unserm Fall weder tadeln noch verteidigen, vielmehr nur kurz angeben, wie sie arbeitet. Durch das Kontrahieren des Organs im Namen des Vereins wird in Wahrheit nicht nur nicht das Organ, sondern überhaupt niemand dem Gläubiger gegenüber verpflichtet. Aber dem Gläubiger kommt es auch nicht sonderlich auf die Verpflichtung an. Was er braucht ist in erster Linie ein Zugriff auf das Vermögen der Gesamtperson, durch dessen Androhung sich die Organe der Gesamtperson meistens bestimmen lassen werden, die Leistung zu bewirken, und der, wenn die Drohung nicht ausreicht, mit Hilfe der Gerichte und der Vollziehungsbeamten realisiert werden kann. Wir können unser Ergebnis auch so formulieren: Was bei der angeblichen Begründung vertraglicher *Verpflichtungen einer Gesamtperson* wirklich vorliegt, ist *Haftung ohne Schuld*, daraus macht die juristische Konstruktion mittels Fiktionen Schuld mit anschließender Haftung.

Aber warum kann es sich denn, wird man fragen, im Völkerrecht nicht gerade so verhalten, wie eben für das Zivilrecht dargelegt wurde? Warum sollte man es nicht auch im Völkerrecht mit einer Haftung ohne Schuld zu tun haben, die von den Juristen in die Denkform einer Verpflichtung des Staates gebracht wird? Aus dem einfachen Grund, antworten wir, weil eine Rechtsordnung nicht völlig ohne wirkliche Verpflichtungen auszukommen vermag. So finden wir denn auch bei der vertraglichen Bindung von Gesamtpersonen innerhalb des staatlichen Rechtes solche Verpflichtungen, nur liegen sie nicht den Gesamtpersonen selbst oder ihren Organen ob, sondern den Vollstreckungsbeamten, die die Haftung durchzuführen haben. Die Verpflichtung als Bindung des einzelnen Menschen im Gewissen, als psychische Einwirkung, die die äußere Tat hervortreibt, ist der Hebel, mit dem das Recht stets letztlich einsetzen muß, wenn es seinem Wesen als einem das Leben beherrschenden Sollensgesetz treu bleiben will. Das ist der Kern der Imperativentheorie, die innerhalb der deutschen Rechtswissenschaft ihren glänzendsten Vertreter in Zitelmann gefunden hat. Man versuche einmal, im Völkerrecht die reale Verpflichtung gänzlich auszuschalten und nur mit Haftungen auszukommen und man wird sehen, zu welch unmöglichen Konsequenzen man gelangt.

Bekanntlich gehört es zu den schwächsten Punkten des Völkerrechts, daß über die Sanktionen seiner Normen vielfach genauere Bestimmungen fehlen. Man weiß vielleicht, was der Staat X von Völkerrechts wegen zu tun hat, aber man weiß nicht, was geschehen soll, wenn er ungehorsam ist. Wäre nun die Verpflichtung irreal und nur die Haftung real, so würde von vornherein das Völkerrecht in seinen effektiven Beständen stark zusammenschrumpfen. Sieht man näher zu, so merkt man, daß es sich geradezu in nichts auflösen würde, denn was bedeutet Haftung, wenn man der Verpflichtung die Wirkungsfähigkeit nimmt? Wenn Staat A nicht leistet, darf Staat B sein Gebiet besetzen. Aber das durfte er schon vorher, da er ja in Wahrheit zu nichts verpflichtet werden kann. Er hätte doch vorher, wird es heißen, im Fall einer Gebietsbesetzung haftbar gemacht werden können. Nun gut, dann wären wir also wieder genau da, wo wir im Anfang standen, bei der Frage nach dem Sinn der Haftung. Es bleibt kaum etwa anderes übrig, als die Bedeutung der Haftung in dem Recht des Staates B zu sehen, bei Nicht-Leistung von A dritte Staaten zur Mitwirkung beim Zugriff auf die Güter von A heranzuziehen. Aber ein solches Recht ist nichts, wenn es nicht ein echtes Verpflichtenkönnen ist.

Es bleibt also dabei: die Völkerrechtsordnung muß, wie jede Rechtsordnung, Verpflichtungen begründen; kommt es ihr letztlich auf Verpflichtung von Staaten an, so muß sie wohl oder übel zunächst einmal bei den Einzelnen ansetzen und die Verpflichtungen der Einzelnen so ausgestalten, daß sich daraus Verpflichtungen von Staaten konstruieren lassen. Mit fiktiven Verpflichtungen ist es nicht getan, und die Verpflichtung des Staates ohne Verpflichtung Einzelner ist rein fiktiv. Nicht selten haben die Praxis und die Wissenschaft des Völkerrechts zivilrechtliche Analogien verwendet. Sie haben im großen und ganzen recht daran getan, denn, wennschon die Analogien fast nie völlig stimmten, so waren sie doch die Krücken, deren sich das Völkerrecht bedienen muß, solange es noch nicht auf eigenen Füßen stehen kann. Dagegen ist es höchst bedauerlich, daß auch bei der grundsätzlichen Bestimmung der völkerrechtlichen Pflichtsubjekte, also wenn es direkt auf die Tatsachen zu greifen gilt, unsere Wissenschaft sich von einer technischen Konstruktion der Zivilistik faszinieren läßt.

Es ist kaum zu leugnen, daß wir in unserer ganzen Beweisführung von Voraussetzungen ausgegangen sind, die von gewissen neuesten Richtungen der *Rechtsmethodologie* nicht anerkannt werden. Wir teilen immer noch den hausbackenen Glauben, daß das Recht eine psychische Grundlage hat, daß insbesondere die Verpflichtung, mit der es als seinem primum agens arbeitet, sich in Form des Motivs im Innern der Menschen geltend zu machen hat, um von hier aus das äußere Leben zu beeinflussen. Eben darin nun sehen einzelne moderne Rechtsdenker einen unhaltbaren Empirismus und Psychologismus. Ihnen scheint die rechtliche Verpflichtung einem vom Reich sterblicher Animalität gänzlich verschiedenen Seinsgebiet anzugehören, das freilich nicht der gewöhnlichen Beobachtung, vielmehr nur der Wesensschau oder einer dialektischen Transzendentallogik zugänglich ist. Da mir die erforderliche visionäre Fähigkeit abgeht und ich die Dialektik für ein durchaus trügerisches Erkenntnisverfahren halte, so kann ich nicht sagen, ob es nicht in jener überempirischen Sphäre, in der die rechtliche Verpflichtung beheimatet ist, freischwebende Verpflichtungen von Staaten gibt. Ich muß mich damit bescheiden, an den gewöhnlichsten gesunden Menschenverstand zu appellieren, wenn ich die Behauptung wage, daß der Jurist, der nicht auch in seinen allgemeinsten Begriffsbildungen den Kontakt mit der psychischen Wirklichkeit aufs sorgfältigste zu wahren weiß, Luftschlösser baut in irgendeinem Wolkenkuckucksheim.

Mit einem anderen Bedenken muß ich mich näher auseinandersetzen. Wie kann, wird man fragen, wenn doch bei Abschluß eines Staatsvertrages die *Bindung einzelner Personen* von denen, die unmittelbar kontrahiert haben, nicht beabsichtigt wird, durch den Vertrag eine solche Bindung bewirkt werden. Es scheint am Begründungsakt der Obligation zu fehlen. Aber die Schwierigkeiten, die man sich hier auftürmen sieht, sind nicht so groß wie man meint. Die Wurzel des Satzes pacta servanda sunt ist das Ordnungsbedürfnis. Übernimmt jemand vertraglich eine Leistung, so muß er, wenn Ordnung in der Welt sein soll, zu seinem Worte stehen: Ein Mann ein Wort. Daraus folgt unmittelbar, daß in Zeiten, in denen man die Person des Herrschers von der des Staates noch nicht zu unterscheiden wußte, die im eigenen Namen kontrahierenden Herrscher sich selbst für verpflichtet anzusehen hatten. Für die Begründung der Verpflichtung ihrer Nachfolger bedurfte es schon eines neuen Rekurses auf den Ordnungsgedanken. Das Prinzip: „Ein Mann ein Wort" paßt hier nicht mehr. Aber wir brauchen es auch nicht, denn nicht viel weniger evident als dies Prinzip ist der Satz, daß im Interesse geordneter Zustände der neue König an dem Vertrag festhalten muß, den der alte geschlossen hat.

Heutzutage heißt es im Vertrag, daß die Mächte oder die Staaten sich zu einem bestimmten Verhalten verpflichten, und die zum Vertragsabschluß verfassungsmäßig befugten Personen erklären nicht, daß sie sich selbst oder die Bürger ihres Staates binden wollten. Aber es kommt nicht viel darauf an, ob sie es erklären und wen sie durch ihre Erklärung für gebunden halten. Soll die Erklärung die Funktion ausüben, die der sozialen Natur des Menschen entspricht, dann muß der vagen Formel der Inhalt gegeben werden, daß jeder im Staat verpflichtet wird, der zur Erfüllung des Vertrags beizutragen vermag oder, um eine für die Bezeichnung des Gesetzadressaten im Staatsrecht beliebte Formel zu gebrauchen: jeder, den es angeht. Damit wird eine Forderung aufgestellt, der die Menschen genau in dem Grade, in dem das Völkerrecht bei ihnen tatsächlich Geltung hat, nachzukommen bereit sind. Wäre nicht ein Gefühl der Verantwortlichkeit für die Einhaltung völkerrechtlicher Verbindlichkeiten weithin unter den Menschen verbreitet, dann würde es an den Ansätzen zu einem geltenden Völkerrecht fehlen, die man, ohne in einen optimistischen Internationalismus zu verfallen, heutzutage immerhin feststellen kann.

Wie der Kreis der völkerrechtlichen Pflichtsubjekte, so findet auch der *Inhalt der völkerrechtlichen Pflicht* seine Schranke in dem ultra posse nemo obligatur und hat kaum eine andere feste Begrenzung. Wer etwas für die Erfüllung der völkerrechtlichen Verbindlichkeit durch den Staat tun kann, der soll es tun nach besten Kräften. Sucht man eine nähere Bestimmung, so wird man sich zunächst an die Mittel halten, die das staatliche Recht dem Einzelnen als Bürger oder Beamten zur Mitwirkung an den Staatsakten gewährt, durch die den völkerrechtlichen Verbindlichkeiten unmittelbar Genüge geschieht. Denn nach heutigem Völkerrecht ist es in erster Linie staatliches Handeln, das verlangt wird, und Handeln Einzelner insoweit, als es erforderlich ist, damit staatliches Handeln zustandekomme. Daher sind die staatsrechtlichen Formen, in denen sich staatliches Handeln verfassungsmäßig allein bilden kann, gewissermaßen die Kanäle, in denen sich die völkerrechtlich gebotene Aktion der Einzelnen zu bewegen hat. Dies ist der richtige Kern des falschen Satzes, daß das Völkerrecht sich nur an die Staaten wende.

Damit ist keineswegs gesagt, daß das Völkerrecht dem Einzelnen stets nur ein mit seiner staatlichen Untertanenpflicht im Einklang stehendes Verhalten zumuten könnte. Denn wenn der Staat in Ausübung seiner Souveränität nach innen jedermann verbieten würde, die Erfüllung der völkerrechtlichen Verbindlichkeit in irgendeiner Weise zu fördern, dann würde er – hierüber sind wir uns doch wohl einig – nicht von seiner völkerrechtlichen Verbindlichkeit befreit werden, und es müßte, wenn man es mit dem Begriff der Verbindlichkeit ernst nimmt, mit der fortbestehenden Verpflichtung des Staates eine Verpflichtung Einzelner Hand in Hand gehen. Wie sich der Einzelne nach Völkerrecht gegenüber dem völkerrechtswidrig handelnden eigenen Staat zu verhalten hat, darüber lassen sich genauere Regeln nicht aufstellen, es entscheidet die konkrete Situation. Solche Unbestimmtheit der Pflicht hindert nicht, daß es sich um eine Rechtspflicht handelt. Das Völkerrecht wäre nicht die unvollkommene, unentwickelte Lebensordnung, die es ist, wenn es alle seine Pflichten scharf zu bezeichnen vermöchte. Wer unser Völkerrecht überhaupt als ein Recht ansprechen will, der muß seinen verschwommenen Charakter in Kauf nehmen. Daß dem geltenden Rechtsbewußtsein die Pflicht zum Widerstand gegen den völkerrechtswidrigen Staatsbefehl nicht unbekannt ist, beweist die vielleicht nur von einer Minorität, aber immerhin von einer nicht unbeträchtlichen Minorität erhobene Forderung, daß der Bürger sich weigern solle, an einem völkerrechtswidrigen Krieg teilzunehmen.

Unserer Auffassung von den völkerrechtlichen Pflichten entspricht unsere Auffassung von der *Hauptaufgabe der Völkerrechtswissenschaft*. Diese Disziplin sollte nicht ausschließlich von der Tätigkeit handeln, die Diplomaten, Staatsmänner und Heerführer zu entfalten haben, damit internationale Rechtsverhältnisse von Staat zu Staat entstehen, sich ändern und ein Ende finden. Sie sollte von der Beteiligung höchster Staatsorgane am völkerrechtlichen Rechtsakt hinabsteigen zu den völkerrechtlichen *Pflichten des Bürgers*, aus denen allein ein Völkerrecht hervorwachsen kann. Bei Bestimmung dieser Pflichten sollte sie den völkerrechtlichen Standpunkt mit der gleichen Einseitigkeit und Konsequenz vertreten, mit der die Staatsrechtslehre die Souveränität des Staates nach innen behauptet. Was immer zu geschehn hat, wenn das Völkerrecht sein Dasein bewahren und kräftigen will, das müßte ihr Gegenstand völkerrechtlicher Verpflichtung sein.

Da nun die Staaten nur allzuoft geneigt sind, dem Völkerrecht zuwiderzuhandeln, kann das Völkerrecht nicht darauf verzichten, den Einzelnen unter Umständen in Widerstreit mit seinem eigenen Staat zu bringen. Die Völkerrechtslehre darf das nicht verschweigen, selbst wenn sie dadurch in den Verdacht landesverräterischer Gesinnung käme. Sie darf das Völkerrecht gegenüber dem staatlichen Rechte nicht weniger hochhalten, wie die Staatsrechtslehre das staatliche Recht gegenüber dem Völkerrecht hochhält. Auf den Satz „Völkerrecht bricht nicht Landesrecht" antwortet sie: Landesrecht bricht nicht Völkerrecht. Beide Sätze sind einseitig, beide beruhen auf einer gewollten Beschränkung des Horizontes, bei der man sich nicht dauernd beruhigen kann. Eine Überwindung des Zwiespalts in einer höheren Betrachtung muß versucht werden, nur sind für ein solches Unternehmen die Mittel positiver Jurisprudenz nicht ausreichend.

Was wir über die völkerrechtlichen Pflichten ausführten, wird bestätigt durch einen Blick auf die völkerrechtlichen *Sanktionen*. Das Einzelne sich vor dem Forum der öffentlichen Meinung einer Übertretung völkerrechtlicher Normen schuldig machen können, wird sich schwerlich bezweifeln lassen. Aber der Unbestimmtheit der völkerrechtlichen Verpflichtung der Einzelnen entspricht der Mangel einer unmittelbar auf die Individuen gemünzten völkerrechtlichen Sanktion. Vor allem fehlt es an Strafbestimmungen solcher Art, so daß dem des Völkerrechtsbruchs schuldigen Individuum der Satz nulla poena sine lege zugute kommt. Wie wir die völkerrechtlichen Verpflichtungen der Einzelnen aus den formell den Staaten auferlegten Verpflichtungen folgern mußten, so werden auch die Sanktionen formell stets nur den Staaten zugedacht. Daß hier mit den Staaten notwendig die Einzelnen getroffen weren, gilt auch für die Sanktion. Natürlich hat nie ein Staat anders gezahlt und gebüßt als in Zahlungen und Büßungen seiner Untertanen.

Das Regime der Kollektivverpflichtungen und -sanktionen tut der Gerechtigkeit offensichtlich nur in Bausch und Bogen Genüge. Ob es aus praktischen Gründen unvermeidlich ist und inwieweit es sich durch ein mehr individualisierendes Verfahren ergänzen ließe, mag dahingestellt bleiben. Daß es gute Dienste leisten kann, wird niemand leugnen. Gerade in der Unbestimmtheit seiner Drohungen muß es für jedermann höchst eindrucksvoll sein, nur ist zu fürchten, daß es einen Fatalismus aufkommen läßt, der mit der Entfaltung individuellen Verantwortungsgefühls im Widerspruch steht. Übrigens nehmen es die Staaten mit dem Prinzip der völkerrechtlichen Kollektivsanktion nicht immer sehr genau. So suchen sie sich etwa für ihre Ansprüche durch eine Konfiskation privaten Eigentums zu befriedigen. Das ist unrecht, aber es gibt Schlimmeres auf dem Gebiet des Völkerrechts, und es hat etwas Tragikomisches, wenn manche Völkerrechtslehrer, die die Unzulänglichkeiten des Völkerrechts in den vitalsten Dingen mit stoischer Gelassenheit hinnehmen, in die größte Erregung geraten, sobald der korrekte modus des Sanktionsverfahrens nicht gewahrt, der Umweg über den Staat nicht eingeschlagen wird.

Nicht so bedeutungsvoll wie die Frage nach den Personen, denen vom Völkerrecht Pflichten und Sanktionen auferlegt werden, aber doch auch nicht ohne Bedeutung ist die Frage, ob die Völkerrechtsordnung ähnlich wie die staatliche Rechtsordnung auf ein *Rechtssubjekt* zurückgeführt werden kann. Man redet in der Völkerrechtswissenschaft nicht selten von einer *Rechtsgemeinschaft* der Völker, von der das Völkerrecht ausgeht, aber mit einer solchen Wendung soll schwerlich immer ein eigentliches Rechtssubjekt, eine juristische Person im technischen Sinn bezeichnet werden. Denn ein derartiges Rechtssubjekt droht in die Kategorie Staat zu fallen und wenige Lehren sind bei der überwiegenden Majorität der Internationalisten so unbeliebt wie die, daß sich über den einzelnen Staaten die Gesamtheit der Staaten oder Völker als eine Art Überstaat erhebe. Mir scheint nun, daß, wenn man, wie es doch wohl die meisten Internationalisten tun, das Völkerrecht als eine positive, geltende Rechtsordnung auffaßt, die Konstruktion eines Rechtssubjekts, das diese Rechtsordnung setzt, sich schwer vermeiden lassen wird.

In der Tat leugnet kein moderner Jurist, daß das Völkerrecht von irgend jemand gesetzt werden muß, aber nach der herrschenden Meinung sind es die einzelnen Staaten, die durch *Selbstverpflichtung* das Völkerrecht zustande kommen lassen. Indessen gelangt man auf diesem Wege nie zu *einer* Völkerrechtsordnung, vielmehr nur zu einer Anzahl von Komplexen konkreter Vorschriften für einzelne Staaten, die in Anbetracht ihrer inhaltlichen Übereinstimmung bestenfalls als allgemeines, nicht aber als gemeines Völkerrechtsordnung, vielmehr nur zu einer Anzahl von Komplexen konman sich mit einem solchen allgemeinen Völkerrecht nicht begnügen will. Sind sich nicht die meisten Völkerrechtslehrer darüber einig, daß der Satz *pacta servanda sunt* zum geltenden, positiven Völkerrecht gerechnet werden muß? Worin besteht der Akt, durch den dieser Satz den Charakter geltenden positiven Rechts erlangt? Gewiß nicht darin, daß er in Verträge, die von einzelnen Staaten abgeschlosen werden, Aufnahme findet, sondern darin, daß er von der öffentlichen Meinung der zivilisierten Menschheit als verbindlich anerkannt und von der Staatspraxis in der Mehrzahl der Fälle befolgt wird. Es ist einer der größten Fehler der üblichen Quellentheorie des Völkerrechts, daß sie viel zu ausschließlich auf die Staatspraxis abstellt. Man möchte eben um jeden Preis das Dogma von der absoluten Souveränität der Einzelstaaten retten, daher soll ein Staat immer nur insoweit gebunden sein, als er, wenn auch nur stillschweigend, sich mit der Bindung einverstanden erklärt habe, und eben diese Erklärung wird als Fundament der Verbindlichkeit ausgegeben. Aber für das Dogma von der Souveränität des Staates nach außen gibt es keine Hilfe. Das zeigt sich sofort, wenn man versucht, das Prinzip pacta servanda sunt als Satz des allgemeinen, positiven Völkerrechts auf einen stillschweigenden Consensus aller Staaten zurückzuführen. Ein solcher Consensus könnte nur in der Befolgung von Verträgen gefunden werden, die die Anerkennung ihrer bindenden Kraft implizieren würde. Nun hätte einmal die Anerkennung, um die es sich hier handelt, eine Bindung zum Gegenstand, die dem Anerkennungsakt vorausginge, und könnte darum vernünftigerweise nicht als Ausdruck der Souveränität aufgefaßt werden. Sodann wird doch wohl niemand leugnen, daß ein Staat sich nicht dadurch der Herrschaft des uns interessierenden Satzes entziehen kann, daß er konstant seine Verträge bricht. Endlich ist offensichtlich die neben der Übung für die Rechtsbildung erforderliche opinio juris nicht ausschließlich durch die bei der Vertragserfüllung fungierenden Staatsorgane vertreten, sondern es ist der Chorus der zivilisierten Menschheit, der hier dem Faktum den rechtsschöpferischen Charakter verleiht.

Das Gewohnheitsrecht enthält neben dem eben behandelten formalen Prinzip eine Reihe inhaltlich bestimmter allgemeiner Normen. Diese Normen gelten als verbindlich auch für solche Staaten, die sie nie zu befolgen die Gelegenheit hatten. Sagt man, auch diese Staaten hätten durch ihren Eintritt in die Staatengemeinschaft die betreffenden Normen stillschweigend anerkannt, so heißt das einen Gebrauch vom Hilfsmittel der Fiktion machen, der die Begründung schlechthin jeder Behauptung ermöglicht. Von den weiteren Quellen des Völkerrechts mögen besonders erwähnt werden die *rechtsetzenden Vereinbarungen,* die Praxis der Schiedssprüche, die Lehre der angesehensten Autoren. Am deutlichsten zeigen die rechtsetzenden Vereinbarungen die Eigenart des Völkerrechts. Weil es kein festes gesetzgebendes Organ für die Rechtsbildung durch die Völkergemeinschaft gibt, muß im Interesse der Ordnung als Recht akzeptiert werden, was die *Majorität* der an einer Angelegenheit jeweils am nächsten beteiligten Staaten vereinbart. Hier ist die Übereinkunft einzelner Staaten das Organ für den rechtsetzenden Willen der Völkergesamtheit. Zwischen dem Gewohnheitsrecht und den eben bezeichneten Rechtsquellen sowie zwischen den letzteren untereinander besteht keine scharfe Scheidung. Überall greift die Gewohnheit staatlichen Handelns befestigend, fördernd oder auch hemmend in den Prozeß der Rechtsentstehung ein, und das schwer faßbare, aber darum nicht weniger reale Etwas, das wir als öffentliche Meinung bezeichnen, vermag in der gleichen Weise zu wirken.

So fehlt es der Völkergemeinschaft wahrlich nicht an Organen, um sich allmählich eine objektive Rechtsordnung zu geben, die sich als ein sinnvolles Ganzes darstellt. Nur sind die Organe noch durchaus plastisch, zum Teil fast amorph, aber schließlich ist ja alles am Völkerrecht unfertig, schwankend, fließend. Was wir für die Geltung und den Ordnungscharakter des Völkerrechts feststellen mußten, das gilt entsprechend auch für die Ausbildung der *Organe der Rechtsetzung* und für die damit aufs engste zusammenhängende Entwicklung der Völkergemeinschaft zum Rechtssubjekt. Wer das Völkerrecht als geltendes Recht behandelt, der nimmt notgedrungen im Werdenden das Gewordene voraus und wird daher folgerichtig die Völkergemeinschaft heute schon als Rechtssubjekt ansprechen, während er allerdings, wie uns scheint, den technischen Begriff des Staates, der eine ganz besonders hohe Entwicklung der Organisation des Gemeinschaftslebens voraussetzt, vorläufig noch aus dem Spiel zu lassen hätte. Wenn die herrschende Lehre sich diesen Leitsatz nicht zu eigen macht, wenn sie davor zurückschreckt, die Völkergemeinschaft offen als Rechtssubjekt anzuerkennen, so liegt das daran, daß sie bewußt oder unbewußt dem Dogma von der absoluten Souveränität des Einzelstaats huldigt. Man will das Völkerrecht als echtes, positives Recht anerkennen, aber man will es doch nur insoweit als Recht anerkennen, als dies vereinbar ist mit der absoluten Souveränität der Einzelstaaten. Da nun mit dieser Souveränität wahres Völkerrecht überhaupt unvereinbar ist, so braucht man sich nicht zu wundern, daß der Stand der allgemeinen Lehren des Völkerrechts heute noch ein so äußerst unbefriedigender ist.

Ist es das Rechtssubjekt der Völkergemeinschaft, von dem das Völkerrecht ausgeht, dann versteht man ohne weiteres, daß selbst solche Rechte und Pflichten Einzelner, die nicht die notwendigen Grundlagen für Rechte und Pflichten von Staaten bilden, völkerrechtlichen Charakter haben können. Nehmen wir als Beispiel den Fall, daß ein Staat bei ausländischen Privatpersonen eine Anleihe aufgenommen hat. Einen Anspruch, der nach seinem eigenen Recht den betreffenden Gläubigern zusteht, kann der Staat einseitig durch Gesetz aufheben, aber man wird so leicht nicht zugeben, daß eine solche Aufhebung ihn überhaupt von jeglicher Rechtspflicht gegenüber seinen Darlehensgebern befreien könnte. Vor dem Forum des Rechtsbewußtseins aller Völker würde die Weigerung zur Einhaltung des gegebenen Versprechens aufs schärfste verurteilt werden, und die Furcht vor allgemeiner Verachtung würde den Vertragsbrecher zum mindesten nötigen, Vorwände in Form von Rechtseinwendungen zu suchen. Daher darf man annehmen, daß es sich bei der Verpflichtung zur Rückzahlung nicht nur um Naturrecht, sondern um positives Recht, und zwar, da als rechtssetzende Autorität die Völkergemeinschaft auftritt, um Völkerrecht handelt. Denkt man sich unter dem Begriff des Völkerrechts immer nur eine objektive Rechtsordnung, ohne den Blick auf das Rechtssubjekt zu richten, von dem sie ausgeht, dann gelangt man leicht dazu, das spezifisch Völkerrechtliche in dem Moment des zu regelnden zwischenstaatlichen Verkehrs zu sehen. Bei dieser Auffassung ist dann kein Raum in der Völkerrechtsordnung für Rechtsbeziehungen zwischen Staaten und einzelnen Ausländern. Dagegen mögen derartige Beziehungen sehr wohl von einem Recht erfaßt werden, das Völkerrecht heißen darf wegen seiner Herleitung von dem Rechtssubjekt der Völkergemeinschaft. Ob nun freilich die Rechte, von denen wir augenblicklich handeln, obligationes naturales juris gentium sind oder ob sie wenigstens zum Teil heute schon von ihren Inhabern vor internationalen Gerichtshöfen geltend gemacht werden können, das ist eine schwierige Frage des geltenden Völkerrechts, der ich hier nicht nachgehen kann. Nur das mag gesagt sein, daß eine Ablehnung des Rechtsschutzes sich jedenfalls nicht aus dem Wesen des Völkerrechts folgern läßt.

Während die Auffassung der Völkergemeinschaft als eines personalen Rechtssubjekts heute vorläufig noch im Fluß der Entwicklung steht, gilt für unsere Zeit wie für alle Zeiten der Satz, daß man Staaten nicht verpflichten kann, ohne zugleich einzelne Personen zu verpflichten. Nicht viel weniger sicher ist, daß die Verpflichtungen, auf denen das Völkerrecht aufbauen muß, unter Umständen in den gleichen Subjekten mit widersprechenden staatlichen Untertanenpflichten zusammentreffen können. Wie sollen wir uns diesem Konflikt gegenüber verhalten? Das ist das Problem, mit dem ich mich in meinem letzten Vortrag beschäftigen will.

Rechtfertigung eines souveränen Völkerrechts

Das staatliche Recht und das Völkerrecht sind zwei Rechtsordnungen, die sich von der positiven Rechtswissenschaft nicht zu einem Ganzen zusammenfügen lassen. Denn wennschon sie nach den Funktionen, die sie im sittlichen Leben der Menschheit zu erfüllen haben, auf einen solchen Zusammenschluß hinstreben, so besteht doch zwischen ihnen bezüglich des *Grundes ihrer Verbindlichkeit* eine Verschiedenheit, für die unsere moderne Rechtswissenschaft keinen Ausgleich, keine höhere Synthese findet. Diese Verschiedenheit beruht vor allem darauf, daß das Völkerrecht wegen seiner unsicheren Geltung und höchst mangelhaften Durchbildung den Vergleich mit dem staatlichen Recht nicht aushält, während ihm im Hinblick auf sein Geltungsgebiet unzweifelhaft der höhere Rang zukommt.

Differenzen solcher Art lassen sich vielleicht auf den gleichen Nenner bringen, wenn man ein festes moralphilosophisches System zur Verfügung zu haben glaubt. Diese Voraussetzung ist für die Scholastiker alter und neuerer Zeit gegeben, nicht aber für die moderne positive Jurisprudenz. Daher tut die letztere gut dran, bei der Darstellung des staatlichen Rechts die unbedingte *Souveränität* des Staates nach innen zum Ausgangspunkt zu nehmen, und sie müßte bei Darstellung des Völkerrechts, wenn sie ihren Gegenstand richtig erfaßte und konsequent entwickelte, dem Völkerrecht die gleiche Souveränität zusprechen und offen zugeben, daß es zwischen den beiden Rechtsordnungen zu einer Antinomie kommen kann, für die sie keine Lösung weiß.

Leider verhindern allerhand Hemmungen unsere Internationalisten, in der eben bezeichneten Weise vorzugehen. Da die meisten unter ihnen dem Landesrecht ungleich viel näher stehen als dem Völkerrecht, begegnet uns immer wieder der vergebliche Versuch, das Völkerrecht mit der Souveränität der Einzelstaaten nach außen in Einklang zu bringen. Sieht man sich aber genötigt, das Völkerrecht als eine die Souveränität der Staaten nach außen beschränkende Lebensordnung zu erfassen, dann verbinden sich die Sorge um die Erhaltung einer unbedingt staatstreuen Gesinnung der Bürger mit der Furcht vor dem Eingeständnis, einer für die eigene Wissenschaft unüberwindlichen Antinomie gegenüberzustehen, um die Völkerrechtslehrer in dem Dogma zu einigen, daß das Völkerrecht sich immer nur an Staaten, niemals an einzelne wendet. Wir haben uns in eingehender Ausführung bemüht, die Unrichtigkeit dieses Satzes nachzuweisen. Das Völkerrecht bindet allerdings die Staaten, aber es bindet, das ist die unausweichliche Logik der Dinge, mit den Staaten auch die einzelnen, die an der Bildung des Staatsverbandes beteiligten Individuen, also im modernen demokratischen Staat die Bürger als solche. Da des weiteren das Völkerrecht, wenn es sich nicht selbst aufgeben will, ein staatliches Verbot, die völkerrechtlich begründete Pflicht zu erfüllen, nicht als maßgeblich erachten kann, ist die Möglichkeit eines *Konflikts zwischen staatlichem Recht und Völkerrecht* gegeben. Dies unser bisheriges Ergebnis.

Wenn wir uns nunmehr durch die Peinlichkeit des Konflikts, den wir feststellen mußten, bestimmen lassen, die engen Schranken einer positivjuristischen Untersuchung zu überschreiten, so tun wir es nicht, um die ebenso schwierige wie undankbare Aufgabe zu erfüllen, dem einzelnen je nach seiner besondern Lage zur richtigen Lösung des Konflikts zu verhelfen. Denn in solchen Fragen muß ja doch schließlich jeder seinem eigenen Gewissen überlassen werden. Was uns beschäftigen soll, ist nicht ein Fall der Moralkasuistik, sondern das soziale *Problem der künftigen rechtlichen Gestaltung zwischenstaatlicher Beziehungen.* Wir haben versucht, die für einen jeden bestehende Möglichkeit einer Kollision der staatsrechtlichen und der völkerrechtlichen Pflicht scharf herauszuarbeiten, um mit einem tua res agitur tunlichst jedermann für die große Frage zu interessieren, wie es mit dem Völkerrecht in Zukunft gehalten werden soll. Wenn die Menschen sich durch die positiven Ordnungen, die sie sich selbst geben, in Gewissenskonflikte gebracht haben, so ist der Gedanke nicht abzuweisen, daß ihnen bei der Regelung ihrer Verhältnisse ein Fehler unterlaufen sein möchte, für den es eine Abhilfe gibt. Das ist der Punkt, zu dem alle bisherigen Ausführungen leiten sollten.

Zwei Wege stehen uns offen, um den Konflikt zwischen den beiden Rechtsordnungen, der staatlichen und der internationalen, zu vermeiden. Man kann zurückkehren zum *Zustand der Rechtlosigkeit* im zwischenstaatlichen Verkehr. Es sind derer nicht viele, die eine solche Rückkehr predigen, aber was ihnen an Zahl abgeht, ersetzen sie durch die Stärke ihres Enthusiasmus, der sich bisweilen bis zur Verzücktheit steigert. Außenpolitische Macht des Einzelstaates ist ihnen der höchste, metaphysische, irrationelle Wert des menschlichen Daseins. Den vollendetsten Ausdruck findet diese Macht im Kriege. Daher ist der Krieg eigentlich der Normalzustand im ethischen Sinn und der Frieden immer nur Vorbereitung, Kräftesammlung für den Krieg. Dem Ziel des Krieges dient letztlich auch der

Vertrag zwischen den Staaten und seine Verbindlichkeit ist für einen jeden der Kontrahenten im Grunde genommen nichts anderes als machtpolitisch orientierte Zweckmäßigkeit. Die Konfliktsmöglichkeit, die uns beunruhigt hat, zerfließt bei dieser Auffassung wie Nebel vor der Sonne. Was der Macht frommt, sagt schicksalhaft der leitende Staatsmann, eine andere Verpflichtung als die, ihm über Leichen bis in den eigenen Tod zu folgen, gibt es nicht.

Der zweite Weg zur Beseitigung unserer Schwierigkeit führt nach vorwärts, zu einer eigentlichen *Verrechtlichung der Welt.* Der Völkerrechtsordnung soll wahre Geltung verschafft werden, wodurch ohne weiteres Völkerrecht und einzelstaatliches Recht zu einer Ordnung verschmelzen und jenes vor diesem den Primat erhält: Völkerrecht bricht Landesrecht.

Wenn ich mich von vornherein als Anhänger der zweiten der eben bezeichneten Lösungen bekenne, so werde ich dadurch allein noch nicht der Verpflichtung enthoben, die Gründe, die für die erste sprechen, eingehend zu prüfen. Da indessen für eine Anschauungsweise, die als metaphysischer Irrationalismus auftritt, nur schwer ein positiver Beweis erbracht werden kann, scheint es mir erlaubt, die These von der Notwendigkeit einer einheitlichen Weltrechtsordnung zum alleinigen unmittelbaren Gegenstand der Erörterung zu machen und, was sich zugunsten der Gegenmeinung sagen läßt, in Form der Einrede vorzubringen.

Wenn es nicht gelingt, den Vorrang des Völkerrechts vor dem Landesrecht allmählich zu allgemeiner Anerkennung zu bringen, lassen sich die Kriege zwischen den Staaten nicht ausrotten. Das ist das Hauptargument für ein starkes Völkerrecht, geradeso wie die Beseitigung des Kriegs zwischen den einzelnen das Hauptargument ist für ein starkes staatliches Recht. Hobbes hat zwar, wenn er in der natürlichen Anlage der Menschen kein gegenseitiges Wohlwollen findet, viel zu pessimistisch geurteilt, aber darin hat er recht, daß die Gewalt im Zustand der Anarchie, also das, was er das bellum omnium contra omnes nennt, unendlich viel verhängnisvoller für die Menschheit ist als der Zwang des staatlichen Exekutivverfahrens, und diese seine Rechtfertigung des Staates hat elementarere Überzeugungskraft als irgendeine andere. Was er dagegen vom Völkerrecht zu sagen weiß, bedeutet uns wenig. Er hatte eine Revolution erlebt, die ihm die Augen öffnete für den Segen der Bewahrung innern Friedens durch den Staat, einen Weltkrieg hatte er nicht erlebt. Er konnte auch keine Vorstellung davon haben, welche Waffen der homo faber schmieden kann für den gegenseitigen Vernichtungskampf der Leviathane, wie er die Staaten nannte. Sonst hätte er trotz seines homo homini lupus gemerkt, daß der Mensch des Naturzustandes für seinen Nebenmenschen ein Lämmchen ist im Vergleich mit dem, was der Staat für den Staat und damit für den Menschen zu sein vermag. Wir wagen nicht zu entscheiden, wer nach dem heutigen Stand von Wissenschaft und Technik der Stärkere ist im Kampf zwischen Giftgas und Gasmaske. Wenn der bloße Gedanke, wovon es abhängt, daß nicht ein kommender Krieg die Schrecken des Weltkriegs von 1914 ums Zehnfache überbietet, die Menschheit nicht zur Besinnung bringt, ihr den Abgrund der Vernichtung und namenlosen Entwürdigung zeigt, vor dem sie steht, sie veranlaßt, durch ein souveränes Völkerrecht den Krieg der Staaten in derselben Weise zu überwinden, wie sie den Krieg von Mensch zu Mensch durch die Errichtung souveräner Einzelstaatsgewalten überwunden hat, dann ist ihr wahrlich nicht zu helfen. Oder sollen ihr etwa Konventionen helfen, die den Gebrauch allzu furchtbarer Kriegsmittel einschränken? Solche Linderungsmittel sind heute antiquiert; wer gar in ihnen ausreichende dauernde Heilmittel sehen wollte, der dürfte sich nicht wundern, wenn man ihm mit den Versen Spittelers entgegnete:

„Ist das nun Bosheit oder Feigheit oder was
Von diesen schauerlichen Apothekern das?
Anankes blutige schmerzdurchzuckte Fleischerhöhlen
Mit solchen kindischen Läpplein-Päpplein reinzuölen!"

Es ist nicht nur Vernichtung der leiblichen Existenz, die der Menschheit droht, wofern sie den Kriegen nicht Einhalt gebietet; der Untergang, der ihr bevorsteht, ist ein tief beschämender, würdeloser. Faßt man den Krieg als freie Tat der Menschheit – und erst dann ist er ein Gegenstand sittlicher Beurteilung –, dann kann es keine Rechtfertigung für ihn geben. Eine solche Rechtfertigung ist denn auch nie ernstlich versucht worden. Wo von eigentlicher Rechtfertigung des Krieges die Rede ist, da handelt es sich nicht um des Menschen, sondern um Gottes Rechttun, um Theodizee; Gott verleugnet weder seine Gerechtigkeit noch seine Güte, wenn er uns neben unzähligen anderen Plagen den Krieg sendet zur Strafe, zur Prüfung, zur inneren Läuterung. Im übrigen werden dem Krieg oft viel Vorzüge nachgerühmt, ohne daß dabei eine sittliche Beurteilung in Betracht käme. Der Krieg erscheint hier als ein unabwendbares Fatum, dem der Verständige eine gute Seite abzugewinnen sucht. Make the best of it! Und in der Tat muß man zugeben, daß die Kriege mancherlei Großes in der Welt gewirkt haben, daß sie in einem engen Kausalnexus stehen mit der Entfaltung heroischer Tugenden und in einem nicht gar so entfernten mit dem Emporblühen reichen Kulturlebens. Aber daraus folgt mitnichten, daß unter dem Gesichtspunkt verantwortlichen menschlichen Handelns der Krieg als das rechte Mittel zum rechten Zweck aufgefaßt werden könnte.

Wir sind am entscheidenden Punkt unserer Untersuchung angelangt. Faßt man den Krieg als göttliche Einrichtung oder als unabwendbares

Schicksal, dann kann er unmöglich als unsittlich bezeichnet werden. Denn daran, daß Gott stets in vollkommenster Weise sittlich gut handelt, kann nicht wohl gezweifelt werden, und dem Fatum gegenüber läßt sich die sittliche Frage vernünftigerweise gar nicht stellen. Sieht man dagegen im Krieg ein freies menschliches Verhalten, dann wendet sich das Blatt, man weiß nun in der Tat nicht, was ihn vor dem sittlichen Verdammungsurteil bewahren könnte, die Stimme des Gewissens spricht sich allzu deutlich gegen ihn aus. Irre ich nicht, so liegt das Haupthindernis für eine Verständigung über den Wert des Krieges darin, daß die eben dargelegte Verschiedenheit in der Betrachtungsweise von den streitenden Parteien nicht beachtet wird. Für die einen ist der Mensch Herr über den Krieg, es hängt von ihm ab, ob er Krieg führen will oder nicht, daher ist er verantwortlich für den Krieg, und da der Krieg sich vor seinem Gewissen nicht verantworten läßt, muß er den Krieg aus seinem Reich verbannen. Bei den andern dagegen verbirgt sich hinter Wendungen, die auf die Behandlung eines eigentlich sittlichen Problems zu deuten scheinen, die feste Überzeugung von der Unabwendbarkeit des Krieges, die es empfehlenswert erscheinen läßt, mehr die Licht- als die Schattenseiten des Krieges hervorzukehren. Wie aber kommt es, daß ein so grundsätzlicher Unterschied des Standpunkts den Teilnehmern an der Diskussion verborgen bleiben kann? Ich finde die Erklärung hiefür vor allem darin, daß die Anwendung des Maßstabs menschlicher *Sittlichkeit* auf den Krieg ein Novum in der Geschichte der Menschheit bedeutet und immer noch nicht aus ihren ersten zögernden Anfangsstadien herausgekommen ist. Für diese Behauptung kann ich nicht mit der Ausführlichkeit, die die Sache verdiente, Beweis erbringen, ich muß mich auf ein paar erläuternde Bemerkungen beschränken.

Wie wenig für die Auffassung der Alten die Gestaltung des sozialen Lebens Sache einer frei handelnden Menschheit war, zeigt sehr deutlich Platos Staat. Erwartet doch Sokrates die Einführung der richtigen Staatsform letztlich von der Güte der Götter, die einen philosophisch gebildeten Geist die unumschränkte Herrschaft über ein Volk erlangen lassen. Große soziale Probleme sind sittliche Probleme höchstens für Könige, nicht für eine sich als frei handelndes Wesen empfindende Menschheit. Lange Jahrhunderte haben hieran nichts Wesentliches geändert.

Den Umschwung bringt die moderne Geistesbewegung der Aufklärung, aber sie bringt ihn nur sehr allmählich. Noch am Ende des 18. Jahrhunderts ahnt ein so treuer Sohn der Aufklärung wie Friedrich II. in seiner Staatsmoral nichts von den kommenden Dingen. Die Bestimmung der Außenpolitik ruht beim Herrscher, der Herrscher aber muß Realpolitik treiben, er darf sich nicht leiten lassen von großmütigen Regungen seines Herzens, denn rings um ihn sind die Lenker der Nachbarstaaten – so ist nun einmal die menschliche Natur – um Mehrung ihrer Macht auf Kosten seines Volkes bemüht. Will er nicht die Existenz des Volkes, dessen Führung Gott ihm anvertraut hat, aufs äußerste gefährden, so muß er der Gewalt mit Gewalt, der List mit List begegnen. Man sieht, wie das Rechnen mit den unabänderlichen Gegebenheiten den Spielraum freien sittlichen Verhaltens auf ein Minimum einschränkt. Fast alles ist harte Notwendigkeit. Nirgends der Gedanke, daß die Menschheit sich aufraffen sollte, solch unerträglichen Zuständen ein Ende zu bereiten. Und doch hatte die Aufklärung den Boden dafür vorbereitet, daß die Völker in freier Tat über ihr Geschick verfügen konnten. Die Aufklärung ist in ihrem praktischen Aspekt ein Prozeß der Erhellung und Verselbständigung des sittlichen Bewußtseins. Die Verselbständigung bezieht sich dabei nicht auf das Individuum in seiner Sonderart, sondern auf die generelle menschliche Vernunft, die sich vom Druck der traditionellen Autoritäten zu befreien und ihre eigenen Wege zu gehen sucht.

Die Aufklärung nimmt einen langsamen Werdegang, immerhin erlebt noch das ausgehende 18. Jahrhundert ein Ereignis, das die Emanzipierung der Völker bekundet und die Ära der Bildung der modernen Demokratien einleitet. Von nun an schließt sich für jeden Bürger an die Betrachtung der Vorzüge und Nachteile sozialer Einrichtungen immer mehr die Frage an, ob solche Einrichtungen beizubehalten, abzuschaffen oder abzuändern sind. Der Einzelne steht nicht mehr allein im durchbohrenden Gefühl seines Nichts. Er weiß, daß er mit jedem praktischen Gedanken, der ihm einleuchtend scheint, einen Rückhalt finden kann bei seinen Volksgenossen, die ja Fleisch sind von seinem Fleisch und Geist von seinem Geist. Darum bildet sich jetzt ein soziales Verantwortlichkeitsgefühl aus, wie es früheren Zeiten unbekannt war. Vieles von dem, was früher dem Einzelnen als dunkle Schicksalsmacht gegenübertrat, der er sich einfach zu fügen hatte, erscheint ihm nun als mehr oder minder abhängig von seinem Willen, der sich zum Gemeinschaftswillen gesteigert hat, und mit der Erweiterung des Wirkungsradius des Handelns tauchen unzählige neue Sollensprobleme auf. Zunächst kommen dabei allerdings wesentlich Fragen der innern Politik in Betracht, denn nach außen wird der freie Wille gehemmt durch die Erwägung, daß der Wille anderer Völker sich unserer Beeinflussung entzieht, sich mit dem unsern nicht vereinheitlichen läßt. Noch Rousseau hatte ja die Bildung eines eigentlichen Gemeinschaftswillens nur auf einzelne Völker beziehen zu dürfen geglaubt. Und noch heute stößt man immer und immer wieder auf eine Meinung, die zu lähmendem außenpolitischem Fatalismus führen muß: Wir, das eigene Volk, wären ja wohl gern bereit, der vernünftigen Regelung des Zusammenlebens der Völker willen auf die eigennützige Wahrung von Sonderinteressen zu verzichten, aber die andern

Völker denken nicht wie wir, sie sind unbekehrbar in ihrem rücksichtslosen Egoismus und wir wollen nicht die vertrauensseligen Opfer ihrer Machtpolitik werden.

In neuester Zeit beginnen jedoch auch diese Schranken zu fallen. Man fängt an die Möglichkeit der *Verständigung aller Völker* über gemeinschaftlich zu lösende soziale Aufgaben als praktische Realität zu empfinden, und damit treten solche Aufgaben in den Horizont unserer ethischen Erwägungen. Selbst die Beseitigung des Kriegs, dieser furchtbarsten Geißel des Menschengeschlechts, erscheint uns heute als etwas, das vom Willen des Menschen abhängt, und wird daher dem Traumland der Utopie entzogen und vor das Forum des menschlichen Verantwortlichkeitsgefühls gestellt. Aber vergessen wir nicht, daß die Entwicklung, die wir eben zu skizzieren suchten, sich vorläufig in einem Frühstadium befindet. Immer noch ist, so oft wir von unserer Verantwortlichkeit für friedliche Zusammenarbeit der Völker reden, die Note der Zukunftsmusik deutlich zu vernehmen. Wir dürfen uns daher nicht wundern, daß – wenn wir in unsern Diskussionen über den Wert des Krieges voraussetzen, daß Sein oder Nichtsein des Krieges von den freien, den Prinzipien sittlicher Verantwortlichkeit unterstehenden Entschließungen der Menschheit abhänge – nicht wenige, die diese Voraussetzung formell nicht beanstanden, dem alten Glauben an die unabänderliche Fatalität des Krieges ergeben sind und mit ihrer Verteidigung des Krieges eigentlich nur die guten Seiten eines Schicksals betonen wollen, für das es bei den Menschen keine Abhilfe gibt.

Wenn nun nach Abschneidung drohender Mißverständnisse die Frage, ob die Menschheit die Einrichtung des Krieges bewahren oder aufheben soll, nochmals aufgeworfen wird, so kann die Antwort kaum zweifelhaft sein. Sich für den Krieg entscheiden heißt den Brudermord dekretieren, und wie ließe sich das vor dem normalen menschlichen Bewußtsein verantworten? So hoch man die aufrüttelnden, stählenden, charakter- und kulturfördernden Wirkungen des Krieges auch einschätzen mag, der Preis, den es dafür zu zahlen gilt, wäre nicht annehmbar. Auch ein guter Zweck rechtfertigt eben nicht jedes Mittel. Die Menschheit, die nie aus menschlichem oder göttlichem Munde eine höhere rein sittliche Forderung vernommen hat als die der gegenseitigen Liebe, kann nicht durch Anordnung zeitweiliger gegenseitiger Massenmorde ihrem wahren Heil zu dienen glauben.

Dieser ohne weiteres einsichtige Satz wird nicht erschüttert durch die Rede von einer mit der Individualmoral nicht übereinstimmenden Kollektivmoral. Die sog. *Kollektivmoral,* die von manchen gepredigt wird, ist darum so grundverschieden von der Individualmoral, weil sie überhaupt keine Moral ist, sondern das Gegenteil einer solchen, das Waltenlassen primitiver Triebe ist, deren kollektivem Ansturm gegenüber der Einzelne machtlos ist. Sobald sich ein freies Kollektivbewußtsein entwickelt, das allein ein sittliches Kollektivhandeln ermöglicht, sind die Normen dieses Handelns keine andern als die der Individualmoral. Der Grund dafür liegt im Wesen des Kollektivbewußtseins. Ein solches Bewußtsein steht, wie wir bei Behandlung der juristischen Person ausführten, nicht selbständig neben dem Bewußtsein der einzelnen, die die Kollektivität bilden. Daher entsteht auch kein selbständiges Kollektivgewissen mit seinen spezifischen Normen. Vielmehr ist das Kollektivbewußtsein nur ein den Zusammenhang mit der Gemeinschaft in sich einbeziehendes Bewußtsein des Einzelnen, und die Besonderheit der Kollektivmoral ist nicht eine solche der Wesensart der sittlichen Normen, sondern beruht auf der Erweiterung des Wirkungsfeldes des individuellen Handelns durch dessen Teilnahme am Handeln der Kollektivität. Der Einzelne muß, wenn er die richtige sittliche Entscheidung zu treffen sucht, damit rechnen, daß die Wirkungen des als Organ der Gemeinschaft Handelnden eine größere Tragweite haben können als die des Privatmanns. Aber die Wirkungen des Kollektivhandelns enthalten nichts, was nicht in kleinerem Maßstab in die Handlungssphäre des Privatmanns zu fallen vermöchte. Auch der letztere kann auf das materielle, kulturelle, sittliche, religiöse Leben von Mit- und Nachwelt bedeutungsvoll einwirken. Daher enthält die Kollektivmoral keine andern Grundgesetze als die Individualmoral. Auch sie kennt keine höhere Pflicht als die der Liebe zum Nebenmenschen. Will man also das Verbot des Krieges zwischen den Völkern in den Moralkodex der Menschheit nicht aufnehmen, so wird man das wohl oder übel damit begründen müssen, daß die Menschheit sich einer Hybris schuldig mache, wenn sie eine göttliche Institution wie den Krieg als etwas von ihrem Willen Abhängiges ansehe. Nun haben aber schon die Olympier darüber geklagt, daß die törichten Menschen den Göttern Übel zur Last legen, die sie sich zuzuschreiben hätten: Von uns Göttern sagen sie, heißt es bei Homer, komme alles Übel, während sie doch über das ihnen zugedachte Maß Leiden erdulden durch ihre Verfehlungen.

Für den Krieg als frei gewollte soziale Einrichtung hat das Menschheitsgewissen keine Entschuldigung. Aber was zugunsten des Krieges vorgebracht wird, das soll deswegen nicht weniger sorgfältig verwertet werden bei der Ausgestaltung der künftigen Weltordnung. Der Krieg erzieht zur *Ausbildung heroischer Tugenden.* Eine solche Schulung sollte ihr Seitenstück haben im Leben eines Geschlechts, das sich dauernden Friedens erfreut. Man hat auf die abhärtenden, stählenden Wirkungen des Sports hingewiesen, der für den heutigen Menschen eine so große Rolle spielt und eine noch größere Zukunft vor sich hat. Aber dem Sport fehlt bei allem erzieherischen Wert, den wir ihm, wenn er nicht auf Kosten der geistigen Ausbildung allzusehr überhand nimmt, gerne zubilligen, doch das heroische Moment, das den Krieg auszeichnet, der Appell zur Aufopferung des Einzelnen für die Gesamtheit. Daher verdient der Vorschlag ernsteste Beachtung, daß der Zivildienst, durch den man den überflüssig gewordenen Militärdienst ersetzen will, vorwiegend in sozial nützlichen Arbeitsleistungen bestehen soll, die persönlichen Mut und Opferwilligkeit erfordern, wie etwa die Beschäftigung in Bergwerken.

Blickt man auf das Gewebe verschiedenartigster Ereignisse, als das sich die Universalgeschichte darstellt, dann bemerkt man einen engen, wennschon keineswegs eindeutigen, Zusammenhang zwischen den kriegerischen Bewegungen und der Entstehung und Fortentwicklung höhern Kulturlebens. Nun weiß man viel zu wenig von den Gesetzen der Geschichte, als daß man die Behauptung wagen könnte, es werde der Wegfall der Kriege sich in einer verhängnisvollen Abnahme der Intensität des Geisteslebens spürbar machen. Immerhin wollen wir aus solch düstern Prophezeiungen die gute Lehre entnehmen, daß unsere Programme einer kommenden Völkerrechtsordnung nicht nur der sanften Liebe zum Frieden, sondern auch kraftvolleren und produktiveren menschlichen Bestrebungen Rechnung tragen sollten. Daß der Krieg beseitigt werde, ist die elementarste sittliche Forderung, die zugunsten eines neuen Völkerrechts geltend gemacht werden kann. Alles andere kommt vom sittlichen Standpunkt aus erst in zweiter Linie. Aber der Frieden ist etwas zu Negatives, als daß der Gedanke an ihn jenen allgemeinen Enthusiasmus erwecken könnte, der für den Erfolg einer großen Bewegung unentbehrlich ist. Es ist zum mindesten eine Ungeschicklichkeit, wenn man bei der Werbung für eine rechtliche Organisation der Welt immer nur die Friedensschalmeien ertönen läßt. *Der reine Pazifismus* setzt sich dem gefährlichen Vorwurf der Weichlichkeit aus. Aus der befriedeten Welt machen die Freunde des Krieges die Karikatur eines Schäferidylls oder einer Welt, in der der letzte Mensch, wie Nietzsche ihn schildert, in behaglichem Genußleben seine Tage zubringt. Man sollte daher bei der Friedenspropaganda nie unterlassen, darauf hinzuweisen, daß der Pazifismus nur einen Teil eines umfassenderen Programms bildet. Dem neuen Völkerrecht stehen konstruktivere Aufgaben bevor als die Einsetzung und Instruktion von Schiedsgerichtshöfen, die über internationale Streitigkeiten in scharfer Sonderung von Mein und Dein nach uralten Rechtsgrundsätzen zu entscheiden haben, um so den Frieden unter den Völkern dauernd aufrechtzuerhalten. Es gilt die Menschheit zu schöpferischer Zusammenarbeit zu einen. Kaum ein Gebiet, auf dem der Einzelstaat erhaltend und aufbauend sich als Kulturträger bewährt hat, das nicht dem Weltbundesstaat ein die geistigen Kräfte des Menschen aufs stärkste in Anspruch nehmendes

Betätigungsfeld böte. Ich will beispielsweise einige *Aufgaben unseres Zukunftsstaates* herausgreifen.

Gleich hinter der Pflicht zur Beseitigung des Krieges steht für die ethische Betrachtung die Pflicht zur *Behebung der wirtschaftlichen Not,* unter der ein großer Teil der Bevölkerung heute immer noch leidet. Sobald die Menschheit sich verantwortlich zu fühlen beginnt für die Gestaltung des wirtschaftlichen Lebens, muß es eines ihrer dringendsten Anliegen sein, jedem Individuum eine gesicherte materielle Existenz zu verschaffen. Daß Armut zu sittlicher und religiöser Veredelung und Vertiefung beitragen kann, ist gewiß; auch erweist sich der Satz inopia mater studiorum zwar meistens, aber nicht immer als falsch. Nur hindert das nicht, daß das Wort vom Segen der Armut im Munde dessen, der den unter der Armut Leidenden von ihr befreien kann, eine Brutalität ist. Eine staatliche Planwirtschaft zu erdenken, die das wirtschaftliche Elend beseitigt, ist sicherlich nicht unmöglich. Darüber, daß sie auf internationaler Grundlage konzipiert werden müßte, sind sich die Nationalökonomen wohl ziemlich einig. Worüber sie sich nicht einig sind und was heutzutage überhaupt niemand wissen kann, ist, ob nicht die Macht des wirtschaftlichen Egoismus des Individuums die Welt dauernd zur Beibehaltung der Privatwirtschaft nötigen wird. Jedenfalls ist es viel wahrscheinlicher, daß die Menschheit sich das Verbrechen des Krieges abgewöhnt, als daß sie in sich einen Gemeinsinn entwickelt, der es ermöglicht, ohne Aussicht auf die individuellen Profite der Privatwirtschaft und ohne Verlust an Arbeitsenergien den Wirtschaftsprozeß zu betreiben. Aber auch wenn man grundsätzlich an der Privatwirtschaft festhält, wird sich vom Zentrum eines Weltstaates her mit Aussicht auf durchgreifenderen Erfolg, als er bisher den Einzelstaaten beschieden war, eine Besserung der wirtschaftlichen Verhältnisse in Angriff nehmen lassen. Planwirtschaft oder Privatwirtschaft, immer eröffnen sich der neuen Völkerrechtsordnung die weitesten wirtschaftspolitischen Perspektiven.

Die *Förderung der Wissenschaft* ist dem Recht vielleicht nicht in dem gleichen Maße möglich wie die Förderung der Wirtschaft. Aber auch die Wissenschaft bedarf äußerer Veranstaltungen, die der rechtlichen Regelung zugänglich sind. Zu diesen Veranstaltungen gehören alle Einrichtungen, die es den Vertretern der Wissenschaft eines Landes erleichtern, mit dem Wissenschaftsbetrieb, wie er in anderen Ländern üblich ist, in Fühlungnahme zu treten. Die enge Begrenztheit des nationalen Horizontes macht sich in der Wissenschaft nicht weniger störend bemerkbar als auf andern Lebensgebieten. Schon jetzt haben zwischenstaatliche Organisationen für die wissenschaftliche Zusammenarbeit der Völker Erhebliches geleistet, und es ist gar nicht abzusehen, welche Befreiung von partikulären Vorurteilen und Bereicherung an verschiedenartigen Gesichtspunkten der Wissenschaft bevorsteht, wenn einmal solche Ansätze unter der Herrschaft eines starken Völkerrechts zu voller Entwicklung gebracht werden.

Gerade an dieser Stelle fürchte ich auf schärfsten Widerspruch zu stoßen. So wenig, wird man sagen, kann von Bereicherung und Vertiefung der Wissenschaft oder sonstiger Gebiete des geistigen Lebens durch die Errichtung eines Weltstaates die Rede sein, daß vielmehr eine solch allumfassende Organisation unweigerlich Erstarrung und Eintönigkeit im Gefolge haben müßte. Eine noch größere Illusion wäre es, *befreiende* Wirkungen von einer sich überall einmischenden, reglementierungssüchtigen Weltrechtsordnung zu erwarten. Gerade die souveränen Einzelstaaten seien es, die den *nationalen Kulturen* eine freie Entfaltung ihrer Eigentümlichkeiten sichern. Die Schranken der Nationalität seien die natürlichen Schranken höheren Kulturlebens; will man eine von diesen Schranken befreite Kultur züchten, so mechanisiert man den Geist durch Anwendung starrer allgemeiner Schemata und Regeln.

Die soeben vorgebrachte Einwendung berührt im ersten Augenblick befremdend, aber sie ist nicht etwa zu Argumentationszwecken künstlich ersonnen, sondern beruht auf einem weitverbreiteten und tiefeingewurzelten Glauben, so daß wir uns eingehender mit ihr beschäftigen müssen. Befremdend nenne ich sie, weil ja doch offensichtlich selbst eine straffe Rechtsordnung das geistige Leben nicht so einzuschnüren und zu reglementieren braucht, daß Individualität und Originalität von Einzelnen und von Verbänden in ihrer freien Entwicklung gehemmt würden, und weil der projektierte Weltstaat noch von niemand als streng zentralistisch oder unitarisch, vielmehr stets als in höchstem Maße föderalistisch und als das wahre Gegenteil einer straffen Organisation gedacht worden ist. Denkt man heute an einen unserer heutigen Bundesstaaten, Deutschland, die Schweiz oder die Vereinigten Staaten von Amerika, dann zeigt sich, daß die Gliedstaaten auf wichtigen Gebieten staatlicher Betätigung sich rechtlich fast ungehemmten Eigenlebens erfreuen. *Der Weltstaat* soll selbstverständlich ein *Bundesstaat* sein, und zwar ein Bundesstaat, dessen Gliedstaaten in noch weiterem Umfang als etwa die schweizerischen Kantone ihre Eigenart zum Ausdruck bringen können.

Aber wir müssen tiefer greifen, um unsern Gegnern gerecht zu werden. Sie werden uns erwidern, daß die Analogie zwischen dem Weltstaat und den heute bestehenden Bundesstaaten unzutreffend sei. Letztere hätten eine natürlich geistige Volkseinheit zur Grundlage, die dem Weltstaat fehle. Daher bildeten unsere Bundesstaaten lebende Organismen, während der Weltstaat nichts anderes sein könne als ein künstlicher, toter Mechanismus. Dies ist die These, gegen die wir uns zu wenden haben.

Eine ein für allemal festlegbare natürliche Bestimmtheit von Land und Leuten, die Voraussetzung wäre für die Vereinigung einer Menschenvielheit zum Staat, hat sich nicht ermitteln lassen. Das einzige Moment, mit dessen Hilfe die Staatenbildung denkbarerweise auf einer *natürlichen Basis* hätte festgelegt werden können, das der Rasse, hat gänzlich versagt. Gewiß spielen bei der Entstehung von Staaten natürliche Faktoren, zu den auch Rassenverwandtschaft gehört, eine sehr erhebliche Rolle, aber das hindert nicht, daß daneben freie spontane Handlungen von Individuen und Gruppen einen nicht sicher vorher bestimmbaren Einfluß ausüben. So ist jeder Staat zustandegekommen durch einen Zusammenfluß von Notwendigkeit und Freiheit, und es ist nicht einzusehen, warum nicht auf solchem Wege auch der Weltstaat zustandekommen sollte. An einer natürlichen Grundlage fehlt es auch ihm nicht, denn er soll der Staat des unsern Planeten bewohnenden homo sapiens sein: der Schimpanse wird, auch wenn künftige Intelligenzprüfungen für ihn noch so günstig sein sollten, unter seine Bürger nicht aufgenommen und ebensowenig der Marsbewohner, selbst wenn es gelingt, mit ihm Signale auszutauschen. Darüber hinaus werden wir sogar die geistig völlig primitiven Völker von unserm Staat zunächst ausschließen, was mit der Beschränkung des heute geltenden Völkerrechts auf die zivilisierte Menschheit im Einklang steht. Den zivilisierten Völkern nun fehlt es so wenig an einer gewissen Gleichheit der Naturanlage und der Entwicklung wie an gemeinsamen Aufgaben, die, im Zwang der Verhältnisse begründet, eine Zusammenarbeit unvermeidlich machen. Durch gegenseitige Abhängigkeit auf den verschiedensten Lebensgebieten sind die Volksgenossen auf den Einzelstaat, die Völker der Erde auf den Weltstaat hingeordnet. So erklärt sich, daß keineswegs durch eine willkürliche Konvention, sondern im bewußten Weben geheimnisvoller Mächte, wie unsere ganze abendländische Kultur, so unser heutiges Völkerrecht sich gebildet hat und damit der Anfang eines Staates, den es nunmehr mit Hilfe von freien überlegten Akten zur Vollendung zu bringen gilt. Wenn wir zum Abschluß der Entwicklung freie Entschließungen des Menschheitsbewußtseins fordern, so handelt es sich dabei um nichts, was nicht unzählige Male im Entstehungsprozeß der Nationalstaaten in spontanen Akten von Individuen und Gruppen ein durchaus übereinstimmendes Seitenstück finden würde. Hat der Nationalstaat, trotz der Verbindung von Freiheit mit Notwendigkeit, bewußter mit unbewußter Gestaltung, organischen Charakter, so ist gleiches vom Weltstaat zu sagen; die Behauptung, daß er ein bloßes Artefakt werden müßte, läßt sich nicht halten.

Der Glaube, daß ein Weltstaat nichts anderes sein könne als ein künstliches, mechanisches lebloses Gebilde, steht in engem Zusammenhang mit jener Reaktion gegen das Denken der *Aufklärung*, die in den letzten Jahren wieder in weiten Kreisen mit ganz besonderer Heftigkeit eingesetzt hat. Sobald man die Menschen aufruft zu einer bewußten vernünftigen Regelung ihrer eigenen sozialen Verhältnisse, ist man in den Augen vieler dem seichten Rationalismus der Aufklärung verfallen. Wer die Aufklärung überwinden will, der sollte sie zunächst zu verstehen suchen. Die Aufklärung, diese größte geistige Bewegung der Neuzeit, wollte allerdings in erster Linie, und das ist ihr unsterbliches Verdienst, das Individuum selbständig machen, es auf eigene Füße stellen: Réveille-toi, ami, sors de l'enfance! Aber wenn sie das Individuum zur Selbstbesinnung und zur Entscheidung über das eigene Geschick aufforderte, so wollte sie doch nicht den Menschen vom Menschen losreißen. Die Vernunft, von der der Einzelne sich leiten lassen sollte, war ihr die generelle menschliche Vernunft. Die Gleichheit der Vernunft und der menschlichen Natur überhaupt war das Band, durch das ihr die Vielheit der Menschen geeint zu werden schien. Dabei vermied sie nun allerdings nicht die Einseitigkeit, über der Gleichartigkeit der Menschen die konkrete Gemeinsamkeit der Interessen zu übersehen, die als einheitliches Moment den Zusammenschluß der Menschen zu praktischen Lebenseinheiten begründet. Das formelle Element der Gleichartigkeit würde nie ausreichen, um die Menschen in dauernden sozialen Verbänden zu vereinigen. Verdeutlichen wir uns den Unterschied von Gleichartigkeit und Gemeinsamkeit eines Interesses an einem Beispiel. Alle Menschen haben ein gleichartiges Interesse, nicht im Krieg getötet zu werden, und ein gemeinsames gleiches Interesse, daß die Menschheit den Krieg abschaffe, gleichgültig, ob der einzelne Interessent persönlich in einen Krieg hereingezogen zu werden droht oder nicht.

Auf die gemeinsamen Interessen und die aus ihnen erwachsenden gemeinsamen Aufgaben der ganzen Menschheit, die zur Begründung einer Völkerrechtsordnung und eines Weltstaates führen, will ich hier nicht nochmals eingehen. Wohl aber muß betont werden, daß solche Interessen sich nicht hinlänglich befriedigen lassen, ohne daß sie vom abstrahierenden, rationalisierenden, schematisierenden Denken erfaßt und in begrifflicher Formulierung in allgemeinen rechtlichen *Verhaltensregeln* zum Ausdruck gebracht werden. Kein Staat hätte ohne ein solches Verfahren seine primitivsten Anfangsstadien überschritten. Nur darf man nicht meinen, daß die schematischen allgemeinen Rechtsregeln in starrer logischer Anwendung der Gesellschaft das Heil brächten. Vielmehr müssen diese Regeln von unbewußten organisierenden Kräften aufgenommen und mit vielgestaltigem konkretem Leben erfüllt werden, um wohltätige Wirkungen hervorzubringen. Das Rechtsleben unserer Staaten bestätigt das täglich, insofern das Rechtsgefühl der zur Gesetzesanwendung berufenen Organe dem Unvorhersehbaren der Praxis in tausendfacher Nuancierung gerecht wird und doch trotz der subjektiven und individuellen Färbung der Entscheidungen die Einheitlichkeit der sozialen Regelung gewahrt bleibt. Welches sind die Mächte, die die bewußte, rationelle, allgemeine Gesetzgebung und die bunte Fülle gefühlsmäßiger Eingebungen ineinanderspielen lassen in einer organischen Lebensordnung? Und läßt sich dieser eigentümliche organische consensus theoretisch näher bestimmen und daraus vielleicht eine noch bessere soziale Regelung gewinnen? Die Wissenschaft weiß zur Beantwortung dieser Fragen bisher nur wenig vorzubringen, aber unter dem wenigen nichts, was uns die Hoffnung rauben könnte, daß die dunkle Fügung, die im Einzelstaat der Vernunft des Gesetzgebers zu Hilfe kommt und das starre allgemeine Normensystem in ein lebendiges Ganzes umwandelt, der Menschheit auch bei der Einrichtung eines Weltstaates ihren Beistand nicht versagen wird.

Bei allen schwierigeren Dingen, hat Bacon einmal gesagt, soll man nicht erwarten, daß, wer gesät hat, sogleich auch ernten müßte; man soll sich vielmehr darauf vorbereiten, daß die Früchte langsam heranreifen. Die Mahnung hat etwas Tröstliches für den, der an den Entwicklungsgang des Völkerrechts denkt, aber sie wird nicht immer seine trüben Stimmungen verscheuchen können. So sehr er sich auch mit Geduld wappnet, er wird quälerisch verfolgt von der bangen Frage, woher es denn kommt, daß der Gedanke eines weltbeherrschenden Völkerrechts nicht nur sehr langsam aufkeimt, sich nur allmählich durchsetzt gegen den passiven Widerstand einer stumpfen Welt, sondern von vielen weder trägen noch unbedeutenden Geistern mit Verwünschungen und Hohn und Spott überschüttet wird. Die ökonomische Geschichtsauffassung hält eine Antwort bereit. Der privatwirtschaftliche Kapitalismus der in den Einzelstaaten herrschenden Klassen findet im militaristischen Nationalstaat ein Mittel, um seine Ziele zu fördern, er bringt Ideologien zur Entstehung, die die Idee eines wahren Völkerrechts bekämpfen. Darin steckt sicher viel Richtiges, aber man darf, glaube ich, den wirtschaftlichen Gesichtspunkt nicht zu ausschließlich betonen. Das Streben nach wirtschaftlicher Überlegenheit ist nur eine Abzweigung des allgemeineren und grundsätzlicheren *Macht- und Geltungsbedürfnisses.* Dies Bedürfnis lebt in der primitiven Form der Lust an physischem Kampf, der fighting instincts, wie James sagte, trotz aller Zivilisation immer noch bei uns fort, und wenn solche Instinkte auch meist latent bleiben und nur selten in eruptiven Ausbrüchen sich äußern, so beeinflussen sie doch andauernd unser ganzes Leben. Man hat neuestens mit vollem Recht in die Staatslehre den Begriff der Integration eingeführt. Leider ist, was sich am leichtesten integrieren, zusammenschweißen läßt zu gewaltigstem Gesamtimpuls, der fighting instinct einer größern Menschengruppe. So kann es uns nicht wundernehmen, daß die gleichen modernen Demokratien, die die

Entwicklung eines sittlichen Volks- und Menschheitsbewußtseins ermöglichten, mit ihren stehenden Volksheeren den kollektiven imperialistischen militaristischen Machtwillen der einzelnen Nationen zur höchsten Entfaltung gebracht haben. Es ist das nichts, worüber sich der Freund des kommenden Völkerrechts leicht hinwegsetzen könnte. Von dem, was wir von der ethischen Berechtigung eines wahren Völkerrechts sagten, nehmen wir kein Jota zurück. Sobald ein Menschheitsbewußtsein erwacht, findet es die Pflicht zur Begründung einer neuen Ära des Völkerrechts einleuchtend. Aber dies Bewußtsein befindet sich, wie wir sehen, in seinen ersten Anfängen, man kann nicht mit Bestimmtheit vorhersagen, daß es sich jedem Gegner überlegen zeigen wird. Sollte der kollektive Machtwille der Drache sein, dem es gelingt, unsern Herakles in der Wiege zu ersticken?

Dem sittlichen Fortschritt sind Grenzen gesteckt in gewissen elementaren *Gegebenheiten der menschlichen Natur*. Wir werden den Egoismus der Menschen, selbst wenn das wünschenswert sein sollte, nie ganz ausrotten. Damit muß man rechnen, wenn man im Hinblick auf die Organisation des sozialen Lebens ernstlich die Sollensfrage aufwerfen will. Denn wir dürfen uns nicht in Utopien verlieren. Daher finde ich es durchaus verständlich, wenn jemand meint, wir sollten nicht für eine staatliche Planwirtschaft eintreten, in der der stimulus des wirtschaftlichen Egoismus des Einzelnen ganz beseitigt wäre. Mit dem kriegerischen Machtwillen steht es nun sicher etwas anders als mit dem wirtschaftlichen Egoismus des Einzelnen. Es gibt nicht nur unzählige Individuen, sondern auch einzelne Völker, bei denen er fast restlos verschwunden ist, um verfeinerten Formen des sozialen Geltungsbedürfnisses Platz zu machen. Auch ist der Kreis derer, die Pazifizierung der Welt und einen Zusammenschluß aller Völker zu gemeinsamer Kulturarbeit fordern, heute schon groß und, wenn ich nicht sehr irre, in steter Zunahme begriffen. Der Sieg des sittlichen Menschheitsbewußtseins über die Kriegslust der Völker kann beinahe schon als wahrscheinlich bezeichnet werden. Es schien mir richtig, am Schlusse meiner Ausführungen auf den Hauptgegner des ersehnten Weltrechts und seine immer noch bedrohliche Kraft hinzuweisen; denn wenn man in einen Kampf eintritt, muß man sich darüber klar sein, wo der Feind steht und darf seine Stärke nicht leichtfertig unterschätzen. Aber eine sonderbare Kleinmütigkeit wäre es, wenn man, kaum daß der Kampf unter günstigen Auspizien begonnen hat, in Voraussicht einer unvermeidlichen Niederlage die Waffen strecken wollte. Wer am neuen Menschheitsbewußtsein teilnehmend in den Kampf gegen den Krieg und nationalistische Beschränkung menschlicher Kulturarbeit eintritt, der soll sich an die alte Soldatenregel halten, daß mit dem Glauben an den Sieg der Sieg schon halb gewonnen ist.

Rechtsphilosophie und Praxis[1]

(1932)

Man darf sich wohl, ohne deswegen sogleich zu den Pragmatisten gerechnet zu werden, zu der Auffassung bekennen, daß der Erkenntnisvorgang auf allen seinen Stufen, von der einfachsten Sinneswahrnehmung bis zur philosophischen Wissenschaft, von einem praktischen Ziel geleitet wird, daß er, offen oder geheim, im Dienst des Lebens steht. Es liegt auf der Hand, daß die elementaren Wahrnehmungen und die ganze Weisheit des gesunden Menschenverstandes von Haus aus zweckgerichtet sind, und auch bei den Naturwissenschaften läßt sich der unmittelbar praktische Nutzen nicht übersehen. Und wie steht es mit den Geisteswissenschaften? Wird bei ihnen nicht spürbar, wie sie in einen trostlosen, geistlosen Leerlauf verfallen, wenn sie den Zusammenhang mit den Bedürfnissen des Lebens verlieren? Dies gilt auch, ja vielleicht in ganz besonderem Maße für die Philosophie. Die Philosophie eines Leibniz oder eines Kant hat eine praktische Grundtendenz, Schopenhauer sagt ausdrücklich, daß alle echte Philosophie letztlich Ethik ist, also der Orientierung unseres Handelns zu dienen habe. Erst in neuester Zeit kommt es in Mode, daß Philosophen stolz darauf sind, wenn das Leben mit ihren Lehren nichts anzufangen weiß. Hat die Philosophie damit einen Zuwachs an Geist empfangen?

Wenn bedeutende Gelehrte unserer Tage den Satz aufstellen, daß zwischen Leben und Geist, Bios und Logos ein Abgrund klaffe, daß der Geist entweder dem Leben machtlos gegenüberstehe oder sich vom biologischen Standpunkt aus geradezu als eine Krankheitserscheinung darstelle, so ist das doch wohl nur das Zeichen einer Depression, wie sie nach Jahrhunderten eines sich allmählich aufs äußerste steigernden Glaubens an die Macht und Herrlichkeit des Geistes, in Form der menschlichen ratio, unmöglich ausbleiben konnte. Im 18. Jahrhundert meinte man die Früchte, die im Beginn der modernen Zeit Francis Bacon am Baum der neuen Wissenschaft vorausahnend geschaut hatte, geradezu mit Händen greifen zu

[1] Bisher unveröffentlichter Vortrag, gehalten am 14. November 1932 vor der Juristischen Gesellschaft zu Frankfurt am Main.

können. Als dann die Ernte den hochgespannten Erwartungen nicht entsprach, setzte naturgemäß ein Ernüchterungsprozeß ein, der schließlich dazu führen mußte, daß man den Geist für machtlos oder gar für lebensschädlich erklärte. War das nun ein Erkenntnisakt, war es nicht eher ein Racheakt?

Fragt man unsere Rechtsphilosophen, was sie von dem Verhältnis der Rechtsphilosophie zur positiven Rechtswissenschaft hielten, so wird man meistens zu hören bekommen, daß die erstere der letzteren die wertvollsten Dienste leiste und daß durch die Vermittlung der positiven Rechtswissenschaft die Rechtsphilosophie auch das Rechtsleben wohltätig zu beeinflussen vermöge. Es scheint mir indessen äußerst fraglich, ob der Nutzen unserer heutigen Rechtsphilosophie für die Rechtspraxis tatsächlich sehr hoch eingeschätzt werden darf. In der Rechtsphilosophie der Gegenwart ist der Einfluß Kants zwar etwas im Abnehmen begriffen, aber doch immer noch vorherrschend. Daher besteht in den Kreisen unserer Rechtsphilosophen eine starke Tendenz, aus der Rechtsphilosophie eine aprioristisch, transzendentallogisch fundierte Rechtsmethodologie zu machen. Was Kant für die mathematischen Naturwissenschaften geleistet habe, das, meint man, müßten seine Nachfolger für die Geisteswissenschaften leisten. Sie müßten in einem reinen, d. h. von aller Empirie freien Verfahren den Geisteswissenschaften die Gegenstände bestimmen und die Denkmethoden aufweisen, mit denen diese Gegenstände zu bearbeiten seien. Den Juristen wird dies Programm hauptsächlich deswegen interessieren, weil es ihm in Aussicht stellt, daß er von der Rechtsphilosophie maßgebliche Auskunft über die Methoden des juristischen Denkens erhalten kann. Daß ihm genau gesagt wird, was das Recht ist, wird ihn ziemlich kühl lassen; denn er wird mit den Rechtsdefinitionen, die ihm seine Fachwissenschaft bietet, im allgemeinen zufrieden sein und definitorischen Problemen wohl überhaupt keine allzugroße Bedeutung beimessen. Weiß er doch von einem seiner Meister: omnis definitio periculosa. Dagegen ist nach dem heutigen Stand der Dinge für jeden einsichtsvollen Juristen die Frage nach der juristischen Methode eine brennende. Das Schlimme für unsere aprioristisch eingestellten Rechtsphilosophen ist nur, daß sehr wenige Juristen von ihnen eine Lösung ihrer methodologischen Skrupel und Zweifel erwarten und daß diesen wenigen eine schwere Enttäuschung vorausgesagt werden muß. Nicht viele Disziplinen haben in den letzten Jahrzehnten eine so intensive Förderung erfahren wie die juristische Methodenlehre, aber die Männer, die sich an dieser Arbeit beteiligt haben, waren sämtlich Juristen, nicht Philosophen, ich nenne Namen wie Ernst Fuchs, Eugen Ehrlich, Philipp Heck in Deutschland, Geny, Duguit, Hauriou in Frankreich. Diese Männer, wird man vielleicht einwenden, waren, soweit sie Rechtsmethodologie betrieben, Philosophen, Rechtsphilosophen, mögen sie auch in Erkenntnistheorie und Metaphysik nicht sonderlich bewandert gewesen sein. Nun, über Titel und Ehrenzeichen wollen wir nicht streiten. Worauf es hier allein ankommt, ist dies, daß all die Genannten ihre methodologischen Untersuchungen in fortlaufender engster Berührung mit den konkreten Erscheinungen des Rechtslebens führen und mit dem tatsächlichen Betrieb der herkömmlichen Rechtswissenschaft. Sie zeigen, wie man in juridicis bislang zu denken gewohnt ist, zeigen die praktischen Auswirkungen dieses Denkens und knüpfen an solche Darlegungen methodische Forderungen, die, wie sie meinen, dem gesunden Menschenverstand ohne weiteres berechtigt erscheinen müssen. Ihr Vorgehen steht somit in schroffem Gegensatz zu dem der aprioristisch gerichteten Philosophen, die den Geist, die wissenschaftliche Methode aus sich selbst in einem dialektischen oder sonstigen überempiristischen Verfahren herausspinnen lassen wollen und nur im Gnadenweg dem gewöhnlichen Kopf, dem die Darstellung allzu unverständlich wird, ein praktisches Beispiel bieten mit dem ausdrücklichen Vorbehalt, daß hieraus ja nicht geschlossen werden dürfe, daß ihre allgemeinen theoretischen Sätze aus der Beobachtung konkreter Erscheinungen auf induktivem Wege gewonnen worden seien.

Aber haben nicht jene Aprioristen unter den Methodologen, deren Bemühungen so unendlich oft von Praktikern und Vertretern der positiven Rechtswissenschaft als steril bezeichnet werden, darin recht, daß die Empiristen, die allgemein als viel nützlichere Mitglieder der menschlichen Gesellschaft gelten, ihren Untersuchungen keine gesicherte Grundlage zu geben wissen? Du kannst, sagt der Apriorist dem Empiristen, aus der Erfahrung immer nur eine Erkenntnis von dem, was ist, nie eine Erkenntnis von dem, was sein soll, gewinnen. Willst Du als Methodologe die bisher in einer Disziplin üblichen Verfahrensweisen klar herausarbeiten, um den Adepten ihre bewußte treffsichere Anwendung zu ermöglichen, so kannst Du nie wissen, ob Du sie nicht am Ende in Irrtümern unterweist und bestärkst. Trittst Du als methodologischer Kritiker auf, so kannst Du nicht sicher sein, ob der Maßstab, den Du an den bisherigen Wissenschaftsbetrieb anlegst und der Deiner natürlichen Vernunft oder Deinem angeblichen gesunden Menschenverstand einleuchtend erscheint, in Wahrheit etwas anderes ist als ein neues Vorurteil. Indessen kann die emendatio intellectus, wie sie vor und nach Spinozas berühmtem Traktat über diesen Gegenstand, unendlich viele in Angriff genommen haben, wohl immer nur in der Weise erfolgen, daß man sich und anderen über die Leistungen des Intellekts, die man vorfindet, also durch Erfahrung, durch Beobachtung Klarheit zu verschaffen sucht und damit ohne weiteres Klarheit erhält und verbreitet über die Irrtümer, denen man unbewußt verfallen ist und über den rechten

Weg, der eine Annäherung an das ersehnte Ziel der Wahrheit ermöglicht. Gewiß besteht der Akt der Erfassung der Wahrheit nicht darin, daß wir rein passiv eine Gegebenheit hinnehmen, die sich uns aufdrängt, sobald wir auf sie hinblicken. Er ist ein spontanes in gewissem Grade schöpferisches Tätigwerden, das sich nicht lehren läßt, das sich einstellt oder ausbleibt. Der Geist weht, wo er will. Alles, was wir tun können, um den Geist zur Wahrheit zu führen, besteht darin, daß wir ihn durch einen Hinweis auf das, was er in sich und in der Außenwelt vorfindet und was zunächst immer nur ein Besonderes, eine Oberflächenerscheinung, ein Teilaspekt ist, zu einer Erkenntnis des Allgemeinen, des Tieferliegenden, schließlich des Weltganzen hinleiten. Dem entspricht es, daß jemand, der Methodenlehre einer Einzelwissenschaft betreiben will, sich zunächst gründlich mit den bisherigen Ergebnissen dieser Wissenschaft und mit den Methoden, durch deren Anwendung sie erarbeitet worden sind, vertraut zu machen hat. Der Gedanke, wie man es besser zu machen hat, wird dann, wenn überhaupt, sozusagen ganz von selbst in ihm auftauchen. Natürlich kann sich auch der methodologisierende Apriorist nicht völlig von der Erfahrung freimachen, wenn er etwas anderes zustandebringen will als bloße Worte. Aber da sein Verfahren nun einmal ein reiner geistiger Produktionsprozeß sein soll, läßt er doch nur ein Minimum an Erfahrung zu, was zur Folge hat, daß sich über seine Darstellung eine Leere verbreitet, die er unwillkürlich durch besonders imposante Kunstausdrücke zu verdecken sucht.

Freilich muß ich zugeben, daß eine empiristische, von den Vertretern des betreffenden Fachs betriebene Methodologie, wie sie uns Juristen durch die Schriften der vorhin genannten Autoren veranschaulicht wird, zwei Mängel aufweist, von denen ich einen für unheilbar halten möchte, während der andere von Seiten der Logik, die von der durchaus herrschenden Lehre zu den philosophischen Disziplinen gerechnet wird, eine Berichtigung erfahren kann. Der unheilbare Mangel besteht darin, daß die empiristische Methodenlehre darauf verzichten muß, das zu geben, was die aprioristische so gerne geben möchte, nämlich völlig unbezweifelbare Wahrheit. Wo aber fände sich denn eine solche Wahrheit? Hat etwa die Transzendentalphilosophie Kants den Einzelwissenschaften unverbrüchliche Richtlinien und ein absolut zuverlässiges Fundament gegeben? Vielleicht hat sie es getan, ich will nicht mit aller Bestimmtheit das Gegenteil behaupten, mir scheint nur soviel offensichtlich, daß die Einzelwissenschaften es bisher aufs entschiedenste abgelehnt haben, sich von der Kantschen Transzendentalphilosophie bevormunden zu lassen und daß sie auch in Zukunft an ihrer Unabhängigkeit unentwegt festhalten werden. Betrachtet man das Verhältnis der Geometrie und der Naturwissenschaft zur Kantschen Transzendentalphilosophie, so wird man kaum annehmen können, daß eine Anwendung der Transzendentallogik auf die Geisteswissenschaften für diese Disziplinen und die mit ihnen im Zusammenhang stehenden Lebensgebiete von sehr erheblicher praktischer Tragweite sein würde. Bekanntlich nimmt Kant an, daß der anschauliche Raum, mit dem die euklidische Geometrie arbeitet, eine *reine Form der Anschauung* darstelle, also a priori und unabänderlich in der Konstitution des menschlichen Geistes begründet sei. Daher mußte, als die nichteuklidischen Geometrien aufkamen, ein sehr interessantes und äußerst schwieriges Problem entstehen, nämlich die Frage, ob diese Geometrien einen Widerspruch zu Kants philosophischer Raumlehre involvieren oder nicht. Verneint man die Frage, dann ist alles in Ordnung, bejaht man sie, dann, ja dann entsteht eine höchst perplexe Lage, an der nur so viel klar ist, daß die Mathematiker ganz ruhig fortfahren werden, mit ihren nichteuklidischen Geometrien weiterzuarbeiten. Was sodann die Physik betrifft, so hatte Kant im Hinblick auf sie, wie überhaupt auf jede Wissenschaft, die sich mit dem Geschehen beschäftigt, das Kausalprinzip als unverbrüderliches Denkgesetz darzutun gesucht. Neuerdings hat die Physik eine Wendung genommen, die es fraglich erscheinen läßt, ob nicht am Ende die Physik mit Formeln arbeitet, die, wenn man sie auf ihre logischen Voraussetzungen untersucht, zu der Annahme führen, daß selbst der anorganischen Natur ein gewisses Maß von Kontingenz, von Freiheit zugesprochen werden muß. Wieder handelt es sich um ein ungemein interessantes und schwieriges Problem und wieder ist klar, daß sich das Denken des Fachmanns darum wenig kümmern wird, daß er am Ende mit einer Annahme in Widerspruch gerät, die von der Philosophie als ein unantastbares Denkgesetz in Anspruch genommen wird. Beklagt sich der Philosoph darüber, sagt er dem Vertreter der Einzelwissenschaft, daß, wenn er sein fachmännisches Denken nicht vor dem Forum der Philosophie als berechtigt zu erweisen vermöge, seine ganze Wissenschaft in der Luft schwebe, so wird ihm erwidert werden, daß eine Wissenschaft sich mit den Wahrheitskriterien begnüge, die sie sich im Verlauf ihrer geschichtlichen Entwicklung selbst erarbeite, daß sie nicht nach absoluter Wahrheit strebe, ja, mit einem solchen Begriff überhaupt nichts anzufangen wisse. Das, was ich eben unter Exemplifizierung auf den Mathematiker und den Physiker über das Verhältnis zwischen Transzendentallogik und Einzelwissenschaft ausführte, erfährt schwerlich eine Widerlegung, wenn wir auf das Verhältnis zwischen Transzendentallogik und Jurisprudenz blicken. Gibt es etwas, das einen echten Juristen, mag er sogenannter reiner Wissenschaftler oder wissenschaftlich gebildeter Praktiker sein, kühler läßt, als das, was uns die neukantisch eingestellten Rechtsphilosophen über den Charakter der

Rechtswissenschaft als einer reinen Sollensdisziplin und den spezifischen unüberbrückbaren Gegensatz von Jurisprudenz und Soziologie zu sagen wissen?

Während ich es durchaus berechtigt finde, daß die unmittelbar aus den Einzelwissenschaften hervorgehenden Methodologien gegenüber einer philosophischen Erkenntniskritik, die auf untrüglicher Wahrheit besteht, ihre Eigenrechte wahren, hierbei auf das schöne, aber trügerische Ideal einer über jedem Zweifel erhabenen Wahrheit verzichtend, erscheint es mir als ein der Verbesserung bedürftiger Mangel, wenn unsere fachwissenschaftlichen Methodologien einander in solcher Isolierung gegenüberstehen, wie es heute noch der Fall ist. Was uns fehlt, ist nicht eine Vertiefung der einzelwissenschaftlichen Methodenlehren in Richtung auf eine letzte Wahrheit suchende Erkenntnistheorie, sondern eine ins Einzelne gehende vergleichende und generalisierende Betrachtung sämtlicher wissenschaftlicher Methoden und Methodologien mit dem Zweck einer Förderung der Einzeldisziplinen. Mit anderen Worten: Was uns fehlt, ist eine im wesentlichen als allgemeine Methodenlehre konzipierte, empiristisch betriebene Logik. Es wäre ungerecht, wenn man behaupten wollte, daß unsere zeitgenössische Logik die Aufgabe, allgemeine Methodenlehre zu sein, gänzlich vernachlässige. Die Methodenlehre spielt in der heutigen Logik eine nicht ganz unbeträchtliche Rolle, aber sie spielt nicht die Rolle, die ihr gebürt. Schon die Logik des Aristoteles war, was sie daneben sonst immer gewesen sein mag, zum Teil jedenfalls auch eine allgemeine Wissenschaftslehre, die dem Fortschritt der Einzelwissenschaften dienen sollte. Im Beginn der Neuzeit machte man gegen die während des Mittelalters so hoch verehrte aristotelische Logik geltend, daß sie die eben bezeichnete Funktion sehr schlecht erfülle. Seither ist dieser Vorwurf oft wiederholt worden. Was soll uns, sagte man, die Syllogistik des Aristoteles, die das vielbewunderte Hauptstück seiner Logik bildet, nützen? Schon wahr, daß wenn alle Menschen sterblich sind und Sokrates ein Mensch ist, der arme Sokrates sterben muß. Aber was hilft uns eine solche Binsenwahrheit? Was uns interessiert, ist die Prämisse, ist der Satz, daß alle Menschen sterblich sind, und über die Wahrheit dieses Satzes kann uns keine Syllogistik Auskunft geben. Eine solche Kritik an der aristotelischen Logik scheint mir insofern unberechtigt, als Aristoteles in seiner Syllogistik nicht nur einen Beweis außerordentlichen Scharfsinns abgelegt, sondern auch einen sehr wichtigen Schritt getan hat zur Begründung einer allgemeinen Wissenschaftslehre. Dagegen wäre es allerdings in dem Stadium, das die Entwicklung der positiven Wissenschaften heute erreicht hat, ganz unangemessen, wenn man in einer Logik, die allgemeine Wissenschaftslehre sein soll, der Syllogistik immer noch den breitesten Raum gewähren wollte.

Wir brauchen uns daher nicht darüber zu wundern, daß in den neuesten Kompendien der Logik der Teil, in dem vergleichsweise die besonderen Methoden der positiven Einzelwissenschaften behandelt werden, im Verhältnis zu allen übrigen Teilen, insbesondere auch zum Kapitel über Syllogistik, immer mehr anschwillt. Im Gegenteil, wir können als Vertreter eines Einzelfachs kaum umhin, die Forderung aufzustellen, daß die Logik noch viel mehr als es bisher geschehen ist, in den Betrieb der verschiedenen Wissenschaften eindringen sollte, da die Ertragsfähigkeit der Logik für die einzelnen Fachwissenschaften vorläufig noch recht dürftig, jedenfalls viel geringer ist, als sie sein könnte. Dies relative Versagen der Logik ist vor allem darauf zurückzuführen, daß in unserer heutigen Logik zwei Strömungen miteinander kämpfen; die eine, von der soeben die Rede war, hat zum Ziel die Förderung der Einzelwissenschaften durch eine verallgemeinernde Betrachtung ihrer Methoden, die andere geht auf ein absolutes Wahrheitskriterium aus, führt zu irgend einer Art dialektischer Erkenntnistheorie und somit zu endlosen unfruchtbaren Streitigkeiten; sie hindert die Logik daran, sich frei zu einer empiristisch gerichteten allgemeinen Methodenlehre zu entfalten.

Es gibt wohl kaum eine Geisteswissenschaft, die sich mehr Nutzen von einer Logik als allgemeiner Methodenlehre versprechen dürfte als unsere Rechtswissenschaft. Dabei handelt es sich um einen Nutzen, der ganz unmittelbar der Praxis zugute käme. Wenn, um ein Beispiel anzuführen, bei der Abfassung von Gesetzen das Arbeiten mit Fiktionen vielfach eine geradezu verhängnisvolle Rolle spielt, so liegt das zum Teil daran, daß wir uns in der Rechtswissenschaft über den Funktionsmodus und den Geltungsbereich der juristischen Fiktionen immer noch nicht hinlänglich klar sind. Ich brauche kaum näher auszuführen, daß es für die erwünschte Klarstellung sehr förderlich wäre, wenn man den Blick auf die übrigen Wissenschaften richtete, um zu erfahren, ob und wie in ihnen Fiktionen zur Verwendung gelangen. Und wieviel weiter wären wir in unserer Auseinandersetzung mit der sogenannten Begriffsjurisprudenz, die sicherlich nicht nur eine rein akademische Angelegenheit ist, wenn wir Unterstützung fänden bei einer allgemeinen Methodenlehre, die die Frage, was Worte und Zeichen für die einzelnen Wissenschaften bedeuten, wie sich in ihnen ein besonderer technischer Sprachgebrauch bildet und wie es mit seiner Gebrauchsfähigkeit beschaffen ist, einer eingehenden Untersuchung unterziehen würde. Unser Begriffskultus ist zum großen Teil Wortkultus, und wir werden von ihm erst dann ganz befreit sein, wenn einmal die Logik den Wert des Wortes als eines der Instrumente des Wissenschaftsbetriebs genau eingeschätzt hat. Sehr verhängnisvoll hat auch auf Theorie und Praxis des Rechts der Glaube eingewirkt, daß juristische Begriffe einer ähnlichen Exaktheit teilhaftig seien wie mathematische, auch hier würde der Nebel bald zerstreut sein, wenn einmal die Logik die Aufgabe in Angriff nähme, den Grad der Exaktheit der Begriffe für die verschiedenen Wissenschaftszweige eingehender zu untersuchen.

Daß die Zusammenarbeit zwischen den Methodologien der Einzelwissenschaften und der Logik als allgemeiner Methodenlehre, die sich allmählich angebahnt hat, in Zukunft reiche Früchte für Wissenschaft und Leben, nicht zum wenigsten für Wissenschaft und Praxis des Rechts, tragen wird, scheint mir unzweifelhaft. Dagegen ist fraglich, ob eine Logik, wie sie hier in Rede steht, auf den Namen Philosophie Anspruch hat. Wohl wird die Logik ganz allgemein zu den philosophischen Disziplinen gerechnet, aber dabei denkt man an eine Logik, die auf letzte, absolute Wahrheit abzielt und daher eine allgemeine Wissenschaftslehre mit einer transzendentallogischen oder sonstigen dialektischen Erkenntnistheorie unterbaut. Eine empiristische allgemeine Methodenlehre wie die der von uns geforderten Logik würden wohl die meisten Philosophen nicht als standesgemäß ansehen und in der Tat wird es wohl besser sein, sie zusammen mit den Einzelwissenschaften, für die sie eine Art allgemeinen Teil bildet, zur positiven Wissenschaft zu rechnen und von der Philosophie zu unterscheiden. Wie dem nun auch sei, jedenfalls interessieren sich die Wissenschaft und die Praxis des Rechts für eine Philosophie, die etwas ganz anderes ist als die Logik, die uns soeben beschäftigt hat. Wenn die Logik die Wissenschaft vom Allgemeinsten, Universellsten ist, so ist die Philosophie, die wir nunmehr im Auge haben, die Wissenschaft vom Universum, des näheren von Sinn und Zweck des ganzen Weltgetriebes. Ob es eine solche Wissenschaft gibt, ob sie etwas anderes ist als ein schöner Traum, ist eine schwierige Frage, und es ist eine Frage, die den tiefer denkenden Juristen unmöglich gleichgültig lassen kann. Selbst als man noch an lückenlose Geschlossenheit der positiven Rechtssysteme glaubte, konnte der Praktiker das der Natur der Sache nach richtige Recht nicht völlig außer acht lassen, wenn anders er sich nicht jegliche Kompetenz aberkennen wollte, an der Schaffung neuen Rechtes mitzuwirken, was er doch wohl in den meisten Fällen als ein peinliches testimonium paupertatis empfunden hätte. Seit wir uns darüber geeinigt haben, daß das positive Recht unzählige Lücken hat, vielleicht mehr Lücken als volle Stellen, quält uns auch bei der Anwendung des geltenden Rechts das Problem von der richtigen, sachlich angemessenen Lösung. Wenn wir nun das Ideal des richtigen Rechts entdecken wollen, gelangen wir Schritt für Schritt an einen Punkt, an dem wir uns Rechenschaft ablegen müssen von dem letzten Ziel des menschlichen Lebens, und wenn man genau zusieht, dieses Ziel so bestimmen zu müssen, daß es für jedermann ein und dasselbe ist. Daß wir so in die Tiefe dringen müssen, wenn wir das richtige

Recht ermitteln wollen, das liegt daran, daß das Recht mit allen Seiten unseres Daseins unmittelbar in Beziehung steht. Ließe sich ein abgesonderter spezifischer Rechtszweck entdecken, der allen Menschen gemeinsam wäre, wie etwa der Zweck der Gewährung und Erhaltung der Sicherheit des Lebens, dann verhielte es sich anders. Aber man ist sich seit langem darüber einig, daß ein Rechtszweck dieser Art nicht existiert, daß das Recht alle Seiten unseres Daseins in Mitleidenschaft zieht, weswegen ein richtiges Recht so beschaffen sein muß, daß es das Ziel fördert, auf das alle Seiten unseres Daseins konvergieren. Auch darf die richtige rechtliche Regelung nicht nur dem Ziel des einen oder anderen gerecht werden, sondern muß dem eines jeden dienen, für den die rechtliche Regelung überhaupt bestimmt ist, und diese Voraussetzung kann wohl nur dann erfüllt werden, wenn das Ziel letztlich für alle dasselbe ist. Dadurch wird natürlich nicht ausgeschlossen, daß das Recht den Einzelnen Opfer zumutet, nur muß das Opfer durch die eigene innere Bestimmung dessen gefordert werden, dem es zugemutet wird. Soll das Opfer einfach von außen aufgenötigt werden, dann haben wir es nicht mit richtigem Recht zu tun, sondern mit Zwang und Vergeltung. Für all dies hat schon die Rechtsphilosophie des Mittelalters volles Verständnis gehabt und sie hat dafür auch die denkbar kürzeste Formulierung gefunden in dem Satz des Thomas: omnia ordinanda ad Deum.

Sie werden mir zugeben, daß unsere positiven Einzelwissenschaften, es kämen hier vor allem in Betracht Jurisprudenz, Soziologie, Staatswissenschaften, es ablehnen, das Idealbild eines richtigen Rechts in dem Sinn, in dem wir hier diesen Ausdruck gefaßt haben, zu entwerfen. Positive Einzelwissenschaft geht stets auf das aus, was sich objektiv demonstrieren, also dem Kreis der Fachvertreter einleuchtend machen läßt. Einleuchtend läßt sich einem solchen Areopag das machen, was man früher als hypothetisches Naturrecht bezeichnete. Man kann mit hinlänglicher Evidenz erweisen, daß, wenn ein bestimmt begrenzter Erfolg „X" durch eine rechtliche Regelung erzielt werden soll, diese Regelung den Inhalt „Y" erhalten muß. Aber das Ziel aller Einzelziele, den Endzweck, den kategorischen Imperativ, um mit Kant zu reden, den vermag keine positive Einzelwissenschaft mit den ihr zur Verfügung stehenden Methoden überzeugend darzutun. Für die Naturrechtslehre der christlichen Theologie ist es nicht von ausschlaggebender Bedeutung, daß derartiges unmöglich ist; denn sie hat in der Offenbarung eine Erkenntnisquelle, die jenseits aller wissenschaftlichen Methode ist. Für die von der Theologie emanzipierte moderne Wissenschaft ist es dagegen eine lebenswichtige Frage, ob es eine philosophische Wissenschaft gibt, die uns das gewähren kann, was die positiven Einzelwissenschaften uns verweigern müssen, die Grundprinzipien, die Axiome richtigen Rechts. Ich kann Ihnen unmöglich von all' den Versuchen berichten, die Philosophen älterer und neuerer Zeit angestellt haben, um Moral und Recht ein sicheres Fundament zu geben. Ich will Ihnen nur von dem Wege reden, der meiner Überzeugung nach am ehesten zum Ziel führen möchte. Es ist, kurz gesagt, der der Erfahrung. Auch Metaphysik, insonderheit metaphysische Moral- und Rechtslehre, muß eine empirische Wissenschaft werden. Fast könnte es scheinen, als sei sie auf dem besten Wege dazu. In einer Synthese der Gesamterfahrung, so wie sie uns in der Summe der Ergebnisse aller Einzelwissenschaften dargeboten wird, das einsichtig werden zu lassen, was dem ganzen irdischen Dasein des Menschengeschlechts Sinn und Verstand gibt, das ist das bewußte oder geheime Ziel zahlreicher Philosophieen der Gegenwart. So verhält es sich bei Scheler und bei Driesch, bei Bergson und bei William James, wobei es mir nicht entscheidend erscheint, ob diese Philosophen sich sämtlich zum Empirismus bekannt haben und ob sie alle ihre Philosophie in eine Lehre des menschlichen Handelns, der Moral und des Rechts, haben ausmünden lassen. Um meine notgedrungen vage Formel von einer empiristischen philosophischen Begründung von Moral und Recht ein wenig anschaulicher zu machen, will ich Sie mit besonderem Nachdruck auf die Philosophie Bergsons hinweisen, obschon ich kein Bergsonianer bin. Bergsons Philosophie ist wegen der verhältnismäßigen Einfachheit der Grundgedanken, der Klarheit der Darstellung und der glänzenden literarischen Form, in die sie gekleidet ist, weiter als alle anderen zeitgenössischen Philosophien über den Kreis der Fachleute hinausgedrungen. Bergson ist ausdrücklich für eine Métaphysique de l'expérience eingetreten. Sein erstes für die Methode seiner philosophischen Arbeit grundlegendes Werk, „Les données immédiates de la conscience", ist erfüllt von Tatsachen der Psychologie. Dann folgt Matière et Mémoire, das auf genauester Untersuchung gewisser Erscheinungen der Psychopathologie beruht. In der „Évolution créatrice", seinem bekanntesten Werk, zieht Bergson für die Metaphysik das Fazit aus einem eingehenden Studium der modernen Biologie. Das letzte Buch endlich, „Lex deux sources de la morale et de la religion", in dem Bergsons Philosophie in eine Ethik ausmündet, zeigt auf jeder Seite den Einfluß der Soziologie und der Geschichtswissenschaft. So gründet sich Bergsons ganze Philosophie unmittelbar auf die in den Einzelwissenschaften kondensierte Menschheitserfahrung.

Gegen die Möglichkeit einer empiristisch fundierten Philosophie wird vor allem eingewendet, daß alle empiristische Betrachtung einen für die Erkenntnis unauflöslichen Rest in Kauf nehmen müsse und daher unbefriedigend sei. Erfahrung nimmt Vorgefundenes zum Ausgangspunkt. Sie kann uns nicht sagen, woher das kommt, was wir vorfinden und wie es das Subjekt überhaupt fertig bringt, etwas vorzufinden. So bleibt ihr der letzte klärende Abschluß des Denkens versagt. Manche Empiristen glauben, eine solche Argumentation sei nichts als eine sophistische Spitzfindigkeit. Sie haben m. E. unrecht. Hätten sie recht, dann bliebe unverständlich, wie die die empiristische Betrachtung übertrumpfende Dialektik in der Geschichte des menschlichen Denkens eine so gewaltige Rolle zu spielen vermochte. Dialektik ist in allen ihren so verschiedenartigen Abwandlungen letztlich nichts anderes als der Versuch, den Rest, den der Empirismus notgedrungen im Dunkel läßt, in einem höheren Denkprozeß ganz oder wenigstens teilweise aufzuklären. Jeder tiefer Denkende, der nicht entweder beim Skeptizismus endet oder sich mit unvollkommener Wahrheit als der allein dem Menschengeist zugänglichen Wahrheit begnügt, hat keine andere Wahl, als sich der Dialektik zu verschreiben. Damit ist nicht gesagt, daß Dialektik ein berechtigtes Verfahren sei. Sehr vielen, zu denen auch ich mich rechnen muß, will es nicht in den Kopf, daß ein Wesen wie der Mensch, das in jeder anderen Hinsicht begrenzt ist, der Erkenntnis der Vervollkommenheit teilhaftig zu werden vermöchte. Je mehr ich mich mit Dialektik in ihren verschiedenen Formen beschäftigt habe, umsomehr bin ich in dieser Einstellung bestärkt worden. Ich kann an dieser Stelle gegen die Dialektik nur ein argumentum ad hominem ins Feld führen, kann sie nur auffordern, den Baum nach seinen Früchten zu beurteilen. Die beiden bedeutendsten Erscheinungsformen der Dialektik in der neueren Geschichte der Philosophie sind die Philosophie Kants und die Philosophie Hegels. Kant, der einen verhältnismäßig bescheidenen Gebrauch von der Dialektik macht, insofern er nicht die Dinge als solche, vielmehr nur die Formen des menschlichen Geistesvermögens für gänzlich durchschaubar erklärt, gelangt in der Ethik zu einem Formalismus, der uns in der wichtigsten aller Fragen, der nach dem Inhalt richtigen Handelns ohne Antwort läßt, und Hegel, der mit seiner Dialektik die Totalität der Welt bemeistern will, bringt es überhaupt zu keiner echten Sollenslehre und endet mit einem: So, wie es ist, so ist es gut.

Zum praktischen Gebrauch ist es einer Philosophie wenig hinderlich, wenn sie das Bekenntnis in sich aufnimmt, daß ihre Erkenntnis keine vollkommene ist. Viel bedenklicher ist, daß vorläufig keine Philosophie, mag sie nun empiristisch oder dialektisch gerichtet sein, Aussicht hat, allgemeine Anerkennung zu finden. Es ist das eine Tatsache, mit der man sich abfinden muß und sich doch, gerade wenn es sich um die Verwertung der Philosophie für die Praxis des Rechts handelt, nicht leichten Herzens abfinden wird. Nehmen wir an, daß es einen guten Sinn hat, wenn die Menschen nach der Erkenntnis der letzten Prinzipien richtigen Handelns streben, um diese Prinzipien bei der Ausgestaltung des Rechts bewußt zu verwirklichen, dann setzen wir doch wohl voraus, daß es den Menschen gelingen muß, sich mit Hilfe des Denkens auf eine gemeinsame Weltanschauung zu einigen; denn eine Rechtsordnung, die sich als die Resultante einer Unzahl verschiedenster einander entgegengesetzter Weltanschauungen darstellen würde, wäre doch nichts weniger als befriedigend. Blickt man nun auf das bunte Gemisch verschiedenartigster philosophischer Lehrsysteme, von denen jedes seine größere oder kleinere, stets der Zahl nach sehr bescheidene Anhängerschaft hat, dann kann man sich die Frage nicht verwehren, ob es denn wirkliche Sache der Philosophie ist, bestimmenden Einfluß auf die rechtliche Regelung der gesellschaftlichen Verhältnisse auszuüben. Man kann die Frage nur bejahen, wenn man von der Zukunft erwartet, was die Gegenwart nicht gewähren will, wenn man der Meinung ist, daß es im Fortschritt menschlicher Zusammenarbeit dereinst einmal *eine* Philosophie geben wird statt der vielen, die sich heute den Rang streitig machen, gerade wie es heute schon eine Physik gibt und trotz aller Varianten *eine* positive Rechtswissenschaft. Manche halten eine solche optimistische Auffassung, einen solchen Glauben an eine philosophische Weltanschauung als menschliche Gemeinschaftssache für eine Wahnvorstellung. Sie dürften schwerlich recht haben. Hierüber noch einige wenige Erwägungen.

Unsere Erde ist uralt, aber unsere Menschheit ist noch jung, und viel jünger als sie selbst ist ihre Geschichte. Nun muß aber *doch* die Menschheit auf ein erhebliches Stück Geschichte zurückblicken, bevor sie sich in sich selbst auf eine durch Empirie zu gewinnende Weltanschauung einigen kann. Denn eine solche gemeinsame Weltanschauung setzt in ganz anderem Maße als eine geoffenbarte und durch inspirierte Predigt verbreitete Weltreligion gemeinsame Lebenserfahrung voraus, und gemeinsame im Bewußtsein erhaltene Erfahrung der Menschheit ist eben Geschichte. Die Geschichte verharrt im Dämmerzustand des Bewußtseins, solange sie keine wissenschaftliche Fixierung gefunden hat. Bedenken Sie, wie kurze Zeit verflossen ist, seit positive Einzelwissenschaften existieren, die sich für den Erwerb einer gemeinsamen philosophischen Lebensanschauung verwerten lassen, und in wie spärlichem Ausmaß diese Wissenschaften ins Volksbewußtsein aufgenommen sind, dann werden sie es nicht verwunderlich finden, daß die Menschheit es vorläufig noch nicht zu einer selbst erarbeiteten Weltanschauung gebracht hat, und werden den Glauben an eine kommende Philosophie, die etwas Ernsthaftes für die Gestaltung unseres sozialen Lebens, insonderheit für unser Recht, bedeutet, nicht für übermäßig kühn halten. Verhältnismäßig alt sind die Naturwissenschaften, und an den Naturwissenschaften hat sich denn auch in erster Linie die empiristische Philosophie der Neuzeit orientiert. Man kann Biologie, Psychologie, Geistesgeschichte nicht wohl für die Philosophie verwerten, bevor diese

Disziplinen überhaupt existieren. Und doch bedeuten diese Disziplinen unendlich viel mehr für eine Wissenschaft von Sinn und Zweck des menschlichen Daseins als Naturwissenschaften und Mathematik, die noch für den Aufbau der Philosophie eines Leibniz die weitaus wichtigsten Instrumente bildeten. Bei einem Driesch und einem Bergson stehen schon Biologie und Psychologie im Vordergrund, aber die letztere ist in ihrem heutigen Zustand den Naturwissenschaften noch so nahe, daß manche sie geradezu unter die Rubrik Naturwissenschaften und nicht unter die Rubrik Geisteswissenschaften bringen wollen. Die Soziologie ist noch so jung, daß manche sie heute noch für inexistent erklären und die Geistesgeschichte, vielleicht die unter philosophischem Gesichtspunkt wertvollste aller Einzeldisziplinen, ist in ihrem Ausbau noch so wenig weit gediehen, daß man sich nicht zu wundern braucht, wenn unsere Philosophen von ihr vorläufig meist nur einen sehr schüchternen Gebrauch zu machen pflegen. Und wenn es nun auch gelänge, auf solidem geisteswissenschaftlichem Fundament eine Philosophie aufzubauen, so würde sie heute noch in den breiten Massen zu wenig Verständnis finden, um sich im Gemeinschaftshandeln der Menschen in erheblichem Maß auszuwirken. Wir befinden uns heute in einem Stadium der Volksbildung, in dem es unserer Schule an jedem wahren Bildungsmittel zu fehlen scheint. Bloße Vertrautheit mit dem antiken Geistesgut tut es nicht für den modernen Menschen; wir haben daher das streng humanistische Bildungsideal aufgegeben, ohne daß es uns, soviel ich sehen kann, bisher gelungen wäre, es durch etwas Besseres zu ersetzen. Und doch liegt ein solcher Ersatz nahe genug. Allgemeine Geistesgeschichte sollte das recht eigentlich der Bildung im Gegensatz zur Disziplinierung des Geistes dienende Grundfach unseres Schulunterrichts darstellen. Ist wenigstens der Teil der Rechtsgenossen, der in erster Linie berufen ist, an der Gestaltung des Rechts mitzuwirken, von Jugend an mit universeller Geistesgeschichte bekannt geworden, dann ist eine der unerläßlichen Voraussetzungen dafür erfüllt, daß Philosophie eine soziale Macht werde.

Eine andere Voraussetzung hierfür will ich noch kurz erwähnen, weil sie für Juristen von besonderer Bedeutung ist. Wissen und Handeln stehen miteinander in Wechselwirkung. Man erkennt nicht zuerst, um dann der Erkenntnis entsprechend zu handeln, vielmehr erwirbt man in und mit dem Handeln die das Handeln fördernde Erkenntnis. Soll es dazu kommen, daß die Menschheit sich eine gemeinschaftliche zu praktischer Auswirkung fähige Lebensphilosophie erwirbt, so muß sie sich erst noch in viel höherem Grade in bewußter Gemeinschaftsarbeit betätigen, als es heute der Fall ist. Eine der ausgeprägtesten Formen bewußten Gemeinschaftshandelns ist das staatliche Recht, und innerhalb dieses Rechts gibt es wieder die veschiedensten Abstufungen. Das staatliche Recht unserer modernen Demokratien steht auf einer verhältnismäßig hohen Stufe bewußten Gemeinschaftshandelns, aber es ist kaum zweifelhaft, daß es noch bei weitem nicht in dem Grad bewußter Wille der Rechtsgemeinschaft ist, in dem es dies sein könnte. Auch solange es noch keine allgemein anerkannte Philosophie gibt, die dem Recht die letzten Ziele weist, kann ein jeder, der zur Mitarbeit an der Ausgestaltung des Rechts berufen ist, in seiner Mitarbeit bewußt diejenige Weltanschauung zum Ausdruck bringen, die ihm seine persönlichen Lebenserfahrungen und seine Bekanntschaft mit der bisherigen Wissenschaft als die richtige erscheinen lassen. Je mehr der Kampf der Geister um das rechte Recht den Charakter einer weltanschaulichen Auseinandersetzung annimmt, um so mehr wird im Ergebnis bewußter Wille zutage treten – denn wahrhaft bewußt ist nur ein Wille, der sich seiner letzten Ziele bewußt ist. – Und um so mehr wird sich allmählich ein Ausgleich der Weltanschauung anbahnen, der die sich gleichzeitig fortentwickelnde Philosophie ebenso fördert, wie er von ihr gefördert wird. Unter den Wissenschaften, die als Organon der Philosophie zu dienen bestimmt sind, stellte ich vorhin die Geistesgeschichte obenan. Ein vielleicht nicht weniger wichtiges Vehikel des Fortschritts der Philosophie ist das Recht, als die Totalität von Rechtswissenschaft und Rechtspraxis.

Lassen Sie mich das Ergebnis meiner Ausführungen ganz kurz zusammenfassen: Wenn man Logik als empiristisch eingestellte allgemeine Methodenlehre zur Philosophie rechnen will, dann dürfen sich Wissenschaft und Praxis des Rechts von diesem Teil der Philosophie für eine nicht ferne Zukunft erheblichen Nutzen versprechen. Dagegen muß sich mit Geduld wappnen, wer von der Philosophie als der Lehre von den letzten Zielen des menschlichen Zusammenlebens eine reiche Ernte erwartet. Vorläufig ist der Jurist im Verhältnis zur Philosophie mindestens ebensosehr der Gebende wie der Nehmende, er ist der Gebende freilich nur dann, wenn er bei seiner Mitarbeit am Recht mit ernstestem Verantwortlichkeitsgefühl um ein Recht sich bemüht, das der höchsten Bestimmung des menschlichen Daseins tunlichst gerecht wird, wozu wohl auch gehören dürfte, daß er es nicht verschmäht, sich mit den Bestrebungen der Philosophie seiner Zeit einigermaßen vertraut zu machen.

Methodologische Bemerkungen zur Lehre von den Quellen des Völkerrechts[1]

(1934)

Man gelangt vielleicht am ehesten zu einer Bestimmung der Quellen des Völkerrechts, wenn man zunächst einmal die Frage aufwirft, ob und inwiefern das Völkerrecht naturrechtlichen Charakter aufweist. Zur Beantwortung dieser vielbesprochenen Frage hilft ein Vergleich zwischen Völkerrecht und staatlichem Recht. Die Auffassung, daß auch dem staatlichen Recht ein naturrechtliches Element wesentlich sei, ist von niemand mit mehr Nachdruck und in überzeugenderer Weise vertreten worden als von François Gény. Will man sich über das Verhältnis unseres positiven Landesrechts zum Naturrecht klar werden, so tut man gut daran, zwischen dem sittlichen Geltungsgrund und dem naturrechtlichen Inhalt des Landesrechts zu unterscheiden.

Wenn wir irgendeinem staatlichen Recht verbindliche Kraft zusprechen, so tun wir es nicht um der magischen Gewalten willen, die den Gesetzen des betreffenden Staates innewohnen würden, sondern weil der Mensch gemäß seiner Natur vernünftigerweise sich der Autorität zu fügen hat, die in seinem sozialen Lebenskreis allgemeine Anerkennung findet. Wer dies natürliche Vernunftpostulat grundsätzlich ablehnt, der tritt damit für eine Anarchie ein, die vielleicht nicht notwendig ein *bellum omnium contra omnes* bedeutet, aber jedenfalls einen Kulturfortschritt irgendwelcher Art unmöglich macht. Mögen wir uns dessen bewußt sein oder nicht, wir glauben alle oder fast alle, daß der Mensch eine höhere Bestimmung hat, deren Verwirklichung er durch Kulturarbeit fördert. Daher sind wir, wenn es überhaupt so etwas gibt wie eine sittliche Verbindlichkeit, gebunden, die Voraussetzungen zu erfüllen, unter denen allein die menschliche Kulturarbeit einen gesicherten Verlauf nehmen kann. Zu diesen Voraussetzungen gehört eine sich allgemeiner Anerkennung erfreuende positive (von einer äußeren Stelle gesetzte) Lebensordnung. Eine solche Lebensordnung ist das staatliche Recht.

[1] Veröffentlicht in: Recueil d'études sur les sources du droit en l'honeur de Francois Gény, Paris 1934, S. 317–327.

Das staatliche Recht beruht vorwiegend auf dem Gesetz. Rechnet man die sekundären Rechtsquellen, wie Gemeindesatzungen, Anstaltsordnungen, Vereinsstatute, Gesellschaftsverträge zum Wirkungsbereich des Gesetzes, das sie reguliert und überwacht, dann kann man ohne wesentliche Ungenauigkeit sagen, daß die vom Gesetz ausgehende Lebensordnung als ein in sich geschlossenes sinnhaftes Ganzes den Gegenstand der Wissenschaft vom Landesrecht ausmacht.

Wenn das Gesetzesrecht in sich geschlossen ist, ist dann noch Raum für das Naturrecht? Man könnte denken, die Bejahung der Frage damit zu rechtfertigen, daß das Gesetz selbst bisweilen eine Verweisung auf das sachlich Angemessene gibt. Aber das ist nicht das Entscheidende. Ausschlaggebend für die Unausrottbarkeit des Naturrechts aus dem staatlichen Recht ist die Unmöglichkeit, das Gesetz oder die gesetzesvertretenden Rechtsquellen, von denen soeben die Rede war, so zu fassen, daß sich die Entscheidung jedes denkbaren rechtlichen Streitfalls mit Hilfe logischer Auslegungsverfahren aus ihnen ableiten läßt. Wenn es das Ideal des Rechtspositivismus ist, das Recht in dieser Weise im Gesetz zum Ausdruck zu bringen, so bleibt die Wirklichkeit hier wie auch sonst weit hinter dem Ideal zurück. Nichts anderes besagt der Satz, daß das Gesetz Lücken hat. Im 19. Jahrhundert vertraten große Rechtsschulen in den verschiedenen Ländern das Dogma von der Lückenlosigkeit des Gesetzes, aber schon am Ende des 19. Jahrhunderts geriet dieser Glaube allenthalben ins Wanken und das 20. Jahrhundert hat gründlichst mit ihm aufgeräumt. Die raffinierteste Gesetzestechnik und die feinste Ausbildung der rechtspositivistischen Interpretationsmethoden kann nicht verhindern, daß das Gesetz Lücken aufweist, viele Lücken, vielleicht mehr Lücken als geschlossene Stellen. Die Geschlossenheit des Gesetzesrechts bedeutet hiernach, daß das Gesetz die Tendenz hat, eine in sich abgerundete äußere Lebensordnung aufzustellen, deren Grundriß tatsächlich entwirft, dabei aber notgedrungen unvollständig bleibt und auf eine außergesetzliche Ergänzung angewiesen ist.

Woher kommt diese Ergänzung? Wir haben uns schon dafür ausgesprochen, daß sie durch naturrechtliche Erwägungen geliefert wird, aber das ist keineswegs die heute unbedingt herrschende Meinung. Namentlich ist die Ansicht sehr beliebt, daß die gesetzlichen Lücken durch einen Rekurs auf das Rechtsbewußtsein der Majorität der Rechtsgenossen oder, was ungefähr das gleiche besagt, die herrschenden Rechts- und Kulturanschauungen ausgefüllt werden müßten. Nun bedarf es wohl keiner näheren Begründung, daß der Richter, wenn das Gesetz die Auskunft versagt, nicht seiner Privatmeinung über das, was recht und billig ist, den Vorzug geben darf vor den Diktaten des allgemeinen Rechtsbewußtseins der Zeit- und Volksgenossen. Aber in wie vielen Fällen fehlt es an einem solchen allgemeinen Rechtsbewußtsein! In diesen Fällen bleibt dem Richter gar nichts anderes übrig, als das an sich Richtige und Angemessene, das durch die Natur der Sache Geforderte, mit andern Worten die naturrechtliche Lösung zu suchen.

Geht man vom staatlichen Recht über zum Völkerrecht, so erscheint als der in unserem Gedankenzusammenhang weitaus wichtigste Unterschied, daß hier das Gesetz, der eigentliche Hort der Positivität des Rechts, in Wegfall kommt. Man wird auf den ersten Blick geneigt sein, daraus zu folgern, daß im Völkerrecht die naturrechtliche Betrachtungsweise eine noch bedeutungsvollere Rolle zu spielen berufen ist als im Landesrecht. So verhält es sich denn auch in der Tat. Indessen darf nicht verschwiegen werden, daß die meisten Völkerrechtslehrer dem Gesetz ein völkerrechtliches positivistisches Seitenstück zu geben wissen, durch das der Einfluß des Naturrechts auf ein Minimum eingeschränkt wird. Wie das Gesetz zur ausschließlichen Basis des staatlichen Rechtes, so wird das Prinzip: *pacta servanda sunt* zur ausschließlichen Basis des Völkerrechts gemacht. Manche gehen soweit, daß sie auch das Gewohnheitsrecht diesem Satz unterordnen. Ein Satz des Gewohnheitsrechtes soll für einen Staat nur dadurch verbindlich werden, daß er sich selbst durch gewohnheitsmäßige Anwendung zu ihm bekannt hat. Es kann daher als Grund der gewohnheitsrechtlichen Verbindlichkeit ein stillschweigendes Pactum angesehen werden. Die wichtigste Entstehungsursache für diese Lehre vom Fundament alles Völkerrechts liegt in dem Streben der Staaten nach größtmöglicher Freiheit von den Fesseln rechtlicher Verbindlichkeiten. Daneben mag aber doch auch die dem modernen Juristen eigene positivistische Einstellung dazu beigetragen haben, das Recht, dem die Gesetzesform fehlt, an die äußere Erscheinungsform des pactums zu binden.

Der Satz *pacta servanda sunt* ist keine tragfähige Grundlage für das gesamte Völkerrecht. Er führt nicht zu einem Völkerrecht sondern zu einer Reihe von Völkerrechten, die nach Maßgabe der abgeschlossenen Verträge zwischen den einzelnen Staaten Geltung haben. Keines dieser Völkerrechte ist das, was man unter einem Recht zu verstehen pflegt. Ein Recht ist eine umfassende Lebensordnung, die angeblichen „Rechte", die in zwischenstaatlichen Verträgen zum Ausdruck gelangen, sind jeweils Ordnungsfragmente, nicht sowohl Rechte als vielmehr Teile von solchen.

Die Anhänger der von uns bekämpften Auffassung werden erwidern, daß mehr an Völkerrecht als was auf dem Satz pacta servanda beruhe, eben nicht vorhanden sei und daß, wenn dies zur Konstituierung eines eigentlichen Rechtes nicht ausreiche, man entweder den bisherigen Rechtsbegriff erweitern oder darauf verzichten müsse, in dem Völkerrecht ein Recht zu sehen. Indessen läßt sich aus den Aufgaben des menschlichen Kulturlebens eine ganze Reihe außerkontraktlicher völkerrechtlicher Normen ableiten. Wird es wohl einen internationalen Schiedsrichter geben, der die Staaten nicht zum mindesten gewissen elementaren Pflichten gegenseitiger Persönlichkeitsachtung unterworfen sein läßt, gleichgültig, ob sie diese Pflichten durch ausdrücklichen oder stillschweigenden Willensakt anerkannt haben oder nicht? Was steht nun im Wege, die vertraglichen und die außer-vertraglichen Normen miteinander in der Weise zu verbinden, daß sich ein Ganzes ergibt, das einigermaßen als eine Lebensordnung, als ein Recht gelten kann? Es steht entgegen, wird man uns antworten, daß nur das Völkerrecht, das auf dem Prinzip *pacta servanda sunt* beruht, positives Recht ist, während die übrigen Normen, von denen die Rede war, zur Moral oder bestenfalls zum Naturrecht gerechnet werden müssen. Aber einmal lassen sich, wie das Beispiel des staatlichen Rechtes lehrt, positivrechtliche Normen ganz wohl zu einem Ganzen zusammenfügen und sodann ist es nicht richtig, daß es kein positives *jus gentium* gäbe, das nicht Vertragscharakter trüge. Letztere Behauptung bedarf näherer Begründung.

Positivrechtlich ist eine Norm, insofern sie ausgeht von einer Stelle, deren Befehle in der Mehrzahl der Fälle ausgeführt werden. Nur wenn man den Begriff des Positivrechtlichen in dieser Weise faßt, erklärt sich seine verbindende Kraft: Es ist im Interesse eines gesicherten Kulturfortschritts unerläßlich, daß die Menschen es als ihre Pflicht ansehen, den Autoritäten sich zu fügen, die sich im Besitz der Herrschaft finden. Das Gegenteil lehren heißt jede äußere Ordnung untergraben wollen. Nennt man die zum positiven Recht gehörige regelmäßige Befolgung der Normen Geltung, so wird man kaum leugnen können, daß es mit der Geltung des Völkerrechtes einigermaßen bedenklich steht. Selbst für das kontraktliche Völkerrecht kann man in dieser Hinsicht keine Ausnahme machen, wenn schon zugegeben werden mag, daß die Geltung dieser Art von Völkerrecht eine relativ sichere ist. Zieht man die Geschichte des Völkerrechts zu Rate, so zeigt sich, daß auf die Erfüllung der Staatsverträge weniger Verlaß ist als auf die des bürgerlichen Rechtes, hinter denen der Rechtsschutzapparat der ordentlichen Gerichtsbarkeit steht. Auch sagen sich die Staaten nicht viel schwerer als von Verträgen von alten zu Gewohnheitsrecht erstarkten Gewohnheiten los, sobald sie es zur Wahrung wichtiger Interessen für erforderlich halten. Andererseits gibt es völkerrechtliche Normen, die ganz außerhalb des Gebiets ausdrücklichen oder stillschweigenden Paktierens liegen und doch ein gewisses Maß der Geltung aufweisen. Für Rechtssätze, die von einer ständigen Praxis der Schiedsgerichte anerkannt werden oder in der innerstaatlichen Gesetzgebung der meisten

Staaten Aufnahme gefunden haben und sinngemäß auf die zwischenstaatlichen Beziehungen angewendet zu werden verdienen, besteht die begründete Aussicht, daß sich tatsächlich der Verkehr von Staat zu Staat ihrer Herrschaft nicht entziehen wird. Ein Staatsmann, der Verständnis hat für die sittliche Notwendigkeit eines positiven Völkerrechts, wird solche Rechtssätze als verbindlich anerkennen. Das gleiche gilt, wenn mit Hilfe der wissenschaftlichen Literatur, der Tagespresse oder irgendeiner Veranstaltung des sozialen Lebens ein gemeinsames internationales Rechtsbewußtsein, eine übereinstimmende öffentliche Meinung auf völkerrechtlichem Gebiet zur Äußerung gelangt und als reale Macht auf den Gang der Ereignisse Einfluß gewinnt. Offensichtlich ist mit dem allen noch keine gefestigte positive internationale Lebensordnung aber doch immerhin der Anfang einer solchen gegeben.

Unsere Erwägungen haben uns auf zwei mögliche Gegenstände der Völkerrechtswissenschaft geführt. Man kann einmal, um dem Völkerrecht tunlichst das Moment der Geltung zu wahren, als einzige Quelle des Völkerrechts das ausdrückliche oder stillschweigende Paktum ansehen und die Wissenschaft vom Völkerrecht wesentlich in der Wiedergabe und Auslegung solcher Pakta bestehen lassen. Auch bei dieser sehr engen Fassung des Begriffs des Völkerrechts steht das Völkerrecht hinsichtlich der Geltung dem staatlichen Recht nicht völlig gleich, nähert sich ihm aber immerhin einigermaßen. Dagegen unterscheidet sich das ausschließlich auf Vertrag beruhende Völkerrecht vom staatlichen Recht dadurch, daß es statt eine in sich gerundete Lebensordnung darzustellen, in eine Reihe einzelner Ordnungsfragmente zerfällt, die eigentlich erst in einem weiteren Normzusammenhang rechten Sinn erhalten. Man fragt sich daher, wie ein solches Völkerrecht den Gegenstand einer relativ selbständigen Disziplin der Geisteswissenschaften soll bilden können. Bei der zweiten Auffassung des Völkerrechts, von der die Rede war, erscheint das *jus gentium* als eine im Werden begriffene positive Lebensordnung, die die Wissenschaft, indem sie sie darstellt, ihrer Vollendung anzunähern suchen muß. Jetzt sind Quellen des Völkerrechts keineswegs nur staatliche Willenserklärungen, sondern die zahlreichen, zum Teil ziemlich formlosen, schwer faßbaren Manifestationen eines in seinen Anfangsstadien befindlichen internationalen Rechtsbewußtseins der zivilisierten Menschheit. Faßt man das Völkerrecht und seine Quellen in dieser Weise, dann gilt es vor allem, zwischen zwei Klippen hindurchzusteuern. Man muß sich ebensosehr vor einem öden Positivismus, wie vor einem naturrechtlichen reinen Subjektivismus hüten. Die Äußerungen des beginnenden internationalen Rechtsbewußtseins der Menschheit auch nur mit einiger Vollständigkeit registrieren wollen, wäre ein Unternehmen, das notwendig im Sande verlaufen würde. Diese Äußerungen in ihrer Gesamtheit sind nicht etwas, das sich als fertige Gegebenheit behandeln läßt, sie müssen bei der Darstellung im Hinblick auf ein ideales Völkerrecht ausgestaltet und präzisiert werden. Der Internationalist muß im Auge behalten, daß das Völkerrecht einen stärkern naturrechtlichen Einschlag hat als das ausgereiftere, in festere äußere Formen gebrachte staatliche Recht. Andererseits darf doch auch der naturrechtliche Charakter des Völkerrechts nicht übertrieben werden. Das geltende Völkerrecht – und solches hat uns die Wissenschaft vom Völkerrecht vorzuführen – ist nicht ein Recht, das in nuce in der menschlichen Natur angelegt ist und dereinst einmal herrschen wird, wenn im Lauf der Entwicklung die höhere Bestimmung des Menschen zu reinem Ausdruck gelangt ist, es ist ein System von Normen, die hier und jetzt im geschichtlichen Dasein der Menschheit ihre Ausprägung finden und eine ernstliche Chance der Verwirklichung bieten, wobei man freilich nicht vergessen darf, daß eine solche Chance zum Teil von der überzeugenden Kraft abhängt, mit der die wissenschaftliche Lehre die sachliche Berechtigung der von ihr vorgetragenen Rechtssätze darzulegen weiß. Man sieht, daß der zweite Weg, der sich uns auf der Suche nach den Quellen des Völkerrechts zu öffnen schien, schmal und gefährlich ist, man wird trotzdem nicht daran zweifeln, daß er es ist, den die Wissenschaft vom Völkerrecht einzuschlagen hat.

Mit dem Mangel einer regulären internationalen Gesetzgebung ist es vereinbar, daß bisweilen völkerrechtliche Bindungen durch legislativen Akt geschaffen werden. Wir denken dabei nicht an die sog. rechtsetzenden Vereinbarungen, traités-loi, law-making treaties, als solche. Bei diesen ist normalerweise die rechtsetzende Wirkung auf die Vertragsparteien beschränkt und das fundamentum obligationis ist, wie bei den auf konkrete Leistungen gerichteten Verträgen, der Satz: *pacta servanda sunt*. Für die Quellenlehre erhält ein Vertrag erst dann die Bedeutung eines Gesetzes, wenn die Vertragsparteien in dem Vertrag in rechtswirksamer Weise dritten Personen Verpflichtungen auferlegen. Daß derartiges vorkommen kann, zeigt vor allem Art. 17 des Völkerbundpaktes. Wie man immer über die praktische Bedeutung dieser Quellenstelle denken mag, ihr theoretisches Interesse ist unbestreitbar. Manche Autoren sehen darin, daß die am Völkerbund beteiligten Staaten ihre dem Zweck der Kriegsverhütung dienenden Reglementierungen für Staaten verbindlich machen wollen, die nicht zum Völkerbund gehören, geradezu eine Sünde gegen den heiligen Geist des Völkerrechts. In Wahrheit werden nicht die Grundideen des Völkerrechts durch Artikel 17 der Völkerbundsakte bedroht, sondern nur der Mythus von der ausschließlichen Fundierung der völkerrechtlichen Verpflichtung auf dem Willen des zu Verpflichtenden. Was rechtlich verpflichtet, ist nie die magische Kraft des Willens, sei es des eigenen Willens des zu Verpflichtenden oder des Willens eines Dritten, es ist in allen Fällen das Ordnungsprinzip. Wer ein gesittetes, zivilisiertes menschliches Zusammenleben will, der muß eine Friedensordnung wollen und wer eine Friedensordnung will, der muß bereit sein, den Autoritäten Gehorsam zu leisten, die den Frieden garantieren. Darauf beruht im wesentlichen die bindende Kraft des positiven Rechts. Haben die Völkerbundstaaten den Willen und die Macht, ein der friedlichen Erledigung internationaler Streitigkeiten dienendes Verfahren auch den nicht zum Völkerbund gehörigen Staaten in der Mehrzahl der Fälle aufzunötigen, dann haben sie die Möglichkeit, es für diese Staaten als positives Recht verbindlich zu machen.

Wissenschaft und Sprache[1]

(1935)

Im Betrieb der Wissenschaften haben sich bekanntlich Sprachen ausgebildet, die, namentlich im Wortschatz oder im Inventar der zum Hinweis auf die einzelnen Begriffe dienenden Zeichen, mehr oder weniger tiefgehend von der Sprache des täglichen Lebens verschieden sind. Die Frage, auf die ich am heutigen Abend Ihre Aufmerksamkeit lenken möchte, läßt sich dahin fassen: Ist es für die Wissenschaften gewinnbringend, förderlich in methodologischer oder dialektischer Hinsicht, wenn sie sich auf die Verwandtschaft besinnen, die zwischen ihren Terminologien und der großen geistigen Erscheinung besteht, die man gemeinhin als *die* Sprache zu bezeichnen pflegt. Die Beantwortung der Frage scheint zum Bereich einer Wissenschaft zu gehören, die gewissermaßen einen Allgemeinen Teil zu den besonderen Wissenschaften bilden würde, die alle Einzeldisziplinen überschauend und miteinander vergleichend, das für sie alle gleichermaßen Wissenswerte aufzusuchen und herauszustellen hätte. Eine Wissenschaft solcher Art ist die Logik. An die Logik wendet sich naturgemäß, wer sich als Vertreter eines besonderen Fachs mit dessen Methodenlehre beschäftigt und dabei der Aufklärung teilhaftig werden möchte, die vom vergleichenden Studium der Methoden sämtlicher Fächer zu erwarten ist. In der Tat gibt es denn auch heute kaum eine eingehendere Darstellung der Logik, die sich nicht in einem, jedenfalls dem äußeren Umfang nach sehr erheblichen Teil mit allgemeiner Methodenlehre befassen würde. Trotzdem dürfte die Förderung, die die Logik der Methodologie der Einzeldisziplinen gewährt, vorläufig noch eine recht bescheidene sein. Aus der eigenen Erfahrung sprechend, die die eines Juristen ist, der sich viele Jahre lang mit rechtswissenschaftlicher Methodenlehre beschäftigt hat, muß ich bekennen, daß die Hoffnungen, die ich anfänglich auf ein eingehenderes Studium der Logik setzte, enttäuscht worden sind. So hat z. B. die Logik das

[1] Wissenschaft und Sprache, Rektoratsprogramm der Universität Basel, Universitätsdruckerei Fr. Reinhardt, Basel 1936.

Wesen der Fiktionen als wissenschaftlicher Hilfsmittel nicht in genügendem Maß zum Gegenstand ihrer Aufmerksamkeit gemacht, um dem Juristen bei der Bemühung um tiefere Einsicht in die Bedeutung der juristischen Fiktionen behilflich sein zu können. Und auch über die uns augenblicklich interessierende Frage nach dem Verhältnis der wissenschaftlichen Sprache zur allgemeinen Verkehrssprache, eine Frage, die in Anwendung auf die Rechtswissenschaft geradezu als das Zentralproblem der juristischen Methodenlehre bezeichnet werden kann, habe ich auch in den umfangreichsten Darstellungen der Logik – ich sage nicht schlechthin nichts – aber jedenfalls keine irgendwie ausreichende Belehrung gefunden. Die Logiker bieten außerordentlich viele erkenntnistheoretische und zum Teil auch psychologische Erörterungen über die elementarsten Denkvorgänge, und fast scheint es, als seien sie, fasziniert durch die einer allgemein überzeugenden Lösung unzugänglichen Ursprungsfragen von der Höhe letzter Spekulationen aus noch nicht in solche Nähe der Einzelwissenschaften gelangt, daß sie diese wirksam zu beeinflussen vermöchten. Damit soll kein Vorwurf gegen die Logik erhoben werden; wir wollen uns vielmehr freuen, daß in ihr neben dem Weg nach oben mit zunehmendem Eifer auch der Weg nach unten beschritten wird, der Weg, der in die Werkstätten der Einzelwissenschaften führt, in denen in kontinuierlichem Prozeß die verschiedensten Methoden ersonnen und auf ihre Tauglichkeit zur geistigen Bewältigung der Phänomene geprüft werden. Das Unternehmen einer allgemeinen Methodenlehre ist, wenn man es einigermaßen gründlich betreiben will, ein so gewaltiges, daß man sich nicht zu wundern braucht, wenn lange Zeit vergeht, bevor es die ersten greifbaren Früchte bringt. Also nicht der Anschuldigung der Logik dienen meine einleitenden Worte, sondern der eigenen Entschuldigung, wenn ich, wie es leider der Fall ist, bei Behandlung eines so wichtigen Gegenstands wie des Verhältnisses der wissenschaftlichen Terminologie zur Verkehrssprache Ihnen nicht mehr bieten kann als bestenfalls einige Anregungen, und wenn ich in einer Frage von universell wissenschaftlichem Interesse ganz vorwiegend auf die eine positive Wissenschaft exemplifizieren werde, in der ich mich allein ganz gut zu Hause fühle, auf die Rechtswissenschaft.

Wir haben an der Sprache einen geistigen Besitz, dessen Umfang und Gehalt weit über das hinausgeht, was sich von ihm in unserem Bewußtsein auszuprägen pflegt. Schillers Ausspruch, daß die Sprache für uns denkt, darf fast wörtlich verstanden werden. Wir wollen uns bei der Besinnung auf diesen verborgenen Reichtum der mit der Sprache verknüpften Gedankenwelt ausschließlich an den Wortschatz halten, wie er im Wörterbuch verzeichnet ist. Denn gerade im Hinblick auf den Wortschatz besteht die uns interessierende Verwandtschaft zwischen der Sprache des täglichen

Lebens und der der Wissenschaft, während im Hinblick auf die Grammatik Identität besteht.

Wieviel Worte gibt es nicht, deren wir uns geläufig bedienen, mit denen wir gewisse Gegenstände meinen und uns über diese Gegenstände verständigen und die wir doch, sobald es gilt, von ihrem Sinn sich und anderen Rechenschaft abzulegen, nicht sofort und stets nur annäherungsweise zu definieren vermögen! Immer wieder wird man durch die Aufforderung, genau anzugeben, welchen Gedanken man mit diesem oder jenem Wort verbindet, an einen Ausspruch Augustins erinnert: Fragst du mich, weiß ich es nicht, fragst Du mich nicht, weiß ich es. Welche Verlegenheit, wenn man klipp und klar sagen soll, was man unter Worten wie Tugend, Gerechtigkeit, Heldentum zu verstehen hat. Man sprach von diesen Dingen, als wisse man sehr wohl, was man mit seinen Worten meine, und nun gilt es, den Verdacht, daß man ins Leere hineingeplappert habe, zu widerlegen. Das muß möglich sein, davon ist man überzeugt, aber ganz einfach ist es nicht. Man besinnt sich auf eine möglichst große Zahl konkreter Fälle, auf die das Wort zu passen scheint, sucht das diesen Fällen Gemeinsame auf und gelangt so zu einer Begriffsbestimmung. Sie ist nur eine vorläufige; denn alsbald tauchen andere Fälle auf, die uns, wenn wir unser Sprachgefühl als maßgeblich ansehen wollen, zu einer Abänderung der zunächst gegebenen Definition veranlassen. In der eben geschilderten Weise haben Sokrates und Plato das Verfahren eingeleitet, in dem sie zu festen, klaren Begriffsbestimmungen zu gelangen suchten, und wir folgen noch heute ihren Bahnen.

Wie die Sprache zu einer Weisheit kommt, die wir nicht bewußt in sie hineingelegt haben, die wir ihr vielmehr, um uns ihrer bewußt zu werden, durch Induktion abgewinnen müssen, das ist ein Rätsel, das uns hier nicht zu beschäftigen braucht. Auf unserem Weg liegt eine andere Frage, die glücklicherweise nicht ganz so schwierig zu beantworten ist: Nach welchem Auswahlprinzip geht die Sprache vor, wenn sie aus der unendlichen Mannigfaltigkeit des Gegebenen einen Tatbestand heraushebt, um ihn eines besonderen Wortes zu würdigen? Daß der Mensch alles, was er als Werkzeug oder Gerätschaft anfertigt, mit einem besonderen Namen auszeichnet, ist ohne weiteres einleuchtend, wie aber verfährt er mit der unendlichen Fülle des von ihm nicht sowohl Geschaffenen als vielmehr Vorgefundenen? Der Gedanke ist kaum abzuweisen, daß auch hier der praktische Gesichtspunkt bestimmend sein wird. Unser Wörterbuch beruht wohl im wesentlichen auf der Stellungnahme des handelnden Menschen zu der Welt, in die er hineingeboren ist. Diese Stellungnahme hat bei aller Vielheit der Bedürfnisse der menschlichen Natur etwas Einheitliches, Ganzheitliches; die Vielheit der Bedürfnisse ist zusammengehalten durch eine leitende

Idee. Wenn die Sprache zugleich mit der Namengebung in das Chaos des Gegebenen die Begriffslinien einzeichnet, folgt sie der Weisung Pascals: „Il faut avoir une idée par derrière la tête et juger tout par là." Die ordnende Idee, von der die Sprache ausgeht, darf man sich freilich nicht vorstellen als ausdrückbar in den Formeln irgendeiner bestimmten Vulgärphilosophie. Sie muß ein Moment der Variabilität in sich enthalten, denn in der Sprache sollen ja die verschiedensten Lebensanschauungen zur Mitteilung gelangen können. Daher wird für die Sprache das Prinzip der Selektion der wegen ihrer Wichtigkeit mit besonderen Worten zu bedenkenden Begriffe nicht eine bestimmte Weltanschauung sein, sondern die Idee aller Weltanschauungen, die für einen normalen Menschen in Betracht kommen.

Die Annahme, daß eine Idee solcher Art der Sprache als ordnendes Prinzip zugrunde liegt, ist keineswegs so ausgefallen und gewagt, wie es manchem auf den ersten Blick erscheinen könnte. Sie wird bestätigt durch einen Überblick über die Systeme der wissenschaftlichen Weltanschauungslehre, insbesondere der Moralphilosophie. Nicht nur verwenden die Philosophen die gleichen Ausdrücke wie die Sprache des täglichen Lebens und bleiben bei ihrer Bestimmung im Einklang mit dem allgemeinen Sprachgebrauch, sondern sie sehen sich auch selten genötigt, Begriffe von grundsätzlicherer Bedeutung zu bilden, für die ihnen nicht die Sprache ein einfaches Wort zur Verfügung stellen würde. Sehr deutlich tritt dies in dem Kapitel zutage, in dem sich die Moralphilosophie mit den einzelnen Tugenden beschäftigt. Da bedarf es nicht neuer Worte oder mehr oder weniger umständlicher Umschreibungen, um die Haupttugenden namhaft zu machen, sondern für jede der Haupttugenden hält die Sprache schon ein Wort bereit. Und umgekehrt pflegt es sich auch für den Philosophen um eine Haupttugend zu handeln, da, wo die Sprache zur Bezeichnung der betreffenden Eigenschaft ein besonderes Wort gebildet hat. Abweichungen kommen freilich vor und wir brauchen uns nicht sonderlich darüber zu wundern. Das geistige Niveau der Sprache, auf dem sie dem Philosophen Vorarbeit geleistet hat, kann kaum ein anderes sein als das des Durchschnittsmenschen, das jenes praktischen „bon sens", von dem Descartes meint, daß er la qualité la mieux partagée sei. Je origineller ein Denker ist, um so mehr erhebt er sich über dieses Niveau und um so schwerer ist es ihm, mit der Sprache des täglichen Lebens in voller Übereinstimmung zu bleiben. Besonders lehrreich ist in dieser Hinsicht die Ethik Spinozas. Nicht mit Unrecht, wie mir scheint, hat man als den wertvollsten Teil dieser Ethik die Tugendlehre bezeichnet. Gerade hier ist nun der Sprachgebrauch so verschieden von dem üblichen, daß der Philosoph sich zu der Bemerkung veranlaßt sieht, er sei sich dieser Verschiedenheit wohl bewußt, aber wenn man den Worten den richtigen Sinn beilegen wolle, dann müsse man sie so verstehen, wie er sie verstehe. Immerhin ist auch in diesem besonderen Fall trotz allem Zwang, der vom Standpunkt des gewöhnlichen Lesers aus den Worten angetan wird, der Zusammenhang mit dem allgemeinen Sprachgebrauch immer noch unverkennbar.

Was wir eben von dem Verhältnis der philosophischen Sprache zur Verkehrssprache sagten, das bezieht sich nicht auf alle Teile der Philosophie und nicht auf alle Arten der Philosophie. Wenn man über einer Kategorientafel, die sich wie die des Aristoteles als eine Zusammenstellung der letzten Elemente der Erfahrungswelt darstellt, mit den Neuplatonikern in ontologischer oder mit den Kantianern in transzendentallogischer Intention einen überempirischen Oberbau aufzuführen sucht, dann bedarf man einer besonderen Kunstsprache. Die gewöhnliche Sprache erweist sich hier als durchaus unzureichend aus dem einfachen Grund, weil das, was nunmehr zur Sprache gebracht werden soll, außerhalb des Horizonts liegt, in dessen Grenzen sich das Denken des Durchschnittsmenschen, dem die Verkehrssprache angepaßt ist, zu bewegen pflegt.

Ganz ähnlich verhält es sich mit dem Erfordernis einer Kunstsprache für die meisten Naturwissenschaften. Eine so unanschauliche Betrachtung der äußeren Natur wie die, zu der die theoretische Physik allmählich gelangt ist, liegt der weit überwiegenden Mehrheit der Menschen durchaus ferne. Die Sprache, in der von ihren Ergebnissen in geeigneter Weise zu reden ist und die zum nicht geringen Teil aus einer Wortsprache zur Zeichensprache werden muß, erscheint dem Laien als völlig unverständlich. Der Naturwissenschaftler ist dem Laien ein Wesen besonderer Art, das erst aus der ihm eigentlichen Sphäre heraustreten muß, wenn sich ein näherer geistiger Verkehr mit ihm anbahnen soll.

Eine andere Bewandtnis als mit den Naturwissenschaften hat es mit den einzelnen Geisteswissenschaften. Diese Disziplinen haben einen Gegenstand, der dem Nichtfachmann ungleich viel näher liegt als die Welt, der die mathematischen Formelm und die Modelle des Physikers angehören. Daher erwartet das Publikum vom Geisteswissenschaftler, ohne ihm das Recht auf einen weitgehenden Gebrauch von Kunstausdrücken abzusprechen, daß er in einer einigermaßen allgemeinverständlichen Sprache rede. Der Geist, mit dem sich die Geisteswissenschaften beschäftigen, ist doch, so meint man nicht mit Unrecht, Geist von unserem Geist. Warum sollte es unmöglich sein, in der Sprache, die wir alle sprechen und die aus diesem Geist unmittelbar hervorgegangen ist, sich über ihn in einer allen Gebildeten verständlichen Weise auszudrücken, solange man nicht in jene Tiefen dringt, deren Erforschung dem Erkenntnistheoretiker und Metaphysiker vorbehalten bleibt. Wer, was er über den Geist zu sagen hat, in einer Sprache vorbringt, die nur dem Eingeweihten zugänglich ist, der kommt in den Verdacht, sich seinen eigenen Jargon zurechtzumachen, der durch die Natur der Sache nicht gefordert wird, vielmehr nur verbergen soll, daß der Autor nichts Rechtes zu sagen weiß. In der Tat bleiben denn auch alle bedeutenderen Erscheinungen des geisteswissenschaftlichen Schrifttums im wesentlichen im Einklang mit der Sprache, die Gemeinbesitz ist, was nicht hindert, daß dieser Sprache eine wissenschaftliche Terminologie beigemengt ist, die sich ganz wohl als eine besondere Kunstsprache bezeichnen läßt. Als Beispiel für eine solche Kunstsprache, das hier etwas genauer ins Auge gefaßt werden soll, wähle ich die eigentümliche Begriffssprache des Juristen.

Die Rechtswissenschaft betrachtet das menschliche Zusammenleben in dem, was es wirklich ist, und in dem was es sein sollte, unter dem besonderen Gesichtspunkt einer für dieses Zusammenleben erforderlichen positiven Ordnung. Das Recht ist nichts anderes als eine positive, d. h. durch äußere Autorität gesetzte Ordnung des Gesellschaftslebens, bestimmt, den Frieden aufrechtzuerhalten, die Gerechtigkeit zu verwirklichen und Zivilisation und Kultur tunlichst zu fördern. Gewöhnt man sich, wie das für die Rechtswissenschaft zutrifft, die Welt unter dem Gesichtswinkel des Rechts zu betrachten, so erhalten zahlreiche Dinge, die dem Denken der Sprache des täglichen Lebens sowie verschiedenen nichtjuristischen Disziplinen wohlvertraut sind, eine eigenartige rechtswissenschaftliche Nuancierung, ohne daß sich der Jurist deswegen veranlaßt sehen würde, von der üblichen Benennung abzuweichen und einen besonderen Kunstausdruck zu schaffen. Den Juristen interessieren z. B. der Wille und die Verursachung, die Kausalität deswegen, weil sie Elemente von Tatbeständen bilden, die mit Rechtsfolgen verknüpft sind. Dieses Interesse bestimmt den Juristen, die Begriffe des Willens und der Verursachung von vornherein so zu bilden, daß sie sich in das Gefüge von Tatbestand und Rechtsfolge möglichst gut einpassen lassen. Der Spezifikationsprozeß, durch den ein Begriff bei seiner Aufnahme in das rechtswissenschaftliche System hindurchgeht, ist erst in neuester Zeit im rechtswissenschaftlichen Schrifttum eingehender erörtert worden. Immerhin wurde beim Aufkommen der in der deutschen Strafrechtswissenschaft zur Herrschaft gelangten Kausalitätstheorie in Auseinandersetzung mit der Kausalitätslehre des englischen Philosophen John Stuart Mill die Bemerkung gemacht, daß wenn für den Philosophen als Ursache die Summe sämtlicher Bedingungen eines Ereignisses anzusehen sei, dies unmöglich für den Juristen gelten könne. In den Augen des Juristen habe jemand ein Ereignis verursacht, wenn er nur eine einzige conditio sine qua non für seinen Eintritt gesetzt habe; wollte man mit der Summe aller Bedingungen operieren, so könnte man nie einen Menschen als Urheber eines Geschehnisses verantwortlich machen, denn nichts von allem, was geschehe, sei ausschließlich bedingt durch die Tätigkeit eines einzelnen Menschen. Dies, die sogenannte Bedingungstheorie, deren Schicksale im Bereich der deutschen Rechtswissenschaft namentlich darum von Interesse für uns sind, weil sie zeigen, wie weit die Rechtswissenschaft in der Besonderung des Sinns gehen kann, den sie einem aus der Verkehrssprache entnommenen Ausdruck beilegt. Es zeigte sich nämlich, daß sich im Strafrecht mit der Bedingungstheorie im wesentlichen ganz wohl auskommen ließ, während für das Zivilrecht eine andere Auffassung der Verursachung, die man mit einem nicht sehr schönen Ausdruck als Theorie vom Adäquatkausalzusammenhang zu bezeichnen pflegt, den Vorzug zu verdienen schien. Die Folge ist, daß nicht wenige Rechtsgelehrte und wissenschaftlich gebildete Praktiker, unter anderem eine juristische Autorität wie das deutsche Reichsgericht, auf dem Standpunkt stehen, unter Verursachung sei in der Strafwissenschaft etwas anderes zu verstehen als in der Zivilrechtswissenschaft.

Niemand wird der Wissenschaft die Berechtigung absprechen, ihre Begriffe so zu bilden, wie es ihr zu möglichst erfolgreicher geistiger Bemeisterung des Stoffs erforderlich erscheint. Fraglich kann nur sein, ob es ihr freisteht, bei der Bezeichnung ihrer Begriffe mit Worten der Verkehrssprache diesen einen besonderen Sinn beizulegen. Man wird die Frage bejahen, solange es sich bei der besonderen Sinngebung nur um eine Festlegung innerhalb der äußersten Grenzen handelt, die durch den allgemeinen Sprachgebrauch bestimmt werden. Bei fast allen Worten ist der allgemeine Sprachgebrauch mehr oder weniger schwankend; er hat, wie man es ausgedrückt hat, eine Variabilitätszone, innerhalb dieser Zone kann die Wissenschaft einem Wort die Bedeutung beilegen, die es ihr ermöglicht, es in ihrem System als handlichen Terminus zu verwenden. Gerade für die Rechtswissenschaft besteht bei dem Zusammenhang ihrer Sprache mit der Sprache des Gesetzgebers ein besonderes Interesse daran, daß sie so spricht, wie man im täglichen Leben spricht. Sie soll aus fremden Sprachen entlehnte Kunstausdrücke und schwerfällige Umschreibungen möglichst vermeiden. Aber sie darf natürlich nicht, um in schlichten, jedermann vertrauten Worten reden zu können, diesen Worten einen gänzlich anderen Sinn geben als den, den der allgemeine Sprachgebrauch mit ihnen verbindet. Diese, wie mir scheint, selbstverständlichen Regeln hat man in der Rechtswissenschaft bisher getreulich zu befolgen gemeint, und ich würde von ihnen gar nicht reden, wenn nicht in neuester Zeit eine rechtswissenschaftliche Schule rasch zu großem Ansehen gelangt wäre, die die Behauptung aufstellt, daß die Rechtswissenschaft unter Worten wie

Wille oder Verursachung etwas ganz anderes verstehe und verstehen müsse als der Laie oder der Psychologe oder der Naturwissenschaftler. Wäre es richtig, daß für die Rechtswissenschaft der Wille nichts von der Art eines seelischen Vorgangs wäre, die Verursachung nichts zu tun hätte mit einem Bedingungszusammenhang zwischen wirklichen Geschehnissen, ich sage, wäre diese Behauptung so richtig, wie sie meines Erachtens unrichtig ist, dann hätte die Rechtswissenschaft, wenn nicht eine babylonische Sprachverwirrung entstehen soll, die Worte Wille und Verursachung durch andere Worte zu ersetzen.

Die Tatbestände, an die Rechtsfolgen zu knüpfen sind, entnimmt die Rechtswissenschaft dem Verkehrsleben, und wennschon sie sie unter einem besonderen Gesichtspunkt aussondert, so ist es ihr doch nicht schwer, bei ihrer Bezeichnung im wesentlichen im Einklang mit der Umgangssprache zu bleiben. Erst da, wo es sich um die Rechtsfolgen selbst handelt, beginnt das eigenste Gebiet der Rechtswissenschaft, und wenn schon dies Gebiet zum Interessenkreis des Durchschnittsmenschen gehört, mußte sich doch bei seiner genaueren wissenschaftlichen Bearbeitung das Bedürfnis nach eigentlichen termini technici einstellen. Die Kunstsprache des Juristen betrifft vorwiegend Rechtsfolgebegriffe, sie arbeitet mit Wendungen und Worten wie: subjektives Recht, obligatorisches Recht, dingliches Recht, jus ad rem, Anspruch, Einrede, Einwendung und unzähligen anderen. Im Hinblick auf die Fülle derartiger Begriffsbezeichnungen hat Rudolf Sohm nicht unrecht, wenn er vom deutschen Bürgerlichen Gesetzbuch sagt: Jedes Wort ein Kunstausdruck. Die Betrachtung dieser rechtswissenschaftlichen Kunstsprache regt nun zu der Frage an, auf die alles bisher Gesagte hinleiten sollte, zu der Frage, ob wir uns von dem Vergleich einer derartigen Sondersprache mit der uns allen gemeinsamen Sprache erhebliche methodologische Förderung versprechen können. Ich bejahe die Frage und füge gleich in wenigen Worten die Begründung meiner Antwort bei: Wie die Umgangssprache hat die juristische Begriffssprache einen tiefen verborgenen geistigen Gehalt. Will man sie sich mitsamt diesem Gehalt zu eigen machen, so muß man sie ähnlich wie eine Umgangssprache durch lange Übung zu meistern suchen, man muß sich in sie einfühlen und darf nicht meinen, daß mit dem Erlernen von Definitionen und Lehrsätzen alles Erforderliche getan sei. Will man ihren latenten Reichtum zu Bewußtsein bringen, so darf man sich wiederum nicht ausschließlich an Definitionen und Lehrsätze halten, sondern muß ein ähnliches Verfahren einschlagen wie wenn man den Worten der Umgangssprache ihr Geheimnis entlocken will. Eine solche Auffassung der Begriffssprache der Rechtswissenschaft ist weit davon entfernt, allgemeine Anerkennung zu finden, sie bedarf einer näheren Erläuterung.

Man begegnet vielfach der Annahme, daß die juristischen Termini nur für den Laien Geheimnisse bildeten, daß dagegen der Jurist, wenigstens der wissenschaftlich gebildete Jurist, ganz genau anzugeben vermöge, was er unter ihnen verstehe. Wohl wird viel gespottet über die endlosen Kontroversen, die zwischen den Juristen über ihre Begriffe geführt werden, aber wenn sie schon untereinander streiten, so wird doch wohl, meint man, jeder von ihnen mit sich selbst über den genaueren Sinn einig sein, den er mit den gebräuchlichsten Kunstausdrücken verbindet. In Wahrheit verhält es sich nun aber ganz anders. Die Römer, deren juristische Begriffssprache den Grundstock der unsrigen bildet, hatten wie niemand bezweifelt, eine wunderbare Fertigkeit in der treffsicheren Handhabung ihrer termini technici. Der leider zu wenig bekannt gewordene Genfer Romanist und Methodologe Gottlieb August Meumann pflegte von den römischen Juristen zu sagen, daß sie ihre Begriffe stets richtig gebildet und angewendet und stets falsch definiert hätten. Auch bei den Koryphäen der modernen Rechtswissenschaft steht die Begriffsbestimmung fast nie in völliger Übereinstimmung mit dem Gebrauch, der von dem Begriff tatsächlich gemacht wird. So wie ein jeder an seiner Muttersprache mehr besitzt, als er sich je deutlich und bis in alle Einzelheiten bewußt zu werden vermag, so auch der Jurist an seiner besonderen Kunstprache.

Noch in anderer Hinsicht überschätzt man vielfach den Grad der Bewußtheit der juristischen Begriffsbildung, insofern man meint, die Rechtswissenschaft sei sich nicht über den Inhalt ihrer Begriffe, sondern auch darüber klar, warum sie einen Begriff gerade so und nicht anders bildet, als es tatsächlich der Fall ist. Wollte die Rechtswissenschaft dieser für sie sehr schmeichelhaften Vorstellung entsprechen, so müßte sie von einer zentralen Idee des Rechts ausgehend jeden einzelnen Begriff in deutlichem Zusammenhang mit dieser Idee entwickeln. Hiervon ist nun aber im juristischen Schrifttum verhältnismäßig wenig zu finden. Selbst wenn es sich um einen so fundamentalen Begriff handelt wie den des subjektiven Rechts, wird selten ausdrücklich auf eine das ganze Recht beherrschende Idee Bezug genommen, geschweige denn, daß bei der Entwicklung spezieller Begriffe der Versuch der Zurückführung auf einen solchen geistigen Ursprung unternommen würde. Und doch ist bei aller juristischen Begriffsbildung eine Rechtsidee, wennschon heimlich, am Werke. Ähnlich wie der Sprache des täglichen Lebens eine praktische Weltanschauung zugrunde liegt, liegt der juristischen Begriffssprache eine juristische Weltanschauung zugrunde. Auch diese juristische Weltanschauung ist, entsprechend dem, was wir über die Sprache im allgemeinen sagten, nicht als ein bestimmtes Ideal richtigen Rechts zu denken, sie ist vielmehr die Idee aller Rechtsordnungen, die für ein normales Denken und Empfinden als erwägenswert in Betracht kommen. Nicht in klarer Überlegung, sondern in sicherem Taktgefühl haben die Juristen ihre Begriffe, anstatt sie aus einzelnen konkreten Rechtsordnungen oder einer von einem Philosophen entworfenen Rechtsutopie durch Abstraktion zu gewinnen, von vornherein so gebildet, daß sich tunlichst jede innerhalb der Grenzen der Vernunft liegende Rechtsordnung mit ihrer Hilfe konstruieren ließe. Dabei konnte natürlich der Wandel der Rechtsanschauungen nicht vollständig vorweggenommen werden, so daß sich mit der Zeit die Sprache der Juristen umbilden mußte. Der geistige Zusammenhang wurde dabei nicht unterbrochen. Das Begriffsinventar der Jurisprudenz, wie es heute vorliegt, ist das Ergebnis einer unter dem Gesichtspunkt der rechtlichen Regelung des Gesellschaftslebens durch zwei Jahrtausende fortgeführten geistigen Bearbeitung des Wirklichen, Möglichen, zu Erstrebenden. Es bietet dem Gesetzgeber keineswegs richtiges Recht in fertiger Gestalt, wohl aber enthält es eine Vorarbeit, die sich bei der Gewinnung positiven Rechts von sachlich angemessenem Inhalt mit hohem Nutzen verwerten läßt.

Der Prozeß, in dem sich die Kunstsprache der Juristen bildet, erfolgt, daran ist nicht zu zweifeln, in hellerem Licht des Bewußteins als der Prozeß, in dem sich die Sprache des täglichen Lebens bildet. Aber ein solcher Unterschied hindert nicht, daß zwischen den beiden Sprachen hinsichtlich der Art und Weise, wie sie mit geistigen Gehalten erfüllt sind, eine weitgehende Ähnlichkeit besteht, und ich glaube, daß, wenn man die Ähnlichkeit außer Augen läßt, es sehr schwer ist, den Wert der sog. Begriffsjurisprudenz richtig einzuschätzen. Weil die juristischen Begriffe sozusagen ohne Heimatschein auftreten, ohne eine öffentliche Bekundung ihres tieferen geistigen Ursprungs, hat man sie vielfach überschätzt; man meinte, sie gehörten einer über dem Feld empirischer Rechtsbetrachtung erhabenen Sphäre an, in der sie ein ewiges Dasein führten und von der aus sie auf die Niederungen des positiven Rechts in mysteriöser Weise einwirkten. Ihering stand in seinem Geist des römischen Rechts, in dem was er hier über die höhere Jurisprudenz schreibt, einer solchen Auffassung ziemlich nahe. Er hat dann später über den juristischen Begriffshimmel weidlich gespottet, und er ist einer der Begründer der modernen Zweck- und Interessenjurisprudenz geworden, die, wie das bei derartigen Reaktionen häufig geschieht, in den Fehler verfallen ist, die Begriffsjurisprudenz zu unterschätzen. Die neue Schule sah in den überkommenen juristischen Begriffen teils Abstraktionen aus einzelnen besonderen positiven Rechtsordnungen, teils bloße Gedankenspielereien. Sie erkannte nicht den latenten Reichtum der alten Begriffswelt, erkannte nicht, wie in ihr wichtigste Vorarbeit geleistet ist, für das man nun ganz neu begründen zu müssen meinte: eine durch Rechtstatsachen, Forschung und Rechtssoziologie unterbaute Rechtspolitik.

Will man die verborgenen geistigen Schätze einer Sprache ins Licht des Bewußtseins heben, so muß man zunächst die Sprache im Gebrauch bemeistern lernen. Dies gilt auch für die Begriffssprache der Juristen. Man muß sie erlernen, nicht wie man als Kind die Muttersprache, sondern wie man als Erwachsener eine fremde Sprache erlernt. Da spielen Definitionen und Regeln eine nicht unerhebliche Rolle, aber das wichtigste ist die Übung. Man muß das gesprochene und geschriebene Wort derer auf sich wirken lassen, die die Sprache beherrschen und muß möglichst früh, wenn auch anfänglich nur radebrechend, mit ihnen in Meinungsaustausch treten, bis man sich eines Tages selbst im Vollbesitz der Sprache weiß. Für den, der sich ausschließlich auf die Definitionen der Lehrbücher und Kolleghefte verlassen wollte, würde dieser Augenblick nie kommen. Omnis definitio periculosa, sagten schon die Römer. Kann man einmal die Kunstsprache des Juristen, dann gilt es, darüber klar zu werden, was man eigentlich an ihr besitzt. Dabei muß man den Weg einschlagen, den schon die Alten gingen, als sie sich darauf zu besinnen begannen, was unter Worten wie Tugend und Gerechtigkeit zu verstehen sei, d. h. man muß induktiv zu ermitteln suchen, in welchem Sinn die Worte im Sprachgebrauch tatsächlich genommen werden. Will ich z. B. wissen, was das Wort Recht bedeutet, so frage ich mich, in welcher Bedeutung dies Wort nach meinem in langem Verkehr in der Juristenwelt zur Entwicklung gelangten Sprachgefühl tatsächlich verwendet wird. Wollte man stattdessen zunächst eine Liste sämtlicher im Schrifttum zu begegnenden Rechtsdefinitionen aufstellen und sie zur Grundlage für die Gewinnung des richtigen Rechtsbegriffs machen, so wäre das, wie mir scheint, ein Irrweg. Denn die Leute, die das Recht definierten, wußten wohl, was Recht ist, wenn man sie nicht fragte, aber es besteht keine Gewähr dafür, daß sie nicht zum großen Teil auf die Frage, was Recht sei, in ihren Definitionen ganz verkehrte Antworten erteilt haben. Gegen das hier befürwortete induktive Verfahren der Ermittlung des Rechtsbegriffs hat man eingewendet, daß man sich in ihm einer sogenannten petitio principii schuldig mache, insofern man voraussetzt, daß man den richtigen Rechtsbegriff, den man doch erst suchen wolle, bereits besitze. Der Einwand erledigt sich durch die Erwägung, daß, was man hier sucht, die klarbewußte Erfassung von etwas ist, das man wohl schon besitzt, aber nur im undeutlichen Bewußtsein, wie es sich mit dem Gebrauch eines Wortes beim Sprechen zu verbinden pflegt. Die Weisheit, die man ans Licht zu bringen sucht, ist nicht die eines bereits vollzogenen vollbewußten eigenen Geistesaktes – hierzu bedürfte es keiner besonderen Bemühung –, vielmehr die der Sprache als eines kollektiven, keineswegs ausschließlich im Bewußtsein verlaufenden historischen geistigen Prozesses. Wie der Verfasser des Sachsenspiegels von dem Recht, das er vorträgt, sagt: „Dies Recht enhan ich erdacht", so muß auch ein jeder Jurist im Hinblick auf die Rechtsbegriffe, mit denen er arbeitet, eingestehen, daß er sie nicht erdacht, sondern vorgefunden habe. Er hat sie nicht frei erdacht und soll sie auch gar nicht frei erdenken, da sonst alles in Verwirrung geriete.

Damit soll der Initiative des Einzelnen bei Bestimmung der Rechtsbegriffe nicht Eintrag getan werden. Das induktive Verfahren, das wir soeben anempfahlen, führt nie zu einem eindeutigen genauen Ergebnis. Wie beim Gebrauch der Sprache des täglichen Lebens, so ist auch bei dem der Kunstsprache die Begriffslinie eine schwankende, variable. Das ist kein Zufall, sondern ist gegründet in dem Verhältnis zwischen Gemeinschaftsleistung und Individualleistung in der Ökonomie unseres geistigen Daseins. Kein Sprachgebrauch zwingt uns zu der bestimmten grundsätzlichen Stellungnahme zu den Lebensfragen, auf Grund deren der Begriffsbildung auf dem Gebiet des Praktischen der letzte Abschluß zu geben ist. Hat der Jurist, um im Beispiel zu bleiben, in der allein möglichen approximativen Weise festgestellt, was man in der Rechtswissenschaft unter Recht zu verstehen pflegt, dann steht er vor der Aufgabe, die genauere Begriffsabgrenzung so zu treffen, daß das Recht sich zwanglos einfügt in den Gesamtbau der Lebensanschauung, die ihm als die richtige erscheint. Jetzt gilt es geistige Spontaneität zu zeigen, sich zu bekennen zu der Idee, die man nach Pascal im Kopf haben soll, um alles nach ihr zu beurteilen. Nicht nur der Begriff des Rechts ist nach dieser Idee zu bestimmen, sondern aus ihr gewinnt man auch die obersten Richtlinien für die genauere Umreißung der spezielleren juristischen Begriffe. Keine Forderung sollte die juristische Methodenlehre mit größerem Nachdruck vertreten als die, daß alle einzelnen Begriffe in einen möglichst deutlichen Zusammenhang zu bringen seien mit der Rechtsidee, die den Sinn und Zweck des Rechts im Ganzen unserers gesellschaftlichen Lebens erstehen läßt. Leider ist in der Rechtswissenschaft von einer solchen Bemühung um Ausrichtung aller Begriffe auf den höchsten Systempunkt wenig zu spüren. Am ehesten findet man sie noch bei Anfängern. Bei ihnen erlebt man es nicht selten, daß sie im Verlauf einer der Abklärung irgendeines Spezialbegriffs gewidmeten Arbeit zu immer allgemeineren Fragen aufsteigen, wobei sie dann freilich meist den Weg nach unten nicht zurückzuführen wissen und in ihren Ausführungen über die obersten Prinzipien selbstverständlich nur in Ausnahmefällen der Wissenschaft Förderung bringen können. Der reifere Jurist dagegen bleibt von vornherein lieber in den Niederungen der Einzelfragen, offenbar in der Meinung, daß sich nur in der Beschränkung der Meister zu zeigen vermöge. Und doch ist es von der größten Bedeutung, daß wir uns darüber klar werden, aus welchen tieferen Gründen wir eigentlich irgendeinen unserer zahllosen Kunstausdrücke eher so als anders definieren. Solche tieferen Gründe bestehen darum nicht weniger, weil sie verborgen zu bleiben pflegen. Wenn man von dem berühmten Naturforscher Cuvier erzählt, er sei imstande gewesen, aus einem einzigen der Nachwelt erhaltenen Knochen einer ausgestorbenen Tierart deren ganzes Skelett zu rekonstruieren, so vermöchte wohl ein Cuvier der Rechtswissenschaft aus mancher Definition, die ein Autor von einem untergeordneten Rechtsbegriff gibt, das Gerüst seiner gesamten Rechtsauffassung aufzubauen. Für ein gewöhnliches Auge allerdings treten die tieferen Gründe, die einen Schriftsteller zu der ihm eigentümlichen Ausprägung eines Begriffs bestimmen, nur äußerst selten deutlich zutage, und wenn man sich an die Gründe hält, die ausdrücklich angeführt werden, so befriedigen sie meist wenig. Damit hängt zusammen, daß die zahllosen, mit der größten Hartnäckigkeit geführten Kontroversen über juristische Begriffsbestimmungen so vielfach den Eindruck eines leeren Wortstreits erwecken. Aber wenn man näher zusieht, so zeigt sich, wennschon nicht in allen, so doch in nicht wenigen Fällen, daß dem Streit der Parteien, ohne daß diese sich und anderen davon Rechenschaft ablegen würden, eine Divergenz über letzte Fragen der Rechtswissenschaft zugrunde liegt. Daher kann man auch nicht etwa die juristischen Begriffskontroversen, über die intra muros et extra so schwere Klage geführt wird, auf dem Wege beseitigen, daß man sich dahin einigt, die Begriffsbestimmungen irgendeiner juristischen Akademie allgemein als verbindlich anzuerkennen. Wir können uns vorschreiben lassen, wie wir Worte buchstabieren sollen, aber wir können uns nicht vorschreiben lassen, was wir unter Worten wie Gerechtigkeit und Tugend zu verstehen haben. Ebensowenig dürfen wir daran denken, eine einheitliche, eindeutige Sinnbestimmung der juristischen Kunstausdrücke in so künstlicher Weise einzuführen. Der Weg zur Einigung muß über eine Klarstellung der letztlich entscheidenden Gründe führen, aus denen wir weniger beim Sprechen als beim Definieren in einen solchen Widerstreit geraten sind, wie es tatsächlich der Fall ist. Sind wir uns einmal bewußt, daß die Verschiedenheit der Definitionen ihre tiefste Wurzel in einer Verschiedenheit der juristischen Weltanschauungen hat, dann werden wir versuchen, uns mit Gründen über diese Weltanschauungen auseinanderzusetzen, um so zu einer Einigung im Denken zu gelangen, der sich eine Einigung in Weltanschauungsfragen gelangen werde. Ich denke in diesem schließen wird.

Man sagt oft, daß man durch wissenschaftliche Erörterungen nie zu einer Einigung in Weltanschauungsfragen gelangen werde. Ich denke in diesem Punkt weniger pessimistisch. Wenn die Menschheit seit Jahrtausenden nicht müde geworden ist, über weltanschauliche Fragen wissenschaftliche Diskussionen zu führen, so dürfte das ein Anzeichen dafür sein, daß wir uns schließlich doch auf diesem Wege einander nähern werden. Zu einer völligen Einigung freilich wird es wohl nie kommen. Wenn unzählige Wesen über die Erde verbreitet sind, die alle Menschenantlitz tragen, so mag das den Sinn haben, daß sie im Lauf der Zeit sich immer mehr als Kinder eines Geistes fühlen lernen, aber was sollte die Vielheit der Exemplare noch bedeuten, wenn einmal alle ganz die gleichen Gedanken denken, ganz die gleiche Sprache sprechen sollten?

Die Lisztsche Strafrechtsschule und ihre Bedeutung für die Gegenwart[1]

(1937)

Gestatten Sie mir, meinen Vortrag mit einer Erinnerung aus meiner Studentenzeit zu beginnen. Kurz nachdem ich bei Franz v. Liszt in Berlin Vorlesungen über Strafrecht und Strafprozeß gehört hatte, fiel mir eine kleine Schrift in die Hand, die den Titel trug: „Was läßt v. Liszt vom Strafrecht übrig?“ Ich war entrüstet über diesen Angriff auf meinen verehrten Lehrer, denn der Verfasser der Schrift, der bekannte Münchner Kriminalist Birkmeyer, wollte offenbar sagen, daß Liszt vom Strafrecht nichts übriglasse. Vielleicht aber ist der Vorwurf gar nicht so schwer, wie ich in jugendlicher Unerfahrenheit annahm.

Vom Kirchenrecht, vom Völkerrecht, vom Recht überhaupt haben hervorragende Rechtsdenker gesagt, daß sie zum Wohl der Menschheit mit der Zeit verschwinden oder wenigstens ihr bisheriges Antlitz so ändern sollten, daß kaum mehr etwas von ihnen übrigbliebe.

Bekannt ist der Satz des großen Kirchenrechtslehrers Rudolf Sohm: Die Geschichte des Kirchenrechts ist die Geschichte seines Untergangs. Sohm wollte nicht sagen, daß in der Kirche mit der Zeit Anarchie herrschen werde und solle, sondern daß in ihr wieder eine Ordnung zur Herrschaft gelangen werde wie in den Frühlingstagen des Urchristentums, eine Ordnung, die nicht beruhe auf irgendwelchen von einer äußern Autorität gesetzten Regeln, sondern auf einer innern Übereinstimmung der vielen Willen, wie sie durch das Pneuma bewirkt werde.

Den meisten unter uns ist in frischer Erinnerung, was vor kurzem Professor Le Fur an dieser Stelle ausführte über die Schwierigkeiten, mit denen das Völkerrecht zu kämpfen hat. Es stellte sich dabei heraus, daß, was dem Völkerrecht in erster Linie fehlt, der Gesetzgeber ist. Ein Gericht hat das Völkerrecht wohl, den internationalen Schiedsgerichtshof im Haag, das ist schon ein großer Schritt vorwärts gegenüber frühern Zeiten, aber bedeutet noch nicht gar so viel, solange es an einem Gesetzgeber fehlt. Und Gericht und Gesetzgeber, die Hand in Hand gehen, haben immer noch einen schwankenden Gang, wofern sie nicht in einem Exekutivapparat eine Stütze

[1] Veröffentlicht in: Schweizerische Zeitschrift für Strafrecht, 51. Jahrgang, 1937, S. 1–14

finden. Haben wir aber auf internationalem Gebiet einen Gesetzgeber, ein Gericht und einen Gerichtsvollzieher, dessen starkem Arm kein einzelner Staat zu widerstehen vermag, dann haben wir auch einen sich aus der Gemeinschaft der Völker aufbauenden internationalen Staat. Und wenn es einen solchen Staat gibt, dann wird das Völkerrecht zu staatlichem Recht und verliert das, was nach der Auffassung vieler seiner Vertreter seine spezifische Eigenart ausmacht. Um etwas Rechtes zu sein, müßte das Völkerrecht aufhören, Völkerrecht zu bleiben, und wir hätten es als eine gute Botschaft aufzunehmen, wenn jemand mit der Lehre aufträte, daß die Geschichte des Völkerrechts die Geschichte seines Untergangs bedeutet.

Vielleicht geht es mit dem Strafrecht ähnlich wie nach der Meinung Sohms mit dem Kirchenrecht und nach der Meinung vieler Internationalisten mit dem Völkerrecht, und vielleicht ist die Metamorphose des Strafrechts, nach der von ihm nichts mehr übrigbleibt, ein Vorteil für die Menschheit, so daß, wer sie zu beschleunigen sucht, eher Lob als Tadel verdienen würde. Sehen wir zu, in welchem Sinn man sagen kann, daß Franz v. Liszt vom Strafrecht nichts übriggelassen habe.

Nach der, wie uns scheint, immer noch unter den Kriminalisten herrschenden Auffassung ist das Institut der Strafe getragen von der Vergeltungsidee. Nicht darauf kommt es in erster Linie an, daß die Strafe den zum Verbrechen Geneigten von einer Begehung abhält, daß sie den für die Gesellschaft Gefährlichen unschädlich macht, daß sie den asozial Gesinnten bessert. Abschreckung, Unschädlichmachung, Besserung sind erwünschte periphere Nebenwirkungen der Strafe, aber nur mit dem Vergeltungsgedanken zielt man ins Herz der Sache. Ihrem Wesen nach ist die Strafe die von unserm ethischen Empfinden geforderte Vergeltung der schuldhaften Tat. Alles andere ist mehr oder weniger nebensächliche Zutat. Wie wenig diese Auffassung der Strafe veraltet ist, geht sehr deutlich daraus hervor, daß der Entwurf zu einem schweizerischen Strafgesetzbuch, der als eine der fortschrittlichsten Arbeiten auf dem Gebiet der Strafgesetzgebung gilt, ein ganzes System sichernder und bessernder Maßnahmen vorsieht, das er neben die Strafe stellt und deutlich von ihr unterscheidet. Die Strafe charakterisiert sich nach dem schweizerischen Entwurf dadurch, daß sie die Schuld des zu Bestrafenden voraussetzt und daß sich ihr Maß bestimmt nach dem Maß der Schuld des Täters. Das heißt offensichtlich in den Kategorien des Vergeltungsstrafrechts denken. Die Schuld ist ein sittlicher Begriff. Wer für die Strafe die Schuld maßgeblich sein läßt, der sieht in der Strafe eine durch das sittliche Gefühl geforderte Vergeltung. Dementsprechend sollen Maßnahmen der Sicherung und Besserung, die in keinem Wesenszusammenhang mit der Schuld stehen, nach der Terminologie des Entwurfs nicht als Strafe bezeichnet werden.

Machen wir die Gegenprobe, nehmen wir ein System des Strafrechts, das den Vergeltungsgedanken radikal verwirft. Wir finden es im italienischen Entwurf eines Strafgesetzes von 1921, der Ferri zu seinem hauptsächlichsten Verfasser hat. Für Ferri, der gleichzeitig mit Liszt ganz ähnliche Gedanken über das Strafrecht geäußert hatte wie dieser, ist nicht die Schuld, sondern die soziale Gefährlichkeit des Täters das Ausschlaggebende für die Strafe. Da Ferri nun sehr wohl weiß, daß nach dem Sprachgebrauch der überwiegenden Mehrheit das Wort Strafe die Gedanken der Schuld und der Vergeltung wachruft, verstößt er das Wort Strafe aus dem Strafgesetz. Die Maßnahmen, die er gegen das sozialgefährliche Verhalten vorsieht, sollen nicht Strafen, sondern Sanktionen heißen. Das Wort Strafe steht in diesem codice penale nur noch im Titel. Ferri hat wirklich vom Strafrecht nicht sehr viel übriggelassen.

Was Liszt und Ferri, die beiden großen Vorkämpfer neuer Ideen, gegen die vergeltende Strafe einzuwenden hatten, war, daß sie auf einem primitiven, sich im Lauf der Zeit moralisierenden Schutzinstinkt beruhe, der nachgerade seine Schuldigkeit getan habe und seines Dienstes entlassen werden könne. Die Zeit sei gekommen, meinten sie, da die instinktive Reaktion auf gesellschaftsfeindliches Verhalten durch eine rationelle Politik des Schutzes und der Erziehung ersetzt werden sollte. Der Genfer Kriminalist Alfred Gautier schrieb einmal in einem seiner geistvollen Artikel: L'excès de vitesse est punissable chez les réformateurs comme chez les automobilistes. Wenn Liszt und Ferri eine Strafe verdient haben, so ist es die für zu rasches Fahren auf den Bahnen menschlichen Fortschritts.

Liszt hat sich erbitterte Feindschaft zugezogen durch seine Angriffe auf das Vergeltungsstrafrecht, er hat sich durch sie aber auch einen bedeutenden Namen gemacht. Das wäre sicherlich nicht der Fall gewesen, wenn er nichts anderes getan hätte, als die Vergeltungsidee durch die Gedanken der Sicherung der Gesellschaft und der Besserung des Delinquenten zu ersetzen. Die Polemik gegen die vergeltende Strafe ist alt, und alt sind auch die Versuche, der Strafe die Funktionen der Abschreckung, Unschädlichmachung, Besserung zuzuweisen. Das Neue, das Liszt bringt, nicht als der Einzige, nicht als der Allererste, aber doch als einer der „ouvriers de la première heure", als einer der Strafrechtsreformatoren des ausgehenden 19. Jahrhunderts, ist etwas anderes, es ist die empiristische Methode, die er seiner Kriminalpolitik zugrunde legt, die gründliche Erforschung der Ursachen und Erscheinungsformen des Verbrechens sowie der verschiedenen Strafmittel und ihrer Wirkungen auf den Sträfling. Zu der Zeit, da Liszts wissenschaftliche Laufbahn begann, stand die deutsche Strafrechtswissenschaft noch vorwiegend unter dem Einfluß der Hegelschen Philosophie. Im Gebiet der preußischen Strafrechtspflege war der Hegelianer die maßgebliche wissenschaftliche Autorität. Hegel hatte das Strafrecht in das große System seiner spekulativen Philosophie eingebaut, und die hegelianisierenden Strafrechtler suchten die Lehre, die der Meister in der Rechtsphilosophie in den Grundzügen umrissen hatte, ein jeder in seiner Weise weiter auszubauen. Schon bald nach Hegels Tod beginnt die Opposition gegen seine Philosophie, die so rasch zur Herrschaft gelangt war, bedenkliche Dimensionen anzunehmen, so daß Kuno Fischer sagen konnte, Hegel sei nicht nur sanft, sondern auch wohlzeitig gestorben. Wohl bleibt in manchen Provinzen des gewaltigen Reichs, das Hegel gegründet hatte, sein Einfluß noch jahrzehntelang überwiegend, so wie wir sahen, gerade in der Strafrechtswissenschaft. Aber schließlich ertönt doch in allen Einzeldisziplinen der Geisteswissenschaft – auf die Naturwissenschaft hatte sich das Imperium Hegels nie erstreckt – der Ruf: Zurück zu den Tatsachen. Hegel hatte die Tatsachen nicht unberücksichtigt gelassen; kein Philosoph kann das, und gerade Hegels Lehrgebäude ist voll von Fakten. Man hat Hegels Philosophie nicht mit Unrecht als einen Panlogismus bezeichnet, aber die Logik Hegels ist keine abstrakte wie die des Aristoteles, hat doch Hegel den Satz aufgestellt, daß die Logik konkret sein müsse. Trotzdem ist Hegel kein echter Empirist, es fehlte ihm die Bereitschaft, die Tatsachen voll zu Worte kommen zu lassen und geduldig von ihnen zu lernen. Es gilt von ihm, was der große Begründer der modernen empiristischen Methodenlehre, Francis Bacon, von den Dogmatikern sagt, daß sie wie die Spinnen die Dinge einfangen in die Netze, die sie aus sich selbst herausspinnen: dogmatici aranearum modo telas ex se conficiunt. Hegel hat die Tatsachen hineingepreßt in die konstruktiven Schemata seiner Dialektik und sie dabei vergewaltigt. Als in der Geisteswissenschaft des 19. Jahrhunderts in Reaktion auf den spekulativen Überschwang der Hegelschen Philosophie ein nüchterner Empirismus sich zum Worte meldete, lag die Befürchtung nahe, daß er in seiner Abneigung gegen ideelle Konstruktionen an den Tatsachen wesentlich das Materielle, Wägbare, Meßbare hervorheben und die Geisteswissenschaften ganz nach dem Vorbild der Naturwissenschaften behandeln würde. Die kriminal-anthropologische Schule, die Cesare Lombroso mit seinem berühmten Buch vom verbrecherischen Menschen begründet hat, ist dieser Gefahr nicht entgangen. Liszt hat von Lombroso starke Anregungen empfangen, er ist von ihm in seinem Empirismus bestärkt worden. Aber er hat die Einseitigkeiten der anthropologischen Schule nicht mitgemacht, er hat den verbrecherischen Menschen nicht so ausschließlich als biologischen Typus aufgefaßt, ja er hat in seinem feinen Verständnis für die unendliche Vielgestaltigkeit der Anlagen, die einen Menschen auf den Weg des Verbrechens bringen können, überhaupt davon Abstand genommen, einen näher bestimmten Typus des verbrecherischen Menschen aufzustellen. Seine Unterscheidung von Augenblicksverbrechern und Zustandsverbrechern, akuter und chronischer Kriminalität und die Einteilung der Zustandsverbrecher, der chronisch Deliktischen, in Verbesserbare und Unverbesserbare sollte nur ganz im allgemeinen die Richtung angeben, in der die Behandlung des Verbrechers vor sich zu gehen hat.

Die Hegelianer unter den Kriminalisten hatten vor allem auf tiefere philosophische Erfassung der Strafe abgezielt, sie wollten die geltende Strafrechtspflege als Glied des dialektischen Prozesses der Wirklichkeit zum Verständnis bringen. Die Absicht, sie zu kritisieren und, im Fall ihrer Mangelhaftigkeit, ihre Verbesserung zu fordern, lag ihnen fern: So wie es ist, so ist es gut. Dagegen ist die Lisztsche Strafrechtswissenschaft durchaus praktisch, kritisch, reformatorisch. Gleich schon das eben erwähnte Schema der Einteilung der Verbrecher gibt Liszt Anlaß zu einer grundsätzlichen Beanstandung der üblichen Strafrechtspflege, die keinen durchgreifenden Unterschied macht zwischen Augenblicks- und Zustandsverbrechern und zwischen Besserungsfähigen und Unverbesserlichen. Nicht nur den Verbrecher, auch die Strafe hat Liszt nach induktiver Methode anhand statistischer Tabellen einer gründlichen Prüfung unterzogen, und auch hier läßt er seine Untersuchungen in praktische Forderungen ausmünden. Die kurzzeitigen Freiheitsstrafen, die nicht abschreckend wirken und den Sträfling demoralisierend beeinflussen, müssen durch geeignetere Maßnahmen ersetzt werden; die langzeitigen Freiheitsstrafen sind gegenüber allen, die eine festgewurzelte Neigung zum Verbrechen haben, über das vom Gesetz vorgesehene Maß hinaus zu verlängern, da das bisherige Regime, wie die Rückfallstatistik beweist, in keiner Weise Genüge leistet.

Ein ganz besonderes Verdienst hat Liszt sich dadurch erworben, daß er bei der Erforschung der Ursachen des Verbrechens nicht ausschließlich den individuellen Faktor der Persönlichkeit des Verbrechers in Rechnung stellt, sondern den sozialen Verhältnissen nachgeht, in denen die Verbrechen als Massenerscheinungen ihren Ursprung haben. Dabei läßt sich Liszt wiederum nicht von einem zweckfreien Erkenntnisstreben leiten, sondern möchte unmittelbar der Praxis, dem Leben dienen. Der Alkoholismus, die übeln Wohnungsverhältnisse in den Großstädten, die wirtschaftliche Verelendung breiter Schichten der Bevölkerung sind soziale Phänomene, mit denen sich nach Liszt auseinanderzusetzen hat, wer die Zahl der Verbrechen erheblich vermindern will. In welchem Maße freilich die soziale Reform umgestaltend sein muß, wenn dem Übel die Axt an die Wurzel gelegt werden soll, davon hat sich Liszt wohl kaum deutlich Rechenschaft abgelegt. Das Zeitalter errichtete hier Schranken, die selbst dieser vorwärts strebende Geist nicht zu überfliegen vermochte.

Liszts Arbeit hat reiche Frucht getragen. Zahlreiche der von ihm aufgestellten Forderungen sind im Lauf der Zeit erfüllt worden. Lassen Sie mich einige Punkte herausheben. Das Minimum der Freiheitsstrafen wurde erhöht, für die Geldstrafe wurde ein Zahlungsmodus vorgesehen, der es ermöglicht, sie auch Unbemittelten gegenüber an Stelle der kurzzeitigen Freiheitsstrafe treten zu lassen, der bedingte Straferlaß wurde eingeführt, so daß Augenblicksverbrechern der Kontakt mit dem Gefängnis erspart werden kann, der Strafvollzug wurde zum Zweck erzieherischer Einwirkung auf den Delinquenten als progressiver ausgestaltet, das bisherige Jugendlichenstrafrecht wurde beseitigt und durch ein anderes ersetzt, das wesentlich unter pädagogischen Gesichtspunkten steht, gegen Gewohnheitsverbrecher wurden Maßnahmen dekretiert, die einen effektiven Schutz der Gesellschaft bedeuten. Die meisten dieser Neuerungen hat Liszt nicht mehr erlebt. Trotzdem sind sie sein Werk in dem Sinn, daß sie auf den Einfluß der Schule zurückzuführen sind, die er begründet hat.

Liszt verdankt seine Führerschaft, abgesehen von dem Organisationstalent, das ihn auszeichnete, vor allem seinem Temperament, seiner unermüdlichen Spannkraft, seinem unerschütterlichen Vertrauen in Vernunft und Wissenschaft als des Menschen allerhöchste Kraft, seinem schönen großen Glauben an den Fortschritt der Menschheit. Er war vielleicht, wenn man will, ein wenig atavistisch veranlagt, fast mehr ein Kind des siècle des lumières als des 19. Jahrhunderts. Aber er war nichts weniger als antiquiert. Ein Mann wie er ist ein prächtiges Geschenk an jede Zeit, ein Mann wie er überlebt sich nicht so rasch, er ist heute noch ein in die Zukunft Weisender.

Manche Kriminalisten der jüngsten Generation glauben von Liszt nichts mehr lernen zu können; er gehöre, sagen sie, einer überwundenen Epoche an, die unter dem Zeichen des Liberalismus, Individualismus und Naturalismus gestanden habe. Rasch fertig ist die Jugend mit dem Wort, aber ihr Wort ist oft bedenklich unfertig.

Eine liberalistische Epoche der deutschen Strafrechtswissenschaft hat es in der Tat gegeben, ihr größter Vertreter war Anselm v. Feuerbach. Feuerbach ging so weit in dem Respekt vor der Freiheit des Individuums, daß er das Strafrecht des Staates zunächst darauf beschränkte, dem, der im Begriff steht, ein Verbrechen zu begehen, für den Fall, daß er seine Absicht ausführen sollte, ein Strafübel in Aussicht zu stellen. Die bloße Strafdrohung, meinte er, sei noch kein unzulässiger Eingriff in die Freiheit, denn der von der Strafe Bedrohte habe es ja in der Hand, ob er durch Begehung des Verbrechens das Strafübel zur Durchführung kommen lassen wolle oder nicht. Begehe er angesichts der von seiten des Staats erfolgten Androhung der Strafe das Verbrechen, dann könne er sich nicht über einen ungerechtfertigten Eingriff in seine Freiheit beschweren, wenn der Staat die Drohung wahrmache, um nicht in den Verruf zu kommen, leere Worte zu sprechen. Liszt war weit davon entfernt, auf die Freiheit des Einzelnen solch überpeinliche Rücksicht zu nehmen. Wenn er für das Prinzip: „Keine Strafe ohne vorausgehendes Strafgesetz" eingetreten ist und die Formel geprägt hat, daß das Strafgesetz die Magna Charta des Verbrechers sei, so ist der Grund dafür, daß er da, wo das Eingreifen des Staats den Einzelnen in seiner ganzen Existenz zu treffen pflegt, wie auf dem Gebiet des Strafrechts, jede Willkürherrschaft ausgeschlossen wissen wollte. Liszt mußte, wenn er seine Schutz- und Besserungspolitik durchführen wollte, den mit der Festsetzung der Strafe betrauten Behörden im Rahmen des Gesetzes weitgehende diskretionäre Befugnisse einräumen; er ist nie aus liberalistischen Bedenklichkeiten dieser Konsequenz ausgewichen. Was den Satz nulla poena sine praevia lege poenali betrifft, so ist er auch im sozialistischen Rußland, das, soviel ich weiß, noch niemand als liberalistisch bezeichnet hat, als Grundlage der Strafrechtspflege anerkannt worden.

Den Vorwurf des Individualismus hat Liszt sich zum Teil dadurch zugezogen, daß er von der vergeltenden Strafe nichts wissen wollte. Er sei, heißt es, zugunsten des verbrecherischen Individuums für eine Abschwächung der Staatsautorität eingetreten, denn gerade in der vergeltenden Strafe finde die Erhabenheit der Gemeinschaft über den Einzelnen ihren vollkommensten Ausdruck. Aber Liszt wollte nicht die Vergeltungsgedanken aus dem Strafrecht verdrängen, damit der Staat in milderen Formen auf das Verbrechen reagiere. Er wußte, daß seine Gegner ihm schwächliche Nachsicht mit dem Verbrecher imputierten, und hat dagegen mit solchem Nachdruck Verwahrung eingelegt, daß er bisweilen sich im Ausdruck vergriff und den Anschein erweckte, er wolle eine geradezu drakonische, inhumane Strafrechtspolitik befürworten. Die Strafrechtspolitik, wie Liszt sie sich dachte, sollte im Vergleich mit dem alten Vergeltungsstrafrecht die Autorität des Staats nicht schwächen, sondern stärken. Freilich kann man über Autorität sehr verschieden denken. Die vulgäre Vorstellung, daß die Autorität eines Lebewesens um so größer ist, je furchtbarere Rache es an seinen Gegnern zu nehmen weiß, hat Liszt nicht geteilt. Er unterschied zwischen Autorität, die ihm durch sittliche Kraft gewonnen zu werden schien, und der Einschüchterung, die durch den Aufwand physischer Kraft erzielt werden kann. Er meinte, daß der strafende Staat sich dann der größten Autorität erfreuen werde, wenn er sich nicht von primitiven Racheinstinkten leiten lasse, sondern sich bewußt ein sozial-ethisches Ziel setze und dies Ziel mit unerschütterlicher Festigkeit verfolge.

Zum Individualisten sucht man Liszt auch deswegen zu stempeln, weil er in seiner Voreingenommenheit für das Individuum dieses entlastet und die Gesellschaft belastet habe. Hier handelt es sich um einen schwierigeren Punkt, ich muß etwas weiter ausholen. Liszt war überzeugter Determinist. Das Verbrechen erschien ihm als das Produkt aus den psychischen Eigentümlichkeiten des Verbrechers, seinen ererbten Anlagen insbesondere, und aus dem Milieu, in dem er gelebt und gehandelt hat. Dabei spielte das Milieu für ihn eine noch wichtigere Rolle als die Anlagen, da diese wiederum durch das Milieu, aus dem der Verbrecher hervorgegangen ist, aufs tiefstgreifende beeinflußt seien. Liszts Determinismus und seinem Bekenntnis zur Milieutheorie ist es wohl zuzuschreiben, wenn seine Gegner nicht nur den Vorwurf des Liberalismus und Individualismus, sondern auch den des Naturalismus gegen ihn erhoben haben.

In den Streit über die Freiheit oder Unfreiheit des menschlichen Willens kann ich bei dieser Gelegenheit unmöglich eintreten, ich kann es am allerwenigsten in einem Stadium meines Vortrags, in dem ich das Gefühl habe, daß ich schicklicherweise die Aufmerksamkeit meiner Zuhörer nur noch wenige Minuten in Anspruch nehmen darf. Das Problem der Willensfreiheit ist nach dem Ausspruch David Humes das schwierigste der ganzen Philosophie. Weil es so schwierig ist, haben die Kriminalisten sich um den Nachweis bemüht, daß das Institut der Strafe, auch das der vergeltenden Strafe, durch die Antwort, die man auf die Frage der Willensfreiheit erteilt, in keiner Weise berührt werde. Liszt war in diesem Punkt anderer Ansicht. Er bediente sich seines Determinismus, der ihm wissenschaftlich begründbar erschien, um gegen die Vergeltungsstrafe zu polemisieren. Vergeltung bei Unfreiheit des Willens sei, meinte er, nicht nur eine Versündigung des Herzens, sondern auch eine Verirrung des Kopfes. Hierin dürfte Liszt recht gehabt haben. Mit dem Pathos sittlicher Entrüstung einem Wesen gegenübertreten, um für eine Tat, die es mit unabwendbarer Notwendigkeit begehen mußte, im Namen der Gerechtigkeit Vergeltung zu üben, das ist in der Tat eine peinliche Entgleisung. Aber in anderer Hinsicht, und zwar in doppelter Hinsicht, muß ich mich gegen Liszt erklären in der Auseinandersetzung, die uns augenblicklich beschäftigt. Einmal scheint mir der Indeterminismus die bessern Gründe für sich zu haben als der Determinismus, und sodann glaube ich, daß, wenn man sich auf den deterministischen Standpunkt stellt, eine fatalistische Lebensanschauung am Platze ist, von der sich bei Liszt das wahre Gegenteil findet. Der folgerichtige Determinist sollte nicht nur auf die Vergeltungsstrafe verzichten, weil man den Verbrecher für sein Tun nicht im sittlichen Sinn verantwortlich machen kann, er sollte auch nicht der Gesellschaft die Schuld am Verbrechen geben und an ihr sittliches Verantwortungsgefühl appellieren, um sie zu Reformen zu veranlassen, durch die dem Verbrechen als sozialer Erscheinung der Boden abgegraben wird. Damit genug über diese Fragen, über die man sich vielleicht nie einigen wird. Was uns vor allem interessiert, ist Liszts Stellungnahme zum Verantwortlichkeitsproblem, mag sie nun mit seinem Determinismus vereinbar sein oder nicht.

Darüber nun kann kaum ein Zweifel bestehen, daß Liszt nicht nur selbst in hohem Grade verantwortungsbewußt war, sondern daß er sich auch aufs ernsteste bemühte, bei andern das Verantwortlichkeitsgefühl zu erwecken. Nur war es freilich nicht eine Verantwortlichkeit im Hinblick auf die Vergangenheit, an die Liszt in erster Linie dachte; auch las er nicht die Verbrecher aus, um gerade an sie die Rede von der Verantwortlichkeit des Menschen für sein Geschick zu richten. Angesichts des Verbrechens wendet er sich an die Gesellschaft, an uns alle, um uns zu zeigen, daß das Verbrechen eine Begleiterscheinung gesellschaftlicher Verhältnisse ist, für die wir verantwortlich sind, weil und soweit wir die Möglichkeit haben, sie zu ändern. Gewiß müssen wir strafen, um die Gesellschaft zu schützen, aber wir sollen uns nicht einbilden, daß es eine Handlung von besonderm sittlichem Wert sei, wenn wir in der Strafe den Verbrecher für seine Tat verantwortlich machen. Wir sollen uns vielmehr darüber klar werden, daß im Kampf gegen das Verbrechen die Strafrechtspflege nichts anderes sein kann als eine Teilaktion, daß die entscheidende Schlacht mit dem schweren Geschütz umfassender Sozialreform geführt werden muß und daß solche Reformen sich nur verwirklichen lassen, wenn wir alle im Gefühl unserer sozialen Verantwortlichkeit opferbereit zusammenarbeiten. Ist dies der Sinn von Liszts Strafrechtslehre, muß man dann nicht zugeben, daß in ihr der Übergang von einer individualistischen zu einer kollektivistischen Ethik angebahnt wird, und hatte ich dann nicht recht, als ich sagte, daß Liszts Lehre immer noch von aktueller Bedeutung sei?

Wenn uns etwas trösten kann in der Not und Verwirrung der Zeit, in der wir leben, so sind es die zahlreichen Anzeichen, die dafür sprechen, daß die Menschheit sich immer deutlicher von der ihr obliegenden Verpflichtung zu überzeugen beginnt, ihr geschichtliches Dasein nicht einfach hinzunehmen, wie sie es findet, sondern es in bewußter Gemeinschaftstat selbst zu gestalten. Manche von den schwersten sozialen Übeln haben die Menschen bis hart an die Schwelle der Gegenwart als eine Fügung des Schicksals betrachtet, für die es keine durchgreifende Abhilfe gebe, so die Kriminalität als Massenerscheinung, so den Krieg, so die wirtschaftliche und kulturelle Verkümmerung breitester Volksschichten. Bei Homer beklagt sich Zeus einmal darüber, daß die Menschen den Göttern schuld geben an den Übeln, von denen sie betroffen werden, während sie doch durch ihre eigene Versündigung über das vom Schicksal bestimmte Maß hinaus Schmerzen erduldeten. Wie eine Entgegnung auf diese Rede des Zeus klingt es, wenn Goethe an die Adresse der himmlischen Mächte die Worte richtet:

Ihr stoßt ins Leben ihn hinein,
Ihr laßt den Armen schuldig werden,
Dann übergebt Ihr ihn der Pein,
Denn alle Schuld rächt sich auf Erden.

Wie aber, wenn, was für den Einzelnen unabweisliches Geschick ist, für die Gesamtheit der Menschen, sobald sie sich einmal zum handlungsfähigen Subjekt konstituiert hat, etwas wäre, was von ihrem Willen abhängt, wie wenn die Menschheit zum kollektiven Verantwortungsbewußtsein gelangte und die Beziehungen der Individuen so organisierte, daß niemand in dem Leben, in das er hineingeboren wird, der Verelendung, der Schuld, der Pein und der Rache notwendig anheimfallen müßte? Welch große Perspektive eröffnet sich uns da für die Zukunft des Menschen. Es ist, glaube ich, kein übertriebener Optimismus, wenn man die gewaltigen kollektivistischen Bewegungen unserer Zeit in dem Sinn deutet, daß sie den Beginn des Übergangs darstellen in ein geschichtliches Entwicklungsstadium, in dem die Menschen zur Erkenntnis ihrer Solidarität erwacht und befähigt sein werden, das zu tun, was sie bisher noch nie getan haben, nämlich im Gefühl ihrer gemeinschaftlichen Verantwortlichkeit ihr Zusammenleben bewußt der Vernunft gemäß zu ordnen. Alle Anfänge pflegen schwer und peinlich zu sein. Was wir heute mehr denn je brauchen und suchen, ist ein starkes, zielbewußtes, ethisch inspiriertes Gemeinschaftshandeln, was wir bisher mit unsern kollektivistischen Bestrebungen erreicht haben, ist vielfach nichts anderes als primitive Massenaktion und eine unklare Gefühlsgemeinschaft, in der den Teilnehmern alles persönliche Verantwortungsbewußtsein abhanden gekommen ist. Aber neben solchen chaotischen Erscheinungen finden wir doch kräftige Ansätze zu einem Kollektivverhalten höherer Art, wie es nottut. Was bei diesem Gemeinschaftsverhalten in erster Linie als Ziel vorschwebt, ist nicht die Reduzierung der Kriminalität auf ein Mindestmaß; man bemüht sich vor allem um Organisationen, die die Kriege aus der Welt schaffen und der wirtschaftlichen Not ein Ende setzen. Im letzten Grunde gehört das alles zusammen. Franz v. Liszt hatte für diesen Zusammenhang soviel Verständnis, wie es für einen Spezialisten des Strafrechts seiner Zeit überhaupt möglich war, soviel Verständnis, daß wir immer noch von ihm lernen können und daß es nicht unzeitgemäß erscheint, wenn wir uns heute seiner erinnert haben.

Jüdische Klassiker der deutschen Rechtswissenschaft[1]

(1938)

In dem vorliegenden Buch antwortet der Verfasser, der als einer der Mitbegründer der Disziplin des Arbeitsrechts zu den hervorragendsten Vertretern der zeitgenössischen Rechtswissenschaft gehört, auf Angriffe, die das nationalsozialistische Deutschland, wie auch sonst, so insbesondere auf der Tagung der Reichsgruppe Hochschullehrer des nationalsozialistischen Rechtswahrerbundes vom 3. und 4. Oktober 1936, gegen das Judentum in der Rechtswissenschaft gerichtet hat. Sinzheimer behandelt das Lebenswerk von zwölf großen deutschen Rechtslehrern jüdischer Abkunft und zeigt uns dabei in meisterhafter Beherrschung des Gegenstandes und in feiner unaufdringlicher Weise, wie diese Männer auch da, wo sie neue Wege gehen, sich in ihrer wissenschaftlichen Tätigkeit in die große geistesgeschichtliche Bewegung ihrer Zeit einfügen und wie sie, so selbständig sie auch sein mochten, in enger Verbundenheit mit Forschern arischer Abstammung die Wissenschaft gefördert haben. Sie haben nicht spezifisch jüdischen Geist in die deutsche Rechtwissenschaft hineingetragen, sondern sich auf einem bestimmten Gebiet an der geistigen Bewegung des Volkes, unter dem sie lebten, so beteiligt, daß es dieses Volkes unwürdig wäre, wenn es sie nicht zu den Seinigen rechnen wollte.

Friedrich Julius Stahl hat der konservativen preußischen Staatsauffassung die philosophische Grundlage gegeben. Er sucht zu zeigen, daß in den traditionellen Rechtseinrichtungen nicht, wie Hegel meinte, ein objektiver Logos, sondern die Vorsehung des persönlichen Gottes zum Ausdruck kommt und daß der menschliche Geist befähigt und berufen ist, aus der Geschichte des Rechts die göttlichen Intentionen herauszulesen und in vorsichtiger Fortbildung des Bestehenden die Gesellschaft allmählich einem Zustand entgegenzuführen, in dem die Autorität der von Gott gesetzten Obrigkeiten und die Freiheit des Individuums zu völlig harmonischem Ausgleich gelangen. – Levin Goldschmidt erwirbt sich internationale Be-

[1] Zum gleichnamigen Buch von Hugo Sinzheimer, veröffentlicht in: Nationalzeitung, Basel, 10. April 1938

rühmtheit durch Begründung der Universalgeschichte des Handelsrechts. Er stand in nahen freundschaftlichen Beziehungen mit Treitschke, bis dieser seinen antisemitischen Feldzug begann und dadurch Goldschmidt, der die ihm großmütig angebotene Ausnahmestellung nicht annehmen wollte, zu dem Absagebrief veranlaßte, den Sinzheimer zum Ausdruck bringt und der als eine der würdigsten Äußerungen eines Juden zum Judenproblem zu gelten hat. – In Heinrich Dernburg und Josef Unger begegnen wir zwei der bedeutendsten Zivilrechtslehrer des 19. Jahrhunderts. Der eine vereinigt Gaben, die selten miteinander vorkommen, eine erhebliche Fähigkeit zu scharfem begrifflichem Denken und großzügigem Aufbau von Lehrgebäuden mit dem feinsten Verständnis für die Bedürfnisse des Rechtsverkehrs; der andere hat, nach dem Urteil hervorragender Fachkenner, unter selbständiger Verwertung des Besten, was die gemeinrechtliche Wissenschaft zu bieten hatte, mit seinem System des österreichischen allgemeinen Privatrechts eine neue Epoche der österreichischen Zivilistik in die Wege geleitet.

Auf die großen Systematiker und Lehrer geltenden Rechts, Dernburg und Unger, folgen bei Sinzheimer zwei Rechtshistoriker hohen Rangs, Lenel und Wilda, von denen übrigens der Erstgenannte, wie Sinzheimer zutreffend hervorhebt, sich auch um die Rechtsdogmatik erhebliche Verdienste erworben hat. Man kann ohne Übertreibung sagen, daß ohne die Arbeiten Otto Lenels über das Edictum perpetuum die Wissenschaft vom römischen Recht nicht das wäre, was sie heute ist. Wilda gehört jenem Kreis von Germanisten an, der in den dreißiger Jahren des 19. Jahrhunderts die Zeitschrift für deutsches Recht und deutsche Rechtswissenschaft gründet, in der ein offener Kampf für die Wiedererweckung des deutschen Rechts geführt werden sollte. Unsere Germanisten ließen sich von Fichteschem Geist inspirieren; sie waren im höchsten Maße patriotisch, und sie waren Liberale. Sie wären, meint Sinzheimer, nicht wenig erstaunt, wenn sie heute vernehmen müßten, daß ihre liberale Gesinnung als artfremd zu gelten hätte. Sie wären vielleicht noch mehr erstaunt und entrüstet gewesen, wenn jemand sie hätte nötigen wollen, Wilda als Artfremden aus ihrem Kreise auszuschließen. Hatten sie doch hinlänglich Vertrauen in ihn, um ihn neben A. L. Reyscher zum Herausgeber der neuen Zeitschrift zu bestimmen. Das Vertrauen war gerechtfertigt. Im Hinblick auf Wildas „Strafrecht der Germanen" konnte Konrad Maurer sagen: „Wilda war, wenn nicht der Begründer, so doch der erste bewußte und konsequente Vertreter der vergleichenden germanischen Rechtsgeschichte in Deutschland."

In dem Strafrechtslehrer Julius Glaser ist in einem Maße, wie in wenigen Juristen des 19. Jahrhunderts, der Geist der Aufklärung und der Humanität, der Geist eines Beccaria lebendig. In diesem Geist hat er den österreichischen

Strafprozeß reformiert. – Paul Laband und Georg Jellinek sind wohl die beiden einflußreichsten Staatsrechtslehrer des ausgehenden 19. und des beginnenden 20. Jahrhunderts. Laband ist der große Begriffsjurist und Positivist, der Systematiker des deutschen Staatsrechts, wie es durch die Bismarcksche Verfassung bestimmt wird. Er ist auf dem Gebiet des Staatsrechts, was Windscheid auf dem Gebiet des Zivilrechts ist. Jellinek hat in seinem Hauptwerk, der „Allgemeinen Staatslehre", unter anderem gezeigt, daß die Labandsche Methode der interpretativen Rechtswissenschaft nicht autark ist, daß sie ergänzt werden muß durch eine politische und soziologische Betrachtungsweise. – Noch eingehender als Jellinek hat Eugen Ehrlich die Bedeutung der Soziologie für die Rechtswissenschaft nachgewiesen. In seiner Rechtssoziologie wendet er die soziologische Methode auf die Rechtsquellenlehre an und läßt dadurch Zusammenhänge zwischen dem Recht und dem Ganzen des Gesellschaftslebens sichtbar werden, die von den Juristen meist nur ganz ungenügend berücksichtigt werden.

In seinem ebenso stoff- wie gedankenreichen Werk über den Arbeitsvertrag wird Philipp Lotmar der Pionier für eine neue Rechtsdisziplin, das Wirtschaftsrecht, das in seiner praktischen und wissenschaftlichen Bedeutung kaum hoch genug eingeschätzt werden kann. – Kein wissenschaftlicher Neuerer, wohl aber ein vornehmer Repräsentant der ars boni et aequi und ein begeisteter Anhänger der staatlichen Einigung Deutschlands ist der Mann, mit dem Sinzheimers Portraitreihe abschließt, Eduard Simson, der sich der besonderen Hochschätzung Bismarcks erfreute und als erster den deutschen Reichstag und das deutsche Reichsgericht präsidiert hat. Er war es, der am 18. Dezember 1870 in Versailles im Auftrag des deutschen Reichstags König Wilhelm die Kaiserkrone anbot.

Die bedeutenden Gelehrten, deren Wirken Sinzheimer kurz, aber dabei doch alles Wesentliche erfassend, charakterisiert hat, waren zum Teil recht verschieden nach Anlage und Weltanschauung. Was sie sämtlich gemeinsam hatten, war vor allem ihre ehrliche Liebe zur Wahrheit, ihre gewissenhafte Bemühung um wissenschaftliche Erkenntnis, daneben, wenn man will, ein ihr Schaffen beeinflussender „Volksgeist", nur freilich nicht der Geist des jüdischen, sondern der des deutschen Volkes. Sie haben mit reichen Kräften des Verstandes und des Gemüts teilgenommen an der Lösung großer geistiger Probleme, die zu ihrer Zeit das deutsche Volk beschäftigten, und das deutsche Volk ist ihnen dafür dankbar gewesen – und ist es heute noch, trotz aller Tagungen der Hochschullehrer des nationalsozialistischen Rechtswahrerbundes.

Nicht nur zur Frage des Antisemitismus, auch zur Geschichte der deutschen Rechtswissenschaft im 19. und im beginnenden 20. Jahrhundert hat Sinzheimer in dem vorliegenden Buch einen höchst bedeutsamen Beitrag geliefert. An den Bildern, die er vor unserm innern Auge entstehen läßt, sehen wir, wie die Rechtswissenschaft, die in der ersten Hälfte des 19. Jahrhunderts in philosophischen Weltanschauungen tief verwurzelt ist, sich von dieser Grundlage immer mehr ablöst und zu einer positiven Einzelwissenschaft wird, die über den tieferen Sinn des menschlichen Zusammenlebens nichts mehr auszusagen vermag. Auch hierfür kann der jüdische Geist gewiß nicht verantwortlich gemacht werden; war es doch, um von allem andern abzusehen, ein jüdischer Philosoph, Leonard Nelson, der mit dem größten Nachdruck der zeitgenössischen Rechtswissenschaft den Vorwurf machte, daß sie zu einer Wissenschaft ohne Recht geworden sei. Eine Rechtswissenschaft, die nicht in einer Rechtsidee ihr Fundament sucht, ist nicht imstande, dem Gesellschaftsleben die letzten Ziele zu weisen. Davon sind wir durch die Erfahrung aufs schmerzlichste überzeugt worden. Aber wenn der Rechtswissenschaft auch der große ideale Impuls abhanden gekommen war, wie viele geistige Werte hatte sie sich doch zu erhalten gewußt, wie wahrheitsliebend war sie, wie gewissenhaft, wie menschlich! Wir können heute nicht ohne ein wehmütiges Gefühl an die deutsche Rechtswissenschaft zurückdenken, wie sie uns von den zwölf Klassikern Sinzheimers repräsentiert wird.

Die obersten Rechtsprinzipien und die Philosophie[1]

(1939)

Nach der in der Rechtsphilosophie unserer Zeit zur Herrschaft gelangten Lehre gehören Sollen und Sein verschiedenen Welten an. Es gilt als ein Zeichen philosophischer Inkompetenz, wenn jemand meint, daß irgendeine Seinswissenschaft der Jurisprudenz bei der Aufstellung der obersten rechtlichen Normen behilflich zu sein vermöchte. Handelt es sich um untergeordnete Normen, um sogenannte hypothetische Imperative, so liegen die Dinge anders. Sagt uns die Rechtswissenschaft, daß der Gesetzgeber, der a wolle, auch b wollen müsse, nach dem Satz: qui veut la fin en veut les moyens, dann wird er sich zum Beweis der These, daß b das einzige Mittel zur Erreichung des Zwecks a sei, auf eine Seinswissenschaft stützen können. Ist aber, was der Gesetzgeber will, kein Durchgangszweck, sondern Endzweck, dann läßt sich aus keiner Seinswissenschaft deduzieren, daß er wollen *soll,* was er will, denn wenn in den Prämissen ein „ist" steht, kann in der Konklusion kein „soll" stehen.

Eine solche Argumentation verfehlt den Sinn der Sollensfrage. Dieser Sinn kann ein doppelter sein. Was soll ich tun, kann einmal heißen, was verlangt ein anderer von mir, es kann zweitens heißen, was verlangt meine eigene Natur von mir. Die Sollensfrage kann im heteronomen oder im autonomen Sinn zu verstehen sein; sowohl in dem einen wie in dem andern Sinn geht sie auf etwas Wirkliches, Seiendes, dort auf die tatsächlich vorhandene Willensäußerung eines Befehlshabers, hier auf die tatsächlich vorhandenen Bedürfnisse der eigenen Natur. Die heteronome Norm ist für den, an den sie sich richtet, von praktischem Interesse, weil der Wille des Befehlenden eine suggestive Wirkung auf ihn ausübt oder weil ihm bestimmte Vorteile für den Fall des Gehorsams, bestimmte Nachteile für den Fall des Ungehorsams in Aussicht gestellt sind. Was die autonomen Normen betrifft, so stellt unsere Natur zahllose Forderungen an uns, gemäß der unübersehbaren Vielheit unserer einzelnen Bedürfnisse. Alle Einzelforderungen

[1] Veröffentlicht in: Grundzüge der juristischen Methodenlehre, Basel 1939, S. 74 bis 93

beherrscht die autonome Grundnorm, das ethische Gesetz, demzufolge wir bestrebt sein sollen, in allem, was wir tun, der letzten Bestimmung unserer Natur getreu zu sein, was nichts anderes heißt, als daß wir uns um die höchste und beständigste innere Befriedigung bemühen sollen, die mit unserm Wesen vereinbar ist. Ich will es dahingestellt sein lassen, ob, wenn wir den Weg zu unserm wahren Glück kennen, wir uns doch weigern können, ihn zu beschreiten – es handelt sich hier um eine der schwierigsten Fragen der Philosophie. Soviel ist sicher, daß es vom Standpunkt einer autonomen Ethik sinnlos ist, die Frage aufzuwerfen, ob man dem tiefsten Wesenszug der eigenen Natur gehorchen soll oder nicht, denn diesen Wesenszug zu deutlicher Erkenntnis bringen heißt die oberste Norm aufstellen. Mit der Aussage über das, was uns im letzten Grunde frommt oder schadet, findet die Ethik ihren Abschluß, und darüber, was uns frommt oder schadet, entscheiden die Bedürfnisse unserer Natur. Hat man die Freiheit, sich selbst bewußt Böses zu tun, so ist ihr Gebrauch eine Frage des Wollens, nicht eines weitern Sollens, das zu der aus den Bedürfnissen unserer Natur abgeleiteten Norm hinzutreten würde.

Die radikale Trennung zwischen Sein und Sollen, die unsere Rechtsphilosophen proklamieren, ist Kantsches Gedankengut. Nach Kant ist in der Welt des Seins, der Wirklichkeit (unter Einschluß der von Natur gegebenen Bedürfnisse des Menschen), kein Raum für ein echtes Sollen. Es beruht dies vor allem darauf, daß das Sollen die Freiheit voraussetzt und die Welt der Wirklichkeit, auch die der psychischen Wirklichkeit, dem Kausalprinzip unterworfen ist. In der Sphäre des empirischen, wirklichen Handelns sind die Menschen vom Glückseligkeitsstreben geleitet, und sein Glück findet der eine in diesem, der andere in jenem. Wie läßt sich da, solange man auf dem Boden der Empirie bleibt, eine allgemeine moralische Gesetzgebung etablieren? Welchen Sinn insbesondere kann es haben, mit der herkömmlichen Morallehre den Menschen zu sagen, daß sie ihr Glück suchen sollen, da sie es ja ohnehin tun, ihren natürlichen Neigungen folgend? Das ethische Gesetz, der kategorische Imperativ, muß einer überwirklichen Welt der Freiheit entstammen, und es muß formal sein, d. h. frei von allen Beimischungen empirischer Strebungen und Bedürfnisse.

Die Ethik ist der schwächste Teil der Kantschen Philosophie, ihren beispiellosen Erfolg verdankt sie ganz gewiß nicht der Kraft ihrer Argumente. Wenn das Sollen Freiheit des Willens voraussetzt, so ist der Mensch, der ja doch nirgends anders zu handeln vermag als in der Welt der Wirklichkeit, entweder in dieser Welt der Freiheit teilhaftig, was mit dem Kantschen Determinismus unvereinbar erscheint, oder er ist überhaupt kein geeigneter Normadressat. Nicht viel besser als um die Verbindung intelligibler Freiheit mit empirischer Unfreiheit ist es um den Formalismus des

Sittengesetzes bestellt. Aus einem rein formalen Sittengesetz lassen sich bei folgerichtigem Denken keine konkreten Anforderungen an unser Handeln gewinnen, was nichts anderes heißt, als daß ein solches Gesetz für uns praktisch wertlos ist. Entweder muß man also entgegen allem gesunden Menschenverstand behaupten, daß ein Sittengesetz praktisch wertlos sein dürfte, oder man muß im Verlauf der Untersuchung den Formalismus unvermerkt aufgeben und heimlich materiellen Momenten in die Gesetzgebung Eingang gewähren. Letzteres hat schon Kant getan, und neukantische Rechtsphilosophen, wie Stammler, sind seinem Beispiel gefolgt. Diese Einwendungen gegen die Kantsche Ethik sind im Schrifttum so oft und eingehend geltend gemacht worden, daß ich sie hier nur kurz erwähne, um dann die Aufmerksamkeit auf einen bisher weniger beachteten Punkt der Kantschen Gedankenführung zu lenken. Kant verwechselt in seiner Polemik gegen den Eudämonismus das, was das Glück eines Menschen ausmacht, mit dem, wovon der Mensch glaubt, daß es sein Glück ausmache. Wenn das Glück eines jeden in dem bestünde, worin er glaubt, daß es bestehe, dann hätte eine eudämonistische Ethik allerdings wenig Sinn und das „eines schickt sich nicht für alle" würde in solchem Maß gelten, daß eine allgemeine Gesetzgebung unausdenkbar wäre. Aber die Voraussetzung trifft nicht zu. Nicht mit Unrecht haben die eudämonistischen Morallehrer von altersher angenommen, daß den Menschen nichts so unbekannt sei, wie das Glück, nach dem sie sich sehnen und nach dem sie, im Dunkeln tappend und tastend, ihr Leben lang auf der Suche sind. Il faut dans ce bas monde aimer beaucoup de choses pour savoir après tout ce qu'on aime le mieux (Musset), und selbst nach reiflichem Ausprobieren der guten Dinge dieser Welt kennt man es vielleicht immer noch nicht, das Gut, das uns wahrhaft not tut. Dies Gut, das für alle dasselbe sein mag, deutlicher zu bezeichnen und zum Nutzen aller den Weg anzugeben, auf dem es erworben werden kann, ist die Aufgabe der Ethik.

In die tiefsten Denkmotive der Kantschen Ethik gewinnt man nur Einsicht, wenn man die Kritik der praktischen Vernunft mit der Erkenntnistheorie, wie sie in der Kritik der reinen Vernunft enthalten ist, in Zusammenhang bringt. Diese Erkenntnistheorie enthält einen der originellsten Versuche, die Antinomie von Einheit und Vielheit, mit der sich schon die Alten abgequält haben, zu überwinden. In den Tatbeständen, die uns durch die äußern Sinne zugänglich werden, und in den innern Tatbeständen, die die Selbstbeobachtung aufweist, begegnet uns eine Verbindung von Einheit und Vielheit, mit der sich der philosophische Kopf nicht ohne weiteres zufrieden gibt. Wie kann das Viele aus der Zersplitterung heraus zur Einheit gebracht werden, ohne dabei doch den Vielheitscharakter einzubüßen und in das in sich gänzlich unterschiedslose Eine des Parmenides aufzugehen? Liegt da nicht ein unlösbarer Widerspruch vor? Kant will den Widerspruch in der Weise überwinden, daß er Vielheit und Einheit zunächst radikal trennt, indem er die Mannigfaltigkeit durch die Sinne gegeben sein läßt, die Einheit als vom Geist stammende, ordnende Form auffaßt und dann beides mit Hilfe von Zwischengliedern zu Gegenständen der Erfahrung zusammenfügt. Ich habe dies Verfahren mehrfach genauer dargestellt und den Nachweis unternommen, daß der Widerspruch, den es zu beseitigen gilt, nur verschoben wird und daß der Hydra des Widerspruchs mehr Köpfe nachwachsen, als man ihr abgeschlagen hat; an dieser Stelle kann ich das Problem nicht einmal aufrollen. Was uns hier vor allem interessiert, ist zweierlei. Einmal, daß Kant im Zusammenhang mit seiner Lehre von den Einheitsformen für die ganze Welt der Erfahrung, also auch für das psychische Geschehen, den Determinismus zu unverbrüchlicher Herrschaft bringen will, und sodann, daß er mit seinen einheitstiftenden synthetischen Akten des Geistes, die der Welt der Erfahrung nicht angehören, insofern sie sie zuallererst möglich machen, eine überwirkliche Sphäre erreicht und so Raum gewinnt für ein formales Sollensgesetz, das, weil es Freiheit voraussetzt, aus der empirischen Welt verbannt werden muß. – Wenn man die Philosophen, die den Widerspruch zwischen Einheit und Vielheit, die in allen Tatbeständen in den verschiedensten Erscheinungsformen immer und immer wiederkehrende Antinomie deutlich erfassen und mittels eines besondern Denkverfahrens zu überwinden suchen, Dialektiker nennt, so könnte man daran denken, die Erkenntnistheoretiker in Dialektiker und Nichtdialektiker einzuteilen. Die Gruppenbildung ist berechtigt, stellt aber nicht die grundlegende Einteilung dar. Diese beruht vielmehr auf der Unterscheidung zwischen den Erkenntnistheoretikern, die sich den Widersprüchen gegenüber naiv verhalten, d. h. überhaupt keinen Anstoß an ihnen nehmen, und denen, die in eindringender Analyse der Tatbestände gewisse letzte Widersprüche in ihnen bloßlegen und erklären, daß solche Widersprüche für ein adäquates Denken nicht bestehen dürften. Erst als subdivisio der zweiten Gruppe gewinnt die Einteilung in Dialektiker und Nichtdialektiker rechten Sinn. Die Nichtdialektiker verhalten sich entweder allem Wahrheitsstreben gegenüber durchaus skeptisch oder sie nehmen an, daß der menschliche Geist die Wahrheit zwar nicht von Angesicht zu Angesicht zu schauen vermag, aber doch fähig ist, sich ihr in fortschreitendem Maße zu nähern.

Über die Kantsche Dialektik haben wir uns bereits geäußert. Da man Kant nicht zu den Dialektikern zu rechnen pflegt, wird meist Hegel als der größte Dialektiker der Neuzeit bezeichnet. Nach Hegel weist alles und jedes auf etwas von ihm Verschiedenes, ihm Entgegengesetztes; es fordert seinen Gegensatz, und es findet ihn. Aber bei dem Gegenüberstehen von These und Antithese hat es nicht sein Bewenden. Nicht nur der Widerspruch ist die Signatur der Wirklichkeit, sondern auch die Überwindung des Widerspruchs in der Synthese. A fordert B als seinen Gegensatz und A und B fordern ihre Vereinigung in C. Das C, das wir eben als Synthese von A und B erkannten, stellt sich uns alsbald als These dar, die in D ihren Gegensatz findet, um sich dann mit ihm in der Synthese E zu vereinigen. So geht es weiter, bis in einer Synthese Z der universelle Abschluß erreicht wird. Man kann gewiß bezweifeln, ob durch dieses Verfahren der Anspruch auf ein widerspruchfreies Denken befriedigt wird, ob dadurch unser Widerstand gegen den Widerspruch dauernd beseitigt und nicht vielmehr nur abgestumpft und eingeschläfert wird. Die Hegelianer erwidern, daß, wer dies Bedenken hegt, sich die Dialektik nur äußerlich angeeignet habe und immer noch auf der Stufe des gewöhnlichen undialektischen Denkens stehengeblieben sei. Es hat keinen Sinn, diese Diskussion fortzusetzen. Eher schon vermag man vielleicht die Dialektiker Hegelscher Observanz in Verlegenheit zu bringen, wenn man zeigt, in wie verschiedener Weise das Universum von ihnen dialektisch aufgezogen wird. Nicht nur kann man den Ausgangspunkt – in unserm Schema das A – verschieden wählen, sondern man hat auch jeweils mehrere Gegensätze und mehrere Synthesen zur Verfügung, weswegen unter denen, die sich mit diesen subtilen Dingen eingehender beschäftigt haben, die Meinung weitverbreitet ist, daß man mit Dialektik alles und daher nichts beweisen könne. Endlich sei darauf hingewiesen, daß neue geschichtliche Erfahrungen zu neuen Synthesen führen und die angebliche adäquate Totalerkenntnis der bisherigen dialektischen Systeme als eine unvollkommene Teilerkenntnis erscheinen lassen.

Bezüglich meiner eigenen Stellungnahme zu den Grundproblemen wissenschaftlicher Erkenntnis muß ich auf frühere Schriften verweisen[1], um mich hier auf einige wenige Bemerkungen zu beschränken. Sowenig ich in irgendeiner Dialektik ein Mittel zum Erwerb vollkommener Erkenntnis zu erblicken vermag, sowenig kann ich mich mit einer skeptischen Haltung befreunden. Adäquate Erkenntnis ist uns versagt; der Mensch ist unvollkommen, wie auf emotionellem, so auch auf kognitivem Gebiet. Ein absolut untrügliches Wahrheitskriterium gibt es nicht. Wir müssen uns mit Evidenz begnügen und begnügen uns auch tatsächlich mit ihr, nicht nur im praktischen Leben, sondern auch bei der Bemühung um wissenschaftliche Erkenntnis. Wir wissen, daß Evidenz uns vielfach getäuscht hat Um solche Täuschungen auf ein Mindestmaß zu beschränken, müssen wir unsere Evidenzurteile auf eine möglichst umfassende Erfahrung stützen und uns einen

[1] Vgl. vor allem: Der Weg des Menschen, I. E. B. Mohr, Tübingen 1932. Ferner: Logik als Erfahrungswissenschaft, Pribacis, Kaunas 1938.

offenen Blick für neue Erfahrungen bewahren, die, was wir heute für wahr hielten, morgen in Frage stellen können. Dies gilt nicht für alle Gebiete der Wissenschaft im gleichen Maß, worüber wir wieder von der Erfahrung belehrt werden. Sehen wir in der Erfahrung unsere Lehrmeisterin, dann werden wir das Vertrauen haben, daß unsere Erkenntnis zunimmt, da sich unsere Erfahrungen stetig mehren.

Nicht das principium contradictionis, sondern das auf möglichst umfassende Erfahrung gestützte Evidenzurteil ist für uns maßgeblich bei der Bemühung um wissenschaftliche Wahrheit. Das soll nicht heißen, daß wir der aristotelischen Logik jegliche Bedeutung absprechen würden, nur ihren absoluten Geltungsanspruch weigern wir uns anzuerkennen. Es gibt Widersprüche, die in Kauf zu nehmen sind, aber nicht sämtliche Widersprüche sind in Kauf zu nehmen. Alle Wissenschaft setzt ein Ordinatensystem voraus, in dem ein jedes seinen bestimmten Platz zugewiesen erhält und nicht gleichzeitig diesen nicht, sondern irgendeinen andern. Das heißt mit andern Worten: Innerhalb des Systems geht es so zu, wie die aristotelische Logik es wahrhaben will. Die Antinomien, von denen wir sagten, daß sie letztlich unüberwindlich seien, beruhen darauf, daß die Ordnung des Ordinatensystems selbst Einheit in der Vielheit ist, was einen Widerspruch involviert. Dieser in der Ordnung der Mannigfaltigkeit verborgene Widerspruch ist nur einem sehr kleinen Bruchteil aller Wissenschaftler faßbar, weswegen den meisten die aus den Antinomien hervorgehenden Perplexitäten, mit denen sich einzelne Philosophen von jeher abgequält haben, als bloße Sophistereien erscheinen, während die wenigen für die Antinomien Empfänglichen die andern mitsamt ihren Enthüllungen der angeblichen Sophismen als naiv zu belächeln pflegen.

Wissenschaftliches Erkennen ist nichts weniger als eine bloße Widerspiegelung der Erfahrung, es besteht aus den Konzepten, die über die bisherige Erfahrung, durch die sie angeregt wurden, hinausgreifen und von neuen Erfahrungen ihre Bestätigung oder Umgestaltung erwarten. Bei den Konzepten, die weltanschaulichen Charakter haben, zeigt sich, daß die Erfahrung zu den Einzelnen eine sehr verschiedene Sprache redet. Dies liegt gewiß nicht nur daran, daß die Erfahrungen, aus denen die Menschen ihr Weltbild gewinnen, von Fall zu Fall wechseln, sondern auch an der Verschiedenheit der erfahrenden Subjekte. Immerhin darf man annehmen, daß je mehr sich die maßgeblichen Erfahrungen vergemeinschaften, um so mehr Einigkeit in weltanschaulichen Fragen erzielt werden wird. Der Philosoph unserer Tage hat ein ungleich viel größeres Gemeingut an Erfahrungen zu seiner Verfügung als der des Altertums. Die positiven Einzelwissenschaften haben gewaltige Fortschritte gemacht, und die Geschichte, diese wichtigste Informationsquelle des Philosophen, ist zu einem Strom angewachsen, aus dessen durch alle Windungnen hindurch erfaßbarer allgemeiner Richtung sich mit zunehmender Deutlichkeit entnehmen läßt, welchen Weg die Menschheit nimmt und zu nehmen hat.

Wer die Geistesgeschichte, besonders die Geschichte des Rechts, aufmerksam überprüft, kann sich des Eindrucks kaum erwehren, daß es die Bestimmung der Menschheit ist, im Lauf ihres geschichtlichen Daseins eine große Arbeitsgemeinschaft freier, gleicher Wesen zu bilden, um auf allen Gebieten der Kultur und Zivilisation eine immer produktivere Tätigkeit zu entfalten. Wenn der Mensch, wie es unsere Überzeugung ist, ein transzendentes Ziel hat, so wird er sich ihm dadurch zu nähern suchen müssen, daß er seine Erdenwirtschaft in der eben bezeichneten Weise einrichtet. Gleichheit und Freiheit aller haben die Religionen verkündet und sie haben auch eine brüderliche Gemeinschaft der Menschen gefordert. Aber sie haben das Irdische entwertet, und daran liegt es, wie uns scheint, vor allem, daß sie in der neuern Zeit ihre Macht über die Menschen in fast erschreckendem Maß eingebüßt haben. Das soziale Denken des neuzeitlichen Menschen gipfelt in der Devise, die die Französische Revolution auf ihre Fahne schrieb, und in dieser Revolution und den an sie anschließenden Reformen von Staat und Recht haben wir den ersten imposanten Versuch vor uns, in einem nicht unerheblichen Teil der Erde die Ideale der Freiheit, Gleichheit und Brüderlichkeit zu verwirklichen. Die geistigen Bewegungen des 19. Jahrhunderts waren aus Gründen, auf die wir alsbald zu sprechen kommen werden, den Idealen des 18. Jahrhunderts vielfach feindlich, aber was sie an die Stelle der alten Ideale zu setzen suchten, war nichts Gleichwertiges, geschweige denn Besseres, und hat nach einem gründlichen Vergröberungsprozeß zu einer Weltanschauung breiter Massen geführt, die heute jeden denkenden und human empfindenden Menschen mit bangster Sorge für die Zukunft erfüllt. Angesichts der drohenden Barbarei erkennen in unsern Tagen Unzählige, daß wir an die Soziallehren der lange Zeit verspotteten Aufklärung anknüpfen müssen, um sie tiefer und solider zu begründen und sie auf breiterem Gebiet und intensiver zu verwirklichen, als es bisher gelungen ist.

Eine Rechtsphilosophie, die die Vergangenheit verstehen und der Zukunft dienen will, muß vor allem klarzustellen suchen, warum der Weg zu dem Ziel, das der Aufklärung vorschwebte und schon auf den ersten Blick ungemein einleuchtend erscheint, ein so langer und verschlungener ist. Es genügt nicht, darauf hinzuweisen, daß die Vernunft, die Einsicht in die höhere Bestimmung des Menschen sich nur langsam, auf Grund mannigfacher Erfahrungen entwickelt und, wenn sie einmal einigermaßen zur Reife gelangt ist, den schweren Kampf aufnehmen muß gegen feste Gewohnheiten des Handelns, die aus dem Unverstand und dem Egoismus der Individuen und partikulären Gruppen herausgewachsen sind. Man muß etwas genauer zu zeigen versuchen, auf welchem Weg der Machtwille begrenzter Kollektivitäten, der unter den den sittlichen Fortschritt hemmenden Faktoren die größte Kraft besitzt, sich Positionen sichern konnte, die manche für unüberwindlich halten.

Die zwiespältige Natur des Menschen verbindet Egoismus und Gemeinsinn. Den Egoismus aus dem Gesellschaftsleben vertreiben wollen heißt Unmögliches, ja geradezu Widersinniges wollen. Was sollte das für eine Gesellschaft sein, in der jeder zu geben und keiner zu nehmen bereit wäre? Dagegen ist es sehr wohl möglich, daß auf weiten Lebensgebieten Egoismus und Altruismus so verschmelzen, daß in dem Ganzen, das zur Entstehung gelangt, die Quoten des einen und des andern sich kaum mehr sondern lassen. Es wird dies überall da zutreffen, wo die Individuen in der Erkenntnis, auf Gedeih und Verderb zusammenzugehören, sich zu gemeinsamem Handeln vereinen. Es bilden sich hier bei den Mitgliedern der Interessengemeinschaft Solidaritätsgefühle, die ebenso beglückend sind, wie sie energiesteigernd wirken. Sicherlich ist es eines der von der Vernunft gewiesenen Ziele der Menschheit, ihr Zusammenleben so zu organisieren, daß sie dieser Gefühle und der aus ihnen erwachsenden Kräfte in möglichst hohem Maße teilhaftig wird. Im täglichen Leben begegnet der Fall nicht selten, daß Menschen, die das Schicksal genötigt hat, Seite an Seite mit andern für eine gemeinsame Sache tätig zu werden, weit über sich hinauszuwachsen scheinen. Im großen Maßstab zeigt die Geschichte am Beispiel der Wehrgemeinschaft der Völker, in welchem Maß eine Vielheit integriert werden kann. Es ist nicht verwunderlich, daß bisher der Krieg die Menschen mehr als irgendeine gemeinsame Aufgabe des Friedens zusammenzuschließen vermochte. Das gemeinsame Ziel ist hier jedermann deutlich und ergreift ihn im Innersten, da es sich um Sein und Nichtsein handelt; auch ist die Zusammenordnung von Einzelkräften zu einem physischen Gesamteffekt, wie ihn der Krieg fordert, eine verhältnismäßig einfache Sache.

Massen, so lehrt die Massenpsychologie, neigen zu Gewalttätigkeiten. Die Menschen, fügen wir hinzu, haben die fast unwiderstehliche Neigung, als Massen tätig zu werden, sich in eine Lage zu versetzen, in der sie durch mächtige Gemeinschaftsgefühle über die Kümmerlichkeiten ihrer individuellen Existenz hinausgehoben werden: sie tendieren zum Krieg. Erich Kaufmann hat sich in seinem bemerkenswerten Buch „Das Wesen des Völkerrechts und die clausula rebus sic stantibus" um den Nachweis bemüht, daß der siegreiche Krieg geradezu das soziale Ideal sei. An seiner These ist jedenfalls soviel richtig, daß auch in Friedenszeiten der Gedanke an den Krieg die Politik, die innere sowohl als äußere, aufs tiefgreifendste beeinflußt. Mehr noch: das ganze Geistesleben steht zu nicht geringem Teil unter dem Zeichen des Krieges. Die Völker, hört man sagen, sind friedliebend, sie werden in die Kriege hineingezogen von den Kapitalisten, die nach Rohstoff- und Absatzgebieten lüstern sind, und ganz besonders von denen, die an der Rüstungsindustrie profitieren. In Wahrheit sind die Völker friedliebend nur in dem Sinn, daß sie den Krieg nicht nur lieben, sondern auch fürchten, und daß sie froh wären, wenn sie ihr Bedürfnis nach starken Gemeinschaftsgefühlen anders als durch Krieg befriedigen könnten. Richtig ist, daß die Gewinnsucht der Kapitalisten das ihrige tut, um die Völker in Kriege zu verwickeln, aber sie vermöchte wenig, wenn ihr nicht die innere Bereitschaft der Massen zum Krieg entgegenkäme. Die Bereitschaft zum Krieg, die Sehnsucht nach ihm ist vorwiegend latent, weswegen es unmöglicht ist, den Einfluß des Kriegsgedankens richtig einzuschätzen, solange nur die eigentliche Kriegspropaganda und das bewußte Bekenntnis zum Ideal des Kriegs in Berücksichtigung gezogen wird.

Der Krieg ist unsittlich, weil er die Menschen nicht anders zu vereinen weiß als durch den gemeinsamen Haß der einen gegen die andern und weil er der Zerstörung dient und nicht dem Aufbau. Wo aber ist das Gemeinschaftswerk, durch das man ihn ersetzen könnte? Die höchsten Kulturleistungen gelten bei vielen als freie Schöpfungen des Genius einzelner Individuen. Richtiger wird die Annahme sein, daß auch sie ihre Wurzeln in der Massenpsyche, im „Volksgeist" haben. Immerhin liegen sie dem Tätigkeitsgebiet des Durchschnitts der Volksgenossen viel zu fern, als daß sie als Gegenstand einer das ganze Volk umfassenden Arbeitsgemeinschaft unmittelbar empfunden werden könnten. Wir brauchen, um zu integrieren, ein einfaches, im Umkreis der jedermann verliehenen Fähigkeiten liegendes Ziel gemeinschaftlicher Betätigung und wir werden dies Ziel schwerlich in etwas anderm finden als in der Befriedigung der materiellen, wirtschaftlichen Bedürfnisse des Menschen. Nun hat aber die Wirtschaft bisher eher eine desintegrierende als eine integrierende Wirkung ausgeübt. Die Gesellschaft ist gespalten durch den Gegensatz einer besitzenden und einer nichtbesitzenden Klasse. Der Klassenkampf ist übler als der Krieg, denn er richtet sich auf die Niederhaltung derjenigen, die man als Volksgenossen anerkennt und als Wehrgenossen in Anspruch nimmt. Daher weigert sich die herrschende Klasse, sich den Klassenkampf in seiner wahren Natur zum Bewußtsein zu bringen. Sie deutet ihn um in ein Lügengebilde, das erfunden sei von gewissenlosen Demagogen als Mittel zur Verhetzung der breiten Volksmassen und in dieser Eigenschaft so wirksam verwendet werde, daß schließlich die Angehörigen der besitzenden Stände, diese aufrichtigen Volksfreunde, genötigt seien, zum Schutz nicht sowohl der eigenen wirtschaftlichen Interessen als vielmehr aller höhern Kulturgüter, wie Wissenschaft, Sittlichkeit und Religion, gegen das verblendete Proletariat in die Schranken zu treten. Dieser angebliche Verteidigungskampf wird mit der größten Energie geführt und beeinflußt, ohne daß sich die Kämpfer dessen deutlich bewußt würden, die Politik und das ganze Geistesleben in noch intensiverer Weise als die Kriegsidee. Aber eine rechte Freude können die Angehörigen der herrschenden Klasse an der durch den Klassenkampf begründeten Solidarität schon darum nicht haben, weil das gleiche wirtschaftliche Regime, das sie in der Auseinandersetzung mit einem gemeinschaftlichen Gegner zusammenschließt, sie untereinander nach dem Prinzip des Wettbewerbs verfeindet. Daß der Klassenkampf noch geringeren sittlichen Wert hat als der Krieg, liegt ebenso auf der Hand, wie daß der Klassenkampf nicht nur ungeeignet ist, den Krieg zu verdrängen, sondern ihn geradezu fordert. Denn um von den gewichtigen Gründen abzusehen, die die Kapitalisten bestimmen, Kriege, insbesondere Kolonialkriege, herbeizuführen, ist der Krieg, solange es einen Klassenkampf gibt, schon darum unentbehrlich, weil er das einzige Mittel ist, um die desintegrierenden Tendenzen des kapitalistischen Wirtschaftslebens wenigstens innerhalb der einzelnen Völker einigermaßen in Schach zu halten.

Wir wollten zeigen, wie es kommt, daß der Gruppenegoismus sich in der Gesellschaft so fest einnistet, daß die Vernunftprinzipien nur ganz allmählich an Boden gewinnen können. Haben wir nicht mehr oder etwas anderes bewiesen? Sind wir nicht zu dem Ergebnis gelangt, daß die Herrschaft des Egoismus schlechthin unerschütterlich ist? Indessen erscheint die Lage nur dem hoffnungslos, der den Klassenkampf ausschließlich aus dem unausrottbaren Egoismus des Menschen ableitet und daher der Ansicht ist, daß, wenn es je der nichtbesitzenden Klasse gelingen sollte, die besitzende zu überwinden, sich alsbald wiederum eine besitzende Klasse bilden und das Spiel von neuem beginnen würde. In Wahrheit ist der Klassenkampf nicht nur aus dem Egoismus der Einzelnen, sondern auch daraus zu erklären, daß es lange Zeit braucht, bevor die äußern Bedingungen einer Planwirtschaft gegeben sind, die sich wirtschaftlich rentiert und zugleich als eine alle Beteiligten mit dem Gefühl der Solidarität erfüllende Arbeitsgemeinschaft anerkannt werden kann. Erst die heutige Technik der Produktion und des Verkehrs macht eine solche Planwirtschaft zur naheliegenden praktischen Möglichkeit. Wenn es noch nicht lange her ist, daß das Proletariat eine klassenlose Gesellschaft teils mit nachdrucksvollem Ernst, teils mit Leidenschaftlichkeit fordert und damit unter den denkfähigen Angehörigen des Bürgertums immer mehr Anhänger findet, so liegt das vor allem daran, daß es noch nicht lange her ist, seit ein derartiges Projekt seinen rein utopischen Charakter verloren hat. Der Technik, die die Idee einer die Völker zu einer ökumenischen Arbeitsgemeinschaft integrierenden Wirtschaft dem Leben näher gebracht hat, ist es auch zu danken, wenn das klassische Integrationsmittel, der Krieg, allmählich immer mehr als untragbar empfunden wird. Die furchtbare Wucht und die mit der Vermehrung der Verkehrsbeziehungen zwischen den Völkern verknüpfte Tendenz eines jeden Krieges, zum Weltkrieg zu werden, rufen alles, was die Menschheit mit der Tierheit gemeinsam und was sie ihr voraus hat, auf den Plan, um dem Krieg ein Ende zu machen. So sind wir dank einer glücklichen Verkettung von Umständen an einen Punkt der geschichtlichen Entwicklung gelangt, wo sich die Aussicht eröffnet auf eine nicht allzu ferne Verwirklichung einer Gesellschaftsordnung, die, soweit die Unvollkommenheit unserer Natur es zuläßt, dem der Menschheit längst in schemenhafter Gestalt vorschwebenden Vernunftsprinzipien gerecht werden wird.

Wer es nicht über sich gewinnt, das geschichtliche Leben nach irgendeiner Formel zu konstruieren, wer ein Auge hat für seine Kontingenz, der gerät in die Gefahr, schließlich an der Sinnhaftigkeit dieses Lebens zu zweifeln. Was hilft aller gute Wille angeblich führender Persönlichkeiten, wenn es doch meistens anders kommt, als sie es vorausberechnet hatten. Gewiß finden sich Faktoren, die hie und da wider Erwarten dem Lauf der Dinge eine günstige Wendung geben, aber ihnen stehen andere gegenüber, die den Fortschritt hemmen und das bisher Erreichte zu zerstören drohen. Keine Wissenschaft vermag alle für den geschichtlichen Prozeß in Betracht kommenden Momente vollständig zu erfassen und in ihrer Wirksamkeit genau einzuschätzen, um dann die Rechnung mit einem verheißungsvollen Fazit abzuschließen. Manche Historiker haben die Behauptung gewagt, daß in der Geschichte das Walten einer überindividuellen Vernunft sichtbar werde, und haben dem Vertrauen Ausdruck gegeben, daß diese höhere Macht allen Widerständen zum Trotz den Menschen auf verschlungenen Wegen allmählich dem Licht entgegenführe. Was haben wir uns unter dieser Vernunft des nähern vorzustellen, ist sie die eines allmächtigen, allwissenden, allgütigen Gottes im Sinn der christlichen Religion? Sollte das die Meinung sein, dann müßten wir als Empiristen protestieren, denn die Geschichte als ein Schauplatz unzähliger Grausamkeiten, Torheiten und Sinnlosigkeiten macht durchaus nicht den Eindruck, unter der Leitung eines vollkommenen Wesens zu stehen. Das ist, sagt der Theologe, nur darum der Fall, weil wir mit unserm schwachen menschlichen Verstand die Weisheit Gottes nicht begreifen können. Der Einwand berührt uns nicht, denn wir suchen hier nicht nach einer Geschichtsauffassung, die wir nicht begreifen können, sondern nach einer solchen, die unserm armen Verstand einleuchtet nach Maßgabe der Erfahrung. Ist die Vernunft, die sich in der Geschichte äußert, nicht die eines persönlichen

Gottes, so mag sie die einer objektiven Idee sein, wie Hegel sie konzipierte. Aber auch dieser Annahme stehen unüberwindliche Bedenken entgegen. Man kann die objektive Idee Hegels nicht aus seinem System herausreißen und innerhalb dieses Systems stellt sie sich dar als ein Versuch, die Geschichte schematisch zu konstruieren, was eben gerade das ist, was wir nicht tun wollen und auch nicht tun sollen. Dagegen ist es vielleicht möglich, in Verwertung der Ergebnisse der modernen Biologie dem Gedanken einer dem Geschichtsprozeß immanenten Vernunft eine solche Wendung zu geben, daß er sich mit der Erfahrung in Einklang bringen läßt. Die Neo-Vitalisten, vor allem Hans Driesch, haben den experimentellen Nachweis versucht und, wie uns scheint, erbracht, daß an der Bildung und Erhaltung der Organismen Entelechien, unbewußte Zielkräfte, beteiligt sind. Die Entelechien bleiben auch den Organismen treu, die fähig sind, in bewußter Zwecktätigkeit für ihr Fortkommen im Daseinskampf Sorge zu tragen. Das Nebeneinander von entelechialem und bewußtem Zweckverhalten hat einen guten Sinn, denn die Entelechie ist keineswegs unfehlbar, wie manche gemeint haben, die geneigt sind, der Natur alle Ehre zu geben und Vernunft und Wissenschaft gering zu schätzen. Die Natur, sagte Cromwell nicht mit Unrecht, vermag mehr als hundert Ärzte, aber das will nicht besagen, daß der Arzt gar nichts vermag. Unübersehbar ist die Zahl der Fälle, in denen der ärztliche Eingriff, geleitet von der medizinischen Wissenschaft, der Heilkraft der Natur zu Hilfe gekommen ist. Im Tierreich gibt es nicht nur Einzelwesen, sondern auch soziale Organismen, sogenannte Tiergesellschaften, die von Entelechien geleitet werden, wie sich das am Ameisenhaufen und am Bienenstamm aufs deutlichste dartun läßt. Warum sollten nicht auch in der menschlichen Gesellschaft Entelechien, Sozialentelechien am Werke sein, die in einer dem Bewußtsein der Individuen entzogenen Tätigkeit den Menschen seinem höhern Ziel entgegenzuführen streben.

Die Annahme, daß es solche Sozialentelechien gibt, entspricht ebensosehr der geschichtlichen Erfahrung wie unserm tiefen Bedürfnis, uns mit allen Kräften für den sittlichen Fortschritt der Menschheit einzusetzen. Der geschichtliche Prozeß weist nach dem Zeugnis zahlreicher, bedeutender Historiker eine gewisse Vernunftgemäßheit auf, die insofern überindividuell ist, als sie sich auf bewußtes Zweckhandeln einzelner Persönlichkeiten nicht zurückführen läßt, aber dabei doch keineswegs den Charakter einer dem Menschen schlechthin überlegenen Weisheit und Güte an sich trägt. Das ist es nun gerade, was wir zu erwarten haben, wenn wir den Gedanken der Entelechie und ihrer eigentümlichen Wirkungsweise aus dem Biologischen ins Historische übertragen. Daß eine solche Auffassung der Stellungnahme zum geschichtlichen Leben entspricht, zu der sich jeder ein wenig höher veranlagte Mensch gedrängt fühlt, läßt sich, wie mir scheint, kaum bezweifeln. Wir möchten eine andere Rolle spielen auf dem großen Schauplatz des Menschheitslebens als die bloßer Marionetten, zu der wir durch die Annahme eines über uns schwebenden absolut vollkommenen persönlichen Wesens oder objektiven Logos verurteilt werden. Andererseits würde ein banger Zweifel an der Sinnhaftigkeit unseres Tuns und Lassens unsere Energien lähmen, wenn wir ganz allein angewiesen wären auf unsern und unserer Mitmenschen guten Willen und begrenzte individuelle Vernunft, wenn es nichts anderes gäbe als bewußte Wesen, deren klügstes der Mensch ist, und die Natur mit ihren toten mechanischen Gesetzen und ihren untermenschlichen Organismen, die nichts Besseres zu tun wissen, als einander zu zerstören, um ihr kurzes, kümmerliches Dasein zu fristen. Wie der Arzt mit der Heilkraft der Natur rechnet, so müssen wir bei unserer Bemühung um den Fortschritt des Menschen auf überindividuelle Kräfte vertrauen, die dahin tendieren, unserm ernsten Willen zum Guten den Erfolg zu sichern, selbst wenn wir die Wege, auf denen dies geschehen mag, nur undeutlich zu sehen vermögen.

Die vorstehenden Ausführungen sollten zeigen, daß, wenn jeder philosophischen Geschichtsbetrachtung, auf die eine Lehre von den obersten Rechtsprinzipien sich zu stützen sucht, ein Rest von Schematismus anhaftet, ihre praktische Brauchbarkeit dadurch nicht ausgeschlossen wird. Das überhebt uns nicht der Bemühung, uns in unserer Rechtsphilosophie den Tatsachen soweit wie nur irgend möglich zu nähern. Um der Forderung der Konkretisierung, in dem Maß, in dem es der uns zur Verfügung stehende Raum gestattet, nachzukommen, und um den Unterschied unserer Auffassung vom Marxismus möglichst klar hervortreten zu lassen, wollen wir uns den Zeitabschnitt vom 18. Jahrhundert bis auf unsere Tage in seinen wichtigsten Phasen zu vergegenwärtigen suchen. Die Gesellschaftslehre der Aufklärung fordert, daß Freiheit, Gleichheit und Brüderlichkeit unter den Menschen herrschen, und ist des Glaubens, diese Forderung durch politische Reformen, durch die Einführung demokratischer Einrichtungen verwirklichen zu können. Wir wissen heute, daß unter dem kapitalistischen System, das damals fast allgemein akzeptiert wurde, Freiheit, Gleichheit und Brüderlichkeit unmöglich sind, daß man, um die Ziele zu erreichen, die den großen sozialen Denkern vorschwebten, den Hebel vor allem auf wirtschaftlichem Gebiet ansetzen muß, daß die kapitalistische Privatwirtschaft durch eine planmäßige Gemeinwirtschaft zu ersetzen ist. Die Aufklärungsphilosophie könnte gegenüber dem Vorwurf, daß sie in ihrer Stellungnahme zum Wirtschaftsproblem sich zur Dienerin der materiellen Interessen des aufstrebenden Bürgertums entwürdigt habe, mit mancherlei Argumenten dafür plädieren, daß man ihr zum mindesten den guten Glauben zubillige; ich will mich hier nicht zu ihrem Advokaten machen. Die Erfahrungen in der Folgezeit konnten jedenfalls keinen Zweifel darüber bestehen lassen, daß, wenn man mit den höchsten Postulaten der Gesellschaftslehre des 18. Jahrhunderts Ernst machen wollte, eine Umgestaltung der Wirtschaft unvermeidlich war, die die realen Privilegien des Besitzes aufs tiefgreifendste in Mitleidenschaft zu ziehen drohte. Daher hat die herrschende Wirtschaftsklasse während des ganzen Verlaufs des 19. Jahrhunderts und bis auf unsere Zeit gegen die Weltanschauung des siècle des lumières Front gemacht. Ihrem mächtigen, sich auf alle Gebiete des Gesellschaftslebens erstreckenden Einfluß ist es zuzuschreiben, daß allmählich eine geistige Atmosphäre zur Entstehung gelangte, in der so reaktionäre Erscheinungen wie – um nur das dem Juristen am nächsten Liegende zu erwähnen – der Hegelianismus, die organologische Gesellschaftslehre, der naturrechtsfeindliche Rechtspositivismus, der Formalismus der Ethik und der Rechtsphilosophie zur höchsten Anerkennung gelangen konnten.

Wenn heute jedem, der Augen hat und sehen will, ein enger Zusammenhang zwischen der klassenmäßigen Struktur einer Gesellschaft und ihrem gesamten Geistesleben erkennbar wird, so ist das vor allem Marx zu verdanken. Darüber, worin dieser Zusammenhang des Nähern besteht und auf welchem Wege er zustande kommt, kann man verschieden denken. Unseres Erachtens ist zur Klärung des Sachverhalts die Psychologie des Unbewußten heranzuziehen. Der kollektive Machtwille der herrschenden Klasse versteht es, ohne daß seine Medien sich dessen irgendwie deutlich bewußt zu werden brauchten, Wissenschaft, Religion, Moral und Recht in weitgehendem Maß in seinen Dienst zu stellen. Dabei ist seine Wirkungsweise nicht eigentlich produktiv, die genannten geistigen Erscheinungen haben nicht in ihm ihren Ursprung. Seine Tätigkeit besteht vielmehr im wesentlichen darin, daß er ausliest, prämiiert und zu überwiegendem gesellschaftlichem Ansehen bringt, was immer seinen Absichten förderlich ist, während er alles andere unbarmherzig in den Schatten treten läßt. In diesem Sinn scheint uns die Behauptung richtig, daß die reaktionären Lehren und Anschauungen des 19. und beginnenden 20. Jahrhunderts den Charakter einer Klassenideologie an sich tragen. Wir wollen uns zur Verdeutlichung unserer Meinung des Beispiels der neukantischen Rechtsphilosophie bedienen. Die Formalethik ist, im Ganzen des Kantschen Denksystems gesehen, ein zwar verfehlter, aber objektiv verständlicher, in seiner Art imposanter Versuch, eines der Rätsel zu lösen, mit denen sich der menschliche Geist von alters her abgequält hat. Wenn man sie über Verdienst gepriesen, zum Rang einer herrschenden Lehre erhoben und in Gestalt der neukantischen Rechtsphilosophie von den meisten Kathedern mit apodiktischer

Sicherheit und fraglichem Verständnis für ihre tiefern Denkmotive verkündet hat, so ist das der Schutzfunktion zuzuschreiben, die sie zugunsten der jeweils bestehenden Ordnung auszuüben vermag: verdrängt sie doch die materielle Ethik, aus der sich allein die Forderung einer durchgreifenden Umgestaltung des Gesellschaftslebens ableiten läßt. Was bei Kant noch Idee war, ist im Lauf der Zeit zur Ideologie geworden.

Von größerer unmittelbar praktischer Wirksamkeit als die Wissenschaft, ist die vulgäre, d. h. nicht in wissenschaftlichem Denken fundierende Weltanschauung. Sie wird in der uns interessierenden Epoche in zunehmendem Maß fortschrittsfeindlich, wobei Resignation und Zynismus sich die Waagschale halten. Wenn Carlyle einmal bemerkt, daß die Nationalökonomie eine dismal science geworden sei, so kann man verallgemeinernd sagen, daß der Mensch, wenigstens der Angehörige der führenden Schicht, „dismal" geworden ist, er ist nur noch ein trüber Gast auf der dunkeln Erde. Verschwunden ist der schöne, große Glaube des 18. Jahrhunderts an die Vervollkommnungsfähigkeit des Menschen, an seine Fähigkeit, sich aus eigener Kraft eine bessere, seiner höhern Natur würdigere Zukunft zu schaffen. Man hat diesen Glauben aufgegeben, weil er zu Opfern verpflichtet, die man zu tragen nicht bereit ist.

Noch ehe der den Fortschritt hemmende Wall seine volle Höhe erreicht, wird von Marx eine Lehre von erstaunlicher Explosivkraft aufgestellt. Diese Lehre wendet sich nicht an das Bürgertum, denn das Bürgertum ist nach Marx in einer Ideologie befangen, die eine adäquate Erkenntnis des geschichtlichen Prozesses unmöglich macht. Die bürgerliche Ideologie ist für ihn eine notwendige Begleiterscheinung des kapitalistischen Regimes, gemäß dem Satz, daß das ganze sogenannte höhere geistige Leben durch die Produktionsverhältnisse bestimmt wird und, solange nicht das Stadium der klassenlosen Gesellschaft erreicht ist, als Klassenideologie charakterisiert werden muß. Die bürgerliche Ideologie würde sich endlos behaupten, wenn nicht der Kapitalismus in sich Widersprüche enthielte, die ihn von Katastrophe zu Katastrophe führen und ihm in einer nicht fernen Zukunft den Untergang bereiten werden. Er ist bereits in eine Phase getreten, in der das Proletariat unter dem Druck seiner menschenunwürdigen Existenz sich seiner revolutionären Mission bewußt wird, die darin besteht, die Herrschaft der Kapitalisten durch die Diktatur des Proletariats zu ersetzen und die Gesellschaft aus dem Zustand des Klassenkampfs in den der Klassenlosigkeit hinüberzuleiten.

Auch der Marxismus kann als Ideologie bezeichnet werden, aber er ist nicht ein genaues Seitenstück zur bürgerlichen Ideologie. Er ist nicht eine Ideologie des Proletariats, sondern eine Ideologie für das Proletariat. Er ist, um mit Bacon zu reden, nicht das Werk eines Intellekts, der sicci luminis wäre, sondern steht unter der Einwirkung des Affekts. Der Affekt, um den es sich dabei handelt, ist das Mitgefühl mit dem unterdrückten Menschen, der glühende Wunsch, den Menschen vom Menschen zu befreien und das alte Ideal der Gesellschaft als einer Gemeinschaft freier, gleicher Wesen verwirklichen zu helfen. Der Marxismus ist eine für den Kampf bestimmte Lehre, und als solche durfte und mußte er wohl einseitig sein. Seine Einseitigkeit sehen wir vor allem darin, daß er die Rolle, die die wirtschaftlichen Verhältnisse in der Geschichte spielen, überschätzt und die der Ideen als selbständiger Kräfte unterschätzt. Fügen wir dieser Bemerkung hinzu, daß Marx nicht nur die Menschheit mit einer Reihe tiefer, neuer Einsichten beschenkt hat, sondern daß er auch mit seiner materialistischen Lehre für die Verwirklichung des höchsten gesellschaftlichen Ideals nicht weniger getan hat als irgendein idealistischer Philosoph vor ihm und nach ihm.

Je klassenbewußter das Proletariat wurde, je mehr es eine revolutionäre Haltung anzunehmen drohte, um so mehr mußte die herrschende Klasse ihr Heil im kriegerischen Nationalismus suchen, da man mit den wirtschaftlichen Konzessionen, an denen man es auch nicht fehlen ließ, schließlich in eine Sackgasse zu geraten drohte. Der Krieg hat von jeher zum Geschäft des Kapitalismus gehört, aber davon ist hier nicht die Rede. Es handelt sich vielmehr um den Kriegsgedanken als den einzigen Integrationsfaktor, der nach geschichtlicher Erfahrung stark genug ist, um wenigstens eine Zeitlang innerhalb der einzelnen Völker den Umsturztendenzen wirksam entgegenzutreten. Auch der kriegerische Nationalismus hat seine Ideologie, die meistens, aber keineswegs notwendig den militaristischen Impuls, aus dem sie hervorgeht, offen zutage treten läßt. Zu ihr gehört eine Reihe metaphysischer und der Intention nach positivwissenschaftlicher, ethnologischer und anthropologischer Theorien, die das Recht in Mitleidenschaft ziehen. Im allgemeinen ist es dem Nationalismus mit den gedanklichen Dingen nicht allzu ernst; er weiß, daß er der Kritik mit einer Berufung auf das Gefühl stets siegreich zu begegnen vermag.

Neben den Ideologien, die zu den geschichtlichen Großmächten gehören, gibt es eine Unzahl von Lehren jeglichen Formats, die, ohne sich dem Einfluß der Affekte je ganz entziehen zu können, der Wahrheit bisweilen näher kommen als jene. Sie nehmen teil an dem geistigen Gesamtprozeß, in dem die gesellschaftlichen und rechtlichen Ideen, die dem geschichtlichen Werdegang der Menschheit Sinn und Verstand verleihen, langsam und oft auf den merkwürdigsten Umwegen an Boden gewinnen. Bisweilen beginnt ein neuer Abschnitt der Geschichte, in dem es zunächst ruckweise ein gutes Stück vorwärts geht. Wir im Westen stehen heute, wie es scheint, am Vorabend eines solchen Ereignisses. Wenn wir vom Standpunkt einer philosophischen Rechtsbetrachtung die Probleme ins Auge fassen, die gegenwärtig der Rechtswissenschaft gestellt werden, dann erkennen wir – wie wir im besondern Teil dieser Schrift zu zeigen versuchen werden –, daß in dem Heute das Morgen sich ankündigt: le présent est gros de l'avenir. Vielleicht ist die Hoffnung nicht allzu kühn, daß solche Erkenntnis dazu beiträgt, dem kommenden Recht die Wege zu ebnen.

Völkerrecht und Weltkrise[1]

(1942)

Der bekannte russische Schriftsteller Tschernischewski hat eine Abhandlung geschrieben, die den Titel trägt: „Was sollen wir tun?“ Der Titel hat Schule gemacht: er bezeichnet einige der bemerkenswertesten sozialpolitischen Schriften des ausgehenden 19. und des beginnenden 20. Jahrhunderts. Noch nie ist die Frage „Was sollen wir tun?“ so zeitgemäß gewesen wie im gegenwärtigen Augenblick. Für uns in der Schweiz bedeutet sie freilich nicht: Wie soll dieser Krieg, dieser furchtbare zweite Weltkrieg beendet werden, denn in diesem Punkte gilt es für uns abzuwarten, für uns bedeutet sie vor allem, was sie in sehr wesentlicher Hinsicht auch für die andern Völker bedeutet: Was soll geschehen, wenn dieser Krieg einmal beendet ist, was soll geschehen, um die Wiederholung einer derartigen Weltkatastrophe für die Zukunft unmöglich zu machen?

Vielleicht wird man sagen, auch wenn man sie so stelle, sei die Frage gegenstandslos für uns, denn darüber, was zu geschehen habe, um die Menschheit wieder aus der Verirrung und Verwirrung auf einen gangbaren Weg zu bringen, hätten nicht wir zu entscheiden, sondern die Leiter der Geschicke der Völker. Wer sind denn „wir“? Nun, wir sind die Ungenannten, Ungezählten, die Stillen im Lande, von denen Eugen Huber gesagt hat, daß auf ihnen letztlich jede staatliche und rechtliche Ordnung beruhe. *Wir* sind nun in der Tat der Ansicht, und wer wollte es uns verdenken, daß es so nicht weitergehen kann, daß es, um mit Kant zu reden, keinen Sinn hat, daß Menschen auf Erden leben, wenn sie von ihrem Leben keinen bessern Gebrauch zu machen wissen, daß daher, koste es, was es wolle, Mittel gefunden werden müssen, um das gesellschaftliche Dasein in Bahnen zu lenken, auf denen es in friedlicher Entfaltung und in harmonischem Zusammenwirken seiner Kräfte dem hohen Ziel zustrebt, für das es bestimmt ist. Sind die sog. Leiter der Geschicke der

[1] Vortrag, gehalten am 24. Juni 1942 in Zürich. Veröffentlicht in: Die Friedenswarte, Blätter für internationale Verständigung und zwischenstaatliche Organisation, Genf 1942, Heft 4/5, S. 161–170.

Völker hiermit einverstanden, dann ist es gut; sind sie es nicht, dann werden wir aus unserer Stille heraustreten und uns solche Leiter geben, die für das Verständnis haben, was die geschichtliche Stunde fordert.

Sie fordert die Beseitigung des Krieges. Die Kriege haben ihr Gutes gehabt, so schrecklich sie stets für die Menschheit waren. In dem, was sie Übles an sich hatten, waren sie für die Menschheit zwar eine schwere Bürde, aber immerhin eine tragbare Bürde. Jetzt sind sie für die Menschheit untragbar geworden. Der moderne Krieg, sagt der Marschall Foch, ist ein Krieg à méthodes déchaînées. Das liegt an der Vervollkommnung der modernen Technik. Die Kriegsführung ist von der Art, daß sie auch die Zivilbevölkerung aufs schwerste in Mitleidenschaft zieht; dadurch bekommt sie einen schlechthin inhumanen Charakter. Auch sind bei der Verflechtung der Interessen aller Völker, die eine Folge der Entwicklung des Wirtschaftslebens ist, die modernen Kriege, wie wir sehen, dazu bestimmt, zu Weltkriegen zu werden. Weltkriege à méthodes déchaînées drohen die Menschheit physisch und moralisch zugrunde zu richten.

Moralisch zugrunde zu richten drohen sie die Menschheit vor allem deswegen, weil sie heute für die Menschheit nicht mehr in dem Maß eine Schickung sind, die als solche hingenommen werden darf, wie sie es früher waren. In dem Augenblick, in dem der Krieg für die Menschheit nicht eine Schicksalsfügung ist, wie Hagel und Pest, sondern etwas, das von ihrem Willen abhängt, wird er zu einem Verbrechen, dessen Begehung den moralischen Untergang der Menschheit bedeutet. Aber warum ist der Krieg für uns heute nicht in dem gleichen Maß eine Schicksalsfügung, wie er es in früheren Jahrhunderten war? Aus dem einfachen Grund, weil dank der modernen Demokratie die Menschheit immer mehr ein handlungsfähiges Gesamtsubjekt geworden ist. Der Wille der Völker ist nicht mehr repräsentiert durch den stets wechselnden Willen einzelner, sich rasch ablösender Potentaten, die Völker haben mit der fast überall erfolgten Einführung demokratischer Einrichtungen die Möglichkeit erhalten, einen eigenen permanenten Willen zu bilden. Solche Verselbständigung bringt Verantwortlichkeit mit sich. Gewiß steht dieser Prozeß der Verselbständigung erst in seinen Anfängen, immerhin ist er genügend fortgeschritten, um die Frage der Verantwortlichkeit der Völker für den Krieg heute schon als akut erscheinen zu lassen. In einem gesellschaftlichen Entwicklungsstadium, in dem so etwas wie ein Völkerbund überhaupt nur möglich ist, hat die Menschheit nicht das Recht, die Verantwortlichkeit für den Krieg abzulehnen unter dem Vorgeben, daß er etwas Gottgewolltes sei.

Wenn wir die unausweichliche Verpflichtung haben, den Krieg zu beseitigen, so erhebt sich die Frage, wie sich diese Verpflichtung erfüllen läßt. Bei ihrer Beantwortung teilen sich die Ansichten. Die einen sagen, der Krieg habe seine tiefere Ursache in der innern Struktur der staatlichen Gemeinschaften; man müsse daher durch eine weitgreifende Änderung dieser Struktur dem Übel beizukommen suchen und dürfe sich nicht der illusorischen Hoffnung hingeben, durch eine Änderung der äußeren Beziehungen der Staaten den Krieg aus der Welt schaffen zu können. Man kann einen solchen Standpunkt als den sozialpolitischen bezeichnen. Ihm entgegengesetzt ist der völkerrechtliche. Seine Verfechter machen geltend, daß eine innere Umwandlung der Gesellschaft ein ungeheures Unternehmen sei, das sich nur allmählich und zunächst in dem einen oder andern Staat durchführen lasse, daß man daher nicht auf seinen erfolgreichen Abschluß warten dürfe, sich vielmehr unverzüglich ans Werk machen müsse, um durch ein großzügiges System völkerrechtlicher kollektiver Sicherheitsmaßnahmen soweit als irgend möglich dem Ausbruch von Kriegen vorzubeugen. Der völkerrechtliche Weg scheint der nächstliegende zu sein, gehen wir ihn zunächst einmal und sehen wir zu, wie weit wir kommen.

Der nächstliegende Weg ist der völkerrechtliche deswegen, weil kein Zweig der Rechtswissenschaft und überhaupt keine wissenschaftliche Disziplin sich so unmittelbar mit den Mitteln zur Vermeidung der Kriege befaßt wie die Völkerrechtswissenschaft. Die elementarste Aufgabe allen Rechts ist der Friede, und zwar der Friede im Sinne des Ausschlusses der Gewaltübung im Verhältnis zwischen den Individuen, der Verweisung auf den Rechtsweg und der Durchführung der Rechtssprüche durch die organisierte Macht der Gemeinschaft. Daher gibt es kein Völkerrecht, vielmehr höchstens Ansätze zu einem solchen, solange es als normal anzusehen ist, daß die Staaten, die auf völkerrechtlichem Gebiet den Individuen entsprechen, ihre Streitigkeiten im Wege des Krieges zum Austrag bringen, und solange die Völkergemeinschaft sich nicht dazu aufrafft, eine internationale obligatorische Gerichtsbarkeit und eine internationale Zwangsvollstreckung ins Leben zu rufen. Dieser Satz ist nicht weniger evident als ein Satz des Euklid, was auch immer einzelne Völkerrechter gegen ihn vorbringen mögen.

Man kann es den Praktikern und Theoretikern des Völkerrechts nicht vorwerfen, daß sie in der Zeit nach dem ersten Weltkrieg kein Verständnis für die friedenstiftende Funktion des Völkerrechts an den Tag gelegt hätten. Noch nie hat es in der Weltgeschichte eine Epoche gegeben, in der man so viele und zum Teil großangelegte Veranstaltungen getroffen hätte, um den Krieg zu vermeiden. An erster Stelle steht da natürlich der Völkerbund. Es ist freilich nicht an dem, daß der Völkerbund den Krieg verboten und durch eine obligatorische Gerichtsbarkeit ersetzt hätte. Immerhin hat er zur Vermeidung des Krieges eine Reglementierung gegeben, bei deren genauer Beobachtung der Ausbruch von Kriegen für unwahrscheinlich gehalten werden durfte. Als ein besonderes Verdienst würde ich es dem Völkerbundpakt anrechnen, daß er in seinem Art. 17 der Verhütung von Kriegen dienenden Anordnungen auch für Nichtmitglieder Verbindlichkeit beilegte. Die Bestimmung ist vorbildlich für eine künftige Völkerbundsakte. Man hat gegen sie von juristischer Seite eingewendet, daß ein Vertrag immer nur inter partes gelte, seine Wirkungen nicht auf Dritte erstrecken könne, wenigstens nicht, soweit es sich um Belastungen handle. Ich will gerne zugeben, daß vom Standpunkt strenger juristischer Begriffsbildung der Art. 17 nicht vertraglichen, sondern gesetzgeberischen Charakter hat: er setzt nicht subjektives, sondern objektives Recht. Bedurften die Völkerbundstaaten einer Ermächtigung seitens der Totalität der Staaten, um ein rechtswirksames völkerrechtliches Gesetz zu erlassen? Alles Recht beruht letztlich nicht sowohl auf der bewußten Zustimmung aller, für die es Gültigkeit erlangen soll, als vielmehr auf dem Ordnungspostulat. Soll rechtliche Ordnung unter den Staaten herrschen – heute herrscht sie noch nicht unter ihnen –, dann muß der Augenblick kommen, in dem ein Teil der Staaten sich gewissermaßen selbst das Mandat erteilt, Rechtsnormen aufzustellen im Interesse aller, aber ohne auf den consensus omnium zu warten, der allzulange auf sich warten lassen würde. Der Art. 17 hätte Gesetzeskraft erlangt, wenn die Völkerbundstaaten fest entschlossen gewesen wären, die ihnen zur Verfügung stehende Macht dafür einzusetzen, daß er im Kreise der *Nicht*mitglieder des Völkerbundes Nachachtung fände. Aber sie waren soweit davon entfernt, daß sie nicht einmal fest entschlossen waren, im Kreise der *Mitglieder* dem Antikriegsreglement unverbrüchliche Befolgung zu sichern. Die Schwäche der gegen den Krieg gerichteten Politik des Völkerbundes beruht auf den gleichen Gründen wie die Hinfälligkeit aller bisherigen Bestrebungen, mit den Mitteln des Völkerrechts den Krieg zu beseitigen oder ihn wenigstens zu einer seltenen Ausnahmeerscheinung zu machen. Wir werden von diesen Gründen zu reden haben, aber zunächst möchte ich einen Blick auf eine völkerrechtliche Erscheinung werfen, von der sich zahlreiche Pazifisten mehr versprochen haben als von den eben berührten Bestimmungen des Völkerbundspaktes. Dabei denke ich nicht an den Kelloggpakt, der im wesentlichen nichts anderes war als der von seinen Unterzeichnern einander notifizierte löbliche Vorsatz, den Krieg nicht als Mittel nationaler Politik zu verwenden. Es sind die zwischen nicht wenigen Staaten abgeschlossenen Schiedsverträge, auf die ich Ihre Aufmerksamkeit richten möchte.

Wenn ein Staat in einer Streitsache, die er vertragsgemäß einem Schiedsgericht unterbreiten sollte, die Eigenmacht der Waffen walten läßt, dann ist das ein offenkundiger und schwerer Rechtsbruch, so daß auch, wer in völkerrechtlichen Dingen von übertriebenem Optimismus frei ist, annehmen mag, derartiges werde sich nicht allzu häufig ereignen. Das Bedenkliche ist nur, daß zwar nicht in allen, aber doch in den meisten Fällen solche Schiedsverträge Beschränkungen enthalten, die befürchten lassen, daß die wichtigen Streitfragen nicht sowohl im Rechtsweg als vielmehr durch Waffengewalt zur Entscheidung kommen werden. Derartige Beschränkungen liegen vor, wenn es in den Schiedsverträgen heißt, daß nur rechtliche, nicht auch politische Fragen der schiedsgerichtlichen Burteilung unterbreitet werden sollen, oder wenn die vertragschließenden Staaten es sich vorbehalten, Fragen, die vitale Interessen oder die nationale Ehre berühren, dem schiedsgerichtlichen Verfahren zu entziehen. Die Unterscheidung zwischen rechtlichen und politischen Fragen ist ein übles Symptom für den Zustand unseres Völkerrechts. Man sollte meinen, daß jede Streitfrage, die zu einer kriegerischen Verwicklung führen kann, vom Standpunkt des Völkerrechts eine rechtliche Frage sei. Der Anspruch eines Staats gegen einen andern ist entweder im Völkerrecht begründet oder er ist es nicht. Ist er es nicht, dann darf der Staat, der ihn erhebt, nicht zu den Waffen greifen, um ihn durchzusetzen. Oder gibt es für das Völkerrecht einen rechtsfreien Raum, auf dem Forderungen erhoben und nötigenfalls manu militari eingetrieben werden können, ohne daß das Völkerrecht hierdurch im geringsten berührt würde? Es liegt auf der Hand, daß eine solche Theorie vom rechtsfreien Raum kaum etwas anderes wäre als eine Negierung des Völkerrechts. Zu einem für das Völkerrecht nicht viel günstigeren Ergebnis gelangt man, wenn man annimmt, ein Staat wolle mit dem Vorbehalt der politischen Fragen einfach sagen, daß, wennschon sich das Völkerrecht um alle Streitfragen kümmere, er seinerseits in gewissen Fragen sich nicht um das Völkerrecht kümmern werde. Wie dem auch sei, soviel steht fest, daß die Schiedsverträge, solange sie sich nicht auf schlechthin alle Streitfragen beziehen, für die Verhütung von Kriegen nur eine sehr begrenzte Bedeutung besitzen. Denn welcher Staat wird einen Krieg entfesseln, ohne gleichzeitig zu behaupten, daß es dabei um seine vitalen Interessen oder um seine nationale Ehre gehe, und welcher Staat wird die Frage, ob seine vitalen Interessen oder seine nationale Ehre auf dem Spiel stehen, von einer andern Instanz entscheiden lassen als von seinem eigenen freien Ermessen!

Leider können wir bei dem gegenwärtigen Stand des Völkerrechts den Staaten nicht einmal einen schweren Vorwurf daraus machen, daß sie Klauseln wie die oben bezeichneten in die von ihnen abgeschlossenen Schiedsverträge aufnehmen und dadurch den Wert der Verträge auf ein Minimum herabsetzen. Unser Völkerrecht ist eigentlich kaum mehr als ein Konglomerat von Ordnungsfragmenten. Über zahllose Fragen, die in einer einigermaßen vollständigen Rechtsordnung geregelt sein müßten, bewahrt es Stillschweigen, worin, beiläufig bemerkt, die Theorie vom rechtsfreien Raum eine Erklärung, wenn auch keine zureichende Begründung findet. Die spärlichen Quellen des Völkerrechts halten nicht Schritt mit den rasch wechselnden Bedürfnissen des politischen Lebens, so daß jeden Augenblick sachlich gerechtfertigte Ansprüche zwischen Staaten entstehen können, die vom geltenden Völkerrecht mit Stillschweigen übergangen werden. Bei dieser Sachlage hat man, wenn sämtliche Streitfragen vor internationale Gerichtshöfe gebracht werden, die Wahl zwischen zwei Verfahrensweisen, die beide gleich wenig befriedigen. Entweder werden alle Ansprüche, für die sich im positiven Recht kein Titel findet, von den Gerichten abgewiesen, oder die Gerichte erhalten die Befugnis, in Ermangelung einer ausdrücklichen positivrechtlichen Bestimmung nach freiem Ermessen, nach richtigem Rechte, zu entscheiden, was nichts anderes heißt, als daß ihnen rechtsschöpferische Funktionen zugesprochen werden. Kann man es da den Staaten verdenken, daß sie es sich in Angelegenheiten, die ihnen als lebenswichtig erscheinen, vorbehalten möchten, dem Waffengang den Vorzug vor dem Rechtsgang zu geben!

Um die Staaten zu einem Verzicht auf jede eigenmächtige Konfliktlösung zu bestimmen, hätte man den Embryo eines Völkerrechts, mit dem wir es vorläufig noch zu tun haben, zu einer Rechtsordnung fortzuentwikkeln, die sich an vollständiger Berücksichtigung aller möglicherweise auftauchenden Rechtsfälle einigermaßen mit den Gesetzbüchern vergleichen ließe, durch die in den modernen zivilisierten Staaten die bürgerlichen Rechtsverhältnisse geregelt werden. Auch müßte die Völkerrechtsordnung, wie niemand bezweifeln wird, nicht nur dem Postulat annähernder Vollständigkeit, sondern auch dem der Gerechtigkeit zu genügen wissen. Ich brauche in diesem Kreise gewiß nicht näher auszuführen, daß die Aufgabe, eine solche Völkerrechtsordnung ausfindig zu machen, zu den schwierigsten gehört, die dem Rechtsdenken gestellt werden können. Ich möchte nur auf eine Schwierigkeit, die nicht selten übersehen wird, ausdrücklich aufmerksam machen. Es ist schon schwer genug, den Einzelindividuen Gerechtigkeit widerfahren zu lassen. Immerhin haben wir in ihnen natürliche Gegebenheiten vor uns, und unser Rechtsgefühl sagt uns, daß sie von Hause Anspruch auf gleiche Beteiligung an den Lebensgütern haben. Dagegen sind die Personen, die wir Staaten nennen, zu dem, was sie heute sind, in einem geschichtlichen Prozeß geworden, also in einem Prozeß, der erfüllt ist von Akten der Gewalt und regelloser Willkür. Kein Mensch ist auf unrechtmäßige Weise zu seinen Gliedern gekommen, aber gibt es nicht

Staaten, die sich ihren Leib, der ihr Territorium ist, zu nicht geringem Teile aus den Gliedern anderer staatlicher Individuen zusammengeraubt haben? Wie sollen wir uns nun gegenüber Reklamationen verhalten, die auf das bei der Bildung der Staatspersonen begangene Unrecht Bezug nehmen? Zweifellos läßt sich alles im Lauf der Geschichte begangene Unrecht nicht wiedergutmachen, ebensowenig wird man aber auch den status quo ohne weiteres akzeptieren können. Wie ist da nun die Grenze zu ziehen? Der tiefste Grund dafür, daß es soviel schwieriger ist, unter den Staaten als unter den einzelnen die Gerechtigkeit zu verwirklichen, liegt, wenn ich recht sehe, darin, daß es, wie der Philosoph Driesch einmal sagt, geradeso wie es nur eine Wahrheit gibt, eigentlich auch nur *einen* Staat geben sollte.

Ich breche eine Erörterung ab, die uns auf philosophische Spekulationen zu führen droht, und nehme an, daß es gelungen sei, von einer Kommission der hervorragendsten Staatsmänner und Juristen einen codex juris gentium ausarbeiten zu lassen, den die Staaten vernünftigerweise als Grundlage einer obligatorischen Gerichtsbarkeit anerkennen müßten, ohne weiterhin auf den peinlichen Vorbehalten zu bestehen, von denen ich eben gesprochen habe. Sofort türmt sich ein neues Hindernis auf und versperrt den Weg, der zu einer befriedigenden Lösung zu führen schien. „Wie", wird man uns sagen, „Ihr setzt voraus, daß die Staaten Vernunftwesen seien, die sich bereit finden würden, in internationalen Fragen nach einem gerechten Gesetz Recht zu nehmen! Welche Illusion! Was die Staaten an sittlichem Willen in sich haben, das verausgaben sie nach innen, im Verhältnis zu ihren Angehörigen; im Außenverhältnis, im Verkehr mit andern Staaten, herrscht bei ihnen der Wille zur Macht und nichts anderes." In der Tat wäre es ein übel angebrachter Optimismus, wenn wir den Staaten, vor allem den Großstaaten, zutrauen wollten, daß sie sich in ihrer internationalen Politik wesentlich von moralischen Prinzipien leiten lassen. Derartiges war wohl nie der Fall und kann am wenigsten in einer Zeit wie der unsern gelten, in der die Staaten kaum mehr als Herren im eigenen Haus angesehen werden können. Wir leben in einer Epoche des monopolistischen Großkapitalismus. Gewaltige Trusts, Konzerne, Kartelle, die, obwohl sie ihre Netze über verschiedene Länder erstrecken und insofern internationalen Charakter tragen, doch in einem bestimmten Staat ihr Zentrum haben, benutzen den Machtapparat dieses Staats, um sich auf kriegerischem Wege Absatz- und Rohstoffgebiete zu sichern. Dazu kommt dann noch das unmittelbare Interesse der sog. Kriegsindustrie am Ausbruch von Kriegen als eine Gefahrenquelle unter pazifistischem Gesichtspunkt. Um zunächst ein Wort von der Kriegsindustrie zu sagen, so läßt sich sehr wohl daran denken, ihren verheerenden Einfluß mit völkerrechtlichen Mitteln zu bekämpfen, und es sind in dieser Richtung mancherlei Vorschläge gemacht worden, die ich hier nicht besprechen will. Dagegen ist auf dem Gebiet des Völkerrechts kein Kraut gewachsen gegen die aus der Struktur unserer monopolkapitalistischen Wirtschaft hervorgehende Kriegsgefahr. Will man sie beseitigen, dann bleibt nichts übrig, als die Struktur unserer Wirtschaft tiefgreifend umzugestalten. So zeigt sich hier zum erstenmal im Lauf unserer Untersuchung, daß, wenn es sich um die dauernde Beseitigung des Krieges handelt, neben dem völkerrechtlichen Weg der sozialpolitische ins Auge gefaßt werden muß.

Ich habe eben eine recht kühne Voraussetzung gemacht, als ich sagte, wir wollten davon ausgehen, daß es gelungen sei, ein umfassendes und gerechtes, das heißt jedem Verständigen als gerecht einleuchtendes internationales Gesetzbuch zu erstellen. Ich will jetzt eine noch kühnere Voraussetzung machen. Ich will annehmen, daß es gelungen sei, die großen Führer der Wirtschaft, die von der Realität der Macht soviel mehr besitzen als Parlamente oder sonstige staatliche Behörden, dazu zu bestimmen, im Interesse der Menschheit den Krieg fürderhin nicht mehr als Mittel der Wirtschaftspolitik zu behandeln. Selbst wenn das Wunder vollbracht wäre, wäre, wie mir scheint, die tiefste Wurzel des Krieges immer noch nicht beseitigt. Wenn ich das sage, will ich mich nicht der weit verbreiteten Ansicht anschließen, daß der Krieg zum Wesen des Menschen gehöre. Denn, wenn das richtig wäre, dann hätte es keinen Sinn, sich mit der Eliminierung des Krieges zu beschäftigen, ja nicht einmal das hätte rechten Sinn, sich mit der Einschränkung der Kriege zu befassen, denn warum sollte man ein so unglücklich veranlagtes Wesen daran hindern, sich möglichst bald selbst zugrunde zu richten! Aber ich vermag den Satz von der Notwendigkeit des Krieges für den Menschen nicht zu den apriorischen Erkenntnissen zu rechnen. Was ich im Auge habe, ist vielmehr, daß der Krieg unserer Gesellschaft als Einigungsfaktor solange unentbehrlich ist, als sie sich nicht entschließen kann, die aus ihrem Wirtschaftsregime hervorgehenden Klassengegensätze durch dessen energische Umformung zu beseitigen. Da es ihr außerordentlich schwer wird, diesen Entschluß zu fassen, ist es schließlich dahingekommen, daß trotz der Unerträglichkeit des Kriegs gerade in unserer Zeit die Kriegsidee zum nœud vital einer weitverbreiteten Weltanschauung geworden ist. Um diesen paradox klingenden Satz, ich sage nicht, zu beweisen, sondern verständlich zu machen, muß ich etwas weiter ausholen.

Seit es offen zutage trat, daß die Französische Revolution mit den liberal-demokratischen Einrichtungen, die sie brachte, das gesellschaftliche Ideal des 18. Jahrhunderts, Freiheit, Gleichheit und Brüderlichkeit aller Menschen, nicht zu verwirklichen vermochte, ist die Forderung nach einer Umwandlung der kapitalistischen Privatwirtschaft in eine sozialistische

Gemeinwirtschaft nicht von der Tagesordnung der Weltgeschichte verschwunden. Die sozialistische Bewegung entwickelte, von vorübergehenden Perioden des Abflauens abgesehen, immer stärkere Energien. Man sieht das besonders deutlich, wenn man ihre verschiedenen eruptiven Manifestationen in eine Linie stellt. Die Babeufsche Verschwörung, die Barrikadenkämpfe des Pariser Proletariats im Jahre 1848, die Kommune, die russische Oktoberrevolution. Soweit der Sozialismus auf eine Revolution abzielt, bringt er den prinzipiellsten Gegensatz innerhalb der Gesellschaft auf seinen schärfsten Ausdruck; mag er revolutionär oder überredend vorgehen, immer tendiert er auf Einheit, auf eine Gemeinwirtschaft, in der die Klassengegensätze definitiv überwunden werden sollen. Als in der Zeit nach dem ersten Weltkrieg der Sozialismus für das bisherige Regime in einigen Ländern in hohem Maße bedrohlich wird, unterstützen dessen Anhänger den Faschismus, der dem sozialistischen Einheitsprinzip ein anderes entgegensetzt. Das faschistische Einheitsprinzip ist seinem Kerngedanken nach das des siegreichen Kriegs. Der Krieg als Integrationsfaktor, um einen Ausdruck der neuesten Staatsrechtslehre zu gebrauchen, ist keine faschistische Erfindung. Von altersher haben die Staatsmänner, um eine innere Spaltung der Gesellschaft zu überwinden, die Kriegstrommel rühren lassen. Auch ist die einigende Kraft der Kriegsidee aus psychologischen Gründen leicht zu erklären. Neu und überraschend ist nur, daß der Kriegsgedanke geradezu zum Rang einer Weltanschauung erhoben wird. Die Hauptgründe dafür, daß der Kriegsgedanke in den Ländern, die durch ihre geschichtliche Entwicklung auf eine expansive Außenpolitik hingewiesen werden, eine so ungeheure Kraftsteigerung erfahren hat, sehe ich einmal darin, daß er als Gegenwirkung gegen die sozialistische Bewegung zu funktionieren hat und die Reaktion der Aktion zu entsprechen pflegt, und sodann in der Krisis, die schon seit vielen Jahrzehnten auf weltanschaulichem Gebiet eingesetzt hat.

Wir leben heute und leben schon seit langem in einer Zeit, in der der transzendente religiöse Glaube in weiten Kreisen seine Macht über die Gemüter eingebüßt hat. Der Glaube an die große diesseitige Bestimmung des Menschen, der im 18. Jahrhundert die Religion des aufgeklärten Bürgertums gewesen war, hat allmählich die Form der sozialistischen Weltanschauung angenommen, und der Sozialismus ist für unendlich viele, keineswegs nur für das besitzende Bürgertum, schwer annehmbar. Mit seinem Streben nach einem totalen Wandel aller gesellschaftlichen Verhältnisse muß er das so mächtige menschliche Beharrungsvermögen zu seinem unversöhnlichen Gegner machen. Schon im ausgehenden 19. Jahrhundert entstand auf weltanschaulichem Gebiet eine Notlage, die es verständlich macht, daß eine Weltanschauung des nationalen Machtstaats überall da weitere Verbreitung finden konnte, wo sie von den politischen Verhältnissen begünstigt wurde. Aus der Weltanschauung des nationalen Machtstaats hat sich in der Nachkriegszeit die faschistische Ideologie entwickelt. Angesichts der Verwirrung, in die wir geraten sind, braucht es uns nicht sonderlich wunderzunehmen, daß die faschistische Ideologie mit ihrem Kerngedanken des siegreichen Kriegs und allem, was ihm in unklarer Weise beigemischt ist, weit über die Grenzen der Ursprungsländer des Faschismus hinaus, namentlich bei Jugendlichen, den stärksten Anklang gefunden hat. Durch die Idee des Krieges einigen, ist verhältnismäßig leicht, durch eine Gemeinwirtschaft einigen ist sehr schwer, denn es erfordert große Opfer nicht nur von den durch das überkommene Regime Bevorzugten, sondern von allen, denn eine Gemeinwirtschaft bedeutet eine neue Welt, in die niemand hinüberschreiten kann, ohne sich von lieben alten Gewohnheiten des Denkens und Handelns loszulösen. Aber wie es immer mit den Verwirklichungschancen des sozialistischen Ideals stehen mag, auf die kriegerisch-heroische Weltanschauung des Faschismus, die im Verhältnis der Staaten zueinander zu einem bellum omnium contra omnes führen muß, wird die Menschheit, wenn sie weiterleben will – und sie will weiterleben –, jedenfalls verzichten müssen.

Sehe ich recht, dann steht es gegenwärtig so, daß diejenigen, die sich nicht bewußt oder unbewußt zum Faschismus bekennen, mehr und mehr, mögen sie sich nun Sozialisten nennen oder nicht, zu der Überzeugung gelangen, daß unsere mehr oder weniger chaotische Gesellschaft, dieses cuddle-muddle, als das der englische Schriftsteller Wells sie bezeichnet hat, neu geordnet werden muß, daß sie zu einer Arbeitsgemeinschaft werden muß mit nicht destruktiven, sondern konstruktiven Zielen und daß dies große Werk sich nicht durchführen läßt ohne tiefgreifende Umgestaltung unseres wirtschaftlichen Regimes. Gelingt es, die Arbeitsgemeinschaft der Völker zu begründen, der heute unendlich viele sehnsuchtsvoll entgegenblicken, dann werden die völkerrechtlichen Fragen, die wir vorhin als nahezu unlösbar bezeichnen mußten, eine relativ einfache Beantwortung finden. Die Völker werden, den alten Hader vergessend, ein neues Blatt in der Geschichte aufschlagen. Streitigkeiten zwischen den Völkern wird es immer noch geben, aber sie werden nicht mit der gleichen Verbissenheit geführt werden wie bisher. Die politischen Grenzen werden viel von ihrer Bedeutung einbüßen. An die Stelle eines engherzigen nationalen Ehrgefühls und Egoismus wird eine internationale Gesinnung treten, die die Völker geneigt macht, ein umfassendes Völkerrechtsgesetz zu akzeptieren und nach ihm vorbehaltlos vor internationalen Gerichten Recht zu nehmen. Niemand wird mehr im Krieg eine Wesensnotwendigkeit für den Menschen sehen.

Hiernach hätte uns unsere Erörterung, die zunächst den völkerrechtlichen Weg nahm, zum zweitenmal zwanglos und fast unvermerkt auf sozialpolitische Probleme geführt, und es ist, wie mir scheint, deutlich geworden, daß in der Frage der Beseitigung der Kriege, dieser Frage nach Sein oder Nichtsein für die Menschheit, das Sozialpolitische primäre, das Völkerrechtliche sekundäre Bedeutung hat. Daraus folgt aber nicht, wie man auf den ersten Blick meinen könnte, daß es verfehlt wäre, eine auf Verhinderung des Krieges abzielende Reformierung des Völkerrechts in Angriff zu nehmen, bevor die sozialen Verhältnisse eine befriedigende Regelung gefunden haben. Mit dem Völkerrecht beginnen, wenn man den Krieg austreiben will, heißt keineswegs, das Pferd beim Schwanz aufzäumen. Wir werden, aller Voraussicht nach, nach dem Krieg eine einzigartige Chance haben, durch völkerrechtliche Maßnahmen mittelbar das ganze gesellschaftliche Problem seiner Lösung näherzubringen; die Chance darf nicht ungenützt bleiben. Meine Behauptung bedarf einer kurzen Erläuterung.

Nach dem Krieg wird, wenn nicht alles täuscht, die Menschheit von dem mächtigen Streben ergriffen werden, um jeden Preis die Wiederholung der entsetzlichen Katastrophe zu verhindern. Der Impuls wird stark genug sein, zur Begründung eines völkerrechtlichen Systems der Kollektivsicherheit ausgewertet werden zu können, durch das für längere Zeit die Kriege verunmöglicht werden. Wenn nun die ungeheure kollektive Dynamik, die niemand den faschistischen Mächten absprechen kann, genötigt wird, ihr Ziel zu ändern und sich statt auf den Krieg auf friedlichen Aufbau zu richten, wenn in diesen Mühlen Korn gemahlen wird statt Pulver, dann wird in kurzer Frist der erzwungene Friede zu einem freiwilligen werden, und der Tag der Begründung jener Arbeitsgemeinschaft, auf die wir abstellen müssen, wird nicht mehr ferne sein. Das ist die Chance, von der ich eben sprach.

Welche Formen das internationale Sicherheitssystem annehmen wird, läßt sich vorläufig nicht sagen. Vielleicht wäre es nicht unangebracht, wenn die Vereinigungen zur Förderung des Völkerrechts diesbezügliche organisatorische Vorschläge ausarbeiteten. Ich muß mich hier auf einige allgemeine Bemerkungen beschränken und müßte es auch dann, wenn ich auf dem in Betracht kommenden Gebiet Spezialist wäre, was ganz und gar nicht der Fall ist. Ob man mit einem Staatenbund wie dem Völkerbund auskommen wird, ist fraglich. Fast möchte ich glauben, daß sich zum mindesten die kleineren Staaten, die im Krieg zwischen den Großen ein Spielball der Willkür sind, in bundesstaatlichen Formen zusammenschließen müssen, um sich den Respekt zu sichern, der zur Vermeidung von Kriegen unentbehrlich ist und daher nicht nur in ihrem eigenen Interesse liegt, sondern in dem aller. Von entscheidender Bedeutung ist, daß die Instanzen, die das System der kollektiven Sicherheit begründen, als Organe aller Völker auftreten und sich internationale Gesetzgebungsgewalt beilegen, auch wenn ihnen einzelne Staaten die Ermächtigung vorenthalten. Der Art. 17 des Völkerbundpaktes weist hier den richtigen Weg. Ich weiß sehr wohl, daß namhafte Völkerrechtler gesagt haben und heute noch sagen, daß das ganze Völkerrecht auf dem Satz „pacta sunt servanda" beruhe. Aber die Behauptung ist haltbar nur mit Beziehung auf ein Völkerrecht, das wie das bisherige kein wahres objektives Recht ist. Noch nie ist eine Rechtsordnung durch die Zustimmung aller Beteiligten zustande gekommen, stets war es bei diesem Vorgang erforderlich und stets wird es erforderlich sein, daß der widerstrebende Wille einzelner, mag es sich um Einzelindividuen oder um Staaten handeln, dem Willen der Gesamtheit unterworfen wird. Darüber, wer bei der Entstehung einer Rechtsordnung den Willen der Gesamtheit repräsentiert, entscheidet in letzter Linie keine formale Rechtsregel, sondern ausschließlich die Geschichte.

Die neue Völkerrechtsordnung wird vor allem für sämtliche Streitfragen zwischen Staaten ohne jede Ausnahme den Rechtsweg obligatorisch machen. Sie kann das schwerlich tun, ohne wenigsten für die Fragen, die erfahrungsgemäß am ehesten zu Kriegen führen – ich erwähne beispielsweise das Minoritätenproblem und die Frage des Zugangs zum Meer und des Zugangs zu den Rohstoffen –, allgemeine materielle Normen aufzustellen. Es handelt sich dabei, wie ich schon andeutete, um eine höchst schwierige Aufgabe, solange unsere Gesellschaft in dem Maß wie bisher der innern Harmonie ermangelt. Soweit der gordische Knoten nicht gelöst werden kann, muß er durchhauen werden. Das Interesse an der Aufrechterhaltung des Friedens hat den Vorrang vor jedem andern Interesse. Durchaus unumgänglich für die Aufrechterhaltung des Friedens ist die Konstituierung eines internationalen Exekutivapparates. Die Stelle, die für die zwischenstaatliche Friedensordnung verantwortlich ist, muß sich auf eine physische Macht stützen können, die der Macht jedes Einzelstaates überlegen ist. Natürlich steht alles eben Ausgeführte unter der Voraussetzung, daß sich unsere Gesellschaft nicht im Verlauf des Krieges von innen heraus gänzlich revolutioniert. Denn wer wollte sagen, was sich in einem solchen Fall in völkerrechtlicher Hinsicht als angemessen erweisen wird?

An der Begründung und Verwirklichung des Systems kollektiver Sicherheit, das für den Fall einer normalen Entwicklung der Dinge ins Auge zu fassen ist, werden auch die kleinen Staaten aufs aktivste Anteil nehmen müssen. Die Lage der kleinen Staaten, die keine außenpolitischen Ambitionen haben und niemand etwas zuleide tun möchten, ist im Weltkrieg vielleicht die allerbedauerlichste. Selbst wenn sie von einer Besetzung frei bleiben, verlieren sie ihre Unabhängigkeit in dem, was für einen Staat das

Wesentlichste ist. Daher haben sie die gewichtigsten Gründe zu einem „Das soll sich nie wiederholen", und daher dürfen sie nicht davor zurückschrecken, für die kollektive Sicherheit besondere Opfer zu bringen. Cujus commodum ejus et periculum. Sehe ich recht, dann sollten wir uns hier in der Schweiz innerlich darauf vorbereiten, für die gemeinsame Friedensordnung, die es nach dem Kriege wie einen rocher de bronze zu stabilisieren gilt, sehr viel erheblichere Opfer zu bringen als die, die die Schweiz auf sich genommen hat, als sie in den Völkerbund eintrat. Einer großen geschichtlichen Tradition ist ein Volk nur dann wirklich treu, wenn es zur rechten Zeit alte Traditionen beiseite zu setzen weiß. Zu neuen Ufern ruft ein neuer Tag. Wenn nicht nach *diesem* fürchterlichen Krieg ein neuer Tag für die Menschheit anbricht, dann weiß man nicht, wann er je anbrechen sollte. Ich bin überzeugt, daß das Schweizer Volk hinter keinem andern Volk zurückstehen wird in der Schicksalsstunde, die allen Völkern bevorsteht, in der Periode, in der es sich darum handeln wird, das Fazit einer der grauenhaftesten Epochen der Geschichte zu ziehen und alle Kräfte einzusetzen, um den kommenden Generationen eine bessere Welt zu hinterlassen als die, in der die heutige Generation zu leben verurteilt war.

Die Krise des Rechtsstaates[1]

(1942)

Staat und Recht gehören aufs engste zusammen. Sie gehören so eng zusammen, daß die Ansicht vertreten werden konnte, der Staat und das Recht seien das gleiche. Diese Ansicht verdient nun freilich keine Billigung. Das Recht ist eine aus positiven Normen bestehende Ordnung, ist eine allgemeine verbindliche Regelung des Gesellschaftslebens. Der Staat ist eine Person, eine reale Gesamtperson, deren wichtigste Aufgabe in dem Erlaß von Gesetzen, also in der Aufstellung allgemeiner Rechtnormen, besteht. Der Staat ist das Volk, das sich zu einer herrschenden, insbesondere mit Rechtshoheit ausgestatteten Körperschaft organisiert hat. Die Organisation gibt sich das Volk in der Verfassung – die nicht notwendig eine geschriebene zu sein braucht – und die selbst ein Rechtsgesetz ist, das oberste Rechtsgesetz. Insofern sich das Volk eine Verfassung gibt, wird es nicht tätig als Staat – dies anzunehmen wäre ein logischer Fehler –, sondern als zur Setzung von Recht befähigte Gemeinschaft, als Rechtsgemeinschaft. Tatsächliche Herrschaft, die von irgendwelchen Personen über eine Gesellschaft geübt wird, ohne daß sich für sie eine rechtliche Grundlage finden ließe, ist nicht als Staatsgewalt zu bezeichnen. Die wissenschaftliche Begriffsbildung sollte, wie mir scheint, in der eben bezeichneten Weise Recht und Staat unlöslich miteinander verknüpfen.

Das Notverordnungsrecht, das im ersten Weltkrieg von der Bundesversammlung dem Bundesrat übertragen wurde, ließ sich, wie Professor Giacometti gezeigt hat, mit den Bestimmungen der Bundesverfassung nicht in Einklang bringen, und Entsprechendes gilt teilweise von der Praxis der Dringlichkeitsbeschlüsse, wie sie sich in den letzten Jahren entwickelt hat. Müssen wir sagen, daß die Notverordnungen und die Dringlichkeitsbeschlüsse, soweit sie mit der Verfassung nicht im Einklang stehen, rechtlich null und nichtig seien? Wenn das der Fall wäre, dann würden wir innerhalb des Wirkungsbereichs dieser Dekrete nicht nur des Rechtsstaats, sondern überhaupt des Staats verlustig gegangen sein, denn wir

[1] Vortrag, gehalten im Oktober 1942 in Zürich (unveröffentlicht)

wollen es nicht gelten lassen, daß rechtlich nichtige Anordnungen staatlichen Charakter haben könnten. Nun verhält es sich aber doch wohl so, daß zum mindesten das Notverordnungsregime des Bundesrats vom Volk als eine der ungewöhnlichen Lage, die es hervorrief, angemessene Institution akzeptiert worden ist und dadurch eine rechtliche Sanierung gefunden hat. Bei der Praxis der Dringlichkeitsbeschlüsse liegt die Sache komplizierter. Wie es nun auch mit der Rechtsgültigkeit der Notverordnungen und der Praxis der Dringlichkeitsbeschlüsse stehen mag, soviel ist sicher, daß wenn der Bundesrat, also die höchste Exekutivbehörde, mit dem Erlaß von Verordnungen betraut wird, die sich als Gesetze im materiellen Sinn, unter Umständen als verfassungsändernde Gesetze, darstellen, hierin ein Einbruch in die Prinzipien des Rechtsstaats gefunden werden muß. Bei der Praxis der Dringlichkeitsbeschlüsse handelt es sich weniger um eine Verletzung der Idee des Rechtsstaats als vielmehr um die Gefahr eines Parlamentsabsolutismus, durch die die Institutionen der unmittelbaren Demokratie bedroht werden. Mein Thema ist der Rechtsstaat; wir wollen somit zunächst den Begriff des Rechtsstaats etwas näher ins Auge fassen.

Kein Staat, sagten wir, der nicht sein Fundament im Rechte hätte. Aber nicht jeder Staat ist ein Rechtsstaat. Um ein Rechtsstaat zu sein, muß ein Staat gewisse Erfordernisse erfüllen, die sämtlich darauf abzielen, die Rechtssicherheit zu garantieren, die Willkür der staatlichen Behörden, soweit als möglich, auszuschließen. Wir tun, wie mir scheint, gut daran, den Begriff des Rechtsstaats als einen historischen, also so zu fassen, wie er sich in dem letzten Jahrhundert im Rechtsbewußtsein der zivilisierten Völker entwickelt hat. Die Grundlegung der Theorie des Rechtsstaats ist nicht dem Namen, aber der Sache nach im 18. Jahrhundert erfolgt. Montesquieu ist der Philosoph des modernen Rechtsstaats, wie Rousseau der Philosoph der modernen Demokratie ist. Das Verdienst Montesquieus besteht vor allem darin, daß er schärfer, als es vor ihm geschehen war, die drei Funktionen der staatlichen Betätigung, die Gesetzgebung, die Exekutive oder Verwaltung und die Justiz, die Rechtspflege, unterschieden und die rechtspolitische Forderung erhoben und begründet hat, daß die drei Funktionen zu trennen seien, d. h., daß sie nicht in die Hände der gleichen Personen gelegt werden dürften. Gesetzgebung ist die Aufstellung allgemeiner Rechtsnormen, sie ist eine freie, schöpferische Tätigkeit. Bei der Verwaltung, der Exekutive, hat nur innerhalb der vom Gesetz errichteten Schranken ein freies Ermessen der Behörden Platz zu greifen. Wollte man den gesetzgebenden Organen die Ausführung der Gesetze übertragen, dann würde das eine schwere Gefährdung der Rechtssicherheit bedeuten, denn diese Organe wären nur allzu geneigt, bei der Ausführung der Gesetze die Schranken außer Augen zu lassen, die sie selbst gesetzt haben, d. h. in die Ausführung eine Freiheit hineinzutragen, wie sie nur dem Gesetzgeber zugestanden werden kann. Ähnliche Erwägungen sprechen gegen eine Personalunion des Verwaltungsbeamten und des Richters. Der Verwaltungsbeamte ist gewohnt, nach den Weisungen des Vorgesetzten, letztlich der obersten exekutiven Behörde zu handeln, der Richter dagegen ist bei der Ausübung seines Amtes lediglich dem Gesetz unterworfen. Die Garantie, die ein unabhängiges Richteramt für die Rechtssicherheit bieten soll, wäre nahezu illusorisch, wenn die gleiche Person bald als Verwaltungsbeamter, bald als Richter zu fungieren hätte.

Auf den Gebieten des Strafrechts und des Zivilrechts ist die Justiz in Form eines sich vor dem Richter abspielenden Prozesses als Voraussetzung der Exekution der Strafe oder der zivilrechtlichen Zwangsvollstreckung eine uralte Einrichtung. In der Verwaltung ist es aus praktischen Gründen nicht möglich, jedem Eingriff in die Rechtssphäre des Bürgers ein gerichtliches Verfahren vorausgehen zu lassen. Will man der Justiz in die Verwaltung Eingang verschaffen, dann kann das nur in der Weise geschehen, daß dem durch einen Verwaltungsakt Betroffenen die Möglichkeit gegeben wird, sich an ein Verwaltungsgericht zu wenden, das über die rechtliche Zulässigkeit des Aktes die letztlich maßgebliche Entscheidung zu treffen hat. Im 19. Jahrhundert ist in den meisten Kulturstaaten eine Verwaltungsgerichtsbarkeit eingeführt worden, worin manche die Krönung des Rechtsstaats gesehen haben. Fast noch wichtiger scheint mir, daß im 19. Jahrhundert im Strafprozeß der Gedanke des Rechtsstaats in zunehmendem Maß verwirklicht worden ist. Hierzu gehört, daß fast überall der Inquisitionsprozeß durch den Akkusationsprozeß mit dem Staatsanwalt als öffentlichem Ankläger ersetzt wird, hierzu gehören die zahlreichen Kautelen der Prozeßordnungen, die den Verdächtigen gegen eine ungerechtfertigte Verhaftung und eine übertriebene Verlängerung der Untersuchungshaft sicherstellen sollen.

Die Liste der Bestimmungen, die der Verwirklichung des Rechtsstaats dienen, ließe sich mit Leichtigkeit verlängern. Das Angeführte genügt, wie ich glaube, für den Zweck, den ich mir gesetzt habe. Manche rechnen zu den Kardinalprinzipien des Rechtsstaats die Statuierung von Grundrechten des Individuums, die selbst vom Gesetzgeber überhaupt nicht oder nur in Ausnahmefällen angetastet werden dürfen. Indessen ist es wohl richtiger, die Grundrechte, die „droits de l'homme et du citoyen", vom Begriff des Rechtsstaats gesondert zu halten, statt sie diesem Begriff zu subordinieren. Beim Rechtsstaat handelt es sich im wesentlichen um Schutz gegen Behördenwillkür, bei den Grundrechten handelt es sich um Sinn und Wesen des Rechts und des Staats. Der Staat, das ist die Idee der Grundrechte, soll den Einzelnen nicht ganz und gar für sich in Anspruch nehmen, er soll ihn nicht als ein Mittel zu irgendwelchen Zwecken behandeln, sondern als einen Selbstzweck, er soll ihm einen Anspruch auf Eigenleben und Selbstbestimmung zugestehen. Noch weniger als Rechtsstaat und Grundrechte darf man Rechtsstaat und Demokratie vermengen. Rousseau, der unter allen Rechtsphilosophen der Neuzeit den Begriff der Demokratie am tiefsten gefaßt hat, hielt nicht viel von den rechtsstaatlichen Garantien. In einer Demokratie, die fähig ist, eine volonté générale, einen allgemeinen auf das Gemeinwohl gerichteten Willen, zu bilden, in der jeder, wenn er dem Gesetz gehorcht, seinem eigenen Willen gehorcht, bedarf es keiner besonderen Vorkehrungen gegen die Unterdrückung der Freiheit des Individuums. In einer Gesellschaft dagegen, in der Einzelne und Gruppen nur ihren Sondernutzen im Auge haben, wird es, meint Rousseau, stets zur Unterdrückung und Ausbeutung der einen durch die anderen kommen, ohne daß fein ausgeklügelte rechtsstaatliche Einrichtungen daran etwas zu ändern vermöchten. Montesquieu stellt neben die liberté politique die liberté civile. Erstere findet sich nur in der Demokratie, letzterer, der er noch größere Bedeutung beimißt, dient in erster Linie die Trennung der Gewalten. Wenn wir nach alledem den Rechtsstaat, die Grundrechte und die Demokratie voneinander zu unterscheiden haben, so schließt das nicht aus, daß wir sie einem gemeinsamen Gesichtspunkt unterstellen. Dieser Gesichtspunkt ist der der Freiheit des Individuums: im Rechtsdenken des modernen Menschen – vorsichtiger und richtiger gesagt, des fortschrittlich gesinnten Bürgers des 19. und beginnenden 20. Jahrhunderts – gehören die drei zusammen, weil sie in ihrer Vereinigung im Staat und trotz des Staates in der geeigneten Weise die Freiheit des Individuums verwirklichen. Man könnte auch so formulieren: Die Trias konstituiert den modernen liberalen Staat.

Ich kehre zu der im Anfang meiner Ausführungen aufgestellten Behauptung zurück, daß das Notverordnungsrecht des Bundesrats einen Einbruch in die Prinzipien des Rechtsstaats bedeutet. Wir können sie jetzt dahin erweitern und präzisieren, daß ein solches Notverordnungsregime mit der Idee des liberalen Staates nicht im Einklang steht, weil es dem rechtsstaatlichen Postulat von der Trennung der Gewalten zuwiderläuft und sich zudem durch weitgehende Delegierung der gesetzgebenden Gewalt an die Exekutive mit dem wichtigsten Grundsatz der Demokratie in Widerspruch setzt. Leider ist dieser Bruch mit dem Rechtsstaat und der Demokratie nicht der einzige, den wir in der neuesten Entwicklungsphase unseres staatlichen Lebens zu beklagen haben. Die Behandlung, die unsere staatlichen Behörden den extremen Linksparteien und deren Mitgliedern haben angedeihen lassen, ist mit dem Geist der Demokratie und des Rechtsstaates kaum zu vereinen. Sicher hat es nichts Undemokratisches an sich, wenn eine Partei verboten wird, die auf den gewaltsamen Umsturz der bestehenden Verfassung hinarbeitet, aber die Beweise, die man dafür angeführt hat, daß die schweizerische kommunistische Partei sich eine solche Betätigung zuschulden kommen ließ, scheinen mir nicht auszureichen. Noch bedenklicher ist es, daß die behördliche Praxis dazu neigt, den Begriff der strafbaren kommunistischen Propaganda so weit auszudehnen, daß beispielsweise die Verbreitung des Ostrowskischen Romans „Wie der Stahl gehärtet wird" unter diesen Begriff zu subsumieren ist. Läßt sich das mit der liberté civile vereinen? Dazu kommt, daß nach dem, was in politischen Prozessen von den Anwälten der Angeschuldigten vorgebracht worden ist, und nach dem Material, das anderen öffentlichen Kundgebungen beigefügt wurde, die so wichtigen rechtsstaatlichen Bestimmungen über die Untersuchungshaft vielfach unberücksichtigt geblieben sind. Endlich hat ein vor ganz kurzem erschienener Zeitungsartikel über Vorgänge, die sich in einem Internierungslager für Emigranten abgespielt haben sollen, bei allen, denen der Rechtsstaat am Herzen liegt, auch wenn sie mögliche Übertreibungen weitgehend in Ansatz brachten, einen höchst peinlichen Eindruck hervorrufen müssen. Es wäre natürlich verfehlt, aus Erscheinungen wie den eben angeführten die Folgerung zu ziehen, daß es bei uns mit dem Rechtsstaat und der Demokratie zu Ende sei, immerhin sind sie bedeutungsvoll genug, um uns aufs ernsthafteste über die Ursachen nachdenken zu lassen, aus denen sie hervorgehen. Wollen wir den Dingen auf den Grund gehen, dann müssen wir über die Grenzen unseres Landes hinausblicken. Es sind die Erschütterungen des Weltkriegs, die uns aus unsern gewohnten Geleisen, sei es zunächst auch nur um ein weniges, hinauszudrängen drohen. Unsere Krise bietet das abgeblaßte, an sich betrachtet undeutliche Abbild einer ungeheuren internationalen Krise. „Willst du dich selber erkennen, so sieh, wie die andern es treiben." Wenn je, so sollten wir in unserem Fall den Rat des Dichters befolgen.

Wie treiben es denn die anderen? Was hat sich da draußen in der großen Welt so Grundlegendes geändert, daß auch wir alle Mühe haben, unsern Idealen treu zu bleiben, daß auch bei uns die Demokratie und der Rechtsstaat und das Asylrecht ins Wanken zu geraten drohen? In einigen großen hochzivilisierten Ländern, wäre zu antworten, sind die Demokratie und der Rechtsstaat und die droits de l'homme et du citoyen einfach hinweggefegt worden und haben einem autoritären Staat Platz gemacht, dessen konstituierende Idee die des siegreichen Krieges ist. Dies ist merkwürdig genug, aber noch viel merkwürdiger ist, daß die großen Demokratien des Westens, ohne selbst den heroisch-kriegerischen Faschismus sich zu eigen zu machen, in jahrelanger Politik den faschistischen Staaten alle Trümpfe in die Hände gespielt haben, bis sie sich endlich vor die Wahl gestellt sahen, sie entweder zu bekämpfen oder sich ihnen vollständig zu unterwerfen. Die angelsächsischen Demokratien haben sich schließlich entschlossen, gegen die faschistischen Mächte zu einem Kampf auf Leben und Tod in die Schranken zu treten. Daß es hierzu erst kam, als es beinahe schon zu spät war, daß man Mächte, die aus dem, was sie begehrten, nie ein Hehl gemacht haben und von denen es jetzt heißt, daß sie alles, was einem selbst das Leben lieb und wert macht, vernichten wollten, durch eine Konnivenz, die von aktiver Unterstützung kaum zu unterscheiden ist, zu einer Kräfteansammlung gelangen ließ, die sie zur Hoffnung auf die Weltherrschaft berechtigte, das wird offiziell damit begründet, daß der sehnliche Wunsch nach der Aufrechterhaltung des Friedens alle andern Rücksichten in den Hintergrund gedrängt habe. Die Begründung ist wenig glaubhaft. Wie man auch immer von der Weisheit der Staatsmänner denken mag, soviel gesunden Menschenverstand wird man ihnen immerhin zutrauen müssen, daß sie nicht nur, um den Frieden zu erhalten, das taten, was, wie unzählige gewöhnliche Sterbliche von Anfang an aufs klarste erkannten, mit unausweichlicher Notwendigkeit einen Krieg von bisher unbekannten Dimensionen herbeiführen mußte. Um den wahren Grund der faschistenfreundlichen Politik der großen demokratischen Staaten in der Periode zwischen dem ersten und dem zweiten Weltkrieg zu erkennen, braucht man nur mit den Leuten zu reden, die diese Politik gebilligt haben und heute noch billigen – sie sind in allen Ländern ungemein zahlreich. Der Faschismus, das ist die Ansicht der weitaus meisten, ist das kleinere von zwei Übeln; er hat gewiß seine höchst unsympathischen Seiten, aber er hat das Gute, daß er ein unversöhnlicher Gegner des Bolschewismus ist; wie die Dinge nun einmal liegen, muß man gute Miene zum bösen Spiel machen und dem Faschismus freie Hand lassen, wenn man nicht dem Bolschewismus oder Kommunismus anheimfallen will. Ich sage nicht, daß diese Leute recht haben, sondern nur, daß ihre Offenherzigkeit uns bei der Untersuchung der tiefern Gründe des heutigen Weltgeschehens auf den richtigen Weg führt. In der Tat hat nichts in ähnlicher wirkungsvoller Weise dem Faschismus zu seiner märchenhaften Karriere verholfen wie die Furcht vor dem Aufkommen eines extremen Sozialismus, die durch die russische Revolution und den ihr folgenden Aufbau eines sozialistischen Staats entfesselt wurde. Ist man sich hierüber einmal klargeworden, dann ist es nur noch ein Schritt zu der Erkenntnis, daß die gegenwärtige Weltkrise mit ihren so vielgestaltigen Manifestationen nur als ein bestimmtes Entwicklungsstadium der gewaltigen Auseinandersetzung zwischen Kapitalismus und Sozialismus verstanden werden kann.

Wie kommt es denn aber, wird man fragen, daß es sich als aussichtslos erwies, den Sozialismus mit dem schönen Ideal des liberalen demokratischen Staats zu überwinden, und daß man statt dessen den Faschismus mit seinem auf die Dauer unhaltbaren Ideal des siegreichen Krieges gegen ihn ins Feld führte? Um diese Frage zu beantworten müssen wir uns wieder dem modernen Staatsideal zuwenden, um es einer geistesgeschichtlichen Betrachtung zu unterziehen.

Der moderne Staat mit seinen demokratischen und rechtsstaatlichen Einrichtungen und seinen Grundrechten des Individuums ist nicht die adäquate Verkörperung einer ewigen Idee, er ist aber auch nicht, wie bisweilen behauptet wird, von vornherein nichts anderes als ein Produkt des Klasseninteresses, als ein politisches Regime, unter dem die Kapitalistenklasse während einer bestimmten geschichtlichen Periode am besten auf ihre Rechnung kommt. Er hat einen ideellen Gehalt, er realisiert bis zu einem gewissen Grade das Ideal der Freiheit für jedermann, er hat, wo er in Geltung stand, unendlich vielen zum Bewußtsein ihrer Menschenwürde verholfen. Ohne selbst schon die völlige Befreiung der breiten Massen zu bedeuten, hat er machtvoll dazu beigetragen, sie vorzubereiten. Man soll den ideellen Wert des modernen liberalen Staats nicht unterschätzen, man soll ihn aber auch nicht überschätzen. Eine Überschätzung wäre es, wenn man meinen wollte, daß er das gesellschaftliche Ideal habe zur Wirklichkeit werden lassen, das den besten Geistern der Aufklärung vorschwebte und das in der Losung „Freiheit, Gleichheit und Brüderlichkeit" aller Menschen seinen Ausdruck findet. Soviel hat er bei weitem nicht zu leisten vermocht und war er dazu unfähig, weil das Gute, das er bringt, des materiellen Gehalts entbehrt. Seine Segnungen sind formaler Natur. Aus einer bürgerlichen Revolution hervorgegangen hat er die kapitalistische Wirtschaft nicht angetastet. In einer Wirtschaft, die auf dem Gegensatz einer besitzenden und einer nichtbesitzenden Klasse und auf der Konkurrenz beruht, ist für die Brüderlichkeit aller Menschen keine Stätte und bleiben die Freiheit und Gleichheit, die das Gesetz zusichert, notgedrungen äußerst problematisch. Man hat dies sehr bald eingesehen, daher entstand die sozialistische Bewegung. Diese Bewegung will das demokratische Ideal des 18. Jahrhunderts auf wirtschaftlichem Gebiet realisieren. Ihre Führer waren zunächst die Frühsozialisten, die man auch als utopische Sozialisten bezeichnet, und dann später, in der zweiten Hälfte des 19. Jahrhunderts, Marx und Engels, die dem Sozialismus eine solide wissenschaftliche Grundlage gaben. Marx und Engels zielen ab auf eine auf der Vergemeinschaftung der Produktionsmittel beruhende Produktion und Verteilung umfassende, Planwirtschaft. Die Gegner des Sozialismus wandten vor allem ein, daß die Durchführung einer solchen Wirtschaft auf unüberwindliche organisatorische Schwierigkeiten stoße und daß, wenn es je gelingen sollte, diese Schwierigkeiten zu überwinden, die Freiheit des Individuums in dem neuen Regime rettungslos zugrunde gehen müßte. Von sozialistischer Seite wurde erwidert, daß schon innerhalb des Kapitalismus die wirtschaftliche Produktion sich in zunehmendem Maße vergesellschafte und daß dieser Prozeß einen Punkt erreichen werde, an dem der Übergang zu einer totalen Gemeinwirtschaft sich ohne sonderliche Schwierigkeiten vollziehen lasse. Was aber die Furcht vor dem Verlust der Freiheit im sozialistischen Regime betreffe, so sei sie unbegründet, denn in diesem Regime würden sich die Kräfte der produzierenden Gesellschaft in solchem Maße steigern, daß die wirtschaftliche Aufgabe, weit entfernt den Einzelnen ganz für sich in Anspruch zu nehmen, ihm hinreichend freie Zeit lassen werde, alle seine Anlagen und Fähigkeiten zu voller Entfaltung zu bringen. Nicht nur hinsichtlich der Gleichheit und Brüderlichkeit, sondern auch hinsichtlich der Freiheit übertreffe der sozialistische Staat den liberal-demokratischen Staat des Kapitalismus. Ich kann auf die Kontroverse hier nicht eingehen, nur auf einen Punkt möchte ich hinweisen, der mir als prinzipiell erscheint. Für den Sozialisten ist der Sozialismus das höchste Stadium einer sich organisch, oder wenn man lieber will, dialektisch entwickelnden Gesellschaft, für den Gegner des Sozialismus ist er das künstliche Erzeugnis des individuellen Geistes. Der Gegner des Sozialismus sieht, sobald ihm ein sozialistisches Programm vorgelegt wird, tausend Schwierigkeiten, die das individuelle Denken nicht zu überwinden vermag. Er beachtet nicht, daß es sie nicht zu überwinden braucht, daß vielmehr hierfür die überindividuellen Entwicklungsgesetze der menschlichen Gesellschaft Sorge tragen. Danach ist es wohl zu verstehen, daß der größte sozialistische Theoretiker, Karl Marx, sich ausdrücklich weigerte, Rezepte für die Zukunftsküche des Sozialismus zu schreiben.

Viel bedeutungsvoller als die theoretischen Einwendungen gegen den Sozialismus war die Tatsache, daß die herrschenden Kreise der Gesellschaft sich entschlossen zeigten, dem Übergang vom Kapitalismus zum Sozialismus mit allen Kräften entgegenzuarbeiten. Marx und Engels hatten sich hierüber keine Illusion gemacht. Ihnen erschien ein solcher Widerstand als eine unausweichliche Notwendigkeit, und das einzige Mittel seiner Überwindung war für sie die proletarische Revolution. Aber die Chancen einer Revolution wurden im Laufe der Zeit zusehends geringer. Nur eine schwere Notlage der breiten Massen macht den Erfolg einer Revolution einigermaßen wahrscheinlich. Die Lage der Arbeiterschaft verschlechterte sich nicht. Im Gegenteil. Die Kapitalisten waren keineswegs bereit, zur Einführung einer sozialistischen Wirtschaft die Hand zu bieten, aber sie waren bereit, der organisierten Arbeiterschaft Konzessionen zu machen, die eine nicht unerhebliche Verbesserung ihrer Lebensverhältnisse bedeuteten. Zahlreiche Staaten und Gemeindeverbände entfalteten eine rege soziale Fürsorgetätigkeit im Interesse der unteren Stände. Die Konsumgenossenschaften, die das ihrige dazu beitrugen, das Los dieser Stände zu erleichtern, erlangten eine hohe Blüte. In der Arbeiterschaft bildete sich eine Oberschicht, die kein Interesse hatte, das ungeheure Risiko einer Revolution auf sich zu nehmen, vielmehr geneigt sein mußte, den revolutionären Marxismus zu revidieren und durch einen Reformismus oder Ökonomismus zu ersetzen, der auf eine allmähliche Hebung des materiellen und kulturellen Niveaus des Proletariats gerichtet war. Die Bewegung ist alles, das Ziel ist nichts, sagte Eduard Bernstein, einer der Begründer des Revisionismus. Im Beginn des 20. Jahrhunderts konnte Georges Sorel von einer „dissolution du marxisme" reden. Es hatte den Anschein, als sei das Schreckgespenst einer sozialistischen Revolution für immer verscheucht und eine Evolution eingeleitet, die allmählich den grollenden Proletarier zu einem zufriedenen Kleinbürger machen würde.

Aber der Mensch lebt nicht von Brot allein und auch nicht von dem bescheidenen Maß an geistiger Bildung, das bisher günstigenfalls der Majorität zuteil geworden ist. Wo blieb in jenen letzten Dezennien vor dem ersten Weltkrieg das Ideal, für dessen Verwirklichung zu kämpfen dem Dasein Sinn und Bedeutung verleiht? Die großen Frühsozialisten St. Simon, Owen und Fourier und die Begründer des dialektischen Materialismus, Marx und Engels, hatten der Arbeiterklasse – und nicht nur ihr – ein hohes Ideal gegeben, für das sich leben und, wenn es sein mußte, auch sterben ließ. Der Revisionismus, Ökonomismus, Reformismus ist für die Arbeiterschaft eine sehr verständige Politik des Handelns, aber er ist nichts, was den Menschen in den Tiefen seiner Seele zu ergreifen vermag. Bei den Frühsozialisten und bei Marx bedeutet der Sozialismus einen totalen Wandel der Gesellschaft, in materieller und geistiger Hinsicht eine neue, bessere Welt. Bei den Revisionisten bedeutet er die Fahrt in den sichern Hafen eines allgemeinen Philistertums. Wo war, ich wiederhole meine Frage, in der Vorkriegszeit die Weltanschauung zu finden, die den Sinn des Lebens konstituiert? Sicherlich gab es damals – hieran hat sich seither nichts Wesentliches geändert – eine große Zahl von Menschen, deren spirituale Bedürfnisse durch ihren christlichen Glauben befriedigt wurden, aber damals schon hatte in weitesten Kreisen die christliche Religion ihre Macht über die Gemüter verloren. Ersetzte etwa der Glaube an die Wissenschaft den Glauben an die Offenbarung? Man hört und liest nicht selten, die Vorkriegszeit habe einen unbedingten nahezu fanatischen Glauben an die Allmacht der Wissenschaft gehabt. Das ist eine

Legende, die Legende vom Rationalismus des ausgehenden 19. und des beginnenden 20. Jahrhunderts. Die Vorkriegszeit war alles, was sie wollen, zynisch, mystisch, spiritistisch, positivistisch – nur nicht rationalistisch. Die Vorkriegszeit hatte wie auch noch unsere Zeit volles Vertrauen in die mathematische Naturwissenschaft und sie versprach sich von ihrem Fortschritt eine zunehmende Vervollkommnung der Technik. Aber es fehlte ihr der Glaube an die Vernunft als die den Menschen bis ins Innerste umgestaltende Macht, der Glaube an das durch Vernunft und Wissenschaft zu begründende Reich des Menschen auf Erden, ein Glaube, der vor allem das 18. Jahrhundert belebt hatte. Und wie steht es mit dem Ideal, das uns hier am meisten interessiert, mit dem staatlichen Ideal, dem Ideal des demokratischen Rechtsstaats?

Wir hatten schon Gelegenheit zu betonen, daß der moderne liberale Staat, wie er aus der Französischen Revolution hervorging, die Menschheit enttäuschen mußte, weil er nur formalen Charakter hatte und daher am sittlichen Gehalt des Gesellschaftslebens bei weitem nicht so viel zu ändern vermochte, wie seine begeisterten Verfechter gehofft hatten. Immerhin bedeutete er im geistigen Entwicklungsgang des Menschen einen nicht unerheblichen Fortschritt. Leider erfährt er gegen das Ende des 19. Jahrhunderts eine peinliche Wertminderung. In dieser Zeit beginnt die kapitalistische Wirtschaft in das Stadium des Finanz- oder Monopolkapitalismus überzugehen. Gewaltige kapitalistische Verbände von internationalem Aktionsradius gewinnen auf allen Gebieten des gesellschaftlichen Lebens einen Einfluß, der sie als die eigentlich ausschlaggebenden Mächte erscheinen läßt. Dreihundert Männer, sagt Walther Rathenau, der seine Zeit so gut kannte wie wenige, dreihundert Männer, die miteinander genau bekannt sind, beherrschen die Welt. Es sind die Leiter der großen Trusts und Kartelle, die er im Auge hat. Liegt die tatsächliche Regierungsgewalt bei den Machthabern der Wirtschaft, dann hat die Staatsform offensichtlich nur sekundäre Bedeutung. In einem höchst lesenswerten Buch über die 60 amerikanischen Familien erklärt der Verfasser Lundberg: Amerika war vor 40 Jahren – das Buch ist in den dreißiger Jahren unseres Jahrhunderts erschienen – eine Demokratie, jetzt ist es eine einer kleinen Zahl von immens reichen Familien gehörige Plutokratie, und er stützt diesen Satz auf ein überwältigendes Tatsachenmaterial. Nach der Ansicht der Marxisten hat zu jeder Zeit die in der Wirtschaft dominierende Klasse die Macht über den Staat besessen, welches immer die Staatsform sein mochte. Wir brauchen diese These hier nicht zu prüfen; so viel dürfte sicher sein, daß der Einfluß der Wirtschaft auf das Gesamtleben der Gesellschaft nie in solchem Maße organisiert, wirkungsvoll und sichtbar gewesen ist, wie im Zeitalter des Monopolkapitalismus. Ein amerikanischer Gelehrter, dessen Bekanntschaft ich auf Reisen gemacht hatte, legte mir einmal ganz unerwarteterweise die Frage vor: Wie steht es in der Schweiz mit der Freiheit? Als ich einen Augenblick mit der Antwort zögerte, gab er sie sich selbst: Ich denke, es wird ebenso sein wie bei uns. Bei uns können Sie ungefähr alles sagen, ohne befürchten zu müssen, bestraft zu werden, aber Sie bekommen keine Stelle, wenn Sie nicht das „Richtige" sagen. Was hilft es mir, daß ich mich frei äußern darf, ohne befürchten zu müssen, ins Gefängnis zu kommen, wenn mein Fortkommen im Leben davon abhängt, daß meine Ansichten mit der Meinung der herrschenden Kreise übereinstimmen, und wo ist der Rechtsstaat, der gegen eine derartige Beeinträchtigung der Freiheit Schutz zu gewähren vermöchte? Mein Bekannter dürfte die Unvorsichtigkeit begangen haben, „Unrichtiges" zu sagen, denn ich hörte bald nach unserer Begegnung, daß er seine Professur für Soziologie an einer der größten amerikanischen Universitäten verloren habe.

Hatte er unrecht, wenn er verallgemeinerte und ohne weiteres annahm, daß, was für Amerika gilt, auch für die Schweiz gelten müsse? Sicherlich ist man in der Schweiz und in zahlreichen andern Staaten in der uns augenblicklich interessierenden Beziehung noch nicht ganz soweit gekommen wie in den klassischen Ländern des Finanzkapitalismus. Aber die menschliche Gesellschaft wird in zunehmendem Maß eine Einheit, internationalisiert sich immer mehr, weswegen sich überall, wenn auch in verschiedenen Ausdrucksformen und Abstufungen, die gleichen Erscheinungen feststellen lassen. In den Anfängen des Faschismus sagte Mussolini, der Faschismus sei kein article d'exportation. Wohin ist nicht inzwischen der Faschismus exportiert worden?

Weil es sich kaum mehr verheimlichen läßt, daß der Staat nicht, wie man bisher glaubte, Herr im eigenen Hause ist, weil es allmählich offenes Geheimnis geworden ist, daß das Schwergewicht der gesellschaftlichen Macht bei den Führern der Wirtschaft liegt, ist es ungemein schwierig, für irgendein Verfassungideal bei der jungen Generation Begeisterung zu erwecken. Ich spreche aus eigener Erfahrung, denn ich habe mich jahrzehntelang bemüht, die studierende Jugend – auch hier in der Schweiz – für das Ideal des liberal-demokratischen Staates zu erwärmen. Mein Erfolg war gering, und ich weiß, daß der anderer, die in der gleichen Richtung arbeiteten, kein wesentlich größerer war. Alles in allem genommen wird in den Ländern mit alten freiheitlichen Traditionen der liberal-demokratischen Verfassungsform immer noch der Vorzug vor jeder andern gegeben, aber es fehlt der Enthusiasmus, der in der Generation unserer Väter und Großväter keine Seltenheit war. So ist von den alten Idealen eins nach dem andern seiner herzbewegenden Macht verlustig gegangen. Ist kein neues an ihre Stelle getreten? Schon in der Vorkriegszeit beginnt die Weltanschauung vom nationalen Machtstaat von den Herzen der Menschen Besitz zu ergreifen. Das gilt nicht für alle Länder in der gleichen Weise, es gilt hauptsächlich für die Länder, die durch ihre geschichtliche, insbesondere ihre wirtschaftliche Entwicklung auf eine expansive Außenpolitik hingewiesen werden. In diesen Ländern erhob sich bei nicht wenigen der Gedanke an die äußere Macht und Herrlichkeit des eigenen Staates ins metaphysisch-irrationalistische und ersetzte den transzendenten religiösen Glauben, der seit dem Beginn der Neuzeit immer mehr unterhöhlt worden ist. Die aus dem ersten Weltkrieg hervorwachsende russische Revolution brachte dann die Wiederbelebung eines alten Ideals, des sozialistischen. Die Wogen des Kampfes zwischen Kapitalismus und Sozialismus, die sich vor dem ersten Weltkrieg geglättet hatten, gerieten von neuem in stürmische Bewegung. Hiervon profitierte die Weltanschauung des nationalen Machtstaats, die sich nun unter dem begünstigenden Einfluß des unglückseligen Versailler Friedens zur heroisch-kriegerischen Weltanschauung des Faschismus steigerte. Wegen seines zutiefst antisozialistischen Charakters fand der Faschismus auch da, wo man ihn sich nicht zu eigen machte, Sympathie und wirkungsvolle Unterstützung und rief auf dem Wege der Ansteckung in Staaten, die im großen und ganzen ihre demokratisch-rechtsstaatlichen Einrichtungen beibehielten, Erscheinungen hervor, die ein Mediziner vielleicht als faschistoide Symptome bezeichnen würde. Auf gut deutsch: In der verschärften Auseinandersetzung zwischen Kapitalismus und Sozialismus wurde auch in nichtfaschistischen Staaten die Achtung vor den Grundsätzen des Rechtsstaats vielfach außer Augen gelassen.

Damit soll nicht gesagt sein, daß alle Verstöße gegen die Prinzipien der Demokratie und des Rechtsstaats, deren man sich in den vom Autor unterstrichenen letzten Jahrzehnten schuldig gemacht hat, *unmittelbar* aus dem Gegensatz von Kapitalismus und Sozialismus abzuleiten wären. Zum Teil erklären sie sich zunächst einfach daraus, daß in Kriegszeiten, zu denen auch die Atempause zwischen den beiden Weltkriegen zu rechnen ist, ohne Konzessionen an das diktatorische Prinzip nicht auszukommen ist. Aber daß wir seit nahezu drei Jahrzehnten aus der Atmosphäre des Weltkriegs nicht herausgekommen sind, das scheint mir allerdings seine tiefste, wenn auch keineswegs seine einzige Ursache in dem Gegensatz zwischen Kapitalismus und Sozialismus zu haben, der seit der Französischen Revolution auf der Tagesordnung der Weltgeschichte den Hauptpunkt darstellt.

Gegenwärtig stehen sich auf der Weltbühne der Faschismus und der Sozialismus als die großen Antagonisten gegenüber. Man erkennt dies am besten, wenn man sich die Frage vorlegt, was soll geschehen, wenn wir einmal Frieden haben. Die Frage setzt die Annahme voraus, daß die Ära des Faschismus eine vorübergehende ist, denn der Faschismus kann uns den Frieden nicht bringen, da sein Ideal der siegreiche Krieg ist. Die Welt aber braucht den Frieden und wird ihn schließlich bekommen. Die Repräsentanten der angelsächsischen Staaten sagen uns, daß nach dem Krieg eine neue Welt beginnen werde, in der die Kriege und die Klassenkämpfe keine Stätte mehr finden würden. Darüber, wie sie sich die Organisation dieser neuen Welt denken, äußern sie sich nicht, aber es ist schwer, sie sich anders vorzustellen denn als eine sozialistische. Wäre es mit einer Reform des Kapitalismus, für die zahlreiche Vorschläge vorliegen, getan, dann bliebe unverständlich, warum eine solche Reform nicht schon längst durchgeführt worden wäre und uns vor der Katastrophe bewahrt hätte, in die wir geraten sind. Daß der Faschismus eine Erscheinung im Weltmaßstab werden konnte, erklärt sich, wie mir scheint, nur daraus, daß das Neue, das die Entwicklungsgesetze fordert, einen totalen Wandel der gesellschaftlichen Verhältnisse bedeutet, denn nur gegen einen Wandel solcher Art wehrt sich das menschliche Beharrungsvermögen mit den extremsten Mitteln. Eine neue Gesellschaftsordnung in diesem Sinn läßt sich nicht von einem Augenblick zum andern erfinden. Als eine neue Gesellschaftsordnung in diesem Sinn steht nur die sozialistische zur Diskussion und die seit mehr als hundert Jahren. Ihr gehen wir entgegen.

Wir haben allen Grund zu der Annahme, daß der sozialistische Staat der Zukunft demokratischen und rechtsstaatlichen Charakter tragen wird. Indessen wollte ich ihnen nicht von dem neuen Rechtsstaat reden, sondern von dem alten. Wir müssen an unsern alten freiheitlichen Institutionen bis auf weiteres aufs zäheste festhalten, wenn wir nicht in einen Wirbel hineingerissen werden wollen, in dem uns jede Handlungsfähigkeit verlorengeht. Große geschichtliche Wandlungen werden nicht ausschließlich durch den bewußten zweckgerichteten Willen der Menschen herbeigeführt. Sie beruhen auf überindividuellen Gesetzmäßigkeiten, die großenteils im Unbewußten ihre Wirksamkeit entfalten. Das heißt nicht, daß der zielbewußte Wille als geschichtsbildender Faktor ausgeschaltet sei. Es ist unsere höchste Aufgabe als freie vernünftige Wesen mitzuarbeiten an der fortschrittlichen Entwicklung der Menschheit. Wir können diese Aufgabe nur erfüllen, wenn uns die Demokratie und der Rechtsstaat erhalten bleiben. Wir werden diese Güter gegen jedermann zu verteidigen wissen, für uns selbst, für andere Völker und für die, die nach uns kommen.

Mein Weg zum Sozialismus[1]

(1944)

Meine Freunde! – ich kann nicht anders beginnen, Sie alle müssen mir gestatten, Sie in diese vertrauliche Anrede einzuschließen. Sie haben mir mit diesem Abend eine große Freude bereitet. Ich danke Ihnen aufs wärmste, ich danke Ihnen von ganzem Herzen. Unmöglich kann ich auf alle Ansprachen eingehen, durch die Sie mich geehrt und erfreut haben; sie werden aber alle in meinem Gedächtnis bewahrt bleiben. Ich will Ihnen nun meinerseits sagen, welche Bedeutung es für mich hat, in den letzten Jahren meine Lehrtätigkeit über den Kreis der Studierenden unserer Universität hinaus erweitert zu haben und in Vorträgen, Referaten, Kursen und Diskussionen in nähern Kontakt mit der Arbeiterschaft gekommen zu sein.

Einmal bringt es die Eigenart des Gebiets, das ich an der Universität zu behandeln habe, mit sich, daß bei der sehr starken fachlichen Inanspruchnahme der Studierenden die Zahl meiner Hörer nur eine recht beschränkte sein kann, weswegen es mir willkommen sein mußte, mich in Vorträgen im Rahmen der Volkshochschule und in verschiedenen Vereinigungen der Arbeiterschaft an ein etwas größeres Auditorium zu wenden.

Aber noch mehr als die Erweiterung des Hörerkreises interessierte mich die neue Aufgabe, die sich mir stellte, als es galt, meine Referate, in denen ich die umfassendsten und schwierigsten Fragen der Rechts- und Gesellschaftsphilosophie sowie der Erkenntnistheorie zu behandeln hatte, von allem terminologischen und technischen Ballast zu befreien, in diesen Referaten keine gelehrte Vorbildung vorauszusetzen, vielmehr die Sache selbst, sozusagen in ihrer nackten Gestalt, zu den Hörern sprechen zu lassen. Ganz mißlungen ist mir das schwierige Unternehmen nicht, sonst würden Sie mir nicht durch die Feier des heutigen Abends Ihre Anerkennung bezeugt haben, aber es ist mir, ich spüre das sehr wohl, auch nicht völlig gelungen. Zu derartigem ist Übung erforderlich. Geben Sie mir Gelegenheit, meine Kurse in Ihrem Kreise fortzusetzen. Wer weiß, vielleicht werde ich

[1] Rede, gehalten auf der Feier zum 60. Geburtstag des Autors; veröffentlicht in der Schriftenreihe der Partei der Arbeit der Schweiz, Basel 1944

mit der Zeit durch Übung zum Meister werden. So alt bin ich nicht, daß ich nicht noch manches lernen könnte.

Mit alledem ist das Wichtigste und Wesentlichste noch nicht berührt. Daß im Gang der Ereignisse die Vorträge, die ich bei Ihnen halte, zu einem integrierenden Bestandteil meiner Arbeit geworden sind, das hat mich in einer Auffassung des Verhältnisses der Wissenschaft zum Gesellschaftsleben bestärkt, die aufs engste mit meiner Weltanschauung verbunden ist.

Nach der Auffassung, die ich meine, sollten nicht nur, wie man es oft fordert, die Wissenschaften engere Beziehungen zum Leben der breiten Masse der arbeitenden Bevölkerung suchen, sondern es können sich die Philosophie und die einzelnen Geisteswissenschaften nicht anders beleben und erneuern als dadurch, daß sie sich in den Dienst der großen, vorwiegend von der Arbeiterschaft getragenen Bewegung stellen, die den Namen des Sozialismus trägt.

Der Weg, der mich zu dieser Erkenntnis geführt hat, ist lang. Gestatten Sie mir, die wichtigsten Etappen dieses Weges kurz zu bezeichnen: es ist das, wie mir scheint, von einem mehr als bloß persönlichen Interesse.

Als der erste Weltkrieg begann, stand ich im einunddreißigsten Lebensjahr, hatte also hinlänglich Gelegenheit gehabt, mich mit dem Geistesleben der Vorkriegszeit vertraut zu machen, und ich hatte die Gelegenheit nicht ungenützt vorübergehen lassen. Heute ist es für die überwiegende Majorität des Bürgertums geradezu ein Glaubensartikel, daß die Vorkriegszeit eine Epoche höchster, nicht nur materieller, sondern auch geistiger Blüte gewesen sei. Ich halte diese Ansicht nicht nur gegenwärtig im Rückblick auf die Vergangenheit für grundfalsch, ich habe die Vorkriegszeit stets als eine im tiefsten ungeistige Zeit empfunden.

Ein paar Streiflichter müssen genügen, um meine Auffassung der Vorkriegszeit zu verdeutlichen.

Lassen Sie mich mit der Rechtswissenschaft beginnen, da ich meines Zeichens Jurist bin. In der Vorkriegszeit herrscht der Rechtspositivismus. Er hält sich an das in den verschiedenen Ländern geltende positive Recht, legt es aus, stellt es systematisch dar, ergänzt und verbessert es gemäß den sich mehr oder weniger eindringlich bemerkbar machenden Bedürfnissen des Rechtslebens. Er sucht nicht, hinter dem positiven Recht die allgemeinen bleibenden Ideen zu erfassen, die das positive Recht allein wahrhaft sinnvoll machen. Der Rechtspositivismus steht im Gegensatz zur Naturrechtslehre, die im 18. Jahrhundert ihren Höhepunkt hatte, aber erst im ausgehenden 19. Jahrhundert gänzlich verschwindet. Diese Lehre suchte alles Recht aus Vernunftideen abzuleiten. In der neuesten Zeit ist von solchen Vernunftideen so wenig die Rede, daß der Philosoph Nelson im

Beginn des 20. Jahrhunderts ein Buch veröffentlichen konnte, das den Titel trägt: „Rechtswissenschaft ohne Recht." Mit dieser Wendung wollte er die zeitgenössische Rechtswissenschaft kennzeichnen. Rechtswissenschaft ohne Recht, das ist eine Rechtswissenschaft ohne Rechtsidee.

In der Gesellschaftswissenschaft, der Soziologie, war Max Weber innerhalb des deutschen Kulturkreises die weitaus bedeutendste Figur. Weber verbot es seiner Wissenschaft, die Sollensfrage, die Frage nach dem aufzuwerfen, was dem Gesellschaftsleben Sinn und Verstand verleiht. Wer von derartigem reden will, der soll auf die Straße gehen, er gehört nicht an die Universität.

Die Philosophie war, von einigen Ausnahmeerscheinungen abgesehen, nicht mehr wie früher Lebensphilosophie, d. h. eine Philosophie, die den Menschen Stecken und Stab sein will auf der Lebensreise, sie war im wesentlichen Logistik oder Kategorienlehre, d. h., sie beschäftigte sich mit den formalsten, inhaltleersten Sätzen, die den Einzelwissenschaften zugrunde liegen, oder mit den Kategorien, also abstrakten Schemata, die es den Einzelwissenschaften ermöglichen, sich scharf gegeneinander abzugrenzen. Eine Kategorienlehre in diesem Sinn ist das Gegenteil einer integrierenden Philosophie, die für alle Einzelwissenschaften das geistige Zentrum bildet, die ihre Strahlen vereinigt, um das Leben zu durchleuchten.

Die Religion hatte längst aufgehört, ein die ganze Gesellschaft inspirierendes Prinzip zu sein.

Das alte gesellschaftliche Ideal der liberalen Demokratie, das noch vor kurzem so viel für das gebildete Bürgertum bedeutet hatte, vermochte in der Zeit des Monopolkapitalismus und der mit ihm verbundenen Finanzoligarchie nicht mehr begeisternd zu wirken.

Das einzige neue Ideal, das eine erhebliche gesellschaftliche Wirksamkeit entfaltet, ist das des imperialistischen militaristischen Nationalismus. Aus ihm hat sich dann später die faschistische Weltanschauung entwickelt. Es ist ein Idol mehr als ein Ideal.

Gewiß, die Vorkriegszeit hat Erstaunliches geleistet auf den Gebieten der Technik, der Naturwissenschaften und auch in den Geisteswissenschaften, soweit es sich um solide, scharfsinnige fachliche Gelehrtenarbeit handelt. Aber es fehlen die Ideen, die das Gesellschaftsleben geistig konstituieren. Es fehlt das die Menschen im Innersten ergreifende höhere Ziel. „Our aimless civilisation", hören wir den Engländer Wells klagen. „Es fehlt der Mut, der im Gewissen sitzt, der freie Geist, der frisch die Wahrheit blitzt" (Spitteler in seinem Gedicht „Schlechte Gesellschaft").

So hat sich mir wie vielen anderen die Vorkriegszeit dargestellt, und wie viele andere suchte ich nach dem Grund für diesen Verfall, für diese geistige Depotenzierung.

Den Grund, werden Sie sagen, hättest du leicht finden können, wenn du dich an den Marxismus gehalten hättest. Der Marxismus lag mir ferne, und Sie werden das begreiflich finden, wenn Sie bedenken, daß zu der Zeit, von der ich rede, sogar in weiten Kreisen der sozialistisch eingestellten Arbeiterschaft der Marxismus durch den Revisionismus oder Reformismus ersetzt wurde, daß es sich um die Zeit handelt, von der der große französische Soziologe Georges Sorel sagte, daß eine „dissolution du marxisme" Platz gegriffen habe.

Bei Berücksichtigung der geschichtlichen Lage wird man einem bürgerlichen Intellektuellen kaum einen Vorwurf daraus machen, wenn er in der Vorkriegszeit in der sozialistischen Bewegung nichts fand, was das Herz höher schlagen läßt, wenn er sie für im wesentlichen ebenso ungeistig hielt wie die imperialistisch-nationalistische. Mir persönlich ist der Sozialismus von jeher viel sympathischer gewesen als der militaristische Nationalismus, aber es hat bei mir lange, sehr lange gedauert, bevor ich von ihm das Heil der Zukunft erwartete.

Woher sollte denn nun der große Aufstieg kommen, der dem Abstieg folgen mußte? Nur eine neue, metaphysisch fundierte Weltanschauung konnte, so schien es mir, die Rettung bringen. Ich glaubte verschiedene Ansätze für eine solche Weltanschauung in der zeitgenössischen Philosophie zu entdecken; ich machte es mir zur Aufgabe, an ihrer Fortentwicklung mitzuarbeiten, und habe der Erfüllung dieser Aufgabe meine besten Jahre gewidmet.

Wenn ich jetzt auf meine Bemühungen, die in ziemlich zahlreichen Publikationen Ausdruck fanden, zurückbliebe, dann habe ich den Eindruck, daß sie nicht gänzlich vergeblich gewesen sind. Ja ich kann mich zu ihren Ergebnissen im wesentlichsten noch heute bekennen. Meine Philosophie, wenn ich so sagen darf, enthielt einen schweren Fehler, aber der Fehler war korrigierbar. Er war deshalb korrigierbar, weil ich mich in meiner wissenschaftlichen Arbeit von Anfang an an den Leitsatz des englischen Philosophen Hume gehalten hatte: Erfahrung unsere Lehrmeisterin.

Daher brauchte ich angesichts neuer Erfahrungen nie von vorne anzufangen, sondern konnte fortentwickeln, ergänzen, verbessern.

Ich habe in den letzten Jahren ein Buch geschrieben, das den Titel tragen soll: „Geschichte der abendländischen Philosophie. Eine Geschichte des geistigen Fortschritts". Wenn die Arbeiterschaft sich für den Inhalt dieses Buches, das, wie ich hoffe, demnächst erscheinen wird, interessiert, dann wird sie wahrscheinlich zu dem Urteil gelangen, daß der Verfasser noch stark unter dem Einfluß des bürgerlich idealistischen Denkens steht. Aber das soll und wird uns nicht entzweien.

Denn soweit die Leser echt sozialistisch eingestellte Arbeiter sind, werden sie ohne Schwierigkeit erkennen, daß ich mit meinen Gedanken in dem, worauf es in der Schicksalsstunde, die wir erleben, vor allem ankommt und was ihnen am meisten am Herzen liegt, zu ihnen stehe und zu ihnen stehen würde, selbst wenn sie es nicht wollten; sie könnten mich nicht los werden.

Welches war nun aber der Fehler in meinem Kalkül und welches waren die Erfahrungen, die ihn mir sichtbar werden ließen? Wenn die Hilfe von einer neuen metaphysischen Weltanschauung kommen sollte, die alle gesellschaftlichen Verhältnisse bis ins Elementare, Wirtschaftliche hinein regenerieren würde, dann mußten die Intellektuellen bei der Hilfsaktion eine führende Rolle übernehmen, da keine Weltanschauung in unserer Zeit Aussicht auf dauernden Erfolg hat, es sei denn, daß sie aus eingehender und umfassender wissenschaftlicher Arbeit eine Begründung findet. Der Geist der Neuzeit ist nun einmal ein wissenschaftlicher Geist. So erwartete ich denn nach den furchtbaren Prüfungen des Weltkriegs, die gezeigt hatten, wohin ein militaristischer Nationalismus führen muß, einen mächtigen Auftrieb der Philosophie. Aber es kam ganz anders. Von einer Erhebung der Geister zu einer neuen metaphysischen Weltanschauung, wie sie mir vorschwebte, war nichts zu spüren. Die Folge des Weltkrieges war die sozialistische Revolution in Rußland und bei uns im Westen der Faschismus als Gegenrevolution gegen die drohende Revolution, die vor der Türe zu stehen schien. Die Elite des gebildeten Bürgertums hat, wenn ich recht sehe, in allen Ländern dem Faschismus die innere Zustimmung versagt, aber nichts lag ihr ferner, als ihm gegenüber mit dem Versuch zu reagieren, mit Hilfe eines neuen spiritualen Prinzips einen totalen Wandel der Gesellschaft herbeizuführen. Sie neigte angesichts des Faschismus zur Resignation. Es ist nicht der Geist, das ist die Meinung, es sind dämonische Mächte, die das Leben der Völker beherrschen, dem Geist bleibt nichts übrig, als sich in die Abgeschlossenheit des Tempels der Innerlichkeit zurückzuziehen. Da eine solche Resignation etwas meiner Natur durchaus Fremdes ist und ich an der inneren Hohlheit und Lebensunfähigkeit des Faschismus keinen Augenblick zweifelte, hatte ich nunmehr mit zwei Möglichkeiten zu rechnen. Entweder mußte es noch viel ärger kommen in der Welt, bevor die Ideen, denen ich anhing, die Herrschaft über die Gesellschaft erwerben würden, oder es waren in der sozialistischen Arbeiterbewegung geistige Kräfte am Werke, die ich bisher verkannt hatte. Ich begann nun dem neuen Rußland meine Aufmerksamkeit zuzuwenden, aber mein Vertrauen war zunächst ein zögerndes. Daher verweilte ich lange bei vorbereitenden Studien, verwendete insbesondere viel Zeit und Mühe auf die Erlernung der russischen Sprache und las bedeutend mehr ältere russische Literatur als sowjetische; freilich war letztere für mich nur schwer erhältlich.

Inzwischen war der Nationalsozialismus zur Macht gelangt. Dadurch schien sich mir dem Bürgertum der liberal-demokratischen Staaten eine letzte große Chance zu bieten. Vielleicht würde angesichts der größten Gefahr, von der die neuzeitliche Kultur je bedroht war, der liberal-demokratische Gedanke eine Wiedergeburt erleben und in seiner zweiten Gestalt ungleich geistesmächtiger sein als in der ersten. Die Chance war in der Tat gegeben, aber sie wurde nicht wahrgenommen. Wieder waren mir zusammen mit manchem andern die bittersten Enttäuschungen beschieden. Es blieb nun nur noch die Hoffnung auf die sozialistische Bewegung. Welches die Potenzen der sozialistischen Bewegung sind, das mußte sich am deutlichsten am ersten sozialistischen Staat zeigen. Daher beschäftigte ich mich jetzt mit ganz anderm Eifer mit dem neuen Rußland als zu der Zeit, da ich noch im stillen den maßgeblichen Impuls von der bürgerlichen Seite erwartete. Im Jahre 1935 verweilte ich einige Wochen in Rußland und vertiefte mich nach meiner Rückkehr in die Werke Lenins, dieses einzigartigen Mannes. Von Lenin ging ich zu Marx und Engels zurück und von ihnen zu den Frühsozialisten, von denen allen ich bisher nur eine ziemlich oberflächliche Kenntnis gehabt hatte. Das Ergebnis meiner wissenschaftlichen Auseinandersetzung mit dem Sozialismus, insonderheit mit dem Marxismus, in dem ich heute die bedeutendste Gesellschaftsphilosophie der Neuzeit sehe, kann ich Ihnen hier unmöglich mitteilen. Sie finden es in dem vorhin erwähnten Buch über die Geschichte der abendländischen Philosophie. Dagegen will ich Ihnen mit ein paar Worten sagen, wie sich mir im Licht der neu gewonnenen Einsichten die geistesgeschichtliche Lage der Vorkriegszeit und der Gegenwart darstellte.

Das 18. Jahrhundert kennt schon das sozialistische Ziel und bezeichnet es mit unübertrefflicher Prägnanz in der Losung der Französischen Revolution: Freiheit, Gleichheit und Brüderlichkeit aller Menschen. Aber das hohe Ziel ließ sich nicht erreichen durch Begründung der formalen Demokratie und des Rechtsstaats, wie sie aus der Französischen Revolution hervorgingen. Vielmehr ist dazu die Demokratisierung der Wirtschaft oder eine auf der Vergesellschaftung der Produktionsmittel beruhende Gemeinwirtschaft, also der Sozialismus, erforderlich. Das haben die fortschrittlichsten Geister im 19. Jahrhundert erkannt, sobald deutlich wurde, wie sehr die Errungenschaften der Französischen Revolution hinter den Intentionen der großen Gesellschaftsreformer des 18. Jahrhunderts zurückblieben. Indessen war eine sozialistische Wirtschaft so lange eine Utopie, als nicht der Kapitalismus die Vergesellschaftung der Produktion angebahnt und bis zu einem bestimmten Punkt entwickelt hatte, was erst im Verlauf des 19. Jahrhunderts der Fall war. In der Vorkriegszeit war der Sozialismus realisierbar, und da er realisierbar war, wurde er zur Pflicht erhoben durch das Gesetz der progressiven Entwicklung. Aber der Dämon des

Klasseninteresses hinderte das Bürgertum an der Erfüllung der Pflicht, er zwang es, in seiner Philosophie, seiner Soziologie, seiner Rechtswissenschaft der Stellungnahme zu den letzten Fragen des menschlichen Zusammenseins auszuweichen, was einen Niedergang des gesamten höhern Geisteslebens zur unausweichlichen Folge hatte. Die Mission, den Kapitalismus durch den Sozialismus zu ersetzen, fiel der Arbeiterschaft zu. Die Arbeiterschaft kann die Mission erfüllen, weil sie ein materielles Interesse an dem Regimewechsel hat und das materielle Klasseninteresse der stärkste unmittelbar geschichtsbildende Faktor ist. Dazu kommt, daß die Arbeiterschaft zu einer schlichteren, objektiveren Auffassung der Wirklichkeit befähigt ist als das Bürgertum, weil ihr Geist nicht mit den zahlreichen komplizierten Ideologien belastet ist, die das Bürgertum zur Wahrung seiner Machtpositionen allmählich ausgebildet hat.

Da die sozialistische Arbeiterbewegung im gesellschaftlichen Leben den Fortschritt repräsentiert, muß die Geisteswissenschaft, wenn sie sich beleben und vertiefen will, zu ihr in Beziehung treten, um sie bei der Erfüllung ihrer geschichtlichen Aufgabe zu unterstützen.

Demgemäß haben sich denn auch wie in anderen Ländern so in der Schweiz zahlreiche junge Intellektuelle aus bürgerlichem Milieu in den Dienst der Arbeiterbewegung gestellt und dabei häufig sehr erhebliche persönliche Opfer auf sich genommen. Sie hätten ein größeres Anrecht darauf, von Ihnen gefeiert zu werden, als ich, der ich erst nach einem verwickelten Entwicklungsgang und spät in ein näheres Verhältnis zur Arbeiterschaft gekommen bin. Ein junger Mensch ist entschuldbar, wenn er in erster Linie an sein persönliches Fortkommen im Leben denkt. In meinen Jahren weiß man nicht recht, was es da fortzukommen gibt, wenn man nicht das Wort in einem recht düstern Sinne nimmt.

„Sexagenarius de ponte", sagten die Römer. Von der Brücke mit dem 60jährigen / Wenn nun doch noch ein paar weitere Jahre zugebilligt werden, so scheinen sie sozusagen geschenkt zu sein. Mit geschenktem Gut hat man wohl einigermaßen großzügig zu verfahren. Ich bin entschlossen, mit meiner Zeit und mit meiner Kraft nicht zu geizen, wenn mich Arbeitervereinigungen um Vorträge oder Kurse angehen, weil sie sich irgendwelche Förderung von ihnen versprechen. Im Grunde genommen handelt es ich dabei nur um die Erfüllung einer naturalis obligatio, wie die Juristen sagen, d. h. einer Verbindlichkeit, die nicht im Rechtsweg geltend gemacht werden kann, sondern auf der natürlichen Billigkeit beruht. Es ist eine alte und eine neue Dankesschuld, die ich im Auge habe. Die neue ist kontrahiert durch das Vertrauen und die Sympathie, die Sie, meine Freunde, mir entgegengebracht haben und am heutigen Abend in einer mich ergreifenden Weise bekunden. Mit der alten hat es folgende Bewandtnis. Ich habe es gut gehabt im Leben und habe das lange, zu lange als eine Selbstverständlichkeit hingenommen. Ich habe von früher Jugend an unter günstigen materiellen Lebensbedingungen meine Anlagen ausbilden, den Neigungen meiner Natur nachgehen können. Ich habe mich, ich will es nun gestehen, mit erheblichem Erfolg um alle Arbeit zu drücken gesucht, die mich gelangweilt hätte, und vieles hätte mich gelangweilt. Es ist leider so, daß in der bisherigen Gesellschaft derartiges ein Privilegium ist, das durch beschwerliche saure Arbeit der Mehrheit der Bevölkerung erkauft wird.

Das ist mir eigentlich erst in den letzten Jahren deutlich bewußt geworden, und seitdem bin ich bereit, im bescheidenen Umfang meiner Wirkungsmöglichkeiten dazu beizutragen, daß diesem Zustand ein Ende gesetzt werde.

Das Testament des alten St. Simon muß ausgeführt werden. Die Quintessenz meiner Lehre ist, sagte St. Simon auf seinem Sterbelager, daß *in der Gesellschaft ein jeder die Möglichkeit haben soll, alle seine Fähigkeiten aufs freieste zu entfalten.*

Die Dialektik des Verkehrs unter den Menschen bringt es mit sich, daß der Gebende stets zugleich ein Nehmender ist. Ich will es nicht abwägen, wer mehr gibt und wer mehr nimmt, wenn ich bei Ihnen als Vortragender, Diskussionsredner oder Gesprächsteilnehmer verweile. Ich will Ihnen nur sagen, daß die Stunden, die ich in Ihrem Kreise verbrachte, mir eine Freude, Erfrischung und Anregung waren, und ich will Ihnen des weitern sagen, was das Beste ist, das ich Ihnen bringen kann. Der große französische Denker Pascal sagt einmal: „Il faut avoir une idée par derrière la tête et juger tout par là.“ Man muß einen Hintergedanken im Kopfe haben und alles nach ihm beurteilen. Ich habe der Weisung Folge geleistet.

Mein Hintergedanke, nach dem ich alles beurteile, ist die Überzeugung, daß es in der Welt aufwärtsgeht, unaufhaltsam aufwärts, trotz unzähligen Hindernissen, häufigen oft recht langen Stockungen und zeitweiligen Rückschritten. Ich habe ein unerschütterliches Vertrauen in die große Zukunft des Menschen und, um mit Romain Rolland zu sprechen, in die Vernunft als das Gesetz der Entwicklung. Wer von Ihnen dieses Vertrauen noch nicht hat, aber bereit ist, es sich mitteilen zu lassen, der nehme von meinem Vorrat, soviel er will. Der Vorrat wird mir nicht ausgehen, er reicht, solange ich lebe.

Aus: Die Geschichte der abendländischen Philosophie[1]

(1945)

Aus: Die Philosophie der Griechen

Die Antinomie des Einen und Vielen als Leitfaden durch die Geschichte der Philosophie

Die frühesten griechischen Philosophen nahmen noch keinen Anstoß an der Antinomie des Einen und Vielen. Daß aus dem einen Urstoff vieles hervorgeht, schien ihnen durchaus natürlich. Der erste, den das Zusammenbestehen von Einheit und Vielheit im Grunde genommen als etwas Unmögliches frappierte, war Parmenides. Seitdem ist die Antinomie des Einen und Vielen für den in die Tiefe dringenden Geist das eigentliche Welträtsel. Bis auf unsere Zeit gelten der Lösung dieses Rätsels die heroischen Bemühungen der größten Philosophen des Abendlandes. Wer sich in dem Labyrinth der Geschichte der Philosophie zurechtfinden will, dem sei geraten, sich über die in Betracht kommenden Lösungsmöglichkeiten rechtzeitig einen Überblick zu verschaffen, der zunächst begreiflicherweise nur ein schematischer sein kann.

Parmenides hat mit einer Rücksichtslosigkeit, die ohne Parallele ist, die Vielheit geopfert. Aber auch mit der Einheit ist man nicht immer glimpflich verfahren. So haben mittelalterliche Philosophen die Allgemeinbegriffe als flatus vocis (Hauch der Stimme) bezeichnet, und sie hatten im Altertum ihre, freilich meist gemäßigteren Vorgänger. Später, im 18. Jahrhundert, hat der Schotte David Hume nicht nur die Einheit der Substanz, sondern auch die der Kausalität beseitigt, so daß ihm schließlich die Welt in eine Vielheit loser Vorstellungen auseinanderzufallen droht.

Die Extreme der Einheits- wie der Vielheitslehre sind selten. Mit der Einheit allein geht es nicht, und mit der Vielheit allein geht es auch nicht: das ist die Auffassung der meisten. Nun trägt aber, wer auch nur ein wenig vom Geist des Parmenides verspürt hat, Bedenken, Einheit und Vielheit miteinander zu verbinden. Daher begegnet man so häufig dem Skeptizismus. Die Argumente des Skeptizismus, der schon im Altertum eine hohe Vollendung erreicht hat, werden uns noch beschäftigen. Ich will hier nur auf eine Erwägung hinweisen. Das erkennende Subjekt und das

[1] Nach dem Text einer vom Autor vorbereiteten, aber nicht erschienenen 2. Auflage des Werkes, 1. Aufl. Basel 1945, im Selbstverlag.

äußere Erkenntnisobjekt sind zwei. Denken und Sein mit Parmenides als ein und dasselbe zu bezeichnen, erschien als paradox. Dafür, daß unsere Vorstellung von den Dingen mit diesen übereinstimmt, ein durchaus getreues Abbild von ihnen ist, besteht keine Garantie. Also mußte man das Gebiet der gesicherten Erkenntnis wohl oder übel auf das beschränken, was wir von unseren eigenen Zuständen wissen, die durch die Einwirkung der Außenwelt auf unseren Organismus hervorgerufen sind, wobei die Frage, wie wir uns dieser Zustände bewußt werden können, beiseite bleiben mag. Da nun die Erkenntnis, auf die es in erster Linie ankommt oder jedenfalls den Alten ankam, die Erkenntnis der Außenwelt ist, läßt sich der Skeptizismus schwer vermeiden. Wer die philosophische Naivität verloren hat, also nicht mehr achtlos über die Antinomien hinweggleitet, wird, sofern er nicht ein Denker von besonderem Schlag ist, zugeben, daß wir bezüglich dessen, was wir vor allem wissen möchten, kein eigentliches Wissen haben, vielmehr auf Vermutungen, Wahrscheinlichkeitsurteile oder dergleichen angewiesen sind. Eine Doxa (Meinen, Fürwahrhalten) mag uns vergönnt sein, auf die Episteme (das Wissen) müssen wir verzichten.

Unter den Denkern von besonderem Schlag verstehe ich in diesem Zusammenhang diejenigen, die, von der Antinomie des Einen und Vielen im Innersten ergriffen, sie durch eine eigentümliche Methode, die dialektische, zu überwinden suchen. Dialektik in dem Sinn, in dem das Wort hier verwendet wird, zielt darauf ab, durch eine Steigerung des Denkens über das im Alltagsleben und in den Einzelwissenschaften übliche Maß hinaus in einer Reihe von Synthesen die Widersprüche soweit als irgend möglich aufzuheben. Im Altertum ist der größte Repräsentant der Dialektik in diesem Sinn Plato, dem sich die Neuplatoniker (Plotin, Proklos) anreihen. Als die bedeutendsten Dialektiker der Neuzeit gelten Fichte und Schelling und – die beiden überragend – Hegel und Marx. Kant wird gewöhnlich nicht zu den Dialektikern gerechnet, aber ganz zu Unrecht. Man meint, daß von den Antinomien bei ihm nur in dem Teil seiner Philosophie die Rede sei, der als Antinomienlehre bezeichnet wird, und will nicht sehen, daß die gesamte Transzendentallogik Kants gar nichts anderes ist als eine großartige dialektische Auseinandersetzung mit den Widersprüchen des Einen und Vielen. Ich werde später zu zeigen haben, inwieweit die Bergsonsche Philosophie und die vielgepriesene Phänomenologie dialektischen Charakter tragen.

Die Dialektik braucht nicht notwendig darauf auszugehen, völlig adäquate Welterkenntnis zu gewähren. Bei Hegel erhebt sie diesen Anspruch, aber bei Plato bescheidet sie sich mit einer Annäherung an das „Schauen von Angesicht zu Angesicht“. Versteht man die Ausdrücke Immanenz (etwa: Diesseitigkeit) und Transzendenz (Jenseitigkeit)[1] richtig, dann kann man sagen, daß die Hegelsche Philosophie ein Immanentismus, die Platonische dagegen transzendent ist. Insofern die Dialektik der Bescheidung fähig ist, kann sie auch mit einem weitgehenden Agnostizismus verbunden sein, wie dies für Kants Philosophie zutrifft: wir wissen nicht, wie die Welt an sich ist, sondern nur, wie sie uns erscheint. Was die Formen der Dialektik betrifft, so können sie stark variieren. Ich möchte von vornherein darauf hinweisen, daß es nicht immer ganz einfach ist, den gemeinsamen Grundzug an ihnen herauszufinden.

Es gibt bedeutende Denker, die für den Stachel der Antinomie verhältnismäßig unempfindlich sind. Sie verfallen daher nicht in Skeptizismus und fühlen nicht das Bedürnis, beim Aufbau ihres Systems Dialektik im eigentlichen Sinn des Wortes zu betreiben. Die Antinomien, auf die ein Parmenides oder Zenon aufmerksam machen, um ihre verblüffende Lehre vom Einen auf sie zu stützen, sind ihnen nur scheinbare Widersprüche, die sich, wie sie meinen, ohne Schwierigkeit mit dem Satz vom Widerspruch, deutlicher, mit dem Satz von der Unmöglichkeit des Widerspruchs in Einklang bringen lassen: es genügt die Einführung eines Mittelglieds, eine leichte Verschiebung, diese oder jene Distinktion. Hiervon wurde schon gesprochen, als wir Parmenides und Zenon zu behandeln hatten. In der Antike ist der vornehmste Vertreter des uns augenblicklich beschäftigenden Denkertypus Aristoteles. Es besteht eine nahe Verwandtschaft zwischen Aristoteles und Leibniz. Beide sind nicht Positivisten und nähern sich doch dem Positivismus. Wie könnte man den Mann, der einen transzendenten Gott lehrt, oder den Erfinder der von der göttlichen Zentralmonade prästabilierten Harmonie als Positivisten bezeichnen? Aber die hervorragendsten Schüler des Aristoteles haben seinen transzendenten Gott beseitigt, und das Philosophieren ging vielfach bei seinen Nachfolgern, den sog.

[1] Die Ausdrücke „Diesseits" und „Jenseits" sind doppelsinnig. Für die archaische Anschauung ist „das Jenseits" ein über allem irdischen Sein erhabener Bereich, der von allem Anfang an und bis in alle Ewigkeit existiert und insofern neben dem diesseitigen Sein besteht. Es handelt sich also um eine „Zweiweltentheorie". Die Seele des Menschen kann bei Fortbestehen des Diesseitigen ins Jenseitige übergehen. Stellt man sich auf den Standpunkt einer auf die Zukunft gerichteten Weltanschauung, wie sie sich in der Neuzeit zu entwickeln beginnt, dann bedeutet das Jenseitige ein neues Entwicklungsstadium der *einen* Welt, des Universums, eine höhere Synthese von Materie und Geist, wie sie sich nicht im deutlichen Vorstellen antizipieren läßt, sondern nur, als in der Richtung unseres tiefsten Strebens liegend, der Ahnung zugänglich ist. Der Bedeutungswechsel des Begriffspaares „diesseitig" und „jenseitig" korrespondiert somit mit der Umwandlung der archaistischen Philosophie in eine Philosophie sub specie futuri.

Peripatetikern, in eine Beschäftigung mit den Einzelwissenschaften über, denen der Meister in seinem größten Werk, der Logik, ein für nahezu zweitausend Jahre schlechthin mustergültiges Instrument zur Verfügung gestellt hatte. Ähnlich verhält es sich mit Leibniz. Seine ziemlich künstliche Metaphysik, umgebildet, aber keineswegs verbessert von Christian Wolff, brach unter den Keulenschlägen Kants zusammen, und die Wiederherstellungsversuche, die im 19. Jahrhundert vorgenommen wurden, hatten keinen nachhaltigen Erfolg. Dagegen hat seine rationalistische, mathematisierende Methode die Einzelwissenschaften nahezu ebenso gefördert wie die aristotelische Logik, und auch unmittelbar hat Leibniz, alle wissenschaftlichen Disziplinen beherrschend, für viele unter ihnen nicht weniger geleistet als Aristoteles. In beiden Fällen handelt es sich also, wie wir sagten, um eine Annäherung an den Positivismus. Dieser gehört in der Gestalt, die ihm Auguste Comte in seiner „philosophie positive" gegeben hat, erst dem 19. Jahrhundert an. Die „philosophie positive", die im wesentlichen eine Systematisierung der Einzelwissenschaften ist, verfährt ganz ebenso wie diese bei der Behandlung der Antinomien. Sie gibt sich überhaupt nicht mit ihnen ab und verzichtet ganz ausdrücklich darauf, in das Wesen der Dinge einzudringen, um sich auf die Erfassung der die Relationen oder Funktionen beherrschenden Gesetzmäßigkeiten zu konzentrieren. Bedenkt man, wie vergeblich die Bemühungen der dialektischen Philosophie um die Erkenntnis der Welt, wie sie an sich, der Substanz nach ist, bis in die neueste Zeit nur allzuoft gewesen sind, dann wird man solche Selbstbescheidung begreiflich finden, auch wenn man sie nicht zu billigen vermag.

Die Art und Weise, wie die Einzelwissenschaften mit den Antinomien verfahren, will ich noch an einem Beispiel erläutern. Ich wähle die Antinomie des Raums und der Zeit, auf die der „Achilleus" des Zenon abzielt. Sie beruht, wie wir sahen, darauf, daß sowohl der Raum als auch die Zeit einerseits Kontinua, andererseits in Teile zerlegbar sind. Die mathematische Naturwissenschaft, die wir hier in ihrer elementarsten Form auf den Plan treten lassen, die aber auch bei größerer Verfeinerung nicht anders vorgeht, kümmert sich nicht im geringsten um die Schwierigkeiten, auf die Zenon hingewiesen hat. Sie setzt voraus, daß Achilleus, wenn er schneller ist als die Schildkröte, sie mit der Zeit einholen wird. Kennt sie die Schnelligkeit der beiden, dann kann sie die Zeit, die der Vorgang des Einholens in Anspruch nehmen wird, berechnen. Nehmen wir an, Achilleus lege in einer Minute 200 m zurück, die Schildkröte 10, der Vorsprung sei 1900 m. Die gesuchte Zeit nennen wir x und stellen die Gleichung auf:

$$200x = 10x + 1900 \text{ oder } x = 10.$$

Man bedarf keiner eindringlichen Besinnung, um sich darüber klar zu werden, daß bei diesem Kalkül fortlaufend Zeit und Raum in Teile zerlegt und dabei doch auch wieder als Kontinua gefaßt werden. Eine Minute ist ein Zeitteil und andererseits in sich ein Kontinuum. Entsprechendes gilt von den 200 und den 10 m. Bei der Addition der 10 x und der 1900 m wird Geteiltes unter Verwischung der Grenzen zur einheitlichen Strecke zusammengezogen. In dem Resultat bietet sich uns trotz der Gliederung durch die Zahl ein internes Ganzes, das sich an beiden Enden als Zeitteil darstellt. Die Welt ist Einheit und Vielheit zugleich. Wer, wie Zenon es versuchsweise tut, nur den Vielheitsaspekt gelten läßt, der wird der Wirklichkeit ebensowenig gerecht, wie der, dem nur das Eine Realität ist. Wie die Verbindung von Einheit und Vielheit angesichts des Satzes vom Widerspruch möglich ist, kümmert die Einzelwissenschaften nicht. Aber es gibt Philosophen, die es sich nicht ausreden lassen, daß bei dem Zusammenbestehen von Einheit und Vielheit etwas nicht in Ordnung ist, und zu der Überzeugung gelangen, daß doch eigentlich alles Eines sei. Bisweilen beunruhigen übrigens die Antinomien auch die Einzelwissenschaften. Dies war z. B. der Fall, als man mit dem unendlich Kleinen zu rechnen begann, und ganz neuerdings hat das aktuell Unendliche in den Kreisen der Mathematiker wegen seines Konflikts mit dem Satz vom Widerspruch Bedenken erregt. Aber solche Hemmungen haben keinen nachhaltigen Einfluß auf den Gang der Einzelwissenschaften.

Die vorstehenden Erwägungen lassen uns verstehen, warum in der Philosophie im Gegensatz zu den Einzelwissenschaften ein Streit besteht, dessen Beilegung so hoffnungslos erscheint, daß die Philosophie als solche in Mißkredit zu kommen droht. Auch in den Einzelwissenschaften wird aufs lebhafteste gestritten, aber hier stehen immerhin die Fachleute insoweit auf einer gemeinsamen Grundlage, wie erforderlich ist, um sich über das Vorhandensein von Schwierigkeiten und über deren Lösungen weitgehend zu einigen. Die Philosophie ist in einer viel ungünstigeren Lage. Wo der eine alles sonnenklar findet, da sieht der andere ein Welträtsel, das ihn entweder zur Skepsis oder zu einem Lösungsversuch bestimmt, der dem gewöhnlichen Menschenverstand als paradox erscheint. Bei den Dialektikern, die auf eine Synthese der Gegensätze abstellen, variieren die zu ihrer Herbeiführung verwendeten Mittelglieder von System zu System, und die Kritiker bemühen sich nicht ganz ohne Erfolg um den Nachweis, daß es sich jeweils weniger um eine Überwindung als vielmehr um eine Vertuschung der Gegensätze handelt. Dazu kommt, daß nicht einmal über die elementarsten Tatbestände der äußeren und inneren Welt, die der Philosophie als Fundament ihres Systembaus zu dienen haben, Einigkeit erzielt werden kann. Der Befund steht unter dem Einfluß einer bestimmten Stellungnahme zur Antinomie des Einen und Vielen. So sind nach Hume und Kant die Einheitsbänder im Gegebenen nicht auffindbar, während James mit aller Bestimmtheit das Gegenteil behauptet. Daß da dem Geist nicht alle Hoffnung schwindet, die Hoffnung, meine ich, auf eine fortschrittliche Entwicklung der Philosophie als Gesamtleistung der Menschheit!

Die marxistische Lehre vom geistigen Überbau eröffnet bessere Aussichten für die Zukunft der Philosophie. Steht die hohe Sphäre des Philosophischen in Abhängigkeit von den materiellen gesellschaftlichen Verhältnissen, dann mag der bisherige aussichtslose Antinomienstreit die Abspiegelung jener sozialen Spaltungen sein, für deren Überwindung bis vor kurzem keine ernsthafte Chance gegeben war. Der Disharmonie in der Gesellschaft würde die Verwirrung entsprechen, in die das philosophische Denken durch den Widerstreit des Einen und Vielen versetzt wird. In der Vergangenheit mochten gerade die besten Geister, die die Klassengegensätze und ihre ruinösen Folgen für die Beziehungen zwischen der Gesamtheit und dem Individuum am peinlichsten empfanden, von der Unlösbarkeit der Antinomie des Einen und Vielen überzeugt sein. Jetzt nähern wir uns dem Stadium der Klassenlosigkeit der Gesellschaft, und in der klassenlosen Gesellschaft wird die in ihr herrschende Harmonie auch der Philosophie zugute kommen. Einheit und Vielheit werden sich auch dem anspruchsvollsten Kopf als vereinbar darstellen. An dieser guten Botschaft ist, wie uns scheint, soviel richtig, daß mit dem Aufhören der Klassengegensätze, die uns nachgerade in den Abgrund der Barbarei hineinzutreiben drohen, das geistige Leben unter Einschluß der Philosophie einen mächtigen Aufschwung nehmen wird. Aber volle Harmonie ist nicht von dieser Welt. Es steckt im Menschen, nichts zeigt es deutlicher als die Geschichte der Philosophie, ein Überschuß über das bloß Menschliche. Die Bestimmung des Menschen hat ihr Ziel jenseits des Menschentums. Der Mensch ist ein „Wesen, das sich selbst übertrifft". Die Philosophie ist der Ort, an dem sich der Mensch seine höhere Bestimmung zum Bewußtsein zu bringen hat. In welcher Weise aber wird die Philosophie ihrer Aufgabe gerecht werden können? Ich muß die Antwort, die ich bereithalte, schon an dieser Stelle, an der ich meinen Lesern die erste Vorbereitung für das Verständnis der Geschichte der Philosophie zu geben suche, wenigstens in Kürze andeuten. Dazu bedarf es zunächst einer Ergänzung der angestellten Betrachtungen.

Wir haben bisher unsere Aufmerksamkeit ausschließlich auf ein formales Moment gelenkt, auf die logische Vereinbarkeit des Einen und Vielen. Vielleicht erscheint die Situation als günstiger, vielleicht verliert sich der Eindruck des babylonischen Turmbaus, den die Geschichte der Philosophie bei dem Wahrheitssucher, ohne daß es seine Schuld wäre, hervorruft, wenn wir den Blick auf ihren sachlichen Gehalt richten. Wer Geschichte der Philosophie betreibt, der muß lernen, den Kern vom Gehäuse zu unterscheiden. Eine Philosophie, die einem verfeinerten logischen Bedürfnis wenig bietet, kann ungemein reich sein an Einsichten in den Sinn unseres Daseins. Epikur und die Stoa sind für das reine Denken ohne hervorragendes Interesse, aber sie haben dem praktischen Leben höchst Bedeutungsvolles zu sagen. Das unmittelbare Streben nach Lebensförderung hat hier den kognitiven Ausbau des Systems zu kurz kommen lassen. Das hindert nicht, daß wir es mit zwei der markantesten Erscheinungen der Geschichte der Philosophie zu tun haben. Aristoteles mag Plato im formal Logischen übertreffen, aber wenn es das Herz ist, das, wie Pascal meint, die Prinzipien erfaßt, dann war das Herz des Plato viel größer als das des Aristoteles. Schopenhauer hat den Unterschied, von dem wir reden, mit den Worten Scharfsinn und Tiefsinn zum Ausdruck gebracht: Aristoteles ist ihm der Scharfsinnige, Plato der Tiefsinnige. Schopenhauer selbst hat man es zum Vorwurf gemacht, daß seine Philosophie zahlreiche offenkundige Widersprüche enthalte und daß er nichts unternommen habe, sie zu beseitigen. Hieran ist richtig, daß bei Schopenhauer von Dialektik wenig zu finden ist und daß man ohne Dialektik der Antinomien nicht Herr zu werden vermag. Er besaß eine wunderbare Fähigkeit der Intuition, die ihn als Kritiker und als Begründer einer eigenen Weltanschauung unmittelbar in das Wesen der Dinge eindringen ließ. Er hat tiefe, unverlierbare Einblicke getan in die Motoren des Weltgetriebes. Ähnliches gilt von William James. Bei ihm fehlt es überhaupt an einem philosophischen System, aber es fehlt nicht an einer lebendigen genialen Weltanschauung, die in der Zukunft inspirierende Kraft entfalten mag. Diese wenigen Hinweisungen auf historische Beispiele mögen genügen, um den Unterschied von Kern und Gehäuse der Philosophie zu verdeutlichen. Wie steht es nun mit dem Fortschritt in dem, was wir als den Kern der Philosophie bezeichnet haben?

Gibt es überhaupt einen solchen Fortschritt, der von nicht wenigen geleugnet wird, dann vermag ich ihn nur in folgendem zu finden. Allmählich beginnt sich in der neueren Philosophie – nicht ohne Einwirkung des Christentums – ein Gedanke Geltung zu verschaffen, der den Alten noch fremd war und schon aus äußeren Gründen fremd sein mußte, der Gedanke, daß es die Bestimmung der Menschen ist, auf dieser Erde, erfüllt von gegenseitiger Liebe und geleitet von Vernunft und Wissenschaft, ihr Reich zu begründen. Ausgerüstet mit einer klaren wissenschaftlichen Erkenntnis von den Gesetzen der Natur, der individuellen Psyche und der Gesellschaft, können und werden die Menschen ihr bisher von Streit und Hader zerrüttetes Zusammenleben zu einer großen Arbeitsgemeinschaft umgestalten, an der alle als freie und gleiche Wesen beteiligt sind. Es fehlen diesem Bilde vorläufig noch zwei Züge. Von dem einen wurde bei

Behandlung der Seelenwanderung gesprochen. Auch von dem andern war bereits die Rede. Doch müssen wir ihn jetzt noch etwas näher ins Auge fassen. Das von den größten Geistern aufs tiefste empfundene und von keinem von ihnen befriedigte Bedürfnis nach einer Lösung der Antinomien deutet, ebenso wie die Sehnsucht des menschlichen Herzens nach Vollkommenheit im Emotionellen, hinaus über das Reich der Individuation in das Reich des universellen Geistes, deutet, um es in der Sprache des Dialektikers zu sagen, auf eine qualitativ neue Synthese der Gegensätze Materie und Geist. Der Begründung dieses Reichs hat der Geschichtsprozeß in seiner Totalität zu dienen. Eine der Aufgaben der Philosophie scheint es zu sein, in methodischer Untersuchung das Gefühl für die antinomische Struktur der Welt in ihrem gegenwärtigen Entwicklungsstadium wachzuhalten oder wieder zu beleben. Eine der Aufgaben, keineswegs die einzige Aufgabe der Philosophie. Sie hat auch die Einzelwissenschaften tunlichst zu einem Ganzen zu organisieren, wofür heute schon die allgemeine Methodenlehre der modernen Logiker, die „philosophie positive“ von Comte und der dialektische Materialismus erhebliche Vorarbeit geleistet haben. Alle Wissenschaften unter Einschluß der Philosophie stehen im Dienst der Praxis; sie sind ein Teil des gesamten Lebensprozesses der menschlichen Gesellschaft, der seinem Wesen nach praktisch ist. Dabei handelt es sich nicht um eine „fremddienliche Zweckmäßigkeit“. Die Wahrheit einer Vorstellung ist nicht identisch mit ihren lebensfördernden Wirkungen. Wohl aber führt der Weg zur Wahrheit über die Praxis. Denn der letzten Wahrheit mag die Wissenschaft nicht wirksam zu dienen, wenn sie, in seinem Erkenntnisstreben verharrend, sich in sich selbst abschließt und sich weigert, mit ganzer Energie die unvollkommene Erkenntnis, deren sie allein fähig ist, der Besserung der Welt zu widmen.

Aus: Die Philosophie der Neuzeit

Die Übergangszeit

Sobald man den Anfang einer geistesgeschichtlichen Epoche zu bestimmen sucht, stößt man auf eine Schwierigkeit, der vergleichbar, mit der sich die griechischen Eristiker bei ihrer Bemühung um die Lösung des „Haufens“ abgequält haben. Jede Erscheinung, mit der man denkbarerweise die betreffende Epoche beginnen lassen kann, hat ihre Vorläufer gehabt, und die Frage scheint berechtigt, ob nicht das Anfangsstadium auf sie zurückverlegt werden sollte. So kommt es, daß ein nicht zur Ruhe kommender Streit darüber besteht, wann das Mittelalter geendet und die Neuzeit begonnen hat, und daß manche Historiker auf jede scharfe Unterscheidung der Epochen Verzicht leisten. Und doch ist eine solche Unterscheidung unentbehrlich, wenn man sich von der Entwicklung des Geisteslebens Rechenschaft ablegen will. Schließlich muß jeder Wissenschaftler, wie der Jurist Otto Maier es einmal ausdrückt, die unmerklichen Übergänge der Wirklichkeit mit der Schärfe des Begriffs durchschneiden. „Si plus minusve secuerit, secus fraude esto."

Viel wichtiger als die genaue Datierung der einzelnen Epochen ist es für die Geistesgeschichte, daß eine jede von ihnen zutreffend charakterisiert wird. Ob das ungemein heikle Unternehmen einer solchen Gesamtvorstellung, seine „Idee" vom Sinn des geschichtlichen Prozesses richtig ist; er muß das Urteil hierüber seinen Lesern überlassen. Wenn wir Descartes und Bacon als die Väter der modernen Philosophie ansehen, werden wir kaum auf erheblichen Widerspruch stoßen, weit eher mit unserer Auffassung vom Geist der Neuzeit, die schon aus dem Vorhergehenden zu entnehmen ist und alsbald ausführlicher dargelegt werden wird. Ein Blick auf die Periode des Übergangs vom Mittelalter zur Neuzeit soll auf die genauere Charakterisierung der letzteren vorbereiten. Über Datierung und Wesen dieser Übergangsperiode ist natürlich eine ebenso heftige Diskussion geführt worden wie über die Neuzeit. Sie dürfte sich vom 14. bis zum 16. Jahrhundert erstrecken und in der italienischen Renaissance, wie sie Jakob Burckhardt meisterhaft geschildert hat, ihren typischen Ausdruck gefunden haben.

Es war eine Zeit des Sturms und Drangs, in der die Keime des Neuen sich mühsam aus dem Alten herausentwickelten und vielfach von diesem überdeckt wurden, so daß eine klare neue einheitliche Weltanschauung noch nicht zutage treten konnte. „Es war ja", sagt Friedrich Meinecke in seinem Buch über die Staatsraison, „als das sittlich religiöse Einheitsband des mittelalterlichen christlichen Lebensgefühls zerrissen war, unmöglich, sogleich einen neuen weltlichen Idealismus von gleicher Einheitlichkeit und Geschlossenheit aufzustellen. Denn es öffneten sich dem von den mittelalterlichen Hemmungen befreiten Geist zu viele Provinzen des Lebens, um sofort einen überragenden Punkt zu finden, von dem aus die säkularisierte Welt wieder als harmonische Einheit hätte begriffen und zusammengefaßt werden können. Man war Entdecker bald hier, bald dort." Was an der Renaissance in erster Linie auffällt, ist die frisch aufqellende Liebe zum Diesseits, die sich selbst bei vielen von denen äußert, die den transzendenten christlichen Glauben nicht eingebüßt haben. Im Menschen ist etwas, das mehr ist als der Mensch, und hierauf richtete sich vor allem der Blick des Mittelalters. Den Renaissancemenschen interessiert vorwiegend das rein Menschliche, und an diesem interessiert ihn schlechthin alles. Kein Zweig der Erdenwirtschaft erscheint als zu trivial, um zum Gegenstand einer methodischen Untersuchung gemacht zu werden. Den Begriff des Menschen, meint Jakob Burckhardt, hatte man von jeher gehabt, aber sie kannten die Sache. Es ist ein humanistisches Zeichen, mit dem wir es zu tun haben.

Die Erfindung der Buchdruckerkunst kam wie gerufen, um es den Menschen zu erleichtern, sich in gegenseitigem Gedankenaustausch eine gründlichere Erkenntnis der Welt zu verschaffen, als man sie bisher für erforderlich gehalten hatte. Wäre man auf die überkommenen technischen Methoden der Gedankenübermittlung beschränkt gewesen, hätte eine Bemeisterung des ungeheuren Stoffs von vornherein als aussichtslos erscheinen müssen. Wurde doch die Welt, die sich der Geist so gerne zu eigen machen wollte, zusehends größer. Nicht nur erweiterte sich für den Menschen im Anschluß an die Entdeckung des Kopernikus das Firmament ins Unendliche, es erweiterte sich auch der geographische und ethnographische Horizont dank den Seefahrten und den ihren Spuren folgenden Eroberungszügen, die zu den hervorstechenden Merkmalen dieser Ära gehören. Man bedurfte der Lehrmeister, um sich in der überreichen Fülle der Dinge, für die das Interesse der Menschen neu erwacht war, zurecht zu finden, und bei wem hätte man in die Schule gehen sollen, wenn nicht bei den Alten, deren Herz ja ebenfalls am Diesseits hing und die von sich sagen durften, daß nichts Menschliches ihnen fremd sei. Die Bewunderung für das Altertum, das jetzt eine Wiedergeburt erlebt, war unbeschreiblich, aber sklavische Nachahmung und Verzicht auf die Eigenpersönlichkeit fand sich nur bei den kleinen Geistern. Keine Epoche ist reicher gewesen an bedeutenden Individualitäten als die Renaissance. Auch tritt die Eigenart der einzelnen Glieder der abendländischen Völkerfamilie stärker hervor als im Mittelalter, und wenn man sich in den Kreisen der Gelehrten mit Erfolg darum bemühte, ein reines Latein zu schreiben, so kommen jetzt andererseits in der Literatur neben der universellen Sprache des Latein die heimischen Idiome zu ungewohnten Ehren.

In der Philosophie werden alle Systeme der Alten zu neuem Leben erweckt. Man übersetzt und ediert mit philologischer Kompetenz und Gewissenhaftigkeit die Schriften der antiken Philosophen und sucht bei der Auslegung ihren ursprünglichen Sinn klarzustellen, statt sie für die christliche Religion gebrauchsfähig zu machen. Besonders profitieren von der neuen Einstellung zum griechisch-römischen Gedankengut die Lehren, die das Mittelalter vernachlässigt oder geradezu verdammt hatte, die Stoa, der Skeptizismus, der Epikureismus. Letzterer wurde allerdings erst von Gassendi (1592–1655), der kaum noch zur Renaissance zu rechnen ist, von dem Makel der Immoralität befreit, der ihm so lange angehaftet hatte, und in ein Licht gerückt, in dem er sich für die neuere Physik als fruchtbar erwiesen hat. Um das Wiederaufleben des Stoizismus, der die Ethik Spinozas und Kants so tiefgreifend beeinflussen sollte, erwarben sich vor allem Justus Lipsius und Salmasius Verdienste. Der antike Skeptizismus fand in Montaigne (1533–1592) und in Charron (1541–1603) kongeniale Erneuerer. Dank dem Aufschwung der mathematischen Studien, in dem sich die neue Zeit so deutlich ankündigte, erlebte der Pythagoreismus eine dritte Blüte: die meisten bedeutenderen Werke der Renaissancephilosophie hatten einen starken pythagoreischen Einschlag. Aber das Hauptinteresse galt doch immer noch Plato und Aristoteles. Zwischen den Platonikern, von denen wir nur Gemistos Plethon (1355–1450), dessen Schüler Bessarion und Marsilius Ficinus (1433–1499) erwähnen wollen, und den Aristotelikern entstand ein homerischer Streit, wobei der wahre Plato in schärferen Konturen hervortritt, als es im Mittelalter der Fall gewesen war, aber immer noch allzusehr ins Neuplatonische umgedeutet wird. Da die Denker der Renaissance gegen die Scholastik vielfach eine übertriebene Abneigung hegten – hielten sie sie doch mehr noch, als sie es verdiente, für lebensfremd, vertrocknet und spitzfindig – mußte Aristoteles, der große Gewährsmann der Scholastik in deren letzter Periode, die schärfsten Angriffe über sich ergehen lassen. Nicht nur seine Metaphysik, die dem sogleich zu besprechenden Pantheismus der Renaissance so schroff entgegengesetzt war, sondern auch seine Logik wurden erbittert angefeindet. Hierbei tat sich besonders Petrus Ramus (1515–1572) hervor. Er stellte der aristotelischen Logik seine eigene Logik entgegen, die sehr viel von sich reden machte, aber in sachlicher Hinsicht keinen wesentlichen Fortschritt bedeutete. Bedenkt man, daß Aristoteles mit seiner Neigung zum Positivismus den Bestrebungen des neuzeitlichen Geistes weitgehend entgegenkommt, dann wird man sich nicht darüber wundern, daß es ihm in der Renaissance auch an begeisterten Verteidigern nicht fehlte. Die Aristoteliker jener Zeit schieden sich in Averroisten und Alexandristen (so genannt nach dem naturalistisch eingestellten antiken Peripatetiker Alexander von Aphrodisias). Der Streit zwischen ihnen entbrannte hauptsächlich über die Frage der Unsterblichkeit. Beide Parteien waren sich darüber einig, daß für die Philosophie – anders mochte es sich für den Glauben verhalten – eine persönliche Unsterblichkeit nicht in Betracht käme. Die Alexandristen, deren ausgezeichnetster Vertreter Pomponatius (1462–1524) war, wollten im Gegensatz zu den Averroisten nicht einmal die Unsterblichkeit eines allen Menschen gemeinsamen vernünftigen Teils der Seele gelten lassen.

Soweit die Philosophie der Renaissance Selbständigkeit für sich in Anspruch nehmen kann, ist sie wesentlich gekennzeichnet durch einen machtvollen Zug zum Pantheismus. Schon während des Mittelalters hatten sich pantheistische Neigungen geltend gemacht, ohne indessen den dem Christentum eigenen Dualismus ernstlich zu gefährden. Das Christentum, das wie alle großen geschichtlichen Religionen aus dem Bedürfnis nach Erlösung vom Weltübel hervorging, hatte ursprünglich Gott und die böse Welt, in die wir durch die Sünde verstrickt sind, aufs schärfste geschieden, und es kann auf den Dualismus nicht verzichten, wenn es nicht sich selbst aufgeben will.

Der Neuplatonismus wahrte sich, obwohl er dem Christentum in seiner Stellungnahme zum Erlösungsproblem verwandt war, etwas von der Weltbejahung und Weltfreudigkeit des Griechentums und besaß auch nicht die kognitiven Mittel, um dem Guten mit solcher Energie ein radikales Böses gegenüberzustellen, wie es dem Christentum durch seine Lehre von der Erbsünde ermöglicht wurde. Je mehr das Christentum sich in seiner Philosophie vom Neuplatonismus beeinflussen ließ, um so mehr geriet es in Gefahr, dem Pantheismus zu verfallen, und in der Tat haben sich denn auch im Verlauf des Mittelalters einzelne christliche Denker dieser Ketzerei schuldig gemacht. Indessen war die christliche Philosophie des Mittelalters nie ganz unter der Botmäßigkeit des neuplatonischen Denkens, auch ist der Neuplatonismus kein reiner Pantheismus: die Sinnenwelt hat für ihn ihre Grundlage in dem ungöttlichen, nichtseienden Bösen der Materie. Im Mittelalter erscheint der Pantheismus als eine vorübergehende Verirrung, nicht so in der Renaissance. Hier führt die überwallende Freude am Diesseits zu einer Vergötterung der Natur. Und wenn man dem Christentum insoweit treu bleibt, als man die Natur nicht geradezu mit Gott gleichsetzt, so legt man doch ihrer göttlichen Herkunft weit mehr Gewicht bei, als man es im Mittelalter zu tun pflegte. Die Welt, hatte man im Mittelalter gesagt, ist durch den Sündenfall des ersten Menschen aus den Fugen geraten, und wenn man platonisierte, hatte man hinzugefügt, daß doch das Licht der göttlichen Ideen, nach deren Vorbild sie geschaffen wurde, in ihr immer noch sichtbar sei. In der Renaissance war es ein weitverbreiteter Gedanke, daß Gott sich zwiefach offenbart habe, in den heiligen Schriften und in dem Buch der Natur, und man bemühte sich mehr, ihn aus diesem als aus jenen kennenzulernen. Um einen weitern Schritt nähert man sich der Vergöttlichung der Natur mit der Auffassung, daß Gott die Offenbarung und der Offenbarung die Natur unentbehrlich ist; zu Gottes Wesen gehört es, daß er sich expliziert, und die „explicatio“ kann nicht anders erfolgen als in der Weltschöpfung. Sätze dieser Art finden sich schon bei Meister Eckhart (1260–1327), dessen mystische Theologie in den folgenden Jahrhunderten fortwirkt. Immerhin gehört zur Welt auch der Mensch mit seiner nach der Schöpfung erfolgten Versündigung, und so bleibt der grundlegende Unterschied zwischen Gott und der Welt schließlich doch aufrechterhalten. Der Unterschied wird in Frage gestellt durch den überraschenden Einfall von Jakob Böhme (1575–1624), daß, weil alle Gegensätze, die sich in der Welt finden, in Gott wurzeln, auch das Böse in Gott seinen Urgrund haben müsse. Wir werden auf diesen Genieblitz, der auf Schelling zündend gewirkt hat, zurückzukommen haben. So bedenklich Spekulationen, wie die eben berührten, vom christlichen Standpunkt erscheinen mögen, so lassen sie sich doch noch in den Rahmen einer christlichen Weltanschauung einfügen. Giordano Bruno sprengt diesen Rahmen.

Giordano Bruno (1548–1600) ist der typische Renaissance-Philosoph, das heißt der Philosoph, der das Neue, das die Renaissance bringt, am reinsten verkörpert. Er ist der Apostel des Pantheismus. Die Entdeckung des Kopernikus regt ihn zu der Vorstellung an, daß das Universum unendlich ist und Raum hat für zahllose Systeme wie unser Sonnensystem. Unsere Erde ist nicht der ruhende Mittelpunkt des Weltalls, das Weltall hat überhaupt keinen Mittelpunkt, da ein solcher nur dem Begrenzten zukommt. Aber wenn er der Erde ihre zentrale Stellung nimmt, so bricht er andererseits endgültig mit der sie degradierenden aristotelischen Ansicht, daß sie aus einem geringern Stoff sei als die Gestirne, die wir am Himmel sehen, und wenn er sich an der unermeßlichen Weite und Vielgestaltigkeit des Himmels berauscht, so läßt er andererseits in jedem Individuum das ganze All enthalten sein. Für ihn ist ähnlich wie für Leibniz das Individuum eine Monade, die unter einem ihr eigentümlichen Gesichtspunkt die Totalität der Dinge zur Darstellung bringt. Der Mensch hat den Vorzug, daß er das Universum in sein Bewußtsein aufzunehmen vermag. Seine Erkenntnis des Universums immer vollkommener zu gestalten, ist sein höchstes Ziel. Gott ist in dieser Philosophie nicht transzendent, sondern wie in der des Spinoza mit dem Universum, mit der Natur identisch.

Für die pantheistische Auffasungsweise der Renaissance ist es bezeichnend, daß die Begründer der modernen mathematischen Naturwissenschaft, die dieser Epoche angehören, den Wert ihrer epochemachenden Entdeckungen weniger in dem praktischen Nutzen sehen, den sie der Menschheit gewähren sollen, als darin, daß sie für die göttliche Harmonie, die in der Natur waltet, einen unwiderleglichen Beweis erbringen. Nicht sowohl Baconischer Geist als vielmehr Verehrung für die gotterfüllte Natur spricht zu uns aus den Schriften eines Galilei (1564–1642) oder eines Kepler (1571–1630). Daneben fehlt es freilich der Renaissance gewiß nicht an einem lebendigen Interesse an der Beherrschung der Natur durch den Menschengeist. Man denke nur an den Feuereifer, mit dem magische und alchimistische Studien betrieben wurden. Die meisten dieser Studien haben historische Bedeutung vorwiegend als Belege für den Satz, daß der Aberglaube am reichsten in Zeiten wuchert, in denen der religiöse Glaube erschüttert ist und noch nicht in einer geistigen diesseitigen Weltanschauung ausreichenden Ersatz gefunden hat. Aber in einigen Fällen hat die phantastische Naturspekulation, die den in der Renaissance geübten Zauberkünsten zugrunde lag, den Fortschritt der Wissenschaft gefördert. Sie verband sich dann eben mit scharfem Blick für verborgene Zusammenhänge des Naturgeschehens, wie dies bei Theophrastus Bombastus Paracelsus (1493–1541) der Fall gewesen sein wird. Andernfalls würde man ihm nicht noch heute nachrühmen, daß er sich um die moderne Arzneikunde und Medizin erhebliche Verdienste erworben habe.

Wir haben im vorstehenden verschiedene Antizipationen der neuern Philosophie bei den Renaissancedenkern feststellen können. Vielleicht darf man behaupten, daß der größte Teil des neuzeitlichen philosophischen Gedankenschatzes der Anlage nach schon in der Renaissance zu finden ist. Oder, um Termini von Nikolaus von Kues zu verwenden: die Renaissancephilosophie ist eine „complicatio", zu der die neuere Philosophie die „explicatio" ist. Dies gilt auch von der Erkenntnis des Entwicklungsprinzips selbst, demzufolge nichts in der Welt zur Entstehung gelangt, das nicht im Keim schon vorher vorhanden war. Nikolaus von Kues (1401–1464), der wohl der originellste Philosoph der Renaissance war, ist besonders reich an Vorwegnahmen. Die Art und Weise, wie er sich mit dem „principium contradictionis" auseinandersetzt, erinnert uns Spätere an die Behandlung, die dieser Satz in einigen der großen Systeme des nachkantischen Idealismus gefunden hat. Schon die Neuplatoniker hatten in ihrer Hypostasenlehre den Satz vom Widerspruch tatsächlich aufs deutlichste preisgegeben, aber es fehlte der bewußte Gegensatz gegen die Logik des Aristoteles, wie er bei dem Kusaner unzweideutig zutage tritt. Für Nikolaus unterscheidet die „ratio" das sich Widersprechende und will seine Vereinigung nicht gelten lassen, aber es gibt ein höheres Geistesvermögen, den Intellekt, die „visio", die intellektuelle Anschauung, wie man im 19. Jahrhundert sagte, und für dieses Vermögen fließen die Gegensätze in eins zusammen. Freilich ist die „coincidentia oppositorum" für die menschliche Erkenntnis keine vollständige, als solche hat sie nur im göttlichen Geist ihre Stätte. Er ist eine „comprehensio incomprehensibilis", in der wir uns der transzendenten Lösung der Antinomien zu nähern suchen. Unser höchstes Wissen ist Nichtwissen, wennschon „docta ignorantia", gelehrtes Nichtwissen. Nikolaus hat nicht den Stolz eines Hegel, für den es keine Welträtsel gibt. Auch verwendet er kein dialektisches Verfahren, um den Geist zum Kulminationspunkt der Erkenntnis gelangen zu lassen, wohl aber erleichtert er ihm den Aufstieg durch einen mathematischen

Symbolismus, das heißt, er bemüht sich, an dem Beispiel mathematischer Begriffe zu zeigen, daß im Unendlichen Maximum und Minimum zusammenfallen.

Der moderne Subjektivismus hat in der Renaissance seine Vorläufer. So lehrt Thomas Campanella (1568–1639), daß wir zunächst nur von der Existenz unseres Ich vollkommen sichere Erkenntnis haben. Von uns selbst wissen wir, daß wir könnende, wollende und wissende Wesen sind und daß unsere Fähigkeiten nicht unbegrenzt sind, sich aber nicht ausschließlich auf Gegenwärtiges beschränken. An Campanellas Erkenntnistheorie ist außer dem Descartes antizipierenden Ausgangspunkt sein Sensualismus von Interesse, in dem er beträchtlich weitergeht als Locke und prinzipiell nicht hinter Condillac zurücksteht. Nach seiner Ansicht bedarf es nicht der Annahme eines besondern Verstandesvermögens; die sogenannte Verstandeserkenntnis ist ihm nichts anderes als Empfindung verwickelter Beziehungen.

Der Hinweis auf die Erfahrung als die wichtigste Quelle unserer Erkenntnis begegnet bei zahlreichen Philosophen der Renaissance. Dieser Hinweis findet sich, wie wir sahen, schon bei Aristoteles, war aber von den Scholastikern, denen es weniger auf den Erwerb neuer Erkenntnisse ankam als auf die Bestätigung und logische Rechtfertigung der offenbarten Wahrheiten, ungenügend berücksichtigt worden. Jetzt schickte man sich an, der in ihren Gesetzmäßigkeiten noch wenig bekannten diesseitigen Welt aus eigenen Kräften ihre Geheimnisse abzuringen, wobei die Empirie zu neuen Ehren kommen mußte. Unter den empiristischen Methodologen ist an erster Stelle Telesius (1508–1588) zu nennen, der von Bacon hoch geschätzt wurde und als sein unmittelbarer Vorläufer zu gelten hat. Neben ihm mögen Vives (1492–1540) und Nizolius (1498–1576) erwähnt sein. Empirismus und Rationalismus verband in mustergültiger Weise Galilei, indem er zeigte, wie im Experiment die mathematisch-physikalische Hypothese auf ihre Übereinstimmung mit der erfahrbaren Wirklichkeit zu prüfen ist. Er ist als Methodologe wie als Physiker einer der Begründer der modernen Wissenschaft.

Auch ein erheblicher Teil der Grundgedanken der neuern Staats- und Gesellschaftslehre ist in der Renaissance zum mindesten skizziert. In der Ethik dagegen ist die Übergangszeit verhältnismäßig wenig fruchtbar. Immerhin verdient Hervorhebung, daß Telesius den Versuch macht, die Tugenden als Äußerungen des Selbsterhaltungstriebs aufzufassen, und daß Campanella nach Analogie der Doppelbewegung der Gestirne – um die eigene Achse und um ein Zentralgestirn – einen Dualismus von egozentrischen und, wie es in neuerer Zeit Afrikan Spir ausdrückt, koinozentrischen Handlungstendenzen statuieren will. In der politischen Wissenschaft gilt Macchiavelli (1469–1527) als ein Bahnbrecher. Macchiavelli verschmäht die bisher vorherrschende idealistische Betrachtungsweise und tritt uns in seinem „Principe“ als hemmungsloser Realpolitiker entgegen. Er ist bereit, seinem Patriotismus alles zu opfern, auch seine Vorliebe für den republikanischen Freistaat, die uns die „Discorsi“ erkennen lassen. Die Rettung Italiens von der Fremdherrschaft ist nur von einem Gewaltherrscher zu erwarten, der bei der Behauptung der Staatsmacht und des dynastischen Interesses mit der politischen „necessità“ rechnet und kein Mittel unversucht läßt, um der launischen Dame Fortuna eine Gunstbezeugung abzugewinnen. Unter diesem Gesichtspunkt muß Macchiavelli die „virtù“ des Fürsten ganz anders bestimmen als etwa Thomas von Aquin in seinem „De regimine principis“. Macchiavelli sagt, was viele vor ihm dachten, aber nicht zu sagen wagten, und er sagt es vortrefflich als der kluge Kopf, scharfe Beobachter und bedeutende Schriftsteller, den selbst seine erbitterten Gegner in ihm gesehen haben. Dadurch, daß er den Gegensatz zwischen einer real-politisch konzipierten Staatsräson und der sittlichen Vernunft in ein so grelles Licht treten läßt wie niemand vor ihm, ist er zu einer der markantesten Erscheinungen der politischen Literatur geworden und hat auf die ganze Folgezeit außerordentlich anregend gewirkt. Als Theoretiker pflegt er stark überschätzt zu werden. Einen Realismus anderer Art vertritt sein Landsmann Cardanus (1501–1576). Er tadelt es, daß man sich damit abmüht, utopische Staats- und Gesellschaftsprojekte zu entwerfen. Viel besser täte man daran, die Gründe zu erforschen, aus denen die verschiedenen konkreten Staatsverfassungen entstanden sind, von denen die Geschichte berichtet. „Felix qui potuit rerum cognoscere causas“, das ist überhaupt seine Devise, und es ist weitgehend die Devise der Renaissance.

Nach streng wissenschaftlicher Methode möchte Gentilis (1551–1611) die Rechtswissenschaft betrieben wissen, ohne daß er deswegen darauf verzichten würde, sie als Sollensdisziplin zu fassen. Aus der Natur des Menschen läßt sich, wie er meint, das sachlich angemessene Recht deduzieren. Gentilis leitet über zu Hugo Grotius, den wir als den Vater des modernen Naturrechts ansehen und daher später behandeln werden. Auch der Franzose Bodinus (1530–1596) geht in seiner Staatslehre auf die Natur zurück und greift Montesquieu vor, indem er die Verfassungen mit geographischen und klimatischen Verhältnissen in Zusammenhang bringt. Daneben hat er für die staatsrechtliche Begriffsbildung Hervorragendes geleistet durch seine Definition der Souveränität und die scharfe Unterscheidung zwischen Verfassungs- und Regierungsformen. Während Bodinus für eine gesetzlich beschränkte Monarchie eintritt, ist Althusius (1557 bis 1638) ein Verfechter des Prinzips der Volkssouveränität und demokratischer Einrichtungen. Er betont, daß der Staat auf den engeren Verbänden der Familien, Genossenschaften und Gemeinden beruht: der zentralistischen Staatsidee tritt bei ihm die föderative entgegen.

Schon von einigen Staatsphilosophen des 16. Jahrhunderts, namentlich von Bodinus und Morus, wird der Toleranz das Wort geredet, der die fortschrittlich gesinnten Denker des 17. und 18. Jahrhunderts zum Sieg verhelfen sollten. Bei Bodinus verknüpft sich das Postulat der religiösen Toleranz mit der Erwägung, daß alle Offenbarungsreligionen aus einer natürlichen Religion abzuleiten sind. Leitsätze der natürlichen Religion, die später in den Kreisen der Aufklärung das Christentum nahezu verdrängen sollte, hat zuerst Herbert von Cherbury (1581–1648) aufgestellt, der als der Begründer des Deismus bezeichnet zu werden pflegt. Hier der Inhalt seines Katechismus der natürlichen Religion: Es gibt ein höchstes Wesen, dem wir Verehrung schulden; unsere Gottesverehrung hat sich vor allem in einem tugendhaften Leben zu äußern; unser Gewissen sagt uns, daß Gott hienieden und im Jenseits den Verbrecher bestraft und den Tugendhaften belohnt.

Für das sozialistische Ideal haben sich zwei große Renaissancedenker, Campanella und Morus, in Entwürfen von Utopien eingesetzt. Die „Utopia“ des Morus ist bei weitem bedeutender als der „Sonnenstaat“ des Campanella. Morus (1480–1535) hat erkannt, daß der Staat, welches immer seine Verfassung sein mag, ganz wesentlich die Funktion hat, die Ausbeutung der Nichtbesitzenden durch die Besitzenden zu ermöglichen. „Bei wiederholter Betrachtung der meisten aller jetzt florierenden Staaten kann ich einen Eid darauf leisten, daß sie nichts anderes sind als eine Art von Verschwörung der Reichen gegen die Armen. In Utopia jedoch, wo allen alles gehört, wird kein einziger Mensch Not leiden und für jene, die ihre Arbeitsfähigkeit verloren haben, wird nicht minder gesorgt werden als für den Arbeitenden.“ Der Sozialismus „Utopiens“ ist nicht einfach die Vergemeinschaftung aller Güter, er ist eine umfassende produktive Gemeinwirtschaft. Eine eingehendere theoretische Behandlung des Sozialismus ist in der Renaissance nicht gegeben worden, sie findet sich erst im 19. Jahrhundert. In den religiösen Bewegungen der Übergangszeit tauchte naturgemäß in verschiedenen Kreisen, namentlich bei den Ärmsten, der Gedanke an den christlichen Urkommunismus auf und führte zu Versuchen, die wirtschaftliche und gesellschaftliche Gleichheit aller zu verwirklichen. Solche Versuche sind – leider teilweise unter Billigung der Reformatoren – mit Feuer und Schwert bekämpft und unterdrückt worden. Für die Praxis des Sozialismus war die Zeit noch weniger reif als für seine Theorie. Wie ein Komet leuchtete der Sozialismus am Himmel auf. Niemand wußte, nur wenige ahnten, daß er das Ziel bezeichnete, dem sich die Entwicklung entgegenbewegte.

Allgemeine Charakterisierung des neuzeitlichen Geistes

Der neuzeitliche Geist ist, um es möglich kurz zu sagen, diesseitig gerichtet, freiheitlich, melioristisch und solidaristisch.

Von seiner diesseitigen Einstellung haben wir schon gehandelt, als wir von der Renaissance sprachen. Wir müssen jetzt die Eigenart solcher Diesseitigkeit noch etwas näher ins Auge fassen. Sie ist nicht ganz die gleiche wie die der Alten. Die Stellungnahme der Alten zur Welt ist mehr kontemplativ und ästhetisch, die unsere mehr praktisch. Jene wollten die Welt erkennen und sich an ihrer Schönheit erfreuen; das wollen auch wir, aber wir wollen vor allem in das Weltgetriebe tätig eingreifen, um die Dinge unseren Bedürfnissen dienstbar zu machen. Die aktive Auseinandersetzung mit der Natur, ihre Beherrschung durch die Technik konnte auch bei jenen nicht fehlen, doch steht sie bei ihnen nicht wie bei uns im Mittelpunkt des Interessses. Die Natur erkennen, um sie sich untertan zu machen, dieser Wahlspruch Bacons ist unantik, aber er ist nicht, wie so oft behauptet wird, englisch-utilitaristisch, sondern einfach neuzeitlich. Der Unterschied hängt damit zusammen, daß das Altertum den Kampf mit der Natur, der das Geschäft der Wirtschaft ist, den Sklaven überließ, während der moderne Kapitalismus diesen Kampf schon auf der untersten Stufe mit dem freien Arbeiter führt. Auch das Bedürfnis des neuzeitlichen Menschen nach einem Komfort, wie er nur durch die Vervollkommnung der Wissenschaft und Technik beschafft werden kann, differenziert unsere Haltung gegenüber dem Diesseits von der der Alten, und auch hierbei spielt der Wandel des Wirtschaftssystems eine Rolle. Der moderne Kapitalismus weckt Bedürfnisse, um sie für die Befriedigung seines intensiven Strebens nach Plusmacherei auszunützen. So ist er in mehr als einer Hinsicht ein Wegbereiter des modernen Geistes, aber es wäre eine Übertreibung, wenn man sagen wollte, der moderne Geist sei aus ihm geboren, und es wäre eine unverzeihliche Versündigung gegen diesen Geist, wenn man ihn mit dem Geist des Kapitalismus zu identifizieren wagte. Zahlreiche Faktoren wirken zusammen, damit der menschliche Geist auf seinem viel verschlungenen Entwicklungsgang seinem hohen Ziel allmählich immer näher komme. Unter diesen Faktoren hat sich der moderne Kapitalismus als besonders bedeutungsvoll erwiesen. Sobald er das Seinige getan hat, wird er ausgeschaltet werden, aber der neuzeitliche Geist wird weiterbestehen.

Er ist ein freiheitlicher, emanzipatorischer Geist. Zunächst galt es, sich von der spiritualen Diktatur der kirchlichen Autoritäten zu befreien, dann von der Bindung an den Kanon der heiligen Schriften. Der neuzeitliche Geist will seine Information über Gott und die Welt nur aus dem einen

Buch der totalen Welterfahrung entnehmen und sieht in den heiligen Schriften, die eine besondere, schlechthin maßgebliche Offenbarung des göttlichen Geistes zu enthalten behaupten, nichts als ein Kapitel unter vielen aus diesem Buche. Neben der geistigen Freiheit tritt die politische und dann die wirtschaftliche – die Voraussetzung beider, wie man mit der Zeit einzusehen beginnt – in den Horizont des neuzeitlichen Geistes. Schon in der Renaissance ist der Freiheitsdrang fast ebenso deutlich spürbar wie die Weltfreude; gehören doch die zwei aufs engste zusammen. Zum Abschluß gekommen ist der Befreiungsprozeß noch heute nicht. Daraus, daß es sich bei ihm nicht zum wenigsten um Befreiung von der christlichen Kirche und ihrer Offenbarungsreligion handelt, darf nicht gefolgert werden, daß die christliche Religion bei der Fundierung der modernen Auffassung von der Freiheit keine positiv fördernde Rolle gespielt haben könne. Ohne die jahrhundertelange Gewöhnung an die christlichen Gedanken von der Ewigkeitsbestimmung einer jeden Menschenseele und von der gleichen Beteiligung aller an der Liebe Gottes und Christi hätte die Idee von der „éminente dignité de la personne humaine" schwerlich die Macht über den modernen Menschen erlangen können, die ihr seit dem 18. Jahrhundert tatsächlich zukommt, und der Überzeugung von dem unverlierbaren Wert des Menschen muß sich schließlich die von der Unantastbarkeit seiner Freiheit beigesellen. Daß die Kirche im Mittelalter und bis in die neueste Zeit die Menschheit unter eine strenge Vormundschaft zu nehmen gesucht hat, steht diesen Feststellungen nicht entgegen. Die Griechen pflegten die Ideen der Freiheit und Gleichheit auf den engsten Kreis der Vollbürger zu beschränken, und die Stoa, die ihnen einen universellen Geltungsbereich gab, hat sie nicht so eindrucksvoll und tief zu begründen vermocht wie das Christentum. Sobald einmal die Vorstellung überwunden war, daß Gott die Menschheit der Leitungsgewalt der Kirche unterstellt hat, mußte sich die „Freiheit eines Christenmenschen" zu der Freiheit entwickeln, wie sie von dem modernen staatsphilosophischen Denken konzipiert wird. Daß inzwischen die christliche Metaphysik ihre Überzeugungskraft einbüßte, vermochte hieran nichts zu ändern.

Nicht nur das Christentum, auch der Kapitalismus ist am Werdegang der neuzeitlichen Freiheit beteiligt. Der Kapitalismus braucht den aller traditionellen Bindungen ledigen Unternehmer, und er braucht den rechtlich freien Arbeiter. Wenn schon er dem Arbeiter die Freiheit vor dem Gesetz nur gewährte, um ihn der Unterdrückung preiszugeben, sah er sich doch genötigt, die idealistische Propaganda der besten Geister des 18. Jahrhunderts zu unterstützen, in der es mit der Freiheit ernst gemeint war. In der Französischen Revolution erreichte der Kapitalismus sein Ziel.

Der neuzeitliche Geist, der sich durch sie enttäuscht sah, hat im 19. Jahrhundert die sozialistische Bewegung inspiriert: sie war bestimmt, das Erbe der Aufklärung zu übernehmen.

Ich habe den neuzeitlichen Geist als melioristisch bezeichnet; ich hätte an die Stelle dieses ungebräuchlichen Ausdrucks auch das Wort fortschrittlich setzen können, aber sein Sinn ist aus Gründen, die wir später kennenlernen werden, so entstellt worden, daß ich es nicht allzuoft an entscheidender Stelle verwenden möchte. Es kann und wird vorwärtsgehen in der Welt, vorwärts ins Unermeßliche dank Vernunft und Wissenschaft, die des Menschen allerhöchste Kraft sind, das ist der Glaube, der im 17. Jahrhundert begründet wird und im 18. weiteste Verbreitung findet. Der Sozialismus des 19. Jahrhunderts denkt etwas anders über die Faktoren, die die Entwicklung der Gesellschaft bestimmen, als die Aufklärung des 18. Jahrhunderts, aber auch er zweifelt nicht daran, daß die Menschheit mit der Zeit ihr ruhmvolles Reich auf Erden begründen wird. Ein diesseitiger Zukunftsglaube dieser Art ist etwas Neues. Der Gedanke einer unablässigen, durch nichts auf die Dauer zu verhindernden Vervollkommnung der menschlichen Gesellschaft liegt dem Altertum ferne. Vielleicht mag es, meinte man, einmal gelingen, einen kleinen Musterstaat zu schaffen, desgleichen die Welt bisher noch nicht gesehen hat; im großen und ganzen prävaliert die Ansicht von der ewigen Wiederkehr aller Geschehnisse oder von einem unaufhörlichen Auf und Ab, bei dem die Welt in toto nicht von der Stelle rückt. Nach der christlichen Auffassung steht der Menschheit etwas unvergleichlich Besseres bevor als das Los, das ihr gegenwärtig beschieden ist, aber dieses Bessere liegt im Jenseits. Die diesseitige Welt ist für den Christen so wenig zu einer fortlaufenden Vervollkommnung bestimmt, daß vielmehr eine katastrophale Verschlechterung der irdischen Dinge als ein Anzeichen dafür gilt, daß das kommende Gottesreich nahe ist.

Die Entwicklung zum Bessern vollzieht sich nicht ohne Zutun des Menschen. Der Mensch muß seines Glückes Schmied sein. Der Mensch, das bedeutet hier die Menschheit als konkretes Ganzes. Wäre jeder auf sich allein angewiesen, keiner würde es weit bringen. Alle haben mit vereinten Kräften zusammenzuarbeiten, um das allgemeine Menschenlos ständig zu verbessern. Im Sinne dieser Maxime ist der neuzeitliche Geist solidaristisch. Der erste große Vertreter des neuzeitlichen Denkens, bei dem der Solidarismus klar zutage tritt, ist Bacon. Die Wissenschaft ist bei ihm nicht das Privilegium einiger weniger auserwählter Geister. Er sieht in der von ihm eingehend beschriebenen induktiven Methode ein Instrument, das jeden Durchschnittsmenschen zu wichtigen naturwissenschaftlichen Entdeckungen befähigt, und er verspricht sich von dem

Zusammenwirken zahlloser wissenschaftlicher Arbeiter eine Beherrschung der Natur, die aller materiellen Not der Menschheit ein Ende setzt. Das Ideal der Gesellschaftsreformatoren des 18. Jahrhunderts findet in der Losung der Französischen Revolution seinen prägnantesten Ausdruck, und diese Losung enthält neben der Freiheit und Gleichheit die Brüderlichkeit. Es ist eine weitverbreitete Meinung, daß in den ersten Jahrhunderten der Neuzeit das Geistesleben durch einen ausgesprochenen Individualismus gekennzeichnet sei. Die subjektivistische Erkenntnistheorie dieser Epoche sei Gefahr gelaufen, in den Solipsismus auszumünden. Die Ethik sei eudämonistisch gewesen und habe ihr Fundament im Egoismus gesucht, der Wert der Vergesellschaftung sei ausschließlich mit dem Ertrag identifiziert worden, den sie für den einzelnen abwirft. Hieran ist soviel richtig, daß das Bestreben, den Menschen zu emanzipieren, zunächst zu einer subjektivistischen Erkenntnistheorie und einer individualistischen Ethik führte. Dabei war aber von vornherein der Gedanke am Werk, daß die verselbständigten einzelnen zu einer Arbeitsgemeinschaft verbunden werden müßten. Freilich waren die theoretischen Mittel, mit denen man eine solche Vereinigung zu begründen suchte, unzulänglich. Doch läßt das die solidaristischen Intentionen der geistigen Pioniere des 17. und 18. Jahrhunderts unberührt. Die Brüderlichkeit war in jener Epoche kein bloßes Schlagwort, dessen sich das aufstrebende Bürgertum zu demagogischen Zwecken bediente; sie war es, auf die die Männer letztlich abzielten, die der Französischen Revolution die geisitge Grundlage gegeben haben. An den solidaristischen Tendenzen des Sozialismus des 19. und 20. Jahrhunderts hat noch niemand gezweifelt. Statt Sozialismus könnte man auch Solidarismus sagen.

Als wir Platons Staatslehre besprachen, suchten wir zu zeigen, aus welchen Gründen die Griechen zu einer adäquaten Vorstellung von der menschlichen Solidarität nicht zu gelangen vermochten und Platos großartiger Versuch einer solidaristischen Staatsphilosophie zum Scheitern verurteilt war. Als wir dann zum Christentum übergingen, erschien es uns als seine genialste Tat, daß es die Menschen – nicht nur die Bürger des gleichen Staates – von ihrem Zusammenstehen auf Gedeih und Verderb zu überzeugen wußte. Zugleich wiesen wir damals schon darauf hin, daß die Solidarität des Christentums als eine Solidarität im Gerettetwerden eine passive ist und erst vom neuzeitlichen Denken durch eine aktive ersetzt wurde. Daher ist auch bezüglich der Solidarität der neuzeitliche Geist im Christentum verwurzelt. Dagegen trennt die Solidarität den neuzeitlichen Geist aufs schärfste vom Kapitalismus, denn dessen Geist ist der der Konkurrenz unter den Unternehmern und der Unterdrückung der einen Klasse durch die andere, er ist der Geist der rücksichtslosen Selbstbehauptung der Individuen und Klassen im Kampf ums Dasein. Trotzdem steht die volle Entfaltung des Solidaritätsgedankens in kausalem Zusammenhang mit der Entwicklung des modernen Kapitalismus. Denn die Solidarität wäre ein blasser Schemen geblieben, wenn sie nicht durch die Vergesellschaftung der Produktion, zu der der Kapitalismus zwangsläufig führte, Wirklichkeitsnähe erhalten hätte. Der moderne Kapitalismus ist ein höchst peinliches, aber unentbehrliches Durchgangsstadium auf dem Weg, auf dem der Mensch seinem hohen Ziel entgegenschreitet.

Unserer Auffassung des neuzeitlichen Geistes wird der stärkste Widerspruch von seiten derer entgegengesetzt werden, für die die Reformation die ausschlaggebende geistige Bewegung der Neuzeit und daher die Neuzeit eine Ära des wiedergeborenen Christentums ist. Wir müssen uns mit dieser Gegenthese etwas eingehender auseinandersetzen. Der neuzeitliche Geist ist so wenig reformiert christlicher Geist, daß er trotz seiner tiefgehenden Beeinflussung durch das Christentum zu wesentlichen christlichen Grundgedanken in ausgesprochenem Gegensatz steht. Ich will nur die beiden wichtigsten Punkte hervorheben: das Selbständigkeitsstreben des modernen Menschen kann sich weder mit dem christlichen Theismus noch mit der christlichen Ethik vertragen. Schon gegen Descartes wurde von dem frommen Christen Pascal der Vorwurf erhoben, daß er Gott nur pro forma in sein System aufgenommen habe, indem er ihm der Welt einen Nasenstüber geben ließ. Im folgenden Jahrhundert erklärten große Naturforscher den göttlichen Nasenstüber für entbehrlich. Als Napoleon Laplace gegenüber seiner Verwunderung Ausdruck gab, daß in dessen Naturphilosophie von Gott überhaupt nicht die Rede sei, soll er zur Antwort erhalten haben: „Ich hatte keinen Anlaß, zu dieser Hypothese zu greifen." Die wissenschaftliche Bearbeitung der Erfahrung führt nicht auf Gott oder wenigstens nicht auf einen Gottesbegriff wie den der christlichen Religion, und der neuzeitliche Geist befreundet sich nur mit einer Weltanschauung, die er sich wissenschaftlich zu erarbeiten vermag. Der handelnde Mensch der Neuzeit ist von vornherein einem Gott abgeneigt, dessen alles umfassende Fürsorge seine eigene Wirksamkeit als bedeutungslos erscheinen läßt. Einsichtsvolle Katholiken und Protestanten führen die in den neuzeitlichen Jahrhunderten immer deutlicher hervortretende Abkehr vom Christentum auf das zurück, was sie menschlichen Hochmut oder Hybris nennen und was wir als Selbständigkeitsstreben bezeichnen. Am ehesten noch verträgt sich das Selbständigkeitsbedürfnis der Neuzeit mit einem Gott, der den Naturmechanismus geschaffen hat, um es dann dem Menschen zu überlassen, sich mit ihm auseinanderzusetzen, aber das ist Deismus, nicht Theismus. Im 18. Jahrhundert bekennen sich die denkfähigen Menschen, die man als Vertreter des neuzeitlichen Geistes anzusehen pflegt, teils zum Deismus, teils zum Atheismus; bei manchen, wie z. B. bei Voltaire, ist zweifelhaft, in welche

Kategorie man sie zu rechnen hat. Im 19. Jahrhundert pulsiert das neuzeitliche Geistesleben am stärksten im Sozialismus, der in seiner bedeutendsten Erscheinungsform, im dialektischen Materialismus, radikal atheistisch ist. Eine nicht unerhebliche Rolle spielt daneben der Positivismus, der gleichfalls atheistisch oder religiös indifferent ist. Die Romantik wird man schwerlich zur Repräsentantin des neuzeitlichen Geistes stempeln wollen. Und selbst wenn man es täte, wäre damit für den Theismus nicht viel gewonnen, denn die Romantik kommt nicht vom christlichen Glauben; ihre Grundzüge sind der Ästhetizismus und die politische Reaktion.

Was sodann die christliche Ethik betrifft, so konnte sie sich der neuzeitliche Geist so lange zu eigen machen, als er hoffen durfte, die menschliche Gesellschaft durch Aufklärung und einem Appell an die Nächstenliebe zu reformieren. Diese Illusion schwindet im 19. Jahrhundert. Die klarsten, fortschrittlichsten Denker erkennen, daß eine entscheidende Besserung der gesellschaftlichen Verhältnise nur durch eine gewaltsame Auseinandersetzung mit den am Status quo interessierten Machthabern verwirklicht werden kann. Wollen wir vorwärtskommen, dann müssen wir den physischen Kampf mit unserm Gewissen zu vereinigen suchen. Das aber widerspricht der christlichen Ethik, die jede Gewaltanwendung verwerfen muß.

Der Versuch, den neuzeitlichen Geist für das Christentum zu vindizieren, kann nicht durch die Berufung auf die Reformation gerechtfertigt werden. Die Reformation will das Urchristentum wieder beleben, aber es gelingt ihr nicht, denn es fehlt ihr an dem weltentsagenden Sinn, der dem ursprünglichen Christentum eigen ist. Sie trägt in ihr erneuertes Christentum etwas von der Weltliebe und dem Freiheitssinn des modernen Menschen hinein und schafft so ein Gebilde, das keine dauernde Lebensfähigkeit besitzt. In dem Dualismus der *lutherischen* Ethik muß sich das weltliche Element schließlich als das stärkere erweisen. Jede Ethik, die darauf verzichtet, das gesellschaftliche Leben von Grund aus zu versittlichen, versagt zuletzt auch in der Innensphäre. Dies gilt für die Ethik Luthers, wie es für die Kants gilt. Hören wir Troeltsch über die erstere: „Die christliche Ethik ist für Luther eine doppelte, eine rein und radikal christliche Ethik der Person und der Gesinnung einerseits und eine natürlich vernünftige, nur relativ christliche, d. h. von Gott verordnete und zugelassene Ethik des Amtes andererseits. Gemäß der letzteren muß der Christ Gewalt und Recht treiben, schwören und Ehescheidung vornehmen, Besitz und Eigentum erstreben, wenn es die staatliche und gesellschaftliche Ordnung verlangen, während der innere Christ, die Person, von alledem nichts weiß und in der absoluten Liebe bis zur Auslöschung alles eigenen Interesses der Diener aller ist." Diese dualistische Auffassung beruht auf einem unhaltbaren Kompromiß zwischen der Diesseitsfreudigkeit der Neuzeit und dem Diesseitspessimismus des Christentums. Der Lutheraner ist zu sehr neuzeitlicher Mensch, um aus der Welt zu fliehen, und er ist es zu wenig, um in der irdischen Welt das Gute verwirklichen zu wollen: ein derartiges Unterfangen erscheint ihm als frevelhafte kreatürliche Überheblichkeit. Da er nun aber doch das bessere, höhere Leben des Menschen nicht erst nach seinem Tode beginnen lassen konnte, eröffnete er ihm unter Wahrung der Gleichzeitigkeit mit dem diesseitigen, weltlichen ein besonderes Konto der Innerlichkeit. Die Geschichte der lutherischen Kirche und ihrer Einwirkungen auf das weltliche Gesellschaftsleben zeigt, wohin man mit solchem Doppelspiel gelangen muß.

Bei Calvin finden wir die vielumstrittene Bewährungsethik. Wer zur Verdammnis und wer zur Glückseligkeit ausersehen ist, hat Gottes unergründlicher Ratschluß von allem Anfang vorausbestimmt. Der zur Rettung Erkorene wird die Gnade bewähren in seinem Verhalten. Da nun von vorneherein niemand wissen kann, ob er zur Gnade erwählt ist oder nicht, wird normalerweise jeder, der sich zum Calvinismus bekennt, bestrebt sein, sich selbst durch seinen Lebenswandel den Beweis zu erbringen, daß er das bessere Los gezogen hat. Worin besteht nun die Gnadenbewährung? Jedenfalls darin, daß der Erwählte Gott verherrlicht, Gott die Ehre gibt, durch die Tat kundtut, wie es um diejenigen bestellt ist, die Gott zu den Seinigen rechnet. Diese vage Formel bedarf der nähern inhaltlichen Ausfüllung. Man wird annehmen dürfen, daß sie im Geist eines Mannes wie Calvin vor allem in einer achtunggebietenden, sittenstrengen, gottesfürchtigen Lebensführung besteht, in der sich die Kraft äußert, allen Versuchungen der sündigen Welt Widerstand zu leisten. Legt man dies Kriterium zugrunde, dann dürfte sich vom Augenblick an, da die Kirche Calvins sich einer größern Anhängerzahl erfreute, das numerische Verhältnis zwischen der Schar der zur Gnade Erwählten und der „massa perditorum" als ein sehr ungünstiges dargestellt haben. Das Verhältnis verbessert sich nicht unwesentlich, wenn man, Max Weber folgend, die Gnadenbewährung mit der modernen kapitalistischen Wirtschaftsethik in Zusammenhang bringt. Wer im höchsten Grade planmäßig, asketisch-haushälterisch und daher in der Mehrzahl der Fälle erfolgreich wirtschaftet, mag darin ganz wohl eine Gnadenbewährung finden, und eine solche Auffassung der Gnadenbewährung übt auf die meisten Menschen sicherlich eine größere Anziehungskraft aus als die in erster Linie erwähnte. Man kann, wie mir scheint, nicht bezweifeln, daß die Webersche Hypothese eine erhebliche psychologische Wahrscheinlichkeit für sich hat. Andererseits ist es begreiflich, daß respektable Calvinisten energischen Widerspruch gegen sie einlegen. Ist sie richtig, so erbringt sie nicht, wie Weber glaubt, Beweis für eine Beherrschung des modernen Wirtschaftslebens durch die christliche Religion, sondern für eine Indienststellung der christlichen Religion durch die Zweckbestrebungen, die höchst weltlichen Zweckbestrebungen der neuzeitlichen Wirtschaft. Größere Gegensätze als der Geist der christlichen Religion und der Geist des modernen Kapitalismus sind undenkbar. Aber auch wenn man die Gnadenbewährung in einem reineren Sinne faßt, steht sie in Widerspruch zu dem, was der moderne Geist genannt zu werden verdient. Dieser Geist der Menschheit will nichts bewähren als sich selbst, niemanden verherrlichen als sich selbst, er will schöpferisch wirken, den Menschen einem höhern Los entgegenführen, „humanis commodis inservire", wie Bacon sagt, wobei man unter „commoda" nicht nur die Bequemlichkeiten des materiellen Lebens, sondern die vornehmsten inneren Güter zu verstehen hat.

Mit alledem soll nicht geleugnet werden, daß die Reformation die Entwicklung des neuzeitlichen Geistes kraftvoll unterstützt hat. Vor allem hat sie sich um die Erringung der Glaubensfreiheit unschätzbare Verdienste erworben. Wohl ist die Reformation nicht in der Wurzel antiautoritär; die höchste Autorität, die der Offenbarung, wie sie in den heiligen Schriften erfolgt ist, bleibt bei ihr intakt: „Das Wort sie sollen lassen stahn." Nur die menschlichen Autoritäten, die sich mit der Zeit zwischen das Wort Gottes und die Seele des Christen eingeschoben haben, will sie beseitigen. Hiernach teilt die Reformation, wenn auch in abgeschwächtem Maß, mit dem neuzeitlichen Geist die emanzipatorische Tendenz. Selbst von dem Augenblick an, da sie sich auf ein Dogmenbekenntnis festlegte, hat sie nicht aufgehört, befreiend zu wirken. Die protestantische Kirche mußte es sich angelegen sein lassen, jedem die freie Wahl zwischen dem alten und dem neuen Bekenntnis zu ermöglichen. Der Unterschied zwischen den beiden Bekenntnissen ist für die meisten Menschen der Gegenwart kein sehr erheblicher, aber für das enge Urteil und den Glaubensfanatismus der damaligen Zeit war er unüberbietbar groß, so daß es, wenn man einmal die Bekenntniswahl zuließ, zur völligen Freiheit in weltanschaulichen Fragen nur ein kleiner Schritt zu sein schien. Der kühne Neuerer, der irgendwelche Idole eines katholischen Glaubens ins Wanken bringt, erschüttert schlechthin alle Idole. Es ist kein Zufall, daß die Toleranz in Glaubensfragen zuerst in einem protestantischen Land wie Holland zum Prinzip erhoben wurde. Fraglicher ist, ob die Demokratie dem Protestantismus wesentliche Förderung verdankt. Der Umstand, daß das Luthertum sich als eine Stütze des landesherrlichen Absolutismus bewährt hat, liefert kein durchschlagendes Gegenargument. Der Protestantismus hat mehr Affinität mit der Demokratie als mit dem Absolutismus und wird, wo die elementaren Faktoren des Wirtschaftslebens eine Entwicklung zur Demokratie in Gang brachten, diese Entwicklung bestärkt und beschleunigt haben. Freilich muß man sich vor Übertreibungen hüten, insbesondere darf man nicht religiösen Formeln, wie wir sie etwa in den nordamerikanischen Verfassungen finden, eine allzu große sachliche Bedeutung beimessen. Der Kapitalismus und der Protestantismus beeinflussen sich gegenseitig und beeinflussen miteinander das ganze moderne Gesellschaftsleben. Hält man sich an die Worte der agierenden Personen und an das, was in ihrem Bewußtsein vor sich ging, dann wird man den religiösen Gedanken für prävalierend erklären. Sucht man die wahren Motive zu eruieren, gleichgültig, ob sie den Handelnden bewußt wurden oder nicht, dann wird man leicht geneigt sein, dem kapitalistischen Interesse ausschlaggebende Bedeutung zuzusprechen. Dies gilt vor allem, wenn man die einzelnen Stadien ins Auge faßt. Für eine geistesgeschichtliche Gesamtschau, die alle seit dem Mittelalter verflossenen Jahrhunderte umfaßt, wird sich der neuzeitliche Geist als das Wesensgesetz darstellen.

Wie wollen wir es rechtfertigen, daß wir den neuzeitlichen Geist so und nicht anders fassen, als wie es eben geschehen ist? Wir haben seine hervorragendsten Manifestationen in der Aufklärung des 17. und 18. Jahrhunderts gesehen und im Sozialismus des 19. Hat die Neuzeit nicht noch andere bedeutende Erscheinungen des Geisteslebens aufzuweisen? Warum haben wir vor ihnen allen den beiden genannten den Vorzug gegeben bei dem Versuch, das Wesen des neuzeitlichen Geistes zu bestimmen? Weil alle andern, antworten wir, hauptsächlich durch Hemmung und Modifizierung des neuzeitlchen Geistes in unserm Sinne geschichtliche Tragweite erlangt haben und dieser Geist, in der Auseinandersetzung mit ihnen gekräftigt und bereichert, immer wieder seinen Siegeszug fortgesetzt hat. Soll unsere Darstellung hierfür Zeugnis ablegen, dann muß sie zunächst darauf Bedacht nehmen, den engen Zusammenhang zwischen der Aufklärung und dem Sozialismus möglichst deutlich hervortreten zu lassen. Versteht man die Aufklärung als eine ausschließlich individualistische Bewegung und trennt man sie so vom Sozialismus, dessen kollektivistischer Charakter unverkennbar ist, dann verliert man den wegleitenden Faden durch die Geschichte des modernen Geisteslebens und macht es sich unmöglich, den neuzeitlichen Geist in seiner Einheit zu erfassen. Des weiteren müssen wir, um für unsere Auffassung des neuzeitlichen Geistes Verständnis zu erwecken, größtes Gewicht auf den Nachweis legen, daß die neuzeitliche Philosophie unter Einschluß des deutschen Idealismus auf den dialektischen Materialismus von Marx hinleitet. Wenn man im dialektischen Materialismus nur den Antipoden des Idealismus sieht und nicht zugleich seine Fortentwicklung, wenn man, verblendet durch politische Vorurteile, in diesem Materialismus nicht das reiche Geistesgut wiedererkennt, das er von einer großen Vergangenheit übernommen hat, und wenn man demzufolge nicht sowohl den Marxismus als vielmehr den Hegelianismus als den Gipfelpunkt der neuzeitlichen Philosophie betrachtet, dann wird deren Geschichte vom Standpunkt der Gegenwart aus unverständlich.

Die Gliederung unserer Darstellung der neueren Philosophie

Um den Fortschritt, den das neuere Denken bringt, möglichst deutlich ans Licht zu stellen, werde ich die Darstellung der neueren Philosophie in vier Abschnitte gliedern: Erkenntnistheorie und Weltanschauung, Methodologie, Gesellschaftslehre (unter Einschluß der Ethik und der Rechtsphilosophie), Ästhetik.

Es ist fast nicht möglich, die sehr zahlreichen Systeme der neuzeitlichen Philosophie eins nach dem andern in toto zu behandeln und dabei die fortschrittliche Entwicklung der Gesamtbewegung mit hinreichender Klarheit vor Augen zu führen. Allerdings bietet eine Einteilung wie die von uns vorgesehene den Nachteil, daß Wiederholungen bei ihr sich nicht vermeiden lassen, denn jeder Teil ist Glied eines Ganzen und kann ohne Rücksicht auf das Ganze nicht behandelt werden. Dieser Nachteil muß in Kauf genommen werden. Ich suche ihn dadurch auf ein erträgliches Maß herabzumindern, daß ich im ersten Abschnitt, der der Erkenntnistheorie gewidmet ist, auf den Totalsinn, das Weltanschauliche des Systems Bezug nehme, um dann im übrigen Abschnitte als Ergänzungen und nähere Ausführungen des im Anfang Vorgetragenen fungieren zu lassen. Die Erkenntnistheorie ist, darüber besteht wohl Einigkeit, das Hauptstück der modernen Philosophie. Was ein moderner Philosoph von der Welt hält, das läßt sich meist mit Hilfe seiner Erkenntnistheorie verhältnismäßig einfach einsichtig machen, wobei man nur nicht übersehen darf, daß die tiefsten Wurzeln einer jeden Philosophie im Emotionellen und Volitiven liegen. In der neuesten Zeit ist eine Theorie der wissenschaftlichen Erkenntnis aufgekommen, die sich von der Weltanschauungslehre oder Lebensphilosophie zu sondern trachtet; auch sie ist bezeichnend dafür, wie man in der Epoche, der sie angehört, in weiten Kreisen über den Sinn des Lebens zu denken pflegt.

Methodologie ist nicht dasselbe wie Erkenntnistheorie. Die Erkenntnistheorie sucht auf apriorischem oder empiristischem Weg die Frage nach der Möglichkeit der Erkenntnis des nähern zu beantworten, die Methodologie orientiert sich vorwiegend an den Einzelwissenschaften, in deren Erkenntnisfähigkeit sie Vertrauen setzt und sie dadurch zu fördern sucht, daß sie die bei ihnen vorgefundenen Methoden einer verallgemeinernden Betrachtung unterzieht. So wenigstens hat sich das Verhältnis im Lauf der Zeit herausgebildet. Man könnte meinen, daß, solange die Erkenntnistheorie ihre Aufgabe nicht gelöst habe, die Einzelwissenschaften in der Luft schweben müßten. Aber dies trifft keineswegs zu. Die Einzelwissenschaften schreiten in viel gesicherterem Gang vorwärts als die Philosophie unter Einschluß der Erkenntnistheorie. Wir sind schon seit längerer Zeit an einen Punkt gelangt, an dem die Philosophie es nicht wagen darf, sich mit den Einzelwissenschaften, wenigstens mit den naturwissenschaftlichen Disziplinen, in einen Konflikt einzulassen: diese sind, wie Emile Meyerson sagt, von härterem Metall als sie selbst. Dem entspricht es, daß das Schwergewicht methodologischer Arbeiten in den speziellen Methodenlehren liegt, die die Einzelwissenschaften sich angegliedert haben. Dadurch wird die Logik als allgemeine Methodenlehre nicht außer Funktion gesetzt, nur muß sie, um ihre legitime Aufgabe erfüllen zu können, in viel weitgehenderem Maß auf erkenntnistheoretische Präokkupationen verzichten und Kontakt mit den Einzelwissenschaften suchen, als sie es bisher getan hat. Immerhin sind die Verdienste, die sich Vertreter der allgemeinen Methodenlehre wie Bacon, Auguste Comte, John Stuart Mill, Wilhelm Wundt und zahlreiche andere Philosophen um den Gesamtvertrieb der Wissenschaften erworben haben, nicht zu unterschätzen. Einen besonders wichtigen Teil der neuzeitlichen Logik bildet die Ideologienlehre, die Bacon begründet und Marx in genialer Weise fortentwickelt hat. Dies alles wird im zweiten, der Methodologie gewidmeten Abschnitt näher dargelegt werden.

Da alle echte Philosophie, wie Schopenhauer sagt, letztlich Ethik ist, muß schon im ersten Abschnitt von der Ethik der großen Erkenntnistheoretiker die Rede sein. Daß damit die Entwicklung der Ethik in der Neuzeit nicht abgetan werden kann, bedarf keiner weiteren Begründung. In der Einstellung des Menschen zu den moralischen Grundfragen erfolgt in der Neuzeit eine bemerkenswerte Wendung, aber die Ethik als wissenschaftliche Disziplin hat, wenn man von der kausalen Erforschung der moralischen Phänomene absieht, in dieser Periode nur verhältnismäßig geringfügige Fortschritte gemacht. Hierfür eine Erklärung zu geben, wird eine der Hauptaufgaben des dritten Abschnitts sein, der die Ethik und die Rechtsphilosophie auf der Grundlage der Gesellschaftswissenschaft zu behandeln hat.

Die Glanzleistung der neuzeitlichen Philosophie liegt auf dem Gebiet der Gesellschaftslehre. In unserm ersten Abschnitt kann dies nicht mit genügender Deutlichkeit zum Ausdruck gebracht werden. Die in ihrer Art imponierende Gesellschaftslehre des 17. und 18. Jahrhunderts steht nur teilweise in unmittelbarem Zusammenhang mit der Erkenntnistheorie. Der bedeutendste Staatsdenker des 18. Jahrhunderts, Rousseau, gehört nicht in die Linie der Erkenntnistheoretiker, und das gleiche gilt von einer Reihe von Sozialphilosophen, die von der Gesellschaftswissenschaft des 18. Jahrhunderts zu der hinüberleiten, die in Hegel und Marx ihre Koryphäen hat. Bei diesen beiden gehen Erkenntnistheorie und Gesellschaftstheorie eine enge Verbindung ein, aber auch für das 19. Jahrhundert erweist sich, wie man sehen wird, eine gesonderte Darstellung der Gesellschafts-, Moral- und Rechtslehre als wünschenswert.

Eine eingehendere Theorie des Ästhetischen findet sich erst in der Neuzeit. Unser letzter Abschnitt wird sich, mehr noch als die beiden vorangehenden, auf eine kurze Skizze der Hauptzüge der geschichtlichen Entwicklung beschränken. Wir werden ihm einige kritische Erwägungen folgen lassen, die uns durch die historische Betrachtung nahegelegt werden. Wir werden uns dabei vor allem zu zeigen bemühen, daß in der neueren Philosophie über einer tiefgreifenden und geistvollen Behandlung des Naturschönen und der Kunst die Frage nach dem ästhetischen Urphänomen vernachlässigt worden ist.

Aus: Die Philosophie der Neuzeit · Erkenntnistheorie und Weltanschauung

Der Sensualismus und der Materialismus des 18. Jahrhunderts

Man könnte Humes Lehre von den impressions und den von ihnen abgeleiteten ideas als Sensualismus ansprechen. Aber wenn man vom Sensualismus des 18. Jahrhunderts redet, pflegt man nicht an Hume, sondern an Condillac (1715–1780) und die von ihm unmittelbar beeinflußten Schriftsteller zu denken. Dieser Sensualismus ist gekennzeichnet durch seine eigenartige Verknüpfung mit der Lockeschen Erkenntnistheorie. Wir erinnern uns, daß Locke den Geist nicht auf ein Entgegennehmen dessen, was ihm der äußere und innere Sinn liefert, beschränkte, sondern ihm eine schöpferische Betätigung zuschreibt, die ihn befähigt, „archetypes" zu schaffen. Locke konnte an dieser Auffassung nicht konsequent festhalten: seine Archetypen wurden ihm immer wieder zu Gegenständen der Beobachtung, zu Vorgefundenem. Man braucht sich daher nicht zu wundern, daß Condillac mit der Lockeschen Theorie von der spontanen Verstandeskraft aufräumt und die These vertritt, daß der Geist sich alles, was seinen Inhalt ausmacht, durch die schlichte Tätigkeit des Aufmerkens auf das ihm Gegebene und nur durch sie zu verschaffen vermag. Unsere Erkenntnisse sind entweder Sensationen, denen wir ein gewisses Maß von Aufmerksamkeit zuwenden, oder Erinnerungen von Sensationen. Die kompliziertesten Erkenntnisakte wie die einfachsten sind nichts als Erscheinungsformen der Aufmerksamkeit. Die Aufmerksamkeit wird gelenkt durch das Lustprinzip, d. h. durch das Bestreben, angenehme Vorstellungen zu bewahren oder zu erwerben, unangenehme zu vermeiden oder zu verscheuchen. „Wenn wir erwägen, daß sich erinnern, vergleichen, beurteilen, unterscheiden, sich vorstellen, verwundert sein, abstrakte Ideen haben uns verschiedene Arten der Aufmerksamkeit sind; daß Leidenschaften haben, lieben, hassen, fürchten und wollen nur verschiedene Arten des Wünschens sind und daß endlich aufmerksam sein und wünschen in ihrem Ursprung nur Empfindungen sind, dann müssen wir daraus schließen, daß die Empfindung alle Fähigkeiten der Seele einschließt."

Wenn Condillac die Bedeutung der Aufmerksamkeit für die Erkenntnis so hoch einschätzen kann, dann wird von der Erkenntnistheorie in erster Linie sorgfältigste Beobachtung der Tatbestände zu fordern sein. Das ist die empiristische Regel, die wir aus dem Sensualismus gewinnen können, und um dieser Regel willen ist er uns wertvoll. Schließlich ist aber doch die Hauptsache nicht sowohl der naheliegende empiristische Grundsatz als solcher, sondern die Art und Weise, wie er befolgt wird, und in dieser Hinsicht bereitet uns Condillac zahlreiche Enttäuschungen. Ich will meinen Ausfall gegen ihn durch einige Beispiele zu begründen suchen. Was wir vor allem gerne hätten, das wäre eine unsere eigene Selbstbeobachtung anregende Deskription gewisser Urtatbestände, die seit dem Beginn der Neuzeit den Erkenntnistheoretikern besonders viel zu schaffen gemacht haben, als da sind: Ich, Innerweltliches, Außerweltliches, Universalien, Zeit, Raum, Kausalität, Freiheit. Condillac wendet einen eigenartigen Kunstgriff an, um die Entstehung des Weltbildes aus den Elementen der Sinnlichkeit verständlich zu machen. Er denkt sich eine Statue, die sukzessive mit den fünf Sinnen ausgestattet wird, und untersucht, was der Erwerb jedes Sinnes für sich genommen und in den späteren Stadien des Prozesses im Zusammenhang mit den bisherigen Akquisitionen für ihr Geistesleben bedeutet. Die nur des Geruchsinns teilhaftige Statue wird sich, meint Condillac, mit den von ihr empfundenen Gerüchen identifizieren. Aber wie ist das möglich? Das Ich kann sich, wenn es sich überhaupt selbst erfaßt, nicht als Geruch erfassen; der Geruch ist gemäß seinem eigenen Wesen und dem Wesen der Seele keine Qualität der letzteren – die Seele ist nicht riechbar, wie Erasmus Darwin, ein anderer Sensualist, behauptete. Obgleich der Geruch als etwas Innenweltliches, Subjektives auftritt, wird er doch zugleich als etwas Außerweltliches empfunden, nur darum kann er von der Statue, wenn sie einmal dank den übrigen Sinnen zur Vorstellung äußerer Körper gelangt ist, diesen beigelegt werden. Das eben Gesagte verdeutlicht sich, wenn wir es auf den Gesichtssinn entsprechend übertragen. Wie sollte das Ich es zustande bringen, sich für eine blaue oder grüne Fläche zu halten? Nun meint freilich Condillac, daß der Gesichtssinn als solcher lediglich die Farbempfindung nicht auch die Empfindung der Ausdehnung vermittle, aber die Vorstellung, von einem unausgedehnten Farbigen ist unvollziehbar. In sehr interessanten Ausführungen sucht Condillac zu zeigen, wie sich dem Gesichtssinn der Tastsinn hinzugesellen muß, damit die Körper in ihren drei Dimensionen, die räumlichen Entfernungen, die Größenverhältnisse gesehen werden, aber er verkennt, daß dem Gesichtssinn, der beim Tastsinn in die Lehre geht, von vorneherein das Ausgedehnte zugänglich ist. Mittels des Tastsinns erfassen wir nach Condillac nicht nur die Ausdehnung sowie Wärme und Kälte, sondern auch im Gefühl eines sich uns darbietenden Widerstandes die Existenz von etwas Außersubjektivem. Indessen hat es nach der Ansicht des Verfassers des „Traité des Sensations" sein Bewenden bei der Empfindung des Außenweltlichen, und man weiß nicht, warum der Glaube an dessen objektive Existenz etwas anderes sein sollte als eine Illusion. Über den inneren Tatbestand, der der Bildung von abstrakten Begriffen zugrunde liegt und, wie wir uns überzeugen konnten, so außerordentlich problematisch ist, gleitet Condillac rasch hinweg, um sich eingehender mit der sekundären Frage zu beschäftigen, welche Funktion bei diesem Vorgang dem Gedächtnis zuzuschreiben ist. Der Raum erscheint im Traité als eine Abstraktion aus einzelnen Raumstücken, wobei der Raum mit dem Räumlichen verwechselt wird. Über die Zeit wird im wesentlichen nichts vorgebracht, als was sich schon bei Locke findet. Condillac interessiert mehr das, woran die Zeit gemessen wird, als das, was sie ist, oder richtiger gesagt, das eine geht ihm unvermerkt in das andere über. Die Unabhängigkeit der Zeit von ihrem Wahrgenommenwerden bleibt unerörtert, obwohl sie sich eindringlich genug geltend zu machen weiß. Aus der Erinnerung an ein Nacheinander wird ohne weiteres die Erwartung eines Zukünftigen abgeleitet, ohne daß die Kluft beachtet würde, die sich zwischen den beiden auftut. Die äußere Substanz wird von Condillac in ähnlicher Weise beseitigt wie von Berkeley, die geistige bleibt bei ihm in der Schwebe. Die Auffindbarkeit der Kausalität wird stillschweigend vorausgesetzt. Die Freiheit erhält folgende Begriffsbestimmung: Sie ist die Macht, zu tun, was man nicht tut, oder nicht zu tun, was man tut. Der Begriff der Macht enthält zwei Ideen, einmal die Idee, daß man etwas nicht tut, und die andere, daß nichts daran fehlt, daß man es tut. Condillac läßt, wie dieser kurze Überblick zeigt, die Perplexitäten des Erkenntnisproblems bestehen, er beschwichtigt nicht die Bedenken, die eine Kritik wie die Humesche in uns anregt. Der sensualistische Empirismus Condillacs versagt, und er versagt gleich in seinen Anfangsstadien deshalb, weil er es nicht wagt, den Tatbeständen, wie die Erfahrung sie bietet, auf den Leib zu rücken, in der Befürchtung, dem Medusenhaupt der Antinomie zu begegnen. Es scheint nichts anderes übrig zu bleiben, als um die Erfahrung herumzugehen, sie sozusagen vom Rücken her anzupacken, das heißt, sie in einem aprioristischen Verfahren zu konstruieren. Das ist der Weg, den Kant eingeschlagen hat.

Der Sensualismus hat neben der erkenntnistheoretischen auch eine praktisch-pädagogische Seite. Je höher wir die spontan schöpferischen Kräfte des Menschen einschätzen, um so mehr entzieht sich sein Verhalten unserer Berechnung und unserer Einwirkung. Bestehen selbst die kompliziertesten geistigen Vorgänge aus einfachen Empfindungen, die sich unter der Leitung des Lustprinzips mit Notwendigkeit verbinden, dann bietet sich eine Handhabe für die gegenseitige Beeinflussung der Menschen. Es ist daher leicht zu verstehen, daß man unter den Schriftstellern des 18. Jahrhunderts, die sich am eingehendsten mit der Erziehung beschäftigten und sich der Hoffnung hingaben, durch sie die Gesellschaft umgestalten zu können, einem Sensualisten wie Helvetius begegnet.

Sensualismus und Materialismus sind miteinander verwandt. Sensualisten pflegen zum Materialismus zu neigen, und das Umgekehrte gilt in noch höherm Maße. Condillac war kein Materialist. Nicht nur weigerte er sich, materielle Substanzen anzuerkennen, sondern es war für ihn der Satz von der Realität der Außenwelt mehr eine wahrscheinliche Annahme als eine gesicherte Wahrheit. Immerhin finden sich auch bei ihm Äußerungen, die dem Physiologischen eine entscheidende Rolle im Erkenntnisprozeß zuweisen. Als ein Beispiel sei die folgende Stelle aus dem Traité angeführt: „Ich habe eine Empfindung, wenn in einem meiner Organe eine Bewegung entsteht, die sich auf das Gehirn überträgt. Wenn dieselbe Bewegung im Gehirn beginnt und sich bis zum Organ ausdehnt, glaube ich eine Empfindung zu haben, die ich in Wahrheit nicht habe: es liegt eine Sinnestäuschung vor. Wenn aber diese Bewegung im Gehirn beginnt und endet, dann erinnere ich mich an eine Empfindung, die ich gehabt habe.“ Hartley, einer der bedeutendsten englischen Sensualisten des 18. Jahrhunderts, bewahrt sich vor dem Materialismus, indem er zwischen den physischen und den psychischen Assoziationen einen Parallelismus annimmt; er erinnert an die Okkasionalisten. Doch sind die für die psychischen Assoziationen maßgeblichen Gesetze bei ihm nach physikalischem Muster konzipiert, wie das ja auch für Hume, aber nicht für Condillac gilt. Der von Hartley stark beeinflußte berühmte Naturforscher Priestley verlegt das Schwergewicht grundsätzlich auf die Materie: Kenntnis des psychischen Geschehens gewinnen wir besser als aus seiner unmittelbaren Beobachtung aus der Erforschung des Gehirns und des Nervensystems. Die für die Physis maßgeblichen Gesetze beherrschen nach der Auffassung dieses konsequenten Deterministen indirekt auch die Welt des Psychischen. Wie Priestley seinen Materialismus mit seinem Gottesglauben vereinigen will, braucht uns nicht zu kümmern.

Der Materialismus drängt sich dem auf, der vielfach Gelegenheit hat, die verheerenden Einwirkungen zu konstatieren, die organische Erkrankungen auf das Seelenleben auszuüben vermögen. Früher oder später muß dem Jünger Äskulaps der Gedanke kommen, daß es möglich sein sollte, durch Beeinflussung des Leibes die geistige Gesundheit zu erhalten und, wo sie verlorengegangen ist, wiederherzustellen. Es handelt sich dabei um eine Spezialanwendung einer allgemeineren Betrachtungsweise, der zufolge das Psychische ein Epiphänomen des Leiblichen ist. Die Abhängigkeit geistiger Vorgänge von leiblichen bis ins einzelne erkennen heißt noch nicht das Geistesleben verstehen. Aber wenn die Erkenntnis solcher Abhängigkeit die Regulierung des Seelenlebens ermöglicht, ist sie wertvoller als das feinste theoretische Verständnis geistiger Gehalte. Es wäre ein unsagbar wichtiger Fortschritt der Wissenschaft, wenn es uns gelänge, irgendwelche Drogen zu entdecken, durch die sich ein bösartiger Mensch in einen gutartigen, ein Dummkopf in ein Genie verwandeln läßt, und dies gilt deswegen nicht weniger, weil eine derartige Entdeckung uns kein einziges Werk des Genies in seinem Sinn begreiflich machen würde. Aber kehren wir zurück zum Materialismus des 18. Jahrhunderts, für den ein Ziel wie das eben bezeichnete mehr als für uns eine reine Phantasterei sein mußte. Der bekannteste Vertreter dieses Materialismus ist Lamettrie (1709–1751). Sein Hauptwerk trägt den Titel: „L'homme machine". Es war nicht nur berufliche Erfahrung, die Lamettrie zum Materialismus führte. Die Cartesische Tradition und der im 18. Jahrhundert in der Luft liegende Sensualismus begünstigten gleichermaßen die Entstehung einer Maschinentheorie wie der Lamettrieschen. Descartes hatte die Tiere, weil er ihnen als höchstes Vermögen Empfindungsfähigkeit zuschrieb und das Geistige mit dem bewußten Denken identifizierte, als Maschinen aufgefaßt. Jetzt wurde es Mode, das Geistige als eine Verbindung von Sensationen aufzufassen. Was lag da näher, als auch den Menschen als eine Maschine anzusehen?

Zum Aufkommen des Materialismus hat der Atheismus das Seinige beigetragen, der sich zu jener Zeit namentlich in Frankreich zu verbreiten begann. Nicht wenigen aufgeklärten Köpfen erschien der Glaube an Gott und die Unsterblichkeit der Seele nicht nur als ein Hemmnis des Fortschritts, sondern als eine wahre Geißel des Menschengeschlechts. Das Jenseits, hieß es, lenkt die Menschen ab von der vernunftmäßigen Verfolgung irdischer Ziele, und es wirkt nicht als ein Trost, sondern als ein Schreckgespenst, dessen sich ehrgeizige Betrüger bedienen, um die leichtgläubige Menschheit zu versklaven. Für ein glückliches und moralisches Gesellschaftsleben genügen die Interessengemeinschaft der Zusammenlebenden und das gegenseitige Wohlwollen, das uns die Natur eingepflanzt hat; die Furcht vor illusorischen jenseitigen Bestrafungen und die Hoffnung auf ebenso illusorische jenseitige Belohnungen stiften nur Verwirrung und

Schäden aller Art. Kein Staat könnte nach Lamettrie mehr prosperieren als ein Staat von Atheisten. Ähnliche Gedankengänge finden wir bei Holbach (1723–1789), der ebenfalls zu den hervorragendsten Materialisten des 18. Jahrhunderts gehört. Sieht man den Urgrund der Dinge in der Materie, dann verschwinden die nebelhaften Vorstellungen von Gott und einer unsterblichen Seele; die Menschen konzentrieren ihre Bestrebungen auf das Diesseits und finden in ihm ohne sonderliche Schwierigkeiten ein Wohlsein, mit dem sie sich verständigerweise zufriedengeben können. Das ist der wesentliche Inhalt des Holbachschen „Système de la nature".

Als Erkenntnistheorie ist der Materialismus des 18. Jahrhunderts unbedeutend. Setzt man einmal voraus, daß es eine an sich existierende Welt gibt und daß sie im Psychischen ihren Reflex findet, dann läßt sich von dieser materialistischen Basis aus für die allmähliche Entwicklung des Erkenntnisprozesses eine plausible Erklärung geben. Die Schwierigkeit liegt in der Voraussetzung, liegt darin, daß man nicht weiß, wie der Übergang von dem Vorstellungsbild der Welt, dessen Existenz unbestreitbar ist, zur gesicherten Erkenntnis der Realität der materiellen Welt zustande kommen soll. Der moderne Materialismus kann nicht mehr wie der antike die Vorstellung einfach als eine Materie fassen. Er muß die Vorstellung von der Materie zum mindesten ebenso unterscheiden, wie die Bewegung von der Materie zu unterscheiden ist. Die Bewegung ist nicht selbst ein Stück Materie, sie ist Eigenschaft, Funktion der Materie. Für die modernen Materialisten ist auch die Vorstellung Eigenschaft, Funktion der Materie. Wie aber ist es denkbar, daß die Vorstellung als Eigenschaft der Materie ihr Substrat abspiegelt und sich seines Ansichseins bewußt wird? Es handelt sich um einen rätselhaften Vorgang. Die Materialisten des 18. Jahrhunderts haben nichts getan, um den handgreiflichen Widerspruch, den er enthält, zu beheben. Später hat man dem Widerspruch auf dialektischem Wege zu begegnen gesucht. Der dialektische Materialismus des 19. Jahrhunderts bietet eine annehmbare Erkenntnistheorie.

Aus: Von Marx bis zur Gegenwart · Allgemeine Charakteristik der Epoche

Es ist eine ebenso peinliche wie unerläßliche Aufgabe, der wir uns zuwenden, peinlich, weil wir es mit einer Zeit der Dekadenz zu tun haben, unerläßlich, weil ohne das Verständnis dieser Zeit das unserer gegenwärtigen geistesgeschichtlichen Lage unmöglich ist. Der Marxismus stellt in der Entwicklung der neuern Philosophie eine Klimax dar, die bisher noch nicht überboten worden ist. Er wird getragen von zwei gewaltigen geistigen Strömungen, vom deutschen Idealismus und vom sozialistischen Denken, das in Frankreich sein Zentrum hatte. Die marxistischen Ziele müssen in der abendländischen Welt im wesentlichen erreicht sein, bevor in der Geschichte der Philosophie ein weiterer Schritt nach vorwärts – wenigstens als kollektiver – getan werden kann. Es wäre ein Wunder gewesen, wenn die bürgerlichen Intellektuellen anders als in einem minimalen Teil von Abtrünnigen den Marxismus sich zu eigen gemacht und fortgebildet hätten. Es ist aber alles mit rechten Dingen zugegangen: die bürgerliche offizielle Wissenschaft hat den Marxismus malträtiert oder ignoriert, vorwiegend letzteres. Und doch führt der Weg des Fortschritts von der idealistischen Philosophie zum Marxismus. Es mußte somit ein Zustand der Stagnation eintreten.

Wenn man von der deutschen Metaphysik nach Hegel redet, werden gewöhnlich die Namen Fechner, Lotze und E. v. Hartmann genannt. Sie waren bedeutende geistvolle Denker, aber, wie heute fast allgemein geurteilt wird, doch nur Epigonen. Fechner (1801–1887), der ideenreichste unter ihnen, hat sich bleibende Verdienste um die experimentelle Psychologie erworben; seine Philosophie enthält zahlreiche Anregungen, die vielleicht später einmal eingehendere Verwertung finden werden, gilt aber als Ganzes genommen nicht mit Unrecht als zu phantastisch. Lotze (1817–1881), der Leibniz modernisierte, war einige Jahrzehnte lang *der* Philosoph des deutschen gebildeten Bürgertums, das sich selbst ehrte, indem es diesen vornehmen Geist zu seinem Philosophen machte. Bezeichnenderweise sind in seinem „Mikrokosmos", dessen Lektüre immer noch reiche Belehrung und hohen Genuß gewährt, die den sozialen Problemen gewidmeten Ausführungen von verblüffender Trivialität. Hartmann (1842–1906), der Hegel mit Schopenhauer verbindet, indem er dem Urwillen von vornherein den Logos beigesellt, wird es unvergessen bleiben, daß er als erster die Bedeutung des Unbewußten für die Philosophie aufs nachdrücklichste betont und bis ins einzelne dargelegt hat. Wir wollen hier einen Augenblick bei dem Sozialdenker Hartmann verweilen. Hartmann gehört zu den nicht sehr zahlreichen Philosophen, die das Heil im metaphysischen Sinn weder von einem persönlichen Gott noch von der Erlösungstat des Einzelnen, sondern von einer Kollektivität der Menschheit erwarten. Nach ihm soll in der Geschichte der Irrtum der Individuation und der mit ihr verknüpften Bewußtwerdung überwunden werden. Die Welt stammt aus dem Unbewußten und kehrt zum Unbewußten zurück, nachdem die Menschheit in langer Prüfungszeit die Wertlosigkeit des irdischen Daseins erkannt hat. Will man Hartmann als Sozialisten betrachten, so ist er jedenfalls ein Sozialist besondern Schlags. Die Gesamtheit der Menschen wird, wie er meint, in immer höherm Grad handlungsfähig und, indem sie allmählich einsieht, daß sie auch als kulturelle Arbeitsgemeinschaft im Sinn des Sozialismus ein falsches Ziel verfolgt, bereitet sie sich auf den großen Abdankungsakt vor, der dem ganzen Welttreiben ein Ende setzt. Das heißt zugleich äußerst sozial und äußerst unsozial denken. Sozial, weil die entscheidende Tat des Menschen ein im geschichtlichen Leben langsam reifender Gesamtentschluß ist, unsozial, weil dieser Entschluß auf die Beendigung des als nichtig durchschauten Gesellschaftslebens gerichtet ist. Der Pessimismus des ebenso scharfsinnigen wie kenntnisreichen Hartmann konnte wohl einzelne Geister für sich gewinnen, aber eine tiefgreifende Beeinflussung der Gesellschaft mußte ihm versagt bleiben, denn ein Wille, der nur schafft, um zu zerstören, erweist sich in der zum Leben und nicht zum Tode bestimmten Gesellschaft als eine krankhafte Erscheinung, die bald kraftlos in sich zusammenbricht.

Da der neuzeitliche Geist vorläufig keine stärkeren Neigungen zum Transzendenten kundgibt, vielmehr mit Faust daran festhält, daß seine Freuden auf dieser Erde wurzeln, konnte die Philosophie als Weltanschauungslehre die Auseinandersetzung mit der sozialen Frage kaum sehr lange hinausschieben. Stand diese Frage aber einmal auf der Tagesordnung, dann ließ sich für einen philosophisch veranlagten Kopf die Wahrheit des vom Bürgertum verpönten Sozialismus nicht leicht in Abrede stellen. Es brauchte nicht gerade der Marxismus zu sein, zu dem man sich bekannte, aber eine energische Sozialisierung schien die Philosophie fordern zu müssen, und das war nicht ungefährlich; der höhern Orts wohlgelittene Kathedersozialismus kam für einen Philosophen nicht in Betracht. Je mehr sich der Kapitalismus entwickelte, um so deutlicher trat zutage, daß die formale Demokratie in keiner Weise die Hoffnungen erfüllte, die die Philosophie der Aufklärung auf sie gesetzt hatte, und daß man, um das gesellschaftliche Übel zu beseitigen, sich zu einer Demokratisierung der Wirtschaft, das heißt zur Einführung des Sozialismus, bequemen müsse. So erklärt sich, daß die bessern Köpfe, die sich der Philosophie widmeten, sie größtenteils nicht als Weltanschauungslehre oder, wie man heute sagt, als Lebensphilosophie betrieben, sondern als Logik oder Erkenntnistheorie zum Gebrauch der Einzelwissenschaften, wobei keinerlei Risiko gelaufen wurde. Weltanschauungslehre ist ein wissenschaftlich fundierter Glaube als ein das ganze Leben inspirierendes Prinzip. Weltanschauungslehre finden wir bei Marx, bei Jaurès, bei dem Neukantianer Cohen und dem Friesianer Nelson. Sie alle waren Sozialisten, denn auch die beiden letztgenannten möchten wir zu den echten Sozialisten rechnen, wennschon ihr Sozialismus ein etwas lebensfremder gewesen sein mag. Der dominierende gut bürgerlich gesinnte Zeitgeist suchte keine einheitliche Weltanschauung, keinen einheitlichen Glauben, er überließ es – freilich unter energischer Wahrung der Staatssicherheit – jedem, „sa petite religion à soi“ zu haben, worin ehedem die Prinzessin Liselotte von der Pfalz einen so unmöglichen Zustand gesehen hatte. Wie es sich auch immer im 17. Jahrhundert verhalten haben mag, im ausgehenden 19. und beginnenden 20. Jahrhundert bedeutete solche Liberalität keineswegs, wie manche meinen, einen Blütenfrühling lebendiger individueller Weltanschauungen, sie bedeutete einen allgemeinen Unglauben. Die herrschende Klasse flüchtete in den Unglauben, weil sie an den für sie opferreichen Fortschritt nicht glauben wollte, der realisierbar war, den die Vernunft forderte, zu dem die Vergangenheit durch das von ihr begonnene Werk verpflichtete. Spitteler hat den Dingen auf den Grund gesehen: „Denn was erstritten unsrer Väter Taten, das haben sie verschachert und verraten".

Wir haben in unserer Darstellung die Erkenntnistheorie mit der Weltanschauung zusammengefaßt. Das ließ sich bisher durchführen. Bei den älteren Denkern steht die Erkenntnistheorie in den engsten Beziehungen zu ihrer philosophischen Weltanschauung. Angesichts des usus modernissimus der Erkenntnistheorie wird die Fortsetzung unseres Unternehmens schwierig. Wir kämen in arge Verlegenheit, wenn wir von der Weltanschauung des Avenarius, Mach, Poincaré und anderer erkenntnistheoretischer Größen der Vorkriegszeit Rechenschaft abzulegen hätten. Die Erkenntnistheorie neuester Art ist in erster Linie Gehilfin der Einzelwissenschaften.

Die Einzelwissenschaften sind die Stärke und der Ruhm der Epoche. Hier waltet ein energischer Forschungstrieb, der erstaunliche Leistungen hervorbringt. Dies gilt nicht nur von den Naturwissenschaften, sondern auch von den Geisteswissenschaften, soweit man von diesen nicht mehr erwartet als sorgfältige Sammlung und Ordnung von Material und Eruierung einzelner gesetzmäßiger Zusammenhänge. Weil man auf die Einzelwissenschaften stolz war und an ihren Fortschritt glaubte, hat sich eine Legende von der Fortschrittsgläubigkeit der Vorkriegszeit bilden können, die es verdient, mit Stumpf und Stiel ausgerottet zu werden. Des nähern besagt die Legende, daß die Vorkriegszeit dem Rationalismus gehuldigt habe, daß sie in den Fortschritt der durch die Wissenschaften repräsentierten Vernunft ein unbedingtes Vertrauen gesetzt habe. Das ist, gelinde gesagt, nicht wahr. Selbstverständlich glaubte man an den Fortschritt der Naturwissenschaften und der Technik sowie an die Vermehrung der Kenntnisse auf allen Gebieten des Wissens, aber an den Fortschritt im Geistigen, an die glorreiche Zukunft des Menschen in einem Reich der Vernunft und der Humanität haben das spätere 19. und das beginnende 20. Jahrhundert im Gegensatz zum 18. Jahrhundert nicht geglaubt. Wenn bisweilen Psychologen, Pädagogen, Soziologen von der Fortentwicklung ihrer Wissenschaft Gott weiß was zu erwarten schienen, so war das eine nicht sonderlich ernst zu nehmende Wichtigtuerei. Man tat sich auf die solide Spezialarbeit der Gelehrten mit Recht etwas zugute, aber man knüpfte an sie keine weitgespannten Hoffnungen. Das ist nicht Fortschrittsglaube, sondern Unglaube. Allerdings war in der Vorkriegszeit die Fortschrittsillusion „unserer Zeitgenossen" ein ebenso beliebtes Gesprächsthema wie heute die Zerstörung der Illusion durch die Weltkriege, aber die Leute, die die Illusion hegten, konnte man mit der Laterne suchen. Die Fortschrittslegende gehört in das Kapitel dekadenter Zeitalter.

Die Einzeldisziplinen okkupierten das Feld der Wissenschaft in solchem Maße, daß man sich fragen konnte und oft gefragt hat, ob für die Philosophie überhaupt noch Raum blieb. Die Vertreter der Einzelwissenschaften waren im großen und ganzen der Ansicht, daß sie recht wohl ohne sie auskommen könnten. Insbesondere lag es ihnen ferne, von der Philosophie eine Inspiration zu erwarten, die es ihnen ermöglicht hätte, aus der Vereinzelung herauszutreten und an der Bildung und Fortbildung einer Weltanschauung teilzunehmen. Wenn einmal ein Wissenschaftler das Bedürfnis empfand, zu einer fundierten Totalanschauung des Weltgetriebes zu gelangen, dann suchte er aus den Methoden seiner Sonderdisziplin ein universelles Erkenntnismittel zu machen. So kam es zur Entstehung der „Ismen" (Psychologismus, Historismus usw.). Ihrer überwiegenden Mehrzahl nach fehlte den Fachvertretern jeder philosophische Ehrgeiz. Sie wollten weder selbst zu Philosophen werden noch auch der Philosophie als Weltanschauungslehre Beiträge liefern; sie wollten soweit als möglich in den Grenzen ihrer Spezialität bleiben, und wenn sie sich von der Philosophie einen Nutzen versprachen, dann den, daß sie dieses Bestreben rechtfertigte. Daraus erklärt sich die lebhafte Sympathie zahlreicher Geisteswissenschaftler für den Neukantianismus. Die Geisteswissenschaften zu spezialisieren ist eine mißliche Sache; denn der Geist ist Einer, und jede Erkenntnis dieser oder jener seiner Manifestationen bleibt notgedrungen unzureichend, solange sie sich nicht einfügt in den Zusammenhang einer Wissenschaft vom gesamten Geistesleben. Da des weitern der Geist mit der Natur untrennbar zusammenhängt, besteht für jede Geisteswissenschaft die Gefahr, zur Universalwissenschaft zu werden. Nehmen wir als Beipiel die Rechtswissenschaft. Wenn die Römer gesagt hatten, daß Rechtswissenschaft „omnium humanarum atque divinarum rerum scientia sive notitia" sei, so war das eigentlich sehr einleuchtend, aber was ließ sich in einer Ära des Spezialistentums mit solch einer die ganze Welt umfassenden Rechtswissenschaft anfangen? Da schien der Neukantianismus einen vortrefflichen Ausweg aus der Verlegenheit zu bieten. Kant hatte einen radikalen Unterschied zwischen dem Sein, der Wirklichkeit und dem Sollen gemacht. Damit war schon viel gewonnen, denn wenn man Kant wieder zu Ehren brachte, durften die Sollensdisziplinen, gestützt auf seine Autorität, in ihren Begriffsbildungen den Bereich der Wirklichkeit unberücksichtigt lassen. Vielleicht ließ sich innerhalb des Sollens die rechtliche Norm noch schärfer von der moralischen sondern, als es von seiten Kants geschehen war: dadurch würde der Jurisprudenz das unbequeme Eingehen auf die Grundfragen der Moral abgenommen und eine säuberliche Abgrenzung ihres Gebiets ermöglicht werden. Die von Husserl entdeckte Phänomenologie kam den Spezialisierungstendenzen in noch höherm Grade entgegen als der Kantianismus. Kein Wunder, daß so viele Fachleute von ihr schwärmten. Ihre Wesensschau eröffnete die große Perspektive, das Rechtliche, das Soziologische, das Psychologische, das Biologische usw. unmittelbar als spezifische Wesenheiten zu erfassen und eine jede von ihnen, unbekümmert um alle übrigen, zum Gegenstand wissenschaftlicher Bearbeitung zu machen.

An das Interesse der Einzelwissenschaften muß man auch denken, um es verständlich zu finden, daß einige scharfsinnige Erkenntnistheoretiker auf Hume zurückgriffen. Sie erwarben sich in den Kreisen der Vertreter der Naturwissenschaften eine dankbare Anhängerschaft. Der unantastbaren aprioristischen Wahrheiten, die Kant der Naturwissenschaft zugrunde gelegt hatte, waren es nicht viele; aber die neueste Naturwissenschaft entwickelte in ihren Vorstellungen von der Kausalität und der Materie, vom Raum und von der Zeit eine Kühnheit, die überhaupt keine aprioristischen Bindungen gelten lassen wollte. Daher war ihr Hume genehmer als Kant.

Für Poincaré sind die Axiome, auf denen das Gebäude der Naturwissenschaften ruht, Konventionen, die einer tunlichst bequemen Orientierung im Gewirr der Erscheinungen zu dienen haben. Die wissenschaftliche Wahrheit erhält somit pragmatistischen Charakter. Es ist ein Pragmatismus oder Relativismus, der der Wahrheit das Rückgrat bricht. Die wissenschaftliche Wahrheit erscheint hier als ein System von Vorstellungen, das einen bestimmten Zweck zu erfüllen hat. Ein System von Vorstellungen, dem eine ganz andersartige Aufgabe überwiesen wird, wie es bei der religiösen Glaubenslehre der Fall ist, darf nicht als *wissenschaftliche* Wahrheit bezeichnet werden, aber sein Wahrheits- oder Geltungsanspruch braucht nicht angefochten zu werden. So verfährt man mit dem Glauben, wenn man ihn selbst nicht mehr hat, aber aus ästhetischen oder politischen Gründen bei andern nicht zerstören möchte.

Der unphilosophische Sinn der Epoche äußert sich besonders deutlich darin, daß die Erkenntnistheorie sich so gerne in die Schule der Mathematik begibt. Was bei Plato ein Fortschritt war, ist für die neuere Philosophie ein Rückschritt. Die neuere Philosophie hat ihre Erfolge der psychologischen Vertiefung zu verdanken. Das mathematische Denken vermag uns über das letzte Geheimnis der Erkenntnis keine Aufklärung zu bieten. Es ist bewundernswert in seinem Funktionieren, aber es ist fast mehr ein physiologischer als ein geistiger Vorgang. Es gibt sich uns in seiner Prozeßhaftigkeit, läßt aber seinen Gegenstand im Dunkel, so daß wir sehr wohl wissen, was die Mathematik leistet, aber über das Wesen des Mathematischen im Unklaren sind. Das führt zu einer Identifizierung des Seins mit der Leistung und zu der Lehre, in der die neueste Erkenntnistheorie eine ihrer schönsten Errungenschaften sieht, daß das Denken in seinen höchsten Formen rein prozeßhaft, daß es übergegenständlich ist. Das philosophische Denken, wie es in früheren Zeiten üblich war, würde hiernach kein Denken höherer Art sein. Es sucht das, was in uns vorgeht, zu fixieren, um es möglichst genau beobachten zu können. Dabei stößt es dann auf die Widersprüche, mit denen sich die neuere Erkenntnistheorie redlichst abgemüht hat, ohne sie völlig überwinden zu können, auf den Widerspruch Subjekt – extramentales Objekt, den Widerspruch zwischen der Substanz und Akzidenzien usw. Von diesen Peinlichkeiten ist man nunmehr befreit. Substanzen gibt es überhaupt nicht mehr, sondern nur noch Empfindungszustände und deren Relationen – am besten vielleicht überhaupt nur Relationen. Daher braucht man sich mit einem angeblich unüberbrückbaren Gegensatz zwischen Psychischem und Physischem nicht den Kopf zu zerbrechen. Das Material ist stets das gleiche; Psychologie und Physik unterscheiden sich nur durch die Anordnung und den Verfahrensmodus. Und was wird aus der Philosophie? Nun, ihre Rolle besteht eben darin, daß sie es den Einzelwissenschaften erleichtert, ohne überflüssige Zweifel ihr Feld zu beackern, und daß sie es jedem Laien freistellen, sich an seinem Köhlerglauben zu erbauen.

Die Philosophen waren nicht mehr wie in ihren guten Zeiten die geistigen Führer der Gesellschaft. Das gebildete Publikum interessierte sich nicht für die ernsten Denker, an denen es nie ganz fehlte, sondern höchstens für die von Saison zu Saison wechselnden Modephilosophen und auch für diese nicht, um sich von ihnen führen, sondern um sich von ihnen unterhalten zu lassen. Eher als den Philosophen im strengen Sinn des Wortes könnte man die geistige Führerschaft den gewaltigen Zeitkritikern zuzusprechen versuchen, die beredtes Zeugnis dafür ablegten, daß das heilige Feuer auch in dieser argen Epoche nicht ganz erloschen war. Wir denken an Tolstoi, Dostojewski, Nietzsche, Spitteler, um nur einige weltbekannte Namen zu nennen. Noch keine Zeit konnte bisher dem Ideal ihrer besten Söhne genügen. Daher hat jede ihre Ankläger gehabt. Aber für eine so vernichtende Kritik am Zeitgeist, wie sie in der zweiten Hälfte des 19. Jahrhunderts geübt wird, dürfte sich nicht leicht eine Parallele finden lassen. Je mehr der Bourgeois es sich wohl sein ließ, um so rabiater wird die geistige Elite. Einen anders als nur in der Phantasie gangbaren Ausweg aus der Finsternis hat keiner von den großen Unzufriedenen gefunden; denn den Weg, der nicht nur den einzelnen, sondern auch die Gesellschaft möglicherweise zum Licht führen konnte, den Weg, auf den der wissenschaftliche Sozialismus wies, wollten sie nicht beschreiten. Ihre Gesellschaftskritik wird unvergessen bleiben. Aber keiner von ihnen hat das neuzeitliche Denken unmittelbar gefördert, keiner von ihnen, mochte er nun alle Werte ganz neu werten oder eine vergangene Weltanschauung wieder zu beleben suchen, hat eine Umbildung der Gesellschaft in die Wege geleitet; sie alle haben im letzten Grunde ungesellschaftlich gedacht. Woher die antisozialistische Einstellung, woher die Unfruchtbarkeit der heroischen Anstrengungen dieser gigantischen Geister? Die Antwort läßt sich nicht ohne weiteres der marxistischen Ideologienlehre entnehmen. In allen Klassen fanden sich damals Menschen mittlerer Begabung, die sich in der weltgeschichtlichen Situation richtig zu orientieren wußten. Warum stimmten gerade die Großen, die wie Faust alle Schätze des Menschengeists auf sich herabgerafft hatten und mit der neuzeitlichen Entwicklung der Gesellschaft wohlvertraut waren, bei aller sonstigen tiefgreifenden Verschiedenheit darin überein, daß sie die sozialistische Lösung des Gesellschaftsproblems ablehnten?

Der wissenschaftliche Sozialismus, selbst wenn er nicht als starrer Materialismus auftritt, erwartet viel, sehr viel von einer gänzlichen Umgestaltung der wirtschaftlichen Verhältnisse, und zwar nicht nur für das leibliche Wohlsein, sondern auch für die Formung des ganzen geistigen Habitus des Menschen. Dagegen ist das Individuum, das starke geistige Energien in sich spürt, meist geneigt, alles oder fast alles von der im einzelnen wirkenden Kraft des Geistes zu erwarten. Es gilt dies namentlich von dem, der in liberalen oder christlichen Ideen auferzogen ist. Er glaubt an keine andere durchgreifende Reform als an die, die von innen kommt, die darin besteht, daß der einzelne aus eigener Kraft sich selbst erneuert. Er setzt seine Hoffnungen auf die Macht der Vernunft, der Liebe, des Willens zum Guten. Nicht nur der ökonomische Materialismus, jede Milieutheorie wird ihm im Grunde seines Herzens zuwider sein.

Bedenkt man, mit welchen gesellschaftlichen Verhältnissen unter dem Regime des hochentwickelten Kapitalismus die reichsten und vornehmsten Persönlichkeiten zu tun hatten, dann begreift man, daß bei ihnen nur allzuleicht ein übermäßiges Selbstgefühl entstehen konnte. Unter diesem Regime hat ein geistiger Mensch großen Formats keine nennenswerten praktischen Wirkungsmöglichkeiten. Er erweckt, um mit Schopenhauer zu sprechen, den Eindruck eines edlen Staatsgefangenen. In der Empörung gegen die entgeistete Welt, die ihn gefangen hält, baut er seine eigene innere Welt, um sie jener gegenüberzustellen. Da nun der Mensch von Haus aus ein gesellschaftliches Wesen ist, kann bei einer derartigen Einstellung zur Gesellschaft eine ans Krankhafte grenzende Hypertrophierung des eigenen Ich kaum ausbleiben. Je entseelter eine Gesellschaft ist, um so häufiger werden sich bei den Genies, die sie hervorbringt, maniakalisch-aristokratische Züge einstellen. Auch in der klassenlosen Gesellschaft wird es Infolio- und Duodezausgaben des Menschen geben, aber der Typus des Großen wird ein ganz anderer sein als in der kapitalistischen Gesellschaft. Das überragende Individuum der Zukunft wird sich das Spittlersche „Ein Großer gegen eine ganze Welt" nicht zur Devise nehmen, es wird seine Größe nicht in der Revolte, sondern in der konstruktiven sozialen Arbeit zu zeigen suchen. Indessen ist es für jedermann schwer zu sagen, wie man sich die großen Exemplare der sozialistischen Gesellschaft vorzustellen hat, und wer nun gar die historische Mission hat, sich gegen das Kollektivum seiner Zeit aufzubäumen, wird kaum glauben wollen, daß, sobald der Konflikt zwischen der Gesellschaft und dem Einzelnen aufhört, etwas anderes übrigbleiben könnte als eine Vielheit biederer Durchschnittsmenschen. Wenn jemand, der, um Größe darzutun, genötigt ist, mit der Gesellschaft in Konflikt zu geraten – wer würde da so leicht von ihm den Entwurf eines sozialistischen Staats erwarten? Weit eher wird man sich auf das Bild einer dem Übermenschen zum Schemel dienenden Menge gefaßt machen (Nietzsche).

Die großen Unzufriedenen gehören zu den beliebtesten Schriftstellern ihrer Zeit. Man bewundert nicht nur ihre künstlerische Gestaltungskraft, man begeistert sich auch für ihre Ideen, die zu nichts verpflichten: impossibilium nulla obligatio. Der Bürger kann weder selbst zum Übermenschen werden noch etwas dafür tun, daß der Übermensch erscheint und den Thron besteigt. Aber warum sollte der Philister nicht bisweilen mit dem Gedanken an sein eigenes Übermenschentum liebäugeln, um hie und da über die Stränge schlagen und beständig auf den Pöbel herabsehen zu dürfen, den Pöbel, von dem ein französischer Schriftsteller sagt, daß fast immer einer mehr zu ihm gehöre, als der meint, der von ihm redet? Und müssen nicht auch die utopischen Träumereien eines Tolstoi und Dostojewski für das Bürgertum ungleich viel anziehender und harmloser sein als die ehernen Worte des Kommunistischen Manifestes? Es ist ein übles Zeichen für eine Zeit, wenn ihre erlauchtesten Geister ein Anathema gegen sie schleudern. Was aber werden wir erst zu einer Zeit sagen, die an den aus der Verzweiflung geborenen Ideen ihrer Propheten ein tändelndes Vergnügen findet?

Daß die Philosophie nach Hegel abnimmt an Tiefe, Originalität und konstruktiver Kraft, ist communis opinio der Historiker. Um so mehr wächst sie in die Breite. Wenn quantitative Riesenhaftigkeit, wie Kant meint, erhaben wirkt, hat die Philosophie der Vorkriegszeit allen Anspruch darauf, erhaben genannt zu werden. Von der Gesamtheit ihrer Produkte, sei es auch nur annäherungsweise, unmittelbar Kenntnis zu nehmen, ist für niemand möglich; es hindert uns daran, um den bekannten Satz des Protagoras zu variieren, nicht sowohl die Schwierigkeit des Gegenstands als vielmehr die Kürze des menschlichen Lebens und die Begrenztheit der menschlichen Geduld. Sicherlich bergen die Abgründe der Papiermassen manches Wertvolle, das der Entdeckung harrt. Wir halten uns an das, was auf die Zeitgenossen einigen Eindruck gemacht hat, und suchen das vom historischen Standpunkt Bemerkenswerteste auszuwählen. Wir werden von der Phänomenologie, von Henri Bergson und von William James handeln. Der Phänomenologie haben nicht wenige geradezu epochemachenden Charakter zugesprochen. Man knüpfte an sie ebenso übertriebene wie vage Hoffnungen. Jetzt ist es still um sie geworden, wie es immer hätte sein sollen. Bergson und James sind echte, große Denker. Sie erbringen Beweis dafür, daß der Geist weht, wo er will, selbst in Zeiten des Niedergangs, daß aber auch der freieste Geist sich dem dämonischen Einfluß der Klassenherrschaft nicht ganz zu entziehen vermag.

Die Phänomenologie

Der Phänomenologie liegt ein gesunder Impuls zugrunde, ein Streben nach Beobachtung und Deskription der Tatbestände, ein „zurück zu den Sachen“, um es mit den Worten eines der hervorragendsten Phänomenologen auszudrücken. Daher unterscheidet sich die Phänomenologie sehr vorteilhaft von der vorher und gleichzeitig in Ehren stehenden mathematisierenden Erkenntnistheorie, von der wir anläßlich der allgemeinen Charakterisierung der Epoche gesprochen haben. Aber in dieser unglücklichen Zeit müssen alle guten Ansätze im Keim verkümmern.

Da die Phänomenologie im Verhältnis zur bisherigen Philosophie auf eine schärfere Beobachtung, eine klarere Schau der Dinge ausgeht, da sie im Grunde genommen eine gesteigerte Selbstbeobachtung sein will, bekommt sie es wieder einmal mit den Widersprüchen zu tun, über die man leichtherzig hinwegzugleiten begonnen hatte. Von neuem bestätigt sich, daß die Philosophie als Erkenntnistheorie wesentlich Auseinandersetzung mit den Antinomien ist. Die Phänomenologie hat das Verdienst, eine bisher wenig beachtete Manifestation des Widerspruchs des Einen und Vielen in helles Licht gerückt zu haben. Edmund Husserl (1859–1938), der Begründer der Phänomenologie, sucht mit allem Nachdruck die Aufmerksamkeit auf den Unterschied zwischen der Vorstellung und dem Gegenstand der Vorstellung zu lenken. Ich habe, sagten wir, eine Vorstellung von einem extramentalen Objekt als etwas Psychisches, als ein Bewußtseinsphänomen, und ich habe gleichzeitig das Objekt als etwas von meiner Psyche Unabhängiges. Das ist nun nicht der Unterschied, den Husserl im Auge hat. Der Gegenstand mag Bewußtseinsphänomen sein, das hindert nicht, daß er etwas anderes ist als die anschauliche Vorstellung, die ich von ihm habe. Wenn ich den Blick auf den Wiesen und Bäumen da draußen ruhen lasse, dann habe ich als anschauliches Bild etwas Ungeformtes, stets Wechselndes, eine Sukzession von Farbenklecksen, das ist meine Vorstellung. Gegenstand der Vorstellung, eben die Wiesen und Bäume, ist sicher etwas davon ganz Verschiedenes. Es verhält sich auch nicht so, daß, wenn ich mir zu meiner Vorstellung noch hinzudenke, daß dem in ihr anschaulich Enthaltenen eine extramentale Wirklichkeit entspricht, ich dadurch schon die Gegenstände der Vorstellung erhielte. Führt uns nicht die Gegenüberstellung von Vorstellung und Gegenstand der Vorstellung auf einen eklatanten Widerspruch? Ich finde in meinem Bewußtsein als Vorstellung des Gegenstandes nur etwas höchst Ärmliches, Amorphes, und doch setze ich mich mittels meiner Vorstellung in Beziehung, in innere Beziehung zu dem reichen, inhaltsvollen Gegenstand. Wenn das kein Widerspruch ist, dann weiß ich nicht was einer ist.

Nehmen wir ein anderes Beispiel. Ich habe mir Goethe vergegenwärtigen wollen und prüfe nun, was sich in mir abgespielt hat. Ich ertappe mich dabei, daß mir eine Statue in den Sinn gekommen ist, daneben ein paar Worte aus einem Goethischen Gedicht, ein durch sie wachgerufenes Phantasiebild und dazu vielleicht noch dies und jenes Nebensächliche, was mit Goethe in irgendeiner Beziehung steht. Und doch weiß ich, daß es mir tatsächlich gelungen ist, mich mit der grandiosen geistigen Individualität, die Goethe heißt, in Kontakt zu bringen. Aber wie ist das möglich, ohne daß ich den Gedankengehalt der Hauptwerke des Dichters und Denkers in meinem Bewußtsein reproduziere, was ich doch gewiß nicht getan habe? Die Sache ist höchst rätselhaft, sie ist rätselhaft, weil sie einen Widerspruch involviert. Ob die Phänomenologen den Widerspruch ausdrücklich anerkennen oder nicht, ist gleichgültig. De facto erkennen sie ihn nicht nur an, sondern suchen auch ihm eine dialektische Lösung zu geben. Die Dialektik, deren sie sich bedienen, ist nicht die fortgeschrittenere von Hegel und Marx, die das Widerspruchsvolle synthetisch verbindet, und, insofern die Synthese keine vollkommene Aufhebung des Widerspruch involviert. Ob die Phänomenologen den Widerspruch aus-Universum als einen dialektischen Prozeß darstellen zu können. Die Dialektik der Phänomenologen ist eher mit der primitiveren Kants zu vergleichen.

Wie Kant beginnen sie mit der Statuierung eines radikalen Gegensatzes. Wie bei Kant die Mannigfaltigkeit des Gegebenen und die geistigen Formen, so sind bei ihnen die Vorstellung und der Gegenstand der Vorstellung zunächst toto coelo verschieden. Die Schärfe des Gegensatzes wird dann bei den Phänomenologen dadurch abgeschwächt, daß der anschauliche Gehalt der Vorstellung als Repräsentant des Gegenstandes fungieren soll. Die ursprüngliche Trennung der Vorstellung und des Gegenstandes und zugleich die Verbindung beider bringt der Phänomenologe dadurch zum Ausdruck, daß er den Gegenstand nicht als vorgestellt, sondern als mittels der Vorstellung gemeint intendiert bezeichnet. Was ich meine, worauf ich intendiere, das besitze ich nicht in voller Präsenz, und es scheint angezeigt, die Vorstellung in der Richtung auf das Gemeinte, Intendierte zu erweitern und zu verdeutlichen, um sich seiner in höherm Grade zu bemächtigen. Aber das ist nun nicht der Weg, auf den sich die Phänomenologen begeben. Täten sie es, dann würde sich zeigen, daß der anfänglich ponierte Gegensatz kein radikaler ist, daß die Vorstellung den Gegenstand in unentwickeltem Zustand enthält, auf ihn hinstrebt, ihn fordert: dann würde die phänomenologische Dialektik in die Hegel-Marxsche ausmünden. Indessen lassen es die Phänomenologen, wie gesagt, hierzu nicht kommen. Die Vorstellung bleibt bei ihnen trotz des Repräsentationsverhältnisses grundverschieden vom Gegenstand. Der Gegenstand ist von vornherein da, wie die Vorstellung, er kann unmittelbar erfaßt werden. Das widerspruchsvolle quälende Haben und Nichthaben des Gegenstandes in der Vorstellung, im Bewußtsein wird abgelehnt. Aus dem Meinen, Intendieren wird ein Schauen. Hiernach bleibt dem, der sich von dem Phänomenologen belehren lassen möchte, kaum etwas anderes übrig, als ihn zu bitten, er möge uns sagen, was es ist, das er schaut, und dem Phänomenologen bleibt kaum etwas anderes übrig, als mit identischen Urteilen zu antworten. Das hat Wilhelm Wundt, der ein ausgezeichneter Kritiker war, mit unbeirrbarem Blick herausgefunden. Die Phänomenologie, sagt er, vermöge über ein A ist B und B ist B nicht hinauszugelangen. Die Phänomenologen haben gegen eine solche Auffassung ihrer Lehre begreiflicherweise protestiert, aber der Protest ist vergeblich. Es zeigt sich das sehr deutlich an der Rechtsphänomenologie. Will man wissen, was ein Vertrag oder eine Rechtspflicht ist, so sucht man sich nach gutem altem Brauch zunächst einmal die Vorgänge zu verdeutlichen, die sich in uns abspielen, wenn wir einen Vertrag abschließen oder das Gefühl haben, von einer Rechtspflicht gebunden zu sein; es soll ans Licht gezogen werden, was in den dunklen Hintergründen des Bewußtseins verborgen war. Nach den Phänomenologen beschreitet man damit den Weg des Psychologismus, sie selbst aber haben uns bisher im wesentlichen keine andere Auskunft geboten als die, daß der Vertrag eben der Vertrag und die Rechtspflicht die Rechtspflicht ist. Mit der Aufteilung der Welt in lauter spezifische Wesenheiten, von denen sich nur sagen läßt, daß sie sich selbst getreu sind, steht im besten Einklang, daß die Phänomenologie den Neigungen der zeitgenössischen Wissenschaft zum Spezialistentum Vorschub leisten konnte. Sie befreit den Juristen, um wieder auf ihn zu exemplifizieren, von der bangen Sorge, daß er zwecks gründlichen Verständnisses des Rechts Psychologie, Soziologie und noch manche anderen Disziplinen betreiben muß. „Schuster bleib bei deinem Leisten." Das Juristische ist das Juristische, das Psychologische das Psychologische usw.

Um auf die initiale Schwierigkeit, mit der es die Phänomenologen zu tun haben, noch etwas mehr Licht fallen zu lassen, will ich ein von William James verwendetes Bild heranziehen. Unser Bewußtsein hat einen kleinen einigermaßen hellen Kern, der keine glatten Ränder hat, sondern von einer Franse feiner Fäden umgeben ist, die ihn mit einer dunklen Umwelt verbinden. Die Phänomenologie zerschneidet die Fäden und stellt den Kern als Vorstellung der dunkeln Umwelt als dem Reich der gemeinten Gegenstände (das freilich für sie nicht dunkel ist) gegenüber. Wir sehen hierin eine Vergewaltigung der Tatsachen. Der Kern, die Fäden, die dunkle Umwelt sind verschieden und sind doch Eines. Dieser Widerspruch braucht uns nicht zu beunruhigen, solange wir den Geschäften des täglichen Lebens obliegen. Es bedarf nur ganz weniger deutlicherer Teilvorstellungen von dem Frühstückstisch, der uns am Morgen winkt, um den Weg zu ihm zu finden. Und das gleiche gilt, wenn es sich darum handelt, die Auswahl zwischen den Werken Goethes und Schillers so zu treffen, daß wir uns die begehrenswerteren geistigen Genüsse sichern. Anders verhält es sich, wenn wir die Dinge wissenschaftlich zu erfassen suchen. Dann müssen wir uns bemühen, die Gegenstände, mit denen wir zunächst in einem kaum spürbaren Konnex stehen, mit Hilfe der erwähnten Fäden durch deren sukzessive Verstärkung in den Lichtkreis des Bewußtseins hineinzuziehen. Dabei werden wir merken, daß der Prozeß uns nicht völlig Neues erwerben läßt, daß der helle Vordergrund den dunklen Hintergrund irgendwie in sich barg, daß das Nicht-Haben zugleich ein Haben war und daß Haben und Nicht-Haben sich in einer Reihe von Synthesen vereinigen, die uns dem Besitz der Wahrheit immer näher bringt, ohne ihn uns je in vollendetem Maß zu gewähren.

Unsere Polemik gegen die Phänomenologie soll nicht besagen, daß die höchst umfangreiche phänomenologische Literatur nur Binsenwahrheiten enthalte. Sie enthält vieles sehr Wertvolles, aber sie enthält es, weil die Phänomenologie – gerade um nicht im Tautologischen zu verharren – bei ihren bedeutendsten Vertretern in psychologische Deskription umschlägt.

Dies gilt z. B. für Max Schelers Ausführungen über die Sympathiegefühle. Auch auf dem Gebiet der Erkenntnistheorie haben sich Phänomenologen verdient gemacht; ich denke dabei vor allem an Nicolai Hartmanns vortreffliche Analyse des Erkenntnisvorganges. Etwas anders steht es mit der Ethik Hartmanns. Scheler bemerkte gesprächsweise, daß sie ihm vorkomme, wie eine Schau mit dem Teleskop, bei der ein Stern nach dem andern ins Auge gefaßt wird. Die Werte werden hier Stück für Stück festgestellt und ohne genügende Verbindung aneinandergereiht. Das einzige Verhältnis, das zwischen ihnen in Betracht kommt, ist ein hierarchisches. Es äußert sich darin in typischer Weise die Unfähigkeit der Phänomenologie, die Lebenszusammenhänge zu erfassen, eine Unfähigkeit, die eine ausgesprochene Verfallserscheinung ist.

Henri Bergson (1859–1941)

Bei Kant eine radikale Unterscheidung zwischen der Mannigfaltigkeit des Gegebenen und den geistigen Formen und Akten; bei den Phänomenologen eine radikale Unterscheidung zwischen der Vorstellung und dem Gegenstand der Vorstellung; eine radikale Unterscheidung auch bei Bergson: bei ihm besteht sie zwischen dem Leben und der Materie. Bei ihnen allen wird das ursprünglich Getrennte in dieser oder jener Weise wieder zusammengebracht, es erfolgt eine Synthese. Es handelt sich um eine dialektische Lösung der Antinomien, aber die Dialektik ist eine andere als die der Hegelianer und Marxisten, die nicht zwecks Überwindung des Widerspruchs die Welt anfänglich in Stücke zerschlägt, um sie nachher notdürftig wieder zusammenzulöten, sondern den Widerspruch als Grundmerkmal der Wirklichkeit anerkennt, um sich den Weltprozeß im Spiel der Antithesen und Synthesen entwickeln zu lassen. Das Zurückgreifen auf den Kantischen Typus der Dialektik nach Hegel und Marx bedeutet eine Abschwächung der philosophischen Potenzen, ein Verfallszeichen, was denen zur Warnung gesagt werden mag, die sich heute darum bemühen, Marx zu kantianisieren. Bei Kant selbst ist von einem Verfall keine Rede, er inauguriert die moderne Dialektik. Dem entspricht es, daß bei ihm die Synthese machtvoller ausgefallen ist als bei denen, die, ohne sich dessen deutlich bewußt zu sein, neue Varianten seiner Dialektik boten, als diese bereits überholt war. Weder die Phänomenologen noch Bergson haben eine so imposante Leistung aufzuweisen wie Kants Konstruktion des *einen* Reichs der Erfahrung aus dem stofflichen Gegebenen und den geistigen Formen.

Bei Bergson stehen sich gegenüber das Leben als die Sphäre der wahren Dauer, des echten Werdens, des „élan vital“, der schöpferischen Entwicklung und die Materie als der tote, räumlich ausgedehnte, von mechanischen Gesetzen beherrschte Bereich der Wirklichkeit. Dort gibt es keine separierbaren Teile, ist eines mit dem andern aufs innigste verwoben, „les choses s'emboîtent les unes dans les autres", kann nicht gemessen und gewogen werden, während hier von alledem das Gegenteil zutrifft. Sagen, daß ein Lustgefühl größer oder kleiner als das andere sei, heißt das Innerliche mit seiner räumlichen Begleiterscheinung verwechseln, wie Bergson in seiner grundlegenden Schrift „Essai sur les données immédiates de la conscience" eingehend zu zeigen sucht. Die Zweiteilung der Welt äußert sich auch in einem Dualismus der Erkenntnisvermögen. Dem Leben ist die Intuition, der Materie die Intelligenz zugeordnet. Das Leben ist der Materie gegenüber das Höhere, diese erscheint als eine Art Abfallprodukt. Kein Wunder, daß man dem Leben mit der Intelligenz nicht beikommen kann: „l'intelligence n'est pas faite pour comprendre la vie". Selbstverständlich stehen bei Bergson Leben und Materie nicht gänzlich beziehungslos nebeneinander. Das Leben sucht die Materie in seinen Dienst zu stellen und wird dabei von der Natur unterstützt, die eine Art Vermittlungsinstanz zwischen den beiden bildet. Die natürliche Gabe der Intelligenz verhilft dem Menschen dazu, sich in seiner Auseinandersetzung mit der Materie zu behaupten; ihr verdankt er die auf die Naturwissenschaften, die Wissenschaften von der Materie, gegründete Technik, sie ist es, die ihn zum homo faber macht. Auch kann die Intelligenz von der Intuition, deren Aufgabe es ist, zum Verständnis des Lebens zu gelangen, verwertet werden. Somit fehlt es nicht an einem Ineinanderspielen der beiden Bereiche; wir werden Gelegenheit haben, einige Proben davon kennenzulernen. Aber die nachträgliche Vereinigung vermag die Vergewaltigung nicht wiedergutzumachen, die durch den anfänglich praktizierten Schnitt der Wirklichkeit angetan worden ist.

Es gibt kein Gebiet, in dem nicht Einheit und Vielheit ineinandergriffen, kein Gebiet, auf dem die Teile fehlten, kein Gebiet, in dem die Teile nicht in einem unverbrüchlichen Einheitszug zusammengeführt würden. Es gibt keine Wissenschaft und keine Technik, in der die Intelligenz nicht durch die Intuition inspiriert werden, die Intuition sich nicht von vornherein mit der Intelligenz verschwistern müßte. In den Wissenschaften der Materie kann nicht nur dem Nebeneinander, es muß auch dem Ineinander Rechnung getragen werden, in der Biologie, der Psychologie, der Soziologie läßt sich nicht alles mit einem Schlag erfassen, es muß auch hier getrennt, gezählt und abgewogen werden. Daß Bergson das nicht anerkennen will, bringt seine Philosophie zum Scheitern.

Bergson inszeniert seine Zweiteilung, um den uralten Rätseln der Erkenntnistheorie eine Lösung zu geben. Es ist sehr bezeichnend, daß er in seiner ersten Schrift, dem eben zitierten „Essai sur les données immédiates de la conscience“, auf die Eleaten zurückgeht und es nicht verschmäht, den angeblichen Sophismen des Zenon, vor allem der Unüberholbarkeit der Schildkröte durch Achilleus eine tiefgreifende Erörterung zu widmen. Von der oft proponierten mathematischen Lösung läßt sich dieser ausgezeichnete Mathematiker nicht imponieren, er erkennt, daß sie über die Schwierigkeit hinweggleitet, statt sie zu beheben. Mit der der Intelligenz eigentümlichen Betrachtungsweise, deren sich die Mathematik bedient, läßt sich ein Lebensvorgang wie der des Überholens nicht verständlich machen. Die mathematische Physik vermag ihn nur als abgelaufenen zu erfassen, das heißt, sie muß ihn zuerst zum Erstarren bringen, muß das ihm innewohnende Moment wahrer Zeit verräumlichen, bevor sie ihn mit Erfolg konstruieren kann. Wir haben uns oben mit dem Sophisma des Zenon beschäftigt und suchten ihm in anderer Weise beizukommen. Zenon, das war unsere Erwägung, bringt uns in die peinliche Situation, das Augenscheinliche leugnen zu müssen, weil er nur den Vielheitsaspekt hervorhebt und den Einheitsaspekt unterdrückt. Die physikalische Wissenschaft berücksichtigt bald den einen, bald den anderen; sie weiß jeweils „sur quel pied danser“, daher gelingt es ihr, der Wirklichkeit, dem Leben gerecht zu werden. Freilich ist der Widerspruch damit nicht behoben, er hat sich aus dem Leben in die wissenschaftliche Formel eingeschlichen. Die positive Wissenschaft läßt das unbekümmert, aber der Philosophie macht es zu schaffen; sie sehnt sich danach, die Welt von allem Widerspruch zu befreien. Der Begründer der eleatischen Schule, Parmenides, hatte auf die Antinomie der Einheit und Vielheit in grandioser Weise reagiert: er hatte das Universum aufgeteilt in ein Reich des Seins und in ein Reich des trügerischen Scheins. Bei Bergson entspricht dem Reich des Seins (der Einheit) das Leben, dem Reich des Scheins (der Vielheit) die Materie. Bei Kant bilden die beiden Gebiete ein Reich der Erfahrung, in dem freilich der von Parmenides gegen den Widerspruch von Einheit und Vielheit geschleuderte Fluch sich darin äußert, daß dieses aus Widerspruchsvollem (Vielheit der stofflichen Elemente und Einheit der geistigen Formen) gebildete Reich der Erfahrung ein Reich der bloßen Erscheinungen ist. Bei den Hegelianern und den Marxisten wird aus dem Reich der Erscheinungen das Reich der Wirklichkeit. Der Widerspruch wird nicht nur toleriert, er ist der Lebensnerv der Wirklichkeit, mit der Maßgabe allerdings, daß er in einer Reihe von Synthesen immer und immer wieder zur Aufhebung gelangt, einer Reihe, die bei den Hegelianern in einer höchsten Synthese ihren Abschluß findet, während sie für die Marxisten eine unendliche ist.

Wie man sich das Verhältnis der positiven Einzelwissenschaften zu den eleatischen Rätseln vorzustellen hat, das ist für die naturwissenschaftlichen

Disziplinen eine Frage von untergeordneter Bedeutung, für die Biologie, die Psychologie, die Soziologie geht es um Sein oder Nichtsein. Nach Bergson besitzen wir keine echte Wissenschaft vom Leben, weil die Wissenschaft, die bei uns unter diesem Namen geht, sich mit dem vergeblichen Versuch abquält, ihren Gegenstand, das Leben, mit den Konzepten der Intelligenz zu erfassen. Bergson rühmt die Neovitalisten wegen ihrer Polemik gegen die mechanistische Auffassung des Organischen, aber ihre Bemühungen um eine nähere Bestimmung des Zusammenwirkens mechanischer und entelechialer Kräfte finden bei ihm offensichtlich geringe Sympathien. Bekannt ist seine Kritik der Spencerschen Soziologie; sie kommt im wesentlichen darauf heraus, daß Spencers Wissenschaft ihrem Gegenstand nicht adäquat sei, weil sie die Entwicklung aus deren erstarrten Produkten – „avec de l'évolué" – zu rekonstruieren suche. Den Marxismus hat Bergson, soviel wir sehen, nirgends erwähnt. Solches Schweigen ist vielsagend. Ob unser Philosoph den Marxismus eingehend studiert hat, wissen wir nicht, aber es wird anzunehmen sein, daß er sich mit ihm genügend vertraut gemacht hat, um ihn guten Gewissens beiseite lassen zu können. Eine Wissenschaft, die wie die von Marx den Entwicklungsgang des Gesellschaftslebens, wennschon nicht in seinen Einzelheiten, so doch in seinen großen Zügen, mit einer bisher unerhörten Genauigkeit vorausberechnet, mochte in den Augen des Verfassers der „Evolution créatrice" mit dem Grundmangel des Intellektualismus so schwer behaftet sein, daß es sich nicht lohnte, näher auf sie einzugehen. Daraus, daß Bergson in seinem Antiintellektualismus den bedeutendsten biologischen und soziologischen Lehren seiner Zeit eine „fin de non recevoir" entgegensetzt, darf natürlich nicht ohne weiteres gefolgert werden, daß er der Wissenschaft vom Leben als solcher keine lebensfördernde Funktion habe zugestehen wollen. Es wäre ja möglich, daß wir – befangen in intellektualistischen Vorurteilen – uns zunächst gar keine Vorstellung davon machen könnten, was eine die intelligence durch intuition überbietende Lebenslehre zu leisten vermag. Auch Marx hat der Gesellschaftswissenschaft, die er vorfand, aus methodologischen Gründen nur einen sehr begrenzten Wahrheitswert zugebilligt, und doch hat niemand die gesellschaftlichen Wirkungsmöglichkeiten der Soziologie, die er für die richtige hielt, höher eingeschätzt. Sehen wir etwas näher zu, was in dieser Hinsicht von der Bergsonschen Philosophie zu erwarten ist.

Bergsons praktische Philosophie ist enthalten in seinem letzten großen Werk „Les deux sources de la morale et de la religion". Der Dualismus, auf den der Titel deutet, ist der des schöpferischen Lebenselans und der Natur. Die Natur ist verschieden vom Leben und von der Materie. Sie ist für Bergson „l'ensemble des complaisances et des résistances que la vie rencontre dans la matière, ensemble que nous traitons à l'exemple du biologiste, comme si l'on pouvait lui prêter des intentions" (a. a. O., S. 337). Es handelt sich, wie wir schon erwähnten, um einen jener Begriffe, durch die zwei ursprünglich radikal geschiedene Sphären einander genähert werden. Die Moral, die der Natur entstammt, ist die Moral der geschlossenen Gesellschaft, der „société close"; denn die Natur stellt auf ein soziales Leben ab, das sich in kleinen Gruppen vollzieht, von denen jede im Kampf mit den anderen ihr Dasein zu erhalten und zu fördern sucht. Als Mitglied der geschlossenen Gesellschaft unterliegt der einzelne Mensch einem Druck, „pression", der ihm als Gefühl der Verpflichtung, „obligation", fühlbar wird und ihn bestimmt, sein Verhalten dem Zweck der Lebensbewahrung und Lebensmehrung dieser Gesellschaft dienstbar zu machen. Das Gefühl der Verpflichtung entspricht dem sozialen Instinkt in den Ameisen- und Bienengesellschaften. Freilich darf man über der Ähnlichkeit die Verschiedenheit nicht übersehen. Anders als die Ameise oder Biene hat die Natur den Menschen mit Intelligenz ausgestattet, und wo Intelligenz ist, da ist auch ein gewisses Maß von Freiheit. In den Tiergesellschaften ist jeder Akt des Individuums bis ins einzelne präformiert, während in der menschlichen Gesellschaft nur ein Schema des Verhaltens gegeben ist, das seine Ausfüllung von dem Walten der Intelligenz erwartet. Die soziale Funktion der Intelligenz ist, wenn ich Bergson recht verstehe, eine doppelte. Einmal soll sie es den Menschen ermöglichen, unter Anpassung an die ins unendliche variierenden Umstände dem Zweck der Erhaltung der „société close" möglichst gerecht zu werden, wozu auch gehört, daß die Orientierung durch ein System allgemeiner Regeln erleichtert wird. Sodann hat die Intelligenz der Gefahr vorzubeugen, die mit ihrem eigenen freien Gebrauch verbunden ist. Diese Gefahr besteht darin, daß das Individuum als freies intelligentes Wesen die Frage aufwirft, ob es nicht eigentlich viel besser daran täte, statt für die Gesellschaft für sich selbst zu leben. Die Intelligenz beantwortet die delikate Frage mit Hilfe der einen oder andern Moraltheorie im großen und ganzen dahin, daß der Egoist um so mehr auf seine Kosten kommt, je mehr er es versteht, sich seinen Nebenmenschen nützlich zu machen. Die Natur will die geschlossene Gesellschaft und mit ihr die „morale de pression", aber neben der geschlossenen Gesellschaft gibt es noch eine andere, die offene, die „société ouverte", und auch sie hat eine ihr eigentümliche Moral. Die Moral der offenen Gesellschaft hat wie diese selbst ihren Ursprung nicht sowohl in der Natur, als vielmehr im schöpferischen Impuls einzelner genialer Persönlichkeiten, die den sie belebenden Hauch einer größeren oder kleineren Gemeinde mitzuteilen wissen. Die Liebe solcher Auserwählter und ihrer Jünger beschränkt sich nicht auf den engen Kreis der Mitbürger, sondern umfaßt die ganze Menschheit, ja das Universum. Die Moral der „société ouverte“ ist keine „morale de pression“, sondern eine „morale d'aspiration“. Obwohl sie ihre Grundlage in einer Gemütsbewegung (émotion) hat, ja ihrem Wesen nach nichts anderes ist als eine Gemütsbewegung, kann sie doch in einer logisch wohlgeordneten Doktrin ihren Ausdruck finden. Aber eine Doktrin dieser Art ist eine Begleiterscheinung, deren Bedeutung nicht überschätzt werden darf; recht verschiedenartige, einander teilweise widersprechende Lehren können aus der gleichen emotionellen Quelle hervorgehen. Die Ausprägung der „morale d'aspiration“ in einer Doktrin ist nicht ganz ohne praktischen Nutzen. Auch hier wie bei der Moral der geschlossenen Gesellschaft kann die verstandesmäßige Formulierung allgemeiner Regeln den Menschen behilflich sein, aus der Innerlichkeit in die Äußerlichkeit des Lebens den Weg zu finden. Dazu kommt, daß die Theorie geeignet ist, die beiden Moralen in ein Kommunikationsverhältnis zu bringen, dem zufolge die Normen der Moral der geschlossenen Gesellschaft an dem verklärenden Nimbus der Moral der offenen Gesellschaft, die Normen der letzteren an der obligatorischen Kraft der Moral der geschlossenen Gesellschaft einen gewissen Anteil erhalten. Dagegen wäre es ein verhängnisvoller Irrtum, wenn man annehmen wollte, daß die „morale d'aspiration“ durch irgendein Raisonnement verbreitet oder gar weiterentwickelt werden könnte. Für ersteres ist erforderlich, daß sich die Emotion von Mensch zu Mensch mitteile, für letzteres, daß neue große Persönlichkeiten auftreten, in denen die Emotion einen Zuwachs an Intensität und innerm Reichtum erfahren hat. Vielleicht gelingt es beim Rückblick auf die lange Geschichte der Moraltheorien, eine allmähliche logische Verbesserung festzustellen. Wollten wir daraus den Schluß ziehen, daß es einen Fortschritt der Moral gibt, der sich auf intellektuellem Gebiet vollzieht, dann würden wir einen ähnlichen Fehler begehen wie der Physiker, der sich dem Glauben hingibt, er könne mit Hilfe seiner räumlichen Schemata den Lebensakt erklären, in dem Achilleus die Schildkröte überholt.

Der Dualismus der beiden Moralen wird von Bergson mit ebensoviel Scharfsinn wie psychologischer Feinheit im einzelnen durchgeführt; es ist trotzdem eine künstliche Konstruktion. Hier wie auch sonst läßt Bergson eine radikale Scheidung platzgreifen, wo die Erfahrung graduelle Unterschiede aufweist. Immer und immer wieder legt er mit der größten Entschiedenheit Verwahrung dagegen ein, daß in der Moral der geschlossenen Gesellschaft die der offenen der Potenz nach enthalten sei. Ich bin wohl nicht der einzige Leser von Bergson, der die von ihm verworfene Ansicht nach wie vor für richtig hält. Es ist durchaus „natürlich“, daß es langer Zeiträume bedarf, bevor die Menschen in umfassenderen Kreisen miteinander vertraut werden und zusammenzuarbeiten lernen, aber ein Dekret der Natur, das sie auf die kleine geschlossene Gesellschaft der Anfänge festlegt, brauchen wir darum nicht anzunehmen. In der Moral der geschlossenen Gesellschaft steckt in nuce und vermischt mit vielerlei amoralischen Elementen die Moral der offenen Gesellschaft. Im Eifer für die Verteidigung der gegenteiligen These versteigt sich Bergson bisweilen zu Behauptungen, die wir bei einem solchen Beobachter nicht erwarten würden: „Aujourd'hui encore nous aimons naturellement nos parents et nos concitoyens, tandis que l'amour de l'humanité est indirect et acquis." (a. a. O. S. 28) Wo ist Bergson Menschen begegnet, die ihre Mitbürger als solche lieben? Hätten wir zu wählen, so würden wir uns lieber noch als für dieses Diktum für die Weisheit des alten Schopenhauer entscheiden, der einmal sagt, der Mensch liebe sich selbst und allenfalls noch sein Kind, sonst niemanden auf der Welt. Unsere Meinungsdifferenz mit Bergson ist von sehr erheblicher Tragweite. Folgt man Bergson, dann darf man wohl hoffen, daß die neue Moral die alte vorübergehend in Schranken halten wird, aber diese bleibt bestehen, gestützt auf einen primitiven Instinkt, und niemand weiß, ob sie nicht eines Tages hervorbricht, um alle Errungenschaften eines höhern Menschentums in Frage zu stellen. Was die neue, höhere Moral betrifft, so scheint mir Bergson die Funktion, die die Doktrin in ihr ausübt, nicht richtig bestimmt zu haben. Aber ich setze meine grundsätzlichen Bedenken beiseite, bis wir wissen, was uns Bergson von der Religion zu sagen hat. Denn schließlich erwartet ja niemand so sehr viel von einer Moraltheorie, die nicht entweder selbst religiös fundiert ist oder Anspruch darauf erhebt, an die Stelle zu treten, die bisher den religiösen Überzeugungen vorbehalten war.

Der Zweiteilung in der Moral entspricht bei Bergson eine Zweiteilung in der Religion. Es gibt eine naturgewollte und eine Religion, die vom Geiste stammt. Die Verleihung der Intelligenz an den Menschen bringt gewisse Gefahren für sein soziales und individuelles Leben mit sich; als Schutzmittel gegen sie läßt die Natur die eine der beiden Religionen zur Entstehung gelangen. Wir sahen schon, daß die Intelligenz eine Versucherin ist: Als intelligentes Wesen wirft das Individuum die Frage auf, ob es denn wirklich gemäß der ihm von der Gesellschaft auferlegten Verpflichtung sein Leben im Dienst am Ganzen aufgehen lassen solle. Die vorhin erwähnten Moraltheorien sind keine völlig ausreichenden Vorkehrungen zur Beschwichtigung des Zweifels. Da sich die Intelligenz nur mit Hilfe der Intelligenz bekämpfen läßt, legt die Natur der Intelligenz eine „fonction fabulatrice" bei, der zufolge jede Velleität des Ungehorsams gegenüber der Gesellschaft die Vorstellung eines die Interessen der „cité" wahrnehmenden, warnenden und drohenden Gottes hervorruft. Die Intelligenz ist noch in anderer Hinsicht gefährlich. Bevor sie den Menschen durch Ausbildung von Technik und Wissenschaft die Beherrschung der Natur ermöglicht, wozu, wie man weiß, viel Zeit erforderlich ist, liefert sie ihren Träger einer höchst peinlichen Lebensunsicherheit aus, die dem nach Instinkten handelnden Tier erspart bleibt. Es muß dafür gesorgt werden, daß die Furcht vor Mißerfolgen und üblen Zufällen aller Art den Menschen nicht lebensunfähig macht. Der Zweck kann auf zwei Wegen erreicht werden, die, zu Ende verfolgt, zu zwei Unterarten der natürlichen Religion führen. Man kann versuchen, sich durch Gaben und Gebete den Schutz der Götter zu sichern, die wir soeben als die Schirmherren der „société close" kennenlernten, oder man kann die Vorstellung geheimnisvoller Kräfte ausbilden, auf die sich ein magischer Einfluß gewinnen läßt. All das hat mit der höhern Religion nichts zu tun. Die höhere Religion ist nicht von dieser Welt, das heißt, sie steht nicht unter der Botmäßigkeit der Natur. Sie entspringt unmittelbar aus dem Zentrum des Geistes. Geniale Persönlichkeiten haben das Privilegium, sich in dieses Zentrum zu versetzen. Der große Mystiker – er ist es, an den wir hier zu denken haben – spürt in sich den göttlichen Willen, der alle Hindernisse zu überwinden vermag. Es ist eine unaussprechliche Glückseligkeit, die ihm hierbei zuteil wird. Aber der Mystiker wird durch dieses überirdische Glück nicht notwendig dem Erdenleben entfremdet. In ihrer höchsten Form ist die mystische Religion, wie Bergson sehr richtig sagt, aktivistisch. Die bedeutendsten Vertreter der christlichen Mystik haben eine eminente praktische Tätigkeit entfaltet.

Wir wollen keine Zeit damit verlieren, die scharfe Trennung der beiden Religionen zu beanstanden. Uns interessiert vor allem die Frage, was die Wissenschaft für die mystische Religion bedeutet. Die Mystiker sind im allgemeinen keine Häretiker; sie fügen sich der in der Kirche herrschenden Theologie. Offensichtlich liegt das Wesentliche für sie nicht in der Lehre, im Kognitiven. Das Neue, das sie bringen, ist die Erneuerung des spiritualen Lebens, die weder in Worten noch in Konzepten der Intelligenz einen adäquaten Ausdruck finden kann. Das Pneuma, das sie inspiriert, teilt sich anderen mit, attrahiert andere und schafft so geistige Gemeinden. Bisher war es freilich immer nur eine verhältnismäßig kleine Zahl von Jüngern, die der Mystiker für sich zu gewinnen vermochte. Die überwiegende Mehrzahl der Menschen ist zu sehr in Anspruch genommen durch den Kampf mit den materiellen Schwierigkeiten des Lebens, um den Flug dorthin zu nehmen, wo der Mystiker beheimatet ist. Wird dies stets so bleiben? In Beantwortung der Frage eröffnet uns Bergson eine große Perspektive. Es besteht, sagt er uns, ein Zusammenhang zwischen mystique und mécanique, den man nicht aus dem Auge verlieren darf. Die Mechanisierung, Maschinisierung des Betriebes der Lebensversorgung kann bis zu einem Punkt getrieben werden, an dem sie die ganze Menschheit von den Nöten und Sorgen des Alltags befreit und sie empfänglich macht für den Einfluß des Mystikers. Es ist nicht ausgeschlossen, daß ein Mystiker der Zukunft die Menschheit bestimmt, diese gewaltige Befreiungsarbeit in Angriff zu nehmen, die, wie Bergson hinzufügt, konsolidiert werden müßte „par une organisation politique et sociale qui assurât au machinisme sa véritable destination". Das ist eine schöne, aber etwas vage Hoffnung, und Bergson selbst warnt uns davor, daß wir ihre Verwirklichungschancen überschätzen. „Ne comptons pas trop sur l'apparition d'une grande âme privilégiée. A défaut d'elle d'autres influences pourraient d'étourner notre attention des hochets qui nous amusent et des mirages autour desquels nous nous battons." Welches sind die Einflüsse, die uns bestimmen können, unserm Sinn und Trachten eine höhere Richtung zu geben?

Bisher ist nach Bergson die Wissenschaft vom Geist vernachlässigt worden zugunsten der Wissenschaft von der Materie. Das hatte gewisse Vorteile. Ein sorgfältiges wissenschaftliches Beweisverfahren konnte sich zunächst am leichtesten in der Geometrie, der Physik, der Chemie entwickeln, um dann später auf die Wissenschaft vom Leben übertragen zu werden. Aber die Medaille hat ihre Kehrseite. Unsere Wissenschaft vom Geist hat sich daran gewöhnt, das Geistige nach dem Vorbild des Materiellen zu behandeln, was vor allem darin zum Ausdruck kommt, daß sie, mag nun das Materielle oder das Geistige zum Ausgangspunkt dienen, zwischen den beiden ein genaues Korrespondenzverhältnis postuliert. In seinem Werk „Matière et mémoire" hat Bergson aufs eingehendste den Nachweis zu führen gesucht, daß man mit einer solchen Auffassung der Wirklichkeit, wie sie sich der unvoreingenommenen Beobachtung darstellt, nicht gerecht zu werden vermag. Unser Gehirn ist nicht das materielle Substrat unserer Perzeptionen in dem Sinn, daß mit seiner Störung oder Verletzung notwendigerweise ein geistiger Verlust eintreten müßte. Weit entfernt, die Perzeptionen zu ermöglichen, hat unser Gehirn die Aufgabe, sie einzuschränken, dafür zu sorgen, daß sie nur insoweit ins Bewußtsein gelangen, als es erforderlich ist, um unser praktisches Verhalten zu orientieren. Unser Gehirn wie unser Körper überhaupt ist ein Werkzeug zum Handeln, ein „instrument d'action". Hinter dem, was unser Gehirn, seine Funktion erfüllend, bewußt werden läßt, liegt als eine terra incognita eine unermeßliche Zone unbewußten geistigen Lebens. Tritt im Mechanismus des Gehirns eine Störung ein, dann eröffnet sich uns ein Ausblick auf ein Land, zu dem uns unser Gehirn bisher den Zugang verschlossen hat, und das vielleicht das „gelobte" Land ist: „Que ces mécanismes se dérangent, la porte qu'ils maintenaint fermée, s'entr'ouvre: quelque chose passe d'un dehors qui est peut-être un au-delà." (S. 341). Mit abnormen Perzeptionen dieser Art beschäftigt sich die „science psychique" (Parapsychologie). Die junge Disziplin hat ein umfassendes Beobachtungsmaterial zusammengetragen, das man nicht deshalb, weil es die Denkgewohnheiten der Wissenschaft alten Stils zu erschüttern droht, als wertlosen Plunder beiseite schieben darf. Bergson hält es durchaus nicht für ausgeschlossen, daß es der Parapsychologie gelingen wird, einen Strahl aus jener großen unbekannten Welt, mit der sie uns in Beziehung setzen möchte, dem körperlichen Auge sichtbar zu machen. Es wäre das nach seiner Ansicht ein Erfolg von unabsehbaren Konsequenzen. Der Glaube an ein Jenseits, an ein Leben nach dem Tode würde eine ungeheure Kraftsteigerung erfahren. Unsere gewöhnlichen Vergnügungen würden verblassen, unser frenetisches Streben nach Komfort und Luxus würde sich beschwichtigen, eine tiefe stille Freude würde von uns Besitz ergreifen und unser gesellschaftliches und individuelles Leben gänzlich umwandeln.

Ferne sei es von uns, über die Parapsychologie zu spotten. Sie hat unseres Erachtens schon heute bewiesen, daß es Dinge zwischen Erde und Himmel gibt, von denen sich unsere Schulweisheit nichts träumen ließ. Was sie als Tatsachenbefund ausgibt, dürfte zu nicht geringem Teil diesen Namen verdienen. Andererseits läßt sich nicht leugnen, daß die festgestellten Tatsachen zu den verschiedenartigsten Interpretationen Anlaß geben, von denen keine als irgendwie gesichert betrachtet werden kann. Der Beweis für ein Fortleben nach dem Tode ist nicht erbracht, und es ist schwer einzusehen, wie er mit Material von der Art des uns bisher vorgelegten je erbracht werden sollte. Aber nehmen wir einmal an, wir erlangten dank der Parapsychologie unumstößliche Gewißheit eines zukünftigen Lebens, so bliebe immer noch die Frage offen, wie dieses Leben beschaffen ist. Die Antwort, die uns die Parapsychologie vorläufig vermittelt, ist nicht nur äußerst unbestimmt, sie ist auch ihrem Inhalt nach nicht geeignet, uns zu einer Totalrevision unserer Einstellung zum Diesseitigen zu veranlassen, wie Bergson sie im Auge hat. Den großen Wandel unseres gesellschaftlichen Zusammenlebens, der so dringend nottut, von der Parapsychologie erwarten ist eine noch verwegenere Hoffnung als die, daß ein großer Mystiker das Reich Gottes auf Erden begründen wird.

Der moderne Mensch setzt sein Vertrauen nicht auf kommende Mystiker, sondern auf eine Wissenschaft vom Leben, und zwar auf eine Wissenschaft, die sich nicht darauf beschränkt, ihn durch ein trübes Dachfenster in ein dunkles Jenseits blicken zu lassen, sondern sich ihm als ein „moyen d'action" bewährt, um sein irdisches Dasein gemäß seiner höheren Bestimmung zu gestalten. Eine solche Wissenschaft trägt intellektualistischen Charakter und findet daher keine Gnade vor Bergsons Augen. Was Bergson gegen den Intellektualismus geltend macht, ist zum Teil überzeugend, aber im großen und ganzen hat er die Rolle, die die intellektualistische Wissenschaft für die Moral und im gesellschaftlichen Leben zu spielen berufen ist, unzutreffend gewürdigt. Man wird Bergson darin zustimmen, daß es nicht möglich ist, wie einige Rationalisten zu glauben scheinen, irgend jemand allein mit Vernunftgründen zur Billigung oder gar zur Befolgung dieser oder jener Morallehre zu bestimmen. Wer uns die Richtigkeit einer Zielsetzung darlegen will, verliert seine Worte, wenn das Ziel uns nicht von Hause aus attrahiert. Nun ist die Sache aber die, daß wir zunächst im unklaren darüber sind, was es eigentlich ist, wonach wir uns im Tiefsten unseres Herzens sehnen. Es ist ein – unter den Moralphilosophen leider weitverbreitetes – Vorurteil, daß die Menschen wissen, was sie wollen. Nichts wissen sie weniger als dies. Es bedarf einer langen Erfahrung für den Menschen, damit er mit sich selbst über das Objekt seines Begehrens ins reine komme. „Il faut dans ce bas monde aimer beaucoup de choses pour savoir après tout ce qu'on aime le mieux" (Musset). Die Wissenschaft kann diesen Klärungsprozeß fördern, indem sie der persönlichen Erfahrung des einzelnen die allgemeine Menschheitserfahrung hinzufügt oder auch die in Betracht kommenden Morallehren in ihre Konsequenzen verfolgt. Bei letzterem Punkt müssen wir einen Augenblick verweilen. Der normale Mensch ist geneigt, gewisse moralische Maximen anzuerkennen und auch in der Mehrzahl der Fälle nach ihnen zu handeln. Es mag nun sehr wohl sein, daß, wer sich solche Maximen zu eigen macht, die Katze im Sack gekauft hat. Man weiß nicht, was in ihnen steckt, solange man sich ihrer logischen Implikationen nicht bewußt geworden ist. Die Wissenschaft hilft uns, sie in der eben bezeichneten Beziehung durchsichtig zu machen, und wenn sie einmal durchsichtig sind, werden sie vielleicht mißfallen und durch andere ersetzt werden. So nimmt ein zuerst nur dunkel gefühltes Ziel unseres Strebens bestimmtere Umrisse an. Freilich das letzte Ziel des Handelns läßt sich nicht in intellektualistische Konzepte fassen, es ist supraintellektuell für uns und für alle, die einer transzendenten Weltanschauung huldigen. Immerhin ist die *Richtung* auf dies Ziel dem Begriff und dem Wort zugänglich. Meistens beschäftigt sich die Morallehre nicht mit dem Endziel, sondern mit Durchgangszielen, nicht mit dem Endzweck, sondern mit Mittelzwecken (Driesch). Die Aufgabe ist wichtig genug. Wenn die Wissenschaft dazu beiträgt, daß uns ein Ziel in helleres Licht tritt, zu dem wir von ganzem Herzen ja sagen können, werden wir ihr Dank dafür wissen und nicht mit ihr hadern, weil es sich immer noch nicht um das letzte Ziel handelt. Heute ist bei unendlich vielen die Erkenntnis verbreitet, daß wir uns bemühen sollten, die Gesellschaft in eine große Arbeitsgemeinschaft zu verwandeln, an der alle als freie und gleiche Mitglieder beteiligt sind. Daß es so weit gekommen ist, haben wir gewiß nicht allein, aber doch zum Teil der Wissenschaft, unter anderm der Gesellschafts- und Rechtswissenschaft des 18. Jahrhunderts zuzuschreiben. Und nicht nur durch Verdeutlichung des Ziels, das uns vorschwebt, sondern auch und mehr noch durch Bezeichnung der Mittel, mit denen es sich erreichen läßt, kann uns die Wissenschaft wesentliche Dienste leisten. So ist es ein Ruhmestitel der Aufklärung, in ihrer Naturrechtslehre die liberale Demokratie als Mittel der Verwirklichung des Ideals der Freiheit und Gleichheit aller Menschen in ihren Grundzügen klargestellt zu haben. Aber so wichtig formale Rechtsänderungen, wie sie uns die moderne Demokratie gebracht hat, auch sein mögen, sie sind unzureichend, um zum gewünschten Ziel zu gelangen; die Erfahrungen der Französischen Revolution beweisen das. Die Frühsozialisten sind im Recht mit ihrer Lehre, daß man die Sache von der wirtschaftlichen Seite her anpacken müsse, und ihre Projekte, so unvollkommen sie sind, füllen ein bedeutungsvolles Blatt in der Geschichte der Wissenschaft vom gesellschaftlichen Leben. Aber wird der egoistische Machtwille die Durchführung der schönen Pläne zulassen? Die Lage ist kritisch, fast hoffnungslos. Da tritt Marx auf mit seiner großartigen Theorie von den Bewegungsgesetzen der modernen kapitalistischen Wirtschaft, die in der Richtung auf das hohe Ziel wirksam werden, und von der Möglichkeit, die für die Arbeiterschaft besteht und für sie allein, durch bewußte tatkräftige Intervention den Entwicklungsgang zu beschleunigen. Das alles ist „intellektualistische" Wissenschaft, die man betiteln mag, wie man will, als Lebens-, Gesellschafts-, Morallehre oder sonst irgendwie, der man es aber nicht absprechen kann, daß sie dem um die Zukunft bangenden modernen Menschen immerhin etwas Greifbareres bietet als eine Wissenschaft, die sich im wesentlichen damit begnügen muß, ihn auf einen kommenden Mystiker und auf den Fortschritt der Parapsychologie zu vertrösten.

Es gibt Wissenschaften, die man nicht trennen kann von dem individuellen Geist, der sich in ihnen äußert. Hierzu gehören alle Disziplinen, die in engem Zusammenhang mit der Philosophie stehen. Der Charakter einer Philosophie hängt vom Charakter des Menschen ab, der sie sich erarbeitet; und ob eine Philosophie die Menschen für sich gewinnt, das hängt nicht nur von ihrem sachlichen Gehalt, sondern auch von dem geistigen Atem ab, den ihr ihr Begründer mitzuteilen weiß. Nur eine „âme privilégiée" im Sinne Bergsons entdeckt die Wahrheiten, die der dialektische Materialismus enthält, und nur sie vermag diese Wahrheiten so zum Ausdruck zu bringen, daß sie sich die Geister erobern. Aber vergessen wir nicht bei der Beurteilung der Vorgänge, durch die die Menschheit auf ein höheres Niveau erhoben wird, über den sich jeder Berechnung entziehenden Einflüssen des Ineffabile der Persönlichkeit die im Lauf der Geschichte zunehmende Bedeutung des Kognitiven. Schon in der alten Zeit mußte die Lehre der großen geistigen Führer vom Verstand erfaßt und zu einer Art Wissenschaft fortentwickelt werden, wenn das Feuer entfacht und erhalten werden sollte. Immerhin war das Wichtigste, daß die Worte des Meisters vom Gemüt als göttliche Offenbarungen entgegengenommen wurden. Die einzige Bewegung der neuesten Zeit, die in ähnlicher Weise wie das Christentum von einem großen Glauben inspiriert wird und unzählige ihrer Anhänger vor keinem Opfer zurückschrecken läßt, ist – mag man es zugeben oder nicht – die sozialistische, und die sozialistische Bewegung hat eine Wissenschaft im strengen Sinn des Wortes zur Grundlage. Man hat sich bisweilen gefragt, wie es den Propheten der alten Zeit ergehen würde, wenn sie in unserer Mitte aufstünden und ihre flammende Predigt an uns richteten. Findet man an solchen Hypothesen Gefallen, dann beachte man wenigstens die Gesetze der Reinkarnation. Jene Heroen würden, wenn sie in unseren Tagen wiederkehrten, nicht die Gestalt eines „Emanuel Quint", sondern am ehesten die eines Marx, Jaurès, Lenin annehmen, die sämtlich große Intellektuelle und Wissenschaftler waren. Tempora mutantur et nos mutamur in illis. Das gilt auch für das Prophetentum. Den großen Wandel, um den es sich hier handelt, zu erkennen, hindert Bergson die ihm eigentümliche Erkenntnistheorie. Aber diese Erkenntnistheorie ist keine ursprüngliche Gegebenheit, die man so, wie man sie findet, einfach hinzunehmen hat. Sie wurzelt in den emotionellen und volitiven Hintergründen unseres Gesellschaftslebens. Der Widersacher, von dem wir schon so viel zu reden hatten, weiß sich höchst raffiniert anzustellen, wenn es gilt, unsere besten Köpfe gleich im Anfang ihres wissenschaftlichen Denkens von der Königsstraße abzudrängen, auf der der moderne Geist seinem Ziel entgegenschreitet. Wäre Bergson unter den Einfluß der aufsteigenden statt unter den der absteigenden Klasse seines Zeitalters geraten – derartiges hängt zum Teil, aber keineswegs ausschließlich von Zufällen ab –, dann hätte er dem geistigen Fortschritt der Menschheit unermeßliche Dienste leisten können; seine eminente Intelligenz befähigte ihn dazu. So wie die Dinge liegen, ist Bergson für die Geschichte der Philosophie vor allem deswegen wichtig, weil er mit Energie und unbeirrbarer Folgerichtigkeit den falschen Weg gegangen ist und uns dadurch dazu verholfen hat, den richtigen deutlich zu erkennen. In einer Epoche, in der sich nur mit einer intellektualistischen Gesellschaftswissenschaft wie der marxistischen vorwärtskommen ließ, hat er, der geborene Intellektualist, dem Intellektualismus die denkbar schroffste Absage gegeben und sich dem Mystizismus und Okkultismus zugewendet, die nur in einer Zeit verzeihlich sind, in der dem Fortschritt im Licht der Ratio schlechthin unüberwindliche

Hindernisse entgegenstehen. Er ist als der erstaunliche Kopf, der er war, eines der vornehmsten Opfer einer Gesellschaft, die gegen das Ende seines langen Lebens zu einer solchen Inhumanität herabsank, daß sie ihn nicht einmal in Frieden sterben ließ.

Aus: Die Philosophie der Neuzeit · Gesellschaftslehre, Ethik und Rechtswissenschaft

Einleitung · Die drei Disziplinen und ihr gegenseitiges Verhältnis

Die Gesellschaftswissenschaft ist die Grundwissenschaft oder, vorsichtiger gesagt, eine der Grundwissenschaften für die Ethik und die Jurisprudenz. Der Satz ist gleichermaßen einleuchtend, ob man nun das Glück oder die Pflicht als den Kardinalbegriff der Ethik ansieht. Der Mensch ist, wie Aristoteles sagt, ein gesellschaftliches Wesen; nach Bergson kann man sich den Menschen nicht sozial genug vorstellen. Somit wird sein Glück wie seine Pflicht in der Gesellschaft wurzeln und wird man beide nicht kennen können, solange man nicht das Wesen der Gesellschaft erfaßt hat. Nur in Zeiten, in denen das Gesellschaftsleben aufs schwerste zerrüttet ist und keine Hoffnung besteht, es wiederherzustellen, wird eine streng individualistische, unsoziale Ethik zur Entstehung gelangen können, und auch sie wird ein Minimum an sozialem Gehalt in sich aufnehmen. Was für die Ethik gilt, das gilt in noch höherem Maß für die Rechtslehre.

Wer den soeben festgestellten Zusammenhang leugnet, pflegt es mit dem Hinweis zu tun, daß die Soziologie vom Sein, die Ethik vom Sollen handle und daß es zwischen Sein und Sollen keine Brücke gebe. Aber das Sollen liegt in Wahrheit nicht außerhalb des Daseinsbereichs. Faßt man es als heteronom, dann ist es ein Befehl, eine Suggestion, eine Drohung, also etwas im Bereich der Wirklichkeit Wahrnehmbares. Faßt man es als autonom, dann ist es ein Bedürfnis, ein innerer Antrieb, eine emotionell betonte Willensregung, also ein psychischer Tatbestand. Hieran wird auch durch die Annahme nichts geändert, daß die ethische Norm, das ethische Sollen der höhern Natur des Menschen entstammt, seinem geistigen, nicht seinem sinnlichen Sein. Das geistige Sein ist, was wir das universelle Ich nennen, während das sinnliche Sein zum individuellen Ich gehört. Beide bilden eine Einheit, die man nicht, wie es die Kantische Dialektik tut, zerreißen darf. Die schroffe Scheidung von Sein und Sollen hat in dieser Dialektik ihre Grundlage: wir lehnen die radikale Scheidung ab, wie wir die Kantische Dialektik ablehnen mußten. Kein Widerspruch zu der von uns vertretenen Auffassung des Verhältnisses der Gesellschaftslehre zur

Ethik liegt in der Behauptung, die Soziologie als positive Einzelwissenschaft sei außerstande, der Moral ein ausreichendes Fundament zu liefern; denn wenn dies richtig sein sollte, könnte einer Gesellschaftslehre in Form der Gesellschaftsphilosophie gelingen, was der Soziologie versagt bleiben muß.

In der neuesten Literatur wird oft darauf hingewiesen, daß man von der genetischen Erklärung der ethischen Motive ihre Wertung und ihre Verbindlichkeit unterscheiden müsse. Das ist gewiß richtig, aber verfehlt wäre es, wenn man, wie es Mode zu werden scheint, zwischen der genetischen und der Wert- und Verpflichtungsfrage das Verhältnis gänzlicher Unabhängigkeit statuieren wollte. Ob die Stimme des Gewissens in mir von Gott stammt oder der praktischen Vernunft entspricht oder durch den Druck, den das gesellschaftliche Milieu ausübt, hervorgerufen wird, das kann unmöglich gleichgültig sein für die Entscheidung über den Wert oder den Verbindlichkeitsgrad der Gewissensforderungen. Und auch wenn es sich anders verhielte, dürfte die Wert- und Verbindlichkeitsfrage nicht der Wissenschaft vom Sein entzogen werden. Von der Verbindlichkeit ist hinreichend gesprochen worden; was den Wert betrifft, so wäre zu betonen, daß jede Wertung gemäß unserem Wesen, unserem Sein von uns vollzogen wird.

Wichtiger als die eben berührte Unterscheidung ist eine andere, die, wenn ich recht sehe, selten beachtet wird und doch beachtet werden muß, damit man zu einem richtigen Verständnis der ethischen Probleme und der Geschichte der Ethik gelangen kann. Ich meine die Unterscheidung zwischen der Ethik als der Lehre vom höchsten Gesetz des Handelns, dem das Subjekt wesensgemäß unterstellt ist, und der Ethik als der Lehre von den Handlungen, die üblicherweise mit den Prädikaten gut, tugendhaft, verdienstlich, lobenswert ausgezeichnet werden. Versteht man die Ethik in dem an erster Stelle erwähnten Sinn, dann gelangt man zum Eudämonismus als dem obersten Prinzip des Handelns; versteht man sie in dem an zweiter Stelle erwähnten, dann wird es zum mindesten nicht fehlerhaft sein, ihr antieudämonistischen Charakter beizulegen. Der – stets vergebliche – Kampf, der in der Geschichte der Ethik gegen den Eudämonismus geführt worden ist, erklärt sich zu nicht geringem Teil aus einer Verwechslung der beiden Morallehren. Das tun, was unserm innersten Wesen entspricht, und das tun, was die Leute gut nennen, sind zwei sehr verschiedene Dinge. Wenn man diese bei dem Studium der ethischen Literatur im Auge behält, begreift man die Befehdung des Eudämonismus und begreift man zugleich ihre Aussichtslosigkeit. Den Streit darauf zurückzuführen, daß der Eudämonist nach dem fragt, was die Menschen regelmäßig erstreben, der Antieudämonist nach dem, was sie erstreben sollen, ist eine Oberflächlichkeit.

Man darf den Eudämonismus als eine der gewissesten aprioristischen Wahrheiten bezeichnen. Unser Wille wird bestürmt von einem Schwarm sogenannter niederer und sogenannter höherer Bedürfnisse, Neigungen, Aspirationen. Die niederen Neigungen entspringen unserem individuellen, die höheren dem sozialen Ich oder dem, was an uns ewig, unzerstörbar ist, dem universellen Ich. Sämtliche Bedürfnisse vermag ich in dem einen Akt, den es hier und jetzt zu vollziehen gilt, nicht zu befriedigen; es entsteht eine Kollision, in der guter Rat teuer ist. Eine Wahl muß getroffen werden, und es fragt sich, nach welchem Kriterium sie zu treffen ist: Warum soll ich von den mehreren Möglichkeiten lieber diese als jene realisieren? Da läßt sich nun in unserem Innern eine Stimme vernehmen, die uns auf den maximalen Glücksertrag verweist als auf das Kriterium, die Ratio, die wir suchen, und je intensiver unsere Selbstbesinnung ist, um so deutlicher spüren wir, daß die Stimme recht hat. Es wäre eine Untreue gegen uns selbst, eine Perversion unserer eigenen Wesensbestimmung, wenn wir der Stimme nicht folgten.

Die antieudämonistischen Lehren der antiken und modernen Philosophie haben alle einen eudämonistischen Einschlag, und dieser Einschlag ist es, der sie erst recht eigentlich sinnvoll macht. Nach Aristoteles ist der Mensch durch die Natur zur Vernunfttätigkeit bestimmt, darum erscheint dem Denker die Betätigung der Vernunft als das höchste Gesetz des menschlichen Handelns. Wir hätten dies Gesetz zu erfüllen, auch wenn nicht nach gnädiger Fügung der Natur dem vernunftgemäßen Handeln das vornehmste Lustgefühl beigesellt wäre. Nun gehören wir sicherlich zur Natur in der Weise, daß sich ihre Forderungen in unserem Innern geltend machen. Aber wir sind nicht mit ihr identisch, wir sind freie Wesen und lassen uns als solche die Entscheidung darüber nicht nehmen, ob und unter welchen Voraussetzungen wir den Intentionen der Natur Folge zu leisten haben. Forschen wir nach dem für die Entscheidung maßgeblichen Prinzip, dann entdecken wir in uns kein anderes als das des Eudämonismus. Diesem Prinzip gegenüber von neuem die Sollensfrage aufwerfen ist sinnlos. Das ist es, was unter den Alten niemand mit solcher Deutlichkeit erkannt hat wie Epikur; er war der freieste Geist unter den Ethikern der Antike. In der Neuzeit ist vor allem Kant gegen den Eudämonismus aufgetreten, aber er hat ihm nicht nur in seine Postulatslehre, sozusagen anhangsweise, Konzessionen gemacht, sondern es verdankt bei ihm, wenn man näher zusieht, das Sittengebot seine treibende Kraft, dem erhabenen Glücksgefühl, von dem seine Erfüllung begleitet ist. Wenn Kant das nicht zugeben will, so liegt das zum Teil daran, daß auch er einer Verwechslung der beiden scharf zu sondernden Morallehren verfallen ist.

Man hat die eudämonistische Moral als Trinkgeldmoral gebrandmarkt.

Da liegt nun wieder die Verwechslung der beiden ethischen Lehren zugrunde, vor der wir aufs nachdrücklichste warnen. Die Ethik, die unter dem Zeichen des Eudämonismus steht, hat es nicht mit den Handlungen zu tun, die unter den Menschen als löblich oder als verächtlich gelten. Ihr Gegenstand sind die Handlungen, die dem Wesen des handelnden Subjekts am besten entsprechen. Ob solche Handlungen von Drittpersonen gelobt oder getadelt werden, ist von ihrem Standpunkt aus gleichgültig. Mag man von ihnen sagen, daß sie ihren Lohn dahin haben. Welchen andern Lohn sollte man für sie erwarten als das Glück, auf das sie abzielen? „Nullum est praemium beatitudinis nisi beatitudo ipsa", um in Anlehnung an Spinoza zu reden. Ganz anders verhält es sich mit den Handlungen, für die sich die Verdienstethik interessiert. Gut im Sinne dieser Ethik sind Handlungen, die des Lobes wert sind, die Lob verdienen. Lob verdienen Handlungen wohl nur dann, wenn sie uneigennützig sind, da andernfalls für sie ein doppelter Lohn bezahlt würde. Lohn ist schließlich auch das Lob, die Anerkennung der Gesellschaft und soll es sein; denn der Gesellschaft liegt daran, daß möglichst viel uneigennützige Handlungen begangen werden, weswegen sie im Lob ein praemium virtutis, eine Belohnung auf die uneigennützige Handlung setzt. Freilich beschwört ihre kluge Politik die Gefahr herauf, die Uneigennützigkeit durch die Aussicht auf Ehre und Preis zu korrumpieren. Aber so will es nun einmal die subtile Dialektik der Verdienstethik, die in die Synthese ausläuft, daß letztlich doch kaum etwas umsonst geschieht. Gewöhnen wir die Menschen daran, das ist die verschwiegene Maxime der Verdienstethik, daß sie als Lohn für die Opfer, die sie der Gesellschaft bringen, nichts anderes erwarten als den Ruhm der Tugendhaftigkeit; sollte einem Uneigennützigen, Opferbereiten nicht einmal dieser unsubstantielle Lohn vorgeschwebt haben, um so besser. Die Predigt des Eudämonismus verfällt von diesem Standpunkt aus leicht der Mißbilligung; ist doch durchaus fraglich, ob die Menschen sich bei näherer Überlegung von einem altruistischen, der Gesellschaft dienlichen Verhalten mehr Glücksgewinn versprechen als von einem egoistischen.

Immerhin ist man nicht zu allen Zeiten geneigt gewesen, in dem Eudämonismus eine gesellschaftsfeindliche Lehre zu sehen. Im Gegenteil, man war ihm gegenüber meist tolerant. Zu einem eigentlichen Kesseltreiben gegen den Eudämonismus ist es vor dem 19. Jahrhundert nicht gekommen. Der auf den ersten Blick überraschende Sachverhalt läßt sich ohne Schwierigkeit aus soziologischen Gründen erklären. Daß der Eudämonismus der Religionen, die uns für das Leid des Diesseits in einem anderen Leben zu entschädigen versprechen, bei den Regierungen wohlgelitten ist, wird niemand wundernehmen; aber auch der diesseitge Eudämonismus eines Epikur braucht nicht in jedem Stadium der gesellschaftlichen Entwicklung bei den jeweiligen Machthabern ernstliche Besorgnisse hervorzurufen. Im 18. Jahrhundert war ein weltbejahender Eudämonismus an der Tagesordnung und erfreute sich der Protektion der herrschenden Kreise. Die hohen Obrigkeiten jener Zeit waren der ehrlichen Überzeugung, daß sie die Untertanen glücklich zu machen vermöchten. Warum sollten diese nicht im irdischen Glück das Ziel des menschlichen Daseins sehen? Als sich dann aber im 19. Jahrhundert die breiten Massen der Armseligkeit ihres Loses immer deutlicher bewußt wurden und Anstalten trafen, sich auf revolutionärem Wege selbstherrlich ein besseres Geschick zu bereiten, da entfuhr begreiflicherweise den Herrschern, wie Ananke bei Spitteler, ein empörtes „Ich glaube gar, die Unverschämten wollen Glück!" Es mußte von den offiziellen Moralphilosophen ein antieudämonistischer Kreuzzug eröffnet werden. Jetzt galt es, gegen den Eudämonismus die Kantische Ethik auszuspielen, mochte ihre Begründung für ein kritisches Urteil auch noch so bedenklich sein. Der moralische Mensch, hieß es, fragt nicht nach dem Glück, sondern nach dem, was die in seinem Innern vernehmbare Stimme der Pflicht von ihm fordert. Aber konnten denn nicht die Forderungen der Pflicht dem kapitalistischen Regime mit seiner Unterdrückung des Menschen durch den Menschen genauso gefährlich werden wie die Forderungen des Glücksbedürfnisses? Sicherlich wäre das der Fall, wenn das Durchschnittsgewissen, das Allmendgewissen, wie Spitteler sagt, in Einklang stünde mit dem Gewissen eines Kant, das die Achtung der Menschenwürde eines jeden verlangt. Aber die herrschenden Kreise brauchten mit dieser Eventualität nicht zu rechnen. Das Gewissen der meisten ist im wesentlichen der Ausdruck der Dressur, die ihnen in Schule, Kirche, Militärdienst usw. zuteil wird und in der durch die Presse repräsentierten öffentlichen Meinung eine Konsekration findet. Was den Inhalt der Dressur bildet, bestimmen diejenigen, die auf die genannten Einrichtungen den entscheidenden Einfluß ausüben. Nein, vor der Pflichtethik brauchen sich unsere Herren und Meister nicht zu fürchten. Es fiel ihnen nicht schwer, sie in den Dienst einer Kulturpolitik zu stellen, die niemand widerwärtiger sein konnte als dem edlen humanen Geist, der diese Ethik begründet hatte.

Die Einwendungen, die in der philosophischen Literatur des 19. Jahrhunderts gegen den Eudämonismus erhoben wurden, will ich hier zu erledigen suchen, um nicht auf sie zurückkommen zu müssen. Nicht wenige glauben, einen vernichtenden Schlag gegen den Eudämonismus geführt zu haben, wenn sie auf die Unvergleichbarkeit der Lust- und Unlustgefühle hinweisen. Sehe ich recht, so hat zuerst Brentano von diesem Kampfmittel weitgehenden Gebrauch gemacht. Wenn jemand darüber Entschluß zu fassen hat, ob er ein paar Zigaretten stehlen oder sich sein ehrliches Gewissen erhalten soll, wo findet er die Waage, die es ihm ermöglicht, das unter dem Gesichtspunkt des Lustertrags günstigere Verhalten ausfindig zu machen? Am tiefsten hat Bergson die Unmöglichkeit begründet, Lust- und Unlustgefühle gegeneinander auszuwägen. In der Sphäre der „vraie durée", der solche Gefühle angehören, gibt es, anders als in der des Raums und des „temps spatial", der verräumlichten Zeit, kein Mehr oder Weniger; hier kann ohne eine metabasis eis allo genos nicht auseinandergelegt, gewogen, gemessen und gezählt werden, hier herrscht die unverbrüchliche Einheit. Wer auf diesem Gebiet quantitative Differenzen feststellen oder irgendwelchen Gradmesser anwenden zu können glaubt, der hält sich an die räumlichen Begleiterscheinungen der in Betracht kommenden Gegenstände statt an die Gegenstände selber. Wir haben uns oben gegen den radikalen Dualismus Bergsons ausgesprochen und an anderem Ort seine Künstlichkeit eingehender aufgewiesen. Im Psychischen wie im Physischen sind Einheit und Vielheit, Ganzheit und Teilbarkeit stets beieinander. Daher kann überall verglichen und gemessen werden und will es nie ganz stimmen mit der Rechnung. Freilich stimmt die Rechnung je nach den Gebieten besser oder schlechter, und zwar stimmt sie, das ist Bergson zugegeben, schlechter bei den Gefühlszuständen als bei räumlichen Dingen. Bei ersteren macht sich ein Unvergleichbares, ein Imponderabile nachdrücklich geltend und verhindert klare Ergebnisse, wie sie im Geometrischen gewonnen werden können. Auch die heterogensten Lust- und Unlustgefühle lassen sich auf den gleichen Nenner bringen; aber der Kalkül führt nicht zu so reinen Ergebnissen, wie man Linien ihrer Länge nach gegeneinander abmißt. Entscheide ich mich dafür, mir diese Lust statt jener zu bereiten, so mag ich wohl mehr Lust gewinnen, als wenn ich die entgegengesetzte Wahl treffe; aber ich habe etwas aufgegeben, wofür kein voller Ersatz geboten werden kann. Daher schreiten wir trotz aller noch so fein ausgeklügelten Berechnungen des jeweils erreichbaren Lustmaximums von Opfer zu Opfer. Die Abwägungsfrage ist, wenn es sich um Lust- und Unlustgefühle handelt, in den meisten Fällen so schwierig, so delikat, daß wir es unverständlich finden, wenn jemand in den kleinen Angelegenheiten des Alltaglebens viel Zeit und Mühe auf sie verwendet. Wir lächeln, wenn wir sehen, wie jemand lange und sorgfältig eine Speisekarte studiert, um das Gericht herauszufinden, das ihm den größten Gaumengenuß bereitet. Auch halten wir nicht viel von klug ersonnenen Maximen, die uns dazu verhelfen sollen, mit den laufenden Einnahmen und Ausgaben des Lustkontos so zu verfahren, daß die Rechnung schließlich mit einem möglichst hohen Aktivsaldo abgeschlossen wird. Maximen dieser Art haben etwas zu Kleinliches, Pedantisches, als daß wir sie mit dem großen Namen der Ethik bezeichnen möchten. Von einer Ethik erwarten wir, daß sie uns ein Ziel weise, das „des Schweißes der Edeln" wert ist. Sie soll uns eine Richtung unseres Strebens und Handelns zeigen, in deren unentwegter Verfolgung wir eine tiefe innere Befriedigung finden, die ein unvergleichlich größeres Glück ist als das des bequemsten, angenehmsten Philisterdaseins. Die Wendung „unvergleichlich größer", die uns in Diskussionen über die uns interessierende Frage häufig begegnet, läßt die Antinomie des Eudämonismus deutlich hervortreten. Wo Unvergleichlichkeit gilt, da gibt es nach strenger Identitätslogik kein größer und kleiner, und doch ist die Verbindung der beiden Worte dem Sachverhalt, den es zu bezeichnen gilt, durchaus angemessen. Typische Beispiele für eine Ethik, wie wir sie im Auge haben, bieten die Heilsethik der großen geschichtlichen Religionen und die der transzendenten metaphysischen Systeme der Philosophen. Die meisten höhergesinnten Menschen unserer Zeit sind geneigt, sich mit einer Ethik zu begnügen, die Mittel und Wege angibt, um in den gesellschaftlichen Zuständen, unter denen die Welt trotz so vieler Reformversuche immer noch unsäglich schwer leidet, einen grundsätzlichen Wandel zum Bessern eintreten zu lassen. Das Glück, das mit der wirkungsvollen Mitarbeit an einem Unternehmen dieser Art verbunden ist, erscheint ihnen als „Lohn, der reichlich lohnt", als etwas, dem gegenüber alle Opfer an persönlichem Wohlbehagen, die es zu bringen gilt, kaum in die Waagschale fallen.

Wäre es nicht möglich, die verschiedenen Gefühle der Freude und des Leides miteinander zu vergleichen, dann wäre es auch nicht möglich, aus dem Wesen des handelnden Subjekts eine Ethik zu entwickeln, und doch ist dies eine Aufgabe, mit der die Menschheit von jeher gerungen hat und weiterhin ringen wird. Wer den Eudämonismus, der die Vergleichbarkeit der Glücksgefühle voraussetzt, ablehnt, der muß an die Stelle der Ethik eine deskriptive Disziplin setzen, die darüber informiert, ob die Menschen der Regel nach das Gut oder den Wert A dem Gut oder dem Wert B vorziehen oder ob das Umgekehrte zutrifft. An die Ethik wenden wir uns nicht, um zu erfahren, welchen Dingen wir üblicherweise den Vorzug geben, sondern weil wir wissen möchten, ob es richtig ist, dieses jenem vorzuziehen. Das setzt voraus, daß wir in uns das Vorhandensein eines Kriteriums spüren, das wir aus dem Dunkel ans helle Licht des Bewußtseins zu ziehen wünschen. Wären wir uns seiner von vornherein klar bewußt, dann brauchten wir keine Ethik, um ihm auf die Spur zu kommen; trügen wir es nicht in uns, dann vermöchte keine Ethik uns zu ihm verhelfen. Wir tendieren heimlich nach dem Glück, dem höchsten erreichbaren Glück. Hat die Ethik einmal dies Wort gesprochen, dann kennen wir die letzte ratio des Praktischen, das Prinzip der praktischen Vernunft, unser eigenes tiefstes Wesensgesetz. Nach einem Grund des Grundes fragen, fragen, warum wir glücklich sein wollen oder sollen, ist, wie wir schon einmal sagten, unsinnig. Ihre erste Aufgabe, die darin besteht, das oberste Gesetz des Handelns zu bezeichnen, hat die Ethik längst erfüllt: Der Eudämonismus ist so alt wie die Ethik. Leider ist uns mit dem Eudämonismus wenig geholfen, solange wir nicht wissen, welches das höchste Glück ist, das in der Reichweite unseres Handelns liegt, und welche Mittel wir ergreifen müssen, um seiner teilhaftig zu werden. Das sind Fragen, die den Ethikern mehr Kopfzerbrechen gekostet haben und in Zukunft kosten werden als das Problem des obersten Handlungsgesetzes, das im Eudämonismus eine einfache, definitive Lösung gefunden hat.

Aber die Gegner des Eudämonismus wollen sich aus den soziologischen Gründen, die wir besprochen haben, um keinen Preis besiegt geben. Ich will sie mit einem letzten Argument zu Worte kommen lassen: Was würdet ihr tun, wenn ihr die Möglichkeit hättet, auf Kosten des Glücks der gesamten übrigen Menschheit euch selbst ein vollkommenes ewiges Glück zu sichern? Das ist eine Frage, der man in der neueren Literatur bisweilen begegnet und durch die man die Eudämonisten in tödliche Verlegenheit zu bringen meint: Offenbar wird nur eine moralische Mißgeburt sie bejahen, und wenn man sie verneint, ist der Eudämonismus gerichtet. Das Argument hat eine erhebliche wissenschaftliche Tragweite; aber es beweist etwas ganz anderes, als die glauben, die sich seiner bedienen. Bei Besprechung der griechischen Eristik habe ich darauf aufmerksam gemacht, daß man mit dem „wenn – dann" vorsichtig umzugehen hat. Der Bedingungssatz muß eine reale Möglichkeit, nicht etwas nur in der Phantasie oder gar nur in Worten Konstruierbares zum Inhalt haben, wofern brauchbare Konklusionen gewonnen werden sollen. Wenn die erste Figur der aristotelischen Logik falsch wäre, wie stünde es dann mit der zweiten und dritten Figur? Darauf vermag niemand eine Antwort zu geben. Daß die erste Figur des Aristoteles falsch sein könnte, ist unvorstellbar, dagegen ist zur Not vorstellbar, daß jemand auf Kosten des Glücks aller seiner Nebenmenschen selig würde. Realiter, das heißt, wie die Welt nun einmal ist, hat beides als gleich unmöglich zu gelten. Niemand wird vollkommen glücklich durch Aufopferung des Glücks aller übrigen, ja niemand wird vollkommen glücklich, solange nicht alle anderen glücklich sind. Die Frage, die der Versucher an uns richtet, führt nicht zur Einsicht in die Unrichtigkeit des Eudämonismus, sondern zur Einsicht, daß letztlich alle auf Gedeih und Verderb zusammenstehen.

Da das Recht eine alle Provinzen des Lebens umfassende Ordnung ist, hat die Untersuchung seiner angemessenen, richtigen Gestaltung notwendig ethischen Charakter. Grundsätzlich untersteht das Handeln, welches auch immer sein besonderer Zweck sein mag, der Ethik. Trotzdem gibt es Normen, die sich von den ethischen scharf sondern lassen. Es sind das diejenigen, die ohne Bezugnahme auf die höchsten Ziele des menschlichen Handelns ermittelt werden können. Die Frage, ob ein Mensch von einer Krankheit geheilt werden soll oder nicht, ist vom moralischen Standpunkt niemals gleichgültig; aber bei Aufstellung der Regeln der Heilkunst hat der moralische Standpunkt unberücksichtigt zu bleiben; hierbei handelt es sich lediglich darum, die Mittel anzugeben, mit denen die Wiederherstellung der Gesundheit herbeigeführt werden kann. Ganz anders verhält es sich mit dem Recht. Dem Recht ist nichts Menschliches fremd und, wenn man so will, auch nichts Göttliches. Daher ist die Rechtsvernunft sittliche Vernunft. Die Römer, die in der Jurisprudenz die Wissenschaft von allen menschlichen und göttlichen Dingen sahen, durften das Recht als die „ars boni et aequi" bezeichnen. Anders wäre nur dann zu urteilen, wenn sämtliche gesellschaftliche Beziehungen sich der Ethik als Adiaphora darstellten, wenn das summum bonum der Ethik als etwas ausschließlich Individuelles zu gelten hätte. Eine solche Auffassung kann, wie schon erwähnt wurde, falls überhaupt, so nur unter ganz besonderen geschichtlichen Bedingungen aufkommen, die für unsere Zeit nicht gegeben sind. Selbst Kant, der zwischen Moral und dem Recht einen grundsätzlichen Unterschied machte, hat das Sittengebot so definiert, daß man sagen konnte, es bilde eine vortreffliche Grundlage für eine Rechtsgesetzgebung.

Die differentia specifica des Rechts im Verhältnis zur Ethik ist, was leider immer noch nicht allgemein anerkannt wird, die Positivität. Das Recht ist nicht sowohl eine ohne weiteres aus der Natur der Sache zu folgernde als vielmehr eine von einer äußeren Stelle gesetzte Ordnung. Organe der Gemeinschaft stellen die Regeln fest, nach denen die Gemeinschaft zu leben hat; diese Regeln bilden die Rechtsordnung. Es ist zu hoffen, daß die Gemeinschaftsorgane in ihren Anordnungen mit dem in Einklang bleiben, was der Natur der Sache, der sittlichen Vernunft nach angemessen ist. Soweit das zutrifft, ist es gut, soweit es nicht zutrifft, sind die Rechtsnormen trotzdem verbindlich, sittlich verbindlich. Die Menschheit kann ohne eine positive Ordnung ihrer höheren Bestimmung nicht gerecht werden; es ist vom sittlichen Standpunkt besser, daß die Gesellschaft nach einer inhaltlich unvollkommenen positiven Ordnung lebt, als daß sie überhaupt nach keiner positiven Ordnung lebt und jeder tut, was ihm richtig erscheint. Daher ist der Gehorsam gegenüber der Rechtsordnung ethische Pflicht. Diesem Gedanken hat Sokrates den ergreifendsten Ausdruck gegeben. Freilich kann es vorkommen, daß das Recht seinem sachlichen Gehalt nach der sittlichen Vernunft in solchem Maß widerspricht, daß der formale Ordnungswert leichter wiegt als der sachliche Unwert und der revolutionäre Akt zur Pflicht wird. Wer die Moral auf den Willen Gottes zurückführt, sagt in einem solchen Fall, man soll Gott mehr gehorchen als den Menschen.

Nicht alles menschliche Handeln wird durch rechtliche Gebote geregelt; stets bleibt eine Sphäre des Handelns, innerhalb deren das Recht die Entscheidung dem einzelnen freistellt. Die Abgrenzung der Sphäre richtet sich nach den Bedürfnissen und Interessen, die zur Aufstellung einer positiven Ordnung führen. Da diese Bedürfnisse und Interessen sich zu verschiedenen Zeiten in verschiedener Form und in verschiedenem Maß geltend gemacht haben, ist die Abgrenzung nicht stets die gleiche gewesen. Die wichtigsten in Betracht kommenden Bedürfnisse sind das Bedürfnis nach Verkehrssicherheit und das Organisationsbedürfnis. Heute steht vor der Menschheit das große Rechts- und Gesellschaftsproblem, ob nicht die Wirtschaft viel weitgehender der Initiative der Privaten entzogen werden sollte, als es bisher der Fall war; genauer gesagt, ob nicht die kapitalistische Privatwirtschaft durch eine sozialistische Gemeinwirtschaft zu ersetzen ist. Gewisse Betätigungsfelder werden vernunftgemäß stets dem spontanen Schaffen der Individuen überlassen bleiben müssen, so die Intima der Kunst und die wissenschaftliche Forschung. Überall, wo gesellschaftlicher Zwang erforderlich ist, tritt das Recht auf den Plan; denn der Zwang ist verderblich, wenn nicht eine positive Ordnung die Voraussetzungen genau festlegt, unter denen er stattzufinden hat, und durch Einsetzung von Gerichten und Exekutivbehörden für die gesetzmäßige und unwiderstehliche Durchführung Sorge zu tragen weiß. Der Zwang ist in so eminenter Weise eine Rechtsangelegenheit, daß heute noch nicht wenige das Zwangsmoment in die Definition des Rechts aufnehmen möchten. Das ist nun freilich ein Irrtum. Der Zwang ist ein naturale, nicht ein essentiale des Rechts. Das Bedürfnis nach Verkehrssicherheit und nach Organisation würde bestehen bleiben und mit ihm das Bedürfnis nach einer positiven Ordnung, auch wenn rechtliche Zwangsmaßregeln nicht vonnöten wären.

Wie man auch immer über die Frage denken mag, wer vor dem Forum der Vernunft als zum Rechtsgesetzgeber berufen erscheint, soviel steht fest, daß der einzelne denen Gehorsam schuldet, die in dem Volk, dem er angehört, von der überwiegenden Majorität als rechtssetzende Autoritäten tatsächlich anerkannt werden. Als positive Ordnung hat das Recht nur dann einen vernünftigen Lebenssinn, wenn es zugleich eine geltende Ordnung, d. h. eine Ordnung ist, die im Regelfall Nachachtung findet. Es wäre offensichtlich eine Torheit, wenn jemand sagen wollte, die Platonischen Gesetze seien doch auch eine positive, nämlich von Plato gesetzte Ordnung und er wolle lieber diese aus dem Kopf des genialen Denkers entstammende Ordnung als für sein Verhalten maßgeblich sein lassen als eine hier und jetzt in Geltung stehende Ordnung, die eine Versammlung von biederen Durchschnittsmenschen zum Autor hat. Dem Recht Gehorsam schulden heißt, um mit den Engländern zu reden, den „authorities that be" Gehorsam schulden. Wenn freilich diese authorities sich als gänzlich unfähig erweisen, ihre Aufgabe der Rechtssetzung richtig zu erfüllen, dann kann es zur sittlichen Pflicht des Bürgers werden, auf ihren Sturz hinzuarbeiten.

Der Charakter des Rechts als einer geltenden positiven Ordnung gibt ihm ein einzigartiges Interesse in den Augen des Ethikers. Soweit überhaupt der sittliche Gedanke im Recht zum Ausdruck gelangt, darf er nicht bloß auf dem Papier stehen, sondern muß sich in die Praxis des Lebens umsetzen. Die Moraltheorie verliert nur allzuleicht den Kontakt mit der Wirklichkeit, mit den in der menschlichen Natur gegründeten sittlichen Bedürfnissen und verfällt auf phantastische Konstruktionen, während die Rechtswissenschaft qua ethische Disziplin nicht auf solche Abwege geraten kann. Andererseits darf man bei der Einschätzung des sittlichen Gehalts des Rechts nie aus den Augen lassen, daß das Recht keineswegs ausschließlich durch das sittliche Streben des Menschen bestimmt wird, sondern auch und sogar in viel höherem Maße durch amoralische Faktoren, unter denen das Interesse der herrschenden Wirtschaftsklasse der stärkste ist. Die Herren der Gesellschaft gewähren den Moralisten weitreichende Freiheit, gute sittliche Lehren aufzustellen, das Recht und seine Wissenschaft unterwerfen sie einer von ihrem Machtinteresse diktierten strengen Kontrolle. Nach dem Gesagten ist das Recht nicht, wie der Staatrechtslehrer Jellinck meint und nicht wenige es ihm nachgesprochen haben, das ethische Minimum, es ist die sich im Volksleben in großem Maßstab realisierende Sittlichkeit, deren Qualität je nach den Zeitaltern variieren wird. Über die Frage, ob es auf dem Gebiet des Sittlichen einen Fortschritt gibt, gewinnen wir aus keiner Quelle eine ähnlich zuverlässige Auskunft wie aus der Geschichte des Rechts. Man kann die Rechtswissenschaft ohne Übertreibung für das Organon der Ethik erklären. Hermann Cohen ist wohl der erste, der das mit allem Nachdruck betont hat; aber er findet die ethische Bedeutsamkeit der Rechtswissenschaft mehr in ihren formalen Begriffsbestimmungen, wie z. B. im Begriff der juristischen Person, der Gesamtperson, als in den inhaltlichen sittlichen Werten, die durch die geltenden positiven Ordnungen im Verlauf der Geschichte verwirklicht werden.

Es erscheint auf den ersten Blick merkwürdig, daß man immer und immer wieder versucht hat, das Recht der Ethik zu koordinieren, anstatt es ihr zu subordinieren. Dabei denken wir nicht an die Theorie, die das Recht ausschließlich als ein Mittel zur Behauptung der Klassenherrschaft auffaßt, sondern an die Philosophen und Rechtslehrer, die es neben der Sittlichkeit dem Begriff der höheren Normen unterstellen. Forscht man näher nach, so zeigen sich mancherlei Gründe für die Tendenz zur Losreißung des Rechts von der Ethik. Wir hatten mehrfach Gelegenheit, von der Gesinnungsethik zu reden, die in ihrer vollkommensten Ausprägung zugleich eine formale Ethik ist. Wer sich in der Ethik zum Formalismus bekennt, der wird Bedenken tragen, das Recht zur Ethik zu rechnen, denn das Recht ist nichts weniger als formal, vielmehr durchdrungen von dem Gedanken der Verwirklichung der von ihm gesetzten Normen. Indem man sich dieses Gegensatzes bewußt wird, stellt man die These auf, der Moral komme es nur auf die Gesinnung, dem Recht nur auf den Erfolg an. Indessen kann für eine Norm des Handelns der Erfolg schon aus dem einfachen Grunde nicht gleichgültig sein, weil der Wille seinem Wesen nach Kausalität ist. Andererseits ist es nicht angängig, dem Recht jegliche Beziehung auf die Gesinnung abzusprechen, da, um von anderem abzusehen, der pädagogische Einfluß auf die Rechtsgenossen zu den wichtigsten Funktionen des Rechts gehört. Eine reine Gesinnungsethik proklamieren, das heißt, sagten wir, im wahrsten Sinn des Wortes aus der Not eine Tugend machen. Weil man notgedrungen darauf verzichten zu müssen glaubt, durch die Moral auf die Gestaltung des Weltverlaufs einzuwirken, bekennt man sich zu einem auf die Innensphäre beschränkten Sittengesetz. Indessen erweist es sich, wie die Kantische Ethik aufs klarste erkennen läßt, schließlich doch als unausweichlich, den Zusammenhang mit der Außensphäre, mit dem durch die sittliche Handlung in der Wirklichkeit hervorzubringenden Erfolg und damit mit dem Recht in der Ethik wiederherzustellen. Das Sittengesetz wird zu einem in die Form des als-ob-gekleideten Rechtsgesetz: Handle so, als ob du durch dein Handeln dessen Maxime im Gesellschaftsleben als allgemeines Gesetz zur Geltung bringen könntest. Auch pflegen die Anhänger der Gesinnungsethik zuzugeben, daß eine sachlich angemessene Rechtsgesetzgebung für die weitere Verbreitung sittlicher Gesinnung unter den Menschen eine kaum entbehrliche Voraussetzung bildet.

Zur Zeit, als der griechische Staat noch einigermaßen prosperierte, faßten die Philosophen das Verhältnis des Rechts zur Sittlichkeit nicht wesentlich anders auf, als wir es hier getan haben. Dies veranlaßt manche neuere Autoren zu der Bemerkung, den Griechen sei es noch nicht gelungen, Ethik und Recht hinreichend zu unterscheiden. Aber die veränderte Auffassung des uns augenblicklich beschäftigenden Verhältnisses beruht nicht sowohl auf einem Fortschritt in der Erkenntnis, als vielmehr auf der Verschiedenheit des antiken Staates vom liberalen Staat der Neuzeit. Solange die Polis noch nicht in völligem Verfall war, stand sie im Zentrum des Gesellschaftslebens, während dieser Platz von den modernen liberalen Rechtsdenkern, weniger den Worten als der Sache nach, der bürgerlichen Kapitalistenklasse eingeräumt wird. Das kulturelle und zivilisatorische Agens ist nach der liberalen Rechtsauffassung die Initiative des Privaten.

Staat und Recht werden der Hauptsache nach auf die Funktionen des Schutzes des Eigentums und der höchstpersönlichen Güter der Bürger beschränkt. Hiernach war es nicht so ganz unangebracht, wenn man bisweilen den liberalen Staat als Nachtwächterstaat bezeichnete. Werden die Kompetenzen des Staats in dieser Weise abgegrenzt, dann werden sich die von ihm gesetzten Rechtsnormen beinahe ebenso leicht von den Normen der Ethik sondern lassen wie die oben erwähnten Regeln der Heilkunst. Gegenwärtig hat der Liberalismus seine Blütezeit längst überlebt. Selbst in seiner Blütezeit war der Nachtwächterstaat eine Karikatur des wirklichen liberalen Staates; denn auch der ausgesprochen liberale Staat kann sich nicht damit begnügen, Vorhandenes unbesehen anzuerkennen und zu schützen. Er muß unter anderem den Anspruch erheben, eine gerechte Eigentumsordnung und ein gerechtes Staats- und Strafrecht zu schaffen. Wie vermöchte er derartiges zustande zu bringen, ohne zu den größten Fragen der Ethik ganz unmittelbar Stellung zu nehmen?

Alles über das Verhältnis des Rechts zur Ethik Ausgeführte kann nur dann Gültigkeit beanspruchen, wenn das Recht als Norm und nicht als faktisches Geschehen aufgefaßt wird. Die letzterwähnte Auffassung tritt in zwei Formen auf. Entweder wird das Recht als die von einer Gruppe oder Klasse zum Schutz ihrer Interessen organisierte gesellschaftliche Gewalt angesehen, wie dies für die Marxisten zutrifft. Oder man erklärt mit den Hegelianern Recht und Sittlichkeit für Stufen der Verwirklichung des objektiven Geistes. In beiden Fällen erhält man ein Kriterium für die Unterscheidung der beiden, das mit dem von uns verwendeten keinerlei Ähnlichkeit aufzuweisen braucht.

Die Gesellschaftslehre der Aufklärung · Überblick

Das Gesellschaftsdenken der Neuzeit erreicht einen ersten Höhepunkt in der Aufklärungsbewegung des 17. und vor allem in der des 18. Jahrhunderts, einen zweiten im Sozialismus des 19. Jahrhunderts. Wer sich der Größe der Aufklärung bewußt werden will, darf die Leistungen ihrer bedeutenden Vertreter nicht eine nach der andern betrachten, um jede gesondert einzuschätzen und dann die Summe zu ziehen. Man hat das 18. Jahrhundert mit Recht als ein einziges philosophierendes Individuum bezeichnet. In der Tat hat hier eine aus vielen Völkerschaften bestehende Gesellschaft in einer Elite denkender Menschen einen Kopf erhalten, der die Entschlossenheit und – das ist das Entscheidende – die Macht besitzt, sie tiefgreifend zu beeinflussen. Die Aristokratie der Vernunft scheint regierungsfähig geworden zu sein. Nur eines der Symptome dafür ist, daß die hervorragendsten Herrscher der Zeit – Friedrich der Große, Joseph II., Katharina von Rußland – sich mit Stolz als Schüler der Aufklärungsperiode bekennen. Man muß mit Voltaire, Rousseau, Diderot, Helvetius, Holbach und zahlreichen anderen in geistige Gemeinschaft treten; man muß einer der Ihren werden, um von ihnen zu reden; man muß ihr Gespräch wieder zu beleben versuchen, das aus dem Leben kam und für das Leben war.

Einer der hervorstechendsten Charakterzüge der Aufklärer ist ihr Glaube an die sozialreformierende Kraft der Vernunft. Eine düstere oder skeptische Note wird freilich nicht selten vernehmbar; der schreckliche moderne Kapitalismus wirft eben seine Schatten. Gerade bei den Intelligentesten kann die bange Frage, ob die Menschheit wirklich besserungsfähig ist, nicht verstummen, und selbst Augenblicke der Verzweiflung können nicht ausbleiben. Aber der Grundton ist doch der der Zuversicht in den Siegeszug des Geistes. Dadurch unterscheidet sich die Aufklärung aufs deutlichste von gewissen antiken Moralschulen, mit denen sie im übrigen manche Berührungspunkte hatte. Auch die Stoa hat auf die Vernunft gebaut, aber sie entstand in einer Zeit, in der an einen durchgreifenden Wandel der Gesellschaft nicht zu denken war. Der stoische Weise ist eine Ausnahmeerscheinung, und er verdankt der Vernunft vor allem seine Unabhängigkeit von dem trostlosen Gesellschaftsgetriebe. Er denkt nicht sowohl an einen Neubau als vielmehr an die Bewahrung seines Gleichmuts für den Fall, daß der alte Bau über ihm zusammenbricht. Mit Epikur teilt die Aufklärung den Kampf gegen eine Religion, die in den Menschen die Furcht vor übernatürlichen Mächten beständig wach erhält und ihnen so ein glückliches Leben unmöglich macht. Aber auch im Verhältnis zu Epikur besteht neben der Übereinstimmung ein ausgesprochener Gegensatz. Denn während Epikur angesichts der Zersetzung der alten Polis dem öffentlichen Leben den Rücken kehrt, und im kleinen Freundeskreis ein bescheidenes, zufriedenes Leben führen will, ist die Aufklärung erfüllt von dem stolzen Gedanken der Begründung einer neuen Kosmopolis.

Das Ziel der Aufklärung wird bezeichnet durch die Formel, die sich in der Französischen Revolution ungezwungen aus ihr herauslöst: Freiheit, Gleichheit und Brüderlichkeit aller Menschen. Wir sahen schon, daß die Formel kein Zeugnis ablegt für die Originalität der Aufklärung. Sie entspricht den Grundgedanken des Christentums; kein Stoiker hätte sie zu verleugnen brauchen. Trotz allem, was in neuester Zeit Weise und Narren gegen sie vorgebracht haben, enthält sie das Beste, was über die höhere Bestimmung des Menschen, soweit sie das Diesseitige betrifft, je gesagt worden ist und je gesagt werden wird. Nicht in der Entdeckung der Formel besteht das Verdienst der Aufklärung, wohl aber darin, daß sie sich zuerst für ihre Verwirklichung energisch eingesetzt hat. Auch bei der Begründung zeigt sich die Sonderart der Aufklärung. Sogar wohlwollende Beurteiler machen ihr häufig den Vorwurf, daß sie es unterlassen habe, ihre Forderungen in tiefgehender philosophischer Erörterung zu rechtfertigen. Wir müssen diesem Begründungsproblem etwas näher nachgehen, wobei zugleich festzustellen ist, in welch genauerem Sinn die Aufklärer die Worte Freiheit, Gleichheit und Brüderlichkeit verstanden haben.

Der *Gleichheit,* um mit ihr zu beginnen, haben die Aufklärer keine metaphysische Begründung gegeben. Sie haben vielfach die Gleichheit nicht ausdrücklich behauptet, sondern stillschweigend vorausgesetzt, insofern sie sich an die Vernunft des Menschen als solchen wandten, um ihn zur richtigen Gestaltung des gesellschaftlichen Lebens zu veranlassen. Sie faßten jeden Menschen grundsätzlich als Träger des Vernunftvermögens und faßten damit alle als gleich in dem wichtigsten Stück ihrer Ausstattung. Nimmt man hinzu, daß die Aufklärer bei ihrer fast durchweg eudämonistischen Einstellung die praktische Vernunft auf das Glück des Individuums gerichtet sein ließen, so mußte von ihnen erwartet werden, daß in einer vernünftigen Gesellschaftsordnung jeder in gleichem Maße die Befriedigung seines Glücksbedürfnisses zu finden vermöge. Dabei taucht nun freilich eine Schwierigkeit auf. Wenn gemäß dem Prinzip des Eudämonismus für jeden sein eigenes Glück das höchste Ziel ist, was bestimmt uns dann dazu, uns um das Glück der anderen zu kümmern und die Glücksansprüche sämtlicher Menschen als gleichwertig anzuerkennen? Der Ausweg aus der Schwierigkeit ist nicht schwer aufzuweisen. Das Gesetz des Handelns kann eudämonistisch sein, ohne ausschließlich egoistischen Gehalt zu haben. In Wahrheit ist die praktische Vernunft nicht egozentrisch, sondern koinozentrisch (African Spir). In den grundlegenden Aussagen der Vernunft werden wir uns klar über unsere zunächst dunklen Gefühle. Wir sehen ein, daß wir keine innere Ruhe und Zufriedenheit finden, wenn wir dem in uns wirksamen Gerechtigkeitssinn, dem Sinn für die gleichen Ansprüche aller, die Menschenantlitz tragen, zuwiderhandeln, daß es unter eudämonistischem Gesichtspunkt besser für uns ist, allerhand äußere Nachteile auf uns zu nehmen, als andere unter unserer Ungerechtigkeit leiden zu lassen. Die Aufklärer trugen Bedenken, mit einem ursprünglichen Gerechtigkeitssinn zu operieren. Sie leugneten nicht das Vorhandensein und den eminenten gesellschaftlichen Einfluß eines Gerechtigkeitsgefühls, aber sie wollten dies Gefühl auf elementar psychische Phänomene zurückführen. Hier wie auch sonst macht sich bei den meisten Aufklärern, namentlich den englischen, die Tendenz geltend, die anfängliche Ausstattung des Menschen auf das Einfachste zu beschränken. Diese Vorsichtsmaßregel schien erforderlich, um die von Locke bekämpften eingeborenen Ideen nicht aufkommen zu lassen, aus denen die Vergangenheit ihre phantastischen Konstruktionen gebildet hatte. Der Gerechtigkeitssinn als Produkt des gesellschaftlichen Verkehrs wird uns bei Adam Smith begegnen.

Die Frage, ob die Menschen in allen wesentlichen Anlagen und Fähigkeiten gleich sind, ist keineswegs, wie man bisweilen annimmt, von den Aufklärern übereinstimmend bejaht worden. Holbach in seinem „Système de la nature" betrachtet eine weitgehende natürliche Ungleichheit als „raison d'être" des menschlichen Zusammenlebens. Helvétius freilich hat in der Schrift „De l'Esprit" die Ansicht vertreten, daß die zwischen den Menschen bestehenden Ungleichheiten der Begabung ziemlich geringfügig seien, und man kann wohl nicht leugnen, daß eine solche These für das reformatorische Denken der Aufklärer etwas Anziehendes haben mußte. Wer sich daran macht, einen großen Bau zu errichten, wird gern ein möglichst plastisches Material zur Verfügung haben. Geht man, was richtig sein dürfte, von der Mannigfaltigkeit der natürlichen Anlagen aus, dann wird man unter dem Gesichtspunkt der Respektierung der Persönlichkeit für eine Gesellschaftsordnung eintreten müssen, die es jedem ermöglicht, seine besonderen Fähigkeiten voll auszubilden. Auf keinen Fall führt die Gleichheit, so wie die Aufklärer sie verstanden, zur Verteilung sämtlicher Lebensgüter an alle zu mathematisch gleichen Anteilen. Im Besitz der ökonomischen Lebensgüter freilich werden die einzelnen nicht allzu ungleich gestellt werden dürfen. Wenn die Jakobiner schematische Gleichheit durchgeführt sehen wollten, so hat das die Aufklärung nicht wenig in Mißkredit gebracht, aber eigentlich ohne ihre Schuld; denn solche Gleichheit ist höchstens in Ausnahmefällen von einem Aufklärer empfohlen worden und entspricht auch nicht dem Geist der Aufklärung.

Die Vernunft ist ihrem Wesen nach autonom; wer jemandem Vernunft zugesteht, der muß ihm auch *Freiheit* zugestehen. Der, bei dem die Vernunft noch nicht voll entwickelt ist, kann sich nicht beklagen, wenn er bevormundet wird; denn die Vernunft selbst fordert da, wo viele zusammenleben, erhebliche Einschränkungen der Freiheit eines jeden. Aber Unterdrückung des Menschen durch den Menschen war für den Aufklärer geradezu etwas Monströses. Etwas länger als bei der Freiheit müssen wir schon hier bei der *Brüderlichkeit* verweilen. Die Belletristik und andere geschichtliche Zeugnisse sprechen dafür, daß im Zeitalter der Aufklärung der Gedanke von der Brüderlichkeit aller Menschen weit verbreitet war. Man lese etwa, was Taine in dieser Hinsicht über die Stimmung berichtet, die am Vorabend der Französischen Revolution in den Zirkeln der höheren Gesellschaft herrschte[1]. In dem gesellschaftswissenschaftlichen Schrifttum jener Epoche ist von der Brüderlichkeit verhältnismäßig wenig die

[1] Vgl. auch André Lichtenberger, Le socialisme au XVIIIe siècle.

Rede. Diejenigen Aufklärer, die nicht nur Eudämonisten waren, sondern bei den Menschen ungemischten Egoismus voraussetzten, hatten es nicht leicht, die Brüderlichkeit, die Solidarität unter den Mitgliedern der Gesellschaft zu begründen. Die Erwägung Diderots, daß die Menschen einander brauchen, um sämtlich glücklich zu werden, daß wir, wenn wir andere zwingen wollen, für uns zu arbeiten, auch für sie arbeiten müssen, ist ausreichend für die Erklärung eines mannigfachen Austausches von Diensten, vermag aber nicht die Solidarität in ihrer ganzen Bedeutung verständlich zu machen. Es läßt sich kaum leugnen, daß die Behandlung der menschlichen Solidarität einen schwachen Punkt in der Gesellschaftslehre der Aufklärung darstellt. Leibniz und Locke, letzterer in seiner Naturrechtslehre, hielten sich an den Altruismus im Sinne des Christentums. Rousseau redet von dem Mitleid, der „compassion", Adam Smith von Sympathiegefühlen, die uns Freud und Leid des andern ähnlich, wenn auch in abgeschwächtem Maß empfinden lassen, wie wenn es sich um uns selbst handelte. Von dem Solidaritätsgefühl sensu stricto scheinen die Aufklärer keine Notiz genommen zu haben. Ich verstehe unter diesem Gefühl die spezifische, nicht auf einfachere psychologische Momente zurückzuführende Freude an einem mit anderen zusammen unternommenen Werk, das bestimmt ist, jedem Beteiligten Nutzen zu bringen. Bei einem solchen Gemeinschaftswerk entstehen bei dem einzelnen Lustgefühle, die oft viel stärker sind als das Lustgefühl, das durch die Aussicht auf den einem jeden zufallenden Sondernutzen hervorgerufen wird. Die Aufklärer konnten für das Solidaritätsgefühl in diesem Sinn, das ein Kernstück der sozialistischen Gesellschaftstheorie der späteren Zeit bildet, noch kein Auge haben. Sie gehören einer Epoche an, der die Entwicklungsgesetze der Gesellschaft, vor allem die Gesetze des ökonomischen Prozesses, einen individualistischen Stempel aufdrückten.

Mit dem, was wir bisher über die Aufklärung sagten, ist noch nicht klargestellt, wie sie sich des näheren eine Gesellschaft dachte, in der alle Mitglieder als grundsätzlich gleiche, freie Wesen so zusammenwirken, daß dabei jeder innerhalb der durch seine Natur gesteckten Grenzen glücklich zu werden vermag. Die Aufklärung hat nie, wie fast noch gleichzeitig mit ihr Jeremy Bentham, einen Preiskatalog der Gefühle aufgestellt, um mit seiner Hilfe zu ermitteln, wie eine gute Gesetzgebung das Ziel des „größtmöglichsten Glücks der größtmöglichsten Zahl" zu fördern vermag. Die Formel war ihr bekannt und entsprach nicht übel ihrer allgemeinen Gesellschaftsauffassung; aber ihren führenden Geistern fehlte die Pedanterie, die erforderlich ist, um auf dem Wege Benthams die Ausfüllung der Formel zu versuchen. Auch Charles Fourier, der seinen schönen Gedanken eines durchgehenden Harmonieverhältnisses zwischen den einzelnen Strebungen der Individuen und den durch die Natur gebotenen Erfüllungsmöglichkeiten in teils genialer, teils absurder Weise bis in alle Einzelheiten hinein durchgeführt hat, gehörte einer anderen Sphäre des gesellschaftswissenschaftlichen Denkens an als die Aufklärung. Die Aufklärung glaubte noch nicht, präzise Formeln und eingehende, für die Praxis unmittelbar verwertbare Rezepte der sozialen Reform zu besitzen. Sie hatte die Überzeugung, daß der gütige göttliche Vater oder die Natur, aus deren Schoß der Mensch stammt, dafür Sorge zu tragen hat, daß das Menschengeschlecht, wofern es nur lernt sich seiner Vernunft zu bedienen, ein glückliches Dasein auf Erden führen kann. Sie erwartete den großen Wandel zum Besseren davon, daß die Menschen sich zunehmend festigen im Gebrauch der Vernunft, daß sie fortschreiten in der Erkenntnis der Natur und ihres eigenen Innern und immer entschlossener im Hinblick auf ihr Glück, ihr Tun und Lassen dieser Erkenntnis unterordnen. Das bedeutet nicht, daß die Aufklärer sich ausschließlich in vagen Zukunftsträumen ergangen hätten. Sie haben mit großer Zähigkeit in den Menschen ihrer Zeit die Vernunft, soweit sie noch schlummerte, zu erwecken gesucht; sie haben allerhand Reformpläne ausgeheckt; sie haben einen unerbittlichen und durchaus nicht immer ungefährlichen Kampf geführt gegen die Feinde des neuen Lichts, das der Menschheit zu leuchten begann. Wir wollen von diesem Kampf reden, bevor wir das recht lückenhafte, nie zu systematischer Ausarbeitung gelangende positive Reformprogramm in einigen seiner wichtigsten Punkte ins Auge fassen.

Da die Aufklärer in ihrer überwiegenden Majorität den Menschen als von Haus aus gutartig ansahen, konnten sie an der Frage nicht vorübergehen, warum sich das gesellschaftliche Leben nicht günstiger gestaltet hat, als es tatsächlich der Fall ist, woher die schweren Übel kommen, die man in der Gegenwart unmittelbar wahrnehmen kann und von denen die Annalen der Geschichte berichten, soweit man in ihnen auch zurückgehen mag. Wo steckt der Feind, der der Urheber des gesellschaftlichen Leidens ist? Den Aufklärern war nicht nur der Entwicklungsgedanke bekannt, sondern sie übertrugen ihn auch auf die ganze Menschheit. Sie glaubten, daß in ihrer Epoche der Geist der Menschheit in ein Stadium der geistigen Reife überginge. Es war durchaus begreiflich, daß in den vorausgehenden Stadien kindlicher Unentwickeltheit und jugendlicher Unerfahrenheit sich mancherlei Vorurteile angehäuft und schlechte Gewohnheiten befestigt hatten, die es nunmehr zu beseitigen galt. Aber das Übel erschien doch als zu radikal, um in solchen Erwägungen eine ausreichende Erklärung zu finden. Will man den bösen Feind, der die Hauptschuld an dem Übel trägt, erkennen, dann muß man sich zunächst einmal von dem ursprünglichen Stand der Unverderbtheit eine möglichst zutreffende Vorstellung machen. Das ist wohl der hauptsächlichste Grund dafür, daß man im 18. Jahrhundert schon vor Rousseaus Auftreten dem „bon sauvage“ ein so großes Interesse entgegenbrachte. Völkerschaften, die fern von der Verderbnis der Zivilisation im Naturzustande leben, bildeten einen der beliebtesten Gegenstände der damaligen Literatur. Nicht als ob man ernstlich daran gedacht hätte, sich die Wilden zum Vorbild zu nehmen und den Naturzustand wiederherzustellen. Man war sich nicht nur der Unmöglichkeit bewußt, das Rad der Geschichte zurückzudrehen, man war auch nicht geneigt, die mit dem Übel der Zivilisation verbundenen Vorteile aufzugeben, und fühlte sich, alles in allem genommen, dem „bon sauvage“ doch sehr überlegen. Rousseau stand ziemlich vereinzelt da, wenn er den Übergang aus dem Naturzustand zur Zivilisation als einen leider nicht wieder rückgängig zu machenden „faux pas“ erklärte, und vielleicht war auch für Rousseau das Idealbild des Naturzustandes nur eine Hilfskonstruktion, um der Menschheit zu zeigen, wie sie im vernünftigen Gebrauch der zivilisatorischen Errungenschaften ihrer höhern Bestimmung gerecht werden könne. Gewiß, die Wilden führen, von guten Instinkten geleitet, im Schoß der Natur ein friedliches und glückliches Leben. Aber die allmählich erwachende Vernunft hat nicht die Aufgabe, das Glück der Menschen zu zerstören und sie miteinander zu verfeinden, sie soll ihre Freuden vermehren und steigern und ihr gegenseitiges Wohlwollen festigen. Es gehört zum normalen Los des Menschen, zu dem eine gütige Natur oder ein gütiger Gott ihn erkoren hat, daß die Vernunft allmählich die Stelle des Instinktes einnehme, daß die zunächst von unbewußten Kräften Geleiteten schließlich bewußt und selbsttätig sich ein gutes und glückliches Leben bereiten. Die Hauptursache der Störung dieses Werdegangs sehen die Aufklärer in dem Auftreten einzelner selbstsüchtiger und machtgieriger Persönlichkeiten, die den Glauben an eine Schrecken einflößende Gottheit verbreiten, sich als deren Vertreter aufspielen und so ihre harmlosen, leicht zu täuschenden Mitmenschen in beständiger Furcht zu halten und zu ihren Sklaven zu machen wissen. Gegen den mit den raffiniertesten Mitteln genährten Aberglauben und die in ihm wurzelnde Priestermacht einen Kampf auf Leben und Tod zu führen, mit dem Licht der Vernunft die Nacht zu durchdringen, in der die Geister gefangen gehalten werden, erscheint den Aufklärern als die wichtigste ihrer Aufgaben. Das schwerste Geschütz, dessen sie sich in ihrem Kampf mit dem Aberglauben bedienen, ist die materialistische Weltanschauung, wie wir sie bei einigen Enzyklopädisten finden. Der Materialismus hat hier die Funktion, die Grunddogmen der Kirche möglichst radikal zu verneinen. Solange man dem Dasein ein geistiges Prinzip zugrunde legt, bleibt der Kirche ein letzter Stützpunkt für ihre verheerende Lehre. Der endgültig entscheidende Schlag ist erst geführt, wenn es gelingt, dem Materialismus an Stelle des Spiritualismus allgemeine Anerkennung zu verschaffen. Daher hat Holbach dem Versuch, die praktische und theoretische Überlegenheit des Materialismus darzutun, den größten Teil seines „Système de la nature" gewidmet. Wissenschaftlichen Argumenten kann man, wenn es sich um letzte Fragen handelt, stets mit einigem Erfolg begegnen, und die Argumente unserer Materialisten gehören nicht zu den solidesten. Was die Kirche mehr zu fürchten hatte, waren, namentlich in einem Lande wie Frankreich, wo der Satz von der tödlichen Wirkung des Lächerlichen in Geltung steht, die Waffen des Witzes und der Satire, die Voltaire, der in der letzten Periode der Aufklärung die Führung übernommen hatte, mit einer Meisterschaft handhabte, die weder vorher noch nachher ihresgleichen gehabt hat. Die Aufklärung hat die gesellschaftliche Macht der Kirche nicht ganz zu beseitigen vermocht; aber sie hat sie schwer erschüttert und dem Fortschritt des freien Geistes für alle Zukunft die Wege geebnet.

In ihrer Gesellschaftskritik haben die Aufklärer ihr Augenmerk nicht nur auf den Aberglauben und die Priesterherrschaft als die Quelle des sozialen Übels gerichtet. Viele von ihnen sahen in der durch die habsüchtige Gewalttätigkeit einzelner Individuen veranlaßten Einführung des Eigentums eine der vorwiegenden Ursachen der menschlichen Leiden. Wer nicht so weit zu gehen wagte, trug doch kein Bedenken, die allzu große Ungleichheit im Besitz der ökonomischen Güter als einen der Krebsschäden des gesellschaftlichen Lebens zu bezeichnen. Wir werden uns später noch etwas eingehender mit der Stellungnahme der Aufklärung zum Wirtschaftsproblem beschäftigen. Hier sei darüber nur folgendes gesagt: Kaum einer der Aufklärer ist offen für eine kommunistische Güterordnung eingetreten; aber fast alle waren sich darüber einig, daß eine Reihe gesetzlicher Eingriffe erforderlich sei, um die Ungleichheit in der Verteilung der Vermögen auf ein erträgliches Maß zurückzuführen. Dabei war allerdings das unheimliche Gefühl weit verbreitet, daß mit den geplanten Einzelreformen das Übel schließlich doch nicht zu beheben sei; der Gedanke an die Wirtschaft trübt das sonst so heitere Weltbild der Aufklärung. Gerade in der zweiten Hälfte des 18. Jahrhunderts machte die nationalökonomische Wissenschaft gewaltige Fortschritte. Man denke an die Physiokraten und Adam Smith. Die junge Wissenschaft erhebt sich sofort auf einen so hohen Stand, daß einer der bedeutendsten bürgerlichen Nationalökonomen unserer Zeit, Charles Gide, sagen konnte, wir seien in der Erkenntnis der wirtschaftlichen Gesetzmäßigkeiten immer noch nicht wesentlich über Adam Smith hinausgekommen. Kaum ans Licht getreten, eröffnet die Wirtschaftswissenschaft Einsichten, die für jeden sozial Empfindenden etwas Beklemmendes haben mußten. Das wollten sich selbst diejenigen

Aufklärer, die mit wirtschaftlichen Fragen genauer vertraut waren, nicht offen eingestehen. Sie schwankten beim Anblick der Wirtschaft zwischen ihrem gewohnten Optimismus, der hier etwas Künstliches hat, und pessimistischen Stimmungen, zu denen sie auch bei der Betrachtung der menschlichen Natur nicht selten neigten. Die meisten Aufklärer blieben in ihrem wirtschaftlichen Denken auf der Mitte des Weges stehen; sie schreckten davor zurück, bis ans Ende zu gehen, in der Befürchtung, daß ihre ganze Hoffnung auf eine Besserung der gesellschaftlichen Verhältnisse dabei zuschanden gehen könnte. Der Geist der Aufklärung stieß hier auf Schranken, die ihm durch die den gesellschaftlichen Prozeß so tiefgehend beeinflussenden wirtschaftlichen Mächte gesetzt wurden.

Nicht nur wirtschaftliche Maßnahmen hat die Aufklärung dem Gesetzgeber anempfohlen. Auf den verschiedensten Gebieten sollte er eine reformatorische Tätigkeit entfalten. Ganz besonders mußte den Aufklärern die geistige Ausbildung der Jugend am Herzen liegen. Eine Bewegung, die vom Fortschritt der Erkenntnis eine Umgestaltung des gesamten menschlichen Zusammenlebens erwartet, hat sich dafür einzusetzen, daß der ganzen aufwachsenden Generation ein guter Schulunterricht zuteil werde. Diese Forderung entspricht nicht nur dem großen Zug der Aufklärung, die überall Licht und mehr Licht verbreiten wollte, sondern ebenso dem Prinzip der Gleichheit, das die Aufklärung im Verlauf der Zeit in zunehmendem Maß betonte. Auch stieß man mit dem Postulat eines allen zugänglichen, gründlichen Schulunterrichts nicht auf die ungeheuren Schwierigkeiten, die dem Versuch einer Ausgleichung der Vermögensverhältnisse entgegenstanden. Für die Planungen der Aufklärung auf dem Gebiete des Unterrichts bietet ein vortreffliches Beispiel das von Condorcet ausgebreitete Programm, das jedem in der Erinnerung bleibt, der sich einmal mit der Geschichte der Französischen Revolution beschäftigt hat.

Schwerer als die Gleichheit läßt sich die Brüderlichkeit auf gesetzlichem Wege fordern: Liebe von Mensch zu Mensch tritt nicht auf Befehl an. Das Solidaritätsgefühl, das der mittelbaren Beeinflussung durch die Gesetze sehr wohl zugänglich ist, hatte, wie wir sahen, die Aufmerksamkeit der Aufklärer nicht auf sich gezogen. Dagegen sollten nach ihrer Ansicht die wahrhaft gemeinnützigen Handlungen öffentliche Anerkennung und Belohnung finden, was bisher nicht regelmäßig der Fall zu sein pflegte. Hierauf hat besonders Helvétius hingewiesen. Im großen und ganzen waren die Aufklärer der Überzeugung, daß der Gesellschaft eine gute staatliche Leitung höchst dienlich sei und daß der Gesetzgeber, um seine Aufgabe sachgemäß zu erfüllen, keiner tiefgründigen Weisheit bedürfe, sondern nur einer aufrichtigen Hingabe an das Wohl der Gesamtheit und eines klaren Kopfes.

Über die Verfassung des Staates, dem eine so erhebliche Bedeutung beigemessen wurde, hat man in den Kreisen der Aufklärung sehr verschieden gedacht. Wie schon der Ausdruck „aufgeklärter Despotismus" beweist, war man keineswegs durchweg demokratisch eingestellt. Bis zuletzt waren im „siècle des lumières" die Selbstherrscher, die sich der Aufklärung zugänglich erwiesen, ungemein beliebt, wovon die Beziehungen Voltaires zu Friedrich dem Großen und Diderots zu Katharina II. Zeugnis ablegen. Obschon die Vernunft der Potenz nach als Gemeingut galt, so schien sie doch zunächst nur bei einer Elite in Wirksamkeit zu treten, und man pries es als einen glücklichen Zufall, wenn einer aus der kleinen Zahl sich des Besitzers unbegrenzter Macht bediente, um die Segnungen der Vernunft einem ganzen Volk zugute kommen zu lassen. Mit der Zeit freilich sollte die Vernunft tunlichst in allen aktualisiert werden; die Bevormundung der Untertanen sollte den Zweck haben, sie allmählich zur Selbständigkeit zu erziehen. In manchen Gesetzeswerken der Epoche, sogar im Preußischen Allgemeinen Landrecht kommt dieser Gedanke ziemlich deutlich zum Ausdruck. Bei solcher Auffassung des Absolutismus wurde ein Widerspruch mit der Forderung der Freiheit wenigstens formell vermieden; denn die Freiheit konnte nur für die in der geistigen Entwicklung hinreichend Fortgeschrittenen, für die Mündigen in Anspruch genommen werden. Immerhin ließ sich der prekäre Charakter des Absolutismus von vornherein nicht ganz übersehen. Es bestand keine Garantie dafür, daß die Selbstherrschaft sich in ihrem Träger mit Vernunft und Energie vereine, ja die Wahrscheinlichkeit sprach dagegen, daß es sich in der Mehrzahl der Fälle so verhalten werde. Auch war die These von der Unmündigkeit des Volkes um so weniger einleuchtend, je mehr sich die Kreise erweiterten, die von der aufklärerischen Bewegung ergriffen wurden. Seit dem 17. Jahrhundert, das noch unter seinen besten Staats- und Rechtsdenkern zahlreiche Verteidiger des Absolutismus gehabt hat, gewinnen demokratische Prinzipien immer mehr an Boden.[1] Bei Rousseau, Condorcet und anderen führenden Geistern des 18. Jahrhunderts werden zu den unveräußerlichen Menschenrechten auch die politischen Rechte gerechnet: die Freiheit impliziert die Beteiligung an der Gesetzgebung. Die Naturrechtslehre der Aufklärung ist eine ihrer Glanzleistungen und erheischt eine, wenn auch noch so knappe gesonderte Behandlung im Rahmen unserer Darstellung der Entwicklung des neuzeitlichen gesellschaftlichen Denkens. Wir werden bei dieser Gelegenheit außer vom Verfassungsrecht auch von der Strafrechtspflege reden müssen, für deren Re-

[1] Vgl. darüber Henri Say, L'évolution de la pensée politique en France au 18e siècle.

formierung sich die Aufklärer mit dem größten Nachdruck eingesetzt haben.

Wir stellen die Erziehung an den Schluß unserer Übersicht über die Aufklärung, weil sich an ihr in einem letzten Blick auf die Bewegung das, was sie groß macht, und das, was ihre Schwäche bildet, sehr deutlich erfassen läßt. Das 18. Jahrhundert nannte sich mit Stolz ein pädagogisches Jahrhundert. Wie alle, die sich als die Wegbereiter einer neuen Epoche in der Entwicklung des Menschengeschlechts empfinden, mußten die Aufklärer ihre Hoffnung vorwiegend auf die Jugend setzen, in der, unverfälscht wie sie ist (vom Standpunkt jener Zeit wenigstens, die das Ausmaß der Vererbung noch nicht erkannt hatte), die Keime des neuen Lebens am ehesten zu voller Entfaltung gelangen können. Da sie meinten, daß jeder Mensch von Natur auf das Gute gerichtet ist, konnten sie sich nicht anmaßen, den jugendlichen Geist nach einem bestimmten Modell selbstherrlich zu formen. Sie mußten es vielmehr als ihre Aufgabe ansehen, ihn sich möglichst ungestört entwickeln zu lassen, ihn in eine Umgebung zu bringen, die seine Wißbegierde herausfordert, seinen Trieb zur Selbstbetätigung lebendig zu erhalten, ihm unaufdringlich und gemäß dem Grad seiner Reife die Ergebnisse erprobter Erfahrung zugänglich zu machen, ihn auf die natürlichen Folgen der menschlichen Handlungen hinzuweisen, ihm schrittweise zu der Erkenntnis zu verhelfen, daß es unserm eigenen Glück dienlicher ist, wenn wir uns von vernünftigen Prinzipien leiten lassen, als wenn wir dem Impuls jedes Augenblicks hemmungslos nachgeben. Das sind im wesentlichen die, wie mir scheint, recht verständigen Gedanken der Pädagogen der Aufklärung. Das Mißliche ist nur, daß unser Zögling, der in Freiheit unter der Anleitung der Natur und der Vernunft aufgewachsen ist, später in ein Leben eintritt, das nichts weniger als natürlich und vernünftig ist und in dessen grausamen Kampf man sich wohl eher behaupten kann, wenn man bei Machiavelli, als wenn man bei Locke und Rousseau in die Schule gegangen ist. Die Erziehungsmethoden dieser beiden Philosphen sind schön und recht für die, denen ein unabhängiges Leben beschieden ist, wie dem jungen Edelmann, der Locke zum Mentor hatte, und Rousseaus Émile, denn Émile, war reich; aber für die Mehrheit der Menschen, die einem unerbittlichen Kampf ums Dasein entgegengehen, bedarf es einer andern Vorbereitung. Solange unsere Gesellschaft das ist, was sie bisher war, muß die Erziehung des Durchschnittsmenschen ihn entweder zu rücksichtsloser Selbstbehauptung stählen, oder sie muß die Tugend christlicher Demut und Geduld in ihm entwickeln. Letzteres tat Pestalozzi, der als Pädagoge mehr ein echter Christ als ein echter Aufklärer war. Aufklärer mußten, wenn sie sich selbst treu sein wollten, den Menschen zum Verbesserer der schlechten Gesellschaft zu erziehen suchen. Pestalozzi war in seiner Art ein viel größerer Pädagoge als die Aufklärer in der ihren. Er wollte seine Schutzbefohlenen dazu heranbilden, daß sie sich auch in kümmerlichen Verhältnissen Gottvertrauen, Menschenfreundlichkeit, innere Würde und Berufsfreudigkeit wahren, und er hatte mit seinem Vorhaben erstaunlich viel Erfolg, was freilich weniger seine Methoden als den unmittelbaren Ausstrahlungen seiner einzigartigen Persönlichkeit zu verdanken war. Die Aufklärer neigten dazu, in der Erziehung ein höchst wirksames Mittel zu sehen, die Gesellschaft zu reformieren. Damit verfielen sie einem schweren Irrtum, den die Griechen vermieden haben. Nach der klassischen griechischen Auffassung bewirkt die gute Polis gute, die schlechte Polis schlechte Erziehung. Eine schlechte Polis durch gute Erziehung ihrer Bürger besser zu machen wird nicht möglich sein; denn wie ließe sich eine solche Erziehung zustande bringen? Man mag immerhin versuchen, einen kleinen Kreis von Männern heranzubilden, die willig und fähig sind, der Stadt gute Gesetze zu geben. Aber sind die Rezepte von Locke oder Rousseau geeignet, eine Elite dieser Art großzuziehen? Locke erzieht zum Gentleman, Rousseau zum menschenfreundlichen Sonderling. Englische Gentlemen und sympatische Maniaks sind gewiß eine willkommene Zugabe zu unserer so unerfreulichen Gesellschaft; sie sind nichts weniger als Weltverbesserer. Man sieht, in welch schwieriger Lage sich die Aufklärer befanden. Von wem soll die durchgreifende Änderung der Gesellschaft, die es herbeizuführen galt, ausgehen? Setzt man seine Hoffnung auf die Monarchie, so pflegen, wie die Aufklärer erfahren haben, Enttäuschungen nicht auszubleiben; denn es ist ein trügerischer Schein, daß die angeblichen Selbstherrscher schalten und walten können, wie sie wollen. Erwartet man das Heil von demokratischen Einrichtungen, dann geht man davon aus, daß das Volk verständig ist. Verständig wird das Volk nur durch eine gute Erziehung, und eine gute Erziehung läßt sich in großem Maßstab nur durchsetzen in einer gut geordneten Gesellschaft. So steht man wieder an dem Punkt, bei dem man begonnen hatte. Es scheint nichts anderes übrig zu bleiben, als daß man sich zunächst auf die Ausbildung einer Elite beschränkt, die die gesellschaftlichen Remeduren in die Wege leitet; aber wie soll man sich anstellen, um dies mit einiger Sicherheit zu erreichen? Es ist den Aufklärern hoch anzurechnen, daß sie sich durch solche Bedenken, für die sie bei ihrem scharfen, lebhaften Geist gewiß nicht ganz unempfänglich waren, nicht abhalten ließen, an allen Ecken und Kanten Hand anzulegen, um einen Umschwung der Dinge herbeizuführen. Es bedurfte eines starken Glaubens an die hohe Bestimmung des Menschen, an die in ihm verborgenen Kräfte des Guten, damit der Mut nicht erlahme inmitten der unzähligen Hindernisse, die sich gegen eine grundsätzliche Besserung der gesellschaftlichen Zustände auftürmten. Die Aufklärer hatten diesen Glauben, und sie verdanken es ihm, daß sie trotz alledem Großes geleistet haben.

Man hat gegen die Aufklärung im Laufe der Zeit mancherlei berechtigte und unberechtigte Vorwürfe erhoben. Mehr unberechtigte als berechtigte. Was ich von dem Tadel halte, daß die Aufklärer ihre Forderungen nicht tief genug begründeten, habe ich oben gesagt. Mit der Bemängelung, daß die Aufklärer immer nur von dem Allgemeinen, einem bloßen Schemen, zu reden wüßten und die Eigenart des Einzelnen und der Völker außer Betracht ließen, kann ich mich nicht einverstanden erklären. Es ist nicht wahr, daß das allgemein Menschliche ein bloßer Schemen ist, und es ist nicht wahr, daß die Aufklärung kein Auge hatte für das Besondere an Einzelpersönlichkeiten und Völkern. Schon Bodin und Montesquieu haben in ihren gesellschaftswissenschaftlichen Schriften auf die Differenzen des Volkscharakters größtes Gewicht gelegt; sie brachten die Verschiedenheit der Staatsverfassungen mit ihnen in Zusammenhang. Als Rousseau sich über die Verfassungsfrage für Polen und Korsika zu äußern hatte, trug er den Eigentümlichkeiten dieser Länder ausdrücklich Rechnung. Voltaire brauchte sich von niemanden darüber belehren zu lassen, daß ein jedes Volk sein eigenes „génie" habe. Wenn Herder von der Glückseligkeit sagt: „Sie ist nicht bei dem spätesten Geschlecht, sie wird nicht entlehnt vom Staat, sie ist in jedem fühlenden Wesen, das sich nach dem Maß seiner eigenen Art und des besondern Volkstums, dem es angehört, entwickelt; die Glückseligkeit des Menschen ist allenthalben ein individuelles Gut, folglich allenthalben, klimatisch und organisch, ein Kind der Übung, der Tradition und Gewohnheit", so macht er in dieser berühmten Stelle Gesichtspunkte geltend, die die Aufklärer zurücktreten ließen, die aber nichts wesentlich Neues für sie bedeuteten. Daß die Aufklärung das allgemein Menschliche, das auch für Herder, den man so gern im Gegensatz zu ihr bringt, kein bloßes Wort war, in den Vordergrund rückte, war selbstverständlich für eine Bewegung, die die Gesellschaft umformen wollte, da Gesellschaft und Staat, wie Plato sagt, vom Menschen sind und nicht von der Eiche. Helvétius erkannte ganz richtig, daß Montesquieus Hauptwerk, das von den klimatischen Besonderheiten ausgeht und die Volkscharaktere von ihnen ableitet, einer vom menschlichen Geist handelnden Grundlegung bedurfte, wie er sie selbst in seinen Büchern „De l'Esprit" und „De l'Homme" zu bieten suchte. Wenn wir den Grundplan des Zusammenlebens irgendeiner Gesellschaft entwerfen wollen, müssen wir uns zunächst einmal über das Wesen des Menschen im klaren sein, die Einschaltung der individuellen Besonderheiten ergibt sich dann zum Teil ganz von selbst, zum Teil ist sie cura posterior.

Die Aufklärung, heißt es, huldige einer atomistisch-individualistischen Betrachtungsweise; sie wußte den einzelnen Menschen nicht als Teil eines großen Ganzen zu erfassen. Soweit das heißen soll, daß die Aufklärung kein Verständnis für die soziale Natur des Menschen hatte, daß ihr der Mensch von Natur aus egozentrisch war, kann die Behauptung, wie wir sahen, nur im Hinblick auf einen Teil der Aufklärer als richtig erkannt werden. Zugegeben ist, daß die Aufklärer gewisse soziale Gefühle, die dem fortschrittlichen Denken einer spätern Zeit als besonders wichtig erscheinen, unberücksichtigt gelassen haben und daß sie insofern als individualistischer anzusehen sind als ihre geistigen Erben. Richtig ist auch, daß der Begriff der Gesamtpersönlichkeit in der allgemeinen Gesellschaftslehre anders als in der Jurisprudenz damals erst am Horizont aufzutauchen begann. Hierauf muß etwas näher eingegangen werden. Schon das 17. Jahrhundert ahnte etwas davon, daß die Menschen sich im geschichtlichen Prozeß zusammenschließen zu einer großen Persönlichkeit, die ähnlich wie ein Einzelwesen einen ihr eigentümlichen Werdegang hat. Pascal macht darauf aufmerksam, daß man die Geschichte der Menschheit als die eines einzigen Individuums behandeln könnte. Im 18. Jahrhundert besteht ein lebhaftes Empfinden dafür, daß die Menschheit in ein neues Entwicklungsstadium getreten sei, daß sie das Kindesalter hinter sich habe und nun im Beginn der Periode geistiger Reife stehe. Turgot und nach ihm Condorcet haben eine gesetzmäßige Entwicklung des Intellekts der Menschheit angenommen, die der nicht unähnlich ist, die in Auguste Comtes berühmter Theorie der „drei Stadien" zur Darstellung gelangt. Eine methodische Lehre von der Gesamtperson Menschheit oder von der Gesamtperson überhaupt ist mit alledem noch nicht gegeben. Die Aufklärer identifizieren in ihrer Lehre das Geistige mit dem Seelischen, und ihre Psychologie war Individual- und Bewußtseinspsychologie. Eine besondere Kategorie des objektiven Geistes war ihnen noch fremd, und der Begriff des unbewußt Psychischen taucht zwar bei Leibniz auf, bleibt aber zunächst unbeachtet oder findet jedenfalls keine Verwertung in der Gesellschaftstheorie der Aufklärung. Diese methodischen Mängel sind begreiflich und mehr als verzeihlich, wenn man bedenkt, daß auch die Soziologie unserer Zeit bei der Behandlung der Gesamtpersönlichkeiten immer noch einigermaßen im Dunkeln tappt. Aber – was schon bedenklicher scheinen könnte – die Aufklärung hatte nicht nur keine Methoden, um zur Erkenntnis des Kollektivlebens zu gelangen, sie hatte auch keinen *Blick* für die wesentlichen funktionellen Zusammenhänge im sozialen Körper. Sie konnte sich ein ziemlich genaues Bild machen von der Religion, den Sitten, dem Recht, der Wirtschaft einer gegebenen Epoche, sie erkannte auch mancherlei Beziehungen zwischen diesen verschiedenen Provinzen des gesellschaftlichen Lebens, aber sie vermochte nicht, die eigentlichen Triebkräfte des sozialen Organismus intuitiv zu erfassen. Ihr erschienen die von den Beteiligten kundgegebenen bewußten Intentionen als die gesellschaftsbewegenden Kräfte. Sie meinte, wie es später die marxistische Kritik formulierte, daß sich das gesellschaftliche Sein nach dem Bewußtsein richte und nicht das Bewußtsein nach dem Sein. Der Acheron der unbewußten Motivierungen, aus dem das bunte Getriebe der Oberwelt hervorgeht, blieb ihr unbekannt.

Ich will den soeben ausgesprochenen Gedanken noch etwas konkreter fassen. Niemand wird der Aufklärung zumuten, daß sie, in den Anfängen der soziologischen Untersuchung stehend, sich auf Anhieb eine so monumentale Theorie von dem Verhältnis des Ideellen zum Materiellen hätte erarbeiten sollen wie die marxistische, die, mag sie nun die volle Wahrheit enthalten oder nicht, jedenfalls eines langwierigen geistigen Reifeprozesses bedarf. Schon eher könnte man sagen, die Aufklärer hätten spüren müssen, daß es außer dem Einzelindividuum, der Menschheit als Ganzem und dem Staat noch allerhand Gruppen, Stände, Klassen gibt, die ein gewichtiges Wort mitzureden haben. Sie hätten an dem, was mit ihnen selbst vor sich ging, merken können, daß geistige Strömungen getragen werden von Interessengruppen, die vor allem materielle Machtstellungen erstreben. Sie hätten sich insbesondere davon Rechenschaft ablegen sollen, daß die kollektiven Machtprätendenten so weit mit ihnen gehen würden, als es für ihre egoistischen Ziele förderlich war, und daß daher das wesentliche Ergebnis ihrer schönen idealistischen Bestrebungen die Errichtung der Herrschaft des Kapitalismus sein würde, also nur ein Wechsel in der Form der Unterdrükkung des Menschen durch den Menschen. Wenn wir nun nichts von alledem bei den Aufklärern finden, zeugt das nicht von einem oberflächlichen, unrealistischen Vertrauen in die Macht der Idee, das verziehen werden kann, aber keine Bewunderung verdient? Mir scheint eine solche Beurteilung der Aufklärung viel zu hart, ja geradezu unverständig zu sein. Die Aufklärer haben nicht nur groß gedacht, sie haben auch Großes geschaffen. Sei haben einzelne gesellschaftliche Reformen herbeigeführt, die ihren Wert in sich selbst tragen, und sie haben mehr getan als das. Aus der Vogelperspektive einer historischen Betrachtung, wie wir sie heute anstellen können, erscheint als das Gesamtergebnis der Aufklärung, daß sie sowohl dem Kapitalismus wie dem Sozialismus der Folgezeit die Wege bereitet hat. Um den bessern Teil vorauszunehmen: Unsere Sozialisten sind samt und sonders, mögen sie es in ihren Stammbaum einschreiben oder nicht, geistige Kinder der Aufklärung. Die Aufklärung hat aber auch auf dem Weg über die Französische Revolution, die sie inspirierte, dem kapitalistischen Bürgertum auf den Thron geholfen. An sich genommen ist der Kapitalismus vielleicht noch schlimmer als der Feudalismus, den er ersetzt hat, aber er ist ganz zweifellos eine unentbehrliche Durchgangsstufe zur sozialistischen Ära, die unsere größte Hoffnung ist. Alle diese Zusammenhänge in vorschauender Seele zu erfassen war für die Aufklärer menschenunmöglich. Den Kassandrablick auf das Siegesfest des Kapitalismus, den man bei ihnen vermißt, hätten sie vielleicht haben können, aber ein guter Genius hat sie vor ihm bewahrt. So völlig ahnungslos bezüglich dessen, was sich vorbereitete, wie man bisweilen meint, waren die Aufklärer nicht: wir verweisen auf das, was über ihr Verhältnis zur Wirtschaft gesagt wurde und noch gesagt werden wird. Wären sie ihren Befürchtungen nachgegangen, dann wären sie zu einer tiefern Einsicht in das Gesellschaftsgetriebe gelangt. Wenn sie sich die bangen Zweifel aus dem Sinn schlugen und zu guter Letzt immer wieder Vertrauen hatten in die Macht der Vernunft, so war ihnen dieser idealistische Optimismus lebensnotwendig, notwendig für ihr Vorwärtsschreiten auf dem Weg des Menschen ... Nein, wir lassen uns die Freude an der Aufklärung nicht nehmen. Wir schauen in dieser Schrift auf die Vergangenheit, um uns für die Zukunft zu wappnen, für eine Zukunft, von der wir glauben, daß sie uns etwas Besseres bringen wird als das, was die Aufklärung unmittelbar zu erstreben wagte. In der Erniedrigung, in der wir gegenwärtig leben,[1] und angesichts des dornenvollen Wegs und des dunklen Tors, die vor uns liegen, lassen wir gerne das Auge einen Augenblick auf den sonnigen Höhen ruhen, auf die die Aufklärung den neuzeitlichen Geist geführt hat, und wir geben uns das Versprechen, daß wir ihr Werk fortsetzen werden.

Die Aufklärung hat, seit sie vom Schauplatz der Geschichte abtrat, kaum je eine gerechte Beurteilung gefunden. Für die meisten Reaktionäre und Gegenrevolutionäre, die sie für die Französische Revolution verantwortlich machten, war sie geradezu ein Horror und ist es geblieben bis auf diese Stunde. Die Sozialisten sehen eine bürgerliche Bewegung in ihr und haben höchstens insoweit Sympathie für sie, als sie annehmen, daß das damalige Bürgertum, um für sich selbst den Sieg zu erringen, bis zu einem gewissen Grad die Interessen der gesamten Bevölkerung vertreten mußten. Dem liberalen und fortschrittlichen Bürgertum des 19. Jahrhunderts, das mit der Zeit immer mehr vergröberte, mußte die Aufklärung ein Dorn im Auge sein.[2] Mit ihrer Vornehmheit, ihrer potestas spiritualis, ihrem wun-

[1] Diese Worte wurden zur Zeit des Höhepunktes des Faschismus geschrieben.

[2] Über den Unterschied der Geisteshaltung des Kapitalismus der Frühzeit von dem seiner späteren Entwicklungsstufen vgl. Friedrich Muckle, Das Kulturproblem der Französischen Revolution. S. 35 ff. Muckle zitiert den klugen Chinesen Ku-Hung-Ming: Der Liberalismus des 18. Jahrhunderts hatte Kultur, der Liberalismus von heute hat seine Kultur verloren. Der Liberalismus der Vergangenheit las Bücher

derbaren Glauben an den Menschen schien sie vorwurfsvoll herabzublikken auf eine Geisteswissenschaft, die in ihrem philosophischen Teil einem leeren Formalismus und Verbalismus verfällt, in positiven Disziplinen den Kontakt mit leitenden Ideen verliert und sich in ein Spezialistentum zerlegt, das bei allem Reichtum an Kenntnissen und aller soliden Forschung zusehends verarmt und verkümmert. Gefühle des Neids und der Schuld lassen es nicht zu, daß das des inneren Adels beraubte intellektuelle Bürgertum unserer Zeit der großen geistigen Aristokratie Verständnis entgegenbringt, von der es seinen Ursprung ableitet.

Die Gesellschaftslehre der Aufklärung · Die Ethik

Es kann sich hier nur darum handeln, frühere Ausführungen über die Ethik des 17. und 18. Jahrhunderts kurz zusammenzufassen und in einzelnen Punkten zu ergänzen. Wir unterscheiden die normative von der explikativen Disziplin. Für jene ist das grundlegende Prinzip der Eudämonismus. Selbst die Kantische Ethik macht nicht nur offenkundig Konzessionen an den Eudämonismus, sondern ist, wie wir darlegten, in der Wurzel eudämonistisch. Insoweit die Ethik vom kategorischen Imperativ als antieudämonistisch auftritt, hat sie ihre Vorläufer unter den Moraltheorien der Engländer und Schotten. Für Cudworth und More sind die ewigen sittlichen Gesetze, die von der Vernunft mit nicht geringerer Sicherheit erfaßt werden als die mathematischen Axiome, in ihrer Gültigkeit für jedermann nicht davon abhängig, ob ihre Befolgung sich im Einzelfall als glücksspendend erweist oder nicht. Tatsächlich aber verhält es sich nach ihrer Ansicht so, daß der vollkommen Tugendhafte des höchsten Glücks teilhaftig wird. Nach Butler, Hutcheson und manchen anderen streben die Menschen von Haus aus keineswegs ausschließlich nach Glück, sondern fühlen sich zu zahlreichen Handlungen angetrieben, die in eudämonistischer Hinsicht indifferenter sind. Indessen können diese Philosophen nicht leugnen, daß die Befriedigung unserer Impulse, welches immer ihr Inhalt sein mag, lustbetont ist, und ebensowenig sind sie imstande, uns zu sagen, warum wir lieber dem einen als dem andern Impuls nachgeben sollten, wenn nicht nach dem Prinzip des Eudämonismus.

und verstand Ideen, der moderne Liberalismus liest höchstens Zeitungen und benutzt die großen liberalen Worte der Vergangenheit als Schlagworte für seine selbstischen Interessen. Der Liberalismus des 18. Jahrhunderts focht für Recht und Gerechtigkeit, der Liberalismus von heute ficht für Rechte und Handelsprivilegien. Der Liberalismus der Vergangenheit kämpfte für die Sache der Menschheit. Der Pseudoliberalismus von heute sucht die investierten Interessen von Kapitalisten und Finanzleuten zu fördern.

An originellen Systemen einer metaphysischen Ethik hat die Epoche, wenn wir recht sehen, nichts zu bieten, mit Ausnahme des Spinozismus. Von diesem Sonderfall abgesehen, ist die Begründung der Ethik entweder eine christlich-theologische, beziehungsweise deistische und bringt somit nichts Neues, oder sie ist eine nüchtern positivistische wie bei Hume. Die meisten religiös fundierten Morallehren lassen erkennen, daß es dem Autor vor allem darauf ankommt, der Gesellschaft die Sittlichkeit zu erhalten, da ihm die Existenz der Gesellschaft ohne Sittlichkeit aufs schwerste bedroht erscheint. Bei denen, die wie Paley in den von Gott in Aussicht gestellten Belohnungen und Bestrafungen die schlechthin unentbehrlichen Sanktionen des vom Interesse der Gesellschaft aufs dringendste geforderten moralischen Verhaltens sehen, wird die Ethik zu einer Art verweltlichter, angewandter Theologie. Andere wollen der Ethik in erster Linie eine natürliche Grundlage geben und ziehen die religiösen Motive nur heran, um die irdischen zu unterstützen, wobei die Meinungen über den Wert der von der Religion zu erwartenden Hilfsdienste geteilt sind. Im 18. Jahrhundert findet die schon von Bayle verteidigte Ansicht, daß eine Gesellschaft von Atheisten in sittlicher Hinsicht prosperieren könne, immer mehr Vertreter. Wir nennen Hume, Lamettrie, Helvétius, Holbach. Zum Teil hielt man sogar die Religion für ein Hindernis einer kraftvollen Entwicklung der moralischen Motive.[1] Alles in allem genommen ist die Behandlung der Religion in der ethischen Literatur eines der deutlichsten Anzeichen dafür, daß die Zeiten eines die Gesellschaft in ihren Tiefen bewegenden Gottesglaubens vorüber sind. In zunehmendem Maß wird sie zu einem

[1] Als Kuriosität galt die nicht nur antireligiöse, sondern antimoralische These Mandevilles, daß die Tugenden, die als die höchsten gepriesen zu werden pflegen, bei allgemeiner Verbreitung mit einem gedeihlichen Gesellschaftsleben unvereinbar seien. Sie ist indessen nicht so paradox, wie es den Anschein hat. Eine kapitalistische Gesellschaft, in der der Durchschnitt der Menschen durch Selbstlosigkeit und stark ausgeprägten Gerechtigkeitssinn charakterisiert ist, läßt sich schwer vorstellen. Aber auch in ihr mag man die ethischen Ideale der Menschenliebe und der Gerechtigkeit in hohen Ehren halten und wird man sogar kaum umhin können, sie im Geschäft und vor allem außerhalb des Geschäfts in geeigneten Dosen zur Anwendung zu bringen. Jede Klassengesellschaft entwickelt eine Moral, die bei allgemeiner Befolgung diese Gesellschaft, in gewissen Fällen überhaupt jede Gesellschaft unmöglich machen würde. Es handelt sich um einen Widerspruch der Klassengesellschaft, der ein Seitenstück zu den wirtschaftlichen Widersprüchen bildet und unter Umständen kaum weniger geeignet ist als die letzteren, eine solche Gesellschaft zu ihrem eigenen Totengräber zu machen. Erwägungen dieser Art liegen uns heute sehr nahe; in den Jugendtagen des Kapitalismus war für sie kein Raum: die Eule der Minerva beginnt eben, wie Hegel sagt, ihren Flug in der Dämmerung.

Notbehelf, von dem sich voraussehen läßt, daß es ihm bestimmt ist, in kurzem außer Funktion gesetzt zu werden.

Und doch ist eine Ethik, die nicht im Metaphysischen ihre Wurzeln sucht, eine bedenkliche Sache. Das Verhalten der Menschen ist bisher am ehesten noch durch eine religiöse Heilsethik beeinflußt worden. Moralisten, die, wie man so sagt, auf dem Boden der Wirklichkeit stehen, haben, von ganz wenigen Ausnahmen abgesehen, in der Praxis des Lebens keine nennenswerten Spuren hinterlassen, gleichgültig, ob sie die Selbstliebe zum obersten Prinzip erheben oder dem Altruismus huldigen mochten. Epikur wird man als Ausnahme gelten lassen, aber schwerlich La Rochefoucauld oder Helvetius, um nur die geistvollsten Vertreter des Egoismus zu nennen, die der uns augenblicklich beschäftigenden Ära angehören. Mit der Lehre, daß der einzelne das Wohl der Gesellschaft zum Ziel seines Handelns nehmen solle, fand man im 17. und 18. Jahrhundert ein lebhaftes Echo; aber auf die Frage, wie man es anzustellen habe, um dieses Wohl nennenswert zu fördern, haben die damaligen Ethiker keine irgendwie einleuchtende Antwort zu geben gewußt. Brauchbare Rezepte für eine durchgreifende Reform der Gesellschaft findet man eher bei den Naturrechtlern als bei den Ethikern. Aber aus den Schriften der Naturrechtler eine allgemeine Lehre vom Handeln-Sollen zu entnehmen war darum nicht angängig, weil die Durchführung ihrer Projekte nur von einem kleinen Kreis in die Hand genommen werden konnte. Nach alledem kann man sich nicht wundern, daß Shaftesburys ethische Betrachtungen einen großen Eindruck machten, obwohl sie sich weder durch Tiefe noch durch Originalität sonderlich auszeichneten. Shaftesbury hatte zum mindesten das Verdienst, nicht sowohl, wie die meisten Moralisten es taten, vage und mehr oder weniger philisterhafte Verständigungsregeln aufzustellen als vielmehr den Menschen darauf hinzuweisen, daß er sich durch sorgsame Beobachtung seiner eigenen Strebungen und Affekte ein Persönlichkeitsideal zu erarbeiten vermag, in dem Egoismus und Altruismus zu harmonischer Vereinigung gelangen. Er will zu einer konkreten Moral anleiten, die dem Glücksbedürfnis des Individuums ebenso gerecht wird wie den Anforderungen der Gesellschaft. Diese Ethik, die, wenn man die der Alten in Erinnerung hat, gewiß nicht durch Neuheit überrascht, paßt vortrefflich für eine Gesellschaft, die jedem ihrer Mitglieder die Möglichkeit gewährt, alle seine Fähigkeiten und Anlagen voll zu entfalten. Sie ist von geringer Tragweite in einer Gesellschaft, die es zunächst einmal gründlich umzugestalten gilt, bevor sich bei der überwiegenden Mehrzahl ihrer Mitglieder ein harmonisches Leben zu entwickeln vermag.

Sehen wir recht, dann hat die Periode, von der wir reden, neben Spinoza nur einen Ethiker größten Formats aufzuweisen, Thomas Hobbes. Der

Einschätzung des Ethikers Hobbes hat es bis auf den heutigen Tag geschadet, daß seine pessimistische Auffassung, der zufolge der Mensch von Haus aus purer Egoist ist, mit unserer Lebenserfahrung nicht im Einklang steht. Aber die Verkennung der sozialen Natur des Menschen, die Hobbes zur Last fällt, hindert nicht, daß er der erste ist, der eine soziale Ethik als Erfolgsethik statt als Gesinnungsethik in plausibler Weise begründet hat. Er ermöglicht sich das dadurch, daß er die Ethik mit dem Recht, und zwar nicht mit dem Naturrecht, sondern mit dem positiven Recht in engsten Zusammenhang bringt. Für die reine Individualethik ist es verhältnismäßig leicht, Erfolgsethik zu sein. Den Menschen zu zeigen, wie sie in dieser oder jener Hinsicht ihr Eigenglück fördern können, ist keine Hexerei. Dagegen erinnert der Versuch, Mittel und Wege zu finden, wie sich den Gebresten der Gesellschaft effektiv abhelfen läßt, an die Bemühungen um die Quadratur des Zirkels. Daher das Als-ob der Sozialethik, das sie zur Gesinnungsethik stempelt. Handle nach einer Maxime, nach der alle handeln müßten, damit die Gesellschaft eine gute würde. Wie eine solche Maxime zu lauten hat, läßt sich mit einiger Bestimmtheit sagen. Die Schwierigkeit liegt darin, daß man nicht weiß, wodurch die Totalität oder auch nur die Majorität der Menschen veranlaßt werden kann, der Maxime nachzuleben. Solange man das nicht weiß, bleibt die Sozialethik im Stadium der Gesinnungsethik stecken, was nichts anderes bedeutet, als daß der einzelne sich mit dem erhebenden Gefühl begnügen muß, in seinem Verhalten eine gute Gesinnung an den Tag gelegt zu haben. Indem Hobbes die Gehorsamspflicht gegenüber dem positiven Recht zur Grundlage der Ethik macht, weist er einen Ausweg aus der Verlegenheit. Man hat Hobbes' ethisches Kardinalgebot (dictamen rectae rationis) dahin interpretiert, daß es vom Individuum die Mitwirkung an dem Zustandekommen eines Staatsvertrags verlangt, der die von unserem Philosophen näher bezeichnete beste Staatsverfassung enthält. Wäre das richtig, dann würde die Hobbessche Lehre in dem entscheidenden Punkt keinen wesentlichen Fortschritt bedeuten. Denn es bestünde keine Garantie, daß der für alle heilsame Vertrag von sämtlichen Gliedern der Gesellschaft abgeschlossen würde, und der sittlich Handelnde müßte wieder mit der Freude an der Vortrefflichkeit seines eigenen Willens sein Auslangen zu finden suchen. Aber für Hobbes handelt es sich, wenn man ihn recht versteht, nicht um die Neukonstituierung von Recht und Staat. Er knüpft an das Faktum an, das wir als Geltung des Rechts bezeichnet haben. Überall ist der Mensch aus dem Naturzustand herausgetreten, überall hat er es mit einem Recht und einem Staat zu tun, die hinreichend gefestigt sind, um ihm Frieden und Sicherheit zu gewähren, Güter, die die Voraussetzung aller anderen Güter sind. Um sie uns zu erhalten, brauchen wir uns nur darüber klar zu werden, wie töricht es ist, wenn wir in uns selbst Gelüste der Rebellion aufkommen lassen oder ihnen bei anderen Nahrung geben.[1] Eine besondere Form solcher Torheit – wir reden in Hobbes' Namen – ist die neuerdings aufgekommene Meinung, man müsse die absolute Monarchie durch ein freiheitliches Regime ersetzen. Keine Staatsform ist besser geeignet, die wichtigste staatliche Aufgabe zu erfüllen, die der Aufrechterhaltung des Friedens in der Gesellschaft, als die absolute Herrschaft eines Einzelnen. Hat man einmal den Frieden, dann können Pflichten wie die der Gerechtigkeit, Dankbarkeit und andere, von denen die Moralisten zu reden pflegen, zum Zuge kommen. Sie sind Korollarien der Friedenspflichten und setzen, um sich zu aktualisieren, die Erfüllung der Friedenspflicht voraus. Im Naturzustand, der ein bellum omnium contra omnes ist, binden sie, wie Hobbes sagt, nur in foro interno, nicht in foro externo. Bei der Bindung in foro interno handelt es sich keineswegs um Gesinnungsethik, sondern um die Pflicht, sich zur Befolgung der betreffenden Gebote nach Überwindung des bellum omnium contra omnes bereitzuhalten. Natürlich dachte Hobbes nicht daran, das Glück im Frieden beschlossen sein zu lassen. Der Friede ist nicht sowohl das Glück selbst als vielmehr seine unerläßliche Voraussetzung. Das höchste Glück scheint für ihn die möglichst vollkommene Befriedigung des Geltungsbedürfnisses, der „gloria", gewesen zu sein. Das Geltungsbedürfnis ist die Steigerung des Selbsterhaltungstriebs, aus dem Hobbes seine ganze Ethik ableitet. Die von der „gloria" handelnde Stelle ist eine der am meisten bewunderten seines Werkes. Hobbes' Ethik ist von einer an Genialität grenzenden Folgerichtigkeit. Ihr Grundirrtum liegt, wie man sofort herausgefunden hat, in der Degradierung, die er der menschlichen Natur zuteil werden läßt. Er will uns glauben machen, daß wir elendig zugrunde gehen müßten, wenn wir uns der staatlichen Ordnung, die wir vorfinden, nicht unterzuordnen wissen. Daher ist ihm die Gehorsamspflicht gegenüber der gegebenen staatlichen Autorität die ethische Grundpflicht und die Auflehnung gegen diese Autorität das unverzeihlichste Verbrechen, die wahre Sünde gegen den Heiligen Geist. Aber die menschliche Natur ist von Haus aus so beschaffen, daß sie sich mit keiner staatlichen und rechtlichen Ordnung, die bisher in Geltung gestanden hat, zufrieden gibt und zufriedenzugeben braucht, weswegen wir das Recht und die Pflicht haben, nach einer bessern Ordnung zu streben, und hierbei unter Umständen sogar vor einer gewaltsamen Revolution nicht zurückschrecken dürfen.

[1] Hobbes' Staatsvertrag ist im Grunde genommen nichts anderes als stillschweigende Unterordnung unter das bestehende Recht und Vornahme aller Handlungen, die zu dessen Festigung führen.

Große Mühe und nicht unerheblicher Scharfsinn wurde im 17. und 18. Jahrhundert auf die psychologische Erklärung der moralischen Phänomene verwendet. Die Assoziationspsychologie, die zuerst bei Hartley zu voller Entfaltung kommt, leistet hierbei gute Dienste. Mit ihrer Hilfe schien sich ein Rätsel lösen zu lassen, das von jeher den Moralisten viel Kopfzerbrechen verursacht hatte. Woran liegt es, daß die Menschen bei der Realisierung der ihnen vom Schicksal gebotenen Möglichkeiten, sich ein glückliches Leben zu bereiten, so oft mit offensichtlichem Unverstand verfahren? So häufen z. B. manche mit den mühevollsten Anstrengungen und unter den größten Entbehrungen Schätze an und denken nicht daran, sich mit ihnen Freuden zu verschaffen, die sie für ein vernünftiges Urteil allein begehrenswert erscheinen lassen können. Die Vorstellung von dem Besitz des Geldes assoziiert sich mit den Vorstellungen der verschiedenartigen Genüsse, die er zu vermitteln vermag, und wenn sich der Vorgang sehr häufig wiederholt, dann wird zu guter Letzt die Liebe zum Geld stärker sein als die Liebe zu irgendeinem Gut, das sich durch seine Verausgabung erwerben läßt. „Ich hab es nur", so spricht der Rabe, „ich hab es nur, damit ich's habe." Unter Rekurs auf die Assoziationen kann man es auch erklären, daß das Wohlsein unserer Nebenmenschen, das uns anfänglich ausschließlich im egoistischen Interesse am Herzen liegt, allmählich einen Eigenwert für uns erhält. Die Theorie, die alles altruistische, scheinbar selbstlose Verhalten aus dem Egoismus ableitet, ist hiernach nicht in einer so verzweifelten Lage, wie es auf den ersten Blick den Anschein hat, aber die überwiegende Zahl der Ethiker verurteilte sie mit Recht als künstlich und ungenügend. Man kann es als die herrschende Lehre der Epoche ansehen, daß die Genealogie der Moral der Annahme eines zur natürlichen Ausstattung des Menschen gehörigen Sympathiegefühls bedarf, das uns von Freud und Leid des Nebenmenschen einen Widerhall in unserer eigenen Brust spüren läßt. Unter Verwertung und origineller Erweiterung Humescher Gedanken machte Adam Smith das Sympathiegefühl zum Kardinalbegriff einer genetischen Moraltheorie, die zum Abschluß bringt, was in dieser Richtung von der Forschung des 18. Jahrhunderts geleistet worden ist. Anders als bei Hume erhält bei Smith die Sympathie von vorneherein aktiven Charakter. Wir sympathisieren im Impuls der Dankbarkeit mit dem, der eine Wohltat empfing, im Impuls der strafenden Vergeltung mit dem, dem eine Verletzung zugefügt wurde. Bedenkt man, daß wir in zahlreichen von uns beobachteten Fällen, in denen Menschen einander Gutes oder Böses antun, an keinem der Beteiligten ein besonderes Interesse nehmen, dann wird es verständlich, daß wir im Lauf der Zeit den gesellschaftlichen Verkehr nach einem Maßstab der Gleichheit, der Gerechtigkeit zu beurteilen lernen. Da wir nun kraft unserer Sympathie uns nicht nur in die Lage des jeweils Handelnden, sondern auch in die Stellungnahme der übrigen Gesellschaftsmitglieder zu den von ihnen wahrgenommenen Akten einfühlen, entsteht in unserm Innern ein „impartial observer", ein unparteiischer Beobachter, der unser eigenes Verhalten wie das anderer in den Umkreis seiner gerechten Rechtssprechung einzubeziehen vermag. Damit ist der psychologische Ursprung dessen aufgewiesen, was gemeinhin als Gewissen bezeichnet wird. Durch die konstante Gewöhnung, in eigener Sache unbestechlich Gericht zu halten, gewinnt das Gewissen eine solche Macht über uns, daß wir schließlich lieber die schwersten persönlichen Nachteile auf uns nehmen, als daß wir es wagen würden, seiner unerbittlichen Stimme zuwiderzuhandeln. Man wird kaum leugnen können, daß die Smithsche Erklärung der Genesis der moralischen Phänomene seiner Beobachtungsgabe und seinem Scharfsinn ein glänzendes Zeugnis ausstellt. Immerhin bleibt ein dunkler Rest: wir wissen nicht, wie wir mit der Theorie das manifeste Vorwalten der Ungerechtigkeit in aller bisherigen Gesellschaft vereinigen sollen. Kann Smith, dem großen Kenner des Gesellschaftslebens, vor allem des Wirtschaftslebens, dies Bedenken verborgen geblieben sein? Wir verzichten auf eine eingehende Kritik der explikativen Moraltheorie von Adam Smith. Sie ist heute noch von Gegenwartsinteresse, aber sie ist, abgesehen von dem, was die Metaphysik gegen sie geltend zu machen hat, durch die Fortschritte der Psychologie und Soziologie als Ganzes genommen längst beträchtlich überholt worden.

Die Gesellschaftslehre der Aufklärung · Die Naturrechtslehre

Die moderne Naturrechtslehre hat, wie es dem neuzeitlichen Geist zukommt, vor allem dem Gedanken der Freiheit des Menschen Ausdruck gegeben. Staat und Recht bedürfen der Legitimierung durch den freien, vernünftigen Wissensakt der Individuen, die ihnen unterworfen sind. Ohne Unterwerfung des Willens des Einzelnen unter die Herrschaft von Staat und Recht gibt es kein menschenwürdiges Gesellschaftsleben. Hiervon sich Rechenschaft abzulegen und des weiteren zu untersuchen, ob Staat und Recht, so wie sie sich jeweils als Gegebenheiten darbieten, oder nur bei Erfüllung gewisser näher zu bestimmender Voraussetzungen begründeten Anspruch auf Gehorsam haben, ist die wichtigste Aufgabe, die sich die moderne Naturrechtslehre gesetzt hat. Daher hat sie der Idee des Staatsvertrags größere Bedeutung beigemessen, als es je zuvor geschehen war. Den Staatsvertrag zum Grundschema der Naturrechtslehre machen heißt nichts anderes, als Staat und Recht sich vor dem Forum der freien, praktischen Vernunft verantworten lassen. Die Idee des Staatsvertrags ist alt; die Tragweite, die ihr jetzt beigemessen wird, ist etwas Neues.

Im Jahr 1625 erschien das Werk „De jure belli ac pacis“ von Hugo Grotius, der gewöhnlich als der Begründer der modernen Naturrechtslehre angesehen wird. Grotius war zugleich der Begründer der neuen Völkerrechtswissenschaft, die immer noch unter seinem Einfluß steht, so daß manche ihrer heutigen Vertreter keine andere Grundlage der völkerrechtlichen Verbindlichkeiten kennen als die, die ihnen Grotius in dem Satz: „pacta servanda sunt“ gegeben hat. Grotius' Naturrechtslehre ist in einem Punkt ungemein kennzeichnend für die Abkehr des neuzeitlichen Geistes von der mittelalterlich-christlichen Auffassung. Er weist Gott für die gesellschaftliche Welt eine ähnliche Rolle zu wie Descartes nach dem oben angeführten Ausspruch Pascals für die physische. Nach seiner Ansicht hat Gott dem Menschen den „appetitus societatis“ eingepflanzt, aus dem sich gesellschaftliches Zusammenleben, das Recht und der Staat auch dann entwickeln würden, wenn Gott – der fromme Autor schaudert bei der Annahme, macht sie aber doch – plötzlich zu existieren aufhörte.

Ein Denker von ganz anderm Schlag als Grotius, ein echter Rationalist neuen Stils ist Hobbes. Wir haben uns mit Hobbes schon hinlänglich beschäftigt, hier sei nur darauf hingewiesen, mit welcher, an Descartes erinnernden Energie er im Ausgangspunkt seiner Betrachtung den Menschen auf sein eigenes vernünftiges Urteil hinweist und dadurch Bahn bricht für die Begründung eines neuen, freieren Gesellschaftslebens. Während der „appetitus socialis“, aus dem man alles herausholen kann, was man vorher hineingelegt hat, die Funktion der angeborenen Idee zu übernehmen vermag, beschränkt Hobbes die ursprüngliche Mitgift des Menschen auf das Elementarste, um aus ihm alles übrige von der Vernunft ableiten zu lassen. Nach den Ergebnissen seiner Staatsphilosphie ist Hobbes, wie wir sahen, unüberbietbar antirevolutionär, durch seine Methode ist er der Vorläufer der revolutionären Naturrechtler der Folgezeit. Hobbes predigt den Gehorsam gegenüber den „authorities that be“ und preist die absolute Monarchie als die beste Staatsverfassung, weil er nicht an die natürliche Gutartigkeit des Menschen glaubt. Man braucht nur weniger pessimistisch zu sein als Hobbes, und man gelangt bei ähnlicher Folgerichtigkeit zur Billigung demokratischer Einrichtungen und zur Statuierung eines Rechts des Volkes auf Absetzung tyrannischer Obrigkeiten. Locke denkt günstig vom Menschen, er denkt vielleicht zu günstig von ihm, aber immerhin kommt er in seiner Einschätzung der Wahrheit näher als Hobbes. Mit Locke tritt die Aufklärung auf die Bühne. Hobbes ist ein Vertreter des neuzeitlichen Geistes, insofern er, alle überkommenen Vorstellungen beiseite schiebend, Staat und Recht durch die unbeirrbare individuelle Vernunft zu rechtfertigen sucht. Aber Hobbes ist noch kein Aufklärer. Ihm fehlt einer der wesentlichen Züge des Aufklärers, der Glaube an den Menschen. Auch vom

Standpunkt des Aufklärers kann man den Absolutismus in einer Theorie vom Staatsvertrag befürworten, aber man muß dann anders vorgehen als Hobbes. Man muß die vorläufig noch bestehende Unmündigkeit der breiten Massen in Erwägung ziehen und die Vorteile, die dem Volk aus der Leitung durch einen einzigen aufgeklärten Kopf erwachsen. Locke ist Demokrat, und man wird zugeben, daß die Demokratie dem aufklärerischen Denken näher liegt als der Absolutismus. Nach Locke findet sich bei den Menschen ein weitgehendes gegenseitiges Wohlwollen, die Neigung, freundnachbarlich zusammenzuleben. Daher brauchen die Menschen in den einfachen Verhältnissen der Frühzeit überhaupt keinen Staat. Wohl entstehen einzelne Streitigkeiten über die Frage, wer in einem gegebenen Fall Eigentümer ist oder was der eine dem andern aus einem Vertrag zu leisten hat, denn diese Rechtseinrichtungen existieren schon im staatenlosen Zustand. Aber Schiedsrichter, die ad hoc bestellt werden, genügen zur Schlichtung des Streits, man bedarf nicht einer staatlichen Gerichtsbarkeit und Zwangsvollstreckung. Erst in den verwickelteren Lebensbedingungen, die die aufblühende Zivilisation mit sich bringt, entsteht das Bedürfnis nach dem Staat und seinem ganzen Apparat von Gesetzgebungsorganen, Richtern und Verwaltungsbeamten. Der Staat, den im Lauf der Entwicklung die Vernunft fordert, ist keine absolute Monarchie. Die durchschnittlich wohlgearteten Wesen, als die Locke sich im Gegensatz zu Hobbes die Menschen vorstellt, werden sich vernünftigerweise in dem Vertrag, durch den sie den Staat bei sich einführen, für eine konstitutionelle Monarchie entscheiden, in der die Bürger durch die von ihnen gewählten Volksvertreter an der Gesetzgebung beteiligt sind. Auch mögen sich die einzelnen beim Abschluß des Staatsvertrages gewisse Rechte vorbehalten, die selbst für die höchsten Obrigkeiten unantastbar sein sollen. Endlich ist es ein dictamen rectae rationis, daß den Magistraten die Staatsmacht nicht zu eigenem Recht und ohne Widerrufsmöglichkeit eingeräumt wird. Sie sollen sie als anvertrautes Gut erhalten mit dem Auftrag, sie im Interesse des Volkes auszuüben, und, falls sie schweren Mißbrauch mit ihr treiben, soll es dem Volke freistehen, sie ihnen zu entziehen. Dies ist die Lehre von der Delegation der Staatsgewalt und von der Volkssouveränität. Locke fürchtet nicht, daß die Volkssouveränität, die sich im Recht auf Abberufung der Obrigkeiten äußert, zu chaotischen Zuständen führen könnte. Die Menschen, bemerkt er treffend, sind im allgemeinen langmütig im Verkehr mit den Obrigkeiten. Treiben diese es nicht gar zu arg, dann begnügt sich der Untertan mit Petitionen und Beschwerden; nur in äußersten Notfällen wird sich eine Majorität von Bürgern bereit finden, die Volkssouveränität auszuüben, indem sie die bisherigen Obrigkeiten fortjagt und neue an ihre Stelle setzt. Das damit verbundene Interregnum hatte für Locke nichts so

Erschreckendes wie für Hobbes. Die Menschen waren ja nach seiner Auffassung lange ohne Staatsapparat ausgekommen, sie würden wohl auch jetzt noch vorübergehend, ohne sich gegenseitig zu zerfleischen oder sonst gänzlich zu verwildern, einer Regierung entraten können. Wie Hobbes auf die erste, so konnte Locke auf die zweite englische Revolution hinweisen. War es nicht ein Glück, daß das Volk den despotischen Jacob II., der nicht einmal seine Religion schonen wollte, ins Exil schickte, und war nicht die Revolution ohne Blutbad und Verwirrung der gesellschaftlichen Zustände „gloriously" verlaufen?

Nach Hobbes ist der Mensch frei nur beim Abschluß des Staatsvertrages, durch den er, um der Stimme der Vernunft zu gehorchen, endgültig und vollständig auf seine Freiheit verzichtet. Nach Locke beläßt der Staatsvertrag dem Menschen ein erhebliches Maß an Freiheit, denn auch als Staatsuntertan bewahrt er einzelne Grundrechte, nimmt er, wennschon nur mittelbar, teil an der Gesetzgebung, ist er Mitinhaber der freilich nur ausnahmsweise auszuübenden Volkssouveränität. Einem lebhaften Freiheitsbedürfnis scheint auch dies zu wenig. Rousseau gibt einem solchen Freiheitsgefühl Ausdruck, wenn er die Forderung aufstellt, daß die Freiheit im Staatsvertrag als unveräußerliches Recht eines jeden behandelt werde und daß die Verfassung von der Art sei, daß der einzelne, dem Gesetz gehorchend, jeweils seinem eigenen Willen gehorche. Welches wäre nun aber die Staatsverfassung, die die Autonomie des Individuums unangetastet zu lassen vermöchte? Die unmittelbare Demokratie, antwortet Rousseau. Von der englischen Demokratie, die von vielen Aufklärern höchlichst bewundert wurde, hielt Rousseau nicht viel. Die Engländer, meint er, sind bestenfalls in den seltenen Ausnahmefällen, in denen sie ihre Volksvertreter ins Parlament wählen, frei, nachher versinken sie jedesmal wieder in Staatssklaverei. Nur da, wo über die Gesetze unmittelbar vom Volk beschlossen wird, ist dem Postulat der Freiheit Genüge geleistet. Indessen läßt sich auch in der unmittelbaren Demokratie ohne Überstimmung der Minderheit durch die Mehrheit nicht auskommen: Einstimmigkeit verlangen hieße die Gesetzgebungsmaschine lahmlegen. Den Widerspruch zur Autonomie des Individuums, den die Majorisierung zu enthalten scheint, sucht Rousseau durch seine Lehre von der „volonté générale" zu beseitigen. Der allgemeine Wille, die „volonté générale", soll im Gegensatz zur „volonté de tous" mit dem wahren Willen eines jeden übereinstimmen; diejenigen, die in der Minderheit geblieben sind, sehen ein, daß sie sich bei Abgabe ihrer Stimme geirrt haben, daß sie eigentlich das wollten, was sich nachträglich als Ergebnis der Abstimmung herausstellt. Die These setzt voraus, daß sich jeder Einzelwille auf das Gesamtwohl, das bonum commune, richtet; denn nur dann spricht eine gewisse Wahrscheinlichkeit dafür, daß die Abweichungen vom Ziel im Endergebnis ausgeglichen werden. Nun wäre es gewiß wünschenswert, daß es sich mit den Einzelwillen so verhielte, wie die Lehre von der „volonté générale" es postuliert hat; aber in Wirklichkeit hat es sich mit ihnen bisher stets anders verhalten, und es ist nicht einzusehen, wie hierin eine Besserung eintreten könnte. Nach Rousseau ist der Mensch in erster Linie, wennschon nicht ausschließlich, auf sein eigenes Glück bedacht. Wie soll da eine „volonté générale", wie er sie sich denkt, zustande kommen? Trotz der Berechtigung solchen Zweifels ist Rousseaus Theorie von der „volonté générale" von höchstem geisteswissenschaftlichem Interesse. Sie zeigt am Beispiel der bedeutendsten demokratischen Lehre, die die Neuzeit zu bieten hat, daß die Demokratie ihr ideelles Ziel nicht erreicht, wenn es nicht gelingt, einen solidarischen Kollektivwillen zu bilden. Der größte demokratische Denker des 18. Jahrhunderts, so könnte man es auch ausdrücken, hinterläßt den kommenden Generationen das Problem, wie sich ein wirkungsvoller gesellschaftlicher Integrationsfaktor beschaffen läßt. Eine einleuchtende Lösung bringt in der Folgezeit der Sozialismus, und nur er. Daher ist, geistesgeschichtlich gesprochen, der Sozialismus der Vollender der Demokratie. Niemals war es dringlicher geboten, sich dies zu vergegenwärtigen als in unserer Zeit, in der es üblich geworden ist, den Sozialismus als Gegenspieler der Demokratie aufzufassen. Die Begriffsverwirrung hängt damit zusammen, daß die Demokratie als solche mit der bürgerlichen liberalen Demokratie des 19. und 20. Jahrhunderts verwechselt wird, wovon wir noch zu reden haben werden.

Bei der Behandlung Lockes hatten wir Gelegenheit, die unveräußerlichen Grundrechte des Menschen zu erwähnen. Die Grundrechte oder Menschenrechte, „droits de l'homme", sind Rechte, denen der Staat Achtung zu erweisen und zu verschaffen hat. Er soll nicht selbst in sie eingreifen, und er soll sie gegen Eingriffe schützen. Unzweifelhaft gehört zu den Menschenrechten das Recht auf Glaubens- und Gewissensfreiheit. Es ist am scharfsinnigsten von Spinoza, am glänzendsten von Voltaire verteidigt worden. Auch ist in diesem Kampf der Aufklärung einer der entscheidendsten Siege beschieden gewesen. Für eine Bewegung wie die Aufklärung konnte es nicht genügen, daß der Mensch glauben darf, was er für richtig hält; es muß ihm auch erlaubt sein, seine Gedanken über das, was ihm als Wahrheit erscheint, im Weg der Presse zu verbreiten. Darauf, daß jede neue Erkenntnis allen zugänglich gemacht wird und daß sämtliche wichtigen allgemeinen Fragen in breitester Öffentlichkit diskutiert werden, beruhte für die Aufklärung in erster Linie die Hoffnung auf den Fortschritt der Menschheit. Wir sehen denn auch, wie zahlreiche Aufklärer sich aufs entschiedenste für die Preßfreiheit einsetzen, so unter anderem Voltaire und

Condorcet, welch letzterer sie ausdrücklich den „droits de l'homme" zuordnet. Sehr bezeichnend ist, daß Kant der Obrigkeit gestatten will, die Lehrfreiheit der Professoren für ihre Vorträge vom Katheder herab einzuschränken, dagegen für ihre schriftstellerische Tätigkeit, bei der sie im Dienst des gesamten um Erkenntnis bemühten Publikums stehen, ungehemmte Freiheit fordert. Was die Freiheit des Eigentums betrifft, so werden wir von ihr in den dem Wirtschaftsproblem gewidmeten Ausführungen zu handeln haben. Selbstverständlich besteht für den Staat die Pflicht, das Leben seiner Bürger zu respektieren und gegen Angriffe zu schützen; dies zu betonen ist nichts den Aufklärern Eigentümliches. Sogar Hobbes setzt der Staatsmacht insofern eine Grenze, als er ihr das Recht abspricht, den Untertan zu nötigen, sich selbst zu töten. Mußte man nicht noch weiter gehen und das Recht des Staates auf die Todesstrafe leugnen? Wenn mir der Staat mein Leben nimmt, so hätte Schlimmeres mir auch nicht im Naturzustand zustoßen können. In Verfolgung dieses Gedankengangs ließ sich die Unannehmbarkeit der Todesstrafe behaupten. Die Anhänger der Todesstrafe, an denen es unter den Naturrechtlern nicht fehlte, konstruierten ein besonderes Riskierungsrecht, damit sich der Mensch im Staatsvertrag des unveräußerlichsten aller Rechte, des Rechts auf sein Dasein, begeben könne. In die persönlichste Freiheit der Bürger einzugreifen, durfte man dem Staat natürlich nicht schlechthin untersagen, denn sonst wäre von der Ausübung der Staatsgewalt kaum etwas übriggeblieben. Das Recht auf persönliche Freiheit den Menschenrechten beizählen konnte verständigerweise nur bedeuten, daß der Staat nicht willkürlich in die persönliche Freiheit des Untertanen eingreifen solle und daß er die Freiheit eines jeden gegen unberechtigte Angriffe anderer zu verteidigen habe. Die ersterwähnte Forderung läßt sich ohne weiteres dahin erweitern, daß dem Staat überhaupt keine willkürlichen Eingriffe in die Lebenssphäre der Bürger gestattet werden. Damit gelangt man zum Postulat des Rechtsstaats, das wennschon nicht dem Namen, so doch der Sache nach der Naturrechtslehre der Aufklärung wohlbekannt war. Der größte Verfechter des Rechtsstaats in der damaligen Zeit war Montesquieu.

Montesquieu (1689–1755) betont noch mehr die „liberté civile" als die „liberté politique". Worauf es ihm vor allem ankommt, ist, daß die Menschen frei sind im Rahmen des Gesetzes, unbehelligt von der Furcht vor willkürlichen behördlichen Eingriffen auf dem Betätigungsfeld, das die allgemeinen Rechtnormen ihnen einräumen. Diese Art Freiheit kann man auch als Rechtssicherheit bezeichnen. Soll Rechtssicherheit herrschen, dann muß Gewähr dafür bestehen, daß die vom Gesetzgeber erlassenen Normen in der Rechtsprechung zu präziser Anwendung gelangen und auch von der Exekutive sorgsam beachtet werden. Solche Gewähr kann eine beschränkte

Monarchie ebensowohl bieten wie eine Demokratie, so daß es eine Frage von sekundärer Bedeutung ist, welcher dieser Verfassungsformen man den Vorzug geben will. Erste Voraussetzung für die Verwirklichung der Rechtssicherheit ist es, daß die erwähnten drei Gewalten (Gesetzgebung, Rechtsprechung, Exekutive) nicht in der Hand der gleichen Personen verbunden werden, da es andernfalls unweigerlich früher oder später zur Willkürherrschaft kommt. „If faut que le pouvoir arrête le pouvoir.“ Das ist die Lehre von der Gewalteinteilung und Gewalttrennung Montesquieu glaubte die Gewaltentrennung, auf die er so großes Gewicht legte, in der englischen Verfassung realisiert zu finden, die er wesentlich aus Locke und Bolingbroke kannte. Sein Verdienst besteht darin, daß er die Gewaltentrennung eingehender analysierte und rechtfertigte als die Engländer. Nicht auf alle Naturrechtler der Epoche vermochte Montesquieu mit seinem Lob der Gewaltenteilung Eindruck zu machen. Wer sich mit Rousseau und Condorcet für die Demokratie begeisterte, rückte die „liberté politique“ in den Vordergrund und pflegte kein rechtes Vertrauen in die künstlichen Veranstaltungen zu haben, durch die die verschiedenen Gewalten ins Gleichgewicht gesetzt werden. Übrigens schien auch Montesquieu für die Wahrung der „liberté civile“ die Gewaltentrennung nicht auszureichen; er forderte daneben noch, daß die Strafgesetze nicht zu streng seien und daß sie nach genau bestimmten prozessualen Regeln angewendet würden.

Mit aller Entschiedenheit für eine Reform der Strafrechtspflege eingetreten zu sein wird stets ein Ruhmestitel der Aufklärung bleiben. Vielleicht zeigt sich nirgends so deutlich wie bei dieser Gelegenheit, daß das menschliche Mitgefühl, das in der Literatur des 18. Jahrhunderts zu überquellendem Ausdruck kommt, bei den Aufklärern nicht nur aufrichtig war, sondern sich zu echter Leidenschaft steigern konnte. Die Worte eines Montesquieu, Beccaria, Howard, um nur einige Namen zu nennen, sind, eben weil es nicht nur Worte waren, nicht vergeblich verklungen. Sie haben dazu beigetragen, daß das Strafsystem, der Strafprozeß, der Strafvollzug vernünftiger und humaner wurden.

Unser Überlick über die Naturrechtslehre des 17. und 18. Jahrhunderts regte dazu an, den Unterschied von Demokratie und Liberalismus möglichst scharf ins Auge zu fassen. Die beiden berühren einander und haben letztlich etwas Gemeinsames, aber es ist ein schwerer Irrtum, dessen man sich heutzutage nur allzuoft schuldig macht, ihre wesensmäßige unlösbare Verbundenheit anzunehmen. Zur Demokratie gehört die gleiche Beteiligung aller an der staatlichen Willensbildung und gehören auch Preßfreiheit, Vereins- und Versammlungsfreiheit; denn wie sollte sich ohne solche Freiheiten eine Demokratie sinngemäß bewähren können? Zubilligung eines umfassenden Gebiets privater, jeder staatlichen Einmischung entzogener Betätigung an das Individuum und Bereitstellung eines Apparats von Schutzmaßnahmen gegen Behördenwillkür stehen unter dem Zeichen des Liberalismus. Daß der demokratische Staat nicht notwendig ein liberaler zu sein braucht, lehrt die Geschichte aufs eindringlichste. Die antike Demokratie ist nicht weniger Demokratie als die moderne, aber sie ist so wenig ein liberaler Staat, daß man sie weit eher als einen totalitären bezeichnen könnte. Die antike Polis kannte in ihrem Verhältnis zum Bürger keine Diskretion, keine heilige Scheu vor einer unantastbaren Sphäre des individuellen Eigenlebens, und sie dachte nicht daran, das Prinzip der Gewaltenteilung durchzuführen. Hält man sich an die Theorie, dann wird nicht weniger offenkundig, daß das demokratische und das liberale Denken sehr wohl getrennte Wege gehen mögen. Wir sagen, daß Montesquieu der „liberté politique“ nur relative Bedeutung beimaß und die „liberté civile“ höher bewertete, während Rousseau über die liberalen, rechtsstaatlichen Einrichtungen, von denen Montesquieu schwärmte, die Achseln zuckte. Ja, Rousseau gilt, nicht ganz zu Unrecht, bei vielen geradezu als antiliberal, weil er für seine Demokratie eine Bestrafung der Atheisten in Aussicht nahm. Das war nun freilich auch vom demokratischen Standpunkt eine Entgleisung, denn es widerspricht den tiefsten Intentionen der Demokratie, dem Individuum irgendeinen religiösen Glauben aufzuzwingen. Dagegen ist es keineswegs von vorneherein undemokratisch, dem einzelnen den staatsfreien Raum enger zu umgrenzen, als der Liberale es zulassen möchte, oder einen Großteil der rechtsstaatlichen Kautelen für überflüssig zu erklären. In letzter Hinsicht ließe sich geltend machen, daß in einer Demokratie, die diesen Namen verdient, ein willkürliches Verfahren der Behörden nicht zu befürchten ist.

Zur modernen liberalistischen Rechtsauffassung gehört nicht nur, was soeben unter diesem Titel aufgeführt wurde. Liberalistisch ist auch eine Definition wie die Kantische, derzufolge das Recht lediglich die Aufgabe hat, zwecks Wahrung der Freiheit aller den einen gegen die Willkür des andern zu schützen. Wenn wir später auf die Gesellschaftslehre Spencers einen Blick zu werfen haben, werden wir sehen, daß sich der Liberalismus bei seiner Ablehnung staatlicher Interventionen zu wahren Ungeheuerlichkeiten steigern konnte. Hier ein anderes Beispiel für liberalistische Verstiegenheiten. Der große Kriminalist Feuerbach, der, obschon sein Leben nur zur Hälfte ins 18. Jahrhundert fällt, zu den Aufklärern zu rechnen ist, sah in der Strafe einen so schweren Eingriff in die Freiheit des Individuums, daß er die Kenntnis der Strafdrohung zur Voraussetzung der Bestrafung machen wollte. Der Staat darf zum Schutz der Freiheit Strafdrohungen erlassen, denn die Strafdrohung als solche ist noch keine Verletzung der Freiheit derer, an deren Adresse sie gerichtet ist; begeht nun jemand in Kenntnis der Strafdrohung ein Verbrechen, dann hat er das Strafübel freiwillig auf sich genommen, so daß in seinem Vollzug kein Widerspruch zum Prinzip der Freiheit gefunden werden kann.

Daß die Demokratie und der Liberalismus im Bewußtsein nicht weniger im Lauf der Zeit so eng miteinander verwuchsen, daß man sie als siamesische Zwillinge ausgeben konnte, läßt sich nur soziologisch erklären. Das aufstrebende Bürgertum ist in gleichem Maß daran interessiert, Anteil an der Bildung des Staatswillens in Form demokratischer Rechte zu erhalten und das Betätigungsfeld des Staates zugunsten des Wirkungsgebiets freier privater Initiative möglichst einzuschränken. Letzteres wäre nicht erforderlich, wenn man die volle Herrschaft über die Staatsmaschinerie zu erwerben vermöchte; aber das ist ein bis auf weiteres unerreichbares Ziel. Selbst nach dem Sieg über den Feudalismus muß bei der Leitung des Staats mit der Rivalität der bisher herrschenden Klassen gerechnet werden, und zur Erringung des Sieges sind Konzessionen an den vierten Stand in Hinsicht seiner Beteiligung an der Staatsmacht kaum zu umgehen. Auch sind die Staatsorgane zwar aus mancherlei Gründen im großen und ganzen geneigt, die Interessen der in der Wirtschaft führenden Kreise voranzustellen, aber es entwickeln sich bei ihnen erfahrungsgemäß gewisse Selbständigkeitsgelüste, Neigungen, die überparteiliche Instanz zu spielen, durch die sie dieser Klasse unter Umständen höchst unbequem werden können. Daher befolgt die Kapitalistenklasse instinktmäßig die Politik, das Zentrum der gesellschaftlichen Aktivität in die private Sphäre zu verlegen und den Staat auf ein Mindestmaß an Funktionen zu beschränken. So macht das Herrschaftsinteresse des kapitalistischen Bürgertums die enge Verbindung von der Demokratie mit dem Liberalismus begreiflich. Da der wirtschaftliche Machtfaktor, wie wir eingehender darlegten, das wissenschaftliche Denken weitreichend beeinflußt, kommt jene Verbindung auch in der Theorie zum Ausdruck. Aber hier, wie auch sonst, sind – wir können es nicht oft genug betonen – die Ideen keineswegs nur Epiphänomene der ökonomischen Vorgänge. Bis tief hinein ins 19. Jahrhundert sind die modernen Naturrechtler, mögen sie auf demokratische oder auf liberalistische Rechtseinrichtungen größeres Gewicht legen oder beide mit dem gleichen Nachdruck empfehlen, von echt idealistischen Impulsen geleitet, von den Gefühlen der Freiheitsliebe und der Humanität.

Zum Schluß noch eine Mahnung. Immer muß man, um die Naturrechtslehre der Aufklärung und die Aufklärung überhaupt richtig einzuschätzen, sich an ihre großen Vertreter und nur an sie halten. Die zahlreichen Kompendien des Naturrechts, die im 18. Jahrhundert und im beginnenden 19. verfaßt wurden, sind zu nicht geringem Teil von einer schwer vorstellbaren

Philisterhaftigkeit und Langweiligkeit. Die Vernunft ist hier zur Vernünftelei geworden, die „lumières du siècle" werden durch eine Nachtwächterlaterne repräsentiert. Wir dürfen eben nie vergessen, daß bei der Aufklärung der Abstand zwischen dem Wollen und dem Können noch größer war, als es gewöhnlich bei Bewegungen von erheblicher geschichtlicher Bedeutung zu sein pflegt. Die Aufklärung hätte am liebsten die Menschen mit einem Schlag vernünftig gemacht, in Wahrheit vermochte sie nicht mehr, als auf einigen Gebieten Reformen durchzuführen, von denen manches, und gerade die umfassendsten, überhaupt nur dann als Fortschritte gelten können, wenn man ihre unmittelbaren Folgen in Betracht zieht. Selbst die Genies der Epoche haben sich hiervon nicht immer deutlich Rechenschaft abgelegt, aber sie spürten, daß sie sich im wesentlichen darauf beschränken mußten, die Zeitgenossen zu selbständigem Denken anzuregen, ihnen eine allgemein gehaltene Orientierung über die Ziele des Gesellschaftslebens zu geben und die prinzipiellen Gegner des freien, vorwärts schreitenden Menschheitsgeistes unnachsichtig zu bekämpfen. Die kleineren und mittleren Köpfe aber, die der Enthusiasmus für die Bewegung ergriffen hatte, meinten, daß, wenn man einmal richtig zu denken anfange, sich alsbald eine vernünftige Reglementierung für alles und jedes finden lassen müsse und daß es ein löbliches Unternehmen sei, dem aufgeklärten oder aufzuklärenden hohen Landesherrn ein vollständiges Programm für ein seine Untertanen unweigerlich beglückendes Reglement zur Verfügung zu stellen. Dies aufklärerische Spießbürgertum hat für alle Folgezeit dem Ansehen der Aufklärer schweren Schaden zugefügt.

Die Gesellschaftslehre der Aufklärung · Die Aufklärung und die Wirtschaft

Für die Demokraten des 18. Jahrhunderts war es unzweifelhaft, daß der gleichen Beteiligung der Volksgenossen an der Gesetzgebung auch eine gewisse Gleichheit im Vermögensbesitz entsprechen müsse. Da, wo innerhalb der Demokratie sehr erhebliche Vermögensunterschiede bestehen, regiert in Wahrheit nicht das Volk, es regieren die Reichen. Die Demokratie wird zur Plutokratie. Die Erkenntnis, daß eine Gleichheit, die nur Gleichheit in den politischen Rechten, nicht auch – wenigstens bis zu einem gewissen Grad – Gleichheit auf ökonomischem Gebiet ist, als eine rein formale wenig Wert hat, ist keine Errungenschaft des 19. Jahrhunderts. Damit ist nicht gesagt, daß die echten Demokraten sich zum Kommunismus oder Sozialismus bekannt hätten. Der Kommunismus hat für die zahlreichen Aufklärer, die für Egalisierung der übertriebenen Unterschiede im Besitz eintraten, nur insofern eine erheblichere praktische Bedeutung, als sie den Urzustand für kommunistisch erklären mußten; denn wenn die wirtschaftlichen Ungleichheiten dem Naturzustand entsprochen hätten, wäre dem Staat die Möglichkeit genommen gewesen, für die Ausgleichung der Vermögensunterschiede Sorge zu tragen. Bei Locke, der die Entstehung des Privateigentums in den Naturzustand verlegt, ist von solcher Ausgleichung nicht die Rede, sowenig wie später bei den Physiokraten. Daß die Menschen im Naturzustand in Gütergemeinschaft gelebt hätten, war eine weitverbreitete Meinung, zu der sich schon der Vater des Naturrechts, Hugo Grotius, bekannt hatte. Mit ihr hing die den im Absolutismus des 17. Jahrhunderts auferzogenen Juristen geläufige Auffassung vom Obereigentum des Monarchen als des Repräsentanten des Volksganzen zusammen, eine Auffassung, die staatlichen Eingriffen ins Eigentum der Bürger freien Raum ließ. Als Montesquieu für die Demokratie derartige Eingriffe ins Auge faßte, um die extremen Besitzdifferenzen zu beseitigen, da suchte die Kritik seine Vorschläge als unzweckmäßig darzustellen, nicht aber als naturrechtswidrig, womit sie, wie A. Lichtenberger zutreffend bemerkt, stillschweigend zugab, daß man das Naturrecht gegen sie nicht ins Feld führen könne.

Die gesetzlichen Maßnahmen gegen das Übermaß ökonomischer Ungleichheit, die von den Schriftstellern des 18. Jahrhunderts empfohlen werden, sind sehr verschiedenartig und brauchen hier nicht im einzelnen behandelt zu werden. Der Luxus, über den eine ganze Literatur entstand, soll vor allem durch indirekte Steuern bekämpft werden. Ferner spielten eine erhebliche Rolle die progressive Vermögenssteuer und eine Regulierung der Erbschaften, durch die man verhindern will, daß große Vermögen über Generationen hinaus in einer Hand bleiben und sich immer mehr anhäufen. Auch die Wohltätigkeit, die Necker und andere nicht nur als eine christliche Pflicht, sondern als ein Recht der Armen ansehen, kann in diesem Zusammenhang erwähnt werden. Von ganz besonderer Bedeutung ist, daß Montesquieu nicht allein steht, wenn er vom Staat verlangt, daß er jedem ein Existenzminimum zusichere. Diese Forderung, die als eine sozialistische gelten kann, wird nicht nur von Demokraten erhoben. Turgot, den man den sehr undemokratischen Physiokraten beizuzählen pflegt, statuiert ein mit dem Recht auf das Existenzminimum nahe verwandtes Recht auf Arbeit: „Indem Gott dem Menschen Bedürfnisse und dadurch das Hilfsmittel der Arbeit gegeben hat, machte er aus dem Recht auf Arbeit den Besitz eines jeden Menschen, und dieser Besitz ist der erste, der heiligste und der unverjährbarste von allen."

Alle einsichtigen Beurteiler sind sich darüber einig, daß das wirtschaftliche Reformprogramm der Aufklärer ein sehr gemäßigtes war. Vor einer Beseitigung des Privateigentums schraken sie zurück. Liegt das daran, daß man es nicht für ein radikales Übel hielt und sich mit einer Beschneidung seiner Auswüchse begnügen zu können glaubte? Die Frage kann nicht ohne weiteres bejaht werden. Schon in der ersten und geistvollsten der Utopien, in der des Morus, hieß es, daß das Privateigentum die Wurzel aller gesellschaftlichen Leiden sei. Das war lange vor der Aufklärung; denn die „Utopia" des Morus war 1516 erschienen. Aber auch das 18. Jahrhundert hatte im Hauptlande der Aufklärung, in Frankreich, eine Utopien-Literatur, die sogar so reichhaltig war, daß ihr die Geduld des Lesers unserer Tage nicht mehr gewachsen ist. In fast allen diesen Utopien wurde eine mehr oder minder kommunistische Gesellschaftsordnung dem Publikum als ein Ziel, aufs innigste zu wünschen, vor Augen geführt. Daß es sich bei der günstigen Aufnahme, die die Utopien und die zahlreichen Theaterstücke mit kommunistischen Tendenzen in weiten Kreisen fanden, nicht um eine bloße Modestimmung handelte, zeigt die vernichtende Kritik, die gleichzeitig von bedeutenden Gesellschaftsdenkern am Privateigentum geübt wurde. Für Rousseau war der Mensch, der als erster ein Feld mit Zäunen und Gräben umgeben und als sein Eigentum erklärt hatte, der größte Feind der menschlichen Gesellschaft: „Wieviel Verbrechen, Kriege, Morde, wieviel Elend und Schrecken hätte derjenige dem menschlichen Geschlecht erspart, der den Pfahl ausgerissen und den Graben aufgefüllt und den Seinesgleichen zugerufen hätte: Hütet euch davor, diesem Betrüger anzugehören, ihr seid verloren, wenn ihr vergeßt, daß die Erde und daß ihre Früchte allen gehören."

Es handelt sich nicht nur darum, daß die Einführung des Privateigentums dem ethischen Gleichheitspostulat widerspricht, sie bringt jegliches Elend und jegliches Laster mit sich, unter denen die Menschheit seither gelitten hat. Wie Rousseau, so urteilen Mably und Morelly: „Je mehr ich darüber nachdenke, um so mehr bin ich überzeugt, daß die Ungleichheit des Besitzes und der Bedingungen den Menschen gewissermaßen zersetzt und die natürlichen Gefühle seines Herzens entstellt", heißt es bei Mably. Die Ungleichheit ist hier nicht an sich so furchtbar, sie ist es durch ihre Folgen, und diese Folgen hat vor allem die Ungleichheit der Vermögen. Nach Morelly ist das schlimmste Laster der Geiz, das persönliche Interesse eine wahre Pest. Der Krebsschaden kann nur durch Abschaffung des Privateigentums beseitigt werden. In seinem 1755 erschienenen „Code de la Nature" zeigt sich uns Morelly als einer der kühnsten Reformer aus dem Kreis der Aufklärer: „Wenn ihr nicht an der Wurzel den Besitz abschneidet, so habt ihr nichts getan." In die Gesetze seines Zukunftsstaates will er die folgende Bestimmung aufnehmen: „Niemand soll durch Kabale oder anderswie versuchen, den abscheulichen Besitz einzuführen."

Rousseau, Mably und Morelly sind bekannt für ihren fanatischen Extremismus, wird man vielleicht sagen. Nun gut, suchen wir uns bei den bedeutendsten Ökonomisten der Epoche, bei den Physiokraten mit ihrem Prinzip des „laisser-faire, laisser-aller“ und bei Adam Smith, diesem Champion des wirtschaftlichen Liberalismus, über die auf das Privateigentum gegründete Wirtschaft zu orientieren. Ich glaube nicht, daß sie Morelly hätten veranlassen können, sein Urteil über die „détestable propriété“ zu revidieren. Schon bei den Physiokraten (Turgot) findet sich in deutlichen Zügen die Theorie des ehernen Lohngesetzes, die später eine wuchtige Waffe im Arsenal der Sozialisten werden sollte, und Adam Smith sah sich zu der Feststellung genötigt, daß die von ihm so unvergleichlich geschilderte und so hoch gepriesene Arbeitsteilung der modernen Wirtschaft mit ihrer ins äußerste gehenden Spezialisierung einen großen Teil der Arbeiter-zu völliger Verdummung verurteilt. Turgot meint, daß die freie Privatwirtschaft wohl verhängnisvolle Folgen zeitige, aber daß sie immer noch besser sei als die anderen Systeme, und er sucht sich mit der Hoffnung zu trösten, daß vielleicht mit der Zeit die Konkurrenz der Unternehmer zu einer gewissen Hebung der Lage der Arbeiter führen werde. Die meisten Physiokraten waren härter als der human denkende Turgot. Der „ordre naturel“, zu dem sie das Privateigentum und den Konkurrenzkampf rechneten, entzückte sie, weil er den Reichtum der Gesellschaft sich ständig vermehren läßt; die Arbeiter, die er im großen und ganzen an die Grenze des Existenzminimums fesselt, mögen sich, meinten sie, bei der natürlichen und göttlichen Fügung beruhigen und froh sein, daß sie ihr tägliches Brot finden. So denkt kein echter Aufklärer, so denken auch nicht Linguet und Necker, die die Physiokraten heftig bekämpfen und für staatliche Intervention eintreten. „Augmenter les richesses, c'est augmenter le nombre des malheureux“, sagt Linguet in seiner herben Kritik des Privateigentums. Nach seiner Ansicht ist der moderne Lohnarbeiter der Erbe des Sklaven. Ja, sein Los ist furchtbarer, da dieser doch nicht stets befürchten mußte, Hungers zu sterben.

Trotzdem können sich die Sozialreformer der Aufklärung, von verschwindend geringen Ausnahmen abgesehen, nicht dazu entschließen, die Aufhebung des Privateigentums zu fordern. Nachdem einmal das Privateigentum in der Gesellschaft Fuß gefaßt hat, ist es nach Rousseau nicht mehr auszurotten. Mably, der das Privateigentum so widersinnig findet, daß er sich wundert, wie unsere Vorfahren überhaupt fertigbrachen, es einzuführen, ist doch der Ansicht, daß es jetzt nicht mehr beseitigt werden kann. Auch Linguet steht auf dem Standpunkt, daß die fruchtbare Eigentumsordnung, die offenbar von Gottes unerforschlichem Ratschluß gewollt sei, sich nur mildern, nicht aber aus der Welt schaffen lasse. Morelly ist nahezu der einzige, der sich optimistischer äußert: „Vielleicht werden die Menschen im Lauf der Zeit vernünftiger werden und sich zum Kommunismus bekehren." Mittel und Wege, wie der große Umschwung vollzogen werden kann, gibt auch Morelly nicht an; zu einer gewaltsamen Revolution fordert er nicht auf, getreu dem Geist der Aufklärung, die stets nur durch Überredung und Belehrung wirken will. Der Landpfarrer Jean Meslier freilich befürwortet die Einführung des kollektiven Eigentums, das jedermann glücklich machen werde, im Wege einer Revolution; aber er war ein ganz einsamer Mensch, dessen Aufzeichnungen nach seinem Tode der Zufall Voltaire in die Hände spielte, worauf dieser sie teilweise veröffentlichte. Meslier gehört sowenig in die große Bewegung des aufklärerischen Denkens wie die zahlreichen Quäker und Anhänger anderer Sekten, die kommunistische Pläne erdachten und in kleineren Kreisen verwirklichten. Der Gedanke an den christlichen Urkommunismus ist nie erloschen und hat kommunistische Gemeinden entstehen lassen, aus deren Verfassungen die Sozialisten der ersten Hälfte des 19. Jahrhunderts mancherlei Anregungen gewonnen haben; aber uns beschäftigt hier der Sozialismus nicht als solcher, sondern in seinem Verhältnis zur Aufklärung. Unter den Aufklärern war, wie uns scheint, die sozialistische, ja die kommunistische Idee weitverbreitet, aber ihr Sozialismus war, von Ausnahmen abgesehen, die so unbedeutend sind, daß sie gar nicht erwähnt zu werden brauchen, ein rein utopischer. Auch den Frühsozialismus hat man als utopisch bezeichnet, aber er war es in einem andern Sinn als der Sozialismus der Epoche der Aufklärung. Jener war es im Urteil seiner Kritiker, die entweder den Sozialismus ganz ablehnten oder sich zum wissenschaftlichen Sozialismus von Marx und Engels bekannten. Dagegen waren die mit dem Sozialismus sympathisierenden Aufklärer mit sich selbst darüber einig, daß eine Gesellschaftsordnung ohne Privateigentum mit seinen tausend Schäden leider nichts anderes ist als ein schöner Traum. Sobald wir uns den Sozialisten des 19. Jahrhunderts zuwenden, werden wir sehen, daß bei ihnen eine ganz andere Atmosphäre herrscht als bei den „Sozialisten", von denen soeben die Rede war. Die Sozialisten des 19. Jahrhunderts machen Vorschläge zu einer vollständigen Umwälzung des Wirtschaftsregimes im sozialistischen Sinn und sind von der Möglichkeit, sie zu verwirklichen, aufs tiefste überzeugt. Sie werben Anhänger, gründen Schulen, stellen großzügige soziale Experimente an und versetzen die bürgerliche Gesellschaft ihrer Zeit in Schrecken, mag diese sich auch den Anschein geben, sie für harmlose Narren zu halten. Die Aufklärer sehen allerhand einzelne Maßnahmen vor, um die verhängnisvollen Folgen des Privateigentums auf ein einigermaßen erträgliches Maß zurückzuführen. Das Übel ganz auszumerzen, den im wesentlichen so viel vernünftigeren Kommunismus des Naturzustandes wiederherzustellen, erscheint ihnen, wenn vielleicht nicht als schlechthin unmöglich, so doch als etwas, das nur eine ferne Zukunft bringen kann.

Die Stellungnahme der Aufklärung zum Wirtschaftsproblem zeigt deutlich, daß die erste machtvolle Erscheinungsform des neuzeitlichen Geistes nicht ausschließlich ein ideeller Widerschein des aufblühenden Kapitalismus gewesen ist. Die Aufklärer waren nicht nur die unbewußten Helfershelfer einer bürgerlich-kapitalistischen Revolution, sie waren weit mehr als das. Eine solche Revolution kam und erfüllte nur einen Teil, einen kleinen Teil von dem, was die Aufklärung erhofft und klar und deutlich gefordert hatte. So wandelten sich die Hoffnungen in Enttäuschungen, und es entstand der Wille, auf neuen Wegen den alten Postulaten gerecht zu werden, wobei das reiche Erbe an Ideen, das die Aufklärung hinterlassen hatte, verwertet werden konnte. Wenn die Aufklärung in ihren Forderungen auf wirtschaftlichem Gebiet bescheiden war, wenn sie sich hier in einer weitgehenden Ratlosigkeit befand und sich im großen und ganzen zu einem vorläufigen Verzicht bequemte, so hat das mancherlei Gründe. Darüber, worauf sie eigentlich hinauswollte, hat sie keine Zweifel gelassen, und ihre letzten Ziele waren offensichtlich andere als die der Kapitalistenklasse. Was sie hinderte, in ihren wirtschaftlichen Programmen großzügiger zu sein, war vor allem die Furcht, mit der bisherigen Eigentumsordnung die materielle Fülle und den Komfort des Lebens, auf die ihr gesunder Sinn erhebliches Gewicht legte, aus der Gesellschaft verschwinden zu sehen. Die Technik und die Organisationsformen der Wirtschaft waren damals noch nicht genügend entwickelt, um eine planmäßige Gemeinwirtschaft größeren Stils als durchführbar erscheinen zu lassen. Morelly war einer der wenigen, die die Vorteile der Zivilisation mit einer kommunistischen Ökonomie für vereinbar hielten. Im allgemeinen glaubten die Aufklärer, die Wahl zu haben zwischen einer gleichmäßig verteilten Armut und einem ungleichmäßig verteilten Reichtum; alles andere erschien ihnen als Utopie. Daß sie so dachten, spricht bei Berücksichtigung des damaligen Entwicklungsstandes der Wirtschaft für ihren „bon sens", den sie auch sonst vielfach bekundeten. Noch eine andere Erwägung läßt sich zugunsten ihrer Wirtschaftspolitik geltend machen. Die Aufklärer hatten keine deutliche und zutreffende Vorstellung von dem Verhältnis der materiellen und ideellen Kräfte in ihrem Kampf um die Vorherrschaft über die Gesellschaft, aber sie hatten genügend Einsicht in die Natur des Menschen, um sich nicht der Illusion hinzugeben, daß der Übergang von der Privatwirtschaft zur Gemeinwirtschaft anders als auf dem Wege der Gewalt vor sich gehen könne. Daher verschoben sie die Auseinandersetzung über einen grundsätzlichen Umschwung in der stillen Hoffnung, daß die soziale Evolution schließlich auch in dieser heiklen Angelegenheit eine befriedigende Lösung bringen wird.

Aus: Die Philosophie der Neuzeit. Gesellschaftslehre, Ethik und Rechtswissenschaft

Der Frühsozialismus

Dem liberal-demokratischen Staat, der aus der Französischen Revolution hervorging, kann ein gewisser ideeller Eigenwert nicht abgesprochen werden. In weiten Kreisen, in denen man gewohnt war, mehr als Objekt denn als Subjekt des Rechts behandelt zu werden, ließ er ein Gefühl für persönliche Würde und Freiheit entstehen, und er erschien lange Zeit nicht wenigen als eine bedeutungsvolle Errungenschaft auf dem Wege der Emanzipation des Menschen, in der eine Garantie weiterer, noch größerer Fortschritte gesehen werden dürfte. Indessen erkannten klarere Köpfe schon im Beginn des 19. Jahrhunderts, an dessen Ende der liberal-demokratische Staat bestenfalls die Rolle einer lieben, alten Tradition spielte, die Unzulänglichkeit dieses Staates. Es bilden sich zwei oppositionelle Richtungen gegen die Gesellschaftslehre der Aufklärung, die ihm die ideelle Grundlage gegeben hatte. Die Vertreter der einen Richtung betrachteten die formalen Staats- und Rechtseinrichtungen mit kaum verhehlter Geringschätzung und stellten mit aller Energie die Forderung auf, mit der man bisher hervorzutreten nicht gewagt hatte, daß zwecks Verwirklichung der Ideale der Freiheit, Gleichheit und Brüderlichkeit die Wirtschaft einer gänzlichen Umgestaltung zu unterziehen sei. Die Vertreter der andern, unter denen mannigfache weitreichende Gegensätze bestehen, haben miteinander das gemeinsam, daß sie der Sozialphilosophie der Aufklärung den Vorwurf machen, sie hätte Gesellschaft und Staat von der individuellen Vernunft her konstruieren wollen und dabei die überindividuellen Faktoren übersehen, durch die das Zusammenleben der Menschen in einschneidender Weise bestimmt werde. Der Wert der einen Richtung liegt in den sachlichen Erkenntnissen, zu denen sie gelangt, der der andern mehr im Methodischen. Im Marxismus vereinigen sich die beiden Richtungen. Die ersterwähnte Richtung bezeichnen wir durch die Etikette Frühsozialismus.

Unter den zahlreichen Sozialisten, die dem Ende des 18. und der ersten Hälfte des 19. Jahrhunderts angehören, ragen drei Figuren über alle übrigen hervor: Owen, Saint-Simon und Fourier. Dies gilt jedenfalls, wenn man sie vom Standpunkt des gesellschaftlichen und nicht lediglich des nationalökonomischen Denkens betrachtet. Höchstens Proudhon könnte ihnen gleichgesetzt werden, und es ist fraglich, ob er überhaupt als Sozialist angesehen werden kann. Wenn man die drei Utopisten nennt, so ist das nicht unzutreffend, nur darf man das Utopistische nicht in dem Idealbild sehen, das sie sich von der sozialistischen Gesellschaft machten. Nicht jedes Ideal ist eine Utopie; das dieser großen Männer hat eine Wirklichkeitsnähe, der es zuzuschreiben ist, daß es den Geist ihrer Zeitgenossen tief bewegte und in der Geschichte unauslösliche Spuren hinterlassen hat.

Robert Owen (1771–1858), ein englischer Industrieller, geht aus von den Erfahrungen des modernen kapitalistischen Wirtschaftsbetriebs. Er sieht das Elend, das er mit sich bringt, und glaubt zeigen zu können, wie die Gesellschaft durch eine Änderung ihrer wirtschaftlichen Organisation nicht nur reicher, sondern auch, und vor allem, unendlich viel glücklicher und besser zu werden vermöge, als sie es in ihrer bisherigen Geschichte je gewesen ist. In den Wert der politischen Reformen setzte Owen kein Vertrauen. Die bürgerliche Revolution, die England im 17. Jahrhundert durchgemacht hatte, schien ihm in dem, worauf letztlich alles ankommt, in der Förderung des Glücks der Menschen, nur wenig geleistet zu haben. Sein langes Leben gestattete es ihm, die Auswirkungen der Französischen Revolution gründlich zu beobachten. Auch hier hatte sich der Wandel der Verfassung, von dem so viele sich Wunderdinge versprachen, als unfruchtbar erwiesen. In der Wirtschaft, meint er, liegt der Kern der sozialen Frage: eine vernünftige wirtschaftliche Organisation wandelt das Herz der Menschen, läßt auf Erden ein wahres Paradies entstehen. In dem Glauben an die ursprüngliche Güte des Menschen und an die Fähigkeit der Vernunft, das Zusammenleben so zu ordnen, daß diese Güte sich voll in ihm verwirklicht, hat kein Aufklärer Owen übertroffen. Trotzdem darf Owen nicht zu den Aufklärern gerechnet werden. Er gehört zu den Verkündern einer neuen Epoche des gesellschaftlichen Denkens, für die sich die Reformarbeit auf das Wirtschaftsproblem konzentriert und die das unerschütterliche Vertrauen hat, diesem Problem eine endgültige Lösung zu geben.

Owen war nicht ein großer wissenschaftlicher Kopf, er war ein Prophet, ein Prophet freilich, der seine Mission nicht von oben erhalten zu haben glaubte, sondern von der Vernunft, von dem schlichten gesunden Menschenverstand. Unbedingt opferwillig, unermüdlich zäh in der Verfolgung seiner Ziele, jeder Widerlegung unzugänglich, wenn auch stets bereit, den Gegner anzuhören, absolut lauter in seinen Motiven, unbegrenzt menschenfreundlich, „in deportment an unequivocal gentleman", wie einer seiner Bewunderer von ihm sagte, ist dieser Mann in einer Zeit, der es an bedeutenden Persönlichkeiten gewiß nicht fehlte, eine der am meisten beachteten Gestalten gewesen. Bei allen seinen hervorragenden moralischen Eigenschaften wäre ein solcher Erfolg nicht begreiflich, wenn sein Apostolat gänzlich unzeitgemäß gewesen wäre.

Owens Plan oder richtiger derjenige seiner zahlreichen Pläne, der ihn am meisten bekannt gemacht hat und den wir hier allein besprechen werden, ist einfach. Seine Organisationen sollen es zunächst allen Arbeitsfähigen ermöglichen, Arbeit zu finden und ihnen für ihre Arbeit den gerechten Lohn zu sichern. In der kapitalistischen Wirtschaft kommt der Arbeitsertrag unter die Arbeiter nach Abzug des Zinses des in den Arbeitsmitteln investierten Kapitals und des Unternehmergewinns zur Verteilung. Je mehr die Maschine die menschliche Arbeit zu ersetzen imstande ist, um so mehr Arbeitsfähige werden arbeitslos, und um so mehr vermag der Unternehmer die Arbeitslöhne zu drücken. Diesen Übelständen will nun eben Owen durch seine Arbeiterorganisationen abhelfen. In den Arbeitergenossenschaften, wie er sie plant, gehen die Arbeitsprodukte an die Gemeinschaft über, die sie an die einzelnen nach deren Wahl und nach Maßgabe der von ihnen geleisteten Arbeit zu verteilen hat. Der Vorgang wird durch labour-notes vermittelt. Bei der Ablieferung der Ware erhält der Produzent eine Note, die die von ihm auf die Herstellung der Ware verwendete Arbeitszeit bezeichnet. Gegen die Note kann er aus den gemeinsamen stocks Waren für seinen Privatgebrauch auslesen, die das gleiche Arbeitsquantum wie das durch die Note bekundete repräsentieren. Im Anfang werden die Genossenschaften dem Kapital den Tribut des Zinses leisten müssen, wofern ihnen nicht Philanthropen oder die Regierung zinslosen Kredit gewähren; denn sie brauchen Geld, um mittellose Teilnehmer mit Arbeitswerkzeugen zu versehen, aber bald werden sie dies Joch abschütteln können. Allein schon der Gedanke an den gerechten Lohn wird die Arbeit beflügeln. Dazu kommt, daß die Arbeitergenossenschaften nicht nur durch die Art, wie jeder für alle arbeitet, sondern auch durch zahlreiche gemeinsame Veranstaltungen, wie sie Owen vorsah, zu wahren Lebensgemeinschaften werden, mit deren Produktivkräften die bisherige Wirtschaftsordnung keinen Vergleich aushält. Auch würde der an sich unproduktive Zwischenhandel in Wegfall kommen, und last not least die maschinellen Erfindungen würden erst jetzt ihren vollen Segen entfalten. Vorläufig ist dieser große menschliche Fortschritt noch mit einem Fluch belastet. Denn wenn die Maschine den Ertrag der menschlichen Arbeit vervielfältigt, so hat sie andererseits die fatale Folge gehabt, zahllose Arbeitskräfte aus dem Produktionsprozeß auszuschalten. Diese Kräfte wollte Owen ihm durch seine Arbeitergenossenschaften wieder zuführen. Für eine sich in Arbeitergenossenschaften organisierende, die Warenproduktion und den Landbau mit Maschinen betreibende Gesellschaft sind die Malthusischen Bevölkerungsgesetze nicht geschrieben: im Gedanken an eine solche Gesellschaft braucht man sich nicht durch die trübsinnige Lehre beunruhigen zu lassen, daß die Zahl der Menschen, für die an der Tafel des Lebens kein Platz ist, mit Notwendigkeit immer mehr anwachse.

Bescheiden in ihrem gesamten sozialen Reformprogramm, war die Aufklärung, wir ihre Darsteller oft hervorgehoben haben, im Hinblick auf Ehe und Familie vielfach geradezu konservativ. Es lag dies zum Teil daran, daß zahlreiche Aufklärer dazu neigten, gegen das von ihnen bekämpfte Übermaß staatlicher Autorität die Autorität der Familie auszuspielen. Die Gesellschaft Owens – und das gilt entsprechend für die der anderen Frühsozialisten – brauchte überhaupt keinen Staat im herkömmlichen Sinne, und wie sie den autoritären Staat nicht brauchte, so brauchte sie auch kein Regiment des Familienvaters über Frau und Kinder. Die Begründer des neuen Sozialismus spürten, wenn sie es auch nicht alle deutlich erkannten, daß die traditionelle und gesetzliche Ordnung der Familie, wie sie sie vorfanden, mit dem kapitalistischen Wirtschaftsregime aufs engste zusammenhing. Ein anderes Wirtschaftsregime bedingt auch ein anderes Verhältnis der Ehegatten zueinander und der Eltern zu den Kindern. Das Zusammenleben von Mann und Frau sollte auf gegenseitiger Zuneigung und innerer Gemeinschaft beruhen und mit deren Erlöschen ein Ende finden. Die weitgehend durch ökonomische Interessen bestimmte herkömmliche Einrichtung der Ehe war unseren Sozialisten ein Greuel im Auge. „Ich erblicke in der Ehe“, sagt Owen, „die Ursache von mehr Demoralisierung, Verbrechen und Elend als in jeder andern möglichen Quelle, mit Ausnahme der Religion und des Privateigentums.“ Den Kindern gegenüber sollten die Eltern nicht die Gebieter, sondern mehr die älteren Freunde sein, die sie beraten und ihnen helfen, den eigenen Weg zu finden. Über die Prinzipien der Erziehung und des Unterrichts dachte Owen ähnlich wie Rousseau, nur daß in die Owenschen Genossenschaften der Erwachsenen solche Prinzipien viel besser hineinpaßten, als in die Gesellschaft, mit der Rousseau rechnen mußte.

Daß die von Owen mit erstaunlicher Energie immer und immer wieder erneuerten sozialen Experimente sämtlich mit Mißerfolgen endeten, ist genugsam bekannt. Nur die Pioniere von Rochdale, die in Owen ihren geistigen Vater sahen, haben dauerhafte, blühende Unternehmungen gegründet. Owen hat sie in ihren Anfängen gekannt und eine tiefere geistige Gemeinschaft mit ihnen nicht gelten lassen; es ist, wie Podmore, einer seiner Biographen, richtig sagt, anzunehmen, daß er sich ihnen gegenüber nicht anders verhalten haben würde, wenn er sie auf der Höhe ihres Wohlstandes gesehen hätte. Es ist das Los des utopischen Sozialisten, daß er mit seinen großen Plänen scheitert und daß diejenigen, die von ihm entlehnen, was ihnen in der Welt zu reüssieren hilft, wenig oder nichts von seinem Geist in sich aufgenommen haben. Daß die Gründungen von Owen bald dahinsiechten, nimmt nicht wunder, wenn man bedenkt, in welcher Umgebung sie sich zu entwickeln hatten. Nur ein starker, anhaltender Enthusiasmus hätte ihnen über ihre schwierigen Anfänge hinweghelfen können. Wie aber einen solchen Enthusiasmus auftreiben in einer Gesellschaft, die, auferzogen in den Vorstellungen der kapitalistischen Welt, in ihrer überwiegenden Mehrheit den aus der Art geschlagenen Großindustriellen, mit seinem Millennium im Kopf, für einen Narren oder für einen Verbrecher halten mußte? Owen hat den Besten seiner Zeit genug getan und daher, nach Schillers Wort, für alle Zeiten gelebt. Was die übrigen betrifft, so wollen wir ihnen dankbar sein, daß sie ihn nicht ins Zuchthaus oder ins Irrenhaus gesperrt haben. Es hat nicht viel daran gefehlt.

Henri de Saint-Simon (1760–1825) war ein großzügigerer universeller Denker als Owen, aber ein weniger tief schürfender Reformer. Er will die Gesellschaft nicht, wie Owen, von kleinen Zellen her reorganisieren, er denkt von vornherein in Nationen. Die Nationen sollen sich zu umfassenden Werkstätten umbilden. Die Verwaltung der nationalen Wirtschaft ist nach wissenschaftlichen Prinzipien im Interesse der überwiegenden Majorität zu führen. Die geistige Oberleitung liegt bei Akademien und äußert sich nicht zum wenigsten in der Beratung der Parlamente. Die Parlamente bestehen nicht, wie bisher, aus Politikern, sondern aus Industriellen, wobei der Begriff des Industriellen im weitesten Sinn genommen wird, so daß er den Landmann, den Fabrikanten und den Handelstreibenden umfaßt. Die sich auf einen Zwangsapparat stützende Staatsgewalt tritt zurück hinter einer Autorität, die auf der Überlegenheit des Wissens und der Erfahrung beruht und mit den Mitteln der Überredung und Belehrung zu wirken versteht. Die „Verwaltung der Dinge" wird ungleich wichtiger als die „Regierung der Menschen". Das Ziel, das dabei verfolgt wird, ist nicht nur die Bereicherung der Gesellschaft, sondern auch die Erfüllung der großen Pflichten der Nächstenliebe und der Gerechtigkeit. Die Liebe zum Nebenmenschen verlangt, daß wir den Blick nicht auf das heutige Geschlecht beschränken, vielmehr auch an künftige Generationen denken. Daher darf es bei der Wohltätigkeit einzelner nicht sein Bewenden haben. Alle müssen ihre Bemühungen vereinigen, um die Gesellschaft so einzurichten, daß hier auf Erden das größtmögliche Glück der größtmöglichen Zahl Verwirklichung finde. So allein werden wir uns auch den Himmel erwerben. Neben der Liebe steht die Gerechtigkeit und fordert, daß jede Arbeit ihren gebührenden Lohn erlange und daß Drohnen nicht geduldet werden. Die Entlohnung eines jeden soll nach seinen Leistungen bemessen werden und die Leistungen nach den Fähigkeiten.

Saint-Simon war Geschichtsphilosoph. Das ethische Gebot der Nächstenliebe, das seine Lehre inspiriert, hat, wie er sagt, zuerst Christus der Menschheit verkündet. Die katholische Kirche des Mittelalters, die Saint-

Simon höher einschätzte, als es die Aufklärer zu tun pflegten, hat sich in ihren Anfängen redlich bemüht, dem Wort Christi gemäß zu handeln, dann aber ist sie entartet zu einer egoistischen Priesterherrschaft. Luther hat sich ein großes Verdienst erworben, als er diese Herrschaft bekämpfte. Aber er versagte und wurde zum Häretiker in dem, was er an ihre Stelle setzen wollte. Hätte er das Wahre und Bleibende am Christentum richtig verstanden, dann hätte er in Christi Namen die Obrigkeit aufgefordert, die Gesellschaft zum Nutzen des weltlichen Wohls der Armen zu reformieren. In der Neuzeit sind es Descartes und Bacon, die die Fundamente einer Wissenschaft gelegt haben, die bestimmt ist, die Geschicke der Menschen entscheidend zu wandeln. Seit ihrem Auftreten hat die Naturwissenschaft, die für Saint-Simons „industrielles System" von größter Bedeutung ist, erhebliche Fortschritte gemacht. Dagegen hat man sich auf dem Gebiet des gesellschaftlichen Denkens mehr kritisch als aufbauend verhalten. Jetzt beginnt eine neue, eine organische Epoche. Geistige Bildung und wissenschaftliche Erkenntnis sind, namentlich in Frankreich, in weite Kreise gedrungen; ein großer Teil derer, die produktive wirtschaftliche Arbeit leisten, vermag sich sachgemäß an der Leitung der Volkswirtschaft zu beteiligen. Man braucht daher nicht zu zögern, die Verwirklichung des „industriellen Systems" in Angriff zu nehmen. An Persönlichkeiten, die Verständnis für die soziale Bestimmung des Menschen und hinreichende Kenntnisse und Fähigkeiten besitzen, um die Führung der industriellen Gesellschaft zu übernehmen, besteht kein Mangel; das Reich des Menschen kann beginnen.

Saint-Simon war kein großer Nationalökonom. Er gibt uns keine eindringende Analyse und Kritik der bestehenden Wirtschaftsordnung. Er will das Privateigentum nicht abschaffen, wennschon er meint, daß es wie andere gesellschaftliche Einrichtungen der Entwicklung unterliege, wandlungsfähig und wandlungsbedürftig sei. Was ihm als das Dringlichste erscheint, ist nicht, daß eine gesetzliche Neuregelung des Eigentums eintrete, sondern daß diejenigen, denen das Eigentum bedeutende Macht verleiht, diese Macht dazu benützen, den volkswirtschaftlichen Betrieb vernünftig zu gestalten. Saint-Simon hatte Vertrauen in die Bankiers und Großindustriellen. Man braucht sie nicht zu expropriieren. Man muß an ihren sozialen und letztlich an ihren religiösen Sinn appellieren, und man wird sie für das große Werk einer gerechten, Gottes Gebot erfüllenden „Verwaltung der Dinge" zu gewinnen vermögen. Weniger erfreulich für das Ohr des Kapitalisten sind die Töne, die die Saint-Simonisten Bazard und Enfantin angeschlagen haben. Bazard hat die wirtschaftlichen Folgen der bestehenden Eigentumsordnung ebenso scharfsinnig erfaßt wie ungünstig beurteilt. Seine diesbezüglichen Ausführungen erinnern vielfach an die der Marxisten, sie lassen keinen Zweifel darüber, daß, solange die Produktionsmittel Eigentum einiger weniger sind, die Arbeitermassen zugunsten des Profits der Unternehmer notwendig ausgebeutet werden. Daher wollten die Saint-Simonisten die Produktionsmittel allmählich auf den Staat übergehen lassen. Als die günstige Gelegenheit hierfür erscheint ihnen der Erbfall. Das Recht des Verstorbenen ist erloschen, und die Aussicht der nächsten Angehörigen auf die Erbschaft ist kein ius bene quaesitum, das der Staat unbedingt zu achten hätte. Auch kann man sich, um die Konfiskation der Erbschaften zu rechtfertigen, auf die Erwägung stützen, daß, wenn dem, der ein Vermögen erworben hat, wohl zugetraut werden mag, daß er es zweckdienlich zu verwalten versteht, zugunsten dessen, der nach dem Zivilgesetz Erbe wird, eine derartige Vermutung sich nicht geltend machen läßt. So treten denn die Saint-Simonisten dafür ein, daß alle Erbschaften dem Staat anheimfallen sollen, der auf diese Weise allmählich die Verfügung über sämtliche Produktionsmittel erhalten werde. Wird sich denn aber der Staat der ungeheuren Verantwortung, die er sich damit aufbürdet, gewachsen zeigen? Nehmen wir an, daß die Wissenschaften, auf die Saint-Simon und seine Schule die größten Hoffnungen setzten, sie nicht enttäuschen und sich wirklich als fast allweise bewähren, so bleibt immer noch die bange Frage, ob die staatlichen Organe den guten Willen und die Selbstlosigkeit besitzen, die erforderlich sind, um die Riesenaufgabe einer dem Wohl aller dienenden planmäßigen Gestaltung des Gesellschaftslebens befriedigend zu lösen. Wie Saint-Simon selbst, so mußten auch seine Schüler das religiöse Motiv zu Hilfe nehmen. Leider wurde nun bei ihnen – und das war Enfantins, nicht Bazards Schuld – die Religion, die schon bei Saint-Simon weltfreudig genug gewesen war, so sensualistisch, daß Exzesse nicht ausbleiben konnten, die den Anhängern der alten Ordnung willkommenen Anlaß bieten mußten, über den ganzen Saint-Simonismus den Stab zu brechen.

Man macht nicht aus dem Menschen unserer Gesellschaft, sagt Rousseau, einen „natürlichen Menschen". Man macht auch nicht aus den kapitalistischen Wirtschaftsführern jene „reifen Männer", denen Saint-Simon die Leitung der neuen Gesellschaft anvertrauen wollte. Deshalb, weil er dies nicht eingesehen hat, ist Saint-Simon Utopist gewesen.

Die großartigen Gedanken Saint-Simons haben sich so wenig verwirklicht wie die schlichteren und wirklichkeitsnäheren Robert Owens. Manche dieser imposanten Erscheinungen des Kapitalismus in seinem gegenwärtigen Entwicklungsstadium erinnern der äußeren Form nach an das, was Saint-Simon plante. „Eine berufsmäßige Zivilisation, eine berufsmäßige Verwaltung, das ist es, was unsere Zeit unter unseren Augen verwirklicht, ganz auf der Linie der genannten Voraussetzungen eines St. Simon, Rathenau, Stinnes, Ford Loucheur, wie sie den Traum des St. Simon verlängert bis hin zu den unmittelbaren Verwirklichungen der Gesellschaft der Hüttenwerker." Leroy-Beaulieu, von dem diese Worte stammen, meint sie nicht ironisch, sondern vergißt in seiner Begeisterung für die kapitalistische Gegenwart eine Kleinigkeit, nämlich, daß Saint-Simon Sozialist war nicht dem Namen, denn den kannte man damals noch nicht, sondern der Sache nach. Die kühnen Gründungen unserer Großindustriellen entsprechen den tieferen Intentionen Saint-Simons noch weniger als die der biederen Pioniere von Rochdale denen des englischen Weltverbesserers. Aber Saint-Simon hat bis auf den heutigen Tag Nachfolger, die die Ideen lebendig erhalten, die ihm teuer waren; ich denke vor allem an H. G. Wells, der – leider mit dem gleichen Erfolg wie sein Vorgänger – die Wissenschaftler, Techniker, Bankiers, Industriekönige immer noch beschwört, sie möchten das Chaos, in dem wir leben, in eine planned world, eine brüderliche Arbeitsgemeinschaft aller Menschen umwandeln.

Charles Fourier (1772–1837) war vielleicht der Genialste, sicherlich der Phantastischste von den dreien. Wir werden die Absurditäten übergehen, von denen es in seinen Büchern wimmelt und über die genug gespottet worden ist. Wenn die Aufklärer meinten, die Natur und der Mensch seien so geartet, daß den Menschen, wofern sie nur die äußere und die innere Welt in ihrer Zusammensetzung und in ihren Gesetzmäßigkeiten richtig erfassen, ein glückliches Gesellschaftsleben möglich sei, so wird dieser Gedanke von Fourier zu einem ganzen System der Entsprechungen und Harmonieverhältnisse fortentwickelt. Das Zusammenstimmen der menschlichen Anlagen untereinander und mit der äußeren Natur ist bei Fourier ein derartig genaues, daß es zu der Annahme zu nötigen scheint, ein allmächtiges und allgültiges Wesen habe alles in dieser Weise geordnet, um seine Geschöpfe aufs höchste zu beglücken. Umgekehrt: nimmt man die Existenz eines solchen Wesens an, dann ist es fast eine Blasphemie, daran zu zweifeln, daß die Welt so gut eingerichtet ist, wie Fourier es behauptet. Daher stützt sich sein Anhänger Victor Considérant auf den Gottesglauben, um für die Fouriersche Lehre von der Vollkommenheit der Welt Propaganda zu machen. Freilich ist die Welt sub specie hominis nur der Potenz nach vollkommen. Je mehr die Menschen die Fähigkeit, die Welt sich in ein Paradies transformieren zu lassen, erkennen, um so rascher vermögen sie diese glückliche Wendung herbeizuführen. Fourier glaubt ihnen als erster eine Erkenntnis solcher Art vermittelt zu haben. Er geht aus von der psychologischen Veranlagung des Menschen und läßt sich dabei von dem Prinzip leiten, daß alle unsere Grundstrebungen, Triebe, Leidenschaften bestimmt sind, totale Befriedigung zu finden in einem Leben, das uns ein durchaus harmonisches Glück gewährt. Der Satz, den Freundeshand auf seinen Grabstein schrieb: „Das Schicksal entspricht den Anforderungen", ist einer der Eckpfeiler seiner Lehre. Der Mensch muß, um seine Aufgabe in der Welt richtig zu erfüllen, in jeder Leidenschaft, in jeder attraction, eine Anweisung des Schöpfers für sein Verhalten erblicken. Diesem Gedanken begegnen wir, wennschon vielleicht nicht in so ausgeprägter Form, auch sonst; erst bei seiner nähern Durchführung bringt Fourier wesentlich Neues. Den fünf sensitiven Leidenschaften, die den fünf Sinnen des Menschen entsprechen, eignet eine Neigung zum Luxus, während die vier affektiven Leidenschaften: Freundschaft, Ehrgeiz, Familiensinn und Geschlechtsliebe auf das Gruppenleben hinweisen. Für jeden Moralisten und Sozialethiker ist es eine der größten Schwierigkeiten, in die Triebe von der Art der eben genannten Ordnung und Harmonie zu bringen. Die Lösung dieser Aufgabe sucht Fourier, und das ist das Originelle an seiner Lehre, durch die Annahme von drei besonderen Leidenschaften zu ermöglichen, die er als passions distributives bezeichnet. Die drei distributiven Leidenschaften fordern die Bildung einer Serie von Gruppen und enthalten damit in nuce die neue Gesellschaftsordnung. Denn „die Reihe bewirkt die Harmonie" – ein Satz, den die Bewunderer Fouriers auf dem Grabstein dem vorhin angeführten beigefügt haben, um so in der kürzesten Form die Botschaft des Meisters der Nachwelt zu überliefern. Die erste der „distributives" besteht in der Neigung des Menschen, das Gleichartige zu vereinigen. Ins Gesellschaftliche übertragen heißt das, daß die Menschen sich gern zu gleichartiger Arbeit zusammenfinden und sich dabei das sie Verbindende durch Symbole vergegenwärtigen. Fourier nennt diese „zuteilende Leidenschaft" „die Zusammenstellung". Hennequin, ein begeisterter Verehrer Fouriers, hat die soziale Bedeutung der Zusammenstellung in folgenden Worten treffend zum Ausdruck gebracht: „Spürt Ihr nicht, daß die ‚Zusammenstellung', daß der gemeinsame Enthusiasmus die Macht des Menschen vervielfältigt? Die Geschichte ist voll dieser Wunder, die durch die Leidenschaft des Kampfes vollbracht wurden. Wenn es möglich war, durch den Appell an die Ehre, an den Patriotismus und den Gemeinschaftsgeist, durch eine serienmäßige Anordnung in der Armee die Menschen für eine so gefährliche Verrichtung wie die des Krieges zu entflammen, so werdet Ihr verstehen, wie groß der Eifer und die Begeisterung der Arbeiter wäre, wenn sie mit aufgerolltem Banner und Musik voran zu den Ernten, zu den Weinlesen oder zur Urbarmachung eines Stückes Land schreiten würden." Das ist eine Vision, wie sie heute, viele Jahrzehnte nachdem diese Worte geschrieben wurden, unzähligen Sozialisten vorschweben dürfte. Die „Zusammenstellung" wird in ihren wohltätigen gesellschaftlichen Wirkungen ergänzt durch eine zweite „zuteilende Leidenschaft", die bei Fourier den geheimnisvollen Namen „cabaliste" trägt. Die Menschen haben nicht nur Freude an gemeinschaftlicher gleichartiger Betätigung, sie möchten auch in dem, was sie tun, andere übertreffen; die Zusammenstellung vereinigt zu Gruppen, die cabaliste sorgt dafür, daß es mehrere Gruppen gibt, die, auf dem gleichen Gebiet arbeitend, miteinander in Wettbewerb treten. Wieder hat der geniale Franzose einen Lieblingsgedanken des neuesten Sozialismus vorweggenommen. Aber die cabaliste hat ihre Gefahren. Es ist zu fürchten, daß der Wettkampf, dauernd und hartnäckig durchgeführt, in persönliche Gegnerschaft zwischen den Mitgliedern der verschiedenen Gruppen ausartet. Es ist die Funktion der dritten „zuteilenden Leidenschaft", der „papillonne", dies zu verhindern. Wie wir uns zwar eine Hauptbeschäftigung wählen, aber daneben, um nicht einseitig zu werden, uns mit mancherlei Dingen befassen, so bleiben wir nicht dauernd bei einer Gruppe, sondern flattern von der einen zu andern: wir mögen daher heute auf der Seite derer stehen, die wir gestern zu unseren Gegnern hatten. Die „papillonne" ist der anmutigste Falter dieses sozialistischen Frühlings.

Die Anhänger der freien Privatwirtschaft sehen es nahezu als Axiom an, daß der harte Kampf der Individuen um ihre materielle Existenz unentbehrlich sei, weil sich ohne die mit ihm verbundene Auslese die verschiedenen Berufe nicht mit einem Personal besetzen ließen, wie es zahlenmäßig und den Fähigkeiten nach durch die Bedürfnisse der Gesellschaft gefordert werde. Nehmen wir ein Beispiel. Eine Gesellschaft braucht 20 Schuhmacher und 10 Schneider. Der Konkurrenzkampf wird sie rasch in guter Qualität zur Verfügung stellen. Sollten sie zunächst 25 Schuhe und nur 5 Kleider anfertigen, da würden bald fünf durch die Not des Lebens aus dem Schuhmachergewerbe ausgeschieden werden, und in kurzer Zeit wäre das Vakuum im Schneiderhandwerk ausgefüllt durch Leute, die ihm aus überfüllten Berufen zuströmen. Finden sich unter den 20 Schustern und 10 Schneidern unfähige Elemente, dann wird es nicht lange dauern, bis der Geeignete den Ungeeigneten verdrängt hat. So wollen es die Gesetze der Privatwirtschaft. Dagegen wird, heißt es, der Sozialismus hier vor ein unlösbares Problem gestellt. Nach welchem Prinzip will er die erforderliche Auslese vornehmen? Wird zum Schneider oder zum Schuhmacher bestellt, wer sich hierzu meldet? Dann bekäme man vielleicht 30 Schuhmacher und keinen Schneider. Also müßte man gemäß ihrer Befähigung die einen diesem, die anderen jenem Beruf zuteilen und dabei Menschen in einen Beruf hineinzwingen, weil man ihnen die Eignung zu ihm zuspricht, während sie selbst eine andere Beschäftigung vorziehen würden. Welche Umständlichkeiten, welche willkürlichen Härten hätte doch ein solches Verfahren im Gefolge, und wer würde ernstlich glauben, daß es uns zu guten Schuhen und Kleidern verhelfen würde? Solche Schreckbilder vermögen auf Fourier keinen Eindruck zu machen. Fort mit euern Gesetzen des Daseinskampfes, glauben wir ihn erwidern zu hören, sie sind euch ein Idol, weil euer Geist noch unentwickelt ist. „Les attractions sont propotionelles aux destinées.“ Vereinigt zweihundert Familien in einen Phalanstère, laßt sie ihren Neigungen folgen und in der oben bezeichneten Weise sich in Gruppen einteilen, und ihr werdet im Phalanstère vortreffliche Schuhmacher und Schneider finden und gerade so viele, wie man nötig hat. Ja, mehr als das. Wenn es 20 verschiedene Sorten von Birnen gibt, dann gibt es auch 20 verschiedene menschliche Veranlagungen für die Pflege einer jeden vorhandenen Sorte, und diese Veranlagungen sind so verteilt, daß der Nachfrage nach sämtlichen Sorten im richtigen Verhältnis Genüge geleistet werden kann. Vielleicht, daß im ersten Phalanstère die wirtschaftliche Harmonie noch ein wenig zu wünschen übrig läßt. Nun, dann tröste man sich mit dem Gedanken, daß bald weitere Phalanstères sich um das erste herumgruppieren und ein Austausch sich anbahnt, der Produktion und Konsumtion in vollen Einklang bringt.

Als Sozialist hat Fourier die bestehende Wirtschaftsordnung einer scharfen Kritik unterzogen, und er hat von der neuen Wirtschaftsordnung, wie er sie sich dachte, eine vollständige Umwälzung des gesamten Gesellschaftslebens erwartet: in der Moral, in der Religion, im Familienleben, in der Kunst und in der Wissenschaft. Von sozialistischen Denkern unserer Tage werden Fouriers Darlegungen über das Verschwenderische, Chaotische, Ausbeuterische der herkömmlichen kapitalistischen Privatwirtschaft als immer noch beachtenswert angesehen. In seiner Aufbauarbeit gilt er nicht mit Unrecht als der Bürgerlichste aller großen Sozialisten, insofern er Privatkapital und Zins aus seinen Phalanstères nicht verbannt wissen will. Faulenzer wird es trotzdem nicht geben, schon weil die Arbeit eine Freude ist. Dagegen, daß der eine reicher ist als der andere, hat Fourier nichts einzuwenden. Warum sollte auch nicht der eine oder andere sich im Ansammeln von Reichtümern erfreuen dürfen? Freilich ist in erster Linie dafür zu sorgen, daß jedem aus den gemeinsamen Erträgen ein Existenzminimum gesichert wird, das bei der ungeheuren Produktionskraft dieser Gesellschaft reichlich bemessen werden kann. Im übrigen sind für die Verteilung maßgebend das vorgeschossene Kapital, die geleistete Arbeit und das Talent, das sich in der Leistung bekundet. Fourier hat den Anteil der drei Faktoren genau prozentual festgelegt, was gewiß sehr eigenartig berührt, aber man muß sich bei ihm nicht an Einzelheiten, sondern an die großen Konzeptionen halten, die zum Teil bewundernswert sind.

Fourier wartete in seinem Dachstübchen auf den Millionär, der ihm dazu verhelfen sollte, sein Phalanstère zu begründen. Der Millionär erschien nicht. Phalanstères sind trotzdem entstanden, aber sie sind isoliert geblieben und haben keinen Einfluß auf den Gang des gesellschaftlichen

Lebens auszuüben vermocht. Einzelne Gedanken Fouriers sind mit Erfolg verwirklicht worden, wie Charles Gide näher ausgeführt hat. Davon, daß unsere Welt die Züge der Fourierschen trägt, kann keine Rede sein: im großen und ganzen ist Fourier gescheitert. Seine Schwäche liegt darin, daß auch er, wie Owen und Saint-Simon, Utopist war. Der Glaube, daß die Welt so eingerichtet ist, daß der Mensch in ihr sein Reich begründen kann und wird als eine Gemeinschaft freier, brüderlich verbundener Persönlichkeiten, wird auch in unserer Zeit von allen bedeutenden Sozialisten geteilt und erscheint vielen als wohlbegründet, die der sozialistischen Bewegung ferner stehen:

Wer jene Hoffnung gab verloren
und böslich sie verloren gab,
Der wäre besser ungeboren;
Denn lebend wohnt er schon im Grab.

(Gottfried Keller)

Wenn Fourier mit Genauigkeit angeben will, wie sich innerhalb des Mikrokosmos und im Verhältnis der Mikrokosmen zum Makrokosmos alles bis ins einzelne entspricht, so ist das überkühn, ja phantastisch. Aber auch das ist es nicht, woran wir denken, wenn wir ihn für einen Utopisten erklären. Fouriers durchdringender Blick hat viele Übelstände erfaßt, die das kapitalistische Regime mit sich bringt. Aber es ist ihm verborgen geblieben, daß sich in einer Wirtschaftsordnung wie der, die er vorfand, in den herrschenden Kreisen Denkweisen entwickelt hatten, die diese Kreise zu unerbittlichen Gegnern seiner Ideen machen mußten, und daß in der Sphäre der kapitalistischen Welt die paar Phalanstères, die sich bestenfalls in ihr begründen ließen, raschem Siechtum verfallen mußten oder doch jedenfalls der Möglichkeit beraubt waren, eine neue Gesellschaft aus sich hervorzutreiben. Fourier hat an den für die Verwirklichung seiner Reformpläne wichtigsten Realitäten vorbeigesehen und glänzende Luftschlösser gebaut. Geschichtlich gewirkt hat er trotzdem. Wie der Wind des Vorfrühlings die Herzen erhebt im Gefühl des baldigen Erwachens der Natur, so hat er die Geister bewegt in der Vorahnung einer schöneren Zukunft. Eine solche Bewegung ist nicht nur ein Anzeichen eines Wandels zum Bessern, sondern auch eine der Kräfte, die den Wandel herbeiführen helfen.

Mit dem Sozialismus aufs engste verwandt ist der Anarchismus, aber er hat doch Besonderheiten, die es nicht zulassen, ihn als eine Abart des Sozialismus aufzufassen. Auch für den Anarchisten ist die Umwandlung der bestehenden Wirtschaft eine wichtige Forderung, aber er stellt sie nicht in dem Maß in den Vordergrund wie der Sozialist, und er erstrebt nicht wie dieser eine planmäßige Organisation der Wirtschaft. Befreit den Menschen von den tausend Ketten, mit denen ihn heute der Staat, die Privatrechtsordnung, die Religion, die traditionelle Moral belasten, und ihr werdet einen neuen, glücklicheren, mächtigeren, besseren Menschen auferstehen sehen, das ist die Parole, die die Anarchisten ausgeben. Das hohe Lied der Freiheit ertönt bei ihnen allen, bei Godwin, dem Mann, der als der Vater des modernen Anarchismus betrachtet wird, bei Stirner, bei Proudhon, bei Bakunin und Kropotkin. Fort mit Regierung, Polizei, Gericht, Eigentum, bindenden Verträgen, heißt es bei Godwin; wenn man der Einsicht Geltung verschafft, daß der Mensch nur im freien Gebrauch aller individuellen Kräfte vorwärts schreiten kann, werden seine inneren und äußeren Güter sich ins Grenzenlose vermehren, ja der Tod wird überwunden werden. Mein ganzes System, sagt Proudhon, beruht auf der Freiheit: Freiheit bis ins Endlose, Freiheit überall und immer.

Pierre Joseph Proudhon (1808–1865), der Einflußreichste unter den Anarchisten, hat neben der Freiheit vor allem die Gerechtigkeit betont, mehr, weit mehr als die Liebe und die Güte. An die Verbrüderung aller Menschen, der die Sehnsucht der Sozialisten zu gelten pflegt, vermochte Proudhon nicht zu glauben; vielleicht war dies der Grund für sein herbes Urteil über den Sozialismus: Der Sozialismus war nichts, ist nichts und wird nie etwas sein. Der große Menschenkenner, der er in den Augen aller derjenigen ist, die den Menschen nicht viel zutrauen, hielt dafür, daß der eingeborene Egoismus des Menschen wohl durch den Gerechtigkeitssinn in Schranken gehalten, nicht aber in der Liebe überwunden werden könne. Der Gegensatz zwischen dem Egoismus des Individuums und der Notwendigkeit der Berücksichtigung des einen durch den andern läßt sich für Proudhon nicht nach Hegelscher Manier in einer höhern Synthese aufheben, nur die Herstellung eines Gleichgewichtszustandes ist möglich, wie er mit der Gegenseitigkeit der Dienstleistungen, mit der Befolgung der Forderungen der Gerechtigkeit im Austausch der Produkte gegeben ist. Von den drei Worten, die die Französische Revolution auf ihr Banner schrieb, übernimmt Proudhon nur die beiden ersten. Die „fraternité" ersetzt er durch die „mutualité" oder, was das gleiche bei ihm ist, durch die „justice".

Ein Anarchismus wie der Proudhonsche ist der philosophische Ausdruck einer Sinnesart, wie sie leicht bei Bauern und Kleinbürgern zur Entwicklung kommt. Der Bauer, der auf eigenem Grund und Boden sitzt, der Handwerker, der Eigentümer seiner Werkzeuge ist, sie sind nicht erfüllt von dem Gefühl einer zwischen allen Menschen bestehenden Solidarität. Ihre Tugend ist die Rechtschaffenheit, die es verbietet, beim Abschluß und bei der Erfüllung von Tauschverträgen den anderen zu übervorteilen.

Wenn der Bauer unter der Abhängigkeit vom Grundherrn oder vom Geldgeber, der Handwerker unter der Konkurrenz des Fabrikanten leidet, wenn beide unter der schweren Last der Steuern seufzen, dann werden sie sich die bessere irdische Welt, die das Ziel ihrer Wünsche ist, kaum als einen allumfassenden gemeinschaftlichen Wirtschaftsbetrieb, sondern eher wie den Naturzustand Lockes vorstellen, in dem Handwerker und Bauer unmittelbar ihre Erzeugnisse austauschen und der Staat mit seinen Abgaben und Lasten und Zwangsapparaten als überflüssig erscheint. Die Bauern und Kleinbürger sind nicht Gegner des Privateigentums, nur seine Auswirkungen unter dem kapitalistischen Wirtschaftsregime sind ihnen verhaßt. Aus dieser Einstellung ergibt sich kein Gegensatz zu Proudhon, denn dieser dachte ganz ähnlich. Allerdings scheint er in seiner Schrift „Qu'est-ce que la propriété?" das Eigentum als solches als Diebstahl brandmarken zu wollen, aber in späteren Werken hat er mehr als einmal die Heiligkeit des Privateigentums anerkannt und nur über das, was der Kapitalist aus dieser Einrichtung gemacht hat, die Schale seines Zornes ausgegossen. So mußte denn der Anarchismus Proudhons in weiten Kreisen Sympathie finden, und wenn Proudhon in praktischer Hinsicht seinen Bewunderern etwas zu bieten gewußt hätte, wäre er einer der größten Volksführer geworden. Aber seine Stärke lag in der Kritik und in der Beredsamkeit, nicht im Konstruktiven. Er sah, daß der Mangel an Betriebskapital den Arbeiter zum Lohnsklaven macht, und wollte diesem Mangel dadurch abhelfen, daß er die Arbeiter sich gegenseitig unentgeltlich Kredit gewähren ließ. Die „mutualité du crédit" sollte durch besondere Banken verwirklicht werden. Ein französischer Minister, berichtet eine Anekdote, war sehr erstaunt, als er Proudhon äußern hörte: „Je suis financier." Das Erstaunen ist seither von manchen geteilt worden, die Proudhons Projekte von Kredit- und Volksbanken eingehender geprüft haben. Aber die Unzulänglichkeit solcher Projekte entscheidet nicht über den Wert des Proudhonschen Anarchismus.

In neuester Zeit hat Silvio Gesell (1862–1930), von den Grundgedanken Proudhons inspiriert, ein Programm agrar- und finanzpolitischer Maßnahmen ausgearbeitet, in dem manche die Lösung der sozialen Frage sehen. Es wird die richtige Einschätzung Proudhons erleichtern, wenn wir etwas länger bei Gesell verweilen. – Gesell will mit Proudhon und den Sozialisten jedes arbeitslose Einkommen unmöglich machen, und er will mit Proudhon und im Gegensatz zu den Sozialisten die Privatwirtschaft aufrechterhalten. Seine Agrarreform besteht darin, daß aller Grund und Boden im Enteignungsweg in staatliches Eigentum übergeführt und vom Staat in Parzellen an den Meistbietenden verpachtet wird. Dies Verfahren soll die Ungerechtigkeiten der Grundrente beseitigen und zudem die Arbeitslöhne gebührend erhöhen, insofern von nun an jedem die Möglichkeit geboten wird, aufs Land zu gehen und als selbständiger Pächter sein Brot zu erwerben. Der sehr ernst zu nehmende Vorschlag ist nicht neu, und Gesell behauptet auch nicht, ihn als erster vorgebracht zu haben. Dagegen ist die Gesellsche Finanzreform durchaus originell und wirkt auf nicht wenige, die sich mit Gesell eingehender beschäftigt haben, als ein wahres Ei des Kolumbus. Proudhon, meint Gesell, wollte mit Hilfe seiner Kreditbank die Ware auf die Stufe des Geldes erheben. Die Ware, die dem Produzenten Kredit verschafft, soll ihm nach Proudhon das ihm mangelnde Geld ersetzen. Diesen Weg zur Ausgleichung des Unterschieds zwischen Ware und Geld hält Gesell nicht für gangbar. Man müsse den umgekehrten Weg einschlagen, müsse dem Geld nehmen, was es der Ware voraus habe. Die Ware, die der Produzent nicht abzusetzen vermöge, verliere bei ihm dauernd an Wert, der Wert des im Kasten ruhenden Geldes bleibe unvermindert. Das sichere dem Geldbesitzer seine Überlegenheit über den Warenbesitzer, das ermögliche es ihm, mit dem Geld zurückzuhalten, bis der Geldbedürftige ihm Zinsen, somit ein arbeitsloses Einkommen zugesichert habe. Daher müsse man, um die Macht des Geldbesitzers zu brechen, den Zeitverlauf künstlich geradeso am Wert des Geldes zehren lassen, wie er naturgemäß am Wert der Ware zehrt. Das Geld, dessen einzige Funktion es sei, den Warenaustausch als Wertmesser zu vermitteln, müsse in Schwundgeld umgewandelt werden. Wenn der Vorrang des Geldes vor der Ware darin bestehe, daß eine Einhundertfrankennote dauernd diesen Betrag repräsentiere, und wenn diese Tatsache es ihrem Besitzer ermögliche, sie zurückzuhalten, bis ein Darlehenssucher sich zur Gewährung von 5% Zinsen bereitfinde, so müsse man eben von Gesetzes wegen den Wert einer solchen Note binnen einem Jahr um 5 Franken mindern. Dann werde der Geldbesitzer sein Geld, um es der Abwertung zu entziehen, genau wie der Warenbesitzer seine Ware, so rasch als möglich abzugeben suchen. Das Geld werde seiner Bestimmung gemäß nicht angesammelt werden, sondern als Tauschmittel von Hand zu Hand gehen, und wer gerade für Waren keinen Gebrauch habe, der werde das Geld ausgeben oder ausleihen und zufrieden sein, wenn der Darlehensentnehmer ihm den vollen Betrag, den er erhalten habe, zurückerstatte. Wenn man durch geeignete staatliche Maßnahmen dafür sorge, daß das Verhältnis zwischen der Quantität des in Umlauf befindlichen Geldes und der Qantität der in Umlauf befindlichen Waren ständig das gleiche bleibe, werde man im Geld ein ideales Tauschmittel haben. Nicht nur werde das arbeitslose Einkommen verschwinden, sondern es werde auch der von dem neuen Geld geforderte rastlose Umsatz die produktiven Kräfte beleben. Da die Wirtschaftskrisen in letzter Linie darauf beruhen, daß das bisherige Geld die Eigenschaft hat, sich aus dem Umlauf zurückzuziehen, wenn es am meisten benötigt wird, verschwindet auch dieses furchtbare Übel mit der Einführung des Schwundgeldes. Unterschiede im Besitz wird es immer noch geben, aber der Reichtum wächst nicht mehr ohne Arbeit. Nehmen wir an, daß sich alles so verhalte, wie Gesell es sich denkt und mit großem Scharfsinn und umfassender Kenntnis des Wirtschaftslebens näher ausgeführt hat. Geben wir auch zu, daß in der Welt des Schwundgeldes die Kriege aufhören und die Funktionen des Staates zugunsten privater Organisationen auf ein Minimum beschränkt werden. Ist damit das Ziel erreicht, dem das neuzeitliche gesellschaftliche Denken zustrebt? Ich trage Bedenken, die Frage zu bejahen. In der Gesellschaftsordnung Gesells beruht schließlich alles auf dem wirtschaftlichen Eigennutz des Individuums, und gerade diesen Eigennutz will der neuzeitliche Geist, wenn wir seine tiefsten Absichten richtig verstehen, durch die Freude am schöpferischen Handeln ersetzen. Jeder für sich, die unpersönlichen Gesetze der freien Wirtschaft für uns alle, das ist das Leitmotiv der Gesellschen Gesellschaftslehre. Der große Gedanke der Solidarität bleibt unberücksichtigt, dieser Gedanke, von dem sich die modernen Sozialisten versprechen, daß er die Kräfte der menschlichen Natur, nicht nur die wirtschaftlichen, zur vollen Entfaltung bringen und eine neue Kultur ins Leben rufen werde. Vielleicht wird man sagen, es handle sich da um nichts anderes als um einen frommen Wunsch der Sozialisten, die wir bisher kennengelernt hätten und als Utopisten zu bezeichnen genötigt gewesen seien. Aber ein frommer Wunsch ist auch das Reformprogramm von Männern wie Proudhon und Gesell; es ist ein Traum und dazu nicht einmal ein schöner. Glaubt man ernstlich, daß ein solches Programm, mag es immerhin so fein ausgeklügelt sein, wie das bei Gesell der Fall ist, bei den Kreisen, die heute die Gesellschaft beherrschen und von seiner Verwirklichung eine Einbuße an Macht befürchten, irgendwelche wohlwollende Unterstützung finden werde? Wer nicht als Utopist gelten will, der zeige uns die massiven Kräfte, die seine Projekte tragen und imstande sind, sie gegen den Widerstand der bisherigen Machthaber durchzusetzen.

Die Anarchisten betonen vor allem die Freiheit, aber auch die Sozialisten wollen auf die Freiheit nicht verzichten. Im Kampf gegen den Sozialismus ist die Meinung entstanden und hat weite Verbreitung gefunden, daß die Sozialisten von jeher gewohnt gewesen seien, mit der Freiheit des Individuums aufs rücksichtsloseste umzuspringen. Dies ist zweifellos irrig; dagegen könnte die Frage, ob die Freiheit, ein Gut, auf das wir um keinen Preis verzichten möchten, unter einem sozialistischen Regime zu gedeihen vermag, zu ernstlichen Diskussionen Anlaß geben. Im 18. Jahrhundert dachte man nicht daran, daß zwischen dem Kommunismus und der Freiheit des einzelnen ein Gegensatz bestehen könne. Der Naturzustand galt als kommunistisch, und wann wäre der Mensch freier gewesen als im Naturzustand? Auch wer sich gegen die Aufhebung der „détestable propriété“ aussprechen zu müssen glaubte, stützte sich dabei nicht auf das Prinzip der Freiheit, sondern auf die nüchterne Erwägung, daß die Maßnahme undurchführbar geworden sei, nachdem sich einmal der privatwirtschaftliche Eigennutz eingenistet habe. Was die utopischen Sozialisten des 19. Jahrhunderts angeht, so täte man ihnen bitter unrecht, wenn man ihnen Verachtung der Freiheit des Menschen zuschreiben wollte. Saint-Simon sagte auf seinem Sterbebett zu seinem Lieblingsschüler, seine ganze Lehre lasse sich in den einen Satz fassen, daß die Gesellschaft jedem die freie Entfaltung aller seiner Anlagen zu ermöglichen habe. Ähnlich dachten Owen und Fourier. Die Gegner der Sozialisten erklärten diese für Wirrköpfe, vielleicht auch für gottlos, traten aber zunächst noch nicht mit dem Einwand hervor oder führten ihn jedenfalls nicht näher aus, daß der Sozialismus die Freiheit zerstöre. Diese „pièce de résistance“ wurde erst hervorgeholt, als die Verfechter des wirtschaftlichen Liberalismus sich durch die sozialistische Bewegung ernstlich bedroht sahen. Die Zukunftsbilder, in denen die sozialistische Bewegung vorweggenommen wird, haben stets etwas Starres, Schematisches, Unfreies. Die Sozialisten trösten sich damit, daß, was solchen gedankenmäßigen Antizipationen an Freiheit fehlt, die Wirklichkeit des Lebens hinzufügen werde. Aber mit dieser Überlegung läßt sich das hier in Betracht kommende Bedenken gegen den Sozialismus nicht ohne weiteres erledigen. Einmal ist zuzugeben, daß eine planmäßige vernünftige Gemeinschaftsordnung gewisse Formen der Freiheit beseitigt, wie sie in den mehr oder weniger chaotischen Gesellschaftszuständen der Gegenwart zu finden sind. Hieraus kann ein schwerwiegendes Argument gegen den Sozialismus kaum entnommen werden, weil das Opfer, das der Sozialismus fordert, mehr die Willkür als die Freiheit betrifft. Aber der Übergang zum Sozialismus ist ein Wagnis nicht zum wenigsten deswegen, weil sich nur schwer mit Bestimmtheit voraussagen läßt, daß in der neuen Gesellschaft neben der Gleichheit und der Solidarität auch die Freiheit auf ihre Rechnung kommen wird. Wir werden auf das Problem Sozialismus und Freiheit noch mehrfach zu sprechen kommen. Die beste Antwort auf die Frage, ob nicht der Sozialismus die Freiheit zerstören werde, bietet, wenn ich recht sehe, der Marxismus.

Romain Rolland[1]

(1945)

Wir haben uns heute hier vereinigt, um gemeinsam eines großen Mannes zu gedenken, der von uns geschieden ist. In den ersten Tagen des Januar erhielten wir die Kunde vom Tode Romain Rollands. „Niemand ehre mich als Toten mit seinen Tränen, denn ich lebe fort in den Gesprächen der Menschen." Dieses Wort eines der ältesten römischen Dichter hätte sich Romain Rolland zu eigen machen dürfen. Aber wenn auch unser Freund zu den Unsterblichen gehört, haben wir doch einen schweren Verlust zu beklagen. In einer Zeit, die denjenigen, der für den Fortschritt kämpft, unablässig vor neue Probleme stellt, werden wir eines treuen und weisen Ratgebers beraubt. Sein Rat war nicht nur weise, er war im ganzen Bereich der zivilisierten Welt mit einer moralischen Autorität bekleidet, die sich wohl in Worten, nicht aber im Gewissen in Frage stellen ließ. Denn Romain Rolland verkörperte, wie kein anderer unserer Zeitgenossen, das Gewissen seiner Epoche. Unnachsichtig gegen das Allzumenschliche, gegen den Egoismus der Individuen und Klassen, wies er der Menschheit in einem der entscheidendsten Augenblicke ihrer Geschichte den Weg, den sie gehen muß, um ihrer höhern Bestimmung gerecht zu werden. Dieser Weg ist der des Sozialismus. In Romain Rolland begegneten sich die alte und die neue Welt. Er hat von dem, was die bürgerliche Geisteskultur zu bieten hat, das Beste in sich aufgenommen; aber seine starke und reine Liebe zur Wahrheit in ethischen Dingen ließ ihn den Zauberkreis des bürgerlichen Denkens durchbrechen und führte ihn zur sozialistischen Erkenntnis. Die sozialistische Erkenntnis Rollands war nicht nur eine wissenschaftliche Einsicht, die er sich durch ein langes, eingehendes Studium des Marxismus erworben hätte, nein, sie war eine Schau, die aus dem Kampf seines Denkens und Fühlens mit einer absterbenden Gesellschaftsordnung hervorging.

Auf welchem Pfade immer er zu uns gekommen sein mag, er war unser-Zu diesem stolzen Gedanken gesellt sich ein anderer, der geeignet ist,

[1] Gedächtnisfeier für den großen französischen Dichter Anfang Januar 1945; veröffentlicht in der Schriftenreihe „Erbe und Gegenwart" der Partei der Arbeit der Schweiz, Zürich, 1945, S. 19–20

unsere Trauer zu mildern. Goethe hat Schiller glücklich gepriesen, weil er dahinging, als noch etwas vom Hauch der Jugend ihn umspielte. Wir wollen uns glücklich preisen, weil sich für Romain Rolland die Fackel des Lebens, diese Fackel, die der Menschheit Licht und Wärme spendete, so spät gesenkt hat. Er hat ein hohes Alter erreicht; es hat ihm nichts geraubt

von jener Jugend, die uns nie entfliegt,
von jenem Mut, der früher oder später
den Widerstand der stumpfen Welt besiegt,
von jenem Glauben, der sich stets erhöhter,
bald kühn hervordrängt, bald geduldig schmiegt,
damit das Gute wirke, wache, fromme,
damit der Tag dem Edeln endlich komme.

Der 8. Mai 1945[1]

(1945)

In lange vorbereiteter und vorausgesehener und dann zuletzt doch überraschend plötzlicher Katastrophe ist der Faschismus in Staub und Asche gesunken. Es ist das ein Ereignis von unermeßlicher weltgeschichtlicher Tragweite. Daß in den Tagen, da allüberall die Völker den Sieg über den Leviathan feierten, das herrschende Bürgertum und seine Trabanten die prominente Rolle, die sie dabei wohl oder übel für sich in Anspruch nehmen mußten, mit recht düsterer Miene spielten, ist gewiß begreiflich, denn der Faschismus war in seiner tiefsten Bedeutung ein letzter, mit äußersten, nahezu unmöglichen Mitteln unternommener Versuch, die sinkende Herrschaft des Kapitalismus von neuem zu festigen, für Jahrzehnte, vielleicht für länger. In den Kreisen derer, die seit so lange die Herren und Meister unserer Gesellschaft sind, hatte man keinen Anlaß, sich mit uns anderen zu vereinen in dem erhebenden Gefühl der Befreiung von einem Druck von unendlicher Schwere. Im Gegenteil, man mußte Trostgründe suchen und man fand sie und findet sie in dem Gedanken an einen bevorstehenden – möglichst nahe bevorstehenden – dritten Weltkrieg zwischen den angelsächsischen Mächten und der Sowjetunion. An einen kommenden Krieg zu denken, sagt man, ist grauenvoll, aber ach, der zweite Weltkrieg läßt Konflikte entstehen, die über kurz oder lang diejenigen, die in ihm Seite an Seite kämpften, in einen dritten Weltkrieg zum Austrag bringen werden. Indessen ist aber nicht nur das Entsetzen geheuchelt, sondern auch die stille Hoffnung, die sich hinter ihm verbirgt, ist, wie man selbst spürt, trügerisch. Venit summa dies et ineluctabile tempus (Es kommt der letzte Tag und das unvermeidliche Schicksal).

Erstaunlicher als die Depression, die die unwiderrufliche und totale Niederlage der faschistischen Mächte beim kapitalistischen Bürgertum zur Folge hat, war mir die verhältnismäßige Gleichgültigkeit, die ihr, soweit meine Beobachtung reicht, ein nicht geringer Teil der Anhänger der sozialistischen Bewegung entgegenbrachte. Wir wollen uns nicht, das schien mir

[1] Veröffentlicht in: Sozialismus, Monatsschrift der Schweizerischen Partei der Arbeit, Jahrgang 1, 1945, Heft 4, S. 160–169.

eine in unserem Lager weit verbreitete Ansicht zu sein, der Freude darüber hingeben, daß der Faschismus militärisch besiegt ist; die gesellschaftlichen Verhältnisse, aus denen er hervorgewachsen ist, bestehen fort; der Kampf gegen sie ist erst in seinen Anfangsstadien, auf ihn gilt es alle Kräfte zu konzentrieren. Das heißt, wie mir scheint, das Gebot der Stunde mißverstehen. In der Entwicklungsphase, in der sich die abendländische Menschheit nicht nur in den letzten Jahrzehnten, sondern seit dem Beginn der Neuzeit befunden hat, ist der Sturz des Faschismus ins Bodenlose die am tiefsten einschneidende Zäsur. Hierfür haben die Feiern des 8. Mai 1945 und der folgenden Tage in erster Linie als Symbol zu gelten. Sie sollten uns nicht nur ein Anlaß zur Freude, sondern in erster Linie zum Überdenken der Ära des zu Ende gegangenen Faschismus sein. Ich will daher in den folgenden Ausführungen zur Klarstellung des Wesens des Faschismus und der Bedeutung seines Falles einen bescheidenen Beitrag zu liefern suchen.

Der Faschismus ist nicht ein politischer und geistesgeschichtlicher Allgemeinbegriff, der sich in verschiedenen Zeiten und bei verschiedenen Völkern in allerhand Varianten verkörpert hat, er ist ein konkretes, einmaliges geschichtliches Phänomen, nicht anders wie etwa die Renaissance, wennschon entsprechend seiner Wesensart kurzlebiger als diese. Er ist ein Gebilde, das sich in der Zeit nach dem ersten Weltkrieg in vielfältigen Verschlingungen und mannigfachen Manifestationen über die ganze zivilisierte Welt erstreckt und sie sich nahezu unterworfen hat, um dann nach einem beispiellos grauenvollen Krieg zusammenzubrechen. Sein Lebenszentrum war das nationalsozialistische Deutschland. Wer den Nationalsozialismus nicht nur in seiner Psychologie, sondern in seinem historischen Sein und Wirken versteht, der versteht den Faschismus in dem Sinn, in dem wir dieses Wort soeben gebraucht haben.

Der Nationalsozialismus dankt seine Entstehung einer erheblichen Zahl ursächlicher Bedingungen, die sich nicht sämtlich aufzählen, geschweige denn auf ihre Wurzel verfolgen lassen. Zu den bedeutungsvollsten gehören: der Monopolkapitalismus, der die Tendenz hat, mit der auf dem Gebiet der Wirtschaft herrschenden Oligarchie die rechtliche Verfassungsform durch Einführung eines autoritären Regimes in Einklang zu bringen; die nach dem ersten Weltkrieg weit verbreitete Arbeitslosigkeit; das durch den Versailler Vertrag hervorgerufene nationalistische Ressentiment; die verhältnismäßig späte – im Verhältnis zu anderen Großmächten späte – Entwicklung der industriellen Potenzen Deutschlands, die dieses Land auf eine expansive, aggressive militaristische Politik hinweisen mußte.

Verweilen wir einen Augenblick bei dem letzterwähnten Punkt. Nachdem Deutschland zum mächtigsten Industrieland geworden war, fand es, daß die Welt, die Welt der Kolonien, an andere ausgegeben war. Was lag da näher, als daß es auf eine Neuverteilung drängte, um sich seinen „Platz an der Sonne" zu sichern. Die Neuverteilung konnte nicht im Wege freundschaftlicher Verständigung herbeigeführt werden, sie hatte Kriege, Weltkriege zur Voraussetzung.

Unter den bisher geltend gemachten Gesichtspunkten fehlt indessen noch derjenige, der für den innen- und außenpolitischen Charakter des Faschismus der entscheidende ist: es gilt den Faschismus als eine Gegenrevolution zu erfassen, als eine Gegenrevolution gegen die sozialistische Revolution, die in Rußland zur Begründung des ersten sozialistischen Staates geführt und der sozialistischen Arbeiterbewegung im westlichen Europa einen mächtigen Auftrieb gegeben hatte. Der Faschismus sollte der revolutionär eingestellten, ja überhaupt der fortschrittlichen Arbeiterschaft das Rückgrat brechen und, wenn irgendmöglich, den sozialistischen Staat zerschmettern. Um diese Funktion zu erfüllen, durfte er sich nicht auf die wirtschaftliche und politische Sphäre beschränken, er mußte eine Weltanschauung haben. Denn der Sozialismus ist nun einmal seit seinem Auftreten im 19. Jahrhundert die bedeutendste Weltanschauung des neuzeitlichen Geistes und ließ sich nicht ohne eine ihm entgegengesetzte Weltanschauung bekämpfen.

Die Weltanschauung des Faschismus ist, wenn man von allen metaphysischen Verbrämungen absieht und sich lediglich an ihr motorisches Prinzip hält, das Ideal des siegreichen Krieges, um die lapidare Formel eines deutschen Staatsrechtslehrers zu verwenden. Das scheint bei der Absurdität des Ideals kaum glaubhaft und kann nur glaubhaft gemacht werden, wenn man erwägt, wie übel es schon in der Vorkriegszeit mit den übernommenen Idealen des Bürgertums bestellt war und wie der Krieg von altersher an gewisse ideelle Seiten der menschlichen Natur zu appellieren vermochte. In der Vorkriegszeit – ich denke an die letzten Jahrzehnte vor dem ersten Weltkrieg – bot das Inventar der bürgerlichen Ideale ein düsteres Bild.

Die christliche Religion mit ihrer Wendung zum Jenseits drohte ihre Macht über das von Diesseitssorgen präokkupierte Geschlecht immer mehr einzubüßen. Je mehr die nüchterne positive Wissenschaft, die damals eine reiche Blüte erlebte, von den Köpfen Besitz ergriff, um so weniger war man geneigt, an offenbarte Wahrheiten zu glauben. Aber einen ausreichenden emotionellen Ersatz für die christliche Weltanschauung vermochte die bürgerliche Wissenschaft nicht zu bieten. In Form der Philosophie verweilte sie in den höchsten Höhen der Abstraktion, war sie nur ganz wenigen zugänglich und erhob sie nicht den Anspruch, diesen wenigen das Brot zu reichen. Als Soziologie erklärte sie durch den Mund eines ihrer größten Vertreter, Max Weber, daß es nicht ihre Aufgabe sei, sich über Sinn und Zweck des Gesellschaftslebens zu äußern. Die Rechtswissenschaft huldigte in solchem Maße dem Rechtspositivismus, daß der Philosoph Nelson einem seiner Bücher den Titel „Rechtswissenschaft ohne Recht" geben konnte, womit er sagen wollte, daß die zeitgenössische Rechtswissenschaft eine Wissenschaft ohne Rechtsidee sei.

Die liberale Demokratie, die im 18. Jahrhundert eine so hochsinnige Begründung erhalten hatte, war bis tief ins 19. Jahrhundert hinein für weite Kreise ein herzerhebendes Ideal gewesen. Seit dem Auftreten des Monopolkapitalismus war angesichts der tatsächlichen Herrschaft der Trusts und der Kartelle ihr ausschließlich formaler Charakter so deutlich zutage getreten, daß sie nur noch wenige innerlich zu ergreifen vermochte.

Wenn aber die Ideale die Bühne der Weltgeschichte verlassen, halten die Idole ihren Einzug. So sehen wir denn, daß in den Ländern, die, wie wir soeben darlegten, naturgemäß zu einer expansiven Politik und daher zu einer Militarisierung des „Volksgeistes" neigten, mit dem Idol des nationalen Machtstaates ein weit verbreiteter Kultus getrieben wurde. Aus den nationalen Bewegungen, die für die Geschichte des 19. Jahrhunderts kennzeichnend sind, entwickelte sich gegen Ende des Jahrhunderts in gewissen Staaten, unter denen Deutschland an vorderster Stelle stand, die Weltanschauung des nationalen Machtstaates. Aus dieser Weltanschauung ist dann – als Gegenwirkung gegen die nach dem ersten Weltkrieg zu kräftigem Leben erwachende sozialistische Idee – die Weltanschauung des Faschismus hervorgegangen.

Wie kann der Krieg die Gemüter der Menschen begeistern? In einer ganz kürzlich in der „*Friedenswarte*" zum ersten Mal in deutscher Sprache erschienenen Abhandlung hat der große amerikanische Philosoph und Psychologe William James meisterhaft ausgeführt, daß der Krieg von altersher einen wirkungsvolleren Appell an die moralischen Energien der Kollektivität gerichtet hat, als irgendein anderes gesellschaftliches Unternehmen. Aber wir vermissen bei ihm für diese Tatsache eine zureichende psychologische Erklärung, die uns auch durch den an anderem Ort von ihm gegebenen Hinweis auf die „*fighting instincts*" (Kampfinstinkte) der Menschen nicht geboten zu werden scheint. Sehr beliebt ist die Ableitung des Krieges aus einem Urtrieb der Zerstörung, doch dürfte sie, wie nahezu alle Zurückführung der gesellschaftlichen Erscheinungen auf angebliche Urtriebe, eher zur Mythologie als zur Wissenschaft zu rechnen sein. Ich glaube, wir Sozialisten sollten uns um eine neue psychologische, genauer sozialpsychologische Kriegstheorie bemühen, da es andernfalls kaum möglich sein wird, zum vollen Verständnis des historischen Phänomens des Faschismus zu gelangen. Wie sich mir die Richtlinien einer solchen Theorie darstellen, will ich mit wenigen Strichen andeuten; ich hoffe, in nicht ferner Zeit Gelegenheit zu haben, meine Ansicht eingehender begründen und gegen gewisse methodologische Einwendungen, die gegen sie erhoben worden sind, verteidigen zu können.

Der Mensch ist nach Aristoteles ein gesellschaftliches Wesen; er ist des näheren ein zum gesellschaftlichen Handeln bestimmtes Wesen. Das Gesellschaftsleben der Menschen ist gemäß dem individualistischen Zug seiner Natur ein anderes als das der Bienen und Ameisen. Das Individuum strebt danach, im Gesellschaftsleben als gleichberechtigter Genosse anerkannt zu werden, sowohl bei der Verteilung der Arbeit als bei der Verteilung der Erträge. Die Geistesgeschichte zeigt uns die Menschheit erfaßt von einem tiefen Sehnen nach einem Zusammenstehen aller Einzelnen auf Gedeih und Verderb in einer Auseinandersetzung mit der Welt, die zur größtmöglichen Befriedigung der Bedürfnisse eines jeden führen soll. Aktive Solidarität in diesem Sinn ist eines der höchsten Menschheitsideale. Der Denker des Altertums, der das intensivste Verständnis dafür hatte, daß der Staat eine solidarische Vereinigung seiner Bürger sein sollte, war Plato. Aber Plato konnte seine Intentionen nicht einmal in der denkerischen Konstruktion verwirklichen. Die elementare Grundlage des Gesellschaftslebens ist die wirtschaftliche Arbeit, sie übt maßgeblichen Einfluß auf jede andere Betätigung aus. Daher muß, wer die Gesellschaft im Handeln solidarisieren will, sie im wirtschaftlichen Produktionsprozeß solidarisieren. Einem solchen Unterfangen setzte die antike Sklavenwirtschaft Schranken entgegen, die nicht einmal ein Genie wie das Platos im Flug des Denkens überwinden konnte. Plato hat kaum eine andere Wahl, als zum Hauptgegenstand des gemeinschaftlichen Handelns in seinem Staat den Krieg zu machen; seine Güter- und Weibergemeinschaft ist ein gemeinschaftliches Haben, kein gemeinschaftliches Handeln. So erklärt sich der militaristische Zug des Platonischen Staates.

Sieht man näher zu, dann wird man finden, daß nach bisheriger geschichtlicher Erfahrung das einzige die Menschen auf längere Dauer innerlich vereinigende gesellschaftliche Unternehmen größten Maßstabes der Krieg gewesen ist. Der Wirtschaftsbetrieb hat dank den Klassengegensätzen und der Konkurrenz die Menschen nicht sowohl vereinigt als vielmehr getrennt, und die sich auf dem Boden der Klassenwirtschaft entwickelnde höhere Kulturarbeit vermochte die Abgründe nicht zu überbrücken. Man mag immerhin alles, was in einem Lande produziert wird, auf die „Gemeinschaftsarbeit" des Volkes zurückführen, aber die Gemeinschaftsarbeit, um die es sich dabei handelt, ist nichts weniger als ein das Volk solidarisierendes Moment (ein Integrationsfaktor mit einem Ausdruck der neuesten Staatsrechtslehre). Eine gewisse „Arbeitsgemeinschaft" besteht ja schließlich auch zwischen dem Müller, dem Esel und dem Mühlstein. Nur im Krieg und im Gedanken an den Krieg ist den Mitgliedern umfassender Gruppen zu deutlichem Bewußtsein gekommen, daß sie sich mit ihrer ganzen Person einsetzen müssen und auch wirklich einsetzen für ein gemeinschaftliches Ziel, das für jeden gleichermaßen bedeutungsvoll ist. Daher hat nur im

Krieg und im Gedanken an den Krieg, das Gefühl der Kameradschaft, der Genossenschaft, der Solidarität die überwiegende Mehrheit der Volksangehörigen über die Misere ihres individuellen Daseins hinausgehoben und ist zur Quelle heroischer Opferbereitschaft geworden. So paradox es klingt, es ist doch wahr: echte Volksgemeinschaft ist bisher am ehesten als Wehrgemeinschaft realisiert worden; unser völkisches Leben in der Schweiz erbringt dafür ebenso überzeugende Beweise wie das jedes anderen Landes. Was integriert uns denn in auch nur annähernd ähnlichem Maß wie die Landesverteidigung.
Wenn der Krieg von jeher als Integrationsfaktor fungiert hat, ist er deswegen noch nicht stets zum Leitmotiv einer Weltanschauung von geschichtlichem Ausmaß erhoben worden. Zu solchen Ehren hat er es vielmehr erst gebracht, als der Konkurrent in der Integration, die sozialistische Gemeinschaft, eine für die Fortdauer des kapitalistischen Regimes bedrohliche Lebenskraft an den Tag zu legen begann, das heißt nach der russischen Oktoberrevolution. Die Weltanschauung des nationalen Machtstaates war in der Vorkriegszeit noch verhältnismäßig bescheiden aufgetreten. Viele von denen, die sich de facto zu ihr bekannten, brachten sie sich nicht zu deutlichem Bewußtsein, und die Kriegsidee, die ihre treibende Kraft bildete, blieb bei ihr so diskret im Hintergrund, daß sie den meisten überhaupt nicht sichtbar wurde. Erst als sich die Weltanschauung des nationalen Machtstaates in der Nachkriegszeit zur faschistischen Weltanschauung steigerte, enthüllte sich die Kriegsidee als ihr Kerngedanke, demgegenüber alles, was sie sonst noch enthält, abgeleitete Bedeutung hat oder nebensächlichen Aufputz bildet. Jetzt wurde klar, daß sich auf dem Gebiet der gesellschaftlichen Integration eigentlich nur noch zwei große Losungen gegenüberstehen: die Integration durch den Krieg – die Integration durch die sozialistische Gemeinwirtschaft.

Ein sehr erheblicher Teil des Bürgertums, namentlich das Großbürgertum innerhalb und außerhalb der Grenzen der faschistischen Staaten (im strengen Sinn des Wortes), hat in der Zeit zwischen den beiden Weltkriegen dem Faschismus mitsamt seiner dreimal unseligen Weltanschauung eine Förderung angedeihen lassen, die ihn hart an den Rand der Weltherrschaft oder wenigstens der Herrschaft über Europa heranführte. Das war nicht von innen kommende Neigung – von einer solchen war in den maßgeblichen Kreisen kaum etwas zu spüren –, sondern antisozialistische Politik. Dieser jeden Verantwortungsgefühls für das Schicksal der Menschheit entbehrenden Politik ist es zuzuschreiben, daß der Faschismus eine Erscheinung im Weltmaßstab geworden ist. Es muß immer und immer wieder betont werden – und es muß gerade im gegenwärtigen Augenblick der dreisten Vertuschungsversuche betont werden –, daß die verhängnisvolle Politik, von der wir reden, nicht nur in den eigentlich faschistischen Ländern befolgt wurde, sondern auch in den großen westlichen Demokratien, auch in der Schweiz und in vielen anderen Staaten, deren Regierungen mit mehr oder weniger Recht dem demokratischen Prinzip treu geblieben zu sein behaupteten. Es ist das keine unwichtige Sache. Denn wenn heute in der Deutschland umgebenden Welt von unendlich vielen mit strenger Richtermiene erklärt wird, daß das deutsche Volk die volle Verantwortlichkeit für den Faschismus mit allen seinen Schrecknissen zu tragen habe, so ist hinzuzufügen, daß, wer den Dingen einigermaßen auf den Grund gehen und mit gleichem Maße messen will, die Verantwortlichkeit zahlreicher anderer Völker für das faschistische Unheil nicht aus den Augen lassen darf.

Wir können das Verantwortungsproblem an dieser Stelle nicht eingehender behandeln – das sei einer besonderen Abhandlung vorbehalten –, müssen aber doch noch die Frage aufwerfen, aus welchen Motiven, seien es bewußte oder unbewußte, die Regierungen und die leitenden Gesellschaftskreise auf so furchtbare Abwege geraten konnten, von denen mehr als ein getreuer Ekkehard sie durch ein ganzes Arsenal von Vernunftsgründen und Beschwörungen abzubringen suchte. War es nur die Furcht vor dem Verlust der mit dem kapitalistischen Regime verbundenen materiellen Vorzugsstellungen? Ich möchte zu ihren Ehren annehmen, daß das nicht zutrifft. Auch der Beharrungstrieb hatte seine mächtige Hand im Spiel. Er ist es insbesondere, der eine Unzahl von Menschen, denen der Kapitalismus den Brotkorb hochhängt, zu Begünstigern, zum Teil zu fanatischen Begünstigern des Faschismus gemacht hat. Aus dem Beharrungstrieb entsteht die Angst vor dem Neuen, die, wenn ein wesentlicher Wandel der Dinge bevorsteht, geradezu zum panischen Schrecken werden kann. Der Sozialismus stellt eine so tiefgreifende Umgestaltung der gesellschaftlichen Verhältnisse in Aussicht, daß seine Verwirklichung eine Erneuerung des Menschen bedeutet. Es unterliegt keinem Zweifel: der Faschismus verdankt einen Teil seiner Popularität seinem unschöpferischen Charakter. Denn der Mensch ist, wie Schiller sagt, aus Gemeinem gemacht, und die Gewohnheit nennt er seine Amme. An den großen Wendepunkten der Geschichte ergreift ihn ein Grausen vor dem Sprung in die Zukunft, und wenn der Sprung ein Sprung aus dem Reich der Notwendigkeit in das der Freiheit wäre. Aber die Dekrete des Entwicklungsgesetzes sind unerbittlich: volentem ducunt fata, nolentem trahunt, heißt es bei den Stoikern.

So zahlreich die Anhängerschaft des Faschismus sein mochte, sein Untergang war von Anfang an besiegelt. Er war schlechthin untragbar für die Menschheit. Er bedeutete den Krieg, den Weltkrieg in Permanenz, in einer Zeit, in der der Krieg angesichts der unaufhaltsamen Steigerung der Zerstörungskraft der Waffen zu einem Krieg der entfesselten Methoden (á méthodes déchainées) geworden ist, wie Marschall Foch es ausdrückte. Das ist nicht alles. In einem Entwicklungsstadium der menschlichen Gesellschaft, in dem die Integration durch eine sozialistische, solidaristische Gemeinschaft zur greifbaren Wirklichkeit geworden ist, führt ein Festhalten an der Integration durch den Krieg unausweichlich in einen Abgrund der Barbarei und des Verbrechens. Dem Faschismus freie Hand lassen hieß die Menschheit der physischen und moralischen Vernichtung preisgeben. Die Erkenntnis der notwendigen Folgen des Faschismus ist heute ebenso deutlich, wie das Bewußtsein der Verantwortlichkeit für sie und der Verpflichtungen, die sie den Völkern auferlegen, in vielen Ländern vorläufig noch trübe ist. Immerhin: *la vérité est en marche*.

Das instinktmäßige Gefühl der Völker für die dem gesamten Kulturleben drohenden Gefahren, die die faschistische und profaschistische Politik der Regierungen heraufbeschworen hatte, mußte mit der Zeit der Herrschaft des Faschismus ein Ende setzen. Dies Gefühl fand, wenn ich recht sehe, seinen ersten deutlichen Ausdruck in der energischen Reaktion der öffentlichen Meinung Englands auf den von Chamberlain eingeschlagenen Kurs in der Zeit, da Hitler in Prag einmarschierte. Dazu kam, daß die alarmierende Welteroberungsdynamik der Achsenstaaten in den angelsächsischen Ländern das imperialistische Interesse gegenüber dem Interesse an der Niederhaltung der sozialistischen Bewegung in den Vordergrund treten ließ.

Die entscheidende Wendung in der Auseinandersetzung des Menschentums mit dem Faschismus hat dann die zielsichere, wissenschaftlich informierte Politik Rußlands herbeigeführt. Ihr Meisterstück war der Nichtangriffspakt mit dem nationalsozialistischen Deutschland, durch den sie die Voraussetzungen dafür schuf, daß der sozialistische Staat, als er, wie es sich gebührte, die Hauptlast des Krieges gegen den Faschismus tragen mußte, die angelsächsischen Mächte zu Alliierten hatte. Im zweiten Weltkrieg standen sich seinem tieferen Sinn zufolge die Weltanschauung des siegreichen Krieges und die Weltanschauung des Sozialismus gegenüber. Dem entsprach, daß das sozialistische Land im Krieg gegen die Achsenmächte die schwersten Opfer zu bringen hatte. Und weil dem so ist, ist der Sieg über den Faschismus ein Sieg des Sozialismus.

Der Sieg über den Faschismus ist in erster Linie ein Sieg über den Kriegsgedanken, der durch den Faschismus rettungslos diskreditiert worden ist. Die Völker sind von einem gewaltigen Willensimpuls ergriffen, der auf die Herstellung eines dauernden Friedens gerichtet ist. Der zuverlässigste Garant des Friedens ist die Sowjetunion. Dies gilt, weil die Sowjetunion, die im Krieg, was ihr an innerer Konsolidierung etwa noch fehlen mochte, erworben und eine viel höhere Wertgeltung erhalten hat, den Krieg nicht braucht, da sie über einen ungleich besseren Integrationsfaktor verfügt. Die friedliebenden Völker werden das mit der Zeit verstehen, und sie werden auch begreifen lernen, daß ein permanenter Friede nur um den Preis der Beseitigung des Kapitalismus zu haben ist. Die geschichtliche Erfahrung hat gezeigt, daß der Krieg der kapitalistischen Gesellschaft unentbehrlich ist und in zunehmendem Maß unentbehrlich wird. Ein anderes Integrationsmittel vermag sie in der gegenwärtigen weltgeschichtlichen Lage nicht zu finden. Wäre es der Fall, dann hätte sie sich nicht darauf eingelassen, den Faschismus mit seiner furchtbaren, unmenschlichen Weltanschauung großzuziehen. Mit größeren oder kleineren sozialen Reformen, für die das Regime des Kapitalismus Raum läßt, ist es offensichtlich nicht getan. Es bedarf eines Wandels, der bis in die Sphäre des Weltanschaulichen dringt. Der Faschismus und seine Weltanschauung sind tot und lassen sich nicht wieder beleben.

So bleibt der Völkerfamilie nichts übrig, als den großen Schritt zum Sozialismus zu tun. Die Furcht vor dem Neuen, das der Sozialismus bedeutet, wird überwunden werden. Die Dankbarkeit und die Sympathie, die auf der ganzen Welt dem sozialistischen Staat entgegengebracht werden, werden das Ihrige dazu beitragen. Für Europa sind die Chancen des Sozialismus besonders günstig. Ideenmäßig ist der Sozialismus nichts Fremdartiges für Europa. Er ist aus europäischer Geistesarbeit hervorgegangen, ist die beste Frucht des europäischen neuzeitlichen Gesellschaftsdenkens. Warum sollte er nicht ebensogut wie auf dem Boden Rußlands auf dem Westeuropas gemäß unserer Eigenart verwirklicht werden können?

Der Faschismus, sagten wir, ist tot. Wer das leugnet, verwechselt den Faschismus mit den Faschisten. Unabsehbare Scharen von Faschisten haben sich aus den Trümmern des Faschismus gerettet und werden so bald nicht aussterben. Man muß ihnen gegenüber auf der Hut sein, denn sie sind durchaus fähig, eine Unsumme von Unheil anzustiften. Aber sie vermögen nicht, die Ruinen zum Kolossalbau eines zweiten Faschismus zu restaurieren. Auch werden sie es nicht verhindern können, daß aus den Ruinen neues Leben emporblüht.

Nochmals Krieg und Faschismus[1]

(1945)

Im Augustheft des „Sozialismus" hat Theodor Schwarz gegen meine Auffassung des Verhältnisses von Krieg und Faschismus Bedenken geäußert, zu denen ich im folgenden in Kürze Stellung nehmen möchte. Dabei beschränke ich mich auf einen Punkt, in dem, wie ich mir bewußt bin, zwischen meinen Anschauungen und denen zahlreicher ausgezeichneter Marxisten ein tieferer Gegensatz besteht. In allem übrigen handelt es sich mehr um Differenzen in den Formulierungen als im Sachlichen.

Daß der Nationalsozialismus, in dem der Faschismus seine ausgeprägteste Gestalt gefunden hat, aus wirtschaftlichen Verhältnissen – aus dem Spätkapitalismus in einem bestimmten Stadium seiner historischen Entwicklung – hervorgegangen ist und daher in erster Linie aus ihnen erklärt werden muß, steht für mich wie für alle, die bei Marx und Engels in die Schule gegangen sind, außer Frage. Auch bezweifle ich nicht, daß die demagogische Propaganda mit ihren illusionären Versprechungen an die verschiedenen Klassen, ihren sensationellen, gauklerischen Veranstaltungen und ihrem pseudo-wissenschaftlichen, pseudo-philosophischen Apparat, wie sie Schwarz in unserer Zeitschrift und an anderm Orte zutreffend geschildert und scharfsinnig analysiert hat, zum Erfolg des Regimes ganz wesentlich beigetragen hat. Nur in der Einschätzung der Bedeutung, die der Kriegsgedanke für die Resultante, die ungeheure Kollektivdynamik des Nationalsozialismus gehabt hat, weiche ich von Schwarz ab. Für mich ist der Kriegsgedanke unter den Kräften, die die nationalsozialistische Bewegung zwar nicht, wie Motta meinte, zu einer der „größten", wohl aber zu einer für die menschliche Kultur gefährlichsten aller Zeiten gemacht haben, die stärkste gewesen. Ich glaube daher, daß der lapidare Satz des bekannten Staatsrechtslehrers Erich Kaufmann „Das soziale Ideal ist der siegreiche Krieg" das Geheimnis des Nationalsozialismus deutlicher aufklärt als die umfangreiche faschistische Propagandaliteratur.

Zu dieser Ansicht bin ich weniger durch allgemeine theoretische Überlegungen gelangt als durch Erlebnis und Beobachtung. Schon in der Vor-

[1] Veröffentlicht in: Sozialismus, 1945, S. 417–420.

kriegszeit war von allen Idealen, die im deutschen Volk Kurs hatten, das Ideal des siegreichen Krieges das am meisten energiegeladene. Nach dem ersten Weltkrieg erfuhr dann der Impetus des militaristischen Geistes aus leicht begreiflichen Gründen – man denke nur an das durch den Versailler Frieden hervorgerufene Ressentiment – eine erhebliche Steigerung. Vor und nach dem ersten Weltkrieg war es in Deutschland verpönt, das deutsche Volk als aggressiv zu bezeichnen. Der Krieg, den man vorhersagte und auf den man sich vorbereitete, wurde als ein Krieg hingestellt, den die Einkreisungspolitik mißgünstiger Nachbarmächte für das friedliebende deutsche Volk unvermeidlich machen würde. Aber die präfaschistische Weltanschauung des nationalen Machtstaates war eine kriegerische Weltanschauung, und die faschistische Weltanschauung war eine kriegerische Weltanschauung in der Potenz. In habe die Ideale, die in der Vor- und Nachkriegszeit weitreichenderen gesellschaftlichen Einfluß erlangten, zu lange und zu aufmerksam an Hand zahlloser Erfahrungen geprüft, um in meiner Auffassung von dem Ideal, das unter ihnen den größten Einfluß auf die Gemüter der Menschen ausübte, je schwankend werden zu können. Damit behaupte ich natürlich nicht, daß meine Auffassung notwendig richtig sein müsse.

Die Erhebung des Kriegsgedankens auf das Niveau einer Weltanschauung, die bei einer der führenden Nationen unseres Zeitalters weite Verbreitung erlangte, hat auf dem ersten Blick etwas äußerst Befremdendes. Das Befremden verschwindet, wenn man der Sache näher nachgeht. Daß der Krieg von jeher von der ein Volk beherrschenden Klasse als Integrationsfaktor (Einigungsfaktor) verwendet zu werden pflegte, sobald die inneren Zwistigkeiten einen für den Zusammenhalt der Gesellschaft allzu bedrohlichen Charakter annahmen, ist eine altbekannte Tatsache. Zweifelhafter erscheint, ob der Krieg, wie nicht nur von Generälen, sondern auch von Persönlichkeiten, deren Ansicht in geistigen Fragen höheres Ansehen genießt, oft behauptet worden ist, sich in der Geschichte als einer der bedeutungsvollsten Erwecker moralischer Energien erwiesen hat. Ich möchte ihm unter Hinweis auf die, wie mir scheint, überzeugenden Ausführungen von William James in seiner Abhandlung über das moralische Äquivalent des Krieges, die vor nicht langer Zeit zum ersten Mal in deutscher Sprache in der „*Friedenswarte*" veröffentlicht worden ist, auch diese Qualität zubilligen. Beide Momente stehen in engem Zusammenhang. Der Krieg weckt moralische Energien durch die Art und Weise, wie er integriert. Durch den Krieg werden die Völker zu solidarischen Aktionsgemeinschaften, während die gemeinsame Arbeit der Volksgenossen am Aufbau der Kultur wegen der Klassengegensätze des solidarischen Charakters ermangelt. Der Krieg bringt Solidaritätsgefühle von großer Stärke zur Entstehung. Solidaritätsgefühle gehören zu den erhabendsten Gefühlen, deren der

Mensch fähig ist; sie sind die Quelle, aus denen die machtvollen moralischen Impulse hervorgehen, die man dem Krieg nachrühmt. Ich habe die Eigenschaft des Krieges, die an ihm Beteiligten, nicht nur die Soldaten an der Front, zu Kameraden, Genossen im wahren Sinne des Wortes zu machen, mehrfach eingehender behandelt, zuletzt in meiner eben erschienenen Geschichte der abendländischen Philosophie. Hier begnüge ich mich mit der Feststellung des Ergebnisses meiner Untersuchungen, das sich auf die knappe Formel bringen läßt: Bisher bildeten die Völker solidarische Gemeinschaften am ehesten noch als Wehrgemeinschaften. Zugunsten unserer These sei ein einziges Zeugnis unter vielen ähnlichen angeführt: Otto Gierke ist nach seiner eigenen Aussage zur Aufstellung seiner „Genossenschaftstheorie" durch die Erlebnisse des siebziger Kriegs veranlaßt worden.

Wir denken nicht daran, den Krieg zu verherrlichen. Das Geschäft des Krieges, das den sachlichen Gehalt der Wehrgemeinschaft ausmacht, steht im Widerspruch mit den elementarsten Forderungen der Moral. Wie könnte da die Wehrgemeinschaft in irgendeiner Hinsicht auf moralische Vollkommenheit Anspruch erheben. Immerhin hatte der Krieg, solange es kein besseres Integrationsmittel gab, eine gewisse moralische Existenzberechtigung. Er hat sie in unserer Zeit verloren, weil die Stunde gekommen ist, da die Gesellschaft durch Einführung der sozialistischen Gemeinwirtschaft sich als solidarische Arbeitsgemeinschaft konstituieren kann. Da, wo die kapitalistische Gesellschaft im Kampf gegen die sozialistische Idee die Energien des Kriegsgedankens aufs äußerste anspannte, mußte eine Perversion seiner ideellen Potenzen eintreten und mußten sich jene furchtbaren Begleiterscheinungen unmenschlicher Rohheit einstellen, durch die sich der Faschismus entehrt hat. Der faschistische Krieg ist der Krieg in extremis, aber selbst in dieser entstellten Form hat er sich noch seine integrierende Kraft erhalten, wie die Kollektivdynamik bezeugt, die das deutsche Volk bis kurz vor der Katastrophe entfaltet hat. Im Lager der Gegner der Achsenstaaten zeigt sich der Krieg noch einmal von seiner besten Seite, als solidarisierend und moralische Energie erweckend. Denken wir an jenes Wort eines englischen Generals, daß man etwas von dem Enthusiasmus der Zusammenarbeit, den der Krieg hervorgerufen habe, in die Friedenszeiten hinüberretten müsse, und denken wir vor allem an die wunderbare Erneuerung im Geist echter Volksgemeinschaft, die der Befreiungskrieg den von den faschistischen Horden unterjochten Völkern gebracht hat.

Aus der wirtschaftlichen Entwicklung erklärt sich, daß wir eine Epoche von Weltkriegen durchleben mußten und daß die kapitalistische Gesellschaft aus ihrem Schoß das faschistische Monstrum mit seiner Weltanschauung vom siegreichen Krieg gebar, damit es den sozialistischen Staat zerschmettere und der klassenbewußten, von der sozialistischen Idee inspirierten Arbeiterschaft das Rückgrat breche. Aber die integrierende

Kraft des Kriegsgedankens und seine ideelle Potenz können aus den wirtschaftlichen Vorgängen nicht abgeleitet werden. Das jeweilige Wirtschaftsregime übt entscheidenden Einfluß auf die jeweils in einer Gesellschaft zur Herrschaft gelangenden Ideologien aus, doch vermag es sie nicht zu schaffen. Die Klassengesellschaft ist, obschon man es bisweilen fast bezweifeln möchte, eine Gesellschaft des Menschen, also eines Wesens, das nicht allein von Brot leben kann. Daher ist, wenn man für die Genesis der Ideologien volles Verständnis gewinnen will, außer dem wirtschaftlichen noch ein anderes Moment zu berücksichtigen – nennen wir es die Natur des Menschen. Von dieser Auffassung der Ideologien ausgehend, habe ich mich bemüht, selbst in dem verzerrten Antlitz der faschistischen Weltanschauung die menschlichen Züge aufzufinden, ohne die keine Ideologie zu einem historischen Faktor ersten Rangs werden kann. Theodor Schwarz sieht, wenn ich ihn recht verstehe, in einem solchen Verfahren eine Preisgabe der materialistischen zugunsten einer psychologisierenden oder idealistischen Geschichtsbetrachtung. Das wäre es auch, wenn uns die „Natur des Menschen" als eine ursprüngliche psychologische Gegebenheit oder als eine aprioristische Idee erschiene. Aber sie ist uns etwas sich in dem dialektischen, vorwiegend durch das wirtschaftliche Moment bestimmten Geschichtsverlauf Entwickelndes und nur aus ihm Erkennbares. Wird sie so gefaßt, dann bedeutet es nicht wohl eine Leugnung als vielmehr eine Ergänzung der materialistischen Wahrheit, daß ihr in der Geschichtswissenschaft Rechnung getragen wird. Ich könnte Stellen aus Schriften der größten Marxisten anführen, die dafür sprechen, daß die hier verteidigte Stellungnahme zur Ideologienlehre keine Häresie darstellt, aber das würde zu weit führen. Die Kontroverse zwischen Theodor Schwarz und mir kann nicht in den Spalten unserer Zeitschrift zum Austrag gebracht werden; es bedarf einer eingehenden Auseinandersetzung, in die letzte Fragen der Erkenntnistheorie und Methodologie hineinspielen. Wir sind beide ziemlich fruchtbare Schriftsteller – es ist doch keine Unbescheidenheit, derartiges zu sagen? – und werden daher noch manche Gelegenheit haben, den Satz auf die Probe zu stellen: du choc des idées jaillit la vérité.

Worauf es mir in meinem Artikel über den 8. Mai 1945 (S. 395ff.) vor allem ankam, war nicht die wissenschaftliche, sondern die politische Seite der Frage nach dem Verhältnis von Krieg und Faschismus. Mit dem Sturz des Faschismus ins Bodenlose ist zwar noch nicht über den Krieg mit seiner integrierenden Kraft, wohl aber über die Weltanschauung des siegreichen Krieges das inappellable Todesurteil gesprochen. Das bedeutet nicht mehr und nicht weniger, als daß der Sieg des Sozialismus über den Kapitalismus nur noch eine Frage der Zeit, und zwar verhältnismäßig kurzer Zeit, sein kann. In dem gigantischen Kampf zwischen Kapitalismus und Sozialismus war der zweite Weltkrieg nicht eine Episode, sondern die

Klimax. Darum ist der 8. Mai dieses Jahres einer der denkwürdigsten Tage der Geschichte. Ob der Kapitalismus aus der Sackgasse, in die er auf wirtschaftlichem Gebiet geraten ist, nicht schließlich doch noch einen Ausweg finden kann, lasse ich dahingestellt. Aber seine ideologischen Hilfsmittel sind verausgabt. In einer Epoche wie der unsern, in der die sozialistische Idee, die sozialistische Wahrheit, die schon so lange en marche ist, sei es auch nur in *einem* Staat imponierende Erfolge zu verzeichnen hat, braucht der Kapitalismus eine machtvolle, die Geister in ihren Bann zwingende Ideologie, wenn er das Spiel nicht verlieren will. Die kapitalistische Gesellschaft, keineswegs nur die der Achsenstaaten, ist darauf verfallen, den Faschismus mit seiner Weltanschauung, die ihre Energien dem Kriegsgedanken entnimmt, gegen den Sozialismus in die Schranken zu schicken. Jetzt ist der Faschismus mitsamt seiner Weltanschauung in einen Abgrund gestürzt, aus dem es kein Emporkommen gibt. Es konnte nicht anders kommen, denn der Geist des Krieges ist im gegenwärtigen Stadium der geschichtlichen Entwicklung ein Ungeist, der, wenn man ihn zum Herrn der Gesellschaft macht, die Menschheit physisch und moralisch zugrunde richtet. Was nun? Selbst wenn es dem Kapitalismus gelänge, das wirtschaftliche Problem einigermaßen zu meistern, wäre seine Lage in ideologischer Hinsicht verzweifelt. Ideologischer Aufputz, wie ihn die faschistischen Propagandisten in der Tagespresse und in ihren „philosophischen" Büchern feilboten, ist freilich in einer der jeweiligen Verfallsphase angepaßten Form stets leicht zu haben. Aber eine Ideologie, wie sie dem Kapitalismus not tut, eine Ideologie, die Kräfte mobilisiert, die imstande sind, der sozialistischen Bewegung Halt zu gebieten, ist ein ander Ding. Eine solche Ideologie vermag niemand, auch der Kapitalismus nicht, frei zu erfinden. Die Möglichkeiten ihrer Entstehung sind durch die Natur der Sache eng begrenzt und sie sind nunmehr restlos erschöpft. Wir Sozialisten haben heute trotz der ungeheuren Machtmittel und absoluten Skrupellosigkeit der Reaktion allen Grund, der Zukunft vertrauensvoll entgegenzublicken. Viele der unsrigen überschätzen die Stärke des Kapitalismus, weil sie die schwache Stelle, die ich bloßzulegen versuchte, nicht deutlich erkennen. Das macht sie nicht zu Defaitisten, aber es mindert ihr Vertrauen in den baldigen Sieg des Sozialismus und verzögert den Tag, an dem der Sozialismus triumphieren wird.

Demokratie und Rechtsstaat in der Neuzeit[1]

(1946)

Wir wollen uns, soweit es in der kurzen, uns zur Verfügung stehenden Zeit möglich ist, die Entwicklung der Ideen der Demokratie und des Rechtsstaates in der Neuzeit zu vergegenwärtigen suchen, weniger aus rein historischem Interesse, d. h., weil wir wissen möchten, was die Menschen im Lauf der Zeit über die erwähnten Einrichtungen gedacht haben, als weil wir die Entwicklungslinie in die Zukunft verlängern zu können hoffen, weil wir von der geschichtlichen Erfahrung Auskunft erwarten über die Lösung der großen Aufgabe einer Neugestaltung unseres gesellschaftlichen Lebens.

Lassen Sie mich, bevor wir uns auf den Weg machen, einen Augenblick bei Platos Dialog Protagoras verweilen, da die in ihm dargestellte Unterredung zwischen Sokrates und dem bedeutendsten griechischen Sophisten gewisse Seiten der Problematik der Demokratie in besonders hellem Licht erscheinen läßt. Die Athener, meint Sokrates, sind sonderbare Leute, während sie bei den meisten Geschäften des täglichen Lebens sich vom Rat der Sachverständigen leiten lassen, unterwerfen sie sich in den grundsätzlichen, den Staat betreffenden Fragen der Entscheidung der Mehrheit der Volksgenossen. Wie ein Schiff gebaut wird, das bestimmt bei uns in Athen ein sachkundiger Schiffsbaumeister. Darüber, wie der Staat einzurichten und zu verwalten ist, hat die Volksmehrheit, haben Gevatter Schneider und Handschuhmacher das maßgebliche Wort zu sprechen. Protagoras erwidert, daß es durchaus nicht unverständig sei, die Leitung des Staates dem Volk, der Mehrheit der Bürger zu überlassen, denn das Vermögen, über die letzten Fragen des menschlichen Zusammenlebens richtig zu urteilen, sei gleichmäßig verteilt, beruhe auf „dike" und „aidós", auf dem Gerechtigkeitsgefühl und dem Gefühl für das Geziemende, die man als Gemeingut aller Menschen anzusehen habe. Sokrates, der den Standpunkt Platos vertritt, gibt sich mit dieser Antwort nicht zufrieden. Nach Platos Ansicht sind Gefühle und Instinkte nicht ausreichend, um dem Staat und dem Recht die

[1] Vortrag, veröffentlicht Stuttgart 1946 unter Lizenz der französischen Militärregierung.

richtigen Direktiven zu geben. Es bedarf dazu einer wissenschaftlichen Information, die Plato in seiner Ideenlehre bieten zu können glaubt. Die platonische Wissenschaft hat esoterischen Charakter, sie ist nur verhältnismäßig wenigen zugänglich. Diesen wenigen ist nach Plato die Leitung des Staates anzuvertrauen. Die Demokratie sollte durch eine Aristokratie des Geistes ersetzt werden. Der platonische Staat wird beherrscht durch eine Elite von Wissenden.

In der Kontroverse zwischen Sokrates und Protagoras haben beide Denker wichtigen Einsichten Ausdruck gegeben. Protagoras hat darin recht, daß das Bekenntnis zur Demokratie Vertrauen in die breiten Massen, Vertrauen in ihr Rechtsgefühl und ihre gesunden sittlichen Instinkte voraussetzt und daß diese Voraussetzung keine durchaus willkürliche ist. Gut wäre es freilich, das werden wir Plato zugestehen, wenn wir eine gesicherte Wissenschaft vom rechten Staat und vom richtigen Recht besäßen und die Meister dieser Wissenschaft mit der Sorge für Staat und Recht betrauen könnten. Aber die platonische Wissenschaft entspricht nicht den Anforderungen, die an die gesuchte Wissenschaft gestellt werden müssen; sie ist eine kühne, phantasiereiche Konstruktion, die der soliden Erfahrungsbasis ermangelt. Seit Plato dachte und dichtete, hat die Gesellschaftswissenschaft gewaltige Errungenschaften aufzuweisen, und in dem gesellschaftlichen Entwicklungsstadium, in dem wir uns gegenwärtig befinden, ist es kein lebensfremdes Projekt mehr, in absehbarer Zeit, wenigstens in den am meisten fortgeschrittenen Ländern, die Mehrheit der Bürger auf ein geistiges Niveau zu erheben, das es dem Volk ermöglicht, sich nach wissenschaftlichen Prinzipien selbst zu regieren, und Demokratie, das heißt eben, daß das Volk sich selbst regiert.

Versetzen wir uns nun in den Beginn der Neuzeit. Der neuzeitliche Geist ist in hohem Maße emanzipatorisch, freiheitsliebend, er will, daß das Individuum sich von jeglicher Bevormundung durch irgendwelche Autoritäten befreie und sein Leben gemäß seiner eigenen Vernunft gestalte. Ohne gesellschaftliche Bindungen ist nicht auszukommen, aber diese Bindungen müssen von der Art sein, daß die individuelle Vernunft sie freiwillig auf sich nehmen kann. Das ist der Grundgedanke der modernen Staatsphilosophie und Vernunftsrechtslehre. Daher spielt in ihnen die Idee des Staatsvertrages eine so hervorragende Rolle. Der Staat beruht auf einem Vertrag, das heißt nichts anderes, als daß der Staat so beschaffen sein muß, daß die Akzeptierung des Staates seitens des Individuums als vernunftgemäß erscheint.

Man könnte meinen, daß von dieser Prämisse aus die Demokratie ohne weiteres den Vorzug vor allen anderen Staatsformen erhalten würde. Das wäre indessen ein Irrtum. Thomas Hobbes, der einer der scharfsinnigsten Staatsdenker, nicht nur des 17. Jahrhunderts, dem er angehört, sondern der ganzen Neuzeit war, tritt mit größtem Nachdruck für den Absolutismus ein. Auch für ihn ist der Abschluß des Staatsvertrages ein dictamen rectae rationis, ist er durch die Vernunft geboten. Die Vernunft belehrt den Menschen darüber, daß er von Natur ein egoistisches, machtgieriges Wesen ist. Homo homini lupus, der Mensch ist ein Wolf für den Menschen. Im Naturzustand herrscht ein Krieg aller gegen alle. In diesem Kriege, das ist die weitere Einsicht, die wir der Vernunft verdanken, ist niemand sicher, daß er nicht eines vorzeitigen, gewaltsamen Todes sterben werde; denn so verschieden im übrigen die Menschen von Haus aus sein mögen, darin sind sie sich alle gleich, daß jeder den andern töten kann. Somit gebietet der durch die Vernunft erleuchtete Selbsterhaltungstrieb den Menschen, einen Staatsvertrag abzuschließen, in dem jeder auf jegliche Gewaltausübung und Eigenmacht unwiderruflich verzichtet, um gleichzeitig auf den Staat unumschränkte Herrschaftsbefugnisse zu übertragen. Träger der Staatsgewalt kann ein Einzelner oder ein Kollegium sein; für die Erhaltung des Friedens, in der der wesentliche Sinn des Staates beschlossen liegt, ist es am besten, wenn ein Einzelner zum Herrscher erkoren wird.

Um die Demokratie zu empfehlen, muß man günstiger von der menschlichen Natur denken, als es bei Hobbes der Fall war, muß man den Menschen mit sozialen Gefühlen, mit Sympathie für den Nebenmenschen ausgestattet sein lassen. Eine solche günstigere Auffassung des Menschen finden wir bei Hobbes' Landsmann John Locke, dem führenden Kopf der Aufklärung des 17. Jahrhunderts. Nach Locke sind die Menschen ursprünglich sozial eingestellt und daher fähig, schon im vorstaatlichen Zustand, im Naturzustand freundnachbarschaftlich miteinander zu leben. Schon bevor es einen Staat gibt, wird Arbeit als Erwerbsgrund von Eigentum anerkannt, schließt man Verträge und hält sie ein, unterwirft man sich einer schiedsrichterlichen Entscheidung, wenn Streitigkeiten entstehen. Erst wenn mit der Entwicklung der Zivilisation die Verhältnisse komplizierter werden, macht sich das Bedürfnis nach staatlicher Organisation fühlbar. Der Staatsvertrag bedeutet bei Locke wohl eine Einschränkung; nicht aber, wie bei Hobbes, eine totale Beseitigung der anfänglichen Freiheit. Das Volk behält sich im Staatsvertrag das Recht vor, durch Abgeordnete an der staatlichen Gesetzgebung teilzunehmen, und es bleibt insofern souverän, als selbst die höchsten Behörden ihre Regierungsbefugnisse nur als Delegierte des Volkes ausüben und bei schwerem Amtsmißbrauch von der Mehrheit der Volksgenossen abgesetzt werden können. Die Staatskonstruktion Lockes trägt der Freiheit und Gleichheit der Staatsbürger hinreichend Rechnung, um als eine demokratische bezeichnet zu werden. Ist die Lockesche Demokratie das Ideal einer Demokratie?

Jean Jacques Rousseau, der größte demokratische Denker des 18. Jahrhunderts, verneint die Frage. Die Engländer, sagt er, sind alle fünf Jahre frei, nämlich dann, wenn sie ihre Abgeordneten wählen, nachher verfallen sie wieder in Staatsknechtschaft. Eine wahrhaft demokratische Staatsverfassung muß von der Art sein, daß der Bürger, der dem Gesetz gehorcht, seinem eigenen Willen Folge leistet. Diese Forderung ist erfüllt in der unmittelbaren Demokratie, in der die Gesetzesentwürfe dem Volk zur Abstimmung vorgelegt werden und nur bei Annahme durch die Mehrheit der Stimmen Gesetzeskraft erlangen. Bei denen, die für das Gesetz gestimmt haben, bedeutet der ihm geleistete Gehorsam zweifellos kein Opfer an Freiheit, wie aber steht es mit der überstimmten Minderheit? In der Beantwortung dieser Frage entwickelt Rousseau seine berühmte Theorie von der volonté générale. Der Bürger, das ist etwa die Argumentation, der bei der Abstimmung zur Minderheit gehört, muß sich sagen, daß wahrscheinlicherweise die Willensäußerung der Majorität eher das Richtige getroffen haben wird als seine eigene. Die Argumentation ist höchstens dann richtig, wenn sich in der unmittelbaren Demokratie der Staatswille in der Weise bildet, daß alle Bürger bei der Ausübung ihrer politischen Rechte ihren Willen auf das gleiche Ziel, auf das Gemeinwohl, das bonum commune, richten. Rousseau forderte für die wahre Demokratie eine solche volonté générale. Dabei ist er sich sehr wohl bewußt, daß die Forderung in der geschichtlichen Wirklichkeit bisher noch nicht erfüllt worden ist und solange nicht erfüllt werden kann, als im Wirtschaftsleben die Menschen einander bekämpfen und unterdrücken. Rousseau beklagte die Privatwirtschaft als ein schweres Übel für die Menschheit, aber er hielt es bis auf weiteres nicht für möglich, sie durch ein besseres Wirtschaftssystem zu ersetzen. Gewiß war ihm der Kommunismus der Naturmenschen sehr viel sympathischer als die zu seiner Zeit im Aufschwung begriffene kapitalistische Wirtschaft. Aber: on ne fait pas d'un homme de notre temps un homme de la nature.

In dieser Einstellung zum Wirtschaftsproblem stand Rousseau im 18. Jahrhundert nicht allein. Nicht wenige unter den bedeutendsten Vertretern der Gesellschaftsphilosophie der Aufklärung haben sich sehr bitter über den Kapitalismus geäußert; aber von verschwindenden Ausnahmen abgesehen, haben sie darauf verzichtet, auf dem Übergang vom Kapitalismus zum Sozialismus zu bestehen. Eine sozialistische Gemeinwirtschaft war in dem damaligen Entwicklungsstadium der kapitalistischen Wirtschaft nicht möglich. Die Gesellschaftslehre der Aufklärung hatte die historische Aufgabe, der liberalen Demokratie in ihrer Auseinandersetzung mit dem Feudalismus die geistige Grundlage zu geben. Diese Aufgabe hat sie erfüllt. Die andere Aufgabe, die der Übertragung der Prinzipien der Demokratie auf die Wirtschaft, mußte einer späteren Zeit vorbehalten bleiben.

Darin hat Rousseau durchaus recht, daß sich in der Demokratie eine volonté générale bilden sollte, ein Wille, der bei allen, die an der Behandlung der öffentlichen Angelegenheiten beteiligt sind, auf das gemeinsame

Wohl gerichtet ist. Und noch eine andere Forderung ist unerläßlich. Der Volkswille als volonté générale muß wohl informiert sein, er muß, soweit als möglich, bei allen von klarer Erkenntnis des gemeinsamen Zieles und der zu seiner Erreichung erforderlichen Mittel geleitet sein. Die Demokraten des 18. Jahrhunderts haben hierfür Verständnis gehabt. Sie wollten, daß der Bürger ein Wissender sei. Condorcet hat für die neue Republik, von der man erwartete, daß sie aus der Französischen Revolution hervorgehen werde, ein großartiges Programm des Volksunterrichtes ausgearbeitet, und andere sind seinem Beispiel gefolgt. Wiederum stieß man auf Schranken, die sich zunächst als unüberwindlich erwiesen. Ein hoher Bildungsstand der breiten Volksmassen ist mit dem kapitalistischen Regime unverträglich.

Ich sprach eben von der modernen liberalen Demokratie, der die Gesellschaftsphilosophie der Aufklärung das geistige Rüstzeug für den Kampf mit dem Feudalismus geliefert hätte. Das Wort liberal deutet auf den Rechtsstaat. Die Idee des Rechtsstaates steht im Zusammenhang mit der der Demokratie; aber der Zusammenhang ist kein so schlechthin unlöslicher, wie bisweilen angenommen wird. Montesquieu hat keine ausgesprochene Vorliebe für die Demokratie, wohl aber war er der hervorragendste Vorkämpfer des Rechtsstaates im 18. Jahrhundert. Rousseau repräsentiert in genialer Weise das spezifisch demokratische Denken, für die rechtsstaatlichen Einrichtungen, auf die Montesquieu so großes Gewicht legt, hat er ein geringschätziges Achselzucken. Demokratie und Rechtsstaat sind verbunden durch den Gedanken der Freiheit; aber die Freiheit der Demokratie und die Freiheit des Rechtsstaates sind nicht ganz das gleiche. Die Freiheit der Demokratie ist die Freiheit im Staat und durch den Staat; in seiner Teilnahme am Staat soll der Bürger seine Persönlichkeit frei entfalten, indem er gemäß seiner sozialen Natur über die Enge seiner individuellen, privaten Existenz hinauswächst. Die Freiheit des Rechtsstaates ist Freiheit vom Staat. Die rechtsstaatlichen Einrichtungen sollen dem Bürger eine individuelle Freiheitssphäre sichern, in die nicht einmal der Staat eingreifen darf, und sollen ihm Schutz gewähren gegen behördliche Willkür. Die Freiheit der Demokratie hat man als liberté politique, die des Rechtsstaates als liberté civile bezeichnet. Nicht die Demokratie, wohl aber der Rechtsstaat steht im unbedingten Gegensatz zum totalitären Staat. Die antike griechische Demokratie war totalitärer Staat, und Rousseau war durch die antike Auffassung stark beeinflußt. Daß in seiner Demokratie, in der die volonté générale herrscht und alles kontrolliert, der Mensch durch den Staat in seiner Menschenwürde gekränkt werden könnte, hielt Rousseau nicht für möglich.

Zu den rechtsstaatlichen Einrichtungen rechnet man die Aufnahme von Grundrechten, wie insbesondere Glaubens- und Gewissensfreiheit, in die Verfassung, die Trennung der Gewalten, die strikte Gesetzmäßigkeit der

Verwaltung, den Satz nulla poena sine lege und den Satz, keine Strafe ohne ein prozeßordnungsgemäß geregeltes Gerichtsverfahren, die Ausübung der Rechtspflege durch ein unabhängiges, nur dem Gesetz unterworfenes Richtertum, die Verwaltungsgerichtsbarkeit und anderes. Es ist möglich, daß manche rechtsstaatlichen Institute in einer idealen Demokratie ihre Bedeutung verlieren. Solange wir eine solche Demokratie nicht besitzen, wollen wir an den rechtsstaatlichen Errungenschaften nachdrücklich festhalten. Wird der Staat auf den Schutz der Person und Eigentum der Bürger beschränkt, dann haben wir es nicht mit dem Rechtsstaat, sondern mit dem liberalistischen Staat zu tun. Die liberalistische Rechtsauffassung, die einem bestimmten Entwicklungsstadium der bürgerlichen Gesellschaft eigentümlich ist, kann heute als überwunden gelten. Der liberalistische Staat steht im denkbar schroffsten Gegensatz zum totalitären Staat; von letzterem werden wir noch zu sprechen haben.

Die bürgerliche liberale Demokratie, die aus der Französischen Revolution hervorgegangen ist und im 19. Jahrhundert in den meisten zivilisierten Ländern in der einen oder andern Form eingeführt wurde, bedeutet sehr viel für das kapitalistisch interessierte Bürgertum, bedeutet aber auch nicht wenig für den Fortschritt der menschlichen Gesellschaft. Sie hat in Unzähligen, denen die Unterwürfigkeit gegenüber den weltlichen Machthabern zur zweiten Natur geworden war, ein Gefühl für die éminente dignité de la personne humaine lebendig werden lassen, hat durch die öffentlichen Diskussionen, zu denen sie anregte, Interesse und Verständnis für die großen Fragen des Gesellschaftslebens in den weitesten Kreisen wachgerufen; ohne sie wäre die moderne Arbeiterbewegung nicht denkbar, die zu einem der machtvollsten Faktoren für den weiteren sozialen Fortschritt geworden ist. Bis gegen den Schluß des 19. Jahrhunderts ist sie für unendlich viele ein lebensvolles Ideal gewesen.

Die fortschrittlichen Geister freilich sind von dem Ergebnis der Französischen Revolution, das eben diese bürgerliche liberale Demokratie war, enttäuscht worden. Man hatte gehofft, die neue Gesellschaftsordnung würde Freiheit, Gleichheit und Brüderlichkeit unter den Menschen verwirklichen. Nun zeigte sich, daß eine Klassenherrschaft durch eine andere ersetzt wurde, daß die Unterdrückung des Menschen durch den Menschen nicht beseitigt worden war, sondern teilweise sogar schärfere Formen als unter dem ancien régime angenommen hatte. Daher tritt schon im Beginn des 19. Jahrhunderts der Frühsozialismus auf den Plan. Obschon die Projekte der sozialistischen Wirtschaft, die an die Stelle der kapitalistischen treten sollten, bei den Frühsozialisten im einzelnen untereinander stark variieren, so ist doch ihnen allen der Gedanke gemeinsam, daß man, um in der Gesellschaft einen wesentlichen Wandel zum Besseren herbeizuführen, den Hebel bei der Wirtschaft ansetzen müsse. Weil der Frühsozialismus formale verfassungsrechtliche Fragen als nebensächlich behandelt, wird er in den Darstellungen der Geschichte der Demokratie nicht selten übergangen. Damit dürfte man dem Frühsozialismus schwerlich gerecht werden. Er hat zum mindesten die Richtung angegeben, in der die Lösung der Aufgabe, die Rousseaus Theorie der Demokratie der Nachwelt ungelöst hinterlassen hatte, gesucht werden muß. Unsere Gesellschaft des rücksichtslosen Konkurrenzkampfes ist in eine solidarische wirtschaftliche Arbeitsgemeinschaft umzugestalten, in der jeder alle seine Fähigkeiten voll zu entfalten vermag. Eine Gesellschaft, deren Grundgesetz es ist, daß durch gemeinschaftliche wirtschaftliche Arbeit jedem ihrer Mitglieder die freie Entwicklung seiner Persönlichkeit ermöglicht werde, wird sich mit der Zeit selbst regieren, in ihr wird eine volonté générale, wie Rousseau sie für die Demokratie postulierte, zur Herrschaft gelangen.

Der Frühsozialismus wird auch als utopischer Sozialismus bezeichnet. Utopisten waren die Frühsozialisten insofern, als sie des Glaubens lebten, es genüge ein Appell an die Vernunft und den guten Willen der Menschen, um ihren Reformplänen zur Verwirklichung zu verhelfen. Der wissenschaftliche Sozialismus unterscheidet sich vom Frühsozialismus weniger durch die Zielsetzung als durch seine Erkenntnis des Weges, auf dem das Ziel erreicht werden kann. Als Robert Owen, einer der bedeutendsten Frühsozialisten, kurz vor seinem Tode das kommunistische Manifest zu Gesicht bekam, sagte er, es fasse die sozialistische Gesellschaft, die es zu begründen gelte, nicht wesentlich anders als er sie gefaßt habe, nur die Mittel zur Erreichung des sozialistischen Zweckes seien nicht die gleichen, die er angewandt wissen wollte.

Marx und Engels, so könnte man das Verhältnis der Begründer des wissenschaftlichen Sozialismus zum Frühsozialismus auch ausdrücken, waren die Architekten der Brücke, die die Insel Utopia mit dem Festland der Realität verbindet. Sie wurden hierzu durch eine neue, namentlich in der Methode, höchst originelle Geschichtstheorie, den dialektischen historischen Materialismus, befähigt. Mit Hilfe dieser Theorie suchten sie zu zeigen, daß der Kapitalismus dank den ihm innewohnenden Gesetzmäßigkeiten mit der Zeit zu seinem eigenen Totengräber wird. Freilich legt er sich nicht von selbst ins Grab. Vielmehr läßt er aus seinem Schoß eine Klasse, das Proletariat, hervorgehen, die die historische Mission hat, in revolutionärem Akt an die Stelle des bürgerlichen Staates ihre eigene Diktatur zu setzen, um den Übergang zur sozialistischen Gemeinwirtschaft zu vollziehen. Die Diktatur des Proletariats ist für den Marxismus eine vorübergehende Erscheinung. Sie ist erforderlich, um die früher herrschende Klasse an einer wirkungsvollen Gegenrevolution zu hindern. Mit der Zeit fusioniert diese Klasse mit dem Proletariat und solchen Klassen, die, wie etwa die arme Bauernschaft, schon im Verlauf der Revolution für die

Sache des Sozialismus gewonnen wurden: es entsteht die klassenlose Gesellschaft, die eines umfassenden staatlichen Zwangsapparates entbehren kann.

Es ist unmöglich, an dieser Stelle eine kritische Darstellung des mächtigen Gedankenbaues des Marxismus zu geben. Nur bei der marxistischen Auffassung der Demokratie müssen wir kurz verweilen. Für den Marxismus kommt die Diktatur des Proletariats einer wahren Demokratie näher als die bürgerliche Demokratie. Bei dem ungeheueren Einfluß der besitzenden Klasse, der sich auf alle Gebiete des Gesellschaftslebens, auf die Erziehung, das Unterrichtswesen, die Kirche, die Presse, ja sogar auf Wissenschaft und Kunst erstreckt, vermag nach dem Marxismus die formale Demokratie an der Herrschaft einer kleinen Minderheit über das Volksganze nichts zu ändern; sie ist sogar die geeignetste Form für die Ausübung dieser Herrschaft. Dagegen funktioniert die Diktatur des Proletariats im Interesse der überwiegenden Majorität, weswegen sie demokratischer ist als die bürgerliche Demokratie, mag auch unter ihr der Zwang, der gegenüber den Konterrevolutionären ausgeübt wird, deutlicher und in schärferen Formen zutage treten als unter der bürgerlichen Demokratie der Zwang gegen die Majorität der Nichtbesitzenden.

Was sodann das Regime der klassenlosen Gesellschaft betrifft, so ist es vom marxistischen Standpunkt ein demokratisches im wahrsten Sinne des Wortes. Die Gesellschaft ist zu einer solidarischen Arbeitsgemeinschaft geworden, die allen ihren Mitgliedern die freieste Entfaltung ihrer Anlagen ermöglicht. An die Stelle des zur Unterdrückung der einen Klasse durch die andere bestimmten staatlichen Zwangsapparates ist eine umfassende Wirtschaftsorganisation getreten. An der Aufstellung und Kontrollierung des Wirtschaftsplanes kann sich bei der Erhöhung des durchschnittlichen Bildungsniveaus, die die Einführung des Sozialismus zur Folge hat, die ganze Bevölkerung beteiligen, ist doch unter dem sozialistischen Regime mit der Vergemeinschaftung des Eigentumes an den Produktionsmitteln die Vergemeinschaftung des Wissens verbunden. Erinnern wir uns an das, was gleich im Anfang bei der Gegenüberstellung von Plato und Protagoras gesagt wurde. Wenn für den wirtschaftlichen Produktionsprozeß eine einigermaßen straffe Totalorganisation erforderlich ist, so gilt das nicht für die übrigen Kulturgebiete. Hier können sich die individuellen Kulturbestrebungen in den verschiedenartigsten Formen organisch verbinden. Die klassenlose Gesellschaft des Sozialismus ist nicht als ein totalitärer Staat zu denken. Die Marxisten möchten von ihr den Begriff des Staates überhaupt fernhalten; trotzdem wird man sie als eine uneingeschränkte Demokratie bezeichnen können.

Erst mit dem Auftreten des Marxismus kommt es zu einem eigentlichen Schisma zwischen der bürgerlichen und der sozialistischen Geisteswelt.

Unter allen sozialistischen Lehren hat sich nur die von Marx und Engels als der Atlas erwiesen, der eine eigene sozialistische Welt zu tragen vermag. Das Bürgertum als Klasse hat den Marxismus abgelehnt; als machtvolle gesellschaftliche Strömung gehört der Marxismus zur Arbeiterbewegung, verhielte es sich anders, würde er mit sich selbst in Widerspruch geraten sein. Der Gegensatz zwischen der bürgerlichen und der marxistischen Weltanschauung äußert sich auch in der Stellungnahme zur Demokratie. Für das Bürgertum bleibt die ideale Staatsform die liberale Demokratie auf kapitalistischer Grundlage. Freilich erleidet die begeisternde Kraft des bürgerlichen demokratischen Ideals gegen Ende des Jahrhunderts eine erhebliche Abschwächung. Es setzt eine Krise der Demokratie ein, die heute noch nicht überwunden ist. Die Ursache hierfür ist, daß in der in Rede stehenden Periode der Monopolkapitalismus deutlich in Erscheinung tritt und auf die demokratischen Einrichtungen seinen Schatten zu werfen beginnt. Angesichts der Konzentrierung der kapitalistischen Mächte in den Riesenorganisationen der Trusts und Kartelle muß es selbst dem harmlosesten Beobachter allmählich klarwerden, wer eigentlich Herr im Hause ist. Dreihundert Männer, sagt Walther Rathenau, der zu den besten Kennern des zeitgenössischen Gesellschaftslebens gehörte, dreihundert Männer, die sich genauer gegenseitiger Bekanntschaft erfreuen, beherrschen die Welt. Oder, um einen Amerikaner reden zu lassen: Vor 40 Jahren, heißt es in einem in den dreißiger Jahren unseres Jahrhunderts erschienenen Buch über die 60 amerikanischen Familien, war Amerika eine Demokratie, heute ist es eine einer kleinen Zahl von immens reichen Familien gehörige Plutokratie. Unter dem Zeichen des Monopolkapitalismus läßt sich mit der liberalen Demokratie kein Staat mehr machen. Man mag sie immer noch jeder anderen Verfassung vorziehen, aber der Gedanke an die Freiheit, die sie dem Bürger bietet, kann das Herz kaum noch höher schlagen lassen. „Wie steht es bei Ihnen in der Schweiz mit der Freiheit?" fragte mich vor einigen Jahren ein bekannter amerikanischer Soziologe, den ich auf einer Auslandsreise kennenlernte – und als ich einen Augenblick mit der Antwort zögerte – ich konnte doch nicht sagen, wie ich es so gern getan hätte: tout va pour le mieux dans le meilleur des mondes –, gab er sie sich selbst: „Ich denke, es wird bei Ihnen mit der Freiheit gerade so stehen wie bei uns; man kann bei uns ungefähr alles sagen, was man will, ohne ins Gefängnis zu kommen, aber man bekommt keine Stelle, wenn man etwas sagt, das den Machthabern nicht genehm ist." Ist dieses richtig, und es ist, wenn schon vielleicht ein wenig übertrieben, so doch im wesentlichen richtig, dann vermag die De-jure-Demokratie nichts daran zu ändern, daß die überwiegende Mehrzahl einer De-facto-Oligarchie zu gehorchen hat.

Bedenkt man, daß die liberale Demokratie aufgehört hatte, ein erhebendes Ideal zu sein, was war dann dem Bürgertum in der Vorkriegszeit, das heißt in der Zeit vor dem 1. Weltkrieg, an Idealen geblieben? Die christliche Religion hatte schon seit lange viel von der Macht eingebüßt, die sie früher über die Gemüter besessen hatte. Die Philosophie erhob sich in eine Sphäre, die dem Durchschnittsmenschen schlechthin unzugänglich war. Sie war mehr ein feines Spiel des Geistes, als daß sie ein nutrimentum spiritus geboten hätte. Einer der bedeutendsten Philosophen der Epoche, Bertrand Russell, meinte, daß sie in der Metaphysik, einer ihrer beliebtesten Erscheinungsformen, aus Glossen, Wortassoziationen bestünde. Von dem großen amerikanischen Philosophen William James sagte der ihm kongeniale Genfer Fleurnoy, daß er der Menschheit eine Philosophie geben wollte, die sie zum Leben führe, anstatt aller derer, die sie dem Tode weihen. William James war und ist heute nur noch den wenigsten bekannt. Die Einzelwissenschaften machten anders als die Philosophie erstaunliche Fortschritte: sie dienten den verschiedensten Zwecken, nur nicht dem einer Vertiefung und Vergeistigung des Lebens.

Auch im sozialistischen Lager machte sich eine Depotenzierung des Ideals bemerkbar. Der Marxismus gewährt seinen Anhängern, obschon er in der Sprache der Wissenschaft Materialismus ist, den Glauben an ein hohes Ideal, an einen unbegrenzten Fortschritt des Menschengeschlechts auf allen Gebieten des geistigen Lebens. In der Vorkriegszeit droht der Marxismus selbst in den Ländern, in denen er zunächst festen Fuß in der Arbeiterschaft gefaßt zu haben schien, von einem Reformismus in den Hintergrund gedrängt zu werden, der eine ziemlich philiströse Angelegenheit ist.

Der größte Schweizer Dichter, Karl Spitteler, hat die Gesellschaft seiner Zeit in folgenden Versen meisterhaft gekennzeichnet:

Schlechte Gesellschaft

Es ist kein Mannesmark, es ist ein Teig
Mit Fäusten tapfer, im Charakter feig,
Es fehlt der Mut, der im Gewissen sitzt,
Der freie Geist, der frisch die Wahrheit blitzt.
Duckmäuser, hinter die Moral versteckt,
Blinzelt ein jeder pfiffig nach Respekt.
Mit Abstand ist ihr Muckerherz befrackt,
Heucheln, das Wort klingt schlecht, drum nennt man's Takt.

Mit Öl und Andacht salben sie ihr Haupt,
Vor einem Gott, an welchen keiner glaubt.
Prüd bis zur Zehe, bis zum Molekül,
Entbehren sie das erste Schamgefühl,
Das Schamgefühl, den Spiegel vorzunehmen

Und vor der Weltgeschichte sich zu schämen.
Denn was erstritten unserer Väter Taten,
Das haben sie verschachert und verraten.

Nur eine neue Weltanschauung beginnt in der Vorkriegszeit, wenigstens in einigen Ländern, geschichtlich bedeutsamen Einfluß zu gewinnen. Ich meine die Weltanschauung vom nationalen Machtstaat. Sie hat dann nach dem ersten Weltkrieg in der faschistischen Weltanschauung ihre höchste Steigerung erfahren. Die faschistische Weltanschauung wird am besten durch das von einem bedeutenden Staatsrechtslehrer stammende Wort charakterisiert: Das soziale Ideal ist der siegreiche Krieg. Versuchen wir, uns das Allerwesentlichste am Werdegang des Faschismus klar zu machen. Es gehört das zu unserem Thema, denn der Faschismus ist der gefährlichste Gegner, den die Demokratie bisher gefunden hat.

Der Kapitalismus veranlaßt in einem bestimmten Stadium Weltkriege. Die kapitalistische Wirtschaft eines Landes kann sich mit dem Binnenmarkt nicht begnügen. Sie sucht auswärtige Märkte, und sie sucht, soweit die Umstände es irgend gestatten, den Besitz von Kolonien, um sie sich als Rohstoff- und Absatzgebiet zu reservieren. Ist einmal die verfügbare Kolonialwelt unter eine begrenzte Zahl von Staaten aufgeteilt, dann kann es geschehen und ist geschehen, daß Länder, die bei der Verteilung leer ausgegangen sind, weil sie ihre wirtschaftlichen Potenzen erst verhältnismäßig spät voll entwickelt haben, den Anspruch auf eine Neuverteilung erheben. Dieser Anspruch kann nur im Wege einer kriegerischen Auseinandersetzung erfüllt werden, weil die beati possidentes zu einer freiwilligen Neuverteilung nicht bereit sind. Da in unserer Zeit die wirtschaftlichen Interessen aller Völker angesichts der Verflechtung der wirtschaftlichen Interessen aller Völker mehr oder weniger eng verknüpft sind, ist es jedesmal höchst wahrscheinlich, daß ein solcher Krieg zum Weltkrieg ausartet. In Ländern, die nach dem eben Gesagten durch ihre geschichtliche, insbesondere wirtschaftliche Entwicklung auf eine expansive Politik angewiesen sind, ist in ideologischer Hinsicht für eine Weltanschauung wie die des nationalen Machtstaates ein günstiger Nährboden gegeben. Auch profitierte diese Ideologie von der Armut an Idealen, die in der Vorkriegszeit herrschte. Immerhin hat sie in der Vorkriegszeit noch keine sehr deutlichen Formen angenommen, und wir wollen es dahingestellt sein lassen, in welchem Maß sie an dem Ausbruch des ersten Weltkrieges beteiligt ist. Der Hauptsache nach ist der erste Weltkrieg aus wirtschaftlich-imperialistischen, nicht aus ideologischen Gegensätzen hervorgegangen.

Die weitaus wichtigste Folgeerscheinung des ersten Weltkrieges war die siegreiche sozialistische Revolution in Rußland, die sogenannte Oktoberrevolution. Es gelang Lenin, dem Führer der im marxistischen Geist erzogenen und disziplinierten bolschewistischen Partei, das zaristische Riesenreich in den ersten sozialistischen Staat der Neuzeit umzuwandeln. Was uns an diesem Staat, der Sowjetunion, in dem uns beschäftigenden Zusammenhang vor allem interessierte, ist zweierlei: einmal, daß die Sowjetunion 1936 eine Verfassung erhielt, die man studieren muß, um sich ein genaueres Bild davon zu machen, wie sich dem Denken einer großen Zahl von Sozialisten eine sozialistische Demokratie darstellt. Sodann ist für uns von größter Wichtigkeit die Frage, wie das herrschende Bürgertum des Westens auf die Ereignisse in Rußland reagiert hat. Eine Analyse der Verfassung der Sowjetunion kann ich an dieser Stelle unmöglich geben, dagegen wollen wir bei dem zweiten Punkt einen Augenblick verweilen.

Der italienische Staatsmann Graf Sforza, dem niemand übertriebenen Respekt vor dem Bolschewismus zuschreiben wird, sagte einmal in einem Vortrag, den er in Basel hielt, die europäische Politik in der dem ersten Weltkrieg unmittelbar folgenden Periode sei wesentlich durch die Bolschewistenfurcht bestimmt worden. Ich zweifle nicht, daß er recht hat. Das herrschende Bürgertum des Westens hat intra muros et extra – ich meine innerhalb der sich faschisierenden Länder und außerhalb ihrer – den Faschismus gefördert, um ihn gegen die sozialistische oder kommunistische Gefahr als Schutzmittel zu verwenden. Die Entstehung des Faschismus hat mannigfache Ursachen, denen wir nicht nachzugehen brauchen. Da es eine schwer zu widerlegende communis opinio ist, daß die Völker, bei denen der Faschismus zur Herrschaft gelangte, nie eine wahre Demokratie besessen hätten, und da es mir am heutigen Abend um die Demokratie geht, habe ich vor allem festzustellen, wie die Staaten, die man wohl oder übel als demokratisch bezeichnen muß, wenn es überhaupt bisher so etwas gegeben haben soll wie eine Demokratie, sich gegenüber dem Faschismus verhalten haben. Nun wird es zwar heute in der bürgerlichen Weltpresse gerne verschwiegen, ist aber offenes Geheimnis, daß die maßgeblichen Kreise der authentisch-demokratischen Staaten gegenüber dem Faschismus jahrelang eine Politik der Konnivenz, die von aktiver Unterstützung schwer zu unterscheiden war, betrieben haben, wodurch sie die faschistischen Achsenstaaten beinahe zur Eroberung der Weltherrschaft gelangen ließen. Es geschah, um soweit als möglich der marxistisch eingestellten Arbeiterschaft das Rückgrat zu brechen, und in der Erwartung, die Waffengewalt des nach Osten drängenden Deutschlands werde den sozialistischen Staat zerschmettern. Das war eine verhängnisvolle Politik, und es war eine Politik, deren Einfluß auf die Fortentwicklung der Demokratie nach dem Zusammenbruch des Faschismus mit der Zeit immer deutlicher zutage treten wird. Nos actes nous suivent.

Der Zusammenbruch des Faschismus beruht, wie ich glauben möchte, letztlich auf seiner tödlichen Gegnerschaft gegen die sozialistische Demokratie. Unsere europäische Gesellschaft, um nur von ihr zu reden, ist in der Entwicklung der ihrem Regime innewohnenden Gegensätze in eine Krise geraten, die sich mit irgendwelchen kleineren Reformen nicht mehr lösen läßt. Wäre es möglich, so wäre es längst geschehen. Unsere Lage ist extrem. Man muß „les grands moyens" verwenden, wenn die Rettung gelingen soll. Um jeden Preis muß unsere Gesellschaft, der der Zerfall droht, geeinigt, integriert werden. Überdenkt man den geschichtlichen Prozeß, der zur Krise geführt hat, dann scheinen zwei, und nur zwei Integrationsfaktoren in Betracht zu kommen. Einmal der sozialistische Integrationsfaktor, das heißt die Begründung einer wahrhaft solidarischen Arbeitsgemeinschaft auf wirtschaftlichem Gebiet durch Vergemeinschaftung der wichtigsten Produktionsmittel. Sodann der alte Integrationsfaktor Krieg. Von jeher haben die Staatsmänner, wenn innere Zwistigkeiten die Gesellschaft zu sprengen drohten, die Kriegstrommel rühren lassen und sie durch dieses heroische Mittel für kürzere oder längere Zeit wieder zur Einheit zusammengeschlossen. Woher kommt dem Krieg solche integrierende Kraft? Es ist das eine Frage, die in der Literatur über den Krieg, wenn ich recht sehe, entweder überhaupt nicht aufgeworfen wird oder sehr ungenügend beantwortet zu werden pflegt. Ich habe mich in Vorträgen und Publikationen mehrfach mit der Frage beschäftigt. Hier in aller Kürze das Ergebnis, zu dem mich ihr Studium geführt hat. In unserer bisher stets durch Klassenkämpfe gespaltenen Gesellschaft ist der Krieg – so paradox es klingt – das einzige kollektive Unternehmen, in dem das ganze Volk eine solidarische Gemeinschaft des Handelns bildet, eine Gemeinschaft in der alle auf Gedeih und Verderb zusammenstehen, jeder seine beste Kraft für einen Erfolg einzusetzen glaubt, der allen gleichermaßen zugute kommt. Durch die Beteiligung an dem Gesamtwerk wird jeder über die Enge seiner individuellen Existenz hinausgehoben in dem erhabenen Gefühl der Vereinigung mit einem großen Ganzen. Dieses Gefühl befähigt den Durchschnittsmenschen zu heroischem Opfer, ihm ist es zuzuschreiben, daß William James den Krieg, dessen Beseitigung er aufs nachdrücklichste forderte, als den erfolgreichsten Erwecker moralischer Energien in der bisherigen Geschichte bezeichnen konnte, und daß er sich in dem Gedanken an den künftigen dauernden Frieden die Aufgabe stellte, ein moralisches Äquivalent für den Krieg ausfindig zu machen. Für James, dem der Sozialismus fernlag, war es schwer, die Aufgabe zu lösen – und er hat sie nicht gelöst: das gesuchte Äquivalent ist die in der Wirtschaft als im Elementaren beginnende und sich von hier aus auf den ganzen Gesellschaftsbetrieb erstreckende Arbeitsgemeinschaft des Sozialismus. In dem geschichtlichen Augenblick, in dem der Sozialismus nicht mehr eine Utopie, sondern dank der allmählich innerhalb der kapitalistischen Wirtschaft sich vollziehenden

Vergesellschaftung der Produktion eine naheliegende praktische Möglichkeit ist, wird der Krieg nicht nur entbehrlich, sondern er verfällt notgedrungen der Perversion, wenn er, wie es beim Faschismus der Fall ist, zum Gegenspieler des Sozialismus gemacht wird. Die Greuel, die die Kriegsverbrecherprozesse nicht enthüllen, wohl aber in ein besonders deutliches Licht gestellt haben, bezeugen die Perversion, von der ich rede. Welchen Weg sollen nach dem Sturz des Faschismus die Völker einschlagen, die ihn akzeptiert hatten? Nach der im Ausland am weitesten verbreiteten Ansicht sollten sie versuchen, sich im Geist der Demokratie umzuerziehen, wobei sie der Unterstützung der großen Demokratien des Westens sicher sein könnten. Was ist das für eine Demokratie, um die es sich hier handelt? Ist es die bürgerliche liberale Demokratie, die sich im 19. Jahrhundert konstituierte? Aber die Staaten, die diese Demokratie repräsentieren, haben doch, wie ich vorhin betonte und ernstlich gar nicht geleugnet werden kann, eine Politik betrieben, die es dem Faschismus ermöglichte, seine märchenhafte weltgeschichtliche Karriere zu machen! Arzt, hilf dir selber! Die Nationen, die sich als demokratische bezeichnen, folgen diesem Rat; sie suchen, sofern sie durch den Krieg in ihren Grundfesten erschüttert worden sind, ihre Demokratie zu erneuern. Wir müssen, sagt man in Frankreich, die Prinzipien der Französischen Revolution im Wirtschaftlichen zur Anwendung bringen. Das heißt nichts anderes, als für die formale Demokratie einen sozialistischen materiellen Gehalt fordern. Ein ähnlicher Vorgang spielt sich in England ab und in zahlreichen anderen Ländern. Verwirklicht ist die neue, die sozialistische Demokratie noch nirgends; aber der Zug zu ihr ist heute das bemerkenswerteste gesellschaftliche Phänomen in unserer europäischen Welt. Für Deutschland scheint mir eine sozialistische Einstellung besonders nahezuliegen. Die materielle Existenzbasis ist durch den Krieg in solchem Ausmaß zerstört worden, daß ein neuer Aufbau nur bei solidarischer Beteiligung alle Aussicht auf Erfolg hat. Seit dem Aufkommen der Weltanschauung vom nationalen Machtstaat hat sich eine kollektive Dynamik entwickelt, die durch die Katastrophe, die über das faschistische Regime hereingebrochen ist, wohl zeitweise lahmgelegt, nicht aber vernichtet werden wird: es muß ein konstruktives, schöpferisches Ziel gesetzt werden, und dieses Ziel kann kaum ein anderes sein als das sozialistische.

Ein neues Ziel! Nicht nur in der deutschen, in der europäischen Geschichte sind wir an einen Wendepunkt gelangt, an dem eine Neuorientierung unumgänglich wird. In diesem Augenblick werden allüberall Anstrengungen gemacht, um den status quo aufrechtzuerhalten. Welches ist die Triebkraft eines so zähen Widerstandes? Der Egoismus der herrschenden Klassen, antwortet man, die ihre Vorzugsstellungen nicht preisgeben wollen. Das ist etwas sehr Bedeutungsvolles. Aber ist das alles? Ich kann es nicht glauben. Es kommt der Beharrungssinn hinzu, der eine allgemein menschliche Eigenschaft ist. Denn „aus Gemeinem ist der Mensch gemacht", wie Schiller sagt, „und die Gewohnheit nennt er seine Amme". Unter einem Regime, das, wie das kapitalistische, jahrhundertelang währte, bilden sich unzählige Gewohnheiten des Denkens und Handelns, von denen wir uns, welches immer ihr Wert sein mag, nur schweren Herzens zu trennen vermögen. Die meisten unter Ihnen kennen Conrad Ferdinand Meyers Dichtung: Ulrich von Huttens letzte Tage. Hutten lebte, wie wir, in einer Zeit des Umbruchs, und er war, was nicht jeder von uns sein kann, eine Reformatorennatur. Und doch hatte auch der kühne Hutten Anwandlungen bangen Zweifels im Gedanken an das Kommende:

„Wer weiß, erlebst du noch die neue Welt,
Ob sie dem fränk'schen Edelblut gefällt."

Aber Hutten läßt sich durch den Zweifel in seinem Bekenntnis zur neuen Welt nicht schwankend machen: „Ich stieß ins Horn, bis mir das Herz zersprang." Folgen wir dem Ruf, der uns auffordert, eine neue Gesellschaftsordnung zu begründen!

Geistesfreiheit und Universitäten[1]

(1947)

Unter Geistesfreiheit läßt sich verschiedenes verstehen. Der Ausdruck kann auf die Abwesenheit von Hindernissen deuten, die in polizeilichen und administrativen Vorschriften oder in der materiellen wirtschaftlichen Lage begründet sind und dem freien Hervortreten des Gedankens in Rede und Druckschrift entgegenstehen. Das wäre die äußere Geistesfreiheit. Sie kann in einem Lande, das nach zwölfjähriger Herrschaft eines die menschliche Kultur aufs schwerste gefährdenden politischen Regimes und nach einem unsagbar verheerenden, mit totaler Niederlage endenden Krieg von den Siegermächten besetzt wird, unmöglich eine unbeschränkte sein. Die Freiheit, von der ich reden will, ist nicht die äußere. Sie besteht vielmehr im Bildungsprozeß des freien Geistes und in der Mitteilung dieses Geistes von Mensch zu Mensch. Die geschichtlichen Bedingungen für solche Freiheiten können sehr wohl gegeben sein, wenn die äußere Geistesfreiheit viel enger begrenzt ist als im heutigen Deutschland. So verhielt es sich im 18. Jahrhundert. Die großen gesellschaftlichen Reformatoren jener Epoche stießen bei dem Versuch, ihre Ideen einem zahlreicheren Publikum zugänglich zu machen, auf den erheblichen äußeren Widerstand seitens der damals regierenden Kreise. Die Unterdrückung nahm ein solches Ausmaß an, daß wir heute noch Schwierigkeiten haben, uns mit den Werken einzelner hervorragender Gesellschaftsdenker der damaligen Zeit im Originaltext näher vertraut zu machen. Und doch ist die Gesellschaftslehre des 18. Jahrhunderts nicht nur ein unvergängliches Monument des freien Geistes. Sie hat auch einer neuen Gesellschaftsordnung die geistige Grundlage gegeben. Die Zeit war eben reif für einen durchgreifenden Wandel im Zusammenleben der Menschen, für einen Wandel, wie er ohne Zutun des freien Geistes nicht vollzogen werden kann.

Umgekehrt liegen die Dinge in der sogenannten Vorkriegszeit, d. h. in den letzten Jahrzehnten vor dem ersten Weltkrieg. Die äußeren Hemmungen der Geistesfreiheit waren damals verhältnismäßig geringfügig.

[1] Vortrag, veröffentlicht in: Forum, Zeitschrift für das geistige Leben an den deutschen Hochschulen, 1947, Heft 6, S. 10–14.

Aber während es in den Niederungen des gesellschaftlichen Lebens bis hinauf zu den spezialwissenschaftlichen Höhen sehr lebhaft zuging, herrschte da, wo der freie Geist seine eigentliche Stätte hat, eine stagnierende Atmosphäre. Der geniale Schweizer Dichter Carl Spitteler hat in einem kleinen Gedicht – „Schlechte Gesellschaft" ist es überschrieben – das geistige Antlitz der Vorkriegszeit vortrefflich zu charakterisieren verstanden: „Es fehlt der Mut, der im Gewissen sitzt, der freie Geist, der frisch die Wahrheit blitzt." Scharfsinnige Beobachter des Gesellschaftslebens sahen ein Gewitter voraus. Ich gebrauche das meteorologische Gleichnis, da mir für eine soziologische Analyse die Zeit fehlt.

Das Gewitter ist nicht ausgeblieben. Das Naziregime ist zusammengebrochen wie in Deutschland die Häuser. Die sozialen Niveauunterschiede sind großenteils eingeebnet; wir stehen sozusagen alle nebeneinander auf der nackten Erde, befinden uns in einer Notgemeinschaft auf Gedeih und Verderb, die uns zwingt, in solidarischen Bemühungen die Gesellschaft neu aufzubauen. So ist es nicht nur in Deutschland, sondern auch anderwärts auf der Welt. Eine Neuordnung der gesellschaftlichen Verhältnisse ist unbedingtes Erfordernis, sofern die Menschheit nicht die physische Katastrophe und die bodenlose Schmach eines dritten Weltkrieges erleben soll. Im Entwicklungsgang der Gesellschaft pflegen beim Vorliegen eines unabweisbaren Bedürfnisses auch die Mittel zu seiner Befriedigung vorhanden zu sein. Was uns vor allem not tut bei der Erfüllung der geschichtlichen Aufgabe, die vor uns steht, ist die Erweckung des freien Geistes.

Daß auf dem Gebiete des gesellschaftlichen Denkens der freie Geist sich machtvoll zu regen beginnt, kann kaum bezweifelt werden. Das bedeutungsvollste Zeichen seiner Wirksamkeit ist, daß sich weite und einflußreiche Kreise von Politikern und Wissenschaftlern der sozialistischen Idee öffnen, gegen die sie sich früher hermetisch abgeschlossen hatten. Wir brauchen uns darüber nicht zu wundern. Ein tiefgreifender Wandel der gesellschaftlichen Verhältnisse, wie er gegenwärtig unabdingbar erforderlich ist, läßt sich nur vollziehen, wenn ein neues Ordnungsprinzip durch zähe Gedankenarbeit und in einem langwierigen Entwicklungsprozeß des geschichtlichen Geschehens hinlänglich vorbereitet ist. Diese Voraussetzung ist für den Sozialismus und ist, wenn wir uns nicht sehr täuschen, nur für ihn erfüllt. Blicken wir zunächst auf die äußeren Ereignisse, die für das allmähliche Anwachsen der sozialistischen Bewegung besonders kennzeichnend sind.

Den Anfang macht die Babeufsche Verschwörung im Endstadium der Französischen Revolution. Sie ist sozialistisch inspiriert, wennschon der Sozialismus, der sich in ihr äußert, ein einigermaßen primitiver ist. Die Verschwörung gehört in die Annalen der Geschichte, nicht nur in die der Polizei. Sie hatte beträchtlichen Umfang angenommen. Die Zahl der Teilnehmer wird auf etwa 17000 geschätzt. Immerhin genügten polizeiliche Mittel, um sie zu unterdrücken. 1848 geht die Pariser Arbeiterschaft auf die Barrikaden, um dem Sozialismus eine Gasse zu bahnen. Hier handelt es sich schon um einen eigentlichen Aufstand. Das Militär, befehligt von General Cavaignac, greift ein, und die Revolte wird eine der blutigsten. Nach ein paar Jahrzehnten sehen wir die Pariser Kommune entstehen. Sie ist noch kein sozialistischer Staat, hat aber immerhin ein sozialistisches Gemeinwesen zum Ziel, wennschon ein recht kurzlebiges. Dann endlich, in der Lebenszeit vieler von uns, die russische Oktoberrevolution, aus der ein sozialistischer Staat entstanden ist, dessen Territorium ein Sechstel des Erdballs umfaßt.

Nicht weniger eindrucksvoll sind die Erscheinungen, die den Weg des sozialistischen Denkens bezeichnen. Unter den gesellschaftlichen Denkern des 18. Jahrhunderts findet der Sozialismus nur ganz vereinzelt Vertreter. Aber die allgemeine Tendenz der Reformbestrebungen ist bei den hervorragendsten Geistern jener Zeit von der Art, daß man bei nachträglicher Diagnose deutlich erkennt, daß die Wendung zum Sozialismus früher oder später erfolgen muß. Die Wendung bringt dann der Frühsozialismus. Er wird in genialer Weise repräsentiert von Saint-Simon, Robert Owen und Fourier.

Trotz seiner Gegnerschaft gegen die Gesellschaftsphilosophie der Aufklärung in mehr als einer Hinsicht ist der Frühsozialismus doch ihr legaler Kronerbe. Der Frühsozialismus wird oft utopischer Sozialismus genannt. Utopisch war er in der Tat. Aber nicht in der Zielsetzung, in der er mit dem heutigen Sozialismus in wesentlichen Punkten übereinstimmt, sondern in seiner Auffassung der Mittel und Wege zur Verwirklichung seiner Reformprojekte. Owen, der 1771 geboren ist und bis in die fünfziger Jahre des letzten Jahrhunderts lebte, bekam das Kommunistische Manifest noch zu Gesicht und sagte nach der Lektüre, daß er im Hinblick auf das Ziel, das es zu erreichen gelte, mit ihm einig gehe und nur in der Frage der anzuwendenden Mittel von ihm abweiche. Marx und Engels, die Begründer des wissenschaftlichen Sozialismus, waren dann die Architekten der Brücke, durch die die Insel Utopia mit dem Festland der Realität verbunden wird.

Neben dem Marxismus gab es und gibt es zahlreiche Varianten des Sozialismus. Aber nicht mit Unrecht erklärten Gide und Rist, denen niemand Vorliebe für den Marxismus nachsagen kann, in ihrer Geschichte der volkswirtschaftlichen Lehrmeinungen, daß der Marxismus alle mit ihm konkurrierenden Lehren gänzlich in den Schatten gestellt habe. Heute läßt sich ohne Übertreibung behaupten, daß der Sozialismus in der Form des wissenschaftlichen Sozialismus bei den überall auf der Welt geführten Diskussionen über die Neugestaltung des gesellschaftlichen Lebens im Mittelpunkt des Interesses steht.

Jahrzehntelang ist der Marxismus an den Universitäten entweder ignoriert oder als eine quantité négligeable behandelt worden. Und doch war er und ist er, welches immer sein Wahrheitsgehalt sein mag, die am folgerichtigsten durchdachte Gesellschaftslehre, die wir besitzen, ja die einzige Gesellschaftslehre, die den Anspruch erheben kann, eine Theorie im strengen Sinne des Wortes zu sein. Handelte es sich bei seiner Vernachlässigung von seiten der offiziellen Wissenschaft nicht um eine Hemmung des Geistes durch Interessen, die mit den Interessen an der Wahrheit wenig zu tun haben? Könnte der Wandel, der nunmehr eingetreten ist, nicht ein Fortschritt sein auf dem Wege zur Geistesfreiheit?

Die Marxisten erklären, heißt es, jede von der ihrigen abweichende Ansicht als eine bürgerliche Ideologie, in der der Gegner notwendigerweise befangen ist und von der er nicht durch Gründe, sondern nur durch Änderung seiner Klassensituation abgebracht werden kann. Soweit diese Marxisten überhaupt – sagt man – eine objektive Wahrheit anerkennen, tun sie es in dem Gedanken, daß sie selbst eine Klasse vertreten, deren Interesse letzten Endes mit dem Interesse der gesamten Gesellschaft identisch ist, d. h., sie reservieren sich den ungeteilten Besitz der Wahrheit. Wie sollte da ein freier Meinungsaustausch mit ihnen möglich sein?

Ich gebe zu, daß solche Erwägungen nicht jeder sachlichen Berechtigung entbehren. Aber sie lassen doch die Situation in einem viel zu ungünstigen Licht erscheinen. Kein Marxist behauptet, daß ein jeder durch ein unentrinnbares Fatum an die Ideologie der Klasse gebunden sei, in die ihn Geburt und Erziehung versetzt haben. Die größten Marxisten, Marx selbst, Engels, Lenin, gehörten gemäß ihrer Abstammung und dem Milieu, in dem sie aufwuchsen, dem Bürgertum an. Das hat sie nicht gehindert, den wissenschaftlichen Sozialismus, die proletarische Wissenschaft, wie man auch sagt, zu begründen und fortzuentwickeln. Ja, Lenin hat gelehrt, daß die Erweckung des Klassenbewußtseins des Proletariats nicht von innen erfolgen könne, sondern auf einer Einwirkung von außen her beruhen müsse. Ferner hat Lenin bei seiner Auseinandersetzung mit bürgerlichen Ideologien stets aufs sorgfältigste ihren relativen Wahrheitsgehalt herauszuarbeiten gesucht; und er hat nachdrücklich diesen Wahrheitsgehalt anerkannt. Auch hat er es in den Diskussionen über den Aufbau einer sozialistischen Kultur als Selbstverständlichkeit bezeichnet, daß bei solchem Aufbau alles, was an dem von der bürgerlichen Gesellschaft hinterlassenen Kulturerbe wertvoll sei, Verwendung finden müsse.

Unser Geist, das dürfen wir wohl annehmen, ist für die Wahrheit bestimmt und nicht für den Irrtum. Von seiner einfachsten Funktion sagte Max Scheler zutreffend, sie heiße wahrnehmen und nicht falschnehmen. Was fesselt den Geist bei seinem Streben nach Wahrheit? Was macht ihn seiner Bestimmung abtrünnig? Es sind das, wie die Philosophie schon seit langem gesagt hat, unsere Vorurteile, gegen die wir unablässig anzukämpfen haben und die wir oft selbst bei redlichster Bemühung nicht zu überwinden vermögen.

Der Engländer Francis Bacon, der 1561 geboren ist, hat in seinem Novum organon eine ziemlich ausführliche Lehre von den Eidola, den Trugbildern des Geistes, entwickelt. Obschon die Eidola mit den Ideologien der ursprünglichen Wortbedeutung nach wenig zu tun haben, kann man doch die Baconsche Lehre von den Eidola als die erste Ideologielehre der Neuzeit ansehen. Bacon zählte zu den gefährlichsten Gegnern der Wahrheit die Trugbilder, die aus den Affekten, den besonderen von Individuum zu Individuum wechselnden Neigungen der Menschen, hervorgehen. Der menschliche Intellekt, sagt Bacon, hat kein trockenes Licht, sondern erliegt dem Einfluß der Affekte. Daher haben die Menschen nicht die Wissenschaften, die wahrer sind, sondern diejenigen, die ihnen besser gefallen. In der ersten Hälfte des 19. Jahrhunderts ist dann ein anderer bedeutender Gelehrter auf die irreführenden und den Geist hemmenden Einwirkungen der Affekte wieder etwas näher eingegangen. Auguste Comte war der Ansicht, daß die Wissenschaften teilweise durch ganz andere Affekte als durch das reine Streben nach Wahrheit beeinflußt werden. Indessen tröstete sich Auguste Comte, seiner Vorliebe für die Mathematik nachgebend, mit einer Art Wahrscheinlichkeitskalkül, demzufolge die den Geist in den verschiedensten Richtungen von der Wahrheit abziehenden Affekte sich in ihrer Wirksamkeit gegenseitig paralysieren und daher mit einem für die Wahrheit suchende Wissenschaft günstigen Endergebnis gerechnet werden darf.

Das Neue an der marxistischen Ideologielehre ist, daß sie die Entstellung der Wahrheit auf ein kollektives Interesse zurückführt, das als solches stärker als das bloße individuelle Interesse bei jeder Klasse einheitlich gerichtet ist und eine um so gefährlichere Macht besitzt, als es vom Unbewußten her das bewußte Leben in allen seinen Manifestationen in seinen Dienst zu stellen weiß. Unmöglich ist es, wie ich schon sagte, keineswegs, daß der einzelne dem Dämon des Klasseninteresses erfolgreich Widerstand leistet. Die marxistische Ideologielehre kann von erheblichem Nutzen sein und den Anspruch erheben, als ein wichtiges Mittel zur Befreiung des Geistes zu gelten. Bisher waren die Fälle verhältnismäßig selten, in denen der Geist die Fesseln durchbrach und sich auf einen objektiven Standpunkt, den Standpunkt der klassenlosen Wissenschaft, zu erheben wußte. Heute befinden wir uns in einem Stadium der wissenschaftlichen Entwicklung, in dem der Vorgang epidemischen Charakter annehmen kann. Die Katastrophe, die über uns hereingebrochen ist, hat die Klassen sicherlich nivelliert, hat die klassenlose Gesellschaft in so greifbare Nähe gerückt, daß es für den einzelnen nicht mehr gar so schwer sein sollte, sich mit ihr zu identifizieren. Tatsächlich ist es auch gegenwärtig in nicht wenigen Ländern, zu denen auch Deutschland gehört, nahezu eine Massenerscheinung, daß Leute, die ihr Leben lang bürgerlich gedacht haben, in ihrer Weltanschauung den Übergang zum wissenschaftlichen Sozialismus mit einem Schlage oder Schritt für Schritt vollziehen und sozialistischen Parteien beitreten. Darüber darf man freilich nicht vergessen, daß es noch zahlreiche Länder gibt, wo zwar ein neuer freier Geist spürbar ist, die alte Klassenspannung und die mit ihr verbundene geistige Verkrampfung aber immer noch eine erhebliche Rolle spielt.

Vor allem sollte, wer ein zutreffendes Bild der geistigen Lage unserer Zeit gewinnen will, nie außer acht lassen, daß die Menschen in ihrem Fühlen und Denken mindestens ebensosehr wie durch ihre gegenwärtige Situation durch die Lebensverhältnisse, insbesondere die gesellschaftlichen Verhältnisse, bestimmt werden, in denen sie selbst oder sogar ihre Vorfahren sich in der Vergangenheit befunden haben. Es ist dies eine etwas merkwürdige Sache, die ich hier nicht zu erklären versuchen kann.

Obwohl der Pulsschlag des Individuums viel rascher ist als der der Geschichte, eilen nur wenige ihrer Zeit voraus, die meisten pflegen hinter ihr zurückzubleiben. Nach den soeben angestellten Erwägungen scheinen mir in unserer Zeit die Bedingungen für die Geistesfreiheit an unseren Universitäten, wie im Leben der Freiheit überhaupt, günstiger zu sein als in dem vorausgehenden Jahrzehnt unter Einschluß der Vorkriegszeit.

Unter dem freien Geist, soweit er sich im Betriebe der Wissenschaft äußert, verstehe ich dabei den Geist, der die Wahrheit nicht nur sucht, was die Menschen von jeher getan haben (alle Menschen – sagt Aristoteles – streben von Natur nach Wahrheit), sondern auch zu finden imstande ist. Aber sollten nicht die gleichen geschichtlichen Veränderungen, die auf der einen Seite nach der hier vertretenen Ansicht zu einer Förderung der geistigen Freiheit geführt haben, auf der anderen Seite eine Gefährdung für sie mit sich bringen? Viele bejahen diese Frage. Die neue Gefahr sehen sie darin, daß die Politik in die Stätte der Wissenschaft eingedrungen ist, die Politik mit ihrer leidenschaftlichen Parteinahme, die das Gegenteil jener geistigen Objektivität sei, ohne die es keine Wissenschaft gibt. Es sei zu begrüßen, daß der Marxismus an unseren Universitäten stärker diskutiert werde, als es bisher der Fall gewesen sei, und man sollte darin einen Zuwachs an geistiger Freiheit sehen. Aber der Marxismus fordert, daß sich Theorie und Praxis aufs engste miteinander verbinden. Es gäbe keinen anderen Beweis für die Wahrheit seiner Lehre als ihre Bewährung in der Praxis. Da nun der Marxismus im wesentlichen politische Wissenschaft sei, schicke er seine Jünger in die Arena der politischen Kämpfe, liefere sie den Leidenschaften aus, die hier herrschen, und mache ihnen die innere Sammlung und das stille konzentrierte Nachdenken unmöglich, die als ein Bestandteil des wissenschaftlichen Studiums unentbehrlich seien.

Sehen wir zu, inwieweit eine solche Argumentation als berechtigt anzuerkennen ist. Der Zusammenhang zwischen theoretischer und praktischer Tätigkeit ist nach marxistischer Auffassung ein besonders enger. Aber der Unterschied zwischen beiden verwischt sich doch bei den Marxisten nicht. Die bedeutendsten Repräsentanten des wissenschaftlichen Sozialismus wußten so gut wie jeder, was Wissenschaft ist und welches die Voraussetzungen erfolgreicher wissenschaftlicher Arbeit sind. Sie rechneten die innere Sammlung und Konzentration des Denkens, von denen eben die Rede war, zu diesen Voraussetzungen. Sie haben das politische Geschäft, dem obzuliegen sie für ihre Pflicht hielten, nicht selten als eine Störung ihrer wissenschaftlichen Arbeit empfunden.

Was unsere Dozenten und Studierenden betrifft, so werden sie sich vor Augen halten, daß Politik und Wissenschaft, auch Gesellschaftswissenschaft und politische Wissenschaft im engeren Sinne, trotz ihrer nahen Verbindung zweierlei sind, daß die Wissenschaft nicht der Politik untergeordnet werden darf, daß vielmehr die Politik, indem sie zum Gegenstand der Wissenschaft wird, einen Klärungsprozeß zu durchlaufen hat. Nur so gelangt man zu einer wahrhaft einsichtsvollen Politik und zu einer lebensvollen Gesellschaftswissenschaft. Es ist sehr begreiflich, daß nicht wenige unserer Studierenden nach dem, was sie von der Politisierung aller Lebensverhältnisse im Dritten Reiche erfahren haben, von Widerwillen gegen die Politik als solche erfüllt sind und – welcher Wissenschaft sie sich auch widmen mögen – nicht nur einen scharfen Trennungsstrich zwischen Politik und Wissenschaft machen, sondern überhaupt die aktuellen politischen Probleme aus ihrem Gesichtskreis ausscheiden, um sich ganz der Wissenschaft ergeben zu können. Aber so begreiflich dieses ist, so wenig kann es gebilligt werden. Es mag Zeiten gegeben haben, in denen das eben bezeichnete Verhalten am Platze war und dem Fortschritt der Wissenschaft diente. Unsere Zeit ist aber eine andere, für uns ist es heute die dringlichste aller Aufgaben, die Gesellschaft neu zu ordnen, eine neue Politik zu finden und durchzuführen. An der Erfüllung dieser Aufgabe muß jeder in irgendeiner Form, aber stets mit seiner ganzen Person mitarbeiten. Wer sich dieser Pflicht entzieht, wird innerlich verkümmern. Innerlich verkümmernde Menschen sind unfähig, die Wissenschaft zu fördern. In den Epochen, die der unseren einigermaßen verwandt waren, haben die Gesellschaftslehrer, deren Namen uns erhalten sind, an den politischen Fragen ihrer Zeit leidenschaftlich Anteil genommen. Solche Leidenschaft hat sie nicht blind, sondern hellsichtig gemacht für das Objekt, das sie zu erforschen suchten. Freilich haben sie nur Teilwahrheiten geschaut, denn die ganze Wahrheit besitzt niemand. Die apolitische Einstellung eines nicht geringen Teiles unserer Studentenschaft – ich nehme das „nicht gering" nicht nur im Quantitativen, sondern auch im Qualitativen – ist in ihrem eigenen Interesse und im Interesse der Pflegestätten der Wissenschaft aufs nachdrücklichste zu bekämpfen. Die Jugend pflegt in ihrem moralischen Urteil streng zu sein, und sie neigt zu rasch zu Verallgemeinerungen. Daher kann es leicht dazu kommen, daß sie im summarischen Verfahren die Politik, so wie sie tatsächlich betrieben wird, einfach als unmoralisch verurteilt. Sieht man näher zu, werden wir von dieser Jugend belehrt, dann erkennt man, daß überall bei den Politikern, welcher Partei sie auch angehören – einzelne Ausnahmen bestätigen die Regel –, die Macht das ausschlaggebende Motiv ist und daß die gleiche Skrupellosigkeit herrscht im Gebrauche der Mittel, durch welche Macht gewonnen und erhalten wird. In Wahrheit verhält es sich nun aber doch so, daß jede Partei, die eine große Sache vertritt, Mitglieder findet und einflußreich werden läßt, die ihrer Persönlichkeit nach dieser Sache würdig sind, und daß andererseits jede Partei in ihrem Mitgliederbestande zahlreiche moralisch mehr oder weniger fragwürdige Elemente hat, die sie in einem nicht von vornherein zu bestimmenden Maße kompromittieren können.

Wer wissen will, was in der Politik vor sich geht, der schlägt nie den besten Weg ein, wenn er die sämtlichen Mitglieder der Partei, soweit das möglich ist, auf ihre moralischen Qualitäten prüft oder sich in die verschiedenen Parteiküchen begibt, um festzustellen, ob hier alles sauber vor sich geht. Politische Parteien sind geschichtliche Erscheinungen und wollen als solche eingeschätzt werden. Sie sind in erster Linie nach den Ideen zu beurteilen, die sie vertreten, und nicht nach ihrem Personalbestand oder nach diesen oder jenen einzelnen Aktionen.

Ich will, was ich meine, an einem Beispiel verdeutlichen. Marx und Engels haben nicht nur in der Geistesgeschichte, sondern auch in der politischen Geschichte eine bedeutende Rolle gespielt. Sie haben der Arbeiterbewegung eine innere Einigkeit und eine Energie mitgeteilt, die sie vorher nicht besessen hatte. Erst durch ihre politische Wirksamkeit ist die Arbeiterbewegung ein geschichtsbildender Faktor im internationalen Maßstabe geworden. Die Idee, in deren Dienst sie sich stellten, ermangelt sicherlich nicht der Größe, und sie haben sich für sie mit einer Selbstlosigkeit eingesetzt, der wir unsere Bewunderung nicht versagen können. Das geschichtlich Objektive und das persönlich Individuelle stehen hier im Einklang. Wenn man nun aber den Briefwechsel zwischen Marx und Engels liest, dann sieht man, daß die Mitarbeiter, die sie heranziehen mußten, um ihr kühnes Unternehmen durchzuführen, zum erheblichen Teil nach ihrem Urteil, um es milde auszudrücken, sehr viel zu wünschen übrigließen. Trotzdem hatten Marx und Engels an der Wahrheit und siegreichen

Macht ihrer Sache nicht gezweifelt. Sie unterschieden eben die Sache, die Idee, den geschichtlichen Prozeß von den individuellen Mitspielern, die man schließlich nehmen muß, wie der Alltag sie gibt. Sollen die Studierenden, die von einer übertriebenen, wenn schon aus den Ereignissen der jüngsten Zeit leicht erklärlichen Abneigung gegen alles Politische ergriffen sind, für die Wissenschaft vom öffentlichen Leben und für dieses Leben selbst gewonnen werden, dann müssen wir versuchen, sie dazu anzuleiten, geschichtlich zu denken, denn das geschichtliche Denken ist das beste Heilmittel für das Leiden, um das es sich handelt. Um geschichtlich denken zu können, muß man zunächst das Organ, durch das die spezifisch geschichtlichen Erscheinungen, die kollektiven Phänomene, als Ganzheiten erfaßt werden, an sich zu entwickeln verstehen. Dazu hilft vor allem die Bekanntschaft mit den Werken der Gesellschaftslehrer, die in besonderem Maße den landläufigen Fehler vermieden, auf geschichtlichem Gebiet den Wald vor Bäumen nicht zu sehen. Ich würde zu ihnen unter anderem Comte rechnen; sein Dreistadiengesetz ist ein viel zu abstraktes Schema, um den Gang der geschichtlichen Entwicklung erklärlich zu machen. Aber bei seinem Versuch, an Hand einer geschichtlichen Betrachtung die Richtigkeit seines Gesetzes zu beweisen, tritt die Fähigkeit, das Gesellschaftliche in seiner Eigenart zu sehen und darzustellen, aufs deutlichste zutage. Vergleicht man die Comtesche Gesellschaftsbetrachtung mit der individualisierenden der Aufklärung, dann wird der Unterschied geradezu frappierend. Was wir an Comte schätzen, findet sich in noch höherem Grade in der Gesellschafts- und Geschichtsphilosophie Hegels, und bei Hegel sind Marx und Engels in die Schule gegangen. Wem sich einmal das Auge für spezifisch geschichtliche Phänomene geöffnet hat und wer es versteht, diese Phänomene miteinander in Zusammenhang zu bringen, bevor sie ihm – das ist die Schwierigkeit – in ihre individuellen Komponenten zerfallen, der wird aus der Universalgeschichte des menschlichen Geistes Verständnis gewinnen für die Aufgaben, vor die die Menschheit gegenwärtig gestellt ist, und wird sich von dem Vorurteil befreien, daß Politik ausschließlich eine Sache kleingeistiger, ehrgeiziger, selbstsüchtiger Individuen sei. Geistesgeschichte ist für unsere Zeit das eigentliche Bildungsfaktum, nicht alte oder moderne Sprachen, Naturwissenschaften oder Mathematik. Das müßte schon im Schulunterricht berücksichtigt werden. Für die Studierenden unserer Universitäten sollte es selbstverständlich sein, daß sie sich – welcher Fakultät sie auch angehören mögen – mit Geistesgeschichte eingehend zu beschäftigen haben. Diese Beschäftigung kann ihnen mehr als alles, was sie sonst an der Universität betreiben, dazu verhelfen, zu freien, gebildeten Persönlichkeiten zu werden, die den schweren Problemen der Gegenwart gewachsen sind. Sie bei der Bemühung um die Erreichung dieses Zieles zu fördern ist die vornehmste Aufgabe der Universitäten und die höchste Pflicht, die die Universitäten gegenüber der Nation zu erfüllen haben. Wie mir scheint, werden durch keine uns zur Verfügung stehende Geschichtstheorie die zahllosen Verschlingungen des geschichtlichen Weges so einleuchtend erklärt wie durch den historischen Materialismus. Wenn man zum historischen Materialismus keinen Zugang findet, dann nehme man einmal die kurze Weltgeschichte des jüngst verstorbenen berühmten englischen Schriftstellers H. G. Wells zur Hand; sie ist mehr eine Vision als eine streng wissenschaftliche Arbeit, aber eine Vision, die des Wahrheitsgehaltes nicht entbehrt. Sie zeigt, ohne die Zusammenhänge im einzelnen genauer zu erfassen und zu erklären, wie die Menschheit bestimmt ist, sich aus der Dunkelheit, Vereinzelung, Ohnmacht den Weg zum Licht und zur Herrschaft über die Natur zu erkämpfen, indem sie ihre Kräfte in einer solidarischen Arbeitsgemeinschaft verteilt.

Je mehr man Geistesgeschichte studiert, um so stärker erkennt man, daß der Geist der ältesten Vergangenheit Geist von unserem Geist ist, daß die Ideen, deren Verwirklichung wir von der Zukunft erhoffen, wennschon in anderen, primitiveren Formen, die Menschen früherer Epochen inspirierten, daß der Kampf, der vor Jahrtausenden um eine bessere, glücklichere Zukunft der Menschheit geführt wurde, im Grunde genommen der gleiche ist wie der, in dem wir heute stehen. Es bildet sich ein Gefühl der Verbundenheit mit den Geschlechtern, die vor uns gelebt haben, ein Gefühl, das den Mut erhöht, mit dem wir uns an die Erfüllung der uns obliegenden Aufgaben heranmachen. Der moderne Mensch ist stolz auf seine Wissenschaft, und er sieht in der Wissenschaft eine seiner allerhöchsten Kräfte, die ihm nicht nur die Beherrschung der Natur durch die Technik ermöglicht, sondern die ihm auch bei der Bemühung um das, was letztlich nottut, für die Befriedigung seiner höchsten geistigen Bedürfnisse, unschätzbare Dienste leistet.

Der Skeptizismus im Hinblick auf die Leistungsfähigkeit der Wissenschaft, die irrationalistischen Strömungen, die seit Jahrzehnten und heute immer noch in weiten Kreisen Sympathien finden, dürften vorübergehende Erscheinungen sein; sie haben dazu beigetragen, daß auf der anderen Seite der fortschrittlich Denkenden der Rationalismus teilweise exzessive Formen annimmt, daß die Wissenschaft verabsolutiert als ein Idol behandelt wird. Besinnung auf die Geistesgeschichte kann uns von dieser Art geistiger Unfreiheit befreien. Längst ehe es die Wissenschaft gab, mit deren Hilfe sich die Natur und sogar das menschliche Zusammenleben meistern lassen, sind Lehren entstanden und verbreitet worden, die die Menschen auf ein höheres geistiges Niveau erhoben. Die Inspirationen, aus denen sie hervorgingen, stammten aus dem Herzen genialer Persönlichkeiten. In unserem wissenschaftlichen Zeitalter ist solche Inspiration nicht überflüssig geworden. Sie wird nicht ersetzt durch die Entfaltung der Ratio, die sich in der Wissenschaft äußert. Es verhält sich vielmehr so, daß der Elan der Seele jede Weltanschauungslehre, jede Philosophie beleben muß, die bestimmt ist, sich die Gemüter der Menschen zu erobern. Das gilt auch für die rationalistische Philosophie in ihrer neuesten Form, für den wissenschaftlichen Sozialismus.

Es gehört zur Freiheit des Geistes, daß wir uns bewußt bleiben, daß die Wissenschaft nicht mehr und nicht minder ist als das vornehmste Vehikel des Geistes und nicht der Herr über den Geist. In ihrer höchsten Manifestation ist und bleibt die Wissenschaft Philosophie, und die Philosophie ist nicht Sache einer Erkenntnis, der das Geistige sich willenlos zu beugen hätte; sie hat zu ihren Quellen, aus denen sie nicht nur entspringt, sondern aus denen sie sich ständig nährt, die Liebe zum Menschen und den Glauben an seine hohe Bestimmung.

Das Verhältnis der Philosophie zu den Einzelwissenschaften und zur Bildungsaufgabe unserer Zeit[1]

(1949)

Philosophie und Einzelwissenschaften sind in ihren Anfängen kaum unterscheidbar. Die ältesten Philosophen des Okzidents, Thales, Anaximander, Anaximenes, Pythagoras, waren zugleich die Begründer zahlreicher Einzelwissenschaften. Bei den Vorsokratikern des 5. Jahrhunderts, bei Anaxagoras, Empedokles, Demokrit, gehen Philosophie und Naturwissenschaften aufs engste zusammen. Der Ausdruck „Vorsokratik" führt auf die rechte Spur, wenn wir den auf Philosophie und Einzelwissenschaften bezüglichen Differenzierungsprozeß erfassen wollen. Sokrates kümmert es nicht, aus welchem Stoff die Gestirne sind und nach welchen Gesetzen sie sich bewegen. Ihn beschäftigt ausschließlich die Frage nach dem rechten, guten, wahrhaft glücklichen Leben. Die vielseitige Wißbegierde, die sich in den Einzelwissenschaften äußert, ist ihm fremd. Das „Eines tut not" bildet das Leitmotiv seiner Rede wie der der Religionsstifter.

Die Philosophie will den Menschen Stecken und Stab sein auf der Lebensreise. Sie will eine Weltanschauung bieten, die sich unmittelbar praktisch verwerten läßt. Sie lehnt es ab, sich mit ihren jeweiligen Einzelleistungen in einen geistesgeschichtlichen Prozeß einzuschalten, der sich allmählich in einer sich über die Jahrhunderte erstreckenden Kollektivarbeit der Wahrheit annähert. Was sie zu sagen hat, soll definitive Bedeutung haben. Scio me veram invenisse philosophiam. Dies Wort Spinozas könnte nahezu jeder Philosoph gesprochen haben. Dagegen sind die Einzelwissenschaften, mögen sich auch ihre Vertreter dessen nicht immer bewußt werden, von Hause aus darauf eingestellt, sorgfältig Stein auf Stein aneinanderzufügen, bis sich im Lauf der Zeiten das Gebäude aufbaut, das wir heute vor uns haben und von dem wir sehen, wie es in die Breite und in die Höhe wächst. Daraus, daß die Philosophie nicht die gleiche Geduld besitzt wie die Einzelwissenschaften, vielmehr rasch zu dem für eine Weltanschauung erforderlichen Abschluß kommen möchte, folgt nicht, daß sie in jeder Beziehung unkritischer vorgehen würde als

[1] Vortrag, veröffentlicht in: Volkshochschule, Berlin und Leipzig 1949, S. 194–205.

diese. In erkenntnistheoretischer Hinsicht gilt das Gegenteil. Die Einzelwissenschaften sind erkenntnistheoretisch naiv, von einem ungeprüften Vertrauen in die Erkenntnisfähigkeit des menschlichen Geistes ausgehend, vermehren sie ihre Kenntnisse und werden dieser um so gewisser, je mehr sie durch die Erfahrung, durch die Lebenspraxis, bestätigt werden. Dagegen hat sich die Philosophie in ihrem Bestreben, alsbald Definitives zum Nutzen ihrer Adepten auszusagen, von jeher aufs eingehendste mit der Frage beschäftigt, ob der Mensch irgend etwas mit Sicherheit zu erkennen vermag. In ihrer Erkenntnistheorie sind die Philosophen zur Aufstellung von Prinzipien gelangt, die einen größeren oder kleineren Kreis als absolut zuverlässig erschienen, und haben dann in vielen Fällen auf solchem Fundament Systeme aufgebaut, in die allerhand Vorurteile und Phantasiekonstruktionen in reichem Maße Eingang fanden. Es kann als Regel gelten, daß die Philosophen im Ausgangspunkt kritischer sind als die Einzelwissenschaftler, dagegen im weiteren Verlauf ihrer Denkarbeit ungleich weniger kritisch als diese. An Descartes läßt sich die Regel wie an keinem andern verdeutlichen. Im Hinblick auf seine Erkenntnistheorie und die an sie anknüpfende Metaphysik durfte einer seiner Landsleute mit vollem Recht von ihm sagen: Er beginnt damit, an allem zu zweifeln, und endet damit, daß er an alles glaubt, dagegen trägt sein mathematisch-physikalisches Weltbild den Stempel des nüchternen Geistes der Naturwissenschaften. Der Gegensatz beruht auf der grundsätzlich verschiedenen Zielrichtung der Philosophie und der Einzelwissenschaften.

Der Gegensatz darf nicht überspannt werden. Das Beispiel von Descartes zeigt, daß große Philosophen zugleich Meister einer oder mehrerer Einzelwissenschaften sein können. Auch ist die Verbindung bisweilen von der Art, daß solideste und den Fortschritt der Wissenschaften machtvoll fördernde Leistungen und mehr oder weniger willkürliche philosophische Spekulation ineinander übergehen. Bemerkenswerter ist, daß die Einzelwissenschaften seit ihrer Entstehung von den Philosophen weitgehend zur Illustration und sogar zum Beweis für die Darstellung ihrer Weltanschauungen verwertet wurden. Mit dem erstaunlichen Aufschwung, den die Wissenschaften, namentlich die Naturwissenschaften, in der Neuzeit genommen haben, tritt die Philosophie zu ihnen in immer engere Beziehungen. Bei Leibniz springt das in die Augen. Auch Schopenhauer, bei dem es nicht so deutlich zutage tritt, hat eine gründliche Kenntnis der Wissenschaften seiner Zeit in den Dienst seiner Philosophie gestellt. Dabei war er sich des Unterschiedes der Einzelwissenschaften von der Philosophie sehr klar bewußt und überschätzte sogar diesen Unterschied. Als er davon hörte, daß jemand ihn mit den großen Naturforschern der Epoche auf eine Stufe gestellt habe, sagte er, man könne geradesogut den Chimborasso mit einem Maulwurfshügel vergleichen. Etwas anders verhält es sich in der uns hier interessierenden Beziehung mit Bergson. Dieser meinte, seine Metaphysik sei ihm ohne weiteres als reife Frucht seiner psycho-pathologischen und biologischen Studien zugefallen. Aber zwischen den einzelwissenschaftlichen Untersuchungen und Feststellungen, die wir in „Matière et mémoire" und in der „Evolution créatice" finden, und der Bergsonschen Weltanschauung besteht ein weiter Abstand, der mit den verwegensten, sich als Wahrheiten gebärdenden metaphysischen Hypothesen ausgefüllt ist.

Etwas durchaus Neues, etwas epochemachend Neues im Verhältnis der Philosophie zu den Einzelwissenschaften begegnet uns in dem Augenblick, in dem der Marxismus oder der den historischen Materialismus in sich schließende dialektische Materialismus auf den Plan der Geistesgeschichte tritt. Diese Lehre, die den Höhepunkt der bisherigen Philosophie bildet und die, welche Entwicklung ihr auch in ihren einzelnen Teilen bevorstehen mag, in ihren Grundzügen die Philosophie der Zukunft sein wird, hat zu ihrem Kernstück eine allen an eine exakte moderne Wissenschaft gestellten Anforderungen entsprechende Wirtschaftswissenschaft. Die marxistische Wirtschaftswissenschaft hat evolutiven Charakter. Das befähigt sie, die Grundlage für eine Geschichtswissenschaft zu werden. Eine Wirtschaftswissenschaft besaßen wir schon vor dem Marxismus in der klassischen Nationalökonomie des 18. Jahrhunderts. Aber diese Nationalökonomie erfaßte nicht die Entwicklungsgesetze der Wirtschaft und konnte daher nicht eine Geschichtswissenschaft fundieren. Eine Geschichtswissenschaft im strengen Sinn des Wortes, also als Gesetzeswissenschaft, hat es vor dem Marxismus nicht gegeben, vielmehr nur Geschichtsschreibung. Die angeblichen geschichtlichen Gesetze, wie etwa Auguste Comtes Dreistadiengesetz, sind viel zu vage allgemeine Schemata, als daß sie ernstlich als eigentliche Gesetze gelten dürften. Damit eine die Entwicklungsgesetze der Wirtschaft aufdeckende Wissenschaft in eine Geschichtswissenschaft ausmünde, muß der Nachweis erbracht werden, daß das gesamte übrige Gesellschaftsleben von dem jeweiligen Regime der Volkswirtschaft und seinen Änderungen funktionell abhängig ist. Dieser Nachweis ist von Marx und Engels und ihren Nachfolgern erbracht worden. Es handelt sich um die bekannte Lehre vom geistigen Überbau, eine Lehre, die von der bürgerlichen Wissenschaft de jure bekämpft wird, aber sich nichtsdestoweniger ihrer Anerkennung de facto erfreut, insofern die meisten bürgerlichen Bearbeiter der Geisteswissenschaften, ohne es zuzugeben und vielleicht auch ohne sich dessen bewußt zu werden, mehr oder weniger erhebliche Anleihen an sie machen. Der Marxismus bietet uns eine Geschichtswissenschaft, die nicht nur sagt, wie es gewesen, sondern auch wie es gekommen ist und wie es weiterhin kommen wird. Letzteres ist von besonderer Wichtigkeit. Savoir c'est prévoire, sagt Auguste Comte. Die Gesellschaft wird, um es ganz kurz zu formulieren, aus dem Stadium des Kapitalismus in das der Klassenlosigkeit übergehen. Die klassenlose Gesellschaft, das ist der Sache, wenn auch nicht dem Ausdruck nach ein altes Menschheitsideal. Sie ist im Grunde genommen nichts anderes als die Gesellschaft der Freiheit, Gleichheit und Brüderlichkeit, wie sie den Gesellschaftsdenkern der Aufklärung im 18. Jahrhundert vorschwebte, eine solidarische Arbeitsgemeinschaft, an der alle als freie und gleiche Wesen beteiligt sind. Die Erkenntnis, daß die solidarische Arbeitsgemeinschaft durch eine durchgreifende Änderung des Wirtschaftsregimes, durch Einführung einer sozialistischen Wirtschaftsordnung zu begründen ist, war die Erkenntnis, die der Frühsozialismus der Gesellschaftsphilosophie der Aufklärung voraushatte. Aber der Frühsozialismus erkannte noch nicht, auf welchem Wege der große Wandel verwirklicht werden kann. Er glaubte, hierzu genüge ein Appell an den guten Willen der Menschen. Insofern war er Utopismus. Erst der Marxismus hat gezeigt, daß die gesetzmäßigen Entwicklungstendenzen der modernen kapitalistischen Wirtschaft auf den Übergang vom kapitalistischen Regime zur klassenlosen Gesellschaft hindrängen. Freilich stellt sich die klassenlose Gesellschaft nicht von selbst ein. Der Geschichtsprozeß vollzieht sich im Handeln der Menschen. Damit der Schritt vom Kapitalismus zum Sozialismus getan werde, muß die vom Kapitalismus unterdrückte Klasse, das Proletariat, sich der Aufgabe bewußt werden, die Forderung der geschichtlichen Entwicklung zu erfüllen. Keine andere Klasse als das Proletariat kann bei der Befreiungstat die führende Rolle übernehmen, weil sie ihm in erster Linie zugute kommt und ihre wohltätigen Wirkungen für die ganze Gesellschaft erst allmählich äußert. Der Marxismus oder wissenschaftliche Sozialismus erweckt bei der Arbeiterschaft, zunächst bei ihrer Avantgarde, das Klassenbewußtsein und das Bewußtsein ihrer historischen Mission und gibt den Arbeiterparteien eine Anweisung für die von ihnen zu befolgende Politik, der sie ihre bisherigen Erfolge im Kampf für den Sozialismus zu verdanken haben. Die wissenschaftliche Vorausberechnung der Zukunft, mit deren Hilfe der Marxismus die gesellschaftliche Bewegung beeinflußt, ist durch die späteren Ereignisse in hohem Maß bestätigt worden. Dabei muß man freilich im Auge behalten, daß eine historische und politische Wissenschaft in Anbetracht der Eigenart ihres Gegenstandes die Wendungen der Geschichte nicht mit der gleichen Genauigkeit voraussagen kann, wie dies der Astronomie im Hinblick auf eine Mondfinsternis möglich ist. Nur in ihren großen Zügen, insoweit als es für eine wirkungsvolle Politik erforderlich ist, vermag die Wissenschaft die künftige Entwicklung der Geschichte im Geist vorwegzunehmen. Glücklicherweise ist es so. Wären ihre Antizipationen so präzis wie die der mathematisierten Naturwissenschaften, dann würde das Dasein der Menschheit seinen dramatischen Reiz verlieren. Wer dies bedenkt, wird finden, daß der Marxismus alle Erwartungen erfüllt hat, die man verständigerweise auf eine Wissenschaft setzen darf, die sich anheischig macht, den Lauf der Geschichte nicht nur für Vergangenheit und Gegenwart, sondern auch für die Zukunft als einen gesetzmäßigen zu enthüllen. Schon das Kommunistische Manifest, eine Jugendarbeit von Marx und Engels, hat ein im wesentlichen zutreffendes Bild der kommenden Dinge entworfen und der Arbeiterschaft Direktiven gegeben, die sich als höchst wertvoll für die Erreichung ihrer Ziele bewährt haben. Mit zunehmender Reife hat der Marxismus den sozialistischen Parteien eine immer genauere und zuverlässigere Orientierung geboten. Worauf es uns hier vor allem ankommt, ist nicht, die Richtigkeit des Marxismus darzutun, sondern den methodologischen Gesichtspunkt, die Frage, in welchem Verhältnis in ihm Philosophie und Wissenschaften zueinander stehen, etwas näher zu beleuchten.

Der Marxismus ist in seinem Ausgangspunkt, in seiner Wirtschaftswissenschaft, solide, nüchterne Gesetzeswissenschaft, und er wahrt sich diesen Charakter auf der ganzen Linie, auf der er sich uns schließlich als Weltanschauungslehre darstellt. Nirgends arbeitet der Marxismus mit anderen Erkenntnismitteln als denen, die sich in den Wissenschaften allgemeinen Ansehens erfreuen, nirgends sucht er, wie die Philosophie es so gerne tut, geistvolle Intuitionen, spekulative Hypothesen als objektive Wahrheiten auszugeben. Auf dem festen Fundament seiner Wirtschaftswissenschaft erhebt sich seine nicht weniger allgemein zugängliche Gesellschafts- und Geschichtswissenschaft, die bei ihm mit einer politischen Wissenschaft untrennbar verbunden ist. Hierdurch wird der Marxismus zur Philosophie, zur Weltanschauung. Der Aufstieg von einer Einzelwissenschaft, eine solche ist die Wirtschaftswissenschaft, zur Philosophie ist, wie wir schon sagten, etwas in der Geistesgeschichte durchaus Neues. Die Mathematik und die Naturwissenschaften, die hauptsächlichsten weit fortgeschrittenen Einzelwissenschaften, die wir, wenn von der marxistischen Wirtschaftswissenschaft abgesehen wird, besitzen, sind schon nach der Art ihres Gegenstandes nicht geeignet, unmittelbar in eine Philosophie auszumünden. Es gibt ein physikalisches Weltbild, aber es gibt keine physikalische Weltanschauung, ebensowenig wie es eine biologische Weltanschauung gibt. Damit wird nicht behauptet, daß physikalische und biologische Entdeckungen keinen Einfluß auf die Weltanschauung ausüben könnten. Wie unrichtig eine solche Behauptung wäre, beweisen die kopernikanische Wendung in der Astronomie und der Darwinismus. Aber Einfluß auf die Weltanschauung ausüben und eine Weltanschauung konstituieren, ist nicht das gleiche. Wer die modernen Naturwissenschaften, wie seinerzeit der Doktor Faust die damaligen Wissenschaften, durchaus studiert mit heißem Bemühen, gelangt damit noch nicht zu einer Weltanschauung. Hierzu bedarf es einer Wissenschaft vom Menschen. Es gibt so etwas wie eine Weltanschauung des Kampfs ums Dasein, die unmittelbar im Anschluß an die Darwinsche Entwicklungstheorie entstanden ist; aber sie ist doch schließlich eher Zoologie als Philosophie. Die Psychologie scheint ihrem Objekt nach unter dem uns hier interessierenden Gesichtspunkt mehr bieten zu können als die Naturwissenschaften, indessen vestigia terrent: die Versuche, die Psychologie zur Philosophie zu erweitern, sind äußerst unbefriedigend ausgefallen. Dagegen ist die marxistische Gesellschafts- und Geschichtswissenschaft Wissenschaft im strengen Sinn des Wortes und Philosophie zugleich. Sie zeigt im einzelnen, daß und wie die Gesellschaft sich in der Richtung der Verwirklichung eines alten Ideals bewegt, des Ideals der Solidarität, Freiheit und Gleichheit aller. Sie zeigt auch, mit welchen politischen Mitteln dieser Entwicklungsgang gefördert werden kann. Allerdings vermag nicht jede Klasse, vielmehr nur die Arbeiterschaft der maßgebliche Träger einer solchen Politik zu sein. Aber dieses Gesetz, dieses marxistische Gesetz, ist nur für die Klassen, nicht für den einzelnen geschrieben. Eine Anzahl von Aktivisten der modernen Arbeiterbewegung und die hervorragendsten Vertreter des marxistischen Denkens entstammen großenteils dem Bürgertum. Unzählige Menschen, die aus den verschiedensten gesellschaftlichen Milieus hervorgegangen sind, haben, ergriffen von den marxistischen Wahrheiten, ihre Lebensarbeit in den Dienst eines der höchsten Ideale gestellt, das je die Herzen bewegt hat. Der von Marx und Engels begründete wissenschaftliche Sozialismus ist in der Geschichte der Ethik epochemachend. Wie kann man ihm abstreiten, daß er weltanschaulichen Charakter trägt?

In Frankreich arbeitet man an einer Enzyklopädie der Wissenschaften, Künste und Handwerke, in der sich die Enzyklopädie des 18. Jahrhunderts auf höherer Stufe erneuern soll und die den dialektischen Materialismus zum informierenden Prinzip haben wird. Sie wird uns im Überblick zeigen, was der dialektische Materialismus für die Einzelwissenschaften zu leisten vermag. Solche Leistungen treten auf dem Gebiet der Geisteswissenschaften am deutlichsten zutage. Man kann ohne Übertreibung sagen, daß kaum ein Tag vergeht, an dem nicht mit größerem oder geringerem Erfolg der Versuch unternommen wird, die neue Philosophie für diese oder jene besondere Geisteswissenschaft zu verwerten. Gemäß dem Wesen dieser Philosophie profitieren von ihr vor allem die Disziplinen, für deren Fortentwicklung im Sinne des wissenschaftlichen Sozialismus ein dringendes praktisches Bedürfnis besteht. Ich denke an die Rechtswissenschaft und an die Pädagogik. Da die neue Philosophie bestimmt ist, einen integrierenden Bestandteil eines Lebensprozesses zu bilden, in dem alles mit allem in Wechselwirkung steht, bildet sie sich selbst fort in ihrem Dienst an den einzelnen Wissenschaften. Die Geisteswissenschaften fördernd, wird der Marxismus seine Ideologienlehre, die vorläufig erst in den Grundzügen vorhanden ist, weiter ausbauen. Was für das Verhältnis des Marxismus zu den Geisteswissenschaften gilt, das gilt entsprechend für sein Verhältnis zu den Naturwissenschaften.

Im Hinblick auf die Naturwissenschaft der Gegenwart, die zu den glänzendsten Leistungen der Geistesgeschichte zählt, scheint es mir eine der dringlichsten Aufgaben des dialektischen Materialismus zu sein, daß er ihre erkenntnistheoretische Grundlage festigt. Was wir anfänglich von den Einzelwissenschaften sagten, gilt in besonderem Maß von den Naturwissenschaften: sie sind erkenntnistheoretisch naiv. Sie beginnen nicht damit, einen so radikalen Zweifel wie den eines Descartes oder eines Montaigne zunächst einmal endgültig zu beseitigen, sondern errichten ihren Bau in dem weiterer kritischer Prüfung entzogenen Vertrauen in die Erkenntnisfähigkeit des Menschen. Daher kommt es, daß zu einer Zeit, als die Naturwissenschaftler schon unendlich vieles zu wissen behaupteten, scharfsinnige Philosophen es immer noch mit dem „Ich weiß nur, daß ich nichts weiß" des Sokrates hielten. Heute führt das Interesse der Reaktion am Irrationalismus dazu, daß in weiten Kreisen teils in simulierter, teils in aufrichtiger Angst die bange Frage ertönt, ob nicht am Ende das herrliche Gebäude der Naturwissenschaft keine objektive Wahrheit enthalte und nur auf praktischen Wert Anspruch erheben könne. Da tritt nun der dialektische Materialismus mit der ihm eigentümlichen Erkenntnistheorie auf und zeigt, daß und inwiefern das Weltbild der Physik, auch das der Planckschen, Minkowskischen, Einsteinschen Physik, der an sich seienden Wirklichkeit entspricht und daß uns die Fortschritte der Physik und Biologie am Rationalismus nicht irrezumachen und einem irrationalistischen Pragmatismus auszuliefern vermögen. Wie der dialektische Materialismus dabei vorgeht, kann ich an dieser Stelle unmöglich darstellen, ich muß auf die einschlägige Literatur verweisen und will nur noch darauf aufmerksam machen, daß der dialektische Materialismus in seinem Kampf gegen den sich auf die „Krise in der Physik" stützenden Irrationalismus seine Erkenntnistheorie fortbildet.

Eine andere Frage ist, ob und inwieweit der dialektische Materialismus einen Fortschritt in den Naturwissenschaften herbeizuführen vermag. Auch auf diese Frage kann ich hier nur mit wenigen Worten eingehen. In einer unvollendeten, erst lange nach seinem Tode veröffentlichten Arbeit hat Engels den Nachweis geführt, daß das Naturgeschehen ein dialektischer Prozeß ist und daß die großen Naturwissenschaftler es als solchen behandelt haben, ohne sich der Dialektik in ihrem Gegensatz zur aristotelischen Identitätslogik bewußt zu werden. Die Erkenntnis der Dialektik des Naturprozesses ist eine Klärung des wissenschaftlichen Bewußtseins, die allmählich den Wissenschaftsbetrieb förderlich beeinflussen wird. Inwieweit dies bisher schon der Fall gewesen ist, läßt sich schwer feststellen. Der Übergang zum dialektischen Denken dürfte für sich allein genommen noch nicht eine neue Epoche in der Entwicklung der Naturwissenschaften bedeuten; hierfür sind, wenn wir recht sehen, neue praktische Bedürfnisse erforderlich. Wie kürzlich Marcel Prenant auf einem Friedenskongreß sagte, sind wir heute so weit, daß den breitesten Massen ein Lebensstandard gesichert werden kann, wie sie ihn nie zuvor besessen haben. Wir sind so weit dank dem Stand, den die auf den physikalisch-chemischen Wissenschaften beruhende Technik gegenwärtig schon erreicht hat. Wir brauchen keine wesentliche Vervollkommnung dieser Technik, bis wir die von ihr gebotenen praktischen Möglichkeiten realisiert haben. Dagegen sind im Hinblick auf landwirtschaftliche Probleme Fortschritte in der Biologie für die sozialistische Gesellschaft der Sowjetunion dringend erwünscht. Es ist daher nicht erstaunlich, daß die Leistungen der neuesten russischen Wissenschaft, die weit über die Grenzen Rußlands und den Kreis der Fachleute hinaus Aufsehen erregt haben, gerade auf biologischem Gebiet liegen. Es steht das in bestem Einklang mit einem der bedeutungsvollsten Grundgedanken des dialektischen Materialismus.

Die Einzelwissenschaften werden unter dem Zeichen des dialektischen Materialismus prosperieren wie nie zuvor. Das kann erst in vollem Umfang gelten, wenn überall auf der Welt die klassenlose Gesellschaft an Stelle der Klassengesellschaft getreten ist, die klassenlose Gesellschaft, in der ein solidarischer Gemeinschaftswille, eine volontée générale, sich auf allen Lebensgebieten wirksam erweist. Wir in der Ostzone Deutschlands befinden uns in einem Übergangsstadium, in dem der Weg zum Sozialismus beschritten, aber der Sozialismus noch keineswegs verwirklicht ist. Das macht sich im Betrieb der Einzelwissenschaften bemerkbar und auch in einer nicht weniger bedeutsamen Angelegenheit, in der Frage nach der Bildung, der humanistischen Bildung – eine andere kommt für uns nicht in Betracht –, die wir in unseren Unterrichtsanstalten der jungen Generation mitzuteilen haben. Ob es eine Krise in der Physik gibt, mag streitig sein; daß unser Bildungswesen krisenhaft ist, läßt sich nicht bezweifeln. In den verschiedensten Tonarten wird darüber geklagt, daß unserm Zeitalter wahre Bildung immer mehr abhanden komme. Ein Glück noch, daß der Mangel empfunden und nicht gleichgültig hingenommen wird. Humanistische Bildung ist nicht eine Summe von Kenntnissen, sondern in erster Linie eine Geistesverfassung, die zum Verständnis für alles Menschliche befähigt. Nihil humani mihi alienum, nichts Menschliches ist mir fremd, ist die Devise der Bildung. Bei echter Bildung bleibt solches Verständnis nicht passiv, sondern äußert sich in entsprechender praktischer Reaktion in allen erdenklichen Lebenslagen. In der Bildung soll sich das Individuum im Denken, Fühlen und Handeln zur Universalität, zu universellem Menschentum erheben. Humanistische Bildung so verstanden ist ein Ideal, das bisher stets nur annähernd verwirklicht werden konnte. Das liegt nicht zum wenigsten daran, daß die Bildung bevorzugten Klassen vorbehalten war, da der klassenmäßige Standpunkt schon an sich eine Beschränkung bedeutet. Auch innerhalb der bevorzugten Klassen sind nur verhältnismäßig wenige der Bildung in höherem Grade teilhaftig geworden.

Man preist immer noch die humanistische Bildung der Antike. Der neuzeitliche Humanismus hat sie zum Vorbild genommen, aber er bedeutet ihr gegenüber etwas Neues, insofern in ihm die Verinnerlichung, die die Herrschaft der christlichen Weltanschauung mit sich brachte, wirksam blieb und insofern er schon frühzeitig einen sozialreformatorischen Zug aufweist, der dann im 18. Jahrhundert prädominierend wird. Noch bis tief ins 19. Jahrhundert ist der Humanismus ein nutrimentum spiritus für das Bürgertum gewesen. Dann veräußerlicht und erstarrt er allmählich. Indessen bedeutet das nicht den Untergang der abendländischen humanistischen Bildung. Im 19. Jahrhundert schlägt die Geburtsstunde eines neuen Humanismus, des sozialistischen Humanismus. Die Geburt ist mühevoll, der Neugeborene entwickelt sich langsam. Die Klasse, die bestimmt ist, den sozialistischen Humanismus zum Rang einer weltgeschichtlichen Erscheinung zu erheben, die Arbeiterklasse, hat zunächst andere Aufgaben, die politischen Aufgaben, die ihr der Marxismus bezeichnet und lösen hilft. Der Marxismus ist es, der uns diese geistesgeschichtliche Situation zutiefst verständlich macht.

Der englische Schriftsteller Wells läßt den Helden eines seiner Romane verzweifelt ausrufen: Unsere ziellose Zivilisation. Wells, der letzte große Utopist, ein St. Simon redivivus, möchte den Träger der Zivilisation, das gebildete Bürgertum, bestimmen, der Zivilisation ein Ziel zu geben, des Schweißes der Edlen wert, und er erkennt, daß dies nur möglich ist durch Umgestaltung unserer Gesellschaft im Sinn des Sozialismus. Aber er erkennt nicht, daß das Bürgertum, an das er sich wendet, durch sein Klasseninteresse verhindert wird, seinem Appell Folge zu leisten. Anders als so viele bürgerliche Weltverbesserer unserer Zeit hat Wells Marx nicht ignoriert, er setzt sich in seinem William Clissold eingehend mit ihm auseinander, doch steht er ihm verständnislos gegenüber. Mein Ziel, sagt er einmal, ist das gleiche wie das Lenins, aber unsere Wege sind verschieden. Der Weg von Wells ist der einer Revolution von oben. Eine Revolution von oben, wie sie Wells vorschwebt, ist unmöglich. Marx hat es gelehrt, und die seitherige geschichtliche Entwicklung hat es ad oculos demonstriert. Revolutionen von oben sind faschistische Revolutionen und stürzen die Menschheit in den Abgrund der Barbarei. Eine siegreiche Revolution von unten ist in Rußland erfolgt, und dort macht der sozialistische Humanismus rasche Fortschritte. Der sozialistische Humanismus will die Schätze der bürgerlichen Kultur verwerten und vermehren für die neue Gesellschaft als für eine alle Lebensgebiete umfassende wahrhaft solidarische Arbeitsgemeinschaft. Der sozialistische Humanismus hat die Bestimmung, jedermann zu vollem Menschentum heranzubilden.

Im Anschluß an die russische Revolution ist es in einem komplizierten historischen Prozeß in verschiedenen Ländern, zu denen auch unsere Ostzone gehört, zu gesellschaftlichen Änderungen gekommen, die es ermöglichen, schon heute, bevor noch der Sozialismus eingeführt ist, den Versuch zu unternehmen, alle Klassen für den sozialistischen Humanismus zu gewinnen, einem Großteil der Bevölkerung eine Bildung zu vermitteln, die nicht, wie es in den letzten Jahrzehnten bei der Bildung des Bürgertums der Fall war, toter Besitz ist, sondern sich im Leben des Individuums und der Gesellschaft als eine progressive Kraft bewährt.

Lassen Sie mich zur Verdeutlichung des eben Gesagten in Kürze ausführen, was ich mir für die Förderung humanistischer Bildung von einem Unterricht in der Geschichte der Philosophie verspreche, der der dialektische Materialismus als informierendes Prinzip zugrunde gelegt wird. Gerade an der Geschichte der Philosophie wird die Stagnation, die im Geistesleben des Bürgertums allmählich eingetreten ist, besonders augenfällig. Bis zu Hegel glauben auch die bürgerlichen Geschichtsschreiber der Philosophie, einen Fortschritt feststellen zu können, aber für das auf Hegel folgende Jahrhundert ist derartiges ausgeschlossen, wenn man, wie die bürgerlichen Philosophen es tun, darauf verzichtet, den Marxismus in Ansatz zu bringen. Gewinnt man Zugang zum Marxismus, lernt man ihn als den Höhepunkt der bisherigen Philosophie ansehen, dann und nur dann erbringt die Geschichte der Philosophie Beweis für den unaufhaltsamen Fortschritt des menschlichen Geistes. Es ist sicherlich eine der Aufgaben einer marxistischen Geschichte der Philosophie, den Nachweis zu führen, daß der dialektische Materialismus gemäß der gesellschaftlichen Gesamtentwicklung nicht wesentlich früher auf den Plan treten konnte, als es tatsächlich geschehen, und den Quellen nachzugehen, aus denen er entsprungen ist, aber es ist nicht ihre Hauptaufgabe. So wichtig es ist, die Geschichte der Philosophie statt als ein Neben- und Nacheinander der verschiedenartigsten, sich gegenseitig widersprechenden Systeme als einen gesetzmäßigen Werdegang darzustellen, noch wichtiger ist es für den Anhänger des dialektischen Materialismus, sich ihrer zur Förderung des sozialistischen Humanismus zu bedienen. Der dialektische Materialismus verdankt seine Anziehungskraft nicht zum wenigsten dem Umstand, daß er uns eine Perspektive eröffnet auf die klassenlose Gesellschaft. Soll diese Anziehungskraft in den Übergangsstadien volle Wirksamkeit erhalten, dann muß ein lebendiges Bild geboten werden von dem Menschen der klassenlosen Gesellschaft. Der Mensch der klassenlosen Gesellschaft ist Prometheus, von den Fesseln befreit, die ihm die Klassengesellschaft bisher auferlegt hat. Solange man ihn noch nicht aus unmittelbarer Anschauung kennt, muß man sein Bild zu gewinnen suchen aus den Äußerungen seines Wesens, die in der Geschichte der Klassengesellschaft, also in der gesamten Geschichte, aufbewahrt sind. Die Geschichte der Philosophie ist nicht die Geschichte der Taten der Menschen, sondern die Geschichte ihrer Ideale, ihrer Vorstellungen von dem, was der Mensch sein sollte, sein kann und vielleicht später einmal sein wird. Soll uns diese Geschichte Einsicht in die ganze Vielseitigkeit der menschlichen Natur und zugleich in ihre einheitlichen Grundzüge gewähren, dann müssen wir das Material, das sie liefert und das aus den einzelnen philosophischen Lehren besteht, mit Hilfe der marxistischen Ideologienlehre interpretieren, d. h. wir müssen die Abhängigkeit dieser Lehren von dem jeweiligen gesellschaftlichen, also letzten Endes wirtschaftlichen Regime und von der Klassenzugehörigkeit der betreffenden Autoren aufzeigen. Die Philosophen haben von jeher die Neigung gehabt, ihre Weltanschauung als absolute, ewige Wahrheit hinzustellen. Unter diesem Gesichtspunkt betrachtet, sind sie uns im gegenwärtigen Stadium der gesellschaftlichen Entwicklung größtenteils unverständlich. Verständlich werden sie erst im Licht der genialen Theorie vom geistigen Überbau, der sich auf einer materiellen, wirtschaftlichen Basis erhebt. So verstanden, enthalten sie fast sämtlich Teilwahrheiten, relative Wahrheiten, die zu unserer Erkenntnis der menschlichen Natur beitragen, und antizipieren in günstigen Fällen in zeitbedingter Form unsere heutigen Errungenschaften und unsere heutigen Ideale. Für letzteres will ich ein einziges Beispiel anführen. Platos „Staat", der seine ganze Philosophie in sich faßt, gilt als eines der großartigsten Werke der philosophischen Weltliteratur. Er verdient diesen Ruhm, wenn wir vom Standpunkt der uns gegenwärtig zugänglichen Erkenntnis auf ihn zurückblicken und dabei bedenken, daß der Verfasser ein athenischer Aristokrat des beginnenden 4. Jahrhunderts der vorchristlichen Ära war. Hierbei wird begreiflich, was dem Leser unserer Tage am Platonischen Staat zunächst fremd oder sogar abstoßend erscheint, und spüren wir Geist von unserm Geist in den beiden Hauptgedanken, daß der Staat der Leitung einer wahren Wissenschaft zu unterstellen ist und daß die der Gesellschaft erforderliche innere Einheit ihrer Mitglieder sich nur auf kommunistischer Grundlage einstellen kann, so sehr auch der dialektische Idealismus Platos von unserer Wissenschaft und sein Kommunismus von unserm Kommunismus verschieden sein mag.

In einem Land, in dem wie in der Sowjetunion der Sozialismus eingeführt ist, wird man schwerlich gerade der soeben bezeichneten Funktion der Geschichte der Philosophie so großes Gewicht beilegen, wie wir es getan haben. Bei uns muß es das Bestreben derer sein, die auf dem Boden des dialektischen Materialismus stehen, die verschiedenen Klassen des Bürgertums mit seiner Weltanschauung zu befreunden. Die meisten großen Philosophen der Vergangenheit haben ihre Anhänger unter den Intellektuellen unseres heutigen Bürgertums, aber es läßt sich bezweifeln, ob eine einzige Philosophie außer dem dialektischen Materialismus sich in unsern Tagen als ein das ganze Leben beherrschendes Prinzip bewährt. Man hält an den alten Weltanschauungen fest, obschon sie ihre inspirierende Kraft verloren haben, weil die Furcht vor dem Neuen, das doch so nahe liegt und schließlich unausweichlich ist, sich schwer überwinden läßt. Da gilt es nun Verständnis dafür zu erwecken, daß die früheren Weltanschauungen sämtlich ein gewisses Maß von Berechtigung und gesellschaftlicher Wirksamkeit hatten, daß sie aber jetzt in der neuen Weltanschauung des sozialistischen Humanismus in ihrem Wahrheitskern aufgehoben sind im Hegelschen Sinn des Wortes und für sich allein genommen ihre Lebenskraft eingebüßt haben. Hierbei kann die Geschichte der Philosophie, wenn sie vom Standpunkt des dialektischen Materialismus behandelt wird, wertvolle Dienste leisten.

Der dialektische Materialismus ist etwas Einzigartiges. Er ist eine Philosophie, deren grundsätzliche Erkenntnisse bleibende Wahrheiten sind. Er umfaßt eine neue Wirtschaftswissenschaft und die erste Wissenschaft der Geschichte und der Politik. Er enthält ein neues humanistisches Bildungsideal und gewährt die Mittel zu seiner Verwirklichung. Er bietet uns eine Methode des theoretischen Denkens und des praktischen Handelns, in deren Anwendung, obschon er jungen Datums ist, sich heute schon eine Wendung in den menschlichen Dingen vollzogen hat, wie sie in der Geschichte nicht ihresgleichen findet.

Über die Rechtspflege in der Ostzone[1]

(1949)

Im Novemberheft (1948) der westdeutschen Monatsschrift für Deutsches Recht hat Professor Eberhard Schmidt, Heidelberg, unter der Überschrift „Berufsjurist und staatliche Rechtspflege" einen Aufsatz erscheinen lassen, der sich nicht nur mit den für sein Thema in Betracht kommenden Verhältnissen in der Westzone, sondern auch mit denen der Ostzone beschäftigt. Seine Ausführungen, die als typisch für die im Westen herrschenden Auffassungen angesehen werden können, machen ein Wort der Aufklärung über das, was in der Ostzone vor sich geht, erforderlich. Die tiefgreifenden staatsrechtlichen Veränderungen in Deutschland, die die gesellschaftliche Entwicklung der letzten Zeit mit sich gebracht hat, legen es besonders nahe, daß wir uns angelegentlichst bemühen, unseren westlichen Landsleuten zur Einsicht in das Wesen des Gesellschaftslebens und damit des Rechtslebens in der Ostzone zu verhelfen.

Wie Schmidt den Unterschied zwischen der West- und der Ostzone Deutschlands sieht, geht am deutlichsten aus den folgenden Sätzen hervor:

„Im Gegensatz zu den nach dem Muster des SED-Entwurfs geschaffenen Länderverfassungen der Ostzone sind die westlichen Verfassungen nicht nur formal, d. h. dem Worte nach, sondern im höchst realen Sinn antifaschistisch. Sie wollen nicht, wie die östlichen Verfassungen, das totalitäre faschistische System der Vergangenheit durch ein neues totalitäres Machtsystem ersetzen, das sich von jenem alten nur in der ideologischen Bemäntelung unterscheidet, dafür aber in den Methoden polizeistaatlicher Vergewaltigung des Einzelnen mit jenem alten haargenau übereinstimmt. Sie wollen dem trostlosen Experiment des rechtsfeindlichen nationalsozialistischen Machtstaates nicht ein zweites gleiches, nur anders benanntes folgen lassen."

Weil Schmidt die Ideologie des Nationalsozialismus und die gesellschaftlichen Ideen, die heute in der Ostzone zu maßgeblichem Einfluß gelangt sind, in einen Topf wirft, beide für Bemäntelungen und den Unterschied zwischen ihnen für einen lediglich nominellen ansieht, geht ihm der Blick ab für die Verschiedenheit der Methoden, und kann er überhaupt kein

[1] Veröffentlicht in: Neue Justiz, 1949, S. 274–276.

Verständnis dafür gewinnen, daß das heutige Regime der Ostzone das gerade Gegenteil des faschistischen ist.

Auf die Ideologien kommt es an in dem Sinn, daß sie, wenn schon nicht die letztlich ausschlaggebenden gesellschaftlichen Kräfte, so doch die deutlichsten Erkennungszeichen der großen gesellschaftlichen Bewegungen sind. Die Weltanschauung, von der Eberhard Schmidt annimmt, daß sie die Bemäntelung der in der Ostzone betriebenen Politik sei, ist die des wissenschaftlichen Sozialismus. Der Sozialismus ist nicht eine von irgendwelchen Demagogen erfundene Ideologie, sondern eine politische, soziale und alle Gebiete des geistigen Lebens erfassende historische Erscheinung, die sich in der Neuzeit unter Beteiligung der besten Köpfe allmählich entwickelt hat. Das Ziel, das die Gesellschaftsdenker der Aufklärung vor Augen hatten: Freiheit, Gleichheit und Brüderlichkeit aller, ist auch das Ziel des Sozialismus. Die Gesellschaftslehre der Aufklärung ist noch nicht Sozialismus, weil sie die Wirtschaft, wiewohl nicht gänzlich ignoriert, so doch nicht in ihrer zentralen Bedeutung erfaßt. Erst als die in ihren Ergebnissen durchaus bürgerlich-kapitalistische Französische Revolution die fortschrittlichsten Geister aufs tiefste enttäuscht hatte, gewann eine Elite die Einsicht, daß es einer tiefgreifenden Umgestaltung der Wirtschaft bedürfte, um die Ideale der Aufklärung zu verwirklichen. Der Frühsozialismus trat auf den Plan. Der Frühsozialismus war utopischer Sozialismus, insofern seine Begründer und Anhänger der Meinung waren, daß ein Appell an das vernünftige Denken und den guten Willen der Herrschenden genüge, um den Übergang von der kapitalistischen zu einer sozialistischen Wirtschaftsordnung zu bewerkstelligen. Bei Marx und Engels wird der Sozialismus realistisch, indem die These in ihm aufgenommen und eingehend begründet wird, daß nur auf dem Wege einer proletarischen Revolution und über das Zwischenstadium einer proletarischen Diktatur die neue Wirtschaftsordnung und mit ihr zugleich eine Gesellschaftsordnung, in der alle zu freien und gleichen Mitgliedern einer umfassenden Arbeitsgemeinschaft werden, begründet werden kann. Das Bürgertum hat in seinen Gesellschaftslehren liberalistischer und romantischer Prägung, die es dem Sozialismus entgegensetzte und die es anfänglich mit einem nicht unerheblichen geistigen Aufwand aufbaute, im Lauf der Zeit zusehends abgenommen an Weisheit und Verstand vor Gott und den Menschen, bis es schließlich in der faschistischen Ideologie den Tiefpunkt der Barbarei erreichte. Der Absturz in diese Ideologie, der keineswegs nur in den sich mehr oder weniger offen faschisierenden Staaten erfolgte, steht damit in Zusammenhang, daß angesichts der drohenden Gefahr, die von der siegreichen Oktoberrevolution ausging, das Bürgertum zu extremen Mitteln greifen zu müssen glaubte.

Nach dem Zusammenbruch des Faschismus im zweiten Weltkrieg hat die sozialistische Revolution auf eine Reihe von Ländern übergegriffen, hierbei verschiedenartige, aber im Resultat verhältnismäßig wenig gewaltsame Formen annehmend und im Ergebnis zunächst zu einer demokratischen Republik führend, die noch nicht Sozialismus ist, aber, sozialistisch inspiriert, zum Sozialismus hinüberleitet. Es ist ein komplizierter, langwieriger geschichtlicher Prozeß, in dem die sozialistische Revolution als Weltrevolution die „unitas actus" nicht wahrt, sondern sich in eine Reihe von Stadien auseinanderlegt. Schließlich bleibt aber Revolution, auch wenn sie sich in milden Formen abspielt, immer Revolution, und so ist es begreiflich, wennschon nicht verzeihlich, daß die Entwicklung in der deutschen Ostzone von manchen mit der faschistischen Gegenrevolution auf eine Stufe gestellt wird.

Eine wesentliche Besserung der gesellschaftlichen Zustände ist nicht möglich ohne eine tiefgreifende Änderung der wirtschaftlichen Verhältnisse. Die Beseitigung des Monopolkapitalismus und des Großgrundbesitzes sowie die Einführung volkseigener Betriebe bilden die Grundlage der gesamten Gesellschaftsreform in der Ostzone. In der Westzone konnten solche Eingriffe in das privatkapitalistische Regime nicht vorgenommen werden, die dortigen Besatzungsmächte ließen es nicht zu. Nur solche Bestrebungen konnten in der Westzone bisher zu irgendwie greifbaren Ergebnissen führen, die darauf ausgingen, den alten, vorfaschistischen Staat wiedereinzuführen. Aus dem alten Staat, der alten Gesellschaftsordnung, ist der Faschismus hervorgegangen – er ist nicht vom Himmel gefallen oder aus der Hölle zu uns heraufgeschickt worden –, und aus ihrer Erneuerung wird notwendig ein Neofaschismus hervorgehen. Seit Eberhard Schmidt seinen Artikel schrieb, ist das Entstehen eines neuen Faschismus in der Westzone Deutschlands und in den kapitalistischen Ländern des Westens im allgemeinen jedermann sichtbar geworden.

Zum alten Staat gehört auch die Rechtspflege, die Schmidt so sehr am Herzen liegt und von ihm so hoch gespriesen wird. Wie hätte die „schlechte Gesellschaft" der Vorkriegszeit (der Zeit vor dem ersten Weltkrieg), die Spitteler in einem kleinen Gedicht, das diese Überschrift trägt, unübertrefflich geschildert hat, eine wirklich gute Rechtspflege haben sollen? Die Zeit des Naturrechts und seiner veritates aeternae in rechtlichen Dingen war längst vorüber. Schon in der zweiten Hälfte des 19. Jahrhunderts begann die Rechtswissenschaft sich zum Rechtspositivismus zu bekennen und wurde schließlich zu dem, als was der Rechtsphilosoph Leonard Nelson sie im Anfang des 20. Jahrhunderts bezeichnete, zu einer Rechtswissenschaft ohne Recht, d. h. ohne Rechtsidee. Der Auslegung und Systematisierung des positiven Rechts legte sie keine inhaltlich bestimmten, in kritischer Besinnung auf das „Richtige" ermittelten allgemeinen Rechtsprinzipien zugrunde. Soweit es Lücken im positiven Recht auszufüllen oder Vorschläge de lege ferenda zu machen galt, ließen sich die Juristen, wenn man von Zweckerwägungen absieht, die ohne weiteres durch die Erfahrungen des Rechtslebens nahegelegt wurden, von ihrem Rechtsgefühl leiten, das, ohne daß sie sich dessen bewußt zu werden brauchten, weitgehend von dem Interesse der herrschenden Klassen bestimmt wurde.

An alledem ist nichts, was uns wundernehmen könnte. Die Naturrechtler des 17. und 18. Jahrhunderts, deren geschichtliche Mission es war, eine Revolution auf rechtlichem Gebiet herbeizuführen, mochten sich, in dem Glauben, daß ihre Lehre zu seiner Verwirklichung beitragen werde, um ein der praktischen Vernunft entsprechendes Rechtsideal bemühen. Als dann aber das neue Recht wiederum die Unterdrückung des Menschen durch den Menschen sanktionierte, da blieb der Rechtswissenschaft nur von zweien eines. Entweder mußte sie eine neue, und zwar diesmal eine sozialistische Revolution vorbereiten – und dazu konnte sie sich als die durchaus bürgerliche Wissenschaft, die sie war, nicht entschließen –, oder sie mußte, wenn sie ehrlich bleiben wollte, die naturrechtliche Einstellung aufgeben und den Rechtspositivismus akzeptieren. Wie aber stand es mit der Rechtsphilosophie und der Rechtsgeschichte? Es gab eine Rechtsphilosophie, doch machten die Juristen wenig Gebrauch von ihr. Und was konnte denn auch die bürgerliche Rechtsphilosophie jener Zeit, etwa die Stammlers oder die Kelsens, dem Rechtsleben bieten? Die Rechtsphilosophie des vorhin genannten Leonard Nelson wie auch die von Hermann Cohen in seiner ‚Ethik des reinen Willens' entwickelte hatten einen starken sozialistischen Einschlag und fanden daher einen besonders schwachen Widerhall in juristischen Kreisen. Und was die Historiker betrifft, so haben sie bekanntlich in ihrer Majorität, bei allem Kenntnisreichtum und aller Akribie, in weltanschaulicher Hinsicht verhängnisvoll auf die junge Generation gewirkt. Es gibt nichts, was besser über den Sinn des menschlichen Zusammenlebens und damit des Rechts informiert als die Geschichte. Aber es bedarf des Zugangs zu ihrem Verständnis, den nur der wissenschaftliche Sozialismus gewährt. Es führt kein anderer Weg nach Küßnacht. Die bürgerliche Wissenschaft weigert sich noch heute, ihn zu gehen.

Eberhard Schmidt verkennt nicht, daß man von jeher in weiten Kreisen sehr ungünstig über die Rechtspflege geurteilt hat: Summum ius, summa iniuria. Aber es liegt das schwerlich an den Gründen, die er anführt; es liegt vielmehr daran, daß in der Klassengesellschaft in der Rechtspflege wie auf anderen Gebieten nicht die Gerechtigkeit herrscht, sondern das Interesse gewisser Klassen und daß auch in der Klassengesellschaft vielfach ein zwar unbestimmtes, aber lebhaftes Gefühl für das, was das Recht sein sollte, aber leider nicht ist, angetroffen wird.

Der Juristenstand ist in dem Zeitabschnitt zwischen dem ersten Weltkrieg und der Machtergreifung durch den Nationalsozialismus kein wesentlich anderer gewesen, als er es in der Vorkriegszeit war. Ein solcher Juristenstand konnte dem Nationalsozialismus keinen erfolgreichen Widerstand entgegensetzen. Gewiß widerstrebten die faschistische Willkürherrschaft und die moralische Hemmungslosigkeit der gesetzestreuen Gesinnung und dem Rechtsgefühl der Juristen, wie es sich in der Rechtspflege des ancien régime bei nicht wenigen gebildet hatte – nie ist der Juristenstand allen Rechtsgefühls bar gewesen –, und das genügte, um die Juristen für die neuen Herren zu einem Dorn im Auge zu machen. Aber es fehlte die Idee des materiell richtigen Rechts, die gesicherte Erkenntnis der wahren Prinzipien des menschlichen Zusammenlebens, die allein eine zuverlässige Schutzwehr des Menschentums gegen die Unmenschlichkeit des Faschismus zu bilden vermocht hätte.

In der Ostzone will man eine reale Demokratie begründen und im Sinn einer solchen Demokratie die Rechtspflege reformieren. Zur realen Demokratie gehört ein Doppeltes: einmal, daß in allen staatlichen Angelegenheiten das Volk die letzte Entscheidung hat, und sodann, daß das Volk für sein eigenes wahres Interesse, das mit dem Interesse der ganzen Menschheit untrennbar verbunden ist, Verständnis hat. Eine Demokratie, in der ein Volk nur sein eigenes Machtinteresse zu fördern trachtet oder gar verblendet genug ist, um das Interesse gewisser Klassen für sein eigenes Interesse zu halten, ist keine reale Demokratie. Die Demokratie, wie sie sich Rousseau, der größte demokratische Denker des 18. Jahrhunderts, dieses Jahrhunderts, in dem die moderne Demokratie ideell begründet wurde, gedacht hatte, war ein Staat, in dem jeder Bürger bei seiner Teilnahme an den öffentlichen Angelegenheiten das allgemeine Wohl, das bonum commune, vor Augen hatte. Und daß das bonum commune eines Volkes mit dem Wohl aller übrigen Menschen im Widerspruch stehen könnte, ist ein Gedanke, der Rousseau schwerlich gekommen ist. Weil man im Westen nicht mehr weiß, was eine Demokratie eigentlich sein sollte und sein kann, spottet man über die „reale“ Demokratie der östlichen Länder, während man im Osten durch den Zusatz „real“ nur die ursprüngliche Bedeutung des Wortes Demokratie wiederherstellen will. Hiernach sieht man im Osten in der Demokratie nichts, was sich mit einem Schlage schaffen ließe, sondern etwas, das als eine mühevolle langwierige Aufgabe vor dem Volke, und in erster Linie vor seiner Avantgarde, der Arbeiterklasse, steht.

Eine unerläßliche Voraussetzung für die Lösung dieser Aufgabe ist, daß das Parlament, als das höchste Organ des Volkes, das Staatsgetriebe in allen seinen Verzweigungen leitet, wozu unter anderm gehört, daß es eine Kontrolle über die Rechtspflege ausübt. Dies ist um so notwendiger, als man noch immer damit rechnen muß, daß Richter nichts weniger als fortschrittlich eingestellt sind und dies in ihren Entscheidungen, die ja in wichtigen Punkten in ihr pflichtgemäßes Ermessen gestellt werden müssen, zum

Schaden für die Allgemeinheit zum Ausdruck bringen. Die Unabhängigkeit, die durch die Verfassungen der Ostzone und jetzt durch die Verfassung der Deutschen Demokratischen Republik dem Richter gewährt wird, bedeutet, daß er seine Entscheidungen nicht nach den Weisungen irgendwelcher vorgesetzten Behörden zu treffen hat; sie bedeutet nicht, daß ihm die Möglichkeit geboten werden soll, sein Amt zum Nachteil des Volkes zu führen.

In dem Parlament, das mit der Aufsicht über die Rechtspflege betraut ist, hat die Sozialistische Einheitspartei Deutschlands eine besonders einflußreiche Stellung. Sie hat darauf ein historisches Recht, insofern sie konsequent auf dem Boden des wissenschaftlichen Sozialismus steht, der nun einmal das zuverlässigste Informationsprinzip für eine Gesellschaftspolitik ist, wie sie durch die kritische Stunde, die wir durchleben, gefordert wird. Aber von einer Diktatur der SED kann keine Rede sein. Vielmehr wirkt eine Reihe von Parteien, die dem politischen und sozialen Fortschritt offen sind, in fruchtbarer Weise mit ihr zusammen. Sie allein hätte für die nationale Einheit Deutschlands, den Kampf gegen Krieg und Faschismus, die Reform der Wirtschaft, der Schule und der Rechtspflege, für den ganzen Neuaufbau des Gesellschaftslebens nicht leisten können, was tatsächlich geleistet worden ist.

Man hat es sehr ernst genommen in der Ostzone mit der Entfernung faschistischer Elemente aus dem Staatsdienst und allen einflußreicheren gesellschaftlichen Positionen. Daher entstanden empfindliche Lücken im Personalbestand der gesellschaftlichen Funktionäre, die sich noch jetzt fühlbar machen. Man mußte, um Ersatz zu schaffen, vielfach Schnellarbeit leisten. Das gilt unter anderm im Hinblick auf die Rechtspflege: die Ausbildungszeit an den Richterschulen betrug anfänglich sechs Monate. Bald trat an die Stelle der sechs Monate eine Zeit von einem Jahr, und demnächst werden die Richterschulen ihre Zöglinge zwei Jahre bei sich behalten. Man arbeitet an diesen Schulen sehr intensiv. Zwei Jahre intensiver Beschäftigung mit dem Recht – das ist mehr, als der Durchschnitt junger Referendare bisher auf sein Aktivkonto buchen konnte. Unter den Unterrichtsfächern, die an den Richterschulen gelehrt werden, spielen die Allgemeine Gesellschaftslehre und die Wirtschaftswissenschaft eine immer bedeutendere Rolle. Bei der Auswahl der Bewerber wird Gewicht darauf gelegt, daß ein großer Teil der zukünftigen Juristen dem Arbeiter- und Bauernstand entstammt. Es ist das nicht nur eine Forderung der Gerechtigkeit, der Herstellung eines Gleichgewichts zwischen den verschiedenen Schichten des Volkes, sondern es dient dies auch der Verlebendigung der Rechtspflege, der Bewahrung vor dem Bürokratismus, der im Bürgertum so tief verwurzelt ist. Junge politische Aktivisten sind besonders willkommen. In dieser Hinsicht steht die Auffassung, die in der Ostzone Geltung erlangt hat, in vollstem Gegensatz zu der von Eberhard Schmidt vertretenen. In der Ostzone ist man der Ansicht, daß tieferes Verständnis für die Fragen des heutigen Gesellschaftslebens nur in der Arena der politischen Auseinandersetzungen erworben wird und daß ein Jurist, der kein Verständnis für die „aktuellen Gesellschaftsprobleme" hat, der Gesamtheit wenig nützen kann. Schmidt dagegen möchte nicht nur dem Richter das passive politische Wahlrecht nehmen, er will ihm sogar nicht gestatten, als Diskussionsredner in politischen Versammlungen aufzutreten. Das ließe sich nur dann rechtfertigen, wenn die Urteilsfindung lediglich eine Sache der Logik und einer „reinen", platonischen Liebe zur Gerechtigkeit wäre – denn eine Wissenschaft der Gerechtigkeit, die man an Hochschulen lehren könnte, ist vorläufig noch nicht vorhanden. Die Schmidtsche Absperrung des Richters von der Politik dürfte übrigens in der Schweiz, die doch als ein Land des authentischen Rechtstaats angesehen zu werden pflegt, erhebliches Befremden erregen. Wie kann man nur den Richter hermetisch von der Politik abschließen wollen, wenn doch die Rechtsprechung ganz zweifellos zu erheblichem Teil eine politische Angelegenheit ist? Denkt man freilich an ein politisches Leben, wie es in dem mittlerweile zur Entstehung gelangten Bonner Parlament zum Ausdruck kommt, dann wird man den Wunsch nach einer gänzlich apolitischen Rechtspflege vielleicht verständlich finden.

Das juristische Hochschulstudium soll in der Ostzone zu erheblichem Teil dem Zweck dienen, einen Nachwuchs an wissenschaftlich hochqualifizierten Juristen heranzuziehen, die als Lehrer des Rechts an Universitäten und Richterschulen fungieren werden. Für die ersten zwei Semester sind vorwiegend Vorlesungen und Übungen allgemeineren rechtswissenschaftlichen, historischen, soziologischen, nationalökonomischen und philosophischen Gehalts vorgesehen; die folgenden vier Semester dienen dann der spezifisch juristischen Ausbildung. Eine Verlängerung des juristischen Studiums auf acht Semester ist ins Auge gefaßt. Ein solches Unterrichtsprogramm kann gute Ergebnisse zeitigen, wenn es gelingt, für die beiden ersten Semester Dozenten zu finden, die sich die Grundwahrheiten des wissenschaftlichen Sozialismus zu eigen gemacht haben. Es ist keine parteipolitische Stellungnahme zugunsten des Sozialismus, wenn wir das sagen, denn es gibt nun einmal keine Gesellschafts- und Weltanschauungslehre als Wissenschaft, die nicht im wissenschaftlichen Sozialismus wurzelt.

Das Verhältnis der Dialektik zur Identitätslogik[1]

(1950)

Die Dialektik und die Identitätslogik widersprechen einander. Die Dialektik sagt: A ist zugleich auch non-A (B); beide sind eins. Die Identitätslogik sagt: A ist A und ist nicht non-A (B). Nach der Identitätslogik ist entweder sie selbst oder die Dialektik falsch, ist es unmöglich, daß beide richtig seien; ihrzufolge ist die Dialektik falsch. Manche Dialektiker meinen, die Identitätslogik sei falsch und stellen sich dabei auf den Standpunkt der Identitätslogik. Oder sie sagen, daß die Identitätslogik gegenüber dem Unbeweglichen, also für eine statische Betrachtung, die Dialektik oder, wenn man lieber will, dialektische Logik gegenüber dem in Bewegung Befindlichen, also für eine dynamische Betrachtung, am Platze sei, wobei sie im Grunde genommen wiederum im Banne der Identitätslogik stehen. Für die Dialektik gibt es in dem uns interessierenden Fall so wenig wie sonst ein aut-aut. Die Identitätslogik ist für sie ein Stadium im dialektischen Prozeß der Erkenntnis. Sie repräsentiert das Denken, das abstraktive, auf seiner höchsten Stufe wissenschaftliche Denken in seinem Anfangsstadium. In diesem Stadium widerspricht der menschliche Geist der Anschauung, wie sie in dem „panta rei" Heraklits und viel deutlicher noch in Bergsons „Les données immédiates de la conscience" zum Ausdruck kommt. Es ist nicht so, sagt das abstraktive Denken, daß, wie Bergson meint, les choses semboitent les unes dans les autres, sondern die Dinge stehen losgelöst nebeneinander: A ist A, und B ist B; daß das eine das andere in sich hineinziehe, es zu seiner eigenen Existenz benötige, kann nicht anerkannt werden. Die Identitätslogik widerspricht der Dialektik nicht in dem Sinne, als ob die Dialektik leugnen würde, daß A = A und B = B sei, sondern in dem Sinne, daß sie für die Identität der Dinge mit sich selbst exklusiven Charakter in Anspruch nimmt. Nach der Regel (es handelt sich um eine solche, nicht um ein ausnahmsloses Gesetz) der Dialektik hat es beim Widerspruch nicht sein Bewenden, er findet vielmehr seine Auf-

[1] Veröffentlicht in: Miscellanea Academica Berolinensia, Bd. II, S. 1–15 der gesammelten Abhandlungen zur Feier des 250jährigen Bestehens der Deutschen Akademie der Wissenschaften zu Berlin.

hebung in einer zweiten Negation, wobei nach dem Satz duplex negatio affirmat in seinem dialektischen Verstande im Verhältnis zum ursprünglichen Zustand ein Fortschritt herbeigeführt wird, der nicht selten eine Wiederherstellung des ursprünglichen Zustandes auf einer höhern Ebene bedeutet. So verhält es sich bei dem zur Diskussion stehenden Vorgang, insofern, als das zunächst von A ausgeschlossene B innerhalb der Wissenschaft immer und immer wieder seinen unlöslichen Zusammenhang mit A geltend macht und dadurch eine auf anderm Wege nicht zu erreichende Erkenntnis der Welt ermöglicht, die die Schaffung der Kulturwelt einleitet, einer im Verhältnis zur primären Natur höhern Welt. Es erhebt sich die Frage, wie sich dieser dialektische Prozeß des nähern abspielt. Und es erhebt sich die weitere Frage, warum bis in unsere Zeit so viele, statt die Identitätslogik in die Dialektik der Erkenntnis einzubeziehen, zwischen beiden das Verhältnis unversöhnlicher Gegensätzlichkeit festzustellen zu müssen glauben. Wir werden im folgenden die zwei Fragen zu beantworten suchen.

Da uns das wissenschaftliche Denken als der höchste Typus des schon vor der Entwicklung der Wissenschaft einsetzenden abstraktiven Denkens erscheint, wollen wir in unseren Darlegungen an die Syllogistik des Aristoteles anknüpfen, die einen der wichtigsten Bestandteile seiner Logik, somit der ersten und bis auf den heutigen Tag autoritativen Wissenschaftslehre bildet. Der Mensch ist sterblich, Sokrates ist ein Mensch, also ist Sokrates sterblich. In der ersten Prämisse des ersten Modus der ersten Figur des Aristoteles figurieren gleich zwei Allgemeinbegriffe: Mensch und Sterblichkeit, wodurch wir auf die Bedeutung der Allgemeinbegriffe für die Wissenschaft hingewiesen werden. Scientia non est de particularibus, hat man im Anschluß an Aristoteles gesagt. Der Allgemeinbegriff wird in unserm Beispiel von den ihm unterfallenden Einzelerscheinungen losgelöst; es findet ein „Chorismos" statt, der sich der Anschauung bietenden Welt fremd ist. Mit dem Allgemeinbegriff Mensch tritt nicht die Totalität der Menschen ins Bewußtsein. Wäre es der Fall, dann würde uns das Schlußverfahren der Logik nicht um einen Schritt vorwärts bringen, denn unter allen Menschen befindet sich auch Sokrates, so daß wir nicht auf die conclusio zu warten brauchten, um zu erkennen, daß Sokrates sterblich ist. Wenn die Formulierung mancher Lehrbücher der Logik: Alle Menschen sind sterblich (statt: Der Mensch ist sterblich) exakt wäre, dann ließe sich gegen den Vorwurf der Tautologie, den John Stuart Mill gegen die Syllogistik des Aristoteles erhoben hat, kaum etwas einwenden.

Lassen wir einmal die Frage beiseite, ob es sich wirklich bei der Bildung von Allgemeinbegriffen um ein Loslösen der „Universalien" aus der anschaulichen Wirklichkeit handelt, so daß die Universalien immerhin in rebus vorhanden wären, oder ob sie nicht am Ende nur post res im Geiste als Konzepte existieren (Konzeptualismus), um zu untersuchen, was sich im

Bewußtsein beim Denken eines Allgemeinbegriffs vorfindet. Da werden wir denn der Einwendung Berkeleys gegen Lockes Lehre von den abstract ideas zustimmen müssen. Ein Dreieck, das nicht rechtwinklig, nicht stumpfwinklig, nicht spitzwinklig ist, hat als etwas schlechthin Unvorstellbares zu gelten. Genauere Selbstbeobachtung zeigt uns beim Denken eines Allgemeinbegriffs nichts anderes als die Potenz, nach einer gewissen Regel eine unbegrenzte Zahl von Vorstellungen zu formen. Das ist nichts weniger als eine idée claire et distincte im psychologischen Sinn. Einmal steht die Regel nicht deutlich vor unserm Geist. Es mag sich bisweilen – wenn es sich um mathematische Begriffe handelt – mit ihr mit Sicherheit arbeiten lassen, so daß man bei der Entscheidung, was ihr unterfällt und was nicht, höchstens auf Grund eines Tatsachenirrtums fehlgreift: wir werden 4 nie für 3 halten. Aber da ihre Definition mittels Allgemeinbegriffen bewerkstelligt wird, steht der alsbald näher zu analysierende Zusammenhang von Allgemeinbegriff und Einzelerscheinung einem deutlichen Vorstellungsbild entgegen. Bei den meisten Begriffen widerstrebt die Eigenart des Gegenstandes einer scharfen Abgrenzung der den Begriff fundierenden Regel. Wir können den Begriff des Menschen definieren, wie wir wollen, nie werden Grenzfälle fehlen, die die Zuordnung zu dem Begriff als zweifelhaft erscheinen lassen. Der Jurist Otto Maier sagt einmal, daß wir die fließenden Übergänge des Lebens mit der Schärfe des Begriffs durchschneiden. Aber die juristischen Begriffe haben auch ihrerseits fließende Grenzen, entbehren der haarscharfen Bestimmbarkeit. Das Ineinander der Dinge in der Wirklichkeit läßt seine Spuren auch in den Begriffen, mit denen der Geist die Welt zu erfassen sucht. Eine Unbestimmtheit ist auch damit verbunden, daß wir, wie schon im begrifflichen Denken, die Einzeldinge, die unter den Begriff zu subsumieren sind, nur in der Potenz haben und zwar in einer Potenz, deren Aktualisierung nie zu Ende geführt werden kann. Wenn ich den Menschen im Bewußtsein habe, habe ich die einzelnen Menschen im Bewußtsein und habe sie zugleich auch nicht. Wenn ich sie gar nicht hätte, wäre der Allgemeinbegriff ein Nichts; um sie ganz und gar im Geist zu besitzen, müßte ich ein Vorstellungsvermögen von einer Kapazität haben, wie es uns nicht vergönnt ist. Eine eingehendere Schilderung des der Potenz eigentümlichen Habens und Nicht-Habens überlassen wir der deskriptiven Psychologie.

Das abstraktive Denken steht im Widerspruch mit der anschaulichen Wirklichkeit, insofern es aus- und absondert, während in jener ein Ineinanderspielen aller Dinge stattfindet. Es löst den Allgemeinbegriff los von den Einzelerscheinungen, die er befaßt, und von allem, was außerhalb seiner Grenzen liegt. Es vertritt mit solchem Verfahren den Standpunkt der Identitätslogik im Gegensatz zu dem der Dialektik der Anschauung. Nicht ist ein jedes so, daß es zugleich mit dem, was es ist, ein anderes ist, sondern es ist, was es ist, und nichts anderes. Der Allgemeinbegriff unterscheidet sich von den konkreten Phänomenen und jeder Allgemeinbegriff ist abgetrennt von jedem andern. Vollständig durchführen läßt sich freilich die Zerreißung der primären Wirklichkeit - auch das abstraktive Denken gehört zur Wirklichkeit – nicht. Der Allgemeinbegriff erhält, wenn auch nur in der Form der Potentialität, den Kontakt mit den Einzelerscheinungen aufrecht, und die Wissenschaft gelangt gerade in letzter Zeit immer mehr zu der Erkenntnis, daß im Grunde genommen alles mit allem in unlöslichem Zusammenhang steht, worauf die Flüssigkeit der Grenzen der Begriffe, die wir vorhin erwähnten, hindeutet. Halten wir uns an den erstgenannten Punkt. Die konkrete Erscheinung taucht im Bewußtsein der Potenz nach auf und weiß ihre Zugehörigkeit zum Allgemeinbegriff geltend zu machen, andernfalls käme es nicht zu der Erkenntnis, auf die es uns letztlich ankommt. Sokrates ist ein Mensch: Mit dieser Einsicht aktualisiert sich die im Begriff des Menschen enthaltene Vorstellung des Sokrates und aktualisiert sich zugleich die andere, daß Sokrates sterblich ist, denn indem wir die Sterblichkeit des Menschen dachten, dachten wir implicite – man wird nach dem Vorangegangenen verstehen, was dies hier heißt – die Sterblichkeit des Sokrates. Das bedeutet, daß wir mit einem Umweg über die Verneinung der Dialektik der Anschauung mittels einer zweiten Verneinung wieder zu ihr zurückgekehrt sind. In der ersten Prämisse ist nur vom Menschen und von der Sterblichkeit des Menschen, nicht von Sokrates und seiner Sterblichkeit, die Rede. Diese Exklusivität, diese Einseitigkeit des Menschen und seiner Sterblichkeit gegenüber der konkreten Erscheinung Sokrates heben wir in der zweiten Prämisse und in der Conclusio auf und erwerben uns dadurch mit Hilfe der doppelten Negation eine Wirklichkeitserkenntnis, die wir nicht mit einem Schlag zu erlangen vermochten. Die Sterblichkeit ließ sich dem Sokrates nicht ohne weiteres ansehen. Die Athener mußten zunächst einmal die Sterblichkeit des Menschen als solchen feststellen, um sich zu vergewissern, daß sie ihn vergiften könnten.

Es ist nicht richtig, wenn Vaihinger in seiner „Philosophie des Als-ob“ sagt, daß der Syllogismus auf einem doppelten Fehler beruhe. Einmal wird hier nirgends ein Fehler begangen, sondern eine dem abstraktiven Verfahren eigentümliche Einseitigkeit wird im zweiten Teil des Syllogismus beseitigt, und sodann ist es unverständlich, wie ein doppelter Fehler einen Fotrschritt in der Erkenntnis bringen kann. Faßt man die Sache so, wie wir es hier getan haben, dann steht die Nützlichkeit des Syllogismus im Einklang mit der vielfach bewährten dialektischen Regel, daß die Welt sich in Form der duplex negatio vorwärts bewegt. Hätte freilich die menschliche Erkenntnis Totalitätscharakter, so daß wir von vorneherein eine jede Einzelerscheinung in Vergangenheit, Gegenwart und Zukunft im Weltganzen zu schauen vermöchten, dann wäre der Umweg über die wissenschaftliche

Erkenntnis, die eine Erkenntnis „kata merous" ist, überflüssig. Aber derartige Erkenntnis, nach der sich manche bedeutenden Geister gesehnt haben, steht mit der Individuation, die unser Schicksal ist, in unversöhnlichem Widerspruch. Der modus cognoscendi menschlicher Wissenschaft kann und muß natürlich näher erläutert werden, als es hier geschehen ist, indem insbesondere gezeigt wird, wie es im Wege der Induktion zur Bildung allgemeiner Begriffe und zur Erkenntnis allgemeiner Gesetzmäßigkeiten kommt, wie, um es im Beispiel zu sagen, die Prämisse des Syllogismus: „Der Mensch ist sterblich" gewonnen wird. Nur muß man bedenken, daß sich bei dem Versuch, den in Betracht kommenden Vorgang zu erklären, in letzter Linie über die Kontingenz, über das Nun-einmal-so-Sein der Welt nicht hinausgelangen läßt. Es gilt das nicht nur für die „vérités de fait", sondern auch für die „vérités de raison", denn die letzteren bedeuten, um es mit Schellings negativer Philosophie auszudrücken, ein Nicht-nicht-denken-Können, bedeuten, daß, wenn wir uns etwas nicht anders denken können als so, wie wir es eben denken, wir die felsenfeste Überzeugung haben, daß es sich auch tatsächlich so verhalte.

Die Wissenschaft ruht auf der Basis der Allgemeinbegriffe. Unter den Dingen, die am Allgemeinbegrifflichen Anteil haben, beanspruchen einen besonderen Rang in der Wissenschaft die geometrischen Gegenstände (Punkt, Linie, Figur) und die Zahlen. Die erstgenannten repräsentieren in eigenartiger Form den das abstraktive (wissenschaftliche) Denken auszeichnenden „Chorismos". Der Raum unserer Anschauung ist stete Einheit (Kontinuum) und ist doch durch die in ihm befindlichen Körper in Stücke gebrochen. Mein Körper ist begrenzt und erstreckt sich doch in die Unendlichkeit des Raums. Ein endliches, in sich ununterbrochen fortlaufendes Raumstück setzt sich zusammen aus einer unendlichen Vielheit kleinerer Raumstücke. Mit der Zeit verhält es sich ganz ebenso. Es ist die Antinomie von Einheit und Vielheit, die im Raum und in der Zeit ihren besonderen Ausdruck findet. Wie, der Raum und die Zeit sollen unteilbar und zugleich auch teilbar sein; das begreife, wer will. So spricht, wer auf dem Standpunkt der Identitätslogik steht; für den Dialektiker ist der Widerspruch die Signatur der Wirklichkeit. Nachdem Parmenides die Antinomie der Negation zu seiner Einheitslehre verwertet hatte, benutzte Zenon die einseitige Hervorhebung des Vielheitsaspektes von Raum und Zeit, um die Absurdität der Vielheit darzutun. Mit den Streitbeweisen Zenons hat man sich in der Geschichte der Philosophie viel beschäftigt, man hat der Hydra mehr als einmal den Kopf abgeschlagen, und mehr als einmal ist er ihr wieder nachgewachsen. Zenon läßt sich nur mit Dialektik beikommen. Auch die geometrische Wissenschaft macht sich zunächst getreu der Aristotelischen Logik der einseitigen Heraustellung des Vielheits-, des Trennungsmomentes schuldig, denn darum handelt es sich, wenn sie die Grenzen der

Dinge als Linien und Flächen isoliert und die Punkte als Grenzen der Linien. Diese Einseitigkeit, die der Natur zuwiderläuft, büßt sie mit einem Mangel an Anschaulichkeit. Wir begegnen den geometrischen Gegenständen nicht nur nicht in der Wahrnehmung, sondern wir können sie uns nicht einmal vorstellen. Der Geometer ist darauf angewiesen, sie mit seinen Zeichnungen anzudeuten. Wie das abstraktive Verfahren an der Loslösung der Allgemeinbegriffe nicht dauernd festhalten kann, so muß es auch in der Geometrie dem Ineinander der Dinge in irgendeiner Weise Rechnung tragen. Wenn man, um ein Beispiel zu geben, zwei getrennte Linien zu einer Linie verbindet, macht sich an der Lötungsstelle der Satz geltend: les choses s'emboitent les unes dans les autres. Oder man denke an eine genetische geometrische Definition, in der der Punkt sich in Bewegung setzt und eine Linie beschreibt. Die Rückkehr zur anschaulichen Wirklichkeit vermag sich freilich innerhalb der geometrischen Wissenschaft nicht zu vollenden. Zu ihr kommt es erst, wenn die Wissenschaft in Gestalt der Technik, also etwa in den Werken des Architekten oder Ingenieurs, ins Leben tritt.

Die Zahlen gehören zu den unentbehrlichsten und meistverwendeten Hilfsmitteln der Wissenschaftler. Aber so gewandt die Wissenschaftler mit ihnen operieren, fragt man sie, was sie eigentlich sind, so geraten sie in eine Verlegenheit, die nicht nur darauf beruht, daß die letzten Elemente der Dinge sich nicht definieren, vielmehr nur anschauen lassen. In wissenschaftlichen, auch in philosophischen Kreisen pflegt man unberücksichtigt zu lassen, daß die Zahlen nicht freie Schöpfungen des Geistes sind, vielmehr der Wirklichkeit angehören und daß sich nur Gegenstände zählen lassen. Dabei hat wieder das abstraktive Verfahren seine Hand im Spiel, das stets damit einsetzt, daß es aus dem Gesamtzusammenhang Teile herauslöst, um sie zu verselbständigen. Ich kann, wie gesagt, nur Gegenstände zählen und kann sie nur so zählen, daß ich sie zunächst einmal unterscheide und sodann auf einen gemeinsamen Nenner bringe, dem gleichen Allgemeinbegriff unterstelle. 1 Katze und 1 Katze sind nur dann zwei Katzen, wenn ich das „und" so interpretiere, daß es auf eine andere Katze deutet als auf die erstgenannte. $2 + 2$ ist 4. Zwei Katzen und zwei Hunde sind 4 Tiere. Da sich für alles Unterscheidbare ein gemeinsamer Begriff finden läßt, ist der Satz $2 + 2$ ist 4 richtig, und zwar als synthetisches Urteil. Der Streit, ob er ein synthetisches oder ein analytisches Urteil ist, erklärt sich daraus, daß man geneigt ist, die Verbindung der Zahl mit dem, was gezählt wird, außer Augen zu lassen. In wie hohem Grade dies der Fall ist, mag man daran ermessen, daß es unter den wissenschaftlich Gebildeten, ja sogar unter den Mathematikern manche gibt, die die sogenannten Bruchzahlen für eine besondere Art von Zahlen halten. Bei einer Bruchzahl bezeichnet uns der Nenner die Zahl der gleichen Teile, in die ein Gegenstand oder eine Mehrheit von Gegenständen (darüber gibt uns der Zähler Auskunft) zerlegt werden. Was in der Wissenschaft vor allem gezählt wird, sind Raum- und Zeitstücke. Berücksichtigt man dies und hat man sich daran gewöhnt, die Wissenschaft vom Standpunkt der Dialektik zu betrachten, dann wird man manche elementaren mathematischen Begriffe und Sätze, die dem Nicht-Mathematiker zunächst anstößig, unsinnig und unbegreiflich erscheinen, verständlich finden. Die Raum- und Zeitstrecken sind endlich und kontinuierlich und zugleich bis ins Unendliche teilbar. Wenn man die Zahl, deren Diskretheit die Kontinuierlichkeit von Raum und Zeit von Haus aus fremd ist, auf die Teilung von Raum und Zeit oder auf räumliche und zeitliche Größenverhältnisse anwendet, dann führt die Unstimmigkeit zu Ergebnissen, die vom rein arithmetischen Standpunkt zum mindesten befremdlich sind. Willamowitz sagt in seinem Plato, daß $\sqrt{2}$ ihr Mysterium erst in dem Augenblick für ihn verloren habe, als sich ihm dieser Begriff als zahlenmäßiger Ausdruck für das Verhältnis der Diagonale zu den Seiten des Quadrats offenbarte. In der Tat scheint $\sqrt{2}$ zunächst etwas Unsinniges zu sein, da sich – sei es auch unter Heranziehung der Bruchzahlen – keine Zahl ermitteln läßt, die mit sich selbst multipliziert 2 ergeben würde. Bezieht man aber $\sqrt{2}$ auf den erwähnten geometrischen Tatbestand, dann erweist sie sich als eminent nützlich, insofern sie uns für die Berechnung der Diagonale eines Quadrats aus den Seiten einen annähernden Zahlenwert liefert, der für alle praktischen Zwecke vollkommen ausreichend ist. Ein anderes Beispiel: Die Mathematiker widerlegen Zenons Streitbeweis: Achilleus und die Schildkröte mit dem Satz, daß die unendliche Reihe der ständig abnehmenden Brüche, die die Annäherung des Achilleus an die Schildkröte zum Ausdruck bringt, zu einer Zahl addierbar ist. Liegt hier nicht eine Verwechslung von Grund und Folge vor? Hat besagte Addierbarkeit nicht ihren Grund darin, daß Achilleus die Schildkröte in endlicher Zeit einholt? Wie dem auch sei, jedenfalls wird sich nicht leugnen lassen, daß die arithmetische Wissenschaft bei der anfänglichen Trennung der Zahlen von den zu zählenden Gegenständen nicht dauernd festhalten kann, sowenig sich leugnen läßt, daß erst im Experiment und in der Technik ihr Verhältnis zur anschaulichen Wirklichkeit voll verständlich wird. Es ist eine wichtige Aufgabe der Dialektik, sämtliche Methoden der Mathematik von ihrem Standpunkt, d. h. als Denkmittel, die den menschlichen Geist von der primären anschaulichen Wirklichkeit zur gleichfalls anschaulichen Kulturwelt gelangen lassen, zu beleuchten. Sie wird dabei nicht auf größere grundsätzliche erkenntnistheoretische Schwierigkeiten stoßen als auf dem Weg, der vom gleichen Ausgangspunkt und mit dem gleichen Ziel über den Syllogismus führt. Die Dialektik ist allen sog. Paradoxien gewachsen, seien es solche der Mathematik oder der Wissenschaft überhaupt.

Blicken wir zurück. Es ist ein Schattenreich, fast möchte man sagen ein Gespensterreich, in das wir vom abstraktiven Denken, von der Wissenschaft geleitet werden. Jahrtausendelang hat sich die Menschheit in ihren berufensten denkenden Vertretern darum bemüht, klarzustellen, was im Bewußtsein vor sich geht beim Denken von Allgemeinbegriffen. Es ist etwas so schwer Faßbares, daß man es den Nominalisten nicht verdenken kann, wenn sie sich an die Namen halten, also an flatus vocis. Es verhält sich tatsächlich so, daß die einzige einigermaßen deutliche Vorstellung die eines Namens ist. Sieht man näher zu, dann zeigt sich, daß noch etwas anderes „mitschwingt“, wie die Psychologen sagen, aber was das ist, läßt sich kaum mit Bestimmtheit angeben. Auf die geometrischen Gegenstände kann man sich innerlich einstellen, sie gestatten eine Annäherung, aber sie in der Vorstellung zu fixieren ist nicht möglich. Sie existieren in uns in der Intention, aber nicht actu, und wir wissen, daß es zu ihrer Aktualisierung prinzipiell nicht kommen kann. Was endlich die Zahlen betrifft, so verbergen sie sich in dem, was sie sind, in solcher Weise, daß einer der hervorragendsten Mathematiker der neuesten Zeit sie – wenigstens vorübergehend – mit den Zahlenzeichen identifizieren konnte. Bei dieser Sachlage ist es nicht unbegreiflich, daß der objektive Idealismus sich bis auf unsere Tage mit Zähigkeit behauptet. Denn das wissenschaftliche Denken beansprucht doch, eine der höchsten geistigen Betätigungen des Menschen zu sein, und es hat die Welt umgestaltet, hat in der primären anschaulichen Natur eine zweite, ebenfalls anschauliche Wirklichkeit, die der Kultur, zur Entstehung gebracht. Derartiges, heißt es, kann umöglich auf die kümmerlichen psychischen Befunde zurückgeführt werden, von denen soeben die Rede war. Auch wenn man die Vorstellung von den Beziehungen hinzunimmt, die innerhalb der besprochenen Gegenstände und zwischen ihnen bestehen, bleibt die Würde des wissenschaftlichen Denkens und die Bedeutung seiner Leistungen rätselhaft. Denn il n'y a pas de rapports sans supports, wie der französische Methodologe und Erkenntnistheoretiker Emile Meyerson sagt. Sind die supports im Dunkel, wie könnte dann helles Licht des Bewußtseins auf die rapports fallen? Es bleibt somit nichts anderes übrig, sagen die Anhänger des objektiven Idealismus, als das Wesen des wissenschaftlichen Denkens nicht sowohl in dem, was von ihnen vorgestellt wird, als vielmehr in einer höhern geistigen Sphäre zu suchen und das Psychische, Vorstellungsmäßige als eine Begleiterscheinung dessen, (worum es sich eigentlich handelt), anzusehen. Das erinnert an den Platonschen objektiven Idealismus, ohne seinem Gedankenflug gerecht zu werden. Es erinnert an Platos Ideenlehre, insofern auch diese die Flüchtigkeit, Undeutlichkeit, Schattenhaftigkeit der abstrakten Begriffe zum Anlaß nahm, um sich einem höhern Reich, eben dem Reich der Ideen, zuzuwenden, um in ihm die Urbilder der Allgemeinbegriffe zu suchen. Plato aber kannte eine transzendente Welt, in der der Seele die Ideenschau vergönnt war und vergönnt sein wird, die ihm in ihrer gegenwärtigen Existenz nur in unvollkommener Anamnese zugänglich ist. Unsere heutigen objektiven Idealisten wissen nichts von einer solchen Welt. Bei ihnen muß man annehmen, daß sie – in einem etwas andern Sinn als die Nominalisten – an die Stelle der Sachen bloße Worte setzen. Ich bin wahrlich nicht der einzige, dem ein erheblicher Teil der neuern Philosophie, und zwar gerade der Philosophie, die sich über einen „Psychologismus“, wie den angeblich hier vertretenen, weit erhaben dünkt, als eine leere Logomachie erscheint. Ihr Grundirrtum besteht m. E. darin, daß sie sich genötigt glaubt, das wissenschaftliche Denken in eine Sphäre zu erheben, die jenseits des Psychischen und jenseits der Vorstellung liegt, während eine solche von ihnen selbst nicht gedacht wird und nicht gedacht werden kann, welch letzteres für die Ideenwelt Platos zweifellos nicht zutrifft. Zunächst gilt es den Vorwurf des Psychologismus aus dem Wege zu räumen, der gegen eine Auffassung des wissenschaftlichen Denkens, wie die von uns vorgetragene, erhoben zu werden pflegt. Wir begnügen uns bei der Erklärung der wissenschaftlichen Denkarbeit nicht mit einer Untersuchung der Vorgänge, die sich in der Seele des Wissenschaftlers abspielen, sondern verweisen auf ihre Fundierung in der anschaulichen Wirklichkeit und auf ihre Einwirkungen auf die Außenswelt, in denen sich ihre lebensfördernde Funktion äußert. Sollte das nicht genügen, so wäre nicht sowohl auf etwas Suprapsychisches, „Geistiges“, als vielmehr auf physiologische Prozesse Rekurs zu nehmen. Leistungen, wie sie die Wissenschaft hervorbringt, können auf rein physiologischem Wege zustande kommen. Zum mindesten hat eine solche Annahme nichts Unwahrscheinliches oder gar Unmögliches an sich. Sachkenner sagen den Spinnen nach, daß sie bei der Verfertigung ihrer Gewebe komplizierte geometrische Aufgaben lösen. Der Vorgang, der sich dabei abspielt, ist offenbar ein physiologischer, denn man wird den Spinnen schwerlich Bewußtsein oder gar übergegenständliches Denken zutrauen. Wissenschaftliche Arbeit des Menschen ist nicht ohne Bewußtsein, aber es besteht guter Grund zu der Annahme, daß sie sich nicht ausschließlich im Bewußtsein vollzieht. Aus den diesbezüglichen Ausführungen Henri Poincarés läßt sich schließen, daß selbst bei den höchsten Leistungen des mathematischen Denkens das Unbewußte oder Unterbewußte mitbeteiligt ist. Der französische Mathematiker Hadémar hat das gleiche Thema im wesentlichen in Übereinstimmung mit Poincaré behandelt. Das Unbewußte oder Unterbewußte ist im methodologischen Sinn zur Psyche zu rechnen, insofern seine Betätigung von dem berücksichtigt werden muß, der das Seelenleben erkennen will, aber im ontologischen Sinn gehört es zur Physis. Ein unbewußt Psychisches gibt es nicht, darum nicht, weil es etwas in sich Widerspruchsvolles wäre, sondern weil man sich darunter schlechthin nichts vorstellen kann. Nicht nur bei wissenschaftlichen Entdeckungen, sondern auch und mehr noch tritt das Unterbewußte, die Physis, bei der Erlernung einer Wissenschaft in Tätigkeit. „Bei Tag und bei Nacht", sagt der Genfer Philosoph und Psychologe Th. Flournoy in einer Ansprache, die er im Namen und im Geist seines vor kurzem verstorbenen Freundes William James an einen Kreis von Studierenden richtete, „ist der Mechanismus unseres Nervensystems am Werk, um den Samen aufgehen zu lassen, den wir ihm anvertraut haben." Ich möchte noch einen Schritt weiter gehen. Im Alltagsbetrieb der Wissenschaft wird unaufhörlich der Bewußtseinsprozeß durch einen mechanischen Prozeß abgelöst. Die Apparatur unseres physischen Organismus nimmt die vom Bewußtsein erteilten Anordnungen auf und führt sie aus. So läßt sich die gelegentliche Bemerkung von Ernst Mach erläutern, daß man sich beim Rechnen oft so dumm vorkomme wie der Bleistift, mit dem man die Zahlen aufs Papier schreibt. Nicht auf eine höhere, hyperpsychische Sphäre hat sich der Blick zu richten, sondern nach unten, wenn das wissenschaftliche Denken im Zusammenhang der Erscheinungen verständlich werden soll. Sieht man, mit welchem Enthusiasmus sich gerade die deutschen Philosophen zum objektiven Idealismus bekennen, dann wird man unwillkürlich an das Wort Schopenhauers erinnert, daß die deutschen Philosophen die Neigung haben, in den Wolken zu suchen, was vor ihren Füßen liegt.

Wir kommen jetzt zur zweiten der Fragen, die wir nach unserm im Anfang gegebenen Versprechen zu beantworten versuchen wollten. Wie erklärt es sich, daß die Versöhnung mit der Dialektik, so wie wir sie hier dargestellt haben, jahrtausendelang im Geist der Philosophen und Einzelwissenschaftler sich nicht vollzogen hat, daß vielmehr von den frühesten Zeiten an bis auf den heutigen Tag der Satz, daß etwas A und zugleich auch nicht A sein kann, dieses Kardinalprinzip der Dialektik, von den Anhängern der Identitätslogik unerbittlich bekämpft wurde. Es erklärt sich das, könnte man meinen, einfach daraus, daß die Dialektik, um die Versöhnung, die wir im Auge haben, zustande zu bringen, sich zu ihrem Satz von der Negation der Negation weiter entwickeln mußte, wozu sie erst in ihrer Hegel-Marxschen Gestalt gelangte. Daran ist soviel richtig, daß erst in dem eben bezeichneten Entwicklungsstadium der Dialektik sich eine Lehre – sei es auch nur in ihren Grundzügen – ausbilden kann, die die Identitätslogik in die Dialektik einbezieht, und daß in der Zeit nach Hegel und Marx weder angestrengte Bemühung noch lange Zeit erforderlich ist – die vorstehenden Ausführungen haben das, wie ich hoffe, gezeigt –, um eine solche Lehre entstehen zu lassen. Aber nun erhebt sich eine weitere Frage, nämlich die, warum eine Dialektik wie die Hegel-Marxsche so spät aufgetreten ist und warum sie bis in unsere Tage auf den hartnäckigsten Widerstand stößt. Wenn man diese Frage beantworten will, dann tut man gut daran, zwischen den Einzelwissenschaftlern und den Philosophen zu unterscheiden. Die aristotelische Logik ist das Organon, das Instrument der Wissenschaften, ganz besonders der Einzelwissenschaften. Sie vertritt daher den Standpunkt des abstraktiven Denkens. Das abstraktive Denken widerspricht, wie wir sahen, dem in sich widerspruchsvollen Charakter der primären Wirklichkeit und muß ihm widersprechen. Mit dem „panta rei" Heraklits kommt man nicht zur Wissenschaft, wie sich am besten daran zeigt, daß Kratylos, ein Anhänger Heraklits, nur mit dem Finger wippte, wenn man ihn über irgendwelche Erscheinungen befragte. Freilich muß das wissenschaftliche Denken in seinem weitern Verlauf die Negierung des Ineinander der Dinge wieder negieren, da sie andernfalls der Wirklichkeit nicht gerecht werden kann, und soweit sie in ihrem theoretischen Bereich diese Negierung nicht vollzieht, muß sie sie bei ihrem Übergang in die Praxis vornehmen. Aber von solchem Aufgeben des Ausschließlichkeitsanspruchs der Identitätslogik braucht sich die Wissenschaft nicht Rechenschaft abzulegen. Die Wissenschaft hätte keine Fortschritte in der Erkenntnis der Wirklichkeit machen können, wenn sie nicht de facto dialektisch verfahren wäre. Daher konnte Engels in seiner Naturdialektik die Naturwissenschaftler mit Molières bourgeois gentilhomme vergleichen: Toute ma vie j'ai parlé de la – dialectique könnten sie von sich sagen –, und daher vergeht kein Tag, an dem nicht unter den großen Wissenschaftlern der Vergangenheit ein „Dialektiker" entdeckt würde. Es ist durchaus verständlich, daß die Vertreter der Einzelwissenschaften sich ihre Konzessionen an die Dialektik nicht zu Bewußtsein brachten; sie hätten sie sich zunächst nicht erklären können, und dank der natürlichen Anlage des menschlichen Geistes zu einer lebensfördernden und kulturschaffenden Wissenschaft bedurften sie nicht eines Reflektierens auf ihr eigenes Tun. Noch aus einem andern Grund als dem eben angeführten haben die Einzelwissenschaften im Bewußtsein der Mehrheit ihrer Repräsentanten der Identitätslogik eine unverbrüchliche Treue gehalten. Die Einzelwissenschaften suchen Ordnung in der Fülle der Erscheinungen und finden sie. Sie arbeiten mit Ordnungs-, Ordinatensystemen. „Ich habe bewußt etwas geordnet (als Geordnetes)." Der Satz gehört nach Hans Driesch zu den obersten Prinzipien der Logik. Der Raum, die Zeit und alle sonstigen Ordnungsschemata schließen gewisse Widersprüche aus, sie weisen jedem Ding einen Platz an, den es nicht beliebig mit jedem andern Ding vertauschen kann. Wenn Cäsar im Jahre 44 ermordet wurde, so wurde er eben nicht im Jahre 46 ermordet. Aber in den Ordnungsmomenten selbst kann ein Widerspruch liegen, wie dies bei der Zeit und beim Raum zweifellos der Fall ist. Der Tod Cäsars ist nicht in einem ganz bestimmten Zeitpunkt eingetreten, weil, wie es bei William James heißt, die Zeit nicht a knife's edge, sondern a saddle-back ist, weswegen es an sich nicht unmöglich wäre, daß der Tod Cäsars in eine Zeit fiele, die man ebensogut zum Jahr 45 (oder 43) wie zum Jahr 44 rechnen könnte. Es galt also die anzuerkennenden, weil wirklichen Widersprüche von den zu verwerfenden, weil unmöglichen, zu sondern, was weniger ein Geschäft der Einzelwissenschaftler als der Philosophie war. Jene mochten glauben, besser dabei zu fahren, wenn sie den Widerspruch schlechthin ablehnten, da sie über die Widersprüche der Wirklichkeit unvermerkt hinwegglitten. Bisweilen sind sie allerdings in ihrer langen Geschichte nun doch auf Widersprüche gestoßen, an denen sie nicht achtlos vorübergehen konnten. In solchen Fällen haben sie sich mit ihnen nicht more dialectico auseinandergesetzt – wie hätten sie auf Dialektik verfallen sollen, solange die Philosophie keine befriedigende dialektische Methode ausgearbeitet hatte –, sondern haben sich in zum Teil langwierigen Bemühungen Scheinlösungen ausgedacht, bei denen sie sich schließlich beruhigten. Eine wesentliche Hemmung des Fortgangs der wissenschaftlichen Arbeit hat sich, soviel ich sehen kann, aus ihrer Begegnung mit den echten Widersprüchen nicht ergeben. Hiermit soll sowenig wie mit dem im Vorhergehenden über das Verhältnis der Einzelwissenschaften zur Dialektik Gesagten darüber entschieden werden, ob das Eindringen der dialektischen Methode in die Einzelwissenschaften eine neue Ära für diese bisher schon bedeutet hat und bedeuten wird. Was ich hervorheben wollte ist einfach dies: Man braucht sich nicht zu wundern, daß die Einzelwissenschaftler auch bei bewußter Ablehnung der Dialektik jahrhundertelang mehr oder weniger gedeihen konnten.

Wie steht es nun mit der Philosophie? Den Philosophen läßt sich nicht nachsagen, daß sie durch die Widersprüche, auf die uns eine eindringliche Analyse aller äußern und innern Widersprüche führt, nicht frappiert worden wären. In meiner Geschichte der abendländischen Philosophie habe ich zu zeigen versucht, daß die Antinomien, die sich sämtlich auf die Antinomie der Einheit und Vielheit zurückführen lassen, das erkenntnistheoretische Hauptthema dieser Geschichte bilden und daß die Philosophen der verschiedensten Zeiten und Nationen geradezu heroisch mit ihnen gerungen haben. Die Einheitslehre des Parmenides, die „Sophismen" Zenons, der Universalienstreit des Mittelalters, der subjektive Idealismus der Neuzeit, die Kritik, die Hume an der Kausalität und an der Substanz geübt hat, die Transzendentalphilosophie Kants, der Pragmatismus von James, die Zweiweltentheorie Bergsons, ja sogar der Existenzialismus der Gegenwart – das gehört alles hierher. Die Sphinx hat sich nicht vom Felsen gestürzt, dazu veranlaßt sie nur die Dialektik, die erst im 19. Jahrhundert zur Vollendung und auch dann keineswegs zur allgemeinen Anerkennung gelangte. Aber ist es denn möglich, den Wahrheitswert der Dialektik, die wir im Auge haben, so hoch einzuschätzen, wenn doch die Philosophen in ihrer überwiegenden Mehrheit eine fast unüberwindliche Abneigung ihr gegenüber bekundet haben? Was uns die Stellungnahme der Einzelwissenschaften zur Dialektik verständlich macht, genügt nicht, um die der Philosophie zu erklären. Wir müssen auf die emotionellen Motive zurückgehen, die aus dem Boden der Gesellschaft entspringen. Blicken wir auf die Geschichte der Gesellschaft, dann finden wir zu allen Zeiten und bei allen Völkern scharfe innere Gegensätze, Klassenkämpfe, die darum nicht weniger peinlich empfunden wurden, weil ihre Beseitigung bis auf weiteres unmöglich erschien. In dieser Lage suchten die Philosophen der Menschheit mit den von ihnen denkerisch erarbeiteten Weltanschauungen zu helfen. Am nächsten liegt es, die Welt so zu erfassen, daß die Widersprüche, die im Volitiven und Emotionellen so leidvoll wirken, für das Denken aus ihr verschwunden sind, d. h., sie im Denken nach dem principium contradictionis (besser non-contradictionis) zu konstruieren. Manche glaubten, diese unsere Welt als eine schlechthin gute oder wenigstens als die beste aller möglicher Welten erweisen zu können. Wer solchen offensichtlich etwas leichtfertigen Optimismus ablehnte, mochte meinen, sie lassen sich mit einem völlig widerspruchslosen Denken in Einklang bringen und hiermit eröffne sich ein Weg, der zu einer würdevollen Resignation, ja zur Serenität führe. Für ein kritischeres Urteil blieben freilich stets gewisse, vom Standpunkt der Identitätslogik unauflösliche, Widersprüche, auf die man mit einer gemäßigten Skepsis, wie der der spätern platonischen Akademie und David Humes, die erfahrungsgemäß eine starke innere Sicherheit gewähren kann, oder mit einem religiösen oder moralisierenden Irrationalismus reagierte. Erst als man die Klassenkämpfe als ein unvermeidliches Durchgangsstadium zur klassenlosen Gesellschaft und diese in einigermaßen greifbarer Nähe vor sich sah, was in der Zeit vor Marx kaum möglich war, konnte sich die Menschheit in einem erheblichen Teil ihrer intellektuellen Vertreter dazu entschließen, das Weltgeschehen als das zu nehmen, was es ist, als einen sich in Widersprüchen immer höhern Zielen entgegenbewegenden Prozeß, in Widersprüchen, von denen die furchtbaren Klassenkämpfe eine vorübergehende Erscheinungsform darstellen. Daß eine dialektische Weltanschauung vorher keine Aussicht auf Erfolg hatte, beweist die Hegelsche Philosophie, die gerade als Weltanschauung die Menschheit kalt ließ wie kaum eine andere. Dagegen mündet die marxistische ökonomische, politische, historische Wissenschaft ungezwungen in eine Philosophie aus, die auf das menschliche Gemüt eine nahezu beispiellose Anziehung ausgeübt hat. Von der Philosophie aus wird sich die Dialektik in zunehmendem Maß auf die Logik, diese allgemeine Wissenschaftslehre, und auf die Einzelwissenschaften erstrecken.

Das neue Völkerrecht und der Frieden[1]

(1951)

Unter dem neuen Völkerrecht verstehen wir nicht das Völkerrecht, das die Beziehungen der Sowjetunion zu den Volksdemokratien und die Beziehungen der Volksdemokratien zueinander regelt, denn dieses Völkerrecht braucht nicht der Gefahr eines Krieges zwischen den betreffenden Völkern zu begegnen – da eine solche Gefahr nicht existiert –, sondern dient ihrer solidarischen Zusammenarbeit. Was uns beschäftigen soll, ist die Wendung, die in den letzten Jahren in dem Völkerrecht eingetreten ist, das in der Vergangenheit immer und immer wieder gegenüber seiner elementarsten Aufgabe, der Sicherung des Friedens, versagt hat und von dem so viele annehmen, daß es nicht imstande sein werde, die Menschheit vor der ihr drohenden Katastrophe eines dritten Weltkrieges zu bewahren. Die Befürchtung ist insofern übertrieben, als, wer sie hegt, zumeist nicht sieht, daß wir im Völkerrecht in eine neue Ära einzutreten beginnen. Wir wollen, bevor wir unsere Zuversicht zu begründen versuchen, uns etwas eingehender von der juristischen Natur und der Wirkungsfähigkeit des überkommenden Völkerrechts Rechenschaft ablegen.

Es ist eine weitverbreitete, wennschon nicht unbestrittene Lehre, daß das Völkerrecht ausschließlich auf Verträgen beruhe, die die Staaten miteinander abschließen. Die Grundlage, die damit dem Völkerrecht gegeben wird, ist etwas eng, aber die Lehre mag zunächst einmal unangefochten bleiben. Worauf es vor allem ankommt, ist, daß das Völkerrecht den Frieden sichert, und der Friede wäre gesichert, wenn die Staaten sich unverbrüchlich an den Satz hielten: pacta servanda sunt (Verträge sind einzuhalten), denn die Staaten haben sich vertraglich darauf festgelegt, daß der Aggressionskrieg als völkerrechtlich verboten gelten solle, und wenn wir keinen Aggressionskrieg hätten, hätten wir überhaupt keinen Krieg mehr. Der Kelloggpakt, der von mehr als 50 Staaten unterzeichnet ist, und die Statuten der UN enthalten sinngemäß ein Verbot des Aggressions-

[1] Veröffentlicht in: Wissenschaftler kämpfen für den Frieden, Berlin 1951, S. 12–22. (Unter Berücksichtigung von Veränderungen, die sich aus dem Handexemplar des Autors ergaben.)

krieges. Das Verbot wäre bedeutungslos oder würde zum mindesten viel von seiner Bedeutung verlieren, wenn die bewaffnete Einmischung in die inneren Angelegenheiten eines Volkes, in erster Linie in die Angelegenheit der Wahl seiner Staatsform, die ihm genehm ist, nicht in den Begriff des Aggressionskrieges einbezogen würde. Auf dem Warschauer Friedenskongreß hat man sich, einer Anregung Pierre Cots folgend, und im Anschluß an einen 1933 der Abrüstungskonferenz vorgelegten Vorschlag Litwinows um eine Definition der Aggression bemüht. In seiner Adresse an die Organisation der Vereinten Nationen sagt der Kongreß unter Z. IV: „Keinerlei Erwägung politischer, strategischer oder wirtschaftlicher Art, keinerlei Begründung mit der inneren Lage oder inneren Konflikten kann die bewaffnete Einmischung eines anderen Staates rechtfertigen. Die Aggression ist die verbrecherische Handlung eines Staates, der als erster seine bewaffnete Streitmacht unter irgendeinem Vorwand gegen einen andern Staat einsetzt." Das ist, wenn es überhaupt bisher ein Völkerrecht gegeben hat, eine Interpretation bereits bestehenden Völkerrechtes. Hierzu einige Worte der Begründung:

Die These, daß die bewaffnete Einmischung in die inneren Angelegenheiten eines Volkes verboten sei, impliziert die Anerkennung des Rechts eines jeden Volkes, sich den ihm genehmen Staat zu geben. Die gleiche Implikation enthält die Lehre, daß die Staaten durch ihre internationalen Verträge Völkerrecht setzen. Denn wer sind die Staaten, die heute miteinander in vertraglichen Verkehr treten? Man wird wohl nicht mit Sir Robert Filmer, den Locke bekämpfte, annehmen wollen, daß sie ihre Rechtsmacht in ununterbrochener Sukzession vom Stammvater des Menschengeschlechts ableiteten, vielmehr zugeben müssen, daß unsere Staaten sämtlich aus Revolutionen dieser oder jener Art hervorgegangen sind, womit man unweigerlich zum Prinzip der Volkssouveränität gelangt. Dieses Prinzip ist denn auch seit den großen bürgerlichen Revolutionen des 17. und 18. Jahrhunderts in der Staatenpraxis mehr oder weniger offenkundig zum Ausdruck gebracht worden.

Der Satz von der Souveränität der Völker hat den logischen Vorrang vor dem Satz pacta servanda sunt, als einem das Völkerrecht begründenden Prinzip, und vor dem Satz von der Souveränität der Staaten, der seinerseits für den Satz pacta servanda sunt die Voraussetzung bildet, denn er bestimmt, wer die Staaten sind, deren Verträge völkerrechtlich bindende Kraft haben. Daraus erhellt, wie irrig die Lehre ist, die alles Völkerrecht ausschließlich von den Staaten ausgehen läßt und über den Staaten die Völker vergißt, um deren Recht es sich handelt. Oder will man sagen, die Völker erhielten die Souveränität erst dadurch, daß sie von den Staaten in ihren Verträgen anerkannt werden? Das wäre offensichtlich ein Zirkelschluß. Aber ist der Satz von der Freiheit der Völker nicht ein naturrechtliches Prinzip, das erst durch seine tatsächliche Respektierung in der Staatenpraxis, also vor allem in den Staatsverträgen, zu geltendem Recht wird? Wenn das richtig ist, dann muß man den gleichen Maßstab an den Satz pacta servanda sunt legen, der ebenfalls ein naturrechtliches Prinzip ist, und wird dann finden, daß seine Respektierung in der Staatenpraxis äußerst problematisch ist. Wenn es sich um Völkerrecht handelt, muß man in der Frage der Rechtsgeltung (der tatsächlichen Durchsetzbarkeit des Rechts) mit größter Behutsamkeit vorgehen. Wir werden hierauf alsbald des näheren zu sprechen kommen. Es lag uns zunächst daran, festzustellen, daß, wenn man die bürgerliche Völkerrechtslehre, von der wir ausgegangen sind, konsequent zu Ende denkt, der Aggressionskrieg in dem Sinn, wie ihn die zitierte Resolution des Warschauer Friedenskongresses faßt, also unter Einschluß der bewaffneten Intervention in die inneren Angelegenheiten eines Volkes, völkerrechtswidrig ist.

Wären die Staaten vertragstreu, dann wäre es gut bestellt um die Sache des Friedens. Schon der erste Völkerbundspakt enthielt ein Reglement, dessen Verbindlichkeit sich nach Art. 17 auch auf Nichtmitglieder des Paktes erstrecken sollte, was, wie nebenbei bemerkt sein mag, über den rechtlichen Wirkungskreis des „pacta servanda" hinausging, und wennschon es den Krieg nicht geradezu proskribierte, doch die Kriegsgefahr tunlichst zu vermindern suchte. Im Kelloggpakt verzichteten die Signatarmächte auf den Krieg als Mittel der nationalen Politik. Größeres Vertrauen als auf die beiden Pakte setzten manche Völkerrechtler auf die zwischen einzelnen Staaten abgeschlossenen obligatorischen Schiedsverträge, so vor allem auf die Locarnoverträge. Aber gerade die Locarnoverträge beschränkten das Obligatorium auf *Rechts*streitigkeiten, die im bewußten Gegensatz zu den im Hinblick auf den Ausbruch eines Krieges viel gefährlicheren rein *politischen* Streitigkeiten stehen. Und wenn die Parteien sich nach dem Buchstaben und dem Sinn der Verträge verpflichtet hätten, auf keinen Fall zu den Waffen zu greifen, würde das wenig helfen. Quid leges sine moribus? Was sind Verträge, wenn es bei den Kontrahenten an der festen Entschlossenheit fehlt, sie einzuhalten?

Vom Standpunkt des historischen Materialismus ist der bisherige Zustand des Völkerrechts und seiner Wissenschaft leicht zu erklären. Der bürgerliche Staat – um nur von ihm zu reden – ist ein Instrument in den Händen der herrschenden Klassen, die eine Minderheit der Bevölkerung darstellen. Die herrschenden Klassen des Imperialismus brauchen den Krieg, genauer gesagt, sie können einen dauerhaften Frieden nicht dulden, denn der Krieg ist ihnen, namentlich den Großmächten, ein höchst wichtiges Hilfsmittel im Konkurrenzkampf. Gewiß brauchen auch die bürgerlichen

Staaten Friedenszeiten und verhalten sich danach. Ein den Frieden zuverlässig sicherndes Völkerrecht zu begründen, sind sie aber nicht gewillt. Wie das Völkerrecht selbst, so ist auch seine Wissenschaft in der bürgerlichen Gesellschaft ein Produkt des Klasseninteresses. Sie sucht, sofern sie nicht rein positivistisch ist, ein Völkerrecht, wie es den herrschenden Klassen dienlich ist, mit Hilfe von allerhand Ideologien als der Natur des Menschen entsprechend zu erweisen aus.

Die Völker spielen hiernach im Völkerrecht der bürgerlichen Staaten eine sekundäre Rolle. Immerhin äußert sich die Tatsache, daß ohne ihre revolutionäre Erhebung der moderne bürgerliche Staat nicht zustande gekommen wäre, in der offiziellen Anerkennung ihres Selbstbestimmungsrechts, wennschon auch dieses Recht de facto immer wieder verletzt wird. Ebenso bringt die Stimme der öffentlichen Meinung, wenigstens teilweise, die Empfindungen der Völker zum Ausdruck und übt auf das Völkerrecht, in dem im wesentlichen das harte Gesetz des wirtschaftlichen Konkurrenzkampfes herrscht, einen freilich im einzelnen schwer festzustellenden, vermenschlichenden Einfluß aus.

Und nun treten mit einem Male die Völker machtvoll auf die Bühne der Geschichte des Völkerrechts. Das ist das *Neue* am Völkerrecht unserer Tage. Es ist eine über alle Länder verbreitete *Friedensbewegung* entstanden, die ihre nichtstaatlichen Organe gefunden hat und binnen kurzem zu einem rechtsbildenden Faktor von weltgeschichtlicher Bedeutung geworden ist. Es war höchste Zeit, Der amerikanische Monopolkapitalismus bereitete bald nach der Beendigung des zweiten Weltkrieges fieberhaft einen dritten Weltkrieg vor und ist in wenigen Jahren zum gefährlichsten Feind des Friedens und damit eines wahren Völkerrechts geworden. Die UN, die ihren Statuten gemäß ein Hort des Friedens sein sollten, hat er zu einem Instrument seiner imperialistischen Pläne gemacht. Soweit sie ihm dazu nicht auszureichen schienen, hat er sie umgangen und neben sie den Atlantikpakt gestellt, der offensichtlich aggressiven Charakter trägt. Eine bloße Aufzählung seiner der Kriegsvorbereitung dienenden Hauptaktionen würde zu weit führen. Mit dem Völkerrecht macht er kurzen Prozeß. Seine Theoretiker erklären, daß zwischen zwei Gruppen von Staaten, die so verschiedenen Weltanschauungen huldigen, wie der westlichen und der östlichen, ein Völkerrecht unmöglich sei, und er handelt danach. Für die kapitalistische Welt ist ihm die Souveränität der Einzelstaaten ein veralteter Begriff. Das ist kein Angsttraum. Die Beweise dafür, daß es nüchterne Wirklichkeit ist, sind erdrückend.[1] Und welches ist der tiefste Grund

[1] Ich verweise auf die eingehendste mir vertraute Darstellung der amerikanischen Nachkriegspolitik in dem sowjetischen Werk: A. Leontiew, Der Imperialismus des Dollars im westlichen Europa (russ.), Moskau, Staatsverlag für politische Literatur 1949.

für ein solches auf den ersten Blick unglaubwürdiges Gebaren? Der amerikanische Monopolkapitalismus weiß, daß ein friedlicher Wettbewerb zwischen dem kapitalistischen und dem sozialistischen System auf lange Zeit hinaus möglich ist, er weiß aber auch, daß er in diesem Wettbewerb schließlich den kürzeren ziehen wird. Daher rafft er alle Kräfte für einen Krieg gegen die Sowjetunion und die Volksdemokratien zusammen, bevor noch der Gegner allzusehr erstarke.

Die obersten Organe der Weltfriedensbewegung sind die Hunderte von Millionen von Menschen repräsentierenden Weltfriedenskongresse (die ich Weltfriedensparlament nennen möchte) und der Weltfriedensrat. Sie sind die organisierte Zusammenfassung zahlloser Friedensvereinigungen und einzelner Friedenskämpfer der ganzen Welt, die einen erheblichen Bruchteil der Menschheit, ihre pars sanior, man darf sagen die Völker, vertreten. Sie hat uns etwas gebracht, das in der Geschichte noch nicht da gewesen ist. Friedensbewegungen und Kundgebungen gibt es schon seit langem. Die Weltfriedensbewegung unterscheidet sich von ihnen nicht nur quantitativ; die Quantität ist in eine neue Qualität umgeschlagen.

Es liegt das zum Teil daran, daß mit der Weltfriedensbewegung über andere Kanäle als die, deren sie sich bedient, Kräfte zusammenwirken, an denen es früher fehlte. Wenn die Weltfriedensbewegung zu einem geschichtlichen Faktor ersten Ranges geworden ist, so verdankt sie dies nicht zum wenigsten der Gleichstimmigkeit ihrer Bestrebungen mit der Politik derjenigen Staaten, für die die Aufrechterhaltung des Weltfriedens oberstes Gesetz ist. Diese sachliche Übereinstimmung in einer Lebensfrage der Menschheit ist mitbegründend für ihre reale Bedeutung, durch die sie sich von den pazifistischen Vereinigungen früherer Zeiten unterscheidet, die vorwiegend ideellen, ja utopischen Charakter trugen.

Wenn ich der Friedensbewegung neue Qualität zusprach, dachte ich als Jurist vor allem an ihre Beteiligung am Prozeß der Rechtsbildung. Es handelt sich nicht um die Schaffung inhaltlich neuen Rechts. Alle Postulate der Friedensbewegung (das Verbot des Aggressionskrieges, das Verbot der Atombombe, die Nicht-Remilitarisierung Westdeutschlands) können von der Völkerrechtswissenschaft als dem bisherigen Völkerrecht entsprechend in Anspruch genommen werden. Die rechtsschöpferische Wirksamkeit der Friedensbewegung betrifft den Entwicklungsprozeß, in dem das von den bürgerlichen Staaten in den wichtigsten Fällen, in denen es auf seine Bewährung ankommt, geradezu gewohnheitsmäßig verletzt wird, zu wahrhaft geltendem, d. h. sich regelmäßig durchsetzenden Recht erhoben wird. Dank der Autorität der Weltfriedensbewegung ist die Atombombe gegen Korea und gegen China nicht zur Anwendung gelangt, ist der dritte Weltkrieg noch nicht ausgebrochen und wird, wie wir vertrauensvoll hinzufügen, auch nicht ausbrechen. Die Weltfriedensbewegung hat erst eine kurze Geschichte, sie wächst stetig an, sie hat ihre Geltungskraft noch nicht voll entfalten können. Immerhin: Sie steht im Begriff, das überkommene Völkerrecht, das in seinen wesentlichen Bestimmungen nicht viel zu wünschen übrigläßt, zu wahrhaft geltendem Recht in dem hier zugrunde gelegten Sinn zu machen.

Kommt denn so viel darauf an, hat man schon entgegnet, der Weltfriedensbewegung die eben bezeichnete rechtliche Wirksamkeit zuzuschreiben? Genügt es nicht, auf ihre politische Wirksamkeit hinzuweisen, an der niemand zweifeln kann? Es ist von Wichtigkeit, erwidern wir, daß die Völker, die in der Friedensfrage ihre Angelegenheiten in die eigenen Hände zu nehmen beginnen und im Anschluß hieran lernen werden, ihre Selbständigkeit auch auf anderen Gebieten zu betätigen, sich von vornherein von der gesellschaftlichen Tragweite ihrer Aktivität möglichst deutlich Rechenschaft ablegen. Hierzu gehört nun eben, daß sie sich ihr Verhältnis zum Werdegang des Rechts, das jahrtausendelang eine dunkle Angelegenheit für sie sein mußte, zu klarem Bewußtsein bringen, wobei ihnen behilflich zu sein eine der Aufgaben der Rechtswissenschaft ist.

War bisher davon die Rede, daß die Weltfriedensbewegung die Völker als Subjekte der Rechtssetzung – Recht ist erst gesetzt, wenn es als geltendes gesetzt ist – in neuem Lichte erscheinen läßt, so ist jetzt noch ein Wort davon zu sagen, daß sie in der Art und Weise, wie sie die einzelnen als Normadressaten mit dem Völkerrecht verbindet, eine noch bedeutungsvollere Funktion ausübt. Ich habe schon vor Jahren ausgeführt, daß die in der Völkerrechtswissenschaft herrschende Lehre, daß die Normen des Völkerrechts sich nur an Staaten, niemals an einzelne wenden, logisch unhaltbar sei und daß kein Grund bestehe, sie nicht als an jeden gerichtet anzusehen, der imstande ist, zu ihrer Verwirklichung beizutragen. Ich halte das damals Dargelegte, das ich an dieser Stelle nicht wiederholen möchte, immer noch für richtig, jedenfalls ist mir keine begründete Einwendung dagegen bekannt geworden. Aber es hatte zunächst nur theoretische, keine praktische Bedeutung. Wie hätte man in einer Zeit, in der das Völkerrecht machtlos war, vom Durchschnittsindividuum erwarten sollen, daß es im Namen des Völkerrechts einem staatlichen Befehl Trotz biete oder sich überhaupt mit den Normen des Völkerrechts vertraut mache! Ich mußte daher die Entscheidung im Fall eines Konflikts zwischen Völkerrecht und Landesrecht dem Gewissen eines jeden überlassen. Das ist anders geworden, seit es die Weltfriedensbewegung gibt. Heute kennt jeder Friedenskämpfer die fundamentalen Forderungen des Völkerrechts in der Friedensfrage, weiß jeder, daß das Völkerrecht dem Landesrecht, falls es sich um eine Kollision zwischen ihnen handelt, vorgehen muß, wenn es einen Sinn haben soll, und daß eine starke gesellschaftliche Macht hinter ihm steht, wenn er dem Völkerrecht einem aggressionslüsternen

Staat gegenüber die Treue hält. Daher wird der Widerstand gegen völkerrechtswidrige Regierungsverordnungen und Maßnahmen zur alltäglichen Erscheinung. Die Friedenspropaganda wird trotz aller staatlichen Verbote immer intensiver; sie erfolgt nicht nur aus persönlicher Furcht vor den Schrecknissen des Krieges – einem gewiß höchst verständlichen Motiv – und aus moralischen und patriotischen Erwägungen; sie hat einen guten Rechtstitel für sich. Das fällt in praktischer Hinsicht nicht unerheblich ins Gewicht, denn das Recht, ich meine das geltende Recht, ist für sehr viele Menschen weder ein leerer Name noch bloßer physischer Zwang, sondern ein hoher respektwürdiger Wert.

Die Völker beginnen das Völkerrecht als Friedensrecht nicht mehr einfach den Obrigkeiten zu überlassen, sondern es zu ihrer eigenen Sache zu machen. Je mehr sie es zu ihrer eigenen Sache machen, als etwas, das von ihnen stammt und sich an sie wendet, um so mehr dürfen sie hoffen, daß ihnen der Friede dauernd erhalten bleiben wird.

Der völkerrechtliche Begriff der Aggression[1]

(1951)

In der Geschichte des Völkerrechts trat am Ende des ersten Weltkrieges ein Wendepunkt ein. Einen Krieg von solch weltweiter Zerstörungskraft, einen Krieg à méthodes dechainées, wie der Marshall Foch ihn nannte, hatte die Menschheit bisher noch nicht gesehen. Die Notwendigkeit, die uralte gesellschaftliche Institution des Krieges zu beseitigen, machte sich im Bewußtsein der Völker geltend. Unzählige Menschen, die bisher den Krieg als unabwendbares Schicksal angesehen hatten, bekannten sich zu der Losung: Nie wieder Krieg! Die Hoffnung der Völker auf einen dauernden Frieden wurde dadurch bestärkt, daß mit der Sowjetunion zum ersten mal ein mächtiger Staat in der Geschichte auftrat, der von allen kriegerischen Absichten frei war. Der Völkerbundpakt trug dieser Situation in der Weise Rechnung, daß er, ohne ein unbedingtes Verbot des Aggressionskrieges auszusprechen, ein Reglement aufstellte, das den Ausbruch von Kriegen erschwerte. Sollte ein Mitglied des Völkerbundes entgegen den Bestimmungen des Reglements zum Krieg schreiten, dann traten statutengemäß die Sanktionen des Artikels 16 in Wirksamkeit. Der Grundmangel, an dem das Friedensreglement des Paktes litt, bestand darin, daß er nicht von einer festen friedenstreuen Gesinnung der einflußreichsten Mitglieder des Völkerbundes getragen war, was im damaligen Stadium des Imperialismus nicht anders erwartet werden konnte.

Ich lasse die obligatorischen Schiedsverträge und die Nichtangriffspakte zwischen einzelnen Staaten beiseite, dagegen muß der Kelloggpakt unsere Aufmerksamkeit einen Augenblick in Anspruch nehmen. Der Kelloggpakt, der von mehr als 50 Staaten unterzeichnet ist, enthält, wenn auch nicht dem Buchstaben, so doch dem Sinn nach ein Verbot des Aggressionskrieges.

Die Unterzeichner erklärten in Artikel 1, daß sie den Krieg als Lösung internationaler Streitigkeiten verurteilen und auf ihn als Mittel nationaler Politik verzichten. Der Verteidigungskrieg sollte selbstverständlich rechtsmäßig bleiben. Im Kelloggpakt haben wir es zum erstenmal mit einem all-

[1] Vortrag, veröffentlicht in: Neue Justiz, 1951 S. 442–444.

gemeinen – fast alle Staaten der Welt sind ihm beigetreten – und unbedingten völkerrechtlichen Verbot des Angriffskriegs zu tun.

Der Völkerbundspakt, die obligatorischen Schiedsverträge, die Nichtangriffspakte kennen bestimmte Fälle, in denen ein „Zum - Kriege - Schreiten" seitens eines Staates rechtswidrig sein sollte. Der Kellogg-Pakt perhorreszierte schlechthin jeden Krieg. Man war sich in den maßgeblichen Kreisen darüber einig, daß das verbotene Zum - Kriege - Schreiten die Entfesselung eines *Angriffskriegs* zu bedeuten hat. Was ist ein Angriffskrieg? Die Diplomaten des Völkerbundes und die Völkerrechtler haben jahrelang über den Begriff des Angriffskriegs diskutiert. Wird man sich, nach dem, was wir vom Charakter des Völkerbunds sagten, darüber wundern, daß sie zu keinem gesicherten Ergebnis gelangten? Worüber sie sich einig waren, das war, daß eine genaue Feststellung des Aggressionsbegriffs kaum möglich sei, daß als eine Aggression jedenfalls ausschließlich der Akt eines Staates angesehen werden könne, was wohl zu beachten ist, und daß die Vorbereitung eines Krieges unter Umständen den präsumtiven Angreifer erkennen lassen, was wir gleichfalls ad notam nehmen wollen.

Es bedeutete etwas entscheidend Neues, als die Sowjetunion der Abrüstungskonferenz, die am 2. Februar 1932 zusammentrat, einen Antrag vorlegte, der eine präzise Begriffsbestimmung des Angreifers enthielt. Auf Grund des sowjetischen Entwurfs arbeitete das unter dem Vorsitz von Politis stehende Komitee für Sicherheitsfragen eine Akte über die Bestimmung des Angreifers aus, nach der als Angreifer der Staat angesehen wird, der als erster eine der folgenden Handlungen vollzogen hat:

1. eine Kriegserklärung,
2. eine Invasion einer bewaffneten Macht in das fremde Staatsgebiet,
3. ein Angriff mit Land-, See-, oder Luftstreitkräften gegen Gebiet, Schiffe oder Luftstreitkräfte eines anderen Staates,
4. eine Blockade der Küsten oder Häfen eines anderen Staates,
5. eine Unterstützung bewaffneter Banden, die auf seinem Gebiet gebildet und in das Gebiet eines anderen Staates eingedrungen sind, oder eine Weigerung, auf das Verlangen des anderen Staates in seinem eigenen Gebiet alle Maßnahmen zu treffen, um den Banden jede Hilfe und jeden Schutz zu entziehen.

Kein Grund politischer, militärischer, wirtschaftlicher oder sonstiger Art soll als Rechtfertigung oder Entschuldigung einer solchen Handlung dienen können. Die Akte über die Bestimmung des Angreifers ist so wenig wie der Entwurf eines europäischen Sicherheitspaktes, der ihre Definition des Angreifers im wesentlichen übernahm, in der Generalkommission zur Abstimmung gelangt. Trotzdem hat die Politis-Akte ihre Spuren in der Geschichte des Völkerrechts hinterlassen. Einmal hat die Sowjetunion sie zum Inhalt von Abkommen gemacht, die sie im Sommer 1933 bei Gelegenheit der Weltwirtschaftskonferenz mit einigen europäischen und asiatischen Staaten abschloß. Sodann findet sich ihr Grundgedanke nicht nur in verschiedenen weiteren internationalen Vereinbarungen der Folgezeit, sondern vor allem in der Definition wieder, die der Warschauer Weltfriedenskongreß vom Aggressionskrieg gegeben hat und die, wie gleich zu zeigen sein wird, mit den Statuten der UN in voller Übereinstimmung steht. Die Begriffsbestimmung des Weltfriedenskongresses zu zitieren und kurz zu analysieren erscheint mir als das beste Mittel, die Stellungnahme der UN rasch und richtig zu verstehen. In einer an die UN gerichteten Adresse sagt der Weltfriedenskongreß unter Ziffer IV: „Keinerlei Erwägung politischer, strategischer oder wirtschaftlicher Art, keinerlei Begründung mit der inneren Lage oder inneren Konflikten in diesem oder jenem Staat kann die bewaffnete Einmischung eines anderen Staates rechtfertigen. Die Aggression ist die verbrecherische Handlung eines Staates, der als erster seine bewaffnete Streitmacht unter irgendeinem Vorwand gegen einen anderen Staat einsetzt."

Das ist eine Definition, wie sie der heutigen Weltlage angemessen ist. Der Aggressionsbegriff wird hier offensichtlich in Zusammenhang gebracht mit dem Selbstbestimmungsrecht der Völker, der Nationen. Der Aggressionskrieg, der heute droht und auf einem Teil der Erde schon begonnen hat, ist seinem Wesen nach hauptsächlich, wennschon nicht ausschließlich, Interventionskrieg. Er ist ein Krieg der heiligen Allianz, der unter dem Einfluß des Monopolkapitalismus stehenden Staaten, der die freiheitlichen, fortschrittlichen Bewegungen unter den Völkern unterdrücken soll. Ein solcher Krieg ist völkerrechtswidrig. Man kann in unserer Zeit das Verbot des Aggressionskrieges nicht trennen von dem Verbot, die Völker ihres Rechts auf selbständige Regelung ihrer eigenen Angelegenheiten zu berauben. Die westlichen bürgerlichen Staaten, die aus Revolutionen hervorgegangen sind, in denen das Selbstbestimmungsrecht der Nationen zu manifestem Ausdruck kam, können den Völkern vor dem Forum der öffentlichen Meinung dieses Recht unmöglich absprechen. Die Organisation der Vereinten Nation tut das denn auch nicht.

Wie nach dem ersten Weltkrieg, nur mit noch größerem Nachdruck, forderte die öffentliche Meinung nach dem zweiten die Begründung internationaler Institutionen, durch die die Menschheit gegen die Wiederkehr eines so furchtbaren Ereignisses sichergestellt würde. Durch die Organisation der Vereinten Nationen sollte dem Verlangen Genüge geleistet werden. Ihr Statut entsprach den Absichten Roosevelts, wenn auch schwerlich den eigentlichen Absichten der imperialistischen Regierungen, die es aufstellten. Aus der Präambel der Satzung interessieren hier vor allem die Worte „Wir, die Völker der Vereinten Nationen, entschlossen, kommende Geschlechter vor der Geißel des Krieges zu bewahren, die zweimal zu unseren Lebzeiten unsagbares Leid über die Völker gebracht hat, haben beschlossen, unsere Bemühungen zur Verwirklichung dieser Ziele zu vereinigen." Die Ziele, von denen schon in der Präambel, von der ich nur einen kleinen Teil zitiert habe, ziemlich eingehend geredet wird, werden dann in Artikel 1 des ersten Kapitels der Satzung noch genauer bestimmt. Unter Ziffer 1 wird als Ziel der Vereinten Nationen bezeichnet: „... den internationalen Frieden und die internationale Sicherheit aufrecht zu erhalten und zu diesem Zweck wirksame gemeinsame Maßnahmen zur Verhütung und Beseitigung von Friedensbedrohungen und zur Unterdrückung von Angriffshandlungen oder anderen Friedensbrüchen zu treffen und durch friedliche Mittel und in Übereinstimmung mit den Grundsätzen der Gerechtigkeit und des Völkerrechts eine Regelung oder Beilegung internationaler Streitfälle oder internationaler Situationen, die zu einem Friedensbruch führen könnten, herbeizuführen." Im zweiten Artikel, der von den Grundsätzen handelt, finden wir dann unter Ziffer 4 den bedeutungsvollen Satz: „Alle Mitglieder sollen sich in ihren internationalen Beziehungen der Androhung oder Anwendung von Gewalt gegen die territoriale Unversehrtheit oder politische Unabhängigkeit irgendeines Staates enthalten"! Nach den den Statuten entnommenen Zitaten wird man sagen dürfen, daß von der UN ein allgemeines, unbedingtes Verbot des Aggressionskrieges ausgesprochen wird, wie es in der Adresse des Weltfriedenskongresses in präziserer Form enthalten ist. Gegen die Statuten der UN ist nicht viel einzuwenden; aber: quid leges sine moribus? Leider haben einige der mächtigsten Regierungen, die zu dieser Institution gehören, aus ihr etwas ganz anderes gemacht, als was sie ihrem Statut nach sein sollte. Fast möchte man auf sie das Wort anwenden, das einer der Päpste vom Patronat gesagt hat: Was als Wohltat gedacht war, ist zur Plage geworden. Immerhin besteht die Hoffnung, daß sie wieder auf den richtigen Weg gebracht werden wird.

Ein juristischer Begriff will aus der Praxis entwickelt und in der Praxis erprobt werden. Ein völkerrechtlicher Begriff, den wir heute aufstellen, muß sich an der gegenwärtigen geschichtlichen Lage bewähren. Wenden wir den Aggressionsbegriff, den wir gewonnen haben, auf den Krieg in Korea an. Es handelt sich hier um einen typischen Interventionskrieg, gerichtet auf das Ziel, einem reaktionären Regime im Widerspruch mit dem Willen des Volkes zum Sieg zu verhelfen. Wir sagten, daß der Aggressionskrieg in erster Linie Interventionskrieg ist. Er ist daneben auch Eroberungskrieg, der im Fall Koreas dem Aggressor ein Aufmarschgebiet für einen weiteren Krieg verschaffen soll. Daß der Konflikt zwischen dem koreanischen Volk und der südkoreanischen Marionetten-Regierung den Weltfrieden gefährde, läßt sich ernstlich nicht behaupten. Eine Gefährdung des Weltfriedens ist erst durch den von den amerikanischen Imperialisten und ihren Trabanten betriebenen Interventions- und Eroberungskrieg herbeigeführt worden. Dieser Krieg widerspricht dem völkerrechtlichen Verbot des Aggressionskriegs und ist zudem noch unter Verletzung der Statuten der UN, nämlich unter Umgehung des Sicherheitsrates, zustande gekommen. Mit ihm hat die UN gerade das getan, was sie verhindern sollte.

Ebenso ist Interventions- und Eroberungskrieg der vom amerikanischen Imperialismus geplante und in umfassendster Weise vorbereitete Krieg gegen die Sowjetunion und die Volksdemokratien. Er soll die gewaltige sozialistische Bewegung unter den Völkern eindämmen und dem Kapitalismus die ihm in den letzten Jahrzehnten verlorengegangenen Positionen zurückgewinnen. Er ist nach der klaren Definition, die wir verteidigen, völkerrechtlicher Aggressionskrieg.

Wir Juristen dürfen solch allgemeine Feststellungen, wie ich sie eben traf, nicht vermeiden, aber wir dürfen uns nicht mit ihnen begnügen. Wir müssen den verschiedenen verschleierten Formen, die ein Interventionskrieg annehmen kann, nachgehen, um sie zu entlarven und die Definition des Aggressionskrieges durch einen entsprechenden Zusatz zu präzisieren. Wie Saderoshni in Heft 1 des Jahrgangs 1951 der Nachrichten der Akademie der Wissenschaften der UdSSR darlegt, handelt es sich um eine Aggression in verschleierter Form, wenn der angreifende Staat durch eine Wühltätigkeit in dem anzugreifenden seine Agentur zur Macht bringt, um dann mit Einwilligung der so geschaffenen angeblichen Regierung seine Truppen in das Gebiet des betreffenden Staates einmarschieren zu lassen. So ist Hitler bei mehreren seiner Aggressionen vorgegangen – gegenüber der Tschechoslowakei, Ungarn, Rumänien und Bulgarien –, und die angelsächsischen Imperialisten sind nach dem zweiten Weltkrieg seinem Beispiel in Griechenland gefolgt. In eigentümlicher Weise verbindet sich eine jetzt schon eine Aggression darstellende Intervention mit der Vorbereitung eines Aggressivkriegs in Westdeutschland, wovon ich zum Schluß noch etwas eingehender reden werde.

Auf zwei Wegen arbeiten die offiziellen Kreise der Vereinigten Staaten und die in ihrem Dienst stehenden Juristen der hier vertretenen Auffassung der Aggression und der sich an sie knüpfenden Folgen entgegen. Sie weichen einer Definition des Angreifers aus und versuchen, innere Umsturzbewegungen unter den Begriff der Aggression zu bringen. Als auf der 5. Tagung der Generalversammlung der UN ein auf eine klare Begriffsbestimmung der Aggression gerichteter sowjetischer Antrag der Kommission für Völkerrecht überwiesen wurde, um in ihr begraben zu werden, erklärte der Vertreter der USA-Delegation, die Delegation glaube nicht, daß die Versuche, zu einer Bestimmung der Aggression zu gelangen, von Nutzen sein könnten. In der Senatskommission für Auswärtige Angelegenheiten sagte Senator Conallay bei der Beratung über die Ratifizierung des UN-Statuts, daß „wir der Bestimmung der Aggression entgehen müssen“. In dem Buch des amerikanischen Völkerrechtlers Jessup „Modernes Völkerrecht“ lesen wir, daß eine Klärung des Aggressionsbegriffs wegen der bestehenden politischen Schwierigkeiten nicht erreichbar sein dürfte. Für den Versuch der eben erwähnten Verfälschung des Begriffs der Aggression ist kennzeichnend die Deklaration über die Verteidigung der Demokratie, die von der neunten inter-amerikanischen Konferenz von Bogota vom 30. 4. 48 abgegeben wurde. Wenn hier innere Umsturzbewegungen unter den Begriff der Aggression gebracht werden, so ist das vom juristischen Standpunkt schon deshalb unzulässig, weil aus der gesamten völkerrechtlichen Diskussion über den Begriff der Aggression mit Deutlichkeit hervorgeht, daß nur der Akt eines Staates eine Aggression sein kann. Geradezu skandalös ist es, wenn die Vollversammlung der UN in einem Beschluß die chinesische Volksrepublik als Aggressor in Korea bezeichnet, was vom Weltfriedensrat bei seiner ersten Tagung in Berlin vom 21. bis 26. Februar 1951 gebrandmarkt worden ist.

Sie werden von mir erwarten, daß ich auf den Fall Westdeutschland etwas näher eingehe. Was sich gegenwärtig in Westdeutschland abspielt, ist unter dem Deckmantel der Fortführung eines mit dem Völkerrecht in Einklang stehenden Besatzungsregimes eine völkerrechtswidrige aggressive Intervention. Die westlichen Regierungen hatten gemäß internationalen Vereinbarungen, denen von Jalta und Potsdam insbesondere, das Recht und die Pflicht, Westdeutschland zu besetzen zum Zweck der Entnazifizierung, Entmilitarisierung und Demokratisierung Deutschlands. Nun tun sie, statt diese Aufgaben zu erfüllen, schon seit geraumer Zeit ihr möglichstes, um Westdeutschland zu remilitarisieren und in Zusammenhang hiermit zu refaschisieren. Damit sind sie ihres völkerrechtlichen Mandats verlustig geworden. Die Besatzungstruppen sind zu aggressiven Interventionstruppen geworden, die in immer größeren Mengen in das Land einströmen. Durch diese Intervention wird der Wille der inländischen Bevölkerung vergewaltigt, die in ihrer überwältigenden Majorität den Frieden will. Sie leidet schon jetzt in materieller Hinsicht aufs schwerste unter der ihr aufgezwungenen Remilitarisierung und ist zutiefst bedrückt von dem Gedanken, zum Vortrupp in einem amerikanischen Aggressionskrieg ausersehen zu sein und gegen die eigenen Landsleute in den Kampf geführt zu werden. Sie wird auf Betreiben der Interventen von der Bonner Regierung, also angeblich ihrer eigenen Regierung, soweit es in deren Kräften steht, verfassungswidrig daran gehindert, eine Volksbefragung über die Nicht-Remilitarisierung Westdeutschlands durchzuführen, und die gleichen Mächte wollen ihr wiederum entgegen der Verfassung die allgemeine Wehrpflicht aufzwingen. Der Charakter der Intervention wird dadurch, daß sie im Einvernehmen mit der Bonner Regierung erfolgt, nicht geändert, denn die Adenauer-Regierung ist eine jener Marionetten-Regierungen, von denen bei Besprechung der in Form einer Intervention erfolgenden Aggression bereits die Rede war. Nach Äußerungen Mc. Cloys und der englischen Besatzungszeitschrift „Die Welt" vollzieht sich ein Wandel der Besatzungstruppen zu „Sicherungstruppen". Die sogenannten Sicherungstruppen sind Interventionstruppen, die zur Unterdrückung der Freiheit des deutschen Volkes, zu seiner Bedrückung und zur Vorbereitung eines Aggressionskriegs gegen die Sowjetunion und die Volksdemokratien verwendet werden sollen. Es handelt sich um Aggression in der Potenz.

Ich hätte ihnen noch viel zu sagen, was mit der Aggression und den Mitteln, sie zu verhindern, im engsten Zusammenhang steht; aber ich muß zum Schluß kommen. Sie werden es mir, als Vertreter der deutschen Delegation gestatten, mit dem Appell an unsere Kollegen aus anderen Ländern zu schließen:

Sie möchten mit uns Seite an Seite kämpfen gegen die aggressive Intervention der imperialistischen Mächte in Westdeutschland, die gegenwärtig unter allen Gefahren, die dem Weltfrieden drohen, vielleicht die dringendste ist.

Die deutsche Wissenschaft in ihrem Verhältnis zur Sowjetunion[1]

(1952)

Unsere Freundschaft, die Freundschaft der Bevölkerung unserer Deutschen Demokratischen Republik mit der Sowjetunion ruht auf einem festen Fundament. Wir brauchen nur die Verhältnisse im Westen Deutschlands mit den unseren zu vergleichen, um uns darüber klarzuwerden, daß, wenn wir selbständig sind in dem, worauf es vor allem ankommt, wenn wir aus eigenen vereinten Kräften an einem Neubau unserer Gesellschaft arbeiten können, wir dies der Sowjetunion verdanken. Und wenn wir nicht nur an unsere partikularen Angelegenheiten denken, wenn wir das Ziel ins Auge fassen, das uns allen vorschwebt, die Wiedervereinigung der Gebiete West- und Ostdeutschlands in einem freien, friedlichen, demokratischen deutschen Nationalstaat, dann fällt der Blick wiederum auf den großen Freund, der sich in der internationalen Arena für die Erfüllung unserer nationalen Hoffnungen so nachdrücklich und machtvoll einsetzt wie sonst niemand auf der Welt. Man sage nicht, die Sowjetunion braucht den Frieden und weil nichts den Frieden mehr sichern kann als ein geeintes Deutschland, darum tritt sie ein für die Befriedigung unserer nationalen Wünsche; es handele sich also um eine Interessengemeinschaft, nicht um echte Freundschaft. Aber wo wäre eine Freundschaft, die nicht auf einer Interessengemeinschaft beruht, und wo findet sich heute ein Interesse, das die Menschen enger aneinanderschließt als das Interesse an der Erhaltung des Friedens, an der Vermeidung der furchtbaren Katastrophe, die ein dritter Weltkrieg für die Menschheit bedeuten würde. Allerdings gibt es ein Interesse, das nicht so elementar wie das an der Erhaltung des Friedens ist, aber dafür als ein noch höheres gelten darf, ich meine das Interesse an einer besseren, glücklicheren Zukunft der ganzen Menschheit, und auch dieses Interesse ist ein Unterpfand für unsere unverbrüchliche Freundschaft mit der Sowjetunion.

Da hier von Freundschaft die Rede ist, wird es nicht ganz unangebracht sein, eine persönliche Note anklingen zu lassen, und so will ich Ihnen denn sagen, wie es gekommen ist, daß ich zu einem Freund der Sowjetunion

[1] Veröffentlicht im Akademie-Verlag, Berlin 1952.

geworden bin. Ich darf annehmen, daß mein Fall eines gewissen typischen Charakters nicht entbehrt. Nach dem ersten Weltkrieg war es den meisten Menschen klar, daß eine durchgreifende Umgestaltung unserer Gesellschaft erfolgen müsse, wenn ähnliche Katastrophen vermieden werden sollten. Woher kann man die erforderliche Reform an Haupt und Gliedern erwarten? so fragten sich damals Millionen, so fragte auch ich mich. Daran, daß sie aus dem Osten kommen könnte, dachte ich nicht. Die Oktoberrevolution, die sich mir später als eines der wichtigsten Ereignisse der Weltgeschichte enthüllte, hatte, als ich sie vom Westen her erlebte, keinen starken Eindruck auf mich gemacht, sie lag für den bürgerlichen Liberalen, der ich war, nicht nur räumlich, sondern auch innerlich in allzu großer Ferne. So hoffte ich zunächst auf Wilson und hielt mich, als ich sah, daß sein Kampf vergeblich war, an Staatsmänner wie Macdonald, Briand, Stresemann, merkte aber bald, so wenig politisch geschult ich war, daß ich mich an Strohhalme klammerte, während die Flut des Faschismus immer bedrohlicher anschwoll. Erst jetzt beschloß ich, das sogenannte Experiment des Bolschewismus etwas eingehender zu prüfen, kam aber nicht weit damit, denn die Ereignisse überstürzten sich, und eine neue Hoffnung tauchte auf. Es war die Hoffnung, daß sich, nachdem der Faschismus in Form des Nationalsozialismus in Deutschland zur Macht gelangt war und ein Land nach dem anderen bedrohte, das liberale Bürgertum aufraffen und im Kampf gegen den Faschismus die moralischen Potenzen entwickeln werde, die für die Begründung einer neuen Gesellschaftsordnung, die ich seit dem ersten Weltkrieg erwartet hatte, erforderlich waren. Es sollte ganz anders kommen. Als ich bald nach der Machtergreifung durch den Nationalsozialismus in Deutschland ins Ausland kam, fand ich in den herrschenden Kreisen des Bürgertums überall statt eines kraftvollen Widerstandswillens Resignation und Defätismus oder gar ein geheimes Einverständnis. In den darauffolgenden Jahren wurde es dann immer offensichtlicher, daß diese Kreise den Faschismus mit einer Konnivenz behandelten, die von aktiver Begünstigung kaum zu unterscheiden war. Wenn man wie ich mit so vielen anderen den unerschütterlichen Glauben hat, daß es so etwas gibt wie einen Fortschritt in den menschlichen Dingen, mußte sich als Gegenstück zu der ungeheueren negativen Dynamik des Faschismus eine positive Kraft ermitteln lassen, die fähig wäre, in der Auseinandersetzung mit dem Faschismus das Rad der Geschichte vorwärts zu treiben. Wo war eine solche positive Kraft zu suchen – so erschien es mir damals und erscheint es mir heute noch –, wenn nicht in der Sowjetunion? Daher machte ich mich nochmals an eine Untersuchung des sowjetischen Phänomens, wobei ich gründlicher vorging als das erste Mal. Ich lernte russisch und reiste 1935 nach der Sowjetunion, um mir ein einigermaßen anschauliches Bild von der dortigen gesellschaftlichen Neuordnung zu verschaffen. Ich machte mich mit den Werken Lenins vertraut, die ich zuvor nicht gelesen hatte, und suchte mich in die Gedankenwelt von Marx und Engels, von der ich bisher nur eine ungenügende Kenntnis besessen hatte, zu vertiefen. Das Ergebnis war, daß ich zur Überzeugung gelangte, die russische Oktoberrevolution sei in der Geschichte der Gesellschaft eine entscheidende Wendung zum Besseren und ihre Auswirkungen würden sich mit der Zeit in Formen, die sich im einzelnen unmöglich voraussehen lassen, auf die übrigen Länder erstrecken. Ich will den vielverschlungenen Fäden der Entwicklung, die von der Kapitulation von München über den zweiten Weltkrieg bis zum gegenwärtigen geschichtlichen Zeitpunkt führen, nicht nachgehen und nur noch hinzufügen, daß mich nach allem, was vorausgegangen war, die Wendung der herrschenden Kreise des Westens nach dem zweiten Weltkrieg zum Neofaschismus, der die Freiheit da unterdrückt, wo sie am meisten sinnvoll ist und einen dritten Weltkrieg vorbereitet, nicht überraschen konnte. Das Gesagte genügt, um zu zeigen, auf welchem Wege ich zum Freund der Sowjetunion geworden bin und daß ich dauernd ihr Freund bleiben werde.

Vielleicht habe ich schon zuviel von Politik gesprochen; ist doch mein eigentliches Thema das freundschaftliche Verhältnis, das uns als Wissenschaftler mit der Sowjetunion verbindet. Aber der Marxismus, der geradezu der noeud vital (Lebensknoten) des sowjetischen Gesellschaftslebens ist, steht in so engen Beziehungen zur Praxis, und zwar besonders zur politischen Praxis, daß sich bei ihm Wissenschaft und Politik von vornherein nicht trennen lassen. Was den Marxismus für den Wissenschaftler so interessant macht, sind nicht in erster Linie die auf diesem oder jenem Gebiet der Wissenschaft erzielten Ergebnisse, sondern es ist der umfassende Lebenszusammenhang, in den er die Wissenschaft hineinstellt, und die präponderierende Rolle, die er der Wissenschaft innerhalb dieses Zusammenhangs zuweist. Der Marxismus zielt ab auf die Beherrschung des gesellschaftlichen Lebens durch die Erkenntnis, die *wissenschaftliche* Erkenntnis der Gesetze der Natur und der Gesellschaft. In der Sowjetunion wird nun zum ersten Mal der ernsthafte Versuch unternommen, die letzten Intentionen des Marxismus zu verwirklichen. Praktisch wirksam ist der Marxismus von Anfang an gewesen, aber seine Wirksamkeit war eine vorbereitende im Hinblick auf das Ziel, an dessen Erreichung man jetzt in der Sowjetunion unmittelbar herangehen kann. Zunächst handelte es sich darum, durch eine wissenschaftlich durchgearbeitete politische Anweisung die Arbeiterbewegung zu befähigen, die große gesellschaftliche Umwälzung herbeizuführen, nach der dann die siegreiche Arbeiterklasse unter Führung ihrer Avantgarde den Marxismus als panhumanistische Wissenschaft und Weltanschauung im Gesellschaftsleben voll zur Anwendung bringen kann.

Machen wir einen Augenblick halt. Ist nicht der Gedanke, daß wissenschaftliche Erkenntnis das menschliche Zusammenleben in allen seinen Provinzen entscheidend gestalten soll von der Art, daß er auf die tiefsten Sympathien des Wissenschaftlers rechnen darf? War es nicht das Ideal Platos, daß der Staat von der höchsten Wissenschaft beherrscht werde? Platos von königlichen Philosophen geleiteter Staat ließ sich nicht in die Wirklichkeit übertragen. Er blieb Utopie, und eine Utopie war es auch, wenn viele Jahrhunderte später Auguste Comte seine „philosophie positive" zur führenden Macht des Gesellschaftslebens bestimmte. Aber der Marxismus ist keine Utopie. Die marxistische Wissenschaft regelt auf immer weiterem Raum die wichtigsten Beziehungen zwischen den Menschen. Sie hat nicht den esoterischen Charakter der Platonischen Dialektik, die einer kleinen Elite vorbehalten bleiben sollte, sie hat demokratische Tendenzen. Zweifellos ist es nicht jedermanns Sache, den Marxismus bis in alle Verzweigungen und Einzelheiten hinein völlig zu bemeistern, aber die Grundprinzipien der Gesellschaftslehre des Marxismus, die sein Kernstück bilden, sind so einfach und einleuchtend, finden eine solche Bestätigung in den Erfahrungen des täglichen Lebens, daß jeder sie sich aneignen kann. Wenn man sie in der Sowjetunion zur Basis des gesamten Unterrichts macht, so ist das ergreifend für jeden Wissenschaftler, denn auf diese Weise werden allmählich in der ganzen Gesellschaft Aberglauben und Vorurteil vom Lichte der Wissenschaft verscheucht werden.

Die Wissenschaft kann in der Sowjetunion auf die Totalität der Lebenserscheinungen maßgeblich und wohltätig einwirken, weil sie sich in den Dienst der gesamten werktätigen Bevölkerung stellt. Nicht erst Marx hat gesagt, daß es so sein müsse, sondern schon im Beginn der Neuzeit hat Englands größter Philosoph von der Wissenschaft ein „humanis commodis inservire" gefordert. Aber in der bisherigen Gesellschaft sind es nicht sowohl die humana commoda als vielmehr die Interessen der verhältnismäßig kleinen Machtgruppe, der, wie der Marxismus es nennt, herrschenden Klassen, gewesen, denen die Wissenschaft vorwiegend gedient hat. Zu der zeitweiligen Überproduktion und den Krisen, die Marx als eine zwangsläufige Begleiterscheinung der kapitalistischen Produktion erwiesen hat, gibt es auf dem Gebiet der Wissenschaft ein Analogon. Wir haben unendlich viele wissenschaftliche Einsichten gewonnen, für die in der überkommenen Gesellschaftsordnung keine ernsthafte Verwendungsmöglichkeit besteht. Man läßt sie zunächst brachliegen. Bisweilen läßt man sie nicht brachliegen, sondern benutzt sie zu Zwecken, die den humanen Bestrebungen der Wissenschaft konträr entgegengesetzt sind. Das eklatanteste Beispiel hierfür ist der ausschließliche Gebrauch der Entdeckung der Atomenergie zur Fabrikation von Waffen zur Massenvernichtung. Als in der Sowjetunion die Atomenergie dazu ausgenutzt wurde, eine wirtschaftlich bedeutungsvolle Flußkorrektion zu ermöglichen, und durch die übrige Welt die Rede ging: Die Russen haben nun auch die Atombombe, wurde der Unterschied zwischen der sowjetischen und der kapitalistischen Wissenschaft unüberbietbar augenfällig.

Man wird einwenden, wie ich wohl weiß, daß die Wissenschaft keinem anderen Zweck dienen dürfe als dem Fortschritt der Erkenntnis: La science pour la science. Auch die edelste, humanste Verfolgung von Zwecken, die nicht in ihr selbst begriffen wären, sei ihr nachteilig. Sie verliere ihre Verwendungsmöglichkeit für praktische Zwecke, sobald ein anderes Streben als das nach Erkenntnis sich in ihr geltend mache. Der Gebrauch, der von ihren Ergebnissen gemacht werde, liege außerhalb ihres Bereichs; sei er ein unzulässiger oder sogar verbrecherischer, so könne sie für ihn nicht verantwortlich gemacht werden. Indessen läßt sich in dieser Weise das Wesen des Menschen nicht aufspalten. Jede wissenschaftliche Betätigung hat noch einen anderen Zweck als den der Erkenntnis um der Erkenntnis willen, mag er ein individueller oder ein kollektiver sein, mag er dem Wissenschaftler bewußt sein oder vom Unbewußten her wirken. Die weite Verbreitung der gegenteiligen Ansicht erklärt sich aus der sich mit der Zeit immer mehr steigernden Arbeitsteilung, die die Wissenschaft in Mitleidenschaft gezogen hat. Die Arbeitsteilung hat es mit sich gebracht, daß der eigentliche Sinn und Zweck der Arbeit uns vielfach völlig verborgen bleibt und uns auch gar nicht interessiert. Aber damit bezeichne ich nur eine Tendenz, eine Regel, kein Gesetz. Denn ganz so verhält es sich doch glücklicherweise nicht, daß alle Wissenschaftler gegenüber dem Gebrauch der von ihnen gewonnenen Erkenntnisse gleichgültig blieben und sich gänzlich unverantwortlich für ihn fühlten. Wir können, um das vorhin herangezogene Beispiel nicht zu verlassen, aus den Äußerungen zahlreicher Atomphysiker entnehmen, wie schwer sie darunter leiden, daß, was als Wohltat gedacht war, zur Plage geworden ist.

Es erhebt sich nun die Frage, ob wir bei bewußter prinzipieller Einstellung der Wissenschaft auf die Befriedigung der Bedürfnisse der ganzen Gesellschaft der Vorteile der Arbeitsteilung verlustig gehen, die nach der Ansicht so vieler damit verbunden sind, daß Wissenschaft nur um der Wissenschaft willen betrieben wird. Die Frage kann nur von der Erfahrung beantwortet werden. Hat die Sowjetwissenschaft gegenüber der Wissenschaft anderer Länder deshalb an Leistungsfähigkeit Einbuße erlitten, weil sie die Marxsche Forderung engster Verbindung von Theorie und Lebenspraxis soweit als irgend möglich zu erfüllen gesucht hat? Wenn der Nutzerfolg den Maßstab bietet, offensichtlich nicht. Wie aber steht es mit den hochtheoretischen Leistungen? Soweit es sich um Mathematik und Naturwissenschaften handelt, vermag ich mir über den vorliegenden

Tatbestand kein eigenes Urteil zu bilden, von den Geisteswissenschaften werde ich gleich nachher reden. Aber eine ganz allgemeine Bemerkung kann ich an dieser Stelle nicht unterdrücken: Es ist doch wohl kaum vorstellbar, daß die bewußte und planmäßige Stellungnahme zu einem Zusammenhang, der objektiv vorhanden war, nämlich dem Zusammenhang zwischen Wissenschaft und Lebensbedürfnis (also eine höhere Stufe im Entwicklungsstand des menschlichen Bewußtseins), dem geistigen Fortschritt in irgendeiner Hinsicht hinderlich sein könnte.

Zu der engen Verbindung von Theorie und Praxis, die ein Grundgesetz des sowjetischen Gesellschaftsbetriebs ist, gehört auch, daß man tunlichst jeden Fabrik- und Landarbeiter mit geeignetem wissenschaftlichen Rüstzeug auszustatten sucht. Der Unterschied zwischen Handarbeiter und Kopfarbeiter soll mit der Zeit verschwinden.

Man will den Arbeiter geistig näher an die Wissenschaft heranbringen, aber es ist natürlich keine Rede davon, daß man ihn zum Wissenschaftler machen wollte. Er soll zum wissenschaftlichen Denken angeleitet werden und in dieser oder jener Disziplin mehr als oberflächlich Erkenntnisse erwerben. Damit wird man bei der heutigen außerordentlichen Kompliziertheit der Naturwissenschaften noch nicht zum Wissenschaftler. Die Steigerung der Ertragsfähigkeit, die die eben bezeichnete Gesellschaftspolitik zur Folge gehabt hat – es genügt, auf die Stachanowbewegung hinzuweisen –, ist gewaltig. Ich denke aber augenblicklich weniger an die an sich so wichtige praktische Seite der Frage als daran, wie erfreulich es für den Wissenschaftler ist, wenn Interesse und Verständnis für die Wissenschaft sich in den weitesten Bevölkerungsschichten verbreiten.

Es ist ein, ich möchte fast sagen, erregendes Schauspiel, das sich dem Auge des Wissenschaftlers bietet, wenn er beobachtet, wie sich in der Sowjetunion die Schwerpunkte in der Wissenschaft je nach dem Stadium, das der Gesellschaftsprozeß durchläuft, verlagern, ist man doch bei uns geneigt anzunehmen, daß die Wissenschaft ihre eigenen Wege zu verfolgen pflegt, ohne sich um das, was um sie herum vor sich geht, sonderlich zu kümmern.

Unter den Wissenschaften spielen natürlich die weitgehend mathematisierten Naturwissenschaften, weil sie durch Vermittlung der Technik den wirtschaftlichen Produktionsprozeß maßgeblich beeinflussen, eine hervorragende Rolle, und dabei ist besonders der Biologie zu gedenken, die sich bisher als lange nicht so fruchtbar erwiesen hatte wie Physik und Chemie.

Aber als noch wichtiger erscheinen die Gesellschaftswissenschaften, weil sie die Grundlage des gesamten sozialistischen Aufbaus bilden. In der wissenschaftlichen Politik mußte eine Weiterbildung der Gedanken von Marx und Engels erfolgen, weil diese die seitherige Entwicklung natürlich nicht in allem vorwegnehmen konnten. Insbesondere galt es, die alte marxistische These, daß proletarische Revolution und Aufbau des Sozialismus nur im Weltmaßstab vor sich gehen könnten, einer Revision zu unterziehen, was seitens Lenins in meisterhafter Weise geschah. Sodann war in einer Gedankenführung, die sich wohl der marxistischen Methode bedienen konnte, aber doch dabei schöpferischen Charakter tragen mußte, die Innen- und Außenpolitik der Sowjetunion seit der Oktoberrevolution in allen Stadien der Entwicklung wissenschaftlich zu fundieren. Der marxistischen Wirtschaftswissenschaft, die sich vorwiegend mit den Gesetzmäßigkeiten der Struktur und Entwicklung der kapitalistischen Wirtschaft beschäftigte, war in einer Wissenschaft der sozialistischen Wirtschaft eine Ergänzung zu geben.

In der Philosophie, unter der wir Erkenntnistheorie, Dialektik, Ideologienlehre, Ethik und Weltanschauungslehre verstehen wollen, enthalten die Werke von Marx, Engels, Lenin und Stalin eine – wenn auch vielfach nur kurze – Beantwortung der Grundfragen. Überall, wo es mit Rücksicht auf die Zeitumstände zur Verteidigung oder Förderung der Sache des dialektischen und historischen Materialismus erforderlich erscheint, tritt die sowjetische Wissenschaft auf den Plan, wie es vor dem Oktober Lenin gehalten hatte, als die Lehren von Avenarius und Mach sich bei den russischen Marxisten einzubürgern drohten. Auf systematische Geschlossenheit zielt die sowjetische Wissenschaft auf diesem Gebiet nicht ab. Ich interessiere mich speziell für gewisse intrikate Fragen der Erkenntnistheorie und Ideologienlehre des dialektischen und historischen Materialismus. Wenn es mir nicht gelungen ist, in Erfahrung zu bringen, wie die sowjetischen Philosophen über sie denken, so kann das an der Schwierigkeit, einen vollständigen Überblick über das sowjetische Schrifttum zu erhalten, oder aber auch daran liegen, daß die sowjetischen Philosophen die eingehendere Beschäftigung mit den betreffenden Fragen nicht für vordringlich halten.

Ich verzichte darauf, den Weg zu verfolgen, den die Sowjetpädagogik in den letzten 30 Jahren gegangen ist. Daß gerade die Pädagogik in einem Lande, in dem die heranwachsende Generation für eine neue Gesellschaft zu erziehen ist, mit besonderem Eifer betrieben wird, ist einleuchtend. Dagegen sei noch ein Wort von der Stellungnahme der sowjetischen Wissenschaft zur Philologie gesagt, bevor ich mich zum Schluß meiner Ausführungen der Rechtswissenschaft zuwende. Es gibt mir dies Gelegenheit, das Mißverständnis zu vermeiden, als ob sich meiner Ansicht nach die Sowjetwissenschaft ausschließlich um die aktuellsten Fragen des sozialistischen Neubaus bekümmere. *Diese Wissenschaft will getreu der panhumanistischen Tendenz des Marxismus keine der Quellen versiegen lassen, aus denen von altersher der Humanismus seine Kräfte geschöpft hat.* Daher liegt es ihr fern, das Studium der Sprache, dieses vornehmsten Ausdrucksmittels des menschlichen Geistes, zu vernachlässigen. Daß gerade hier die alten Methoden der bürgerlichen Sprachwissenschaft für die sozialistische Wissenschaft Wert behalten, hat gegenüber vorschnellen Neuerern jüngstens Stalin mit der ihm eigenen Klarheit dargetan, indem er den Nachweis führt, daß die Sprache, die Volkssprache, nicht zu dem gehört, was Marx als den geistigen Überbau bezeichnet.

Und nun zur Rechtswissenschaft. Die überkommene Rechtswissenschaft – ich sage das nicht erst, seitdem ich für die sozialistische Gedankenwelt tieferes Verständnis gewonnen habe – ist keine Wissenschaft im strengeren Sinn des Wortes. Sie hat weder in der Philosophie noch in der Gesellschaftswissenschaft die erforderliche zuverlässige Grundlage. Ich muß dies kurz begründen: Im Anfang des 20. Jahrhunderts ließ der Philosoph Leonard Nelson ein Buch erscheinen, das den Titel trug: Rechtswissenschaft ohne Recht. Unsere Rechtswissenschaft, führte der Verfasser aus, ist eine Rechtswissenschaft ohne Recht, d. h. ohne Rechtsidee. Nelsons eigene Rechtsphilosophie, die durch die Erkenntnistheorie von Jakob Fries beeinflußt war, konnte aus Gründen, die darzulegen zu weit führen würde, auf die Rechtswissenschaft ebensowenig nachhaltige Wirkungen ausüben wie die rechtsphilosophischen Systeme der Neukantianer Rudolf Stammler und Hermann Cohen. Das 17. und 18. Jahrhundert hatten eine Natur- oder Vernunftsrechtslehre hervorgebracht, die weltgeschichtliche Bedeutung erlangen sollte. Ihre erkenntnistheoretische Begründung war fragwürdig, und ihre Reformprojekte blieben im Abstrakten, aber sie war getragen von den fortschrittlichen Kräften der Zeit und hat an der Revolution, die sich damals in der Gesellschaft vorbereitete, machtvoll mitgewirkt. Im 19. Jahrhundert geriet das Naturrecht immer mehr in Vergessenheit und wurde schließlich durch den Rechtspositivismus völlig verdrängt. Nach dem ersten Weltkrieg, als eine Erneuerung der Gesellschaftsordnung vielen unausweichlich schien, ertönte der Ruf: Zurück zum Naturrecht, und wir hören ihn jetzt nach dem zweiten Weltkrieg von neuem. Das repristinierte Naturrecht ist über die abstrakten Formeln des Alten nicht hinausgekommen, nur wird heute, was ehemals progressiv sein sollte und auch tatsächlich progressiv war, meistens zu reaktionären Zwecken verwendet.

Die Philosophie stößt heute in weiten Kreisen auf ein gewisses, vielleicht nicht ganz unberechtigtes Mißtrauen. Sehen wir zu, ob die Soziologie der Rechtswissenschaft dazu zu verhelfen vermag, zu einer echten Wissenschaft zu werden. Ich begnüge mich mit folgender Feststellung: Weder Max Weber noch Emile Durkheim – jeder von ihnen der weitaus bedeutendste Vertreter der Soziologie seines Landes in der Vorkriegszeit – wollen oder können ihr diesen Dienst leisten. Weber lehnt es namens seiner

Wissenschaft ausdrücklich ab, sich mit Sollensfragen zu beschäftigen, sie betreffe allein die Seinsfrage. Sie könne wohl einen hypothetischen Imperativ (im Sinne Kants) aufstellen, d. h. die Mittel angeben, mit denen sich ein vorausgesetzter Zweck erreichen läßt, aber ein kategorischer Imperativ liege außerhalb ihres Gebietes. Die Durkheimsche Soziologie hat eine enge Beziehung zum Recht, denn die faits sociaux, die für Durkheim etwas Ähnliches sind wie die Atome oder Moleküle für den Naturwissenschaftler, werden bei ihm vorwiegend durch Rechtseinrichtungen repräsentiert. In seiner inhaltsreichen kleinen Schrift: La méthode sociologique sagt Durkheim: Die erste und wichtigste Regel ist, daß man die faits sociaux wie Sachen betrachten muß, was vor allem bedeutet, daß man nicht versuchen soll, sie psychologisch zu analysieren. Die Durkheimsche Soziologie ist bewußt an der Physik orientiert. Sie betrachtet die gesellschaftlichen Erscheinungen wesentlich von außen, während es, wie der amerikanische Soziologe Giddings, Durkheim kritisierend, bemerkt, um sie zu erfassen, einer subjektiven Interpretation bedarf. Die Durkheimschule, die, wie es heißt, in ihrem Heimatland im Absterben begriffen ist, hat der Rechtswissenschaft nichts Wesentliches zu bieten gehabt.

Daß die herkömmliche Jurisprudenz es nicht dazu bringen konnte, zu einer Wissenschaft sensu stricto zu werden, sich vielmehr der Hauptsache nach damit begnügen mußte, eine fein ausgearbeitete Begriffstechnik zu besitzen und die Juristen in der Subsumtion der Lebenstatbestände unter die vom Gesetz verwendeten Begriffe zu schulen, liegt vor allem daran, daß die schweren materiellen Ungerechtigkeiten, die in den Rechtsordnungen aller Klassengesellschaften zum Ausdruck kommen, nicht offen zugegeben werden durften, sondern durch irgendwelche Ideologien verschleiert werden mußten. Marx und Engels haben den Schleier zerrissen. Sie haben gezeigt, was die bürgerlich-kapitalistische Gesellschaft de facto ist. Sie haben eine eingehende Theorie dieser Gesellschaft gegeben und hätten für sie eine systematische Rechtslehre entwickeln können, denn das Recht ist nichts anderes als die positive Ordnung der Gesellschaft. Eine solche Lehre wäre eine Wissenschaft im modernen Sinne gewesen. Aber der Marxismus hat aus begreiflichen Gründen von einem derartigen Unternehmen Abstand genommen. Er hat seine Erkenntnis des Rechts der bürgerlichen Gesellschaft dazu verwertet, seinen wahren Charakter vor der Arbeiterschaft klarzustellen und die der Lage der Sache nach durchzuführenden Rechtsreformen vorzuschlagen, die sich für die Erfüllung der historischen Aufgabe der Arbeiterschaft günstig auswirken würden. Er hat auch darauf verzichtet, solange man in der bürgerlichen Gesellschaft lebte, im Gedanken an kommende Zeiten ein ins einzelne gehendes Programm des sozialistischen Rechtes aufzustellen. Marx sagt ausdrücklich, daß er nicht daran denke, Rezepte für die Zukunftsküche des Sozialismus zu geben.

In der Sowjetunion ist der Sozialismus nicht mehr etwas Zukünftiges, er ist zur Gegenwart geworden. Daher ist hier denn auch eine neue Rechtswissenschaft, eine sozialistische Rechtswissenschaft, zur Entstehung gelangt. Sie ist so eng mit der marxistischen Gesellschaftswissenschaft verknüpft, daß man sie als einen Teil von ihr anzusehen hat, und partizipiert an ihrem Charakter als dem einer echten Wissenschaft. In ihr findet der ganze Entwicklungsgang der sowjetischen Gesellschaft, den das Recht zu fördern und zu schützen berufen ist, seine deutlichste Abspiegelung. Die Deutsche Demokratische Republik ist kein sozialistischer Staat, aber sie ist ein Staat, der in vielen und wesentlichen Punkten durch sozialistische Tendenzen beeinflußt ist. Daher können wir viel von der sowjetischen Rechtswissenschaft und von den Erfahrungen der sowjetischen Juristen lernen: vor allem im Recht der Wirtschaftsplanung, im Recht der volkseigenen Betriebe und im Strafrecht.

Ich fasse zusammen: Die Sowjetwissenschaft ist ein neuer Typus der Wissenschaft. Sie ist eine Wissenschaft, die bewußt und gewollt mit dem Gesellschaftsleben in Beziehung tritt, um es durch eine stets fortschreitende Erkenntnis zu seinem Wohle zu lenken. Damit ist eine höhere Stufe im Bewußtwerden der Funktionen der Wissenschaft im Organismus des Gesellschaftsganzen erreicht, und zugleich ist der Dienst, den die Wissenschaft den Menschen leistet, zu einem universellen, zu einem Dienst an allen geworden. Daher wird die Sowjetwissenschaft bei vielen Wissenschaftlern anderer Länder nicht nur Interesse, sondern auch aufrichtige Sympathie erwecken. Bei der Unteilbarkeit des sowjetischen Gesellschaftslebens wird die Sympathie, wenn sie sich anfänglich nur auf die sowjetische Wissenschaft beziehen sollte, sich bald auf die Sowjetunion als solche erstrecken. Bei uns Wissenschaftlern der Deutschen Demokratischen Republik kommen die anfänglich berührten Gründe hinzu, die dafür sprechen, der Sowjetunion echte Freundschaft entgegenzubringen. Das Band, das uns verbindet und sich immer mehr festigt, wird sich als unzerreißbar bewähren.

Zur Methodologie der Rechtswissenschaft[1]

(1953)

Die Natur- oder Vernunftsrechtslehre des 17. und 18. Jahrhunderts[1]

Im Schoß des Feudalismus entsteht das moderne Bürgertum. Noch bevor es ihm gelingt, die Fesseln, die der Feudalismus seinem sich allmählich entwickelnden Wirtschaftsregime auferlegt, ganz abzuschütteln, läßt es aus sich eine seinen Interessen entsprechende Ideologie hervorgehen, die einen Klärungsprozeß durchmachen muß, bevor sie im 17. und 18. Jahrhundert mit voller Deutlichkeit zutage tritt und in Form der neuzeitlichen Natur- und Vernunftrechtslehre, der größten aller bürgerlichen Revolutionen, der französischen, die geistige Grundlage liefert. Sie dient dem Fortschritt der Menschheit, denn der moderne Kapitalismus bedeutet einen Fortschritt der abendländischen Menschheit im Vergleich mit dem mittelalterlichen Feudalismus, daher hat sie das Recht, im Namen der ganzen Gesellschaft zu sprechen. Sie muß in ihrem Namen sprechen, um die breiten Volksmassen zu inspirieren, die die Schlachten des Bürgertums zu schlagen haben. So erklärt sich, daß in den Schriften der großen Naturrechtler jener Zeit, um eine Wendung Plechanows zu verwenden, ein vornehmer Enthusiasmus sich äußert, der uns noch heute ergreift, daß in ihnen die Erkenntnis der Schattenseiten des Kapitalismus nicht selten anzutreffen ist und sogar, wenn auch nur in Ausnahmefällen (Mably und Morelli), sozialistische Ideen entwickelt werden und doch in ihrer überwiegenden Mehrheit der Bourgeois zu Worte kommt, der zäh an seinem Privateigentum festhält. Es ist eine im wesentlichen bürgerliche, dabei aber humane und fortschrittliche Literatur, um die es sich hier handelt.

Das junge Bürgertum war entschlossen, mit den mittelalterlichen Bindungen, mit den Privilegien des Adels und des Klerus, mit dem göttlichen Recht der Monarchen, mit der geistigen Bevormundung durch die Kirche, aufzuräumen, mit einem Wort: sich zu emanzipieren. „Réveille toi, ami, sors de l'enfance!" (Rousseau)

Die Menschen, die sämtlich frei geboren sind, können dem Recht und dem Staat nur dadurch unterworfen werden, daß sie sie in freiwilligem

[1] Veröffentlicht in: Deutsche Zeitschrift für Philosophie, Jahrgang 1, 1953, Heft 2, S. 314–327

Akt selbsttätig begründen. Der auf sich gestellte Unternehmer des beginnenden Kapitalismus erkennt keine Schranke seiner Freiheit an, die er ihr nicht selbst gesetzt hat. Daher die Bedeutung der allen Naturrechtlern gemeinsamen Konstruktion des Staats- oder Gesellschaftsvertrages und die Ableitung des Völkerrechts aus dem Satz: Pacta servanda sunt bei Grotius. Der Inhalt des Staatsvertrages sollte von der Art sein, daß er der im Licht der Vernunft erkannten menschlichen Natur, dem dictamen rectae rationis, gerecht würde. Recht und Staat aus der Vernunft nicht nur zu deduzieren, sondern auch darauf zu bestehen, daß sie nur dann Anspruch auf Geltung haben, wenn sie aus einem der Vernunft entsprechenden Vertrag aller Mitglieder der Gesellschaft hervorgehen; das war eine weltgeschichtliche Tat, durch die, wie Hegel von der Epoche der Aufklärung im allgemeinen sagte, die Welt zum ersten Mal auf den Kopf gestellt wurde. Es war auch eine politische Tat ersten Ranges: Aus dem „bourgeois" wurde durch sie der „citoyen" geschaffen. Mochte auch, wie bei Hobbes und später bei Kant, das Volk an die einmal akzeptierte Staatsverfassung unwiderruflich gebunden sein, so beruhte diese doch letztlich auf einem souveränen Akt des Volkes. Die Volkssouveränität war proklamiert. Die Naturrechtler waren größtenteils Revolutionen abgeneigt. Aber das gilt nicht für alle, es gilt nicht für Locke, dessen Lehre von der Volkssouveränität die zweite englische Revolution widerspiegelte, und gilt nicht für Rousseau, dessen „Contrat Social" zu einer machtvollen, von der Französischen Revolution gehandhabten Waffe werden sollte.

Recht und Staat sollten, darüber war man sich unter den Naturrechtlern im wesentlichen einig, zunächst das Eigentum und die persönliche Unversehrtheit des Individuums sicherstellen. Aber dabei hatte es für die bedeutendsten unter ihnen nicht sein Bewenden. Sie zielten ab auf ein echtes Gemeinschaftsleben unter den Menschen. Wie hatte man es sich zu denken, daß etwas derartiges zustande kommen könnte? Für diejenigen, die, wie Locke, den Menschen mit einer Natur ausgestattet sein ließen, in der sich Egoismus und Altruismus die Waage halten, war die Frage nicht schwer zu beantworten. Aber auch wer im Egoismus die einzige Triebfeder des menschlichen Verhaltens sah, brauchte nicht an der Lösbarkeit des Problems zu zweifeln. Hatte er nicht allein schon in der Diderotschen Maxime: Nötige den anderen, für dich zu arbeiten, indem du für ihn arbeitest, einen vielversprechenden Ansatzpunkt für die Begründung eines engen, dem Gemeinnutzen dienenden Zusammenwirkens der Individuen? Wenn ich recht sehe, hat sich Helvétius am eingehendsten darum bemüht, die der Vereinigung des Interesses des Einzelnen mit den der Gesamtheit entgegenstehenden Schwierigkeiten zu beseitigen. Nach seiner Ansicht kommt derjenige, der in letzter Linie nach nichts anderem strebt als nach der Gewinnung eigenen Glücks und der Vermeidung eigenen Unglücks – und in dieser Lage befindet sich jeder Mensch –, am besten auf seine Rechnung, wenn er für das Wohl der Gesellschaft tätig wird. Freilich gelangt der Satz nur dann zu vollkommener Geltung, wenn der Gesetzgeber durch eine vernünftige Politik dazu beiträgt. Wer für das bonum commune tätig wird, der findet in den weitesten Kreisen der Bevölkerung eine Hochschätzung, die, sich in den mannigfachsten ihm gewährten persönlichen Vorteilen äußernd, ihn reichlich für seine Mühewaltung entschädigt. Aber nur wenige haben das bisher eingesehen, dank der ungenügenden Erziehung, die man der Jugend zuteil werden zu lassen pflegt. Und doch handelt es sich um das wichtigste Prinzip der Moral und des Rechts, über das die Menschen von Jugend an unbedingt informiert werden sollten. Hier hat der Gesetzgeber einzugreifen. Er hat auch in der Weise einzugreifen, daß er ein das allgemeine Wohlergehen förderndes Verhalten mit Belohnungen, ein es schädigendes mit Strafen verknüpft. Helvétius ist sich im klaren darüber, daß er dem Gesetzgeber eine Aufgabe stellt, deren Erfüllung schwerste Hindernisse entgegenstehen, und er weiß auch, daß diese Hindernisse zu großem Teil von dem feudalistischen und dem kapitalistischen Wirtschafts- und Gesellschaftsregime und von der tyrannischen Herrschaft der Kirche über die Gemüter und das ganze irdische Leben der Menschen herrühren. Aber so energisch er Feudalismus und Kirche bekämpft, zu einer Radikalkur gegen den Kapitalismus kann er sich nicht entschließen. Er schlug Reformen vor, die, wenn sie ausführbar gewesen wären, bestenfalls als Palliative gegen die Übel des Kapitalismus gewirkt hätten.

Die Naturrechtler neigten dazu, die Macht des Gesetzgebers zu überschätzen. Es kam ihnen nicht der Gedanke, daß der Gesetzgeber, den sie vor Augen hatten, den Gang der gesellschaftlichen Entwicklung höchstens zu modifizieren – wie etwa ein talentierter aufgeklärter Despot, auf den nicht wenige von ihnen großes Vertrauen setzten –, nicht aber in entscheidender Weise zu leiten vermochte, vielmehr selbst von ihm in seinen Maßnahmen im wesentlichen bestimmt wurde. Fehlte ihnen doch bei reichen, in ihren Schriften verwendeten historischen Einzelkenntnissen (Montesquieu, Helvétius) die Erkenntnis der geschichtlichen Entwicklungsgesetze. Es war gut so. („So wie es ist, so ist es gut" – Hegel.) Hätten sie die marxistischen Einsichten in das Geschichtsgetriebe vorweggenommen, wie hätten sie den bewundernswerten Elan haben können, mit dem sie ihre historische Mission erfüllten und ohne den sie sie nicht zu erfüllen vermocht hätten? Die Mission bestand in der ideellen Vorbereitung der bürgerlichen Demokratie mit der Teilung der Gewalten, dem Vorrang des Gesetzes, der Beteiligung der Volksvertretung an der Gesetzgebung, der Gleichheit aller vor dem Gesetz, der Anerkennung der Rechte des Menschen und des Bürgers, vor allem der Glaubens- und Gewissensfreiheit in den Verfassungen, der grundsätzlichen Beseitigung der Richterwillkür, der Vereinheitlichung des Rechts, der Rationalisierung und Humanisierung des Strafrechts und des Strafprozesses. Das ist vom aufstrebenden Bürgertum innerhalb gewisser Grenzen und in recht verschiedenem Maß geleistet worden, und daß es geleistet wurde, ist zu nicht unerheblichem Teil der Naturrechtslehre zu vedanken. Aber die Naturrechtler steckten ihre Ziele höher. Die formale bürgerliche Demokratie hat an der Unterdrückung des Menschen durch den Menschen, die den Naturrechtlern ein Dorn im Auge war, der Hauptsache nach nichts geändert, sie hat den Menschen keine reale Freiheit und Gleichheit gebracht, sie ist ein Regime, unter dem ein rücksichtsloser Konkurrenzkampf und die Ausbeutung der überwiegenden Mehrheit durch eine kleine Minderheit stattfindet. Die Naturrechtler wollen mit ihrer Lehre das Fundament legen für einen Staat und ein Recht, durch die die üble Gesellschaft, die sie vorfanden, zu einer Gesellschaft wahrer Freiheit, Gleichheit und Bürgerlichkeit aller würde. Das Ideal, das ihnen vorschwebte, ist nicht schlechthin unrealisierbar. Heute ist es in den sozialistischen Staaten verwirklicht. Damit es dazu kommen konnte, bedurfte es einer längeren Weiterentwicklung der Gesellschaft, vor allem der kapitalistischen Wirtschaft und der Arbeiterbewegung und im Einklang mit dieser Entwicklung der Entstehung einer echten Gesellschaftswissenschaft, wie es die marxistische ist, die eine neue fortschrittliche Klasse, die Arbeiterschaft, befähigen würde, in bewußter Politik in den Verlauf der Ereignisse maßgeblich einzugreifen. Alles das lag außerhalb des Horizonts und der Möglichkeiten der Natur- und Vernunftsrechtslehre.

Die Naturrechtler waren der Ansicht, daß, wenn die Gesetzgebung, wie sie es wollten, der Vernunft entspräche, der Richter nichts anderes zu sein habe als der Mund des Gesetzes, insofern seine Entscheidungen sich in gesichertem logischem Verfahren aus allgemeinen Prinzipien würden ableiten lassen. Das war ein Irrtum. Die veritates aeternae, die Vernunftwahrheiten, von denen sie ausgingen, waren, ganz abgesehen davon, daß sie, gemessen an den damaligen Realitäten, lebensfremd waren, viel zu abstrakt, zu schematisch, als daß man von ihnen über die staatlichen Gesetze zu eindeutiger Lösung der konkreten Rechtsfragen hätte gelangen können. Nur eine das konkrete Gesellschaftsleben erfassende echte Wissenschaft kann zum Erlaß von Gesetzen führen, die den mit der dem Gesetz zugrunde liegenden Wissenschaft vertrauten Richter zu einer Rechtsprechung befähigt, die sich im wahren Sinn des Wortes als eine gesetzliche bezeichnen läßt. Ich habe auf diesen Punkt besonders aufmerksam gemacht, weil mir ein Vergleich der Gesetzlichkeit im Denken der Naturrechtler der Aufklärung mit der sozialistischen Gesetzlichkeit für die in unseren Tagen über die Gesetzlichkeit so lebhaft geführten Diskussionen von Interesse zu sein scheint.

Im 19. und 20. Jahrhundert hat das Naturrecht keine die Praxis erheblich beeinflussende Fortbildung gefunden. Man wird das, glaube ich, nur dann bestreiten, wenn man Rechtsphilosophie und Naturrecht identifiziert. Hegels Rechtsphilosophie enthielt wichtige, der Naturrechtslehre gegenüber neue Gedanken, aber sie war, anders als das Naturrecht, nicht gedacht als ein das Rechtsleben maßgeblich beeinflussender Faktor, obwohl die Rechtswissenschaft und die Praxis ihr lange hörig gewesen sind. Freilich hat es auch nicht ganz an Naturrechtslehren gefehlt, denen man Originalität nicht absprechen wird, ich denke vor allem an die naturrechtlichen Konzeptionen von Hermann Cohen und Leonard Nelson, aber sie hatten einen starken sozialistischen Einschlag und waren deshalb für die offizielle bürgerliche Rechtswissenschaft unannehmbar, während die Arbeiterschaft im Marxismus etwas Besseres besaß. Jeder ernsthafte Denker, der sich mit der Naturrechtslehre des 17. und 18. Jahrhunderts eingehender beschäftigte, mußte sie früher oder später in der einen oder anderen Form in der Richtung auf den Sozialismus weiterentwickeln, da der Sozialismus den historisch notwendigen Fortschritt über diese Lehre hinaus darstellt. Das Bürgertum hielt es daher für geraten, ganz zum Rechtspositivismus überzugehen. Etwa seit den 60er Jahren begann man in den Kreisen seiner Juristen über das Naturrecht die Achsel zu zucken, in den 80er Jahren unternahm es Karl Bergbohm, es aus seinen letzten Schlupfwinkeln zu vertreiben. Jahrzehntelang war vom Naturrecht kaum mehr etwas zu hören, so daß Nelson im Beginn des 20. Jahrhunderts die zeitgenössische Jurisprudenz als eine Rechtswissenschaft ohne Recht charakterisieren konnte, womit er meinte, daß sie eine Rechtswissenschaft ohne Rechtsidee sei. Nach den gesellschaftlichen Erschütterungen, die der erste Weltkrieg mit sich brachte, vermochten sich auch die bürgerlich eingestellten Juristen der Einsicht nicht zu verschließen, daß der Rechtspositivismus ungenügend sei. Es ertönte der Ruf: Zurück zum Naturrecht. Aber im bürgerlich-imperialistischen Lager war eine Renaissance des Naturrechts unmöglich. Was man jetzt an Naturrecht bietet, trägt der Hauptsache nach reaktionären Charakter: Man sucht das Naturrecht gegen den immer machtvoller vordringenden Sozialismus auszuspielen, man bekämpft den Übergang vom Kapitalismus zum Sozialismus, der die Unterdrückung des Menschen durch den Menschen beseitigt, im Namen einer in den kapitalistischen Staaten längst nicht mehr existierenden bürgerlichen Freiheit des Individuums, man statuiert ein unbedingtes naturrechtliches Verbot unentgeltlicher Enteignung, durch das jede tiefergreifende gesellschaftliche Reform unmöglich gemacht werden würde. Wer auf das Naturrecht des aufstrebenden Bürgertums und die von ihm zunächst erzielten Erfolge zurückblickt und bedenkt, was aus alledem geworden ist, dem bietet sich das Bild eines erschütternden Verfallsprozesses. Die Bourgeoisie, die lange Zeit so stolz darauf war, der Bannerträger der bürgerlich-demokratischen Freiheiten und der Unabhängigkeit, der Souveränität der Nationen zu sein, hat jetzt diese Banner über Bord geworfen. Es ist an den Vertretern der kommunistischen und demokratischen Parteien, sie wieder zu erheben und vorwärtszutragen. Sie werden, daran besteht kein Zweifel, die Aufgabe ehrenvoll erfüllen, aber nicht unter dem Zeichen des Naturrechts, sondern unter dem des Marxismus-Leninismus.

Der Rechtspositivismus

Der Rechtspositivismus knüpft an an eine der Schulen, die in Reaktion auf die Gesellschafts- und Rechtslehre der Aufklärung im Beginn des 19. Jahrhunderts entstanden waren, an die historische Rechtsschule, als deren Haupt Friedrich Karl v. Savigny zu gelten hat. Die historische Schule sah im Recht und im Staat Schöpfungen des Volksgeistes und gestattete es der individuellen Vernunft nicht, an ihnen in der Gestalt, in der sie sie vorfand, grundsätzliche Kritik zu üben. Die Rechtswissenschaft sollte ehrfurchtsvoll auf die Stimme des Volksgeistes lauschen, die sich aus den Rechtsquellen vernehmen läßt, und ihre Äußerungen registrieren und ordnen. Die systematische Rechtswissenschaft des Positivismus befolgt diese Regeln im großen und ganzen, wennschon sie auf dem Gebiet der Rechtstechnik der Rechtswissenschaft eine gewisse Spontaneität zugesteht: Sie hat sich aus der historischen Rechtsschule entwickelt. Das Filiationsverhältnis kommt zu besonders deutlichem Ausdruck in der Gedächtnisrede, die Bernhard Windscheid, einer der bedeutendsten Vertreter der zivilistischen systematischen Rechtswissenschaft des 19. Jahrhunderts, auf Savigny gehalten hat. Die positivistische Rechtswissenschaft nimmt es nicht ernst mit höchsten Rechtsprinzipien, mag sie sie auch bisweilen, wie es namentlich in der französischen Rechtswissenschaft geschieht, als Ausschmückung verwenden; eine irgendwie strikte, sich in die Einzelheiten erstreckende Deduktion aus ihnen findet nicht statt. Diese Rechtswissenschaft setzt es sich zur wesentlichsten Aufgabe, die Bestimmungen des positiven Rechts, vor allem die der Gesetze, möglichst genau zu interpretieren und in ein System zu bringen. Da oberste Normen und eine wissenschaftliche Erkenntnis der jeweiligen gesellschaftlichen Bedürfnisse und ihrer angemessensten Befriedigung durch rechtliche Vorschriften fehlen, ist es begreiflich, daß die positivistische Rechtslehre das Hauptgewicht darauf legt, die Rechtsbegriffe so gegeneinander auszugleichen und so zu präzisieren, daß dem positiven Recht ein widerspruchsloses und exaktes Funktionieren gesichert wird. Das subjektive Ermessen des Richters soll, soweit es nicht ausdrücklich zugelassen ist, tunlichst ausgeschaltet werden (positivistische Gesetzlichkeit).

Der Rechtspositivismus war zu erheblichem Teil Begriffsjurisprudenz' d. h. eine Wissenschaft, die in erster Linie um feine Durchbildung der Rechtsbegriffe bemüht war und von ihr die lückenlose Herrschaft des Gesetzes über das Rechtsleben erwartete. Materielle Gerechtigkeit lag ihr weniger am Herzen als Rechtssicherheit. Die Begriffsjuristen pflegen stolz darauf zu sein, daß ihre Wissenschaft sich ähnlich scharfer Begriffe erfreue, wie die Mathematik. Um die Berechtigung dieses Anspruches richtig zu beurteilen, müssen wir, wenn es auch natürlich nur in Kürze geschehen kann, uns den Bildungsprozeß der Rechtsbegriffe vergegenwärtigen. Die Rechtsbegriffe, oder, wie man auch sagen könnte, die juristischen Termini, entstehen in der Praxis und werden von der Rechtswissenschaft, die von jeher nehmend und gebend, im engsten Konnex mit der Rechtspraxis stand, genauer fixiert. Sie werden bestimmt durch das Interesse, das die herrschende Klasse an einer positiven Gesellschaftsordnung hat. Auch bei den Verkehrssprachen liegen der Bedeutung der Worte, die das Vokabularium bilden, menschliche Bedürfnisse zugrunde. Da die Menschen trotz aller Verschiedenheit der Zeiten und Länder in mannigfachster Hinsicht die gleichen oder ähnliche Bedürfnisse haben, finden die Worte der einen Sprache, wenigstens in approximativer Weise, ihre Bedeutungsäquivalente in der anderen, worauf die Übersetzbarkeit aus dieser Sprache in jene gegründet ist. Auch das Interesse der herrschenden Klasse an den rechtlichen Bestimmungen ist trotz der Unterschiedlichkeit der jeweiligen Regimes in zahllosen Punkten das gleiche. Daher können wir über Zeit und Raum hinweg die Rechtssprachen ineinander übersetzen, können wir ein englisches oder französisches juristisches Werk, ja sogar ein sowjetisches, in unserer überkommenen Rechtssprache – freilich nur cum grano salis – wiedergeben.

Das Recht gehört zum Überbau, die Rechtssprache ist eine professionelle Sprache, die dieses Schicksal teilt. Die professionelle Sprache der Jurisprudenz, an deren Bildung Praxis und Rechtswissenschaft zusammenarbeiten, entsteht in einem Prozeß, der bewußter ist als der, in dem die Verkehrssprachen zustande kommen. Aber es wäre ein Irrtum, anzunehmen, daß sich die wissenschaftlich gebildeten Juristen über den Sinn, in dem sie einen juristischen Kunstausdruck gebrauchen, völlig im klaren wären. Sehen wir doch häufig, wie ein juristischer Autor auf der einen Seite einen solchen Ausdruck definiert und ihn ein paar Seiten später in einem etwas anderen Sinne verwendet. Nirgends ist eine eindeutige Definition unserer juristischen Termini autoritativ eindeutig festgelegt. Man lernt ihre Bedeutung nicht vorwiegend aus Definitionen, die nicht nur, wie es die Römer wollen, stets gefährlich sind und bei den angesehensten Rechtslehrern nicht übereinzustimmen pflegen, sondern aus einem längeren Verkehr – mag er auch ein einseitiger sein – mit solchen, die, wie man sagt, den juristischen Sprachgebrauch beherrschen. Wer mit der juristischen Sprache vertraut ist, der weiß, daß ihre Worte eine „Variabilitätszone" haben, und er kann diese Erkenntnis dazu verwerten, gemäß der Gesamtauffassung, die er vom Recht oder einem seiner Teilgebiete hat, sofern er es zu einer solchen gebracht hat, innerhalb der Grenzen der Zone den Sinn der betreffenden Worte näher zu bestimmen. Als ein bedeutender Jurist kann nur gelten, wer über eine Auffassung der eben bezeichneten Art verfügt und von ihr Gebrauch zu machen versteht. Aber auch bei den Juristen, die wir als bedeutend anzusehen gewohnt sind, ist die Gesamtauffassung, von der die Rede ist, keine aus streng wissenschaftlicher Untersuchung hervorgehende, sondern eine weitgehende ‚intuitiv', gefühlsmäßig beeinflußte. Nur der Marxismus ist imstande, aus der von ihm geschaffenen Gesellschaftswissenschaft sensu stricto die Konsequenzen so zu ziehen, daß die Rechtsbegriffe unter Beseitigung jeder Mehrdeutigkeit umrissen werden. Nur eine solche Begriffsbildung ist eine rationelle, klar bewußte und setzt dem Eindringen von Intuitionen und Gefühlen ein Ende.

Ist unsere Auffassung der Begriffsjurisprudenz zutreffend, dann darf man nicht sagen, wie es bisweilen geschieht, daß ihr jeder Kontakt mit dem Rechtsleben fehle. Sie entnimmt den Inhalt ihrer Begriffe dem Rechtsleben, will es mit Hilfe der Begriffe disziplinieren und leiten und hat das auch getan im Interesse der herrschenden Klasse. Was ihren wissenschaftlichen Charakter als fragwürdig erscheinen läßt, ist vor allem, daß sie den Zusammenhang zwischen dem Recht und seiner gesellschaftlichen Grundlage nicht wissenschaftlich zu erfassen vermochte. So erklärt sich, daß sie leicht auf Abwege geraten konnte und tatsächlich geraten ist. Weil das Verhältnis zwischen Recht und Gesellschaft im unklaren blieb, konnte es dahin kommen, daß nicht wenigen Rechtswissenschaftlern die juristische Begriffswelt als eine über den gesellschaftlichen Realitäten erhabene Sphäre erschien, daß die Rechtsbegriffe untereinander überirdische, ihrem spezifischen Wesen entsprechende Beziehungen eingingen. Der Spott Jherings über den Begriffshimmel der Juristen war wohlverdient. Anstatt die Rechtsbegriffe nüchtern auf ihre praktische Brauchbarkeit zu prüfen, trieb man mit ihnen einen rein idealistischen Begriffskultus, der sie zur Unfruchtbarkeit verurteilte.

Es dürfte kaum im wesentlichen auf diesen allerdings aufs schärfste abzulehnenden Begriffskultus zurückzuführen sein, daß es in der Zivilistik gegen Ende des 19. Jahrhunderts zu einer heftigen Polemik gegen die Begriffsjurisprudenz kam. Was den Kampf der Modernisten gegen die Begriffsjurisprudenz entfesselte, war der Hauptsache nach etwas anderes. Der mächtige Aufschwung der deutschen Wirtschaft sprengte den Rahmen der gemeinrechtlichen Begriffe. Das hätte für sich allein genommen nicht notwendig einen prinzipiellen Ausdruck in der zivilistischen Methodenlehre finden müssen, man hätte die überkommenen Begriffe modifizieren und das Begriffsinventar durch neue Begriffe erweitern können. Aber der Imperialismus, zu dem Deutschland in den letzten Jahrzehnten des 19. Jahrhunderts überging, vertrug sich nicht mit einer Bindung der Rechtsprechung an das Gesetz, wie sie durch die Begriffsjurisprudenz, solange diese nicht entartet, vermittelt wird. Die Angriffe gegen die Begriffsjurisprudenz wie das, was an ihre Stelle gesetzt werden sollte, haben ihre tiefere gesellschaftliche Ursache in der Abneigung des Imperialismus gegen die Gesetzlichkeit. Das mußte natürlich ideologisch verschleiert werden. Daher wandte man sich gegen die Auffassung, daß das richterliche Urteil ein mit Sicherheit zu vollziehender logischer Subsumtionsakt sei (Oskar Bülow: Gesetz und Richteramt). Nach und nach wurden alle überkommenen Methoden, mit denen man bisher aus dem Gesetz eine eindeutige Entscheidung des Einzelfalls zu gewinnen versucht hatte, einer Kritik unterzogen, die von ihnen wenig bestehen ließ. Man proklamierte das Recht des Richters in freier schöpferischer Betätigung, geleitet vor allem durch sein Verständnis für die sozialen Verhältnisse und sein Rechtsgefühl, seinen Beruf im Interesse der Gesellschaft auszuüben. Das hieß in Wahrheit die Rechtsprechung, ungehemmt oder nur wenig gehemmt, in den Dienst der imperialistischen Ziele stellen, denn das soziale Verständnis und das Rechtsgefühl des Richters pflegen mit denen der jeweils herrschenden Kreise übereinzustimmen. Am weitesten ging auf dem eben bezeichneten Wege die Freirechtsschule (Kantorowicz, Danz), aber auch die Interessenjurisprudenz (Ph. Heck) und die „Rechtsteleologie" bewegten sich in dieser Richtung.

In kognitiver Hinsicht war die Polemik gegen die Begriffsjurisprudenz nicht ganz unberechtigt. Eine zuverlässige Beherrschung des Rechtslebens durch das Gesetz ist nur möglich, wenn die Jurisprudenz in einer die Wirklichkeit adäquat erfassenden Gesellschaftswissenschaft fundiert ist, was auf den Rechtspositivismus, um den es sich handelt, wie wir schon betonten, nicht zutrifft. Aber die Richterfreiheit zum Prinzip erheben, das hieße den Damm einreißen, den in besserer Zeit die herrschende Klasse – durch die Umstände dazu genötigt – gegen ihre eigenen Machtgelüste errichtet hatte. Erwägungen dieser Art wurden von den zahlreichen bürgerlichen Juristen, die den Modernismus ablehnten, natürlich nicht vorgebracht; sie begründeten ihre Stellungnahme zu ihm damit, daß er der Richterwillkür Tür und Tor öffne, eine Kadijustiz einführen wollte. Nicht wenige unter ihnen verlangten, daß, wenn man schon den Richter vom begrifflichen Konstruieren befreie, man ihn doch nicht ganz seinem subjektiven Empfinden für das Richtige überlassen dürfe, ihm vielmehr wissenschaftlich begründete Richtlinien für die Auffindung der angemessenen Entscheidung geben müsse. Hieß das nicht eine neue Wissenschaft schaffen? Wer die Frage bejahte, fand die Wissenschaft, die not tat, in einer Rechtssoziologie. Aber wie sollte nach dem Stand der allgemeinen bürgerlichen Soziologie diese Wissenschaft, die viele bürgerliche Kritiker für eine Pseudowissenschaft erklärten, dem Recht die Dienste leisten, die man von ihr erwartete? Es war gewiß verdienstlich, daß Eugen Ehrlich es unternahm, eine Rechtssoziologie zu schreiben, aber sein Buch konnte das nicht bieten, was man brauchte. Emile Durkheim, der bedeutendste französische Soziologe der Vorkriegszeit, hatte den richtigen Gedanken, daß sich nur auf gesellschaftswissenschaftlicher Grundlage die Rechtswissenschaft zum Rang einer echten Wissenschaft erheben könne. „Cette science est encore à faire", sagt er im Hinblick auf die Rechtswissenschaft. Er hoffte, das Fehlende erbringen zu können. Seine Soziologie ist wesentlich an den Rechtsinstituten orientiert, aber seine Methode, die sich aufs engste an das Vorbild der physikalischen Wissenschaften hält, ist zu äußerlich, um zu irgendwie einleuchtenden Ergebnissen zu führen. Die Durkheimsche Soziologie hat heute selbst in ihrem Heimatland nur noch wenige Anhänger. Das Bürgertum hat nie eine Gesellschaftswissenschaft hervorgebracht – wir vergessen nicht und nehmen nicht aus die Soziologie Max Webers –, auf der die Jurisprudenz aufbauen könnte, und kann sie nicht hervorbringen.

In dem zivilistischen Methodenstreit wird nicht selten auf das rühmliche Beispiel hingewiesen, das die Strafrechtswissenschaft der Schwesterdisziplin gebe. Dabei denkt man an die strafrechtliche soziologische Schule. Die Strafrechtswissenschaft ist ihrer Tradition nach, obschon sie anders als die Zivilistik nie ganz aphilosophisch war, größtenteils Begriffsjurisprudenz und ist dabei bisweilen so vorgegangen, wie man gerade nicht vorgehen sollte. Noch heute wird in der Strafrechtswissenschaft der westlichen Länder nicht wenig fragwürdige Begriffsjurisprudenz getrieben. Was nun die soziologische Strafrechtsschule betrifft, zu deren Hauptbegründern Franz v. Liszt gehörte, so bedeutet sie meines Erachtens in wissenschaftlich-methodischer Hinsicht immerhin gegenüber der Klassischen Schule der vergeltenden Schuldstrafe einen Fortschritt. Aber sie macht das Gute, das sie hat, dadurch reichlich wett, daß sie weit mehr als die Klassische Schule den imperialistischen Tendenzen der Epoche entgegenkommt. Es ist vom wissenschaftlichen Standpunkt gewiß richtig, daß die neue Schule die gesellschaftlichen Ursachen des Verbrechens untersucht, anstatt mit der Klassischen Schule das Verbrechen auf den freien Willensentschluß des Individuums zurückzuführen. Jedoch leidet sie an zwei schwerwiegenden Fehlern. Einmal gelingt es ihrer soziologischen Betrachtung nicht, das Wesen des Verbrechens zu erfassen, sie hält sich an die äußeren Erscheinungen, die Wurzeln des Übels bleiben ihr verborgen, sodann beraubt sie die Bürger der Rechtsgarantie, die in dem Satz „nulla poena sine lege" enthalten ist, und dies, obwohl Liszt das Strafgesetz als Magna Charta des Verbrechers bezeichnete. Die neue Schule hat dazu beigetragen, daß in den imperialistischen oder vom Imperialismus ins Schlepptau genommenen Staaten gerade die fortschrittlichen Elemente mit der größten Willkür und Härte unterdrückt werden. In dieser Hinsicht steht sie hinter der anthropologischen Schule kaum weit zurück.

Die marxistisch-leninistische Rechtswissenschaft

Der Marxismus ist die erste Wissenschaft der Geschichte und in engem Zusammenhang damit auch die erste Wissenschaft des Rechts im strengen Sinn des Wortes. Es sind vor allem zwei große Entdeckungen, die den Marxismus befähigt haben, diese Stellung in der Geistesgeschichte einzunehmen. Einmal hat der Marxismus die Entwicklungsgesetze des wirtschaftlichen Produktionsprozesses nicht nur für den modernen Kapitalismus, sondern auch für die vorangehenden Wirtschaftsregimes aufgefunden, für den Kapitalismus sogar bis ins Einzelne analysiert und demonstriert, so daß aus der Beschreibung der geschichtlichen Ereignisse auf dem Gebiete der Wirtschaft eine historische Gesetzeswissenschaft werden konnte. Sodann hat er die Tatsache entdeckt und in unwiderleglicher Weise bewiesen, daß der gesamte Verlauf der menschlichen Geschichte in maßgeblicher Weise durch den Wirtschaftsprozeß und seine Entwicklung bestimmt wird, daß sich über dem wirtschaftlichen Unterbau, der Basis, als der ökonomischen Struktur der Gesellschaft in ihrem jeweiligen Entwicklungsstadium ein Überbau erhebt, der das gesamte sogenannte höhere Geistesleben umfaßt. Schon die Begründer des Marxismus hatten angenommen, und an historischen Beispielen erläutert, daß eine Rückwirkung des Überbaues auf die Basis stattfindet. Die Art dieser Rückwirkung ist ganz kürzlich von Stalin in seiner Abhandlung über Marxismus und Sprachwissenschaft in hellstes Licht gerückt worden.

Recht und Staat mitsamt den ihnen zugeordneten Wissenschaften gehören zum Überbau und dienen in hervorragendem Maße dazu, die Herrschaft der Klassen, die am Ruder stehen, zu erhalten und zu fördern. Damit sind sie als das erkannt, was sie wirklich sind, während ihr Wesen bisher im Interesse der herrschenden Klasse ideologisch verschleiert wurde. Von Anfang an ist die marxistische Wissenschaft der Frage nachgegangen, in welchen Einzelerscheinungen sich das Wesen von Recht und Staat und von ihren pseudowissenschaftlichen Annexen im Lauf der Geschichte geäußert hat, was für die Rechte und Politik der Arbeiterschaft unentbehrlich war. In ihrer weiteren Entwicklung hat sie das Problem allmählich in so umfassender Weise bearbeitet, daß wir es heute mit einer systematischen marxistisch-leninistischen Wissenschaft, von dem, was Staat und Recht und die zugehörigen wissenschaftlichen Disziplinen in der antagonistischen Klassengesellschaft tatsächlich waren und heute noch sind, zu tun haben. Eine systematische, ins einzelne gehende Wissenschaft vom Recht als einer Sollensordnung hat der Marxismus – etwas anderes wäre nicht sinnvoll gewesen – erst geschaffen, seit es sozialistische Staaten gibt. Die sowjetische Wissenschaft ist dabei vorangegangen und ist das Vorbild der Rechtswissenschaft der später ins Leben tretenden sozialistischen Staaten geworden.

Die sozialistische Wissenschaft weiß, was Recht und Staat in jeder Gesellschaft – auch in der sozialistischen – sind, sie kennt das Gesetz des Sozialismus, und sie besitzt die methodischen Mittel, festzustellen, wie Staat und Recht des näheren auf jeder Etappe der Entwicklung der sozialistischen Gesellschaft auszugestalten sind, um das Ziel des Sozialismus am besten zu erreichen. Welche Anforderungen an den zu richten sind, der sich dieser Erkenntnisse und Methoden bedienen will, ist hier nicht zu untersuchen.

Die sowjetische Rechtswissenschaft zeigt an einer unerschöpflichen Fülle von Beispielen, wie die Rechtswissenschaft vorzugehen hat, um ihre große Aufgabe optimal zu erfüllen, welche Fehler zu vermeiden, welche Hindernisse zu überwinden sind. Die sozialistische Rechtswissenschaft jedes anderen Landes geht bei ihr in die Schule und lernt aus ihren Erwägungen und Erfahrungen. Wie wußte sie sich auf dem Weg, den sie seit der Oktoberrevolution zu durchlaufen hatte, jedem Entwicklungsstadium der Gesellschaft anzupassen, um in ihm den Fortgang des sozialistischen Prozesses zu sichern und vorwärts zu treiben. Man denke etwa an das Strafrecht. Ein anderes mußte das Strafrecht in der Zeit der Bürgerkriege und der Interventionen sein als in der der Rekonstruktion der Wirtschaft, ein anderes in der Epoche der NÖP als in der ihr folgenden, wieder ein anderes zur Zeit des Großen Vaterländischen Krieges und auch nach ihm hat die Strafrechtspolitik ihre Besonderheiten. Bei einem verhältnismäßig so raschen Szenenwechsel konnten einzelne Mißgriffe natürlich nicht ganz vermieden werden, aber man verstand es, aus ihnen zu lernen und es nicht zuzulassen, daß sie den Fortschritt längere Zeit hemmten. Nie läßt der Marxismus-Leninismus im Stich, er zeigt sich allen Schwierigkeiten gewachsen, die sich in irgendeiner gesellschaftlichen Lage der Fortbildung des sozialistischen Rechts entgegenstellen können.

Der Marxismus-Leninismus nennt seine Rechtswissenschaft nicht Naturrechtslehre. Eine solche Ausdrucksweise würde ganz falsche Vorstellungen erwecken. Für den Marxismus-Leninismus ist die Natur des Menschen etwas sich in der Geschichte Entwickelndes und dabei ständig Änderndes, für die Naturrechtslehre etwas sich in seinen Wesenszügen stets Gleichbleibendes. Doch steht das Ziel, dem die marxistische Rechtswissenschaft gemäß dem gegenwärtigen gesellschaftlichen Entwicklungsstadium zustrebt, nicht im Widerspruch mit der Formel, durch die die Naturrechtler das ihnen vorschwebende Ideal bezeichneten. Das Gesellschaftsleben, das in der Sowjetunion erblüht ist und sich weiter entfaltet, trägt die Charakterzüge der Freiheit, Gleichheit und Brüderlichkeit aller Menschen, aber in der sowjetischen Rechtswissenschaft, die an ihm wirkungsvoll beteiligt ist, erfüllen sich diese Züge mit konkretem wirklichkeitsnahem Gehalt, während sie in der Naturrechtslehre abstrakt und schematisch blieben und bleiben mußten. Es hängt das damit zusammen, daß den Naturrechtlern die Mittel verborgen blieben, durch die sich das Ideal, das sie ahnenden Geistes erschauten, allein verwirklichen läßt. Die Konzeptionen der Naturrechtler sind utopisch, Marx und Engels waren die Architekten, die die Brücke zu bauen begannen, die die Insel Utopia mit dem Festland der Realität verbindet.

Der Rechtspositivismus schwebt zwischen Himmel und Erde. Ihm fehlt der Höhenflug, der dem Naturrecht mit dem Marxismus gemeinsam ist, und ihm fehlt, wie dem Naturrecht, die wissenschaftliche Erkenntnis der Niederungen des Gesellschaftslebens, der materiellen Basis des Rechts, die Erkenntnis, die dem Marxismus eigen ist. Er ist, während das Naturrecht das Erzeugnis einer aufsteigenden Klasse war, das typische Erzeugnis einer Klasse, die sich dem Untergang entgegenbewegt.

Die marxistische Rechtswissenschaft verdankt die Stellung, die sie in der Wissenschaftsgeschichte einnimmt, ihrer Methode. Diese Methode ist die der materialistischen Dialektik. Sie kann hier unmöglich, sei es auch nur in den Grundzügen, dargestellt werden, wie wir auch darauf verzichten mußten, die beiden großen Entdeckungen, von denen oben die Rede war und die der Marxismus nur mit Hilfe seiner Methode machen konnte, irgendwie eingehender zu behandeln. Der Marxismus ist ein so integrierender Bestandteil des Gesellschaftslebens, in das er als eine seiner stärksten bewegenden Kräfte eingetreten ist, daß man sich bei der Charakterisierung eines seiner Zweige ganz im allgemeinen halten muß, da sonst Weiterungen nötig werden, die den Rahmen eines Artikels wie des unseren unvermeidlich sprengen würden.

Was an der Rechtswissenschaft der Vergangenheit ist für die marxistische Rechtswissenschaft verwertbar?

Der Marxismus-Leninismus steht nicht auf dem Standpunkt, daß mit dem Übergang vom Kapitalismus zum Sozialismus die Kultur und mit ihr die Wissenschaft, soweit letztere zum Überbau gehört, abgetan sei. Er bemüht sich vielmehr, die Kontinuität der Geistesgeschichte im Bewußtsein des Menschen der sozialistischen und kommunistischen Gesellschaft lebendig zu erhalten und vor allem das, was am Geisteserbe der Vergangenheit wertvoll ist und vielfach verschüttet wurde, vom Schutt befreit, im Gedächtnis der Menschheit aufzubewahren und für die Erfüllung der Aufgaben der Gegenwart zu verwenden.

Wenn wir die Naturrechtslehre des 17. und 18. Jahrhunderts studieren und uns mit ihren Zielsetzungen vertraut machen, dann wird hier, ohne daß wir daran denken, ihre Ideologien, mit dem, was die damaligen Zeitverhältnisse mit sich brachten, zu übernehmen, uns heutigen Sozialisten Geist von unserm Geiste spürbar. Endlich, sagen wir mit dem Blick auf die Sowjetunion und die anderen sozialistischen Staaten, ist das gelungen, worauf jene letztlich hinauswollten. Sie haben sich nach dem gesehnt – und wennschon in vager schematischer Form in der Phantasie vorweggenommen –, was in unseren Tagen auf einem großen Teil der Erde Wirklichkeit geworden ist und sich in nicht ferner Zeit in allen Ländern durchsetzen wird.

Gehen wir etwas mehr ins Konkrete. Wir haben unter Berücksichtigung der Zeitumstände volles Verständnis für die bürgerliche Demokratie mit ihrer Trennung der Gewalten, dem Montesquieuschen: Il faut que le pouvoir arrête le pouvoir, und wir erkennen zugleich, daß die Auffassung der größten demokratischen Denker des 18. Jahrhunderts, die eines Rousseau und eines Condorcet der realen Demokratie näher kam, wie sie heute auf der Tagesordnung steht. Rousseaus Gedanke, daß es zu einer wahren Demokratie gehört, daß sich in ihr eine volonté générale bildet, das heißt, daß jeder sich bei seiner Beteiligung an der Gesetzgebung und im öffentlichen Leben überhaupt für das allgemeine Wohl, das bonum commune, einsetzt und seine persönlichen Sonderinteressen zurücksetzt, ist durchaus richtig. Richtig ist es auch, wenn Rousseau für eine solche Demokratie die Teilung der Gewalten ablehnt. Aber in einer Gesellschaft, die, wie Rousseau es vorsah, aus kleinen Eigentümern bestehen sollte, kann es unmöglich zur Entstehung einer volonté générale kommen. Hierfür ist Gemeinschaftseigentum an den Produktionsmitteln unerläßliche Voraussetzung. An derartiges dachte zu seiner Zeit fast niemand als an eine Einrichtung, die eingeführt werden sollte. Daher erschien Rousseau seine Demokratie eher für Götter als für Menschen geeignet. Heute ist dank dem Marxismus-Leninismus das Rousseausche Problem der volonté générale gelöst. – Die Naturrechtler traten mit der größten Entschiedenheit für die Anerkennung der Rechte des Bürgers und des Menschen, der droits de l'homme et du citoyen ein; und dank dem Einfluß ihrer Parolen auf die breitesten Volksmassen – die Naturrechtslehre war keine esoterische Wissenschaft wie etwa die Begriffsjurisprudenz – kam es zu ihrer Aufnahme in die Verfassungen. Aber wenn die bürgerlichen Verfassungen die demokratischen Freiheitsrechte auch proklamierten, so ließen sie sie doch ohne zuverlässige Garantien. Auch in der sozialistischen Rechtswissenschaft haben die Menschenrechte, die demokratischen Freiheitsrechte, eine hervorragende Stelle gefunden. Die Stalinsche Verfassung, die ihren Namen nach dem größten politischen Führer und größten Vertreter der sowjetischen Wissenschaft, auch der Rechtswissenschaft, trägt, hat nicht nur den Kreis dieser Rechte über das übliche Maß hinaus erweitert, sie trägt auch Sorge dafür, daß sie nicht, wie in den bürgerlichen Staaten, für die Mehrheit der Bevölkerung eine lediglich papierene Existenz führen, um schließlich unter der Herrschaft des Imperialismus geradezu mit Füßen getreten zu werden, sondern für jedermann die Freiheit des Individuums verwirklichen. – Über die Gesetzlichkeit ist schon einiges gesagt. Wir sahen, daß die Naturrechtler nicht bedachten, welch verhältnismäßig enge Grenzen der Gesetzlichkeit in Anbetracht der Abstraktheit der Vernunftprinzipien, durch die sie die Gesetzgebung bestimmt wissen wollten, bestenfalls gesteckt waren. Das hindert nicht, daß in uns Juristen der sozialistischen Gesellschaft die ernst gemeinte idealistische Gesetzestreue der Naturrechtler eine Saite der Sympathie erklingen läßt. Ferner steht uns die Gesetzlichkeit des Rechtspositivismus, obschon wir sie der Ungesetzlichkeit vorziehen, die unter dem Imperialismus ihren Einzug hielt.

An der positivistischen Rechtswissenschaft ist der sozialistischen im wesentlichen die sorgfältige Ausarbeitung solcher technischen Rechtsbegriffe wertvoll, wie sie für alle Regimes verwendbar sind. Daß derartiges möglich ist, ergibt sich aus dem, was wir oben über die Begriffssprache des Juristen als eine professionelle Sprache sagten. Die Bedürfnisse des Rechts, das eine positive, den Interessen der jeweilig herrschenden Klasse dienende Zwangsordnung der Gesellschaft ist, werden durch die Bedürfnisse dieser Klassen bestimmt. Nun ist jedes Regime genötigt, mit den Produktivkräften und damit auch mit der Produktionsweise des Regimes zu rechnen, an dessen Stelle es tritt, worauf Marx zurückführt, daß es so etwas gibt wie eine geschichtliche Kontinuität. So kommt es, daß von den Produktionsverhältnissen, die in den Rechtsbegriffen ihren Ausdruck finden, nicht wenige im Lauf der Jahrhunderte erhalten bleiben, in anderer Wendung, daß auch die juristische Begriffssprache eine gewisse Kontinuität aufweist. Der Unterschied zwischen der Basis der sozialistischen Gesellschaft und der sämtlicher antagonistischen Klassengesellschaften ist ein viel größerer als der zwischen den letzteren untereinander. Handelt es sich um Grundbegriffe der sozialistischen Rechtswissenschaft, dann sind ihre Definitionen von denen der überkommenen Rechtswissenschaft bisweilen so verschieden, daß höchstens mit Rücksicht auf gewisse gleichbleibende Elemente der Name beibehalten werden kann.

Für die Begriffe Recht und Staat gilt folgendes: Die sozialistische Rechtswissenschaft gibt von ihnen Definitionen, die von denen der bürgerlichen Rechtswissenschaft grundlegend verschieden sind, aber unsere Definitionen gehen auf das, was der Staat und das Recht von jeher waren und auch in der sozialistischen Gesellschaft sind und was in den bürgerlichen Definitionen ideologisch verschleiert wird, so daß von einer Namensänderung selbstverständlich nicht die Rede sein kann; die radikalen Differenzen zwischen dem Staat und dem Recht im Sozialismus und denen der Bourgeoisie lassen sich aus den Definitionen der sozialistischen Rechtswissenschaft ableiten; in der kommunistischen Gesellschaft werden Staat und Recht, so wie wir sie definieren, mit der Zeit absterben und diese Namen ihre aktuelle Bedeutung verlieren. Die von der bürgerlichen Rechtswissenschaft auf die Grundbegriffe verwandte Arbeit ist für die sozialistische Rechtswissenschaft im Hinblick auf ihre eigene konstruktive Begriffsarbeit ohne erheblichen Wert. Anders verhält es sich mit einer großen Zahl technischer Rechtsbegriffe. Freilich werden auch sie von der sozialistischen Rechtswissenschaft nicht so, wie sie sie vorfindet, ohne weiteres übernommen werden dürfen, sondern werden nach marxistisch-leninistischer Methode überprüft und unter Umständen zwecks Einpassung in das System, wenn ich so sagen darf, zurechtgerückt werden müssen.

Die bürgerliche Rechtswissenschaft der letzten Zeit bietet für die sozialistische Rechtswissenschaft nicht nur in ihrer teilweise positiv brauchbaren Betätigung, sondern auch in ihren schweren und schwersten Verirrungen erhebliches Interesse. Ich denke dabei nicht nur an die dem Sozialismus obliegende Aufgabe der Entlarvung von Verschleierungen, Täuschungen, Verleumdungen aller Art, sondern auch daran, daß die sich immer mehr verschärfenden Gegensätze innerhalb des Kapitalismus in der Rechtswissenschaft der neuen und neuesten Zeit zu Erscheinungen geführt haben, die die sozialistische Wahrheit aufs deutlichste zutage treten lassen und auf die in dieser ihrer Funktion die Aufmerksamkeit eines größeren Publikums zu lenken sicherlich der Mühe wert ist.

Schon Zola sagte einmal (ich zitiere nicht wörtlich): „Von welcher Seite ich an das Gesellschaftsleben herantrete, immer stoße ich auf den Sozialismus." Wer sich mit der bürgerlichen Rechtswissenschaft der Periode von den letzten Jahrzehnten des 19. Jahrhunderts an bis zur Gegenwart beschäftigt, macht ähnliche Erfahrungen wie Zola. Ich greife einiges heraus, was mir besonders bezeichnend erscheint.

Die soziologische Strafrechtsschule, als deren Haupt man Franz v. Liszt anzusehen pflegt, verdient eine Betrachtung von sozialistischer Seite, die ihr meines Wissens bisher noch nicht zuteil geworden ist. Sie wird bisweilen auf das Bestreben des Imperialismus zurückgeführt, ohne durch das Strafgesetz mit seinem Satz ‚nulla peona sine lege' daran gehindert zu werden, die ihm lästigen Elemente zu unterdrücken. Das ist nicht unrichtig, bedarf aber der Ergänzung. Die Bourgeoisie hat sich trotz des Strafgesetzbuches immer die Freiheit vorbehalten, gegen ihre Klassengegner mit administrativen Maßnahmen vorzugehen. Ein Anhänger der Klassischen Schule wie Ernst Beling – und er war einer unter vielen – hatte dagegen nichts einzuwenden, nur wollte er nicht, daß solche Maßnahmen ins Strafgesetzbuch aufgenommen würden. Warum bedurfte es einer besonderen soziologischen Schule, die sich anheischig machte, die Klassische Strafrechtsschule zu ersetzen, die sie, wie wir sehen werden, nie ersetzt hat, um den Wünschen des Imperialismus gerecht zu werden? Das deutsche Bürgertum war aufgrund eines mächtigen wirtschaftlichen Aufschwunges zu Reichtum gelangt. Es konnte es sich leisten, von seinen Strafrechtslehrern rationellere Methoden zum Schutz seiner Interessen, die vor allem von der immer mehr erstarkenden Arbeiterbewegung bedroht schienen, entwickeln und anwenden zu lassen, als die wenig wirksamen des Vergeltungsstrafrechts, was bekanntlich etwas kostet. Eine rationelle wissenschaftlich fundierte Verbrechensbekämpfung sollte, soweit als möglich, an die Stelle des als praktisch ungenügend empfundenen Strafrechts, der vergeltenden Schuldstrafe treten. Die soziologische Schule bedeutet, worauf wir schon oben hinwiesen, im Verhältnis zur Klassischen einen wissenschaftlichen Fortschritt, der, wie ich hier nicht näher zeigen kann, im großen Zug der Wissenschaften in der zweiten Hälfte des 19. Jahrhunderts lag. Es ist interessant, zu beobachten, wie die Vertreter der alten Schule auf den strafrechtlichen „Modernismus" reagierten. Ihr hauptsächlichstes Gegenargument ging dahin, daß die neue Schule das Strafrecht jeglichen ethischen Fundaments berauben wollte, daß sie den Gedanken der moralischen Verantwortlichkeit preisgebe. Hierauf entgegneten die Anhänger der soziologischen Schule anfänglich, daß sie nicht daran dächten, für das Strafrecht von Ethik, insbesondere von sittlicher Verantwortlichkeit abzusehen. Aber ihr Strafethos sei ein anderes als das der vergeltenden Schuldstrafe. Dieses beruhe auf dem wissenschaftlich unhaltbaren Indeterminismus; es sei, sagte Liszt, der ein strenger Determinist war, eine Verirrung des Verstandes und eine Versündigung des Herzens, an einem Menschen Vergeltung üben zu wollen, der der Willensfreiheit entbehre. Die sittliche Verantwortung, von der das neue Strafrecht ausgehe, unterscheide sich von der bisherigen, sie verlege den Akzent in doppelter Hinsicht: Er ruhe bei ihr weniger auf der Vergangenheit (der begangenen Tat) als auf dem, was im Hinblick auf die Zukunft zu geschehen habe (der Verhinderung künftiger Verbrechen), und weniger auf dem Individuum als auf der Gesellschaft, die allein wirksame Vorkehrungen gegen die Begehung von Verbrechen treffen könne. Die Gesellschaft sei dafür verantwortlich, daß das Verbrechen als soziales Phänomen allmählich auf ein Minimum reduziert werde. Daher dürfe die Kriminalpolitik nur einen Teil einer großzügigen Sozialpolitik bilden. Äußerungen dieses Inhalts konnte man in Vorlesungen und Seminaren aus Liszts Munde hören, wie ich selbst bezeugen kann. Die Polemik gegen die vergeltende Schuldstrafe, die ein Kernstück der archaistischen Metaphysik ist und der Gedanke der Verantwortlichkeit der Gesellschaft für eine wesentliche Verminderung oder Beseitigung der Verbrechen lassen sich in das Weltbild des Sozialismus einfügen. Man kommt stets auf den Sozialismus, wenn man große soziale Probleme rationell behandeln will. Aber das Licht des neuen Ethos leuchtete nur auf, um alsbald wieder zu erlöschen. Nach kurzer Zeit sprachen die Kriminalisten nicht mehr von großzügiger Sozialpolitik, sie beschränkten sich auf eine Kriminalpolitik, die im wesentlichen den Interessen der herrschenden Kreise des Bürgertums diente. Es konnte nicht anders kommen. Die Anhänger der soziologischen Schule waren gute Bürgerliche, denen es nicht in den Sinn kam, der kapitalistischen Gesellschaft eine Wendung zum Sozialismus geben zu wollen. Ihr Klassenvorurteil hinderte sie an der Erkenntnis, daß die Quelle der Verbrechen im kapitalistischen Regime zu suchen ist. Dem Strafrecht eine gesellschaftswissenschaftliche Grundlage geben zu wollen, ist ein gutes Unternehmen, aber die Gesellschaftswissenschaft, die man betrieb, richtete sich nicht auf die Ursachen des Verbrechens, sondern auf die Symptome. Damit steht im Zusammenhang, daß man im Verbrecher im wesentlichen nicht, wie man meinte, den Feind der Gesellschaft bekämpfte, sondern den Feind der herrschenden Klasse. Wer zu den Wölfen geht, muß mit ihnen heulen. Das hat man denn auch getan. Die soziologische Schule hat eine beträchtliche Karriere gemacht, aber doch keine so große, wie sie gehofft hatte. Sie hat die vergeltende Schuldstrafe nicht ganz aus den Strafgesetzen zu verdrängen vermocht. Im Strafrecht braucht man, schon mit Rücksicht auf die Volksmeinung, ein Ethos. Da die soziologische Schule kein neues Ethos zu bieten hatte, mußte sie mit dem alten Schuldstrafrecht ein Kompromiß schließen, das noch aus anderen Gründen im Interesse der herrschenden Klasse lag (im Hinblick auf die innerhalb der Klasse auszuübende Funktion). Die soziologische Schule hatte von Anfang an sichernde Maßnahmen vorgesehen. Ihre Initianten haben sich keine Vorstellung davon gemacht, daß sie eines Tages – in der Aera des Faschismus – in geradezu bestialischer Weise angewendet werden würden. Aber es war ein gesetzmäßiger Entwicklungsgang, der sich voraussagen ließ. Wer in unserer Zeit dem Sozialismus die Türe verschließt, der gerät früher oder später in den Abgrund. Ein Blick auf die faschistische Rechtstheorie der Integration wird das in noch helleres Licht stellen.

Die allgemeine Krise des Kapitalismus, die nach dem errten Weltkrieg einsetzt, äußert sich in einer Verschärfung der imperialistischen Gegensätze zwischen den Staaten und in einer Verschärfung der Klassenkämpfe in ihrem Innern. Das führte auf den verschlungenen Wegen, die die Geschichte liebt, zum zweiten Weltkrieg. Am offensichtlichsten schienen unter den europäischen Ländern diejenigen von einem inneren Chaos bedroht zu sein, in denen dann, ein wenig früher, ein wenig später, von den herrschenden Klassen das faschistische Regime eingeführt wurde. Unter ihnen war das für die weltgeschichtliche Situation wichtigste Deutschland. Es war ein Symptom für die Lage, in der sich der deutsche Staat befand, daß Smend in seinem Verfassungsrecht die politische Grundfrage, die er als die der Integration bezeichnete, in aufsehenerregender Weise in den Mittelpunkt der staatsrechtlichen Diskussion stellte. Man kann die Frage auch mit einer Rousseauschen Wendung die der Bildung einer volonté génerale nennen. Es ist in der Tat ein kapitales politisches Problem, das da aufgeworfen wird: Wie läßt sich die Vielzahl der untereinander verschiedenen Einzelwillen, die sich innerhalb eines Volkes geltend machen, zu einem einheitlichen machtvollen Gesamtwillen verschmelzen? Läßt man sich nicht durch die Fassade täuschen, geht man auf den sachlichen Kern des komplizierten, philosophisch verbrämten Smendschen Systems des Integrationsmittels, dann wird klar, daß seine Integration die faschistische ist, für die sein Kollege Erich Kaufmann in seinem Buch: Die Clausula rebus sic stantibus die eindeutige lapidare Formel gefunden hatte: Das soziale Ideal ist der siegreiche Krieg. Den Entstehungsursachen des Faschismus, auf die wir hingewiesen haben, näher nachzugehen, kann nicht unsere Aufgabe sein. Wir wollen uns mit der gebotenen Kürze mit der Frage beschäftigen, wie die den Faschismus inszenierenden Kreise hoffen konnten, die Volksmassen für den von ihnen beabsichtigten Krieg zu begeistern, was sie wohl hoffen mußten, da sich nach dem Charakter, den der Krieg in der neueren Zeit angenommen hat, ein Krieg, für den die Volksmassen nicht begeistert sind, sich nicht gewinnen läßt. Nach historischer Erfahrung hat der Krieg häufig die begeisternde, die Völker im innern integrierende Funktion ausgeübt, auf die der Faschismus spekuliert. Wie will man das erklären? Die Menschen sind zur solidarischen Gemeinschaftsarbeit bestimmt, das heißt, eine solche Arbeit ruft in ihnen eine der höchsten Befriedigungsgefühle hervor, dessen sie fähig sind. Man kann aus zahlreichen Beispielen entnehmen, daß solidarische Gemeinschaftsarbeit diejenigen, die an ihr teilnahmen, mit Enthusiasmus erfüllt und zu außerordentlichen Leistungen befähigt. Im größten Maßstab finden wir ein solidarisches Zusammenwirken in der früheren Geschichte der Staaten – ich meine, bevor es sozialistische Staaten gab – im Krieg, da im übrigen die Klassengegensätze eine die überwiegende Mehrheit umfassende solidarische Betätigung ausschließen. Aber kann denn hiervon im Krieg die Rede sein? Sicherlich im nationalen Verteidigungskrieg, aber bis zu einem gewissen Grad auch im Angriffskrieg, der dem Volk meist als Verteidigungskrieg vorgetäuscht wird. Erweist sich letzteres als unmöglich, dann wird der Angriffskrieg, der im Falle eines Sieges nur den Interessen der herrschenden Klasse dient, als etwas hingestellt, das allen Volksangehörigen ein besseres Leben bringen wird (herrlichen Zeiten führe ich euch entgegen!). So kommt es vielfach, daß im Krieg nicht nur die Armee von einem Geist der Kameradschaft erfaßt war, sondern daß das ganze Volk der Gedanke ergriff: Wir stehen alle auf Gedeih und Verderb zusammen, wir sind Genossen im wahren Sinn des Wortes. Wir brauchen uns nicht zu wundern, daß Gierke uns sagt, er sei durch die Erlebnisse des 70er Krieges zu seiner Genossenschaftstheorie, die auf den bürgerlichen Staat im allgemeinen so gar nicht paßt, angeregt worden. Aber der Krieg hat jetzt seine integrierende Kraft verloren. Der Krieg droht gegenwärtig stets zum Weltkrieg zu werden und ist hierdurch sowie durch die modernen Waffen der Massenzerstörung für die Menschheit schlechthin untragbar geworden. Er droht, an der „Gigantothanasie" zugrunde zu gehen. Im zweiten Weltkrieg war auf Seiten der Aggressoren die integrierende Kraft des Krieges weit weniger spürbar als im ersten. Nach dem zweiten Weltkrieg bemüht sich der amerikanische imperialistische Block vergebens, bei seinen Völkern Sympathien für einen kommenden Krieg zu erwecken; er erzeugt Kriegspsychosen, keine Kriegsbegeisterung. Sein Versuch, den von ihm geplanten Angriffskrieg als einen Krieg zur Verteidigung der westlichen Zivilisation zu erwecken, kann keine weitgehenden Erfolge haben. Ganz abgesehen davon, daß es mit der Zivilisation, die verteidigt werden soll, in unseren Tagen und schon seit langem recht kümmerlich bestellt ist. Zu offensichtlich ist, daß niemand daran denkt, die westlichen Länder anzugreifen und ihnen ihre angebliche Zivilisation zu rauben.

Dazu kommt etwas anderes. Auch der Marxismus hat seine Integration, die in seiner Rechtswissenschaft eine hervorragende Rolle spielt. Es ist die einer solidarischen Arbeitsgemeinschaft aller Mitglieder der Gesellschaft als Freier und Gleicher, einer Arbeitsgemeinschaft, die im Wirtschaftlichen einsetzt und sich von hier aus auf die anderen Kulturgebiete erstreckt. Wer die beiden Integrationen miteinander vergleicht und nicht sieht, welche den Vorzug verdient, nicht sieht, welch ein Verbrechen es ist, die Integration durch den Krieg – was ist die Integration Europas anderes als eine Integration durch den Kriegsgedanken? – in einer Zeit gegen die sozialistische auszuspielen, in der die sozialistische Gesellschaftsordnung auf einem Drittel der Erde zur Herrschaft gelangt ist – der muß mit Blindheit geschlagen sein. Den Folgen nachzugehen, die die von uns angeführten Tatsachen – wir haben nur handgreifliche, unbestreitbare namhaft gemacht – auf den Kampf des Friedens mit dem Krieg haben werden, ist nicht die Aufgabe dieses Aufsatzes.

Über die Geschichte der dialektischen Erkenntnistheorie[1]

(1954)

Der Widerspruch des Einen und Vielen
(Parmenides, Heraklit, Plato)

Die Welt ist Eines und ist doch auch zugleich Vieles. Es ist evident, daß es sich so verhält, ist ein Urtatbestand, an dem man doch, so scheint es, als an etwas, das nun einmal so ist, keinen Anstoß nehmen kann. Aber ist nicht das Zusammenbestehen von Einheit und Vielheit ein Widerspruch, und haben uns nicht von jeher die weitaus meisten Philosophen gesagt, daß das Widerspruchsvolle unmöglich wirklich sein kann? Die Geschichte der Philosophie, genauer gesagt, der Erkenntnistheorie, ist jahrtausendelang ein Ringen mit der Antinomie des Einen und Vielen gewesen. Auf Schritt und Tritt spürt man in ihr das Bestreben, bald den einen, bald den anderen Widerspruch, der einem bestimmten Philosophen besonders in die Augen fällt, als täuschenden Schein zu erweisen, und es gilt als ein Höhepunkt der Philosophie, wenn jemand eine Methode zu entdecken glaubt, mit der sich der Widerspruch in allen seinen vielfältigen Gestalten als Illusion entlarven läßt. Mit einer einzigen Ausnahme, von der alsbald die Rede sein wird, war die Erkenntnistheorie widerspruchsfeindlich bis zu dem Augenblick, in dem der dialektische Materialismus von Marx und Engels begründet wurde und seinen heute noch lange nicht beendeten Siegeszug über die Welt antrat. Anders als noch bei Hegel kommt nach dem Marxismus der Widerspruch nie zur Ruhe.

Wenn die prinzipiell widerspruchsfeindliche Philosophie – wie auch die ebenso eingestellte Naturwissenschaft – die Wirklichkeit in mancher Hinsicht richtig abgebildet hat, so liegt das daran, daß ihr der den Dingen immanente Widerspruch insoweit nicht zum Bewußtsein gekommen ist. Das Merkwürdige ist nun, daß schon sehr frühzeitig ein Philosoph, Heraklit, die These aufstellte, daß der Widerspruch das Wesen der Weltprozesse ausmache, daß er der Vater aller Dinge sei. Warum ist diese richtige Erkenntnis so lange auf den Widerstand der Philosophen gestoßen oder von ihnen unbeachtet gelassen worden? Auf diese für das Verständnis der

[1] Sondervorlesungen, veröffentlicht in: Wissenschaftliche Zeitschrift der Deutschen Akademie für Staats- und Rechtswissenschaft „Walter Ulbricht", 4. Jahrgang, Heft 5, 1954/55, S. 217–237.

Geschichte der Erkenntnistheorie grundlegende Frage werden wir eine Antwort zu geben suchen, allerdings noch nicht an dieser Stelle.

Die ältesten griechischen Philosophen, die sogenannten Hylozoisten, sahen nichts Rätselhaftes darin, daß die Welt Einheit und Vielheit zugleich ist. Der Stachel des Widerspruchs war ihnen nicht spürbar, sie interessierten sich für das Urelement, aus dem die bunte Welt gebildet ist, fanden es im Wasser oder in der Luft und erarbeiteten sich Kosmogonien, die im Verhältnis zu den üblichen mythologischen Vorstellungen einen Anfang wissenschaftlicher Naturerklärung bedeuteten.

Parmenides von Elea, der in der zweiten Hälfte des 6. Jahrhunderts geboren war, ist der erste griechische Philosoph, der von dem Widerspruch von Einheit und Vielfalt frappiert wird. Er gibt ihm die denkbar radikalste Lösung zugunsten des Einen. Neben dem A kann es nicht ein B geben, das nicht A wäre, denn das Nicht-A-Sein von B ist etwas Nichtseiendes und, heißt es bei ihm: niemals wirst du mich davon überzeugen, daß das Nichtseiende seiend sei. Es gibt nach Parmenides nichts als das unbewegliche, ungeteilte Eine. Der Name des Parmenides wird in der Geschichte der Philosophie immer wieder von Zeit zu Zeit mit hoher Achtung genannt, aber die Auseinandersetzung mit ihm hat bei weitem nicht die gleiche Rolle gespielt wie die mit seinem Meisterschüler Zenon, der gleichfalls von Elea war.

Zenon hat es auf die Bewegung abgesehen, die ja, worauf Engels einmal hinweist, ein Musterbeispiel für einen in sich widerspruchsvollen Tatbestand ist.

Er richtet gegen die Möglichkeit der Bewegung eine Reihe von Streitbeweisen, deren berühmtester den Namen Achilleus und die Schildkröte trägt. Wenn Achilleus der Schildkröte im Wettlauf mit ihm einen Vorsprung läßt, kann er sie nie einholen, denn um zu dem Punkt zu gelangen, von dem die Schildkröte gestartet ist, bleibt dieser jeweils Zeit, einen neuen Vorsprung zu gewinnen, der, wennschon er immer kleiner wird, doch bei der unendlichen Teilbarkeit von Zeit und Raum nie auf Null herabsinkt. Lenin hat in seinen Anmerkungen zur griechischen Philosophie die einzig richtige Entgegnung auf die Argumentation Zenons gegeben: Der Fehlschluß – daß es sich um einen solchen handelt, darüber sind sich alle einig – beruht darauf, daß der widerspruchsvollen Natur von Raum und Zeit, die unteilbar und zugleich teilbar, Einheiten und zugleich in unendlich viele Teile zerlegbar sind, nicht Rechnung getragen wird. Wenn Aristoteles meint, in Wirklichkeit seien Raum und Zeit Einheiten, Kontinua, die Teilbarkeit sei lediglich eine geistige Operation, so ergeben sich neue Schwierigkeiten. Das gleiche gilt von dem, was später Thomas Hobbes gegen Zenon eingewendet hat. Dann traten die Mathematiker auf und suchten Zenon mit den Mitteln ihrer Wissenschaft zu widerlegen. Der bedeutendste französische bürgerliche Philosoph der neuesten Zeit, Henri Bergson, der in den dreißiger Jahren gestorben ist, hat die mathematischen Gegenbeweise für unstichhaltig erklärt, was nicht ganz leicht zu nehmen ist, da er ein ausgezeichneter Mathematiker war, und hat in seiner Erstlingsschrift „Les données immédiates de la conscience", die die Grundlage seiner großen philosophischen Karriere bildete, einen originellen, aber darum nicht weniger unbefriedigenden Gegenbeweis gegen Zenon vorgebracht. Der Streit über den Achilleus und die Schildkröte Zenons, aus dem ich nur einige Episoden hervorgehoben habe, zeigt das Verhältnis der undialektischen, metaphysischen Erkenntnistheorie zur dialektischen mit besonderer Deutlichkeit.

Der ebenbürtige oder mehr als ebenbürtige Gegenspieler von Parmenides war der schon erwähnte Heraklit von Ephesus, der um das Jahr 500 auf der Höhe seines Schaffens stand. Heraklit ging aus von der Betrachtung der anschaulichen Welt, in der die Erscheinungen im ständigen Fluß sind, die Dinge, nach einem Ausdruck Bergsons, sich ineinanderschachteln. Der Fluß des Lebens ist für ihn eine Aufeinanderfolge von sich Widersprechendem, die durch ein ewiges Gesetz, den Logos, regiert wird. Der Prozeß ist ein endloser, denn wenn der Kosmos zu dem Feuer, aus dem er hervorgegangen ist, zurückkehrt, bildet sich alsbald ein neuer, für den das gleiche gilt wie für den vorhergehenden. Bei einer solchen, im wesentlichen richtigen Schau der Dinge konnte man nicht verharren, wenn es zu einer Entwicklung der Wissenschaft kommen sollte, wie die Menschheit sie brauchte. Wir werden das bei der Behandlung der Logik des Aristoteles näher sehen und wollen vorläufig nur daran denken, daß Kratylos, ein Schüler Heraklits, wenn man ihn nach der Natur dieses oder jenes Gegenstandes frug, statt einer mündlichen Antwort mit dem Finger wippte, was bedeuten sollte, daß sich im heraklitischen Fluß nichts begrifflich festhalten läßt, vielmehr alles in fortlaufender Bewegung und Veränderung ist. Es ist offensichtlich, daß sich mit Fingerwippen keine Wissenschaft begründen und fortbilden läßt.

Ich gehe über zu Plato und tue es, nicht weil Plato die Auseinandersetzung über die Frage von Einheit und Vielheit in die richtigen Bahnen gelenkt hätte, davon war er weit entfernt, sondern weil er in ihrem Verlauf zur Begründung eines objektiven Idealismus gelangte, dem Plato es verdankt, daß er heute noch trotz aller tiefgreifenden Modifikationen seiner Lehre, die inzwischen erforderlich geworden sind, in unserm Kampf gegen den Idealismus im gegenerischen Lager eine große Figur ist. Bei dieser Gelegenheit möchte ich bemerken, daß die Antike den subjektiven Idealismus, der gegenwärtig vor allem ins Feld geführt wird, noch nicht kannte. Der abendländische Idealismus des Altertums ist objektiver Idealismus, und seine ausgesprochensten Vertreter sind die Platoniker und Neuplatoniker. Aristoteles ist halb Materialist, halb Idealist, und die stoische Philosophie hat, insofern sie den alles durchwaltenden Logos, die Weltvernunft, als etwas Körperliches faßt, einen materialistischen Einschlag.

Plato war mit der Lehre vom Einen des Parmenides vertraut, hat er doch einen Dialog verfaßt, der den Namen Parmenides trägt. Ob er die Lehre ganz im Sinne des Autors verstanden hat, mag dahingestellt bleiben, Parmenides ist im Laufe der Zeit sehr verschieden ausgelegt worden. Auch mit Heraklit hat er sich, wie aus seinen Schriften hervorgeht, eingehender beschäftigt. Zweifellos ist seine Philosophie stärker durch Parmenides als durch Heraklit beeinflußt worden. Als der Schüler des Sokrates, der Plato war, mußte er sich eingehender mit den Allgemeinbegriffen beschäftigen. Obwohl Sokrates, der in den Dialogen Platos eine so präponderierende Rolle spielt, in ihnen sicherlich mehr die Gedanken Platos als seine eigenen zum Ausdruck bringt, dürfen wir doch Aristoteles, einem Enkelschüler des Sokrates, Glauben schenken, wenn er uns sagt, daß Sokrates die Allgemeinbegriffe und die Induktion in die Philosophie eingeführt habe. Das ist nicht so zu verstehen, daß Sokrates als erster Philosoph mit Allgemeinbegriffen und mit Induktion gearbeitet habe. Beide Denkmittel sind schon dem vorwissenschaftlichen Stadium der Erkenntnis bekannt und die vorsokratischen Philosophen haben reichlich von ihnen Gebrauch gemacht. Aber erst Sokrates hat sie in der Ethik methodisch verwendet, wie er denn überhaupt nicht mit Unrecht als der Begründer der griechischen Ethik angesehen wird. Sokrates wollte in Erfahrung bringen, nicht was dieser und jener unter Gerechtigkeit, Frömmigkeit, Tapferkeit usw. zu verstehen glaubt, sondern was sie an sich sind, und es lag ihm daran, zu wissen, nicht nur, was die einzelnen Tugenden sind, sondern auch, was die Tugend als solche ist. Um sein Ziel zu erreichen, ging er folgendermaßen vor. Er ließ sich zunächst von seinen Gesprächsgegnern die Definition der einen oder anderen Tugend geben und zeigte ihnen dann an Beispielen, daß sie doch etwas anderes unter der betreffenden Tugend verstehen, als ihrer Definition entsprechen würde. Erste Voraussetzung dafür, daß wir uns klar sind über das, was wir mit Gerechtigkeit meinen, ist, daß wir uns an einer Reihe verschiedener Fälle, in denen wir ein gerechtes Verhalten feststellen, vergegenwärtigen, was für uns Gerechtigkeit ist. Das heißt mit Allgemeinbegriffen und mit Induktion arbeiten, aber die Induktion findet hier in einem besonderen Sinn Anwendung, so daß man die Methode des Sokrates bisweilen mit einem eigenen Namen, mit dem eines Rekurrenzverfahrens bezeichnet hat. Wenn Sokrates ermitteln wollte, was die Menschen nach dem üblichen Sprachgebrauch als eine bestimmte Tugend oder Tugend überhaupt bezeichnen, dann deshalb, weil er annahm, daß sie von den Gegenständen der Ethik eine ihnen selbst zunächst noch verborgene Vernunfterkenntnis hätten, die ins Licht des Bewußtseins zu erheben er ihnen behilflich sein wollte. Darauf zielt Sokrates ab, wenn er sagt, er übe die mäeutische Kunst aus, die er von seiner Mutter Phänarete, der Hebamme, geerbt habe, wenn er die jungen Leute, mit denen er philosophische Gespräche führt, nicht lehren zu können erklärt, was sie nicht eigentlich schon vorher wüßten. Vielleicht waren die Gedanken von dem geheimen Wissen des Menschen und von der mäeutischen Kunst, es ihm voll bewußt zu machen, nicht sowohl die des Sokrates, sondern die des Plato, jedenfalls ist die in den Platonischen Dialogen gegebene Antwort auf die Frage, woher denn die Menschen ihr zunächst verborgenes Wissen hätten, Plato zuzuschreiben und nicht Sokrates. Denn diese Antwort ist gleichbedeutend mit der Ideenlehre, von der Aristoteles bekundet, daß sie das Eigentum Platos sei. Bevor wir auf die Ideenlehre Platos eingehen, müssen wir Platos Stellungnahme zu den Allgemeinbegriffen etwas näher ins Auge fassen.

Die Geringschätzung, mit der Plato die einzelnen Dinge der Sinnenwelt betrachtete, beruht auf ihrer verwirrenden Vielheit und ständigen Veränderung. Obwohl er Vielheit und Veränderung nicht in so radikaler Weise wie Parmenides dem Nichtsein zuweist, ist doch auch für ihn die Einheit das eigentlich Seiende, kommt der Begriff des Pferdes dem eigentlich Seienden näher als dieses oder jenes Pferd, der Rappe, der Fuchs etc., und ist das Individuum Sokrates in seiner Einheit mehr wahrer Existenz teilhaftig als die stets wechselnden Zustände, in denen sich Sokrates befindet. Heißt das, daß nach Plato das legitime Sein im Begrifflichen und nicht im Sinnfälligen zu finden sei? Doch nicht. Die Begriffe sind etwas zu Flüchtiges, zu Schattenhaftes, als daß Plato sie als das wahre Sein anerkannt hätte. Denken Sie nur daran, daß eine historisch höchst bedeutungsvolle Schule, die immer noch viele Anhänger hat, in den Allgemeinbegriffen nichts anderes sieht als bloße Namen, als Hauch der Stimme, flatus vocis, wie der Begründer des Nominalismus, der mittelalterliche Philosoph Roscellinus sagt. Gewiß waren für Plato die Allgemeinbegriffe mehr als bloße Namen, aber echtes Sein waren sie auch für ihn nicht. Sie galten ihm als schwache Abbilder einer höheren, übersinnlichen Welt der Ideen, ewiger unveränderlicher Gestalten. In den Ideen haben wir das ontos on, wie er mit einem von ihm geprägten Ausdruck sagt, das seiend Seiende. Wie aber gelangen wir in unseren Begriffen zu Abbildern der transzendenten Welt? An dieser Stelle der Untersuchung bietet uns Plato seine bekannte Lehre von der Anamnesis, der Rückerinnerung. In ihrer Präexistenz, also bevor sie mit dem Leib verbunden war, hat die Seele die Ideen von Angesicht zu Angesicht geschaut. Im diesseitigen Leben ist sie solch unmittelbarer Schau nicht mehr teilhaftig, aber Erinnerungsspuren, eben die Begriffe, sind ihr geblieben. Bei ernster Bemühung lassen sie sich beleben, kann eine Annäherung an die ursprüngliche Ideenschau erfolgen. Bei dieser Bemühung behilflich zu sein, sah, wie sich aus dem vorhin Gesagten ergibt, der platonische Sokrates als seine Aufgabe an.

Daß wir unsere Begriffe zunächst aus der diesseitigen Erfahrungswelt gewinnen, hat Plato nicht in Zweifel gezogen. Die sinnlich wahrnehmbaren Dinge sind ihm nicht etwas schlechthin Nichtseiendes. Wennschon die Materie, aus der sie bestehen, eher Nichtsein als Sein ist, so tragen sie doch den Stempel der Ideen, sonst könnte ihr Anblick nicht die Erinnerung an die Ideen in uns auftauchen lassen.

Über den Prozeß, in dem sich in der Welt Ideen und Materie vereinigen, hat Plato viel nachgedacht und verschiedene Hypothesen aufgestellt, denen wir nicht nachgehen wollen. Auch in der Sphäre der Ideen, der ontas onta findet sich Vielheit. Dergleichen hätte Parmenides nie zugegeben. Für Plato ist das Zusammenbestehen von Einheit und Vielheit der Ideen kein unüberwindbarer Widerspruch. Im Ideenreich äußert sich bei ihm die Einheit darin, daß alle Ideen ein umfassendes System bilden, das in einer Idee gipfelt, die das Ganze beherrscht. Wie können wir das System der Ideen, wenigstens in der annähernden Weise, die uns vergönnt ist, erfassen? Hier tritt die platonische Dialektik in Funktion, die etwas ganz anderes ist, als was wir heute unter Dialektik verstehen, und auch nicht mit dem übereinstimmt, was man im Altertum und im Mittelalter als Dialektik zu bezeichnen pflegte.

Platos Dialektik ist Begriffsspaltung, genauer Dichotomie. Sie geht aus von gewissen allgemeineren Begriffen und spezialisiert sich fortlaufend, wobei die Abteilungen und Unterabteilungen jeweils zwei sind. So kommt er unter anderem zu seiner Definition des Menschen, nach der der Mensch ein zweibeiniges, aufrechtgehendes, unbefiedertes Lebewesen ist, einer Definition, die bekanntlich Diogenes ironisierte, indem er einen gerupften Hahn in die platonische Akademie brachte, mit den Worten: ich möchte euch den Menschen des Plato zeigen. Nachdem sich Plato in dem eben geschilderten Verfahren der Basis der Begriffspyramide genähert hat, will er den in systematischen Begriffsbildungen geübten Geist zu ihrer höchsten Spitze, der obersten Idee, aufsteigen lassen. Plato hat, namentlich im Sophisten, noch andere dialektische Verfahrensarten verwendet, aber sein letztes Ziel, die Erfassung der höchsten Idee, der Idee des Guten oder Gottes, hat er nicht erreicht, konnte er nicht erreichen, da er der Weisheit letzten Schluß in einer nicht existenten Sphäre suchte, was wir ihm in Anbetracht des gesellschaftlichen Entwicklungsstadiums und des Milieus, in dem er lebte, nicht zum Vorwurf machen können. Allerdings waren die meisten griechischen Denker nüchterner, diesseitiger eingestellt, selbst diejenigen, deren Lehre transzendente Elemente aufweist. Auch die aristotelische Philosophie kennt einen transzendenten Gott, macht aber nicht gerade viel Gebrauch von ihm.

Sie hat einen unwiderstehlichen Zug zum Diesseitigen, spricht sich über die Unsterblichkeit der Seele so wenig aus, daß Streit besteht, ob Aristoteles an sie geglaubt hat. Dagegen ist der philosophische Eros Platos von vornherein und bis zuletzt auf das Jenseits gerichtet. Wie für die Pythagoräer ist für Plato der Leib ein Sarg: Soma-Sema. In seinem letzten Werk, den Gesetzen, sagt er, daß Hades dem Menschen einen nicht geringen Dienst leiste, indem er die Seele vom Leib trenne. Das Leben des Philosophen, heißt es einmal bei ihm, ist eine Vorbereitung auf den Tod. Erst als die Spekulationen des Orients die griechisch-römische Welt überschwemmten, als das Christentum auf die Bühne der Weltgeschichte trat, findet eine Einstellung zum Transzendenten wie die platonische bei den Philosophen weitere Verbreitung. Dabei haben aber die philosophischen Lehren jener Epoche einen starken mystischen Einschlag, der dem Platonismus fehlt. Plato will, daß der Philosoph sein Leben dem dialektischen Denken widme, um sich so der Erkenntnis des Überirdischen soweit als möglich zu nähern. Davon, daß er sich in einem Akt der Ekstase in den Urgrund der Dinge, in das Eine zu versenken suchen solle, ist bei ihm anders als bei den Neuplatonikern nicht die Rede.

Vielleicht werden Sie sagen, daß nach alledem Plato mit seinem Hang zu transzendenten Ideen hinter den heutigen Anhängern des objektiven Idealismus zurückstehe. Indessen ist das nicht der Fall. Gewiß, die ziemlich zahlreichen objektiven Idealisten, denen wir in unseren Tagen begegnen können, liebäugeln kaum mit dem Jenseitigen. Was in der Epoche, in der Plato lebte, überschwänglich, aber doch begreiflich war, das ist allmählich als Bestandteil einer Philosophie einigermaßen in Verruf gekommen. Aber wenn unsere objektiven Idealisten mit einem ‚Geistigen' operieren, das über allem sinnlich Wahrnehmbaren, allem psychologisch Erfaßbaren hoch erhaben ist und es fundiert, ohne dabei doch jenseitig zu sein, dann verfallen sie statt in Überschwänglichkeiten in den reinen Verbalismus. Bertrand Russell hat in seiner besseren Periode einmal gesagt, daß jedes Wort, um Sinn zu haben, zu einer Handlung anregen müsse; man habe behauptet, das treffe bei den hochabstrakten Ausdrücken, deren sich viele Philosophen bedienten, nicht zu, indessen sei das nicht richtig, sie erweckten Wortassoziationen, in deren Erlernung die Wissenschaft der Metaphysik bestehe. Ich werde von dem objektiven Idealismus neuester Observanz etwas eingehender reden, wenn ich die aristotelische Logik behandle.

Wir wissen, daß Plato mit seiner Ideenlehre auf Irrwegen wanderte, aber das hindert nicht, daß er ratione temporis habita ein großer Philosoph war.

Bei denen, die in die Schule des Marxismus-Leninismus gegangen sind, ist nicht zu befürchten, daß sie sich von Plato verführen lassen, wenn sie in nähere Berührung mit seinen Gedanken kommen. Man hat gesagt, daß alle Philosophen entweder Platoniker oder Aristoteliker seien. Ein Philosoph unserer Zeit sollte weder Platoniker noch Aristoteliker sein, wenn eins von beiden, dann schon eher Aristoteliker, aber es gibt eine ganz andersartige, bessere Philosophie, zu der er sich bekennen kann. Da ich überzeugt bin, daß Plato Sie nie in seinen Bann ziehen wird, möchte ich Ihnen raten, sich mit der einen oder anderen Schrift Platos in Mußestunden ein wenig vertraut zu machen, wenn Sie es nicht schon vorher getan haben sollten. Die Lektüre wird Ihnen einen hohen intellektuellen – besonders an Stellen, die Sie zum Widerspruch reizen – und vor allem ästhetischen Genuß gewähren. Es gibt unzählige Übersetzungen der Werke Platos, und wenn auch Übersetzungen die Majestät der Sprache Platos nicht vollkommen wiedergeben, so bleibt doch immer in ihnen etwas von dieser Sprache erhalten, von der Cicero sagte, daß sie, wenn Jupiter griechisch spräche, die Jupiters wäre.

Die aristotelische Logik und das abstrakte Denken

Die Logik des Aristoteles ist Wissenschaftslehre, in erster Linie Methodenlehre für alle Wissenschaften. Man hat sie bald nach dem Tode des Aristoteles als Organon bezeichnet, der Name ist höchst treffend. Sie ist in der Tat das Instrument, dessen sich jede Wissenschaft zu bedienen hat. Aristoteles hat vorwiegend die deduktive Methode, die Syllogistik behandelt. Seine Syllogistik oder Lehre von den Schlüssen ist bis auf den heutigen Tag maßgeblich geblieben. Während niemand die aristotelische Syllogistik antastete, wurde doch schon im späteren Mittelalter gegen Aristoteles der Vorwurf erhoben, daß er über der nicht sonderlich fruchtbaren, wennschon richtigen und selbstverständlich zu respektierenden Syllogistik die induktive Methode, die für den Fortschritt der Wissenschaften ungleich wertvoller sei, vernachlässigt habe. Solcher Kritik hat dann der Engländer Francis Bacon, der in der zweiten Hälfte des 16. Jahrhunderts geboren war, in einem Werk, in dem er die induktive Methode aufs eingehendste schilderte und das er Novum Organum nannte, magistralen Ausdruck gegeben. In der späteren Zeit finden die Methoden der verschiedenen Einzelwissenschaften in zunehmendem Maße in den Handbüchern der Logik Aufnahme, damit aus ihrem Vergleich eine Bereicherung der allgemeinen Methodenlehre gewonnen werde.

Als Begründer der Logik mußte Aristoteles die Lehren bekämpfen, die die Entwicklung der Einzelwissenschaften unmöglich zu machen drohten. Daher mußte er als Gegner des Parmenides auftreten, denn wenn die Vielheit und Veränderung der Dinge bloßer Schein ist, dann erhalten die Wissenschaften illusorischen Charakter. Teilweise beeinflußt durch Parmenides, teilweise unabhängig von ihm, war in Griechenland eine Streitlehre, eine Eristik, entstanden, die durch eine Fülle von Sophismen die Wissenschaften zu Fall zu bringen suchte. Aristoteles hat mit dem ihm eigenen Scharfsinn die Fehlschlüsse der Eristiker, die oft bloße Gedankenspielereien waren, entlarvt. Zenon gegenüber ist ihm das nicht völlig gelungen.

Entsprechend ihrem größeren Wahrheitsgehalt war die Philosophie Heraklits für das Unternehmen, das Aristoteles in seiner Logik in Angriff nahm, noch gefährlicher als die des Parmenides.

In der Philosophie Heraklits ist die anschauliche Welt in ihren Grundzügen zutreffend widergespiegelt, aber die Welt der Abstraktionen findet in ihr keine Berücksichtigung, Worauf es dem Begründer der Logik vor allem ankommen mußte, war die Normierung des abstrakten Denkens, denn die Wissenschaft hat es in erster Linie mit dem abstrakten Denken zu tun; die Wissenschaft, so hat man im Anschluß an Aristoteles gesagt, handelt nicht vom Besonderen (scientia non est de particularibus). Bei adäquater Erfassung des Verhältnisses von Anschauung und abstraktem Denken erweist sich die Vereinigung beider als unentbehrlich für die wissenschaftliche Erkenntnis der objektiven Wirklichkeit. Aber diese Voraussetzung auf den ersten Anhieb zu schaffen, war kaum möglich. Aristoteles mußte zunächst einmal die Gesetze des abstrakten oder, wie ich an dieser Stelle lieber sagen möchte, abstraktiven Denkens aufstellen.

Seine berühmten vier Denkgesetze, unter denen das Gesetz von der Identität und das Gesetz vom Widerspruch besonders bemerkenswert sind, sind eben diese Gesetze, Aristoteles hat sie verabsolutiert. Das mußte ihn in einen unlöslichen Konflikt mit Heraklit bringen, gegen den er dann auch aufs schärfste polemisiert hat. Wir aber dürfen die aristotelischen Gesetze um keinen Preis als absolute ansehen, da wir sonst aufhören, Dialektiker zu sein. Die Warnung ist angesichts von Stellungnahmen einzelner marxistischer Philosophen zu dem Verhältnis von aristotelischer Identitätslogik und Dialektik nicht überflüssig. An dem 4. Satz der Stalinschen Dialektik, dem Satz vom inneren Widerspruch der Dinge, einem dem Identitätsgesetz widersprechenden Widerspruch, ist kompromißlos festzuhalten, sonst geht die Dialektik in die Brüche. Ich hoffe, daß die Darstellung der Geschichte der Erkenntnistheorie von Descartes bis Marx Sie in dieser Überzeugung bestärken wird. Gewiß, die Gesetze des Aristoteles sind wahre Denkgesetze und Seinsgesetze zugleich, aber sie enthalten nur die halbe Wahrheit, nur einen Aspekt der Wirklichkeit.

Das abstraktive Denken hebt die Dinge aus dem allumfassenden Zusammenhang der Wirklichkeit heraus, isoliert sie. Es trennt im Allgemeinbegriff das gewissen konkreten Erscheinungen Gemeinsame von diesen Erscheinungen, mit denen es doch in der Wirklichkeit eine Einheit bildet. Es umgibt die Allgemeinbegriffe, die es bildet, mit Begriffslinien und achtet dabei nicht auf das für die anschauliche Welt geltende Bergsonsche: les choses s'emboîtent les unes dans les autres. Wir zerschneiden, sagt der bekannte Jurist Otto Maier, die unmerklichen Übergänge der Wirklichkeit mit der Schärfe des Begriffes. Wie die Rechtswissenschaft verfahren auch die anderen wissenschaftlichen Disziplinen. Der Geometer reißt von den Körpern ihre Grenzen los und behandelt sie als selbständige Gebilde, obschon solche Verselbständigung der Wirklichkeit widerspricht und in ihr die Körper jeweils in den sie umgebenden Raum übergehen.

Wer zählt, der löst die Zahlen von den gezählten Dingen, obwohl sie in rerum natura anders als in Verbindung mit diesen nicht vorkommen, und er pflegt sich nicht irgendwie deutlich davon Rechenschaft abzulegen, daß für die einfachsten Rechenoperationen, etwa das Zusammenzählen von 2 und 3, die Forderung besteht, zwei Dinge und drei andere Dinge auf einen gemeinsamen Begriff zu bringen, da sich sonst nicht ergibt, daß zwei und drei fünf sind, zwei Menschen etwa und drei Steine sind fünf Gegenstände. Man braucht kein Mathematiker zu sein, um einen Bruch wie $^1/_3$ zu handhaben, nur darf man dabei nicht denken, wozu man leicht neigt, daß ein Drittel der dritte Teil der Zahl Eins sei – dergleichen gibt es nicht –, da vielmehr hier die 1 einen beliebig teilbaren Gegenstand repräsentiert.

Dem eben geschilderten Verfahren des abstraktiven Denkens sind die Denkgesetze der aristotelischen Identitätslogik angepaßt. In diesem Stadium des Erkenntnisprozesses ist A A und nicht B, darf der Widerspruch, daß es doch auch B sei, nicht zugelassen werden. Zu behaupten, daß die Identitätslogik trotz der Jahrtausende währenden Wirkung, die sie auf die Wissenschaften ausgeübt hat, falsch sei, ist unsinnig.

Auch ist sie nicht etwa eine bloße Gedankenkonstruktion ohne Fundament in der Wirklichkeit. Sie ist einseitig, indem sie nur den Trennungsaspekt der Dinge und nicht ihren Einheitsaspekt berücksichtigt. Wäre in den Dingen nur Einheit und nicht auch Isolierung, also Vielfalt, dann müßte man sich Parmenides anschließen. In Wahrheit ist die Welt Vielheit und zugleich Einheit. Wäre sie nur Vielheit oder nur Einheit, dann würde es keinen Widerspruch geben und die Grundthese der Dialektik wäre unrichtig. Hiernach ist das aristotelische principium contradictionis, der Satz vom Widerspruch, keineswegs unrichtig, es bedarf jedoch einer Ergänzung, denn es gibt den Einheitsmomenten nicht, was ihnen gebührt.

Es ist, wir wiederholen es, nicht absolut zu nehmen, da man sonst der Metaphysik, letztlich der idealistischen Metaphysik verfällt. Suchen wir uns den Sachverhalt etwas näher zu verdeutlichen. Die Welt ist geordnet, ist ein Kosmos, kein Chaos. Es existieren in ihr Ordnungssysteme, Ordinatensysteme, wie man auch sagen könnte. Ihnen zufolge haben unter anderem die Vorgänge in Raum und Zeit eine Stelle, die nicht beliebig vertauschbar ist, andernfalls würde Verwirrung herrschen. Cäsar ist im Jahre 44 vor Christi Geburt ermordet worden, daß das Ereignis sowohl 44 als auch

46 stattgefunden habe, ist nicht möglich; Plato kann nicht gleichzeitig in Athen und in Syrakus sein. Das schließt nicht aus, daß der Struktur der Ordinatensysteme Widersprüche innewohnen. Denken Sie nur an das, was Lenin im Hinblick auf Zenon von Raum und Zeit sagt: Sie sind beides, teilbar und unteilbar. Allein schon die Nichtbeachtung des eben aufgewiesenen Unterschiedes zwischen Widerspruch und Widerspruch kann dazu führen, daß der Geltungsbereich des Satzes vom Widerspruch als ein schlechthin allgemeiner angesehen wird. Ein anderer Umstand ist hierfür von entscheidender Bedeutung: das abstraktive Denken steht seiner Natur nach, wie wir bereits erwähnten, unter der Herrschaft des Satzes vom Widerspruch, und es ist für die Wissenschaft schlechthin unentbehrlich. Wie nahe liegt es da, daß Logik und Einzelwissenschaften von Haus aus geneigt waren, den Geltungsbereich des Satzes vom Widerspruch über seine legitimen Grenzen hinaus zu erstrecken. Aber in praxi konnten die Vertreter der Wissenschaft, wenn sie die Wirklichkeit erkennen wollten, an dem rigorosen Standpunkt der Widerspruchslosigkeit nicht festhalten. Die dem abstraktiven Verfahren immanente Identitätslogik negiert das der Wirklichkeit immanente Einheitsmoment. Solche Negation muß ihrerseits negiert werden, damit die Erkenntnis zur Übereinstimmung mit dem objektiven Sein der Dinge gelange. Dazu kommt es denn auch fortlaufend im Betrieb der Wissenschaften. Die Negation der Negation, auf die noch Engels ausdrücklich großes Gewicht als auf ein Vehikel der dialektischen Entwicklung legte, wird von nicht wenigen Marxisten der letzten Zeit abgelehnt. Das mag darin seinen Grund haben, daß sie unter den vier Stalinschen Grundprinzipien der Dialektik nicht figuriert.

Den Anspruch, als ein Grundprinzip der Dialektik zu gelten, hat sie in der Tat nicht. Aber das hindert nicht, daß sie sich in einzelnen Fällen, wofür Engels Beispiele gibt, als wirkungsvoll erweist. Mit einem dieser Fälle haben wir es hier zu tun, wie alsbald deutlich werden wird.

Das Isolierungsverfahren, mit dem die Wissenschaft einsetzt, wird immer wieder rückgängig gemacht. Begriffe, die fein säuberlich geschieden wurden, werden in mannigfachen Kombinationen zusammengefügt. So verhält es sich in den einzelnen Disziplinen und so auch im Verhältnis der Wissenschaftsgebiete zueinander. Am deutlichsten zeigt sich die Negation der Negation, die uns beschäftigt, in dem Augenblick, in dem die Wissenschaft in die Lebenspraxis übergeht, wie es ihr Beruf ist. Die Wissenschaft leistet einen unschätzbaren Beitrag zur Begründung einer zweiten Welt, der Kulturwelt. Diese sekundäre Welt ist genauso anschaulich, genauso Vereinigung von Einheit und Vielheit, genauso mit inneren Widersprüchen behaftet wie die primäre. Die Linien der Figuren auf dem Papier, die, so fein sie sind, dem geometrischen Denken immer noch zu grob körperlich in

Erscheinung treten, wenn der Architekt oder Ingenieur seine Gebäude oder Maschinen nach ihnen gestaltet, in den Fluß der anschaulichen Erscheinungen ein. Die Bestimmung der für die Erhaltung eines menschlichen Organismus erforderlichen Zahl von Kalorien bewegt sich lange im rein Abstrakten, Rechnerischen und findet dann unmittelbar den Zugang zur Existenz konkreter Individuen. Ich will noch ein Beispiel geben, das Aristoteles selbst, und zwar seiner Syllogistik, die allgemein zur formalen Logik gerechnet wird, entnommen ist.

Der erste Modus der ersten Figur der Syllogistik lautet: Der Mensch ist sterblich, Sokrates ist ein Mensch, also ist Sokrates sterblich. Die Erkenntnis, daß der Mensch sterblich ist, beruht auf einem Induktionsschluß, auf einem Schluß vom Besonderen auf das Allgemeine, der für unsere Zwecke nicht näher untersucht zu werden braucht. Man sage nicht, wie es bisweilen geschieht, statt: „Der Mensch ist sterblich", „Alle Menschen sind sterblich", denn unter allen Menschen müßte Sokrates mitgezählt sein, so daß die Schlußfolgerung „Sokrates ist sterblich" zur Tautologie würde und der gegen die Syllogistik gerichtete Einwand von John Stuart Mill, einem der bedeutendsten Logiker des 19. Jahrhunderts, zu Recht bestünde. In dem Allgemeinbegriff „der Mensch" ist zwar auch Sokrates mit einbegriffen, aber doch nur potentiell, nicht aktuell. Der Allgemeinbegriff wird von der Vielheit der einzelnen ihm unterfallenden Erscheinungen losgelöst. Wenn man sich dann dem Individuum Sokrates zuwendet und es als Menschen in Anspruch nimmt, wird insoweit die Loslösung rückgängig gemacht und dadurch eine neue Einsicht gewonnen: Sokrates ist sterblich. So führt eine Negation der Negation zu einen Fortschritt in der Erkenntnis, denn zunächst konnte man es dem Sokrates nicht ansehen, daß er sterblich war.

Daß wir auf das abstraktive Verfahren und einen seiner Verwendung folgenden Rückgriff auf die konkrete Wirklichkeit angewiesen sind, um im Wissen von der Welt vorwärtszukommen, liegt an der Natur unseres Erkenntnisvermögens. Hätten wir eine Totalanschauung der objektiven Wirklichkeit, dann bedürften wir des abstraktiven Verfahrens vielleicht nicht. Aber ein Totalanschauung der Welt ist uns versagt, sie findet sich nur als vergeblicher Wunschtraum einiger Philosophen. Wir haben nur eine Anschauung, unmittelbare Wahrnehmung einzelner Erscheinungen, nicht der Gesetzmäßigkeiten, nicht des Wesens der Dinge.

Um in das Wesen der Dinge einzudringen, um eine wenigstens einigermaßen universelle Erkenntnis zu erlangen, ist uns die abstrakte Wissenschaft unentbehrlich. Sie ist es, die, von der Sinneswahrnehmung ausgehend und zu ihr in der Praxis zurückkehrend, uns die Beherrschung der Welt, der Natur und der Gesellschaft, ermöglicht.

Daß das richtige Verhältnis der Aristotelischen Identitätslogik mit ihrem principium contradistionis zu der tiefen Einsicht Heraklits nicht mit einem

Schlag erkannt wurde, ist gewiß begreiflich. Aber seit Aristoteles sind mehr als zwei Jahrtausende vergangen, in denen es wahrlich an genialem Denken nicht fehlte und in denen der Nachweis der völligen Widerspruchslosigkeit der Wirklichkeit nicht in überzeugender Weise erbracht werden konnte. Und trotzdem gilt der Satz vom Widerspruch noch heute vielen Philosophen als das Todesurteil der Dialektik eines Heraklit, eines Hegel, eines Marx. Die kognitiven Gründe, die wir anführten, sind zur Erklärung der Tatsache nicht ausreichend, es müssen die entscheidenderen gesellschaftlichen herangezogen werden.

In der antagonistischen Klassengesellschaft gibt es nicht nur Widersprüche, mit denen das Denken der Philosophen sich zu schaffen macht, sondern auch gesellschaftliche Widersprüche, die von den unterdrückten Klassen am peinlichsten empfunden werden, aber auch nicht wenigen Angehörigen oder Mitläufern der privilegierten Klassen das Leben verbittern. Die unterdrückten Klassen müssen über ihr Los getröstet werden, wenn sie nicht aufrührerisch werden sollen. Sagen die Philosophen, daß die Widersprüche letztlich keinen Bestand haben könnten, daß jedoch das menschliche Denken nicht fähig sei, sie restlos zu lösen, dann liegt es sicherlich nahe, den Blick auf eine höhere Sphäre zu richten, in der das Erkenntnisstreben wie das Glücksstreben der Erdenkinder sein endgültiges Ziel erreichen wird. Das bedeutet, daß dem Volk ein Beschwichtigungsmittel geboten wird, das die Geschichte als ungemein wirksam erwiesen hat. Versagt sich der Denker die Hoffnung auf ein jenseitiges Leben und ebenso die andere, die bösen Widersprüche schließlich doch lösen zu können, bleibt ihm dann nicht gegenüber allen Unvollkommenheiten des menschlichen Daseins, auch und insbesondere denen des Gesellschaftslebens, die praktisch nicht unbequeme Haltung der Resignation? So erklärt sich die Anziehungskraft des häufig begegnenden Skeptizismus. Wenn andererseits der Philosoph darauf vertraut, daß es ihm gelungen ist oder gelingen wird, sämtlicher Widersprüche Herr zu werden, wird er, wie es auch immer in der Gesellschaft zugehen mag, des intellektuellen Friedens teilhaftig. Die Bedürfnisse nach transzendenter Religion, nach einer Resignation, die unbewegt die Dinge ihren argen Lauf nehmen läßt, nach der Serenität eines Denkens, das alle Widersprüche gelöst hat, sind in der antagonistischen Klassengesellschaft die Quellen des unerschütterlichen Festhaltens der Philosophen an der These, daß das Widerspruchsvolle nicht letzte Wahrheit sein könne. Erst als der Marxismus die Perspektive auf die klassenlose Gesellschaft eröffnete und ihre Verwirklichung maßgeblich förderte, konnte die Dialektik die Geister in zunehmendem Maße für sich gewinnen. Der Fall Hegels ist ein besonderer, von dem wir später noch ausführlicher sprechen werden.

Es taucht nun noch angesichts der Wissenschaft mit ihren abstrakten Begriffen ein anderes Problem auf, das uns eingehender beschäftigen muß.

Ich meine die Frage, als was die abstrakten Begriffe sich unserem Bewußtsein darstellen. Über ihre Funktion ist man sich weitgehend einig. Man weiß, daß sich ohne sie Zivilisation und Kultur nicht entfalten können. Aber über die Beantwortung der eben aufgeworfenen Frage herrscht in der einschlägigen Literatur nicht nur keine Übereinstimmung, sondern auch wenig Klarheit. Ich wies schon bei der Besprechung Platos darauf hin, daß einflußreiche Denker in den Allgemeinbegriffen nichts als Namen, flatus vocis, sehen. Man spricht hier von Nominalismus oder Terminismus. Am Nominalismus kann man schwerlich festhalten, denn offensichtlich muß man sich doch unter den Namen irgendwie das vorstellen, was sie bezeichnen. Einer der berühmtesten Mathematiker der letzten Zeit hat wenigstens vorübergehend die Zahlen mit den Zahlenzeichen identifiziert. Aber wie käme man dann dazu, 2 und 3 zu 5 zu addieren, da ein Zusammenzählen der Zahlenzeichen 2 und 3 nicht sowohl 5 als vielmehr 2 ergibt: 2 Zahlenzeichen. Dem Nominalismus tritt der sog. Konzeptualismus gegenüber, der in den Allgemeinbegriffen Vorstellungen sieht, die von denen der Namen verschieden sind. Was – darin liegt die Schwierigkeit – sind das nun für Vorstellungen? Nach Locke ist der Allgemeinbegriff des Dreiecks die Vorstellung eines Dreiecks, das nicht rechtwinklig, nicht stumpfwinklig und nicht spitzwinklig ist. Dagegen hat Berkeley, der Nominalist war, geltend gemacht, daß eine solche Vorstellung etwas schlechthin Unmögliches sei! Indessen hat sich Locke, der ein scharfsinniger und nüchterner Kopf war, wohl doch nur mißverständlich ausgedrückt. Er dürfte gemeint haben, daß es sich um die Vorstellung des allen Dreiecken Gemeinsamen handle. Aber kann man das allen Dreiecken Gemeinsame in die Vorstellung aufnehmen? Wennschon man sich das einer Anzahl von Dingen Gemeinsame mit diesen Dingen zusammen vorzustellen vermag, wie sollte man eine Vorstellung von allen Dreiecken, allen Menschen usw. gewinnen. Ich sagte schon, als wir auf den ersten Modus der ersten Figur des Aristoteles zu sprechen kamen, daß dabei nur eine Potentialität in Betracht kommen kann, nur potentia, nicht actu kann ich alle Dreiecke, alle Menschen im Bewußtsein haben. Wie man nun auch immer über das uns augenblicklich beschäftigende Problem denken mag, so viel dürfte sicher sein, daß die Vorstellung des Allgemeinbegrifflichen nichts Deutliches, vielmehr etwas Flüchtiges, schwer Beschreibbares ist. Das ist es, was Plato veranlaßt hat, in einer Vorstellung dieser Art eine bloße Erinnerungsspur von etwas zu sehen, das wir in einer früheren Existenz von Angesicht zu Angesicht geschaut haben. Ich bin auf die Lehre von den Allgemeinbegriffen, von der bereits bei der Darstellung der Philosophie Platos die Rede war, noch einmal, und zwar etwas ausführlicher zu sprechen gekommen, weil sie der wichtigste Kampfschauplatz in der Auseinandersetzung zwischen Materialismus und objektivem Idealismus ist und weil mir die Logik, die es ganz vorwiegend mit abstrakten Begriffen zu tun hat, die sedes materiae für sie zu sein scheint.

In ihrer Polemik gegen die Materialisten machen die objektiven Idealisten folgenden Gebrauch von den abstrakten Begriffen. Ihr müßt zugeben, sagen sie, daß das, was beim Denken in Allgemeinbegriffen in der Psyche vor sich geht, dürftig, kaum faßbar ist, mag es sich dabei um die Vorstellung von Namen und Zeichen oder um schwach anklingende Potentialitäten handeln, und trotzdem werden, wie ihr anerkennt, mit Hilfe dieser Begriffe, die grandiosesten Leistungen hervorgebracht, beruht doch die ganze Wissenschaft und damit auch die zum großen Teil aus ihr hervorgehenden Technik auf ihnen. Es ist unerfindlich, wie ihr das zusammenstimmen lassen wollt. Ihr geht in die Irre, weil ihr im Psychischen sucht, was auf einer höhern Ebene liegt. Die abstrakten Begriffe sind nicht etwas Seelisches, sondern etwas Geistiges. Wenn wir zur Entgegnung die Bitte aussprechen, uns das Geistige zu beschreiben, dann bedeutet man uns, daß wir in unserem Irrtum verharrten, daß sich eben mit deskriptiver Psychologie der Sache nicht beikommen lasse, daß man das Geistige in seiner Eigenart nur in Wesensschau erfassen könne. Die Wesensschau, fährt man fort, sei nicht Schau transzendenter Ideen. Das Geistige sei etwas Diesseitiges. Freilich habe nicht jeder ein Auge für das Geistige, das etwas sei, dem gegenüber das Psychische sowohl als das Materielle als ein Sekundäres, Abgeleitetes erscheine. So setzt man dem Materialismus, gestützt auf die abstrakten Begriffe, einen objektiven Idealismus entgegen, der mehr in Worten als in Gedanken besteht.

Die eben dem Sinn nach wiedergegebene Argumentation der objektiven Idealisten gegen den Materialismus – sie richtet sich auch gegen den Psychologismus – ist nicht deshalb fehlerhaft, weil sie die sich beim Operieren mit Begriffen im Bewußtsein abspielenden beschreibbaren Vorgänge als ungenügend ansieht, um die Leistungen des wissenschaftlichen Denkens zu erklären.

Was sie unhaltbar macht, ist, daß bei ihnen solches Ungenügen dazu führt, ein angeblich erschaubares erhabenes Geistiges zu konstruieren, anstatt daß die erforderliche Ergänzung da gesucht würde, wo sie sich tatsächlich findet und wohin der Materialist ohne weiteres blicken wird: im Materiellen, Physiologischen. Dafür, daß im Prozeß des wissenschaftlichen Denkens – es gilt das übrigens auch für das vorwissenschaftliche Denken – das Bewußtsein und der physische Organismus zusammenwirken, will ich zwei klassische Beispiele aus der bürgerlichen Literatur anführen. Der bekannte Mathematiker und Physiker Henri Poincaré erzählt uns folgendes: Er habe sich einmal lange Zeit aufs angelegentlichste mit einem mathematischen Problem beschäftigt, ohne die Lösung zu finden. Schließlich beschloß er, die Sache aufzugeben und nicht mehr daran zu denken. Während mehrerer Monate, die er zum Teil im Militärdienst verbringt, bleibt er seinem Entschluß treu. Nach Paris zurückgekehrt, besteigt er eines Tages einen Omnibus. In diesem Augenblick steht plötzlich die Lösung des betreffenden Problems fertig und klar vor seinem inneren Auge.

Poincaré meint, das Unbewußte habe die Arbeit seines Bewußtseins fortgesetzt, um ihn dann mit der Lösung zu überraschen.

Wenn das richtig ist, hätte demnach das Unbewußte effektiv zu einer der bedeutendsten Leistungen der modernen Mathematik beigetragen. Das Unbewußte wird von manchen Psychologen zum Psychischen gerechnet. Aber unter einem Psychischen, das gänzlich bewußtseinsfrei ist, vermag sich niemand etwas vorzustellen. Das Unbewußte gehört zur Physis.

Das zweite Beispiel entnehme ich einem Vortrag, den Théodore Flournoy 1910 vor der „Vereinigung christlicher junger Leute" in St. Croix in der Schweiz hielt. Ursprünglich war William James als Redner ausersehen worden, aber er starb, kurz bevor man zusammenkam. An seiner Stelle sprach Flournoy über die Philosophie von William James. Am Schluß seines Vortrages wandte er sich im Namen seines verstorbenen Freundes an die Zuhörer. Nachdem er ihnen gesagt hatte, daß sie in dem Alter seien, das die gefährlichen Unschlüssigkeiten und die schwerwiegenden Entscheidungen mit sich bringt, in dem Alter, in dem sich die Gewohnheiten fürs Leben bilden, fuhr er fort: „Schon mußtet ihr eure Laufbahn wählen. Welche es auch sei, erinnert Euch stets daran, daß man nichts erreicht ohne Ausdauer und Anstrengung, daß aber andererseits eine fieberhafte Unruhe nicht dazu angetan ist, die Ernte zu beschleunigen; denn bei Tag und bei Nacht läßt der Mechanismus unseres Nervensystems den Samen, den wir ihm anvertrauen, in aller Stille wachsen und reifen; wenn Ihr nun also darüber wacht, daß keine schlechte Saat dazwischen gerät, und wenn Ihr in Eurer täglichen Arbeit treu seid, könnt Ihr ruhig auf ein Gelingen zählen: eines Morgens werdet Ihr in der vollen Beherrschung Eurer Wissenschaft oder Eurer Kunst erwachen, im Besitz eines sichern und zuverlässigen Urteils auf Eurem Gebiet und, soweit es von Euch abhängt, wird der Erfolg gesichert sein." Achten sie, meine Damen und Herren, auf den Ausdruck „der Mechanismus unseres Nervensystems". James und Flournoy waren in ihrer Philosophie Idealisten, beide Anhänger des Pragmatismus, aber ihre Psychologie kann man als eine materialistische, wenn auch nicht als eine dialektische bezeichnen. Achten Sie ferner darauf, daß in den angeführten Beispielen intensive geistige Arbeit erforderlich ist, um den Mechanismus des Nervensystems in geeigneter Weise in den Dienst des wissenschaftlichen Fortschritts zu stellen.

In den erwähnten Fällen geht es um kapitale Angelegenheiten, aber auch im Alltag unserer Bemühungen um gesicherte Erkenntnisse wird die Arbeit des Bewußtseins weitgehend durch die Physis entlastet. Denken sie nur daran, wieviel an unserer rechnerischen Betätigung dank der Einübung unseres Nervenapparates in mechanisierten Vorgängen sich abspielt, an denen das Bewußtsein kaum Anteil hat. Konnte nicht der Physiker Ernst Mach einmal bemerken, daß man sich beim Rechnen oft so dumm vorkomme wie der Bleistift, mit dem man die Zahlen aufs Papier schreibt. Das Bewußtsein ergreift die Initiative, bestimmt die Richtung, die einzuschlagen ist, kontrolliert und interveniert von Zeit zu Zeit, aber die Ausführung seiner Anordnungen bedarf nur einer geringen flüchtigen Bewußtseinserhellung.

Wirft man nun die Frage auf, wie das Ineinanderspielen von Bewußtsein und physiologischen Vorgängen sich im einzelnen abspielt, so wird sie sich wohl auch von einem guten Kenner der bisherigen physiologisch-psychologischen Forschung nicht mit Genauigkeit beantworten lassen. Die Grundlage haben wir in Pawlows Physiologie, vor allem in seiner Lehre vom zweiten Signalsystem. Seine Nachfolger werden weitere Fortschritte auf diesem Gebiet bringen. Je mehr Licht über den Zusammenhang von Physis und Bewußtsein beim Denken gebreitet wird, um so eklatanter wird die Niederlage sein, die der Materialismus dem objektiven Idealismus beibringt.

Zwei Dinge sollten Sie im Auge behalten, wenn Sie als Marxisten zur Aristotelischen Logik, die in erheblichem Maße noch die unsere ist, Stellung nehmen. Einmal, daß die Denkgesetze der Identitätslogik wesentlich auf das abstrakte Verfahren gemünzt sind und keineswegs absolute Geltung in Anspruch nehmen können. Sie müssen in die Dialektik, die die ganze Wissenschaft zu beherrschen hat, eingefügt werden, und das ist tatsächlich, wennschon nur bis zu einem gewissen Grade, stets geschehen, während sich das Verhältnis von Identitätslogik und Dialektik erst unter dem Zeichen des Marxismus durch das philosophische Bewußtsein zutreffend bestimmen läßt.

Zum zweiten möchte ich Sie davor warnen, daß sie sich durch Schwierigkeiten der Feststellung der Bewußtseinszustände, die beim abstrakten Denken vorliegen, zu irgendwelchen Konzessionen an den objektiven Idealismus verleiten lassen. Die Schwierigkeiten werden Sie um so weniger an ihren materialistischen Überzeugungen irremachen, je mehr sie sich vergegenwärtigen, daß unser leiblicher Organismus nicht nur der Träger, sondern auch der aktive Helfershelfer bei unserer Erkenntnistätigkeit ist.

Daß ein enger Zusammenhang zwischen unserer Physis und unserm kognitiven Verhalten zur objektiven Wirklichkeit besteht, ist seit langem bekannt und kann angesichts vielfältiger Erfahrung nicht geleugnet werden. In seiner wissenschaftlichen Erfassung bringt die Pawlowsche Physiologie einen epochemachenden Fortschritt.

Wir alle sind keine Physiologen, aber mit der Pawlowschen Physiologie sollten wir immerhin tunlichst Kontakt suchen, sei es auch nur, um für unseren Kampf gegen den Idealismus in seinen verschiedenen Erscheinungsformen immer besser gewappnet zu sein.

Der subjektive Idealismus

Von Descartes zu Berkeley

Die Alten kannten, wie ich schon sagte, den subjektiven Idealismus nicht. Die Griechen waren objektivistisch eingestellt, sie blickten auf die Außenwelt; die Menschen waren für sie die Sehenden, hoi theorountes. Sie hatten kein Wort für Selbstbewußtsein. Für den subjektiven Idealismus ist eine Innenschau, eine Erfassung der spezifischen Eigenart des Bewußtseins erforderlich. Hiernach könnte man erwarten, daß sich im christlichen Mittelalter der subjektive Idealismus entfaltet hätte. Indessen findet sich in der mittelalterlichen Philosophie der subjektive Idealismus nur in Ansätzen. Das erklärt sich leicht daraus, daß nach der Bibel Gott die äußere Natur vor den Menschen erschaffen hat. Mit solcher Offenbarung ist die subjektiv-idealistische Lehre, daß die Außenwelt bloße Vorstellung des Menschen sei, nicht vereinbar.

Es war Descartes, der, 1596 geboren, im 17. Jahrhundert das Fundament für den subjektiven Idealismus legte und dadurch nicht zum wenigsten einer der Begründer der neuern Philosophie wurde. Nach Descartes gibt es zwei sekundäre Substanzen, die Materie und das Denken, die primäre ist für ihn Gott. Wenn der Unterschied zwischen dem Denken, dem Bewußtsein und der Materie ein substantieller ist, dann läßt sich für die Philosophie auf die Dauer die Frage nicht umgehen, wie denn das Denken im Erkenntnisakt die Materie erfassen kann. Mit Dialektik ist es nicht sonderlich schwer, die Frage zu beantworten, aber es sollte noch lange dauern, bevor eine dialektische Erkenntnistheorie entstand. Ohne Dialektik ist, sobald einmal das Ich sich seiner Unterschiedenheit von allem Außenweltlichen bewußt geworden ist, der subjektive Idealismus für ein rationales Denken kaum zu vermeiden. Denn an seiner eigenen Existenz kann das Ich nicht zweifeln, und die Existenz der materiellen Außenwelt wird bei undialektischer, nach marxistischer Terminologie metaphysischer Betrachtungsweise zur bloßen Vorstellung des Ich.

Descartes beginnt damit, aller überkommenen Wahrheit zu mißtrauen. Er will, was für den Beginn einer neuen geschichtlichen Ära bezeichnend ist, die Philosophie auf einer absolut sicheren erkenntnismäßigen Grundlage aufbauen. Selbst die elementarsten mathematischen Sätze scheinen ihm, diesem bedeutenden Mathematiker, nicht den erforderlichen Gewißheitsgrad zu besitzen: Daß zwei mal zwei vier ist, könnte, meint er, ein böser, ihn zu täuschen gewillter Dämon ihm und allen anderen suggeriert haben. Wo findet sich die Wahrheit, die einer so hoch gespannten Forderung Genüge leistet? Um die Frage zu beantworten, braucht Descartes völlige Ruhe zur Meditation. Er verläßt die Heimat, zieht sich in ein fremdes Land, wo ihn niemand kennt, und hier in die Einsamkeit zurück und gewinnt als Frucht seines Nachdenkens die durch nichts zu erschütternde Erkenntnis, ich denke, also bin ich, cogito ergo sum.

Die Zeit von Descartes ist die des aufstrebenden bürgerlichen Kapitalismus. Die große Figur dieser Zeit ist der kapitalistische Unternehmer, der auf sich selbst gestellt ist und keine Bindung anerkennt, die er sich nicht durch seinen eigenen Willen auferlegt. Daher leitet die Rechtsphilosophie der Epoche Staat und Recht aus dem Gesellschafts- oder Staatsvertrag ab. Im besten Einklang mit dieser Lehre der Naturrechtler steht auf dem Gebiet der Erkenntnistheorie die Lehre des Descartes: Ich denke, also bin ich, das ist der unüberwindliche Fels der Wahrheit, der unbezweifelbare Satz, von dem alle wissenschaftliche Erkenntnis auszugehen hat.

Vom cartesischen cogito als dem gewissesten Satz ist der Weg zum subjektiven Idealismus nicht fern; Descartes ist ihn nicht gegangen. Das cogito ist bei ihm nur das Präludium einer Philosophie, die über die Anerkennung der Existenz Gottes zu der der objektiven Wirklichkeit der Außenwelt gelangt. Wie ist das möglich? Nachdem zunächst bei Descartes das cogito ergo sum als wahrste aller Wahrheiten erscheint, tritt er plötzlich mit der Erklärung hervor, daß diese Erkenntnis aus einem allgemeineren Satz abzuleiten sei, nämlich aus dem Satz, daß sämtliche idées claires et distinctes, alle klaren und distinkten Ideen wahr seien. Zu diesen Ideen gehört nach ihm die von der Existenz Gottes. Sie sei, behauptet er, evident, denn der Begriff eines vollkommensten Wesens involviere notwendig dessen Existenz, da es sonst ein Wesen geben könnte, das noch vollkommener sei, insofern es ihm die Existenz voraus haben würde. Das ist der sog. ontologische Gottesbeweis, den schon im Mittelalter Anselm von Canterbury vorgebracht hatte. Der Mönch Ganilo hatte Anselm entgegnet, daß aus dem Begriff einer goldenen Insel nicht folge, daß es eine solche gebe, und Kant wendet gegen den ontologischen Gottesbeweis ein, daß aus dem Begriff eines Talers nicht deduziert werden könne, daß ich den Taler in der Tasche habe. Wenn ich mir ein vollkommenstes Wesen vorstelle, so stelle ich mir allerdings vor, daß es existiert, aber das ist eben eine bloße Vorstellung, die nicht die Gewißheit in sich trägt, daß sie mit dem realen Sein übereinstimmt. Mit dem scholastischen ontologischen Beweis die Existenz Gottes beweisen wollen ist eines modernen Denkers nicht würdig.

Nachdem Descartes der Existenz Gottes sicher zu sein glaubt, unternimmt er es, die objektive Wirklichkeit der Außenwelt zu beweisen. Alle Menschen seien davon überzeugt, daß die Außenwelt an sich existiert. Es würde nach Descartes der Wahrheitsliebe Gottes widersprechen, wenn er eine weitverbreitete Überzeugung entstehen ließe, die illusorischen Charakter trüge. So bekennt sich Descartes letztlich zum Realismus. Materialist ist er nicht. Materialist ist man nur, wenn man der Materie den Primat gegenüber dem Geist zugesteht. Für Descartes liegt, wie wir sahen, der Primat beim Geist Gottes. Zum erkenntnistheoretischen Realismus ist nichts anderes erforderlich, als daß der Außenwelt Ansichsein beigelegt wird. Der Realismus ist vereinbar mit einem objektiven Idealismus, der die Materie von Gott geschaffen sein läßt.

Das cogito ergo sum ist, wie man auch sonst über den Satz denken mag, das Beste an der Erkenntnistheorie von Descartes, soweit wir sie hier behandeln wollen. Was das anbetrifft, was sich bei Descartes an das cogito anschließt, so werden wir dem Urteil eines seiner Landsleute beipflichten, demzufolge er damit beginnt, an allem zu zweifeln, und damit endet, daß er an alles glaubt.

Das cogito des Descartes ist das Einfallstor für den subjektiven Idealismus geworden. Descartes war aber nicht nur für den subjektiven Idealismus, sondern auch für den modernen Materialismus ein Initiator. Letzteres ist seiner Lehre zuzuschreiben, daß nur das Denken von der Materie radikal zu unterscheiden sei, daß dagegen die Gefühle, die passions, materieller Natur seien. Damit in engem Zusammenhang steht seine Annahme, daß die Tiere rein materielle Mechanismen seien.

Um dieser materialistischen Elemente seiner Erkenntnistheorie und um seines physikalischen Weltbildes willen bezeichnet man Descartes als einen der Begründer des modernen Materialismus. Daß Descartes auf die französischen Materialisten des 18. Jahrhunderts erheblichen Einfluß ausgeübt hat steht wohl außer Zweifel, indessen wollen wir der Entwicklung des Materialismus hier nicht nachgehen. Ich will Ihnen in diesen Vorlesungen zeigen, wie der geschichtliche Werdegang der Philosophie auf den dialektischen Materialismus von Marx und Engels hinleitet, der die größte Zäsur in der Geschichte der Philosophie bedeutet. Dabei habe ich weniger den Materialismus als die Dialektik im Auge. Es gilt klarzustellen, wie die Auseinandersetzung mit den Antinomien die Philosophie nötigt, ihre Widerspruchsfeindlichkeit, der sie so lange treu geblieben ist, schließlich aufzugeben und sich in Hegel zur Dialektik zu bekennen. Die Hegelsche Dialektik war eine idealistische und als solche eine unvollkommene. An sie knüpften Marx und Engels unmittelbar an und wurden zu den Begründern der materialistischen Dialektik, der unbesiegbaren dialektischen materialistischen Erkenntnistheorie. Hätte ich Sie durch die Geschichte des Materialismus führen wollen, dann hätte ich bei Behandlung der antiken Philosophie vor allem auf Demokrit und Epikur Bezug genommen und würde Ihnen jetzt Bacon vorführen, der in der neueren Philosophie den Materialismus inauguriert hat.

Aber der Materialismus Bacons war ein mechanistischer. Mechanistisch war auch der Materialismus der französischen Materialisten des 18. Jahrhunderts, wenngleich sich bei dem bedeutendsten unter ihnen, bei Diderot, Ansätze zur Dialektik finden. Es ist oft und mit Recht hervorgehoben worden, daß der Materialismus Feuerbachs, der Marx und Engels so stark beeinflußt hat, undialektisch konzipiert ist. Was Marx und Engels für ihre Dialektik der vorausgehenden Philosophie zu verdanken haben, ist mehr auf das Konto der idealistischen als der materialistischen Philosophie zu setzen.

Ich will bei dieser Gelegenheit noch eine Bemerkung darüber machen, warum ich in meiner Vorlesung Spinoza und Leibniz unerwähnt lasse, die beide zu den hervorragendsten Philosophen der beginnenden Neuzeit gerechnet werden. Sie sind auch als Erkenntnistheoretiker bedeutend, aber ihre erkenntnistheoretischen Leistungen sind doch nicht, wie mir scheint, Marksteine auf der Königsstraße der Geschichte der Erkenntnistheorie, die ich mit Ihnen durchwandern möchte.

Meine bisherigen Ausführungen können Ihnen einen Einblick in die Grundprinzipien der Erkenntnistheorie von Descartes gewähren, sind aber nicht ausreichend, um sie die geistesgeschichtlichen Leistungen dieses Mannes in ihrer Gesamtheit auch nur einigermaßen richtig einschätzen zu lassen. Descartes war neben Francis Bacon und Leibniz, wenn auch nicht mit solcher Beredsamkeit und Energie wie Bacon, einer der großen Verkünder einer nicht nur gegenüber der Scholastik, sondern auch gegenüber der Antike neuen Auffassung von Sinn und Zweck der Wissenschaft.

Nach Descartes hat die Wissenschaft nicht die Aufgabe, die Herrlichkeit der von Gott geschaffenen Welt aufzuzeigen oder den Wissensdurst der Menschen zu stillen – alle Menschen, hatte Aristoteles gesagt, streben von Natur nach Wissen –, sondern auf sämtlichen Lebensgebieten das Wohl der Menschheit zu fördern. Das ‚humanis commodis inservire' lag Descartes nicht weniger am Herzen als Bacon. Wenn Descartes sich angelegentlich für den Fortschritt der medizinischen Wissenschaft einsetzte, so dachte er dabei nicht nur an die Verbesserung und Vervielfältigung der Heilverfahren, sondern auch daran, wie er ausdrücklich sagt, daß die Menschen, eines längeren Lebens teilhaftig, mehr Erfahrungen sammeln und sie besser verarbeiten würden, um sich ein immer glücklicheres Los zu bereiten. Er selbst war ein Bahnbrecher in der Physik und in der Mathematik. Man rechnet ihn mit gutem Grund zu den Begründern der modernen Naturwissenschaft. Descartes hat mit seinem radikalen Zweifel dem Streben unseres Geistes nach Unabhängigkeit von jeder oktroyierten Lehre unvergleichlichen Ausdruck gegeben und den Wissenschaften, die er selbst in genialer Weise zu bereichern wußte, die Richtung auf den praktischen Nutzen gewiesen. Die so begabte französische Nation hat keinen größeren Denker hervorgebracht als ihn. Nach Descartes' Lehre von den zwei Substanzen und seinem cogito konnte der subjektive Idealismus nicht mehr ferne sein. John Locke, etwa 40 Jahre jünger als Descartes, nähert sich dem subjektiven Idealismus schon beträchtlich, aber angesichts der Annahme, daß die sog. primären Qualitäten der Dinge (zeiträumliche Figur, Solidität, Bewegung) objektive Wirklichkeit seien, läßt er sich nicht zu den subjektiven Idealisten rechnen.

Begründet wird diese Erkenntnistheorie, die bestimmt war, eine weltgeschichtliche Karriere zu machen, erst von Georges Berkeley, Bischof von Cloyne, der 1685, also fast genau 90 Jahre später als Descartes, geboren ist.

Bei Berkeley findet sich das Argument, in dem alle seine Nachfolger das Entscheidende für den subjektiven Idealismus gesehen haben, wie sie denn überhaupt nach Lenin den alten Berkeley im wesentlichen der Beweisführung nie übertroffen haben, vielmehr bis in die jüngste Zeit nur in der Terminologie von ihm abgewichen sind. Wenn das bewußte Ich von allem Außenweltlichen radikal verschieden ist, dann erscheint es nach Berkeley als unmöglich, daß es im Erkenntnisakt das Außenweltliche erfasse, in sich aufnehme.

Schopenhauer formuliert den Gedanken dahin, daß wir im Erkennen bei uns selbst bleiben müssen, nicht aus unserer Haut heraus können, und Fichte, wie Schopenhauer einer der repräsentativen Vertreter des subjektiven Idealismus der späteren Zeit, erklärt, daß, selbst wenn wir uns die Welt in der Zeit, als es noch kein Bewußtsein gab, vorstellten, wir sie eben in unserer Vorstellung und nur in unserer Vorstellung, nicht in ihrem Ansichsein hätten.

Unsere Welterkenntnis, das war die Meinung Fichtes, bilde sich aus unseren Sinnesempfindungen und aus den Kategorien unseres Verstandes, sei daher etwas rein Subjektives und nicht etwas Extramentales. Sehe ich einen Gegenstand, so bin ich mir des Sehens des Gegenstandes bewußt, und nicht des Gegenstandes als eines außerhalb des Bewußtseins vorhandenen. Das ist die Argumentation, die bei den subjektiven Idealisten immer wiederkehrt. Sie beruht auf dem sich schon in der antiken Philosophie großer Beliebtheit erfreuenden Satz, daß Gleiches nur durch Gleiches erkannt werden könne, und dieses wiederum hat seinen Ursprung in dem horror contractictionis, dem Abscheu vor dem inneren Widerspruch der Dinge. Soweit die Alten trotzdem die Erkenntnis von Außendingen für möglich hielten, erklärt sich das daraus, daß sie für die spezifische Eigenart des Bewußtseins noch kein Auge hatten. Man darf die eben angeführte Argumentation nicht leicht nehmen, nicht als ein bloßes Sophisma bezeichnen, es sei denn, daß man die ganze widerspruchsfeindliche Philosophie, also ungefähr die gesamte Philosophie bis auf Hegel, als Sophistik bezeichnen will. Vielmehr sollte man sich stets vergegenwärtigen, daß sie nur durch Dialektik überwunden werden kann.

Eine Besonderheit hat der Berkeleysche Idealismus darin, daß für ihn die Annahme, daß es so etwas gebe, wie eine an sich existierende Außenwelt, eine erkünstelte Schulweisheit ist und nicht allgemein verbreitete Überzeugung.

Es wird nicht leicht sein, einen anderen subjektiven Idealisten zu finden, der in diesem Punkt mit dem Altmeister übereinstimmen würde. Im Kreis seiner Anhänger wird allgemein angenommen, daß jeder unvoreingenommene, d. h. erkenntnistheoretisch unbeeinflußte Mensch ganz unwillkürlich davon ausgeht, daß es eine außerhalb unseres Bewußtseins existierende Außenwelt gibt. Wie kommt Berkeley zu seiner abweichenden, so befremdlichen Ansicht. Die Erklärung braucht m. E. nicht weit hergeholt zu werden.

Berkeley ist deshalb ein erbitterter Gegner des Materialismus, weil er in ihm die Philosophie des Atheismus sieht. Er will nicht einmal einen erkenntnistheoretischen Realismus anerkennen, demzufolge die Außenwelt von Gott als wirklich und nicht nur als in der Vorstellung der Subjekte existierend geschaffen wäre. Wie er die Ablehnung eines solchen Realismus mit der biblischen Schöpfungsgeschichte vereinigen wollte, braucht uns nicht zu beschäftigen. Abgelehnt mußte jeglicher Realismus werden, damit sich die Menschen nicht schließlich statt an Gott an die materielle Welt und an die ihr innewohnenden schöpferischen Kräfte hielten. Und er glaubte noch weiter gehen zu können. Selbst eine allgemein verbreitete Illusion von der objektiven Existenz einer Materie konnte der Religion seiner Meinung nach gefährlich werden. Von jedermann geteilte Illusionen mochten aller Erkenntnistheorie zum Trotz dauernd als Wahrheit gelten. Es genügte nicht, sie in der Philosophie zu entlarven, sie durften nicht vorhanden sein. Auch drohten solche Illusionen mit der Wahrheitsliebe Gottes in Konflikt zu geraten. Man denke daran, wie Descartes seinen Realismus aus der Wahrheitsliebe Gottes ableitete. Es kam die Zeit, in der die subjektiven Idealisten den urwüchsigen Glauben des Mannes aus dem Volk und der Naturwissenschaftler an eine an sich existierende Außenwelt für eine als Mittel zur Orientierung und gegenseitigen Verständigung dienende Fiktion oder Konvention erklärten.

Das spricht wohl dafür, daß ein Mach, ein Poincaré, ein Vaihinger kein aufrichtiges religiös-christliches Interesse mehr haben, das wir bei Berkeley noch voraussetzen dürfen.

Der Bischof Berkeley handelte als christlicher Seelenhirt, wenn er die Leute davon zu überzeugen suchte, daß ihr natürliches Denken von derlei Fiktionen frei sei.

Nach Berkeley sind die Dinge, die man als Außendinge zu bezeichnen pflegt, Komplexe von Empfindungen und weiter nichts, die Empfindung einer Substanz fehlt unter ihnen völlig.

Die Lehre Lockes von den primary qualities, denen Ansichseiendes entspreche, verwirft er. Was die Empfindung einer äußeren Substanz einer Materie betrifft, über die Locke schwankend gedacht hatte, so sucht er ihre Nichtexistenz durch eine berühmt gewordene Analyse der Wahrnehmung einer Kirsche zu erhärten. Was wir bei einer solchen Wahrnehmung in uns vorfinden, sind Empfindungen der Farbe, des Geruchs, des Tastsinns; die Behauptung, daß noch die Empfindung einer Substanz hinzukomme, widerspricht den Tatsachen. Die betreffenden, mit einer gewissen Konstanz miteinander verbundenen Empfindungen zusammenfassend, sprechen wir von einer Kirsche.

Die Empfindungen, die sich bei der Wahrnehmung in uns bilden, bringen wir nicht selbsttätig hervor. Wir empfangen sie von anderer Seite. Ihre Entstehung muß eine Ursache haben. Die Ursache kann, hören wir von Berkeley, unmöglich, wie die gottlosen Materialisten wahrhaben wollen, die Materie sein, die es ja gar nicht gibt. Die Ursache sei Gott. Gott gebe die Empfindungen und gebe sie uns, damit wir sie vorausberechnen und ein sinnvolles Leben führen können, in einer unverbrüchlichen Ordnung. Dabei bestehe kein Zwang für den Schöpfer, es sei vielmehr ein Zeichen seiner Güte, daß er uns in einer geordneten Welt leben lasse. Was wir Kausalgesetze nennen, sei eben die Ordnung, in der Gott zu unserem Wohl die Empfindungen in uns hervorrufe. Gott könne natürlich jeden Augenblick, sofern es ihm im Interesse seiner allgütigen und allweisen Weltleitung genehm sei, von der von ihm gesetzten Ordnung abweichen, was indessen selten geschehe. Ereigne es sich einmal, dann spreche man von einem Wunder. Die Gesetze, nach denen sich Gottes Wille zufolge die Empfindungen der Reihe nach abspielen, sollen wir, da sie nicht zu den geheimen Ratschlüssen Gottes gehören, sorgfältig zu erforschen suchen, wobei wir aus Unachtsamkeit – also aus eigener Schuld – leicht in die Irre gehen können. Ich habe nicht die Absicht, an dieser Stelle den subjektiven Idealismus ausführlich zu widerlegen, kann es mir aber doch nicht versagen, auf ein von allen Materialisten verwendetes Gegenargument hinzuweisen, durch das er sich sozusagen im Keim ersticken läßt. Er führt unweigerlich zum Solipsismus, demzufolge nur das eigene Ich, sonst nichts in der Welt, auch kein Nebenmensch der Existenz teilhaftig ist. Zum Solipsismus hat sich unter normalen Menschen noch niemand bekannt. Nach Schopenhauer ist der Solipsismus eine Festung, die zwar uneinnehmbar ist, die man aber unbesorgt im Rücken lassen kann, weil ihr die Besatzung fehlt. Das ist geistreich gesagt, jedoch durchaus nicht überzeugend. Daß, wer sich zum subjektiven Idealismus bekennt, den Solipsismus in Kauf nehmen muß, ist offensichtlich, denn wenn das Ich nichts erkennen kann, was nicht es selbst ist, dann kann es auch kein Fremd-Ich erkennen. Falls nun niemand den Solipsismus verteidigt und dieser notwendig aus dem subjektiven Idealismus folgt, so ergibt sich daraus ohne weiteres die Unhaltbarkeit des letzteren. Berkeley kann dem Solipsismus nur deshalb ausweichen, weil er die Offenbarung in seine Philosophie hineinzieht. Die Offenbarung vergewissert uns von der Existenz Gottes und unseres Nächsten, den wir lieben sollen wie uns selbst. Somit erkennen wir, was zu erkennen nach dem subjektiven Idealismus unmöglich ist; bei Gott sind eben alle Dinge möglich.

In den ersten Jahrhunderten der neueren Philosophie herrscht in der Erkenntnistheorie die Tendenz, die Momente, die die Einheit der Welt begründen, zu eliminieren. Bei den subjektiven Idealisten wird aus der Welt, von der Heraklit sagte, daß sie für alle die gleiche sei, eine Unzahl von vorgestellten Welten. Die äußere Substanz, die die Mehrheit der Eigenschaften zur Einheit zusammenfaßt, verschwindet bei Berkeley, während sie im Denken Lockes noch eine gewisse, freilich nicht eindeutige Rolle spielt. Wenn Locke noch eine Vielheit von Erscheinungen im abstrakten Begriff vereinheitlicht sein läßt, so ist für Berkeley der abstrakte Begriff nichts als ein Kollektivname. Die Einheit der Welt liegt bei Berkeley nur in Gott. Das ist Theologie, nicht Philosophie. Sehr bald sollte Gott aus der Erkenntnistheorie verschwinden oder in ihr nur eine sekundäre Rolle spielen, wogegen die Zersplitterung der Welt zunächst noch blieb. Ein mutatis mutandis vergleichbarer Vorgang findet sich in der Gesellschaftslehre der Aufklärung. Wie oft hat man ihr im 19. Jahrhundert vorgeworfen, daß sie an die Gesellschaft atomisierend herangetreten sei, daß sie aus der Gesellschaft ein Konglomerat in sich selbst zentrierter Individuen machen wollte, daß sie den Wald vor Bäumen nicht gesehen habe. In der Tat hat sie die wahren, letztlich bestimmenden Einheitsfaktoren des Gesellschaftslebens, die überindividuellen, objektiven Gesetzmäßigkeiten des Produktionsprozesses nicht erkannt. Die Parallelität der Vorgänge auf dem Gebiet der Erkenntistheorie und auf dem der Gesellschaftslehre hängt mit der individualistischen Einstellung des hochkommenden kapitalistischen Bürgertums zusammen.

In der Erkenntnistheorie hat das Atomisierungsverfahren in Hume seinen Höhepunkt erreicht. Dann kam der Versuch der Rekonstruierung des Kosmos von Kant, der nicht gelingen konnte, weil er idealistisch fundiert war.

Von Hume zu Kant

Hume verdankt seinen weltberühmten Namen einem kleinen Büchlein, der „Enquiry of human understanding", der Untersuchung über den menschlichen Verstand. Seine Lektüre kann jedem für philosophische

Fragen Interessierten wärmstens empfohlen werden. Die Gedankenführung ist von einer Klarheit, wie sie bei Philosophen selten getroffen wird, und Humes Stil wird nicht mit Unrecht als musterhaft gerühmt. Die der Untersuchung vorausgehende Abhandlung über die menschliche Natur wird von manchen als das tiefere, originellere Werk angesehen, aber so scharfsinnig sie ist, trägt sie doch in der Künstlichkeit gewisser Konstruktionen allzusehr die Spuren einer Jugendarbeit, und Hume wollte allein nach der Enquiry beurteilt werden. Freilich ist zum vollen Verständnis der Humeschen Philosophie die Berücksichtigung des Treatise unentbehrlich.

Wie Berkeley ist Hume Idealist und Nominalist. Wie Berkeley läßt er den Begriff der äußeren Substanzen nicht gelten. Aber es finden sich auch tiefgehende Unterschiede. Vor allem verschwindet Gott aus der Erkenntnistheorie: Hume ist Atheist. Sodann erstreckt Hume seine Zerstörung der äußeren Substanz auch auf die spirituale, auf das Ich. Ferner leugnet Hume, anders als Berkeley, nicht, daß die Menschen von Haus aus an das Ansichsein einer Außenwelt glauben, und er erklärt die Tatsache mit seiner Substanztheorie als eine notwendige Illusion. Endlich hat Hume eine neue Auffassung von der Kausalität geboten, worin seine historisch wirksamste Leistung zu sehen ist. Das Ergebnis von alldem ist, daß bei ihm die Welt zu einem „heap of perceptions", zu einem Haufen von Vorstellungen wird. Hume kann mit mehr Recht als Kant der Allzermalmer genannt werden. Er ist innerhalb der widerspruchsfeindlichen Philosophie der Gegenspieler von Parmenides. Nach dieser Philosophie muß der Widerspruch von Einheit und Vielheit beseitigt werden. Parmenides will nur die Einheit, Hume nur die Vielheit gelten lassen.

Für den Idealisten Hume existieren ausschließlich „impressions", lebhafte Eindrücke, und „ideas", abgeblaßte Vorstellungen, die von den impressions abgeleitet werden, deren Abbilder sind.

Für den Erkenntnistheoretiker soll es sich nun darum handeln, für ideas wie Substanz und Kausalität, die impressions ausfindig zu machen, von denen sie herrühren.

Dabei zeigt sich nach Hume, daß wir geneigt sind, solchen „ideas" andere Impressionen zu unterschieben als die, auf die sie tatsächlich zurückgehen. Ich beschränke mich darauf, Ihnen diese Methode Humes am Beispiel der Kausalitätsvorstellung darzulegen. Hume verfährt ganz ähnlich mit der Substanzvorstellung, hat aber seine Substanztheorie in der Enquiry nicht wiederholt, sie begegnet nur im Treatise. Hier stellt sie sich als eine solche Künstlichkeit dar, daß sie begreiflicherweise keinerlei Eindruck auf Humes Nachfolger machen konnte. Halten wir uns also an die Humesche Kausalitätslehre. Hume sucht für die allgemeine Kausalitätsvorstellung in den verschiedensten Tatbeständen einen Zwang, eine Notwendigkeit, die die korrespondierende Impression darstellt. Mancherorts, wo sie zweifellos sichtbar ist, will er sie nicht bemerken. Aber irgendwo muß sie sich doch entdecken lassen, sonst würden wir ja gar nicht zur idea der Kausalität gelangen. Endlich glaubt er sie da gefunden zu haben, wo man sie beim besten Willen nicht wahrnehmen kann, nämlich bei den Vorstellungsassoziationen. Die bei der Assoziation von Vorstellungen gewonnene Impression überträgt sich auf die allgemeine Vorstellung, die idea von der Kausalität wird ihr untergeschoben und läßt Ereignisse, die ohne Zwang einander zeitlich folgen, als nezessitiert erscheinen. Ich will das an einem Beispiel erläutern, das seit Hume in der Literatur viel diskutiert worden ist. Wenn eine Billardkugel auf eine andere stößt und diese sich dann zu bewegen beginnt, so ist nach Hume kein Zwang wahrnehmbar, den die eine Kugel auf die andere ausüben würde. Die erste Kugel berührt die zweite, und diese ändert darauf ihren Platz im Raum.

Das ist ein schlichtes Nacheinander, nichts weiter. Beobachte ich nun ein zweites Mal, daß die Billardkugel A auf die Billardkugel B prallt, dann entsteht in mir durch Zwang der Assoziation die Erwartung, daß nun auch B sich in Lauf setzen wird, was denn auch geschieht. Wiederholt sich der Vorgang häufiger, dann übertrage ich allmählich den Assoziationszwang in das regelmäßige Nacheinander der Ereignisse und stelle mir vor, daß es als ein durch Notwendigkeit bestimmtes erfolgt.

Spätere Psychologen haben behauptet, daß von vornherein im Fall der Beobachtung der beiden Billardkugeln nicht ein bloßes Nacheinander der Bewegung, vielmehr der Stoß als Ursache wahrgenommen werde.

Wie dem nun auch sei, jedenfalls gibt es nicht wenige Tatbestände, in denen die Notwendigkeit, mit der ein Ereignis ein anderes herbeiführt, unmittelbar empfunden wird.

Das Vorfinden der Kausalität gehört nach der Terminologie gewisser Psychologen zu den „feelings of relation", zu den Gefühlen einer Beziehung. Jedenfalls aber fehlt es bei der Ideenassoziation, bei der Hume sein Vorliegen allein annimmt. Wie kommt Hume zu der eben geschilderten seltsamen psychologischen Betrachtungsweise? Die Erklärung hierfür ist diese. Ursache und Wirkung sind zwei und doch eins. In seiner Feindseligkeit gegen den Widerspruch von Einheit und Vielheit, der die Wirklichkeit charakterisiert, einer Feindseligkeit, die er mit nahezu allen ihm vorausgehenden Erkenntnistheoretikern teilt, versteift sich Hume darauf, die Kausalität nirgends anzuerkennen, außer schließlich da, wo sie nicht ist und sich daher nicht erfassen und diskutieren läßt. Vergegenwärtigen wir uns nur, daß schon die alten Skeptiker die Kausalität für nicht existent erklärten, weil sie das ihr wie so vielen Erscheinungen eigene Zusammenbestehen von Einheit und Mehrheit nicht anerkennen wollten. Berkeleys Kritik an der Substanz hat die gleiche Ursache und die Humesche

Substanztheorie, auf die wir nicht eingehen wollen, stimmt in diesem Punkt mit ihr überein.

Die Erfahrung gibt uns nach Hume Regeln über den Lauf der Ereignisse, denen wir aus praktischen Gründen vertrauen dürfen, ja vertrauen müssen. Erfahrung, sagte er, ist unsere große Lehrmeisterin. Aber Notwendigkeitsgesetze sind diese Regeln nicht. Wir haben keinen anderen Erkenntnisgrund für sie als eben konstante Erfahrung. Die Methode der Behandlung der Kausalität bei Kant ist eine ganz andere als bei Hume. Sie ist der humeschen bedeutend überlegen, obschon auch sie mit Mängeln behaftet ist, die, wie deutlich werden wird, untrennbar mit Kants transzendentalem Idealismus verbunden sind.

Noch ein Wort zur Zeitbedingtheit der Humeschen Philosophie in ihrer Gesamtheit. In Perioden eines fortschrittlichen wirtschaftlichen Umbruchs findet sich bei den besten Repräsentanten der aufstrebenden Klasse ein revolutionärer Elan, wie Plechanow ihn den französischen Gesellschaftsdenkern des 18. Jahrhunderts nachrühmen konnte. In England blickte damals das Bürgertum auf eine vor kurzem vollendete Revolution zurück, mit deren Ergebnissen es zufrieden sein konnte und zufrieden war. Immerhin waren die Verhältnisse nicht von der Art, daß es uns wunderzunehmen braucht, wenn kritisch veranlagte Naturen nicht gerade mit Optimismus auf den Weltlauf blickten, sondern ihm gegenüber eine gewisse heitere Resignation wahrten.

Herbart hat einmal gesagt, daß alle tüchtigen Philosophen als Skeptiker beginnen. Hume ist bis zum Ende Skeptiker gewesen. Seine Skepsis war der der späteren Platonischen Akademie verwandt, mit der sich im Leben in normaler Zeit gut auskommen ließ. Nichts war Hume unsympatischer als jede Überschwänglichkeit, als mystischer Irrationalismus, fanatische Intoleranz, moralischer Rigorismus. Wenn man das Leben mit Gleichmut nehme, meinte Hume, dann und nur dann könne man es genießen. Nichts sollte das Gemüt allzusehr erregen, übermäßige Furcht und Hoffnung erwecken. Daher schaltete er Gott und die Unsterblichkeit verheißende Substanzialität des Ich aus seinem Weltbild aus, und wenn er die Kausalgesetze in bloße Erfahrungsregeln verwandelte, so tat er es wohl in dem Gedanken, daß eine ewig notwendige Naturordnung dem Menschen allzusehr imponieren könnte. Sein subjektiver Idealismus lag auf der großen Richtlinie der individualistischen bürgerlichen Philosophie der Neuzeit in ihrer ersten Epoche. Die pluralistische Weltanschauungslehre Humes ist die eines eminent begabten, kritisch eingestellten wohlsituierten Bürgers des englischen 18. Jahrhunderts.

Indessen konnte man bei dem Pluralismus Humes, der aus dem Universum einen Haufen von Vorstellungen macht, unmöglich stehenbleiben. Kant wurde, um gleich zu ihm überzugehen, mit seinem transzendentalen

Idealismus der Rekonstruktor des Kosmos. Kants subjektiver Idealismus geht ohne weiteres aus dem Anfangssatz seiner Erkenntnistheorie hervor: Die Welt ist uns gegeben in Vorstellungen, unter denen wir Sinnesempfindungen zu verstehen haben. Da wir keine andere Anschauung als eine sinnliche haben, ist unser Weltbild zunächst bestimmt durch unsere Sinnesapparatur. Kant nimmt an, daß es so etwas gebe wie ein „Ding an sich". Das Ding an sich soll nach Kant unsere Sinne affizieren, in ihnen die Empfindungen hervorbringen. Das steht, wie oft betont worden ist, im Widerspruch mit Kants Idealismus, nach dem die Kausalität eine Kategorie des Verstandes, also etwas Subjektives ist. Wir kennen, sagt Kant, das Ding an sich, aber wir erkennen es nicht, wir wissen, daß es ist, nicht was es ist. Wenn uns das unbekannt ist, ist uns auch unbekannt, ob das Ding an sich irgendwelche Ähnlichkeit mit einem von uns vorgestellten Gegenstand hat.

Ich kann mich daher der verbreiteten Meinung nicht anschließen, nach der Kant ein halber, inkonsequenter Materialist war. Kant braucht, wie wir noch sehen werden, das Ding an sich für seine Ethik, auf die es ihm mehr als auf alles andere ankam.

Die Vermutung Schopenhauers, daß für Kant das Ding an sich eher der Wille als die Materie war, scheint mir nicht ganz unbegründet. Der Ausdruck „Ding" ist nicht maßgeblich.

Der Idealismus Kants ist im wesentlichen ein subjektiver. Darauf, daß gewisse Auffassungen Kants zum objektiven Idealismus, der nach ihm eine so große Rolle spielt, hinüberleiten, brauche ich hier nicht einzugehen.

Das bisher über die Kantsche Erkenntnistheorie Angeführte enthält nichts wesentlich Neues gegenüber dem vorausgehenden Subjektivismus. Aber die weitere Argumentation Kants zugunsten des subjektiven Idealismus gehört ihm allein. So die Art und Weise, wie Kant zu seiner Begründung die Zeit heranzieht. Die Zeit als bloße Gegebenheit, sagt Kant, würde in unzählige, infinitesimal rasch auftretende und ebenso wieder verschwindende Momente zerfallen, wenn wir sie nicht in einer unmöglich gegebenen, vielmehr aus der Aktivität des Geistes stammenden Synthese vereinigten, um eines Gegenstandes habhaft zu werden. Hätten wir nichts, als was uns gegeben ist, dann wäre für uns die Welt eine chaotische Mannigfaltigkeit von Empfindungen. Das Zusammenfügen dieser Vielheit zu gegenständlicher Einheit, die conjunctio, wie er sich ausdrückt, ist eine Tat des Geistes. Wenn Kant die Empfindungen und die Geistesakte, Vielheit und Einheit zunächst radikal trennt, um sie dann zusammenzubringen, so ist das typisch für die undialektische, widerspruchsfeindliche Erkenntnistheorie, deren größter Meister er war. Dieses Verfahren gewährt den Schlüssel zu seinem transzendentalen Idealismus. Kant ist unermüdlich bemüht, den Idealismus zu beweisen. Besonderes Gewicht legte er dabei auf das, was er Verstandskategorie nennt. Niemand, meint er, vermag Kausalität und Substanz in der konkreten Wirklichkeit zu entdecken, als etwas Anschaubares aufzufinden. An dieser Stelle knüpft er an Hume an. Hume, sagt er einmal, habe ihn aus seinem dogmatischen Schlummer erweckt. Kants Interpreten bemerken bisweilen dazu, daß Kant den Einfluß Humes auf seine Philosophie überschätzt habe.

Aber Kant wird wohl besser gewußt haben, als irgendeiner seiner Ausleger, von wem er maßgeblich Anregungen erhalten hat. Bei der Bezugnahme auf Hume hatte Kant im Auge, daß Hume die Kausalität in allen möglichen Tatbeständen gesucht und nicht gefunden hatte. Hume hätte es, meinte er, ebenso mit der Substanz halten sollen, was Hume in der Tat getan hatte, ohne daß Kant, der nur die Enquiry kannte, es wußte.

Substanz und Kausalität gehören nach Kant zu dem, was der Geist zu den Empfindungen in seiner synthetischen Tätigkeit hinzufügt, sind also zweifellos subjektiver Natur. Selbst wenn aber, fährt Kant, nicht den Worten, aber dem Sinn nach, in seiner Argumentation fort, Kausalität und Substanz zu dem Gegebenen, Vorgefundenen gerechnet werden dürften, wäre dies offensichtlich nicht der Fall beim Kausalitätsprinzip und beim Gesetz, nach dem die Substanz im Universum weder abnimmt noch wächst. Kant zieht bei dieser Gelegenheit noch die mathematischen Sätze heran, wie den, daß die Summe der Winkel im Dreieck stets zwei Rechte ist. Wie könnten wir wissen – und wir wissen es ja –, daß es nie ein Ereignis gab, gibt oder geben wird, das ohne Ursache wäre, daß die Substanz ein für allemal unzerstörbar und unvermehrbar ist, wie, sage ich, könnten wir das wissen, wenn nicht Kausalität, Substanz, Raum und Zeit teils Kategorien unseres Verstandes, teils Formen unserer Anschauung, also unverfälscht subjektiv wären.

Ich will das eben Gesagte noch ein wenig näher ausführen. Wir wissen, sagt Kant, daß in der Welt eine unverbrüchliche Ordnung herrscht. Diese Ordnung ist nichts, was vorfindbar ist, wie eine Farb- oder Geruchsempfindung, oder was fälschlich so angesehen werden könnte, wie irgend ein Wahrnehmungsgegenstand, ein Baum oder ein Haus. Die naturwissenschaftlichen und mathematischen Gesetze können nur, es gibt keine andere Möglichkeit, erkennbar sein, wenn sie von uns selbst, von unserem Geist geschaffen sind, um Ordnung in das Chaos der Empfindungen zu bringen. Nicht eine an sich seiende Natur enthält die Gesetze, sondern wir sind es, die der Natur die Gesetze geben. Sie sehen den Unterschied zwischen der Humeschen und der Kantschen Erkenntnistheorie. Für Kant sind anders als für Hume die naturwissenschaftlichen Gesetze nicht bloße Erfahrungsregeln, sondern eigentliche Gesetze, Notwendigkeitsgesetze. Als solche deduziert er sie und die mathematischen Gesetze, während Hume in seiner Erkenntnistheorie psychologisierend vorgegangen war. Die Kantsche Deduktion ist diese: Wir erkennen, daß es in der Welt Ordnung gibt, daß die Welt ein Kosmos ist und nicht ein Chaos. Die gesetzmäßige Ordnung ist nichts, was sich als Gegebenheit von unserem rezeptiven Vermögen vorfinden ließe, geht sie doch unendlich weit über den Bereich unserer unmittelbaren Wahrnehmungen hinaus, wobei einmal davon abgesehen werden mag, daß schon bei der Wahrnehmung von Gegenständen Ordnung von Gegebenem erforderlich ist. Daher beruht sie auf synthetischen geistigen Akten. Von zweien eins. Entweder ihr leugnet die Ordnung in der Welt, oder ihr erkennt sie an als durch den Geist der Mannigfaltigkeit des Gegebenen gesetzt, auferlegt. Tertium non datur. Damit habe ich Ihnen Kants heute noch berühmte Lehre von den synthetischen Urteilen a priori vorgetragen.

Ein synthetisches Urteil a priori ist z. B. der Satz, daß jedes Ereignis eine Ursache hat. Synthetisch nennt Kant das Urteil, weil das Prädikat nicht schon im Subjekt logisch begriffen ist, a priori, weil es nicht aus der Erfahrung gewonnen, sondern von der Erfahrung, die stets bereits geordnete Gegenstände betrifft, vorausgesetzt wird. Der Gebrauch, den Kant von den synthetischen Urteilen a priori macht, gehört zu seiner deduktiven transzendentalen Methode, mit der er den subjektiven Idealismus zu beweisen sucht.

Die dialektische und materialistische Erkenntnistheorie läßt sich durch die angeblich aprioristischen synthetischen Urteile nicht erschüttern. Wenn es ihr gelingt – und es gelingt ihr –, zu zeigen, daß wir im Erkenntnisakt Zugang zur objektiven Wirklichkeit finden, dann macht der Nachweis, daß die genannten Urteile nicht nur durch die objektive Wirklichkeit angeregt werden, sondern sie auch zum Gegenstand haben, keine allzu großen Schwierigkeiten mehr. Die Möglichkeit, die allgemeinen Gesetze der Wirklichkeit zu erkennen, beruht letztlich darauf, daß unser Erkenntnisvermögen der Natur in ihrer Universalität adäquat ist. Eine Darlegung der dialektischen materialistischen Erkenntnistheorie gehört nicht zu meinen Aufgaben.

Kant glaubte, in seiner transzendentalen Ästhetik, die Raum und Zeit als reinen Anschauungsformen gewidmet ist, und seiner transzendentalen Logik, die die Verstandeskategorien behandelt, eine Reihe von Widersprüchen, die den früheren Philosophen mehr oder weniger rätselhaft erschienen, überwunden zu haben. Es sind Widersprüche, die in der Zeit, der Kausalität, der Substanz enthalten sind. Aber die Sphinx der Widersprüche war nach den Erfahrungen der Vergangenheit noch nicht beruhigt, sie hatte weitere Rätsel zur Verfügung. Kant hat sie in seiner transzendentalen Dialektik unter dem Namen von Antinomien in Angriff genommen und meint, sie, wenn man *eine* Ausnahme macht, in seiner geistreichen Lehre vom transzendentalen Schein gelöst zu haben. Die zur Diskussion stehenden Antinomien betreffen Gott als prima causa, die Substantialität der Seele, gewisse Probleme der Zeit und des Raumes. Mit dem transzendentalen Schein hat es folgende Bewandtnis. Wir haben, führt Kant aus, eine unwiderstehliche Neigung, das was ideell ist, also innerhalb der Welt der Erscheinungen liegt, als objektive Wirklichkeit in Anspruch zu nehmen und damit geraten wir in scheinbar unlösbare Widersprüche.

Ich will ein Beispiel für die Theorie vom transzendentalen Schein geben. Die Zeit scheint uns keinen Anfang zu haben, welche Zeit können wir uns vorstellen, der nicht eine Zeit vorausgegangen sein müßte. Andererseits ist nicht weniger evident, daß die Zeit einen Anfang hat, denn wenn sie sich in eine schlechthin endlose Vergangenheit erstreckte, könnte sie nicht bis zum gegenwärtigen Augenblick abgerollt sein. Vergegenwärtigt sich der Erkenntnistheoretiker, daß die Zeit eine zur Ordnung bestimmte Form unseres Anschauungsvermögens ist und nicht etwa objektive Wirklichkeit, dann durchschaut er die Antinomie als eine nur scheinbare.

Das ist in den Augen Kants ein neuer Beweis für den transzendentalen Idealismus.

In der transzendentalen Dialektik unternimmt es Kant, die namentlich von der theologischen Seite, aber nicht nur von dieser Seite, vorgebrachten Beweise für die Existenz Gottes und für die Unsterblichkeit der Seele zu widerlegen. Man hat ihn deshalb den Allzermalmer genannt, wozu Eduard v. Hartmann bemerkt, daß wir über das, was hier zermalmt worden sei, heutzutage nur noch lächeln. Nein, Hume mit seiner Welt als einem Haufen von Perzeptionen war, wir wiederholen es, ihr Allzermalmer, Kant war ihr Rekonstruktor oder wollte es wenigstens sein.

Die eine Antinomie, zu der Kant eine andere Stellung einnimmt als zu den übrigen, ist die zwischen der unbedingten Determiniertheit und der Freiheit unseres Willens. Alle Erscheinungen, zu denen Kant auch die psychischen Vorgänge rechnet, sind nach ihm mit Notwendigkeit durch das Kausalprinzip bestimmt. Andererseits sagt uns das moralische Gesetz in unserer Brust, dessen Stimme Kant mit Ehrfurcht erfüllte: Du kannst, denn du sollst. Das ist ein eklatanter Widerspruch, dem Kant mit seinem doppelten Konto begegnet, das wir bereits kennengelernt haben, dem des Ding an sich und dem der Welt der Erscheinungen. Beides ist Wirklichkeit, die Notwendigkeit und die Freiheit, jene empirische diese objektive im Sinn des Ansichseins. Wir kennen solche radikale Scheidung der undialektischen Philosophie allmählich zur Genüge. Kant verwendet sie gleich am Anfang seiner Erkenntnistheorie, wo er zwischen Empfindungen und geistigen synthetischen Akten unterscheidet. Immerhin muß es im letzteren Fall, wie schon die Terminologie besagt, zu einer Synthese des zunächst toto coelo Geschiedenen kommen, so schwer es auch ist, sich vorzustellen, wie das zugehen soll. Jetzt aber, angesichts des Widerspruchs von Freiheit und Notwendigkeit, macht Kant nicht einmal den Versuch einer Überbrückung. Notwendigkeit und Freiheit stehen schroff einander gegenüber, dabei bleibt es. Die Freiheit in der Sphäre des Ansichseins, die, wie man es ausdrückt, intelligible Freiheit hilft mir nichts, wenn ich im Empirischen, in dem sich nun einmal mein Handeln abspielt, unfrei bin. Auf das: Du kannst, denn du sollst, erwidert der Mensch: Ich kann eben nicht. Dazu kommt, daß das Moralgebot Kants, der sog. kategorische Imperativ, rein formal ist und nach den Voraussetzungen der Kantschen Philosophie formal sein muß, während wir doch in der Praxis des Lebens eine inhaltlich bestimmte moralische Anweisung brauchen. Gegen die Grundlegung, die Kant seiner Ethik gibt, ist denn auch selbst von seiten treuer Anhänger Kants Protest erhoben worden. Aber Kant ist nun einmal an seiner Philosophie nichts so wichtig wie die Ethik und für die Ethik nichts so wichtig wie die Freiheit des Willens. Daher nimmt er es auf sich, in seine Erkenntnistheorie inkonsequenterweise das Ding an sich einzuführen und sich in seiner praktischen Philosophie in unlösbare Widersprüche zu verstricken. Ein Dialektiker, der die Freiheit des Willens nicht ganz aufzugeben geneigt ist, müßte Freiheit und Notwendigkeit so verbinden, daß im Ergebnis der Wille zwar nicht strikt determiniert, aber doch dem Wahrscheinlichkeitsgesetz unterworfen ist. Doch soll uns diese Frage nicht weiter beschäftigen.

Die Menschen, die gut, d. h. gewissenhaft nach dem Moralgesetz, handeln, werden, wie Kant erkennt, vielfach nicht glücklich, und die ihnen in ihrem irdischen Leben zugewiesene Zeitspanne reicht meistens nicht aus, um sich so, wie es wünschenswert wäre, moralisch zu vervollkommnen. Daher ist es ein tiefes Bedürfnis unseres Gemüts, daß, wer moralisch handelt, wennschon er es nicht tun darf, um glücklich zu werden, schließlich doch den Preis des Glücks erhalte. Hierfür kann nur ein allmächtiger Gott wirksam Sorge tragen. Damit das Ziel erreicht werde, muß Gott den Menschen ein künftiges ewiges Leben gewähren, das ihnen einen ständigen sittlichen Fortschritt und dauerndes Glück ermöglichen wird. Gott und die Unsterblichkeit sind Forderungen unseres Gemüts. Wir dürfen hoffen, daß sie erfüllt werden, wenn auch ein wissenschaftlicher Beweis für Gott und die Unsterblichkeit der Seele nicht erbracht werden kann. Dies ist die Postulatenlehre Kants, die sich an seine Kritik anschließt. Die Kritiker Kants pflegen zu sagen, daß seine Postulate nicht nur nicht in die Wissenschaft, was Kant zugibt, sondern auch nicht in die Philosophie gehören.

Nicht wegen seiner religiösen Zutaten, von denen Heine sagte, daß Kant sie aus Rücksicht auf seinen Diener Lampe in sein Werk aufgenommen habe, sondern als Philosophie ist der Kantianismus bis auf den heutigen Tag der hartnäckigste Gegner des Marxismus, da die geistesgeschichtlichen Wirkungen des Hegelianismus in ganz anderer Richtung liegen. Ich kann daher die Gelegenheit nicht vorübergehen lassen, in Kürze zu zeigen, wie man m. E. von dem ihm eigentümlichen Ansatzpunkt her gegen ihn vorzugehen hat. Dieser Ansatzpunkt ist die Behauptung, daß ohne synthetische Akte des Geistes, ohne eine nur ihm mögliche conjunctio angesichts des Zerrinnens der Zeit als bloßer Gegebenheit in infinitesimale Momente kein einziger Gegenstand in der Wahrnehmung hinreichend festgehalten werden könnte, um erkannt zu werden. Wäre das richtig, dann würde unsere Erkenntnis uns nichts bieten, was nicht vom Geist geformt wäre. Ich will den Amerikaner William James, einen echt bürgerlichen Autor, den wir bereits als mindestens teilweise materialistischen Psychologen kennen gelernt haben, als Gegenzeugen aufrufen. 1885 hat James im „MIND", der bedeutendsten amerikanischen philosophischen Zeitschrift, unter dem anspruchslosen Titel: On some omissions of introspective psychology gegen Kants Auffassung von der Zeit mit einer Anschaulichkeit, wie ich sie sonst nicht angetroffen habe, polemisiert.

Die Zeit, sagt James, ist nicht etwas ausschließlich aus jeweiligen unteilbaren Gegenwartsmomenten Bestehendes, umfaßt vielmehr stets Vergangenheit, Gegenwart und Zukunft in Einem, sie ist nicht a knifes edge, sondern a saddleback. Anders stellt sie sich uns nie dar, anders läßt sie sich überhaupt nicht vorstellen. Daher bedarf es der synthetischen Akte Kants nicht, um die einzelnen angeblich zunächst allein gegebenen Augenblicke zur Zeitstrecke zu verbinden, sie ist uns als Zeit*strecke* gegeben. Die synthetischen Akte Kants, ruft er triumphierend aus, sind reine Mythologie. In der gleichen Weise verhält sich James zu dem alten erkenntnistheoretischen Problem der Beziehungen zwischen den Dingen, den Relationen, über die seit Locke der Streit in der modernen Philosophie nicht enden will. Beziehungen sollen uns schon nach Locke, dann nach Hume und Kant nicht gegeben sein, sich nicht in den Tatbeständen ursprünglich vorfinden. Ganz anders sieht James die Sache an, wobei er namentlich unter den Psychologen zahlreiche von ihm angeführte Vorläufer hat. Nach ihm gehören Beziehungen zum unmittelbaren Inhalt der Empfindungen. Er spricht von feelings of relation. Damit tritt er in ausgesprochenen Gegensatz zu Hume und Kant, vor allem in der Lehre von der Kausalität. James hatte gegenüber Hume und Kant zweifellos recht, aber er erkannte nicht, was der tiefere Grund ihrer Auffassung war. Es blieb ihm verborgen, daß die Furcht vor den der Wirklichkeit immanenten Widersprüchen sie hinderte, ihr unvoreingenommen ins Auge zu blicken. James verhielt sich den Widersprüchen gegenüber nicht dialektisch, sondern er bemerkte sie vielfach nicht oder hielt ihre Aufdeckung für ein bloßes Sophisma. Bei Behandlung des Problems der Wahrheit, des Kardinalproblems der Erkenntnistheorie, wurde er aber dann doch von einem Widerspruch frappiert, von dem Widerspruch zwischen dem Urteil als subjektivem Akt und seinem

Gegenstand als objektiver Wirklichkeit. Da er nun nicht Dialektiker war, sah er den Ausweg nur in seiner pragmatischen Wahrheitstheorie, einer Variante des Idealismus, nach der Wahrheit die uns nützliche Vorstellung ist, d. h., er zerschnitt den gordischen Knoten, statt ihn zu lösen.

Eine dialektische Erkenntnistheorie nimmt zur Grundfrage der Erfassung des Gegenstandes durch das Urteil eine Stellung ein, die es ihr ermöglicht, die Erkenntnis der objektiven materiellen Wirklichkeit zu bejahen. Von diesem Ausgangspunkt gelangt man dann des weiteren zu der Einsicht, daß nicht nur die Materie und ihre Eigenschaften in concreto erkennbar sind, sondern daß auch die Sätze unserer Wissenschaft über die die Welt beherrschenden Gesetzmäßigkeiten, wie vor allem das Kausalprinzip, also die fälschlich so genannten synthetischen Urteile a priori die Wirklichkeit in ihrem materiellen Sein zutreffend wiedergeben. Freilich begegnen dabei gewisse Schwierigkeiten, da der Weg, der zur Einsicht in die dialektischen Zusammenhänge führt, nie ein einfacher gradliniger ist. Aber sie sind von der marxistischen Erkenntnistheorie schon in erheblichem Maß überwunden worden und werden immer erfolgreicher gelöst werden.

Wenn man die Kantsche Philosophie in ihrem Aufbau überblickt, kann man sich als dialektischer Materialist des Eindrucks kaum erwehren: Ist es schon irrig, hat es doch Methode. Der Kantianismus ist der Höhepunkt der undialektischen, widerspruchsfeindlichen Erkenntnistheorie. Dialektiker war Kant nur in dem Sinn, in dem nahezu jeder bedeutendere Philosoph und Wissenschaftler Dialektiker ist, nämlich insofern sich in seinem Werk gewisse dialektische Vorgänge der äußeren und inneren Wirklichkeit richtig widerspiegeln, was bei Kant in seinen Frühschriften sogar in hervorragender Weise der Fall ist. Aber in seinem transzendentalen Idealismus hat Kant die dialektische Methode nicht gehandhabt, er legte ihm vielmehr eine ganz andersartige Methode zugrunde. Das hindert indessen nicht, daß Kants Idealismus, so irrig, ich wiederhole es, er auch ist, zu den großen Leistungen, von denen die Philosophiegeschichte berichtet, gerechnet werden muß. Engels sagt einmal, in Kant habe die Philosophie im Vergleich mit der ihr vorhergehenden eine höhere Stufe erreicht, eine neue Qualität gewonnen. Zu der Zeit, in der Kant seine Hauptschriften veröffentlichte, und mehr noch in der bald darauf folgenden Periode, bemächtigte sich in Deutschland im Anschluß an die Französische Revolution eine starke Erregung der hervorragendsten Geister. Im Politischen konnte sie in Deutschland keinen entsprechenden Ausdruck finden, sie sublimierte sich in Philosophie und Dichtung. Unter diesen Verhältnissen war die Kantsche Philosophie nach dem, was wir über sie sagten, zu außerordentlicher historischer Wirksamkeit berufen. Die Ära, die man als die des großen deutschen Idealismus bezeichnet, ist von Kant inauguriert worden. Diejenigen, die später in ihr hervortreten, stehen sämtlich auf seinen Schultern. Fichte erklärt, daß er in seiner Philosophie, der, wie beiläufig bemerkt sei, Kant die Zustimmung verweigerte, dreiviertel des Wegs mit Kant gehe. Hegel widerspricht Kant auf Schritt und Tritt; in dieser Form äußert sich bei ihm der Einfluß Kants. In der zweiten Hälfte des 19. Jahrhunderts kommt der Neukantianismus auf, der an geistiger Bedeutung hinter dem ursprünglichen Kantianismus zurückbleibt. Es ist eben die Zeit des Abstiegs des Bürgertums. Von aktueller Bedeutung ist, daß die heutige Reaktion in ihrem Bestreben, gegen den Marxismus einen zur Religion führenden Idealismus auszuspielen, Anknüpfung an Kant sucht, wobei sie mit den im wesentlichsten rationalistischen Tendenzen der Kantschen Philosophie in Widerspruch tritt. Wenn z. B. die idealistisch eingestellten Physiker die Notwendigkeit eines göttlichen Schöpfungsaktes zu beweisen suchen, so übersehen sie, daß Kant das Kausalprinzip streng auf die diesseitige Welt, die Welt der Erfahrung, einschränkte.

Von Kant zu Hegel und von Hegel zu Marx

Bei Behandlung der aristotelischen Logik habe ich in der gebotenen Kürze zu zeigen versucht, wie die undialektische, der Intention nach widerspruchsfeindliche Philosophie sich so lange – jahrtausendelang – behaupten konnte. Im Verlauf der Vorlesung haben wir verschiedene Verfahren kennengelernt, mit denen die Philosophen gegenüber einer Wirklichkeit, der der innere Widerspruch der Dinge auf die Stirn geschrieben ist, an dem von ihnen verabsolutierten principium contradictionis festgehalten haben und in nicht geringer Zahl heute noch festhalten. Teilweise schließen sie das Auge vor den Widersprüchen und brauchen daher keinen Anstoß an ihnen zu nehmen. Das bemerkenswerteste Beispiel hierfür ist, daß die Logiker, ohne sich dessen bewußt zu werden, in der Syllogistik, die zur formalen Logik gehört, den perhorreszierten Widerspruch, den sie zuerst durch abstrahierendes Denken beseitigt haben, doch wieder zu seinem Recht kommen lassen müssen, wenn sie zu einem Fortschritt im wissenschaftlichen Erkennen, das mit der Wirklichkeit übereinstimmen muß, gelangen wollen. Im übrigen begegnen sie dem Widerspruch vor allem mit zwei Methoden. Einmal wird, da der Widerspruch, den der Erkenntnistheoretiker in erster Linie beseitigen möchte, der von Einheit und Vielheit ist, entweder der Einheit oder der Vielheit die Existenz, zum mindesten die eigentliche Existenz abgesprochen. Für Parmenides kommt wahres Sein nur dem Einen zu, für Hume ist die Welt im Grunde genommen nichts als Vielheit, ein Haufe von Perzeptionen. So radikal sind nur wenige vorgegangen. Aber oft ist bald hier bald dort die Einheit der Vielheit oder die Vielheit der Einheit zwecks Vermeidung des Widerspruchs geopfert worden. Bei Plato wird wohl im Ideenreich Einheit zusammen mit Vielheit anerkannt, aber die den abstrakten Begriffen und damit ihren Urbildern, den Ideen, unterfallenden Einzeldinge will er nicht zum ontos on, zu dem wirklich Seienden rechnen, während umgekehrt die Nominalisten alle Realität in die Einzeldinge verlegen und die abstrakten Begriffe für bloße Namen, flatus vocis erklären. Für den subjektiven Idealismus ist, gleichgültig zunächst, wie es mit Einheit und Vielheit in der Sphäre des Vorgestellten, der bloßen Erscheinungen sich verhalten mag, jedenfalls der einen an sich seienden Welt, die für alle die gleiche ist, die Existenz zu versagen. Das zweite Verfahren, von dem zu reden ist, möchte ich als Verschiebungsverfahren bezeichnen. Es besteht darin, daß das sich Widersprechende zunächst auseinandergerissen wird, um die getrennten Teile verschiedenen Gebieten zuzuordnen, so daß ein Widerspruch vorläufig wenigstens scheinbar vermieden wird. Dann taucht nun aber unvermeidlich die Frage auf, wie das Getrennte wiedervereinigt werden soll. Die Frage hat noch kein Erkenntnistheoretiker trotz aller Bemühungen befriedigend zu beantworten vermocht und niemand kann sie beantworten. Das Verfahren findet sich schon bei Aristoteles in seiner Auseinandersetzung mit den Streitbeweisen Zenons. Zenon hatte hier von Zeit und Raum nur den Vielheitsaspekt berücksichtigt, was zu absurden Konsequenzen führen mußte, denn Zeit und Raum sind Kontinua, Einheiten und zugleich ins Unendliche teilbar. Aristoteles verlegte nun die Einheit in die Wirklichkeit, die Teilbarkeit in den Geist, aber er vermochte nicht zu sagen, wie es dann der Geist fertigbringt, der Wirklichkeit gerecht zu werden. Mit der größten Meisterschaft handhabte Kant das Verschiebungsverfahren, mit viel größerer als Hume, der es auch verwendet.

Er beginnt damit, das Ding an sich von der nach seiner Meinung allein erkennbaren Erscheinungswelt, der empirischen Welt, zunächst zu sondern. Innerhalb der letzteren unterscheidet er aufs schärfste die Mannigfaltigkeit der uns gegebenen Empfindungen und die Einheitsformen, die synthetischen Akte des Geistes, durch die das Chaos der Empfindungen zum Kosmos geordnet werde. Kant hat keine Mühe gescheut, um darzutun, wie sich diese nach seiner Auffassung gänzlich heterogenen Dinge zusammenbringen lassen. Er hat es unter anderem mittels seines transzendentalen Schematismus, den ich zwecks Vereinfachung der Darstellung Ihnen nicht vorgeführt habe, vergeblich versucht. Nachdem er einmal die Einheit aus der gegebenen Wirklichkeit herausgenommen und auf das besondere Konto der synthetischen Geistesakte verschoben hatte, konnte er Einheit und Vielheit nicht mehr miteinander vereinigen. Was das Ding an sich betrifft, so hörten wir, daß Kant es um der Ethik willen in seine Philosophie eingeführt hat. Er wollte für die Ethik um jeden Preis die Freiheit retten, der die empirische Welt nach dem transzendentalen Idealismus keinen

Raum bot. In seiner Ethik stehen sich nun Freiheit und Determiniertheit in deutlichster, die Freiheit zu praktischer Unverwertbarkeit verurteilender Unvereinbarkeit gegenüber.

Das Ding an sich war für Kants unmittelbare Nachfolger der unannehmbarste Teil seiner Philosophie. Fichte, der, obwohl er sich an Kant anlehnt und vieles von Kant übernimmt, ihn als einen Dreiviertelskopf bezeichnet, lehnt das Ding an sich schroff ab. Bei ihm mußte, was für Kant Gegebenheit ist, also die Empfindung, vom Subjekt geschaffen sein. Fichte war subjektiver Idealist, aber da sich nach ihm die individuellen Subjekte vom großen, absoluten Ich, dem Träger des Weltprozesses, abspalten, verbindet sich sein subjektiver Idealismus mit einem objektiven.

Man spricht häufig von einer dialektischen Methode Fichtes, jedoch ist sie etwas anderes, als was die Marxisten unter dialektischer Methode verstehen. Sie ist ausgesprochen widerspruchsfeindlich. Liest man Fichtes Wissenschaftslehre – das ist der Name, den Fichte seiner Philosophie gab –, dann sieht man, wie er nach jeder Feststellung eines im Ich vorgefundenen Tatbestandes die Frage aufwirft: Wie ist das möglich? Das soll heißen: Liegt darin nicht ein Widerspruch, und wie läßt er sich lösen? Nachdem er z. B. konstatiert hat, daß das Ich in sich auf ein Nicht-Ich stößt, gilt es für ihn, die Tatsache mit dem principium contradictionis zu vereinen, und er glaubt, das so zustande zu bringen, daß er das Nicht-Ich vom Ich in ihm selbst gesetzt, und zwar in einem Teil von ihm gesetzt sein läßt. Fichte führt das Teilungsverfahren konsequent durch, weswegen man seine Dialektik als quantifizierende bezeichnet hat. Erkundigt man sich nach dem Grund, aus dem das Ich ein Nicht-Ich in sich setzt, so erfährt man, daß es in letzter Linie geschehe, damit es an ihm seine Freiheit bestätige. Fichte sagt uns, daß in seinem ganzen System nichts als Freiheit enthalten sei, daß kein anderes Ingredienz in ihm entdeckt werden könne. Aber Freiheit, die nicht Freiheit wovon und Freiheit wozu wäre, ist ein leerer Begriff, und Freiheit um der Freiheit willen hat keinen verständlichen Sinn. Die Fichtesche Philosophie droht beständig, wie mit Recht in der philosophischen Literatur bemerkt worden ist, in Nihilismus zu verfallen. Schopenhauer erklärt die Wissenschaftslehre für Wissenschaftsleere, leere Wissenschaft.

Kurz nacheinander waren zwei großzügige, mit undialektischer, widerspruchsfeindlicher Methode unternommene Versuche berühmter Philosophen gescheitert. Ein großer Teil des philosophisch interessierten Publikums wurde weder durch die Kantsche noch durch die Fichtesche Philosophie überzeugt. Mußte da nicht in dieser philosophierenden Epoche der Gedanke auftauchen, daß sich in der Philosophie mit dem Festhalten an der unbedingten Allgemeingültigkeit des principium contradictionis nicht auskommen lasse, daß es in der Wirklichkeit dialektisch zugehe. Das war denn auch der Fall. Schon bei Schelling finden wir eine Dialektik, die diesen

Namen weit mehr verdient als Fichtes sog. quantifizierende Dialektik. Aber erst bei Hegel ist die klar gedachte und klar formulierte Einsicht vorhanden, daß der Widerspruch die Signatur der Wirklichkeit, daß er die bewegende Kraft des Weltprozesses ist und daß die sich bekämpfenden Widersprüche eine Einheit bilden. Es klingt im ersten Augenblick verwirrend und ist doch schlichte Wahrheit, daß nach Hegel für den Dialektiker Identität von Identität und Nichtidentität besteht. A ist A und ist auch Nicht-A und beides ist Eines. Mit dieser epochemachenden Erkenntnis hatte Hegel das methodische Mittel in der Hand, eine materialistische Erkenntnistheorie zu begründen, die der bisherigen ein für allemal nur noch historisches Interesse belassen mußte. Aber die Hegelsche Dialektik trug, wie sein ganzes System, im Gegensatz zum marxistischen nicht materialistischen, sondern idealistischen Charakter. Welches der Unterschied zwischen den beiden Arten von Dialektik ist, werden wir näher prüfen müssen. Zunächst wollen wir uns mit den beiden Fragen beschäftigen, wie Hegel zur Dialektik und wie er zu seinem objektiven Idealismus gelangt ist.

Georg Lukacz zeigt in seinem Jungen Hegel, daß Hegel nicht so sehr von der Erkenntnistheorie als vielmehr von der Geschichte her an die Philosophie herangegangen ist. Als sich die Französische Revolution in den Köpfen langsam vorbereitete, beschäftigten sich namentlich in Frankreich die Aufklärer, unter anderem die Naturrechtler, viel mit geschichtlichen Problemen. Vom Beginn der Revolution an verbreitete sich das Interesse an der Geschichte rasch in den übrigen Ländern. Man fragte sich, wie es zur Revolution gekommen sei und ob wohl weitere Revolutionen bevorstünden, die am Ende nicht den Charakter der zweiten englischen sog. glorious revolution haben würden. Bei der Betrachtung der Geschichte begannen geschichtliche Phänomene ins Bewußtsein zu treten, für die man bisher keinen Blick gehabt hatte, wie etwa die Klassenkämpfe, denen man freilich vorläufig noch keine wirtschaftswissenschaftliche Erklärung geben konnte. Worauf es besonders ankommt, ist, daß sich der Sinn für spezifisch gesellschaftliche Faktoren entwickelte, das heißt, daß man nicht, wie die individualistisch eingestellten Aufklärer, die Neigung hatte, den Verlauf der geschichtlichen Ereignisse vorwiegend aus der Individualpsychologie abzuleiten. Schon am Ende des 18. Jahrhunderts finden wir kühne universelle Geschichtskonstruktionen, wie sie bisher eigentlich nur von theologischen Autoren gegeben worden waren. Man denke etwa an das Tableau historique von Condorcet, an St. Simons Lehre von den geschichtlichen Stadien, die etwas später Auguste Comte zum Vorbild seiner Dreistadientheorie nehmen sollte, oder an die Geschichtsphilosophie von Fichte und Schelling. Sie waren sämtlich zu abstrakt gehalten, um dem wirklichen Verlauf der Geschichte gerecht werden zu können. Was Hegel als Geschichtsphilosophen auszeichnete, war seine ungewöhnliche Fähigkeit, Kollektivphänomene zu erfassen und als solche miteinander zu verbinden, sowie der sich nie verleugnende Zug seines Geistes zu den konkreten Tatsachen, zum breiten Pathos der Erfahrung, um eine Wendung Kants zu gebrauchen. Er verhielt sich zu seinen deutschen Mitbewerbern um die Meisterschaft in der Philosophie ähnlich wie Aristoteles zu Plato. Intensives Studium der Geschichte, in der die Widersprüche und ihre Auseinandersetzung so deutlich hervortreten, kann auch bei jemand, der kein Hegel ist, wenigstens eine Ahnung von ihrem dialektischen Wesen entstehen lassen. Aber um zur Erkenntnis der Dialektik der Geschichte zu gelangen und dann die Dialektik als das Grundgesetz des gesamten Weltprozesses zu erfassen, dazu mußte man das Genie eines Hegel haben, und es mußten sich noch andere Momente vereinen, von denen wir einige erwähnt haben.

Mit dem Gesagten ist noch nicht klargestellt, warum die dialektische Philosophie Hegels eine idealistische war. Der Hauptgrund ist, daß der dialektische Materialismus nur im Zusammenhang mit der Entdeckung des überragenden Einflusses des wirtschaftlichen Produktionsprozesses auf das geistige Leben der Gesellschaft und mit der Entdeckung der wirtschaftlichen Gesetze, die den Verlauf der Geschichte in seiner Totalität bestimmen, entwickelt werden kann. Der dialektische Materialismus ist eng verknüpft mit dem historischen Materialismus und dieser stand noch nicht auf der Tagesordnung der Weltgeschichte, konnte, wie jeder Marxist weiß, auf ihr noch nicht stehen. Selbst materialistische Denker, an denen es im 18. Jahrhundert nicht fehlte, waren in ihrer Geschichtsauffassung Idealisten. Wie hätte Hegel, der sich in seiner Philosophie an der Geschichte orientierte, zum historischen Materialisten werden sollen?

Indessen ist Hegel nicht nur, weil es ihm versagt war, materialistischer Dialektiker zu werden, idealistischer Dialektiker geworden. Sein Idealismus steht im Einklang mit den dürftigen, zurückgebliebenen gesellschaftlichen Verhältnissen in Deutschland und mit der außerordentlichen geistigen Erregtheit, wie sie in den Kreisen der deutschen Intellektuellen zu seiner Zeit weit verbreitet war. Das deutsche Bürgertum dachte an nichts weniger als an eine großzügige, einen tiefen Wandel des Gesellschaftslebens herbeiführende gesellschaftliche Bewegung, für die es ja auch an allen Voraussetzungen fehlte. Hegel war ein treuer Sohn des damaligen Bürgertums – wie hätte er sich auch von ihm losmachen können? Man braucht also nicht einmal daran zu denken, daß sein Temperament ihn zu nichts weniger als zu einem sozialen Revolutionär prädestinierte, um seine konservative Einstellung verständlich zu finden.

Mit Fichte verhielt es sich sowohl der Klassenzugehörigkeit als den Charakteranlagen nach anders als mit Hegel. Von ihm besitzen wir eine sozialistische Utopie, die sich indessen mit den Utopien von Owen und Fourier nicht vergleichen kann. Solche Utopien gediehen besser auf französischem oder englischem Boden. Man frage sich, welche leitende Idee Hegel seiner Philosophie geben sollte, wenn die sozialistische für ihn nicht in Betracht kam? Er lebte in der einzigartigen, so kurzen Epoche, in der sich die höher veranlagten Naturen durch einen Überschwang des Geistigen dafür schadlos hielten, daß ihnen eine erhebliche politische Wirksamkeit versagt war, in einer Epoche, in der der deutsche Geist Feste feierte wie nie zuvor. Die meisten bekannten sich zu irgendeiner Art Irrationalismus, Mystizismus. Das war nicht der Fall Hegels. Trunkenheit des Geistes verabscheute er. Er meinte, die Vernunft könne das Weltall bis auf den letzten Grund durchdringen. Daher war auch seine Religion nicht jenseitig. Die Religion der verhältnismäßig so menschlichen Götter der Griechen war ihm nicht menschlich genug, und die Religion wird in seinem System von der Philosophie überboten. Hegel war Rationalist, wennschon nicht ein so nüchterner Rationalist wie es noch Kant, dieser echte Aufklärer des 18. Jahrhunderts, gewesen war. Das ließ der Schwung, der sich der Geister bemächtigt hatte, nicht zu. Welche Richtung konnte hiernach seine Philosophie nehmen Der Zukunft traute er nichts wesentlich Neues zu, mit einem jenseitigen Leben liebäugelte er nicht. Da blieb kaum etwas anderes übrig, als den bisherigen Geschichtsverlauf zu idealisieren, ihm eine Aureole zu verleihen, in ihm den Entwicklungsprozeß objektiven Geistes zu sehen, der im preußischen Staat der damaligen Zeit zum Höhepunkt seiner Karriere gelangt, und die eigene Philosophie als die unüberbietbare Manifestation des Geistes zu erfassen, in der er mittels der zum Begriff gesteigerten Dialektik zum Verständnis seiner selbst und damit des Weltalls sich erhoben hat. Das ist nun freilich mehr, als der gesunde Menschenverstand ertragen kann. Es ist nicht unbegreiflich, daß diese Philosophie Schopenhauer außer sich brachte und daß seine Abneigung gegen sie ihn darin bestärkte, dem Hegelschen Optimismus seinen lebensfeindlichen Pessimismus gegenüberzustellen.

Das idealistische System Hegels mußte auch auf seine dialektische Methode Auswirkungen haben, die unmöglich günstige sein konnten. Einmal wird die Dialektik in der Form, die Hegel ihr gibt, dadurch verstümmelt, daß er ihre Bewegung, die in Wahrheit eine unaufhaltsame ist, in seiner Gegenwart mit der eigenen endgültigen Philosophie anhalten läßt. Es ist oft darauf hingewiesen worden, daß die Dialektik ihre wesentliche praktische Funktion darin hat, daß sie die künftige Entwicklung voraussehen und die Gesellschaftspolitik sich ihr anpassen läßt. In der bürgerlich-kapitalistischen Gesellschaft soll die Dialektik ein unentbehrliches Instrument der Vorbereitung und Durchführung der Revolution des Proletariats sein. Das ist der materialistischen Dialektik möglich, nicht der idealistischen, diese zielt nicht ab auf Revolution, sondern auf Selbstbespiegelung des Geistes in einem bestimmten Stadium der gesellschaftlichen Entwicklung, in dem dem Aufstieg des Bürgertums bereits der Abstieg zu folgen beginnt.

Sodann leidet die idealistische Dialektik an dem nicht zu beseitigenden Mangel des Schematismus. Wie oft hat man über die Triaden der These, Antithese und Synthese gespottet, über den dreitaktigen Walzer, in dem sich der Universalprozeß bewegen soll. Aber wenn man die Wirklichkeit, die nun einmal zutiefst Materie ist, um jeden Preis als Idee erweisen will, dann muß man sie schon in ein Prokrustesbett stecken. So geschah es bei Hegel, obwohl sein Wirklichkeitssinn ihn nie ganz verließ, und es geschah noch viel öfter bei seinen Schülern. Trotz aller Reserven, die man Hegel gegenüber machen muß, bleibt seine Größe unangetastet. Ich will einige der wesentlichsten Verdienste Hegels um die Philosophie anführen, damit Sie nicht denken, daß ich seine Genialität in Frage stellen wolle. Davon, daß Hegel als erster moderner Denker das Grundgesetz der Dialektik formuliert, dem zufolge sich die Wirklichkeit im Kampf der eine Einheit bildenden Widersprüche bewegt, haben wir bereits gesprochen. Nach Anleitung dieses Gesetzes hat er die Wirksamkeit des Entwicklungsgedankens auf allen Gebieten des Wissens mit bewundernswerter Energie zu verfolgen gesucht. Besonders hervorzuheben ist, weil es das Fortschrittliche in Hegels Denken aufs deutlichste zum Ausdruck bringt, daß für ihn die Entwicklung, wenn auch nicht gradlinig, im Endergebnis vom Niederen zum Höheren führt. Und wie dankbar müssen wir Hegel dafür sein, daß er uns das Auge dafür geöffnet hat, wie im Geschehen in Natur und Geschichte die Quantität in die Qualität umschlägt. Was Hegels Lehre von den logischen Kategorien betrifft, so sind sich die bedeutendsten Marxisten darüber einig, daß sie heute noch für die marxistische Forschung als eine bisher nicht ausgeschöpfte Fundgrube anzusehen ist.

Die Hegelsche Philosophie von der inhaltlichen Seite her betrachtend, legt Marx das Hauptgewicht auf Hegels Erkenntnis, daß der Mensch im Laufe der Geschichte sich selbst schafft. Mag Hegel auch die Arbeit, die der Mensch dabei verrichtet, seinem idealistischen Standpunkt getreu, als die geistige, theoretische und nicht als die im Produktionsprozeß in der Auseinandersetzung mit der Natur und im gegenseitigen Verkehr der Mitglieder der Gesellschaft erfolgende verstanden haben. Überhaupt hat es ja Marx dem ihm vorausgehenden Materialismus zum Vorwurf gemacht, daß er den Menschen nur als empfindendes und betrachtendes Wesen berücksichtigt und ihn in seiner Aktivität der Behandlung durch den Idealismus überlassen habe.

Mit der Ästhetik Hegels verhält es sich ähnlich wie mit seiner Logik. In seinen Beiträgen zur Geschichte der Ästhetik, die ganz neuerdings in einem Sammelband erschienen sind, weist Georg Lukacz in der Abhandlung über die Hegelsche Ästhetik und auch an anderer Stelle darauf hin, welche Anregungen die marxistische Ästhetik des sozialistischen Realismus immer noch von Hegel empfangen kann, und zugleich macht er dabei darauf aufmerksam, daß Hegels wichtigste Gedanken, um für die neue Ästhetik voll verwertbar zu sein, von der Verzerrung befreit werden müssen, die sie bei ihm durch seinen Idealismus erfahren. Es kann nicht anders sein. In der Philosophie erhält jedes Einzelne eine gewisse Abstempelung durch das System als Ganzes, womit nicht gesagt ist, daß nicht das Einzelne weitgehend bedeutungsvoller, wahrer sein könnte als die dem Ganzen zugrunde liegende und es leitende Idee.

Versteht man unter einer Weltanschauungslehre eine Lehre vom Sinn und Zweck des Daseins, eine Lehre, die den Menschen Stab und Stecken sein kann auf der in der antagonistischen Klassengesellschaft meistens so prekären Lebensreise, dann hat Hegel eine große Weltanschauungslehre der Welt nicht gegeben. Es war nicht möglich, daß eine solche Weltanschauungslehre aus dem nicht mehr fortschrittlichen, nicht mehr im Aufstieg befindlichen kapitalistischen Bürgertum hervorging. Fortschrittlich war dies Bürgertum im großen und ganzen nur, solange es noch nicht in der französischen Revolution den Sieg davon getragen hatte. Die zaghaften progressiven Tendenzen, die in der ersten Hälfte des 19. Jahrhunderts im deutschen Bürgertum zutage traten, sollten binnen kurzem wieder verschwinden. Aber Hegel hat durch sein Beispiel bewiesen, daß selbst in jener Zeit ein bürgerlicher Denker auf dem Gebiet der Philosophie Großes, Bleibendes, ja das Größte, was die bürgerliche Philosophie überhaupt hervorgebracht hat, schaffen konnte, freilich nur unter der Voraussetzung, daß es alsbald in die Weltanschauung einer neuen Klasse, der fortschrittlichsten der Weltgeschichte, überging, um ihr, tiefgehend gewandelt, zu dienen.

Die neue Weltanschauung, um die es sich handelt, ist der Marxismus. Sie kann hier nur in einzelnen Punkten, in Wahrung des Zusammenhangs mit dem bisher Ausgeführten in Betracht gezogen werden. Da wäre zunächst zu sagen, daß die materialistische dialektische Erkenntnistheorie die Mängel der idealistischen Dialektik Hegels radikal beseitigt. Nach ihr setzen sich die gesellschaftlichen Widersprüche in der Zukunft fort, sie hören sogar in der nichtantagonistischen Klassengesellschaft nicht auf, nur führen sie hier nicht zu Konflikten, sondern lassen sich von einer marxistisch informierten Gesellschaftsleitung mit friedlichen Mitteln beseitigen, worauf sich immer wieder weitere Widersprüche geltend machen, mit denen es sich ebenso verhält. Damit verschwindet eine der wesentlichsten Ursachen des Widerstands der früheren Philosophie gegen die Dialektik. Nicht weniger siegreich bewährt sich die Dialektik in ihrer materialistischen Form gegenüber den die Wirklichkeit nicht selten vergewaltigenden Triaden Hegels. Bei Marx kann von irgendeinem Schematismus nicht die Rede sein. Marx und seine bedeutendsten Nachfolger haben die Erfahrung stets ungehemmt zu Worte kommen lassen. Friedrich Albert Lange sagte einmal, Marx bewege sich trotz seiner Dialektik mit der größten Freiheit in der Empirie, worauf Marx erwiderte: Das eben ist meine Dialektik.

Wir haben versucht, uns die Hauptrichtung, die die Erkenntnistheorie in ihrer langen Geschichte verfolgt hat, zu vergegenwärtigen. Dabei hat sich gezeigt, daß den Philosophen jahrtausendelang ihre Widerspruchsfeindlichkeit, deren kognitiven und gesellschaftlichen Wurzeln wir nachgegangen sind, das Konzept verdorben hat. Die dialektische Erkenntnistheorie des Materialismus beweist, daß, wenn man den die Wirklichkeit kennzeichnenden Widersprüchen auch im Vorgang des Erkennens das gibt, was ihnen gebührt, der Mensch sowohl im Wahrnehmungsakt als auch in den abstrakten Sätzen der Wissenschaft, die Kant synthetische Urteile a priori nannte, die objektive Wirklichkeit zu erfassen vermag, was der Philosophie vor Marx aufzuzeigen unmöglich war.

Ein weiterer Punkt, der uns Erwähnung zu verdienen scheint, ist dieser. Vor Marx ist die Frage nach der Entstehung der Erkenntnis nur abstrakt, nie geschichtlich verstanden worden. Man untersuchte in Isolierung von den gesellschaftlichen Verhältnissen, wie der Mensch abstrakt gefaßt zur Erkenntnis gelangt. Erst der Marxismus forscht danach, auf welchem geschichtlichen Weg die Erkenntnis der Menschheit von den primitivsten Anfängen an bis zu der Stufe, auf der unsere gegenwärtige Wissenschaft steht, gelangt ist. Er kommt zu Ergebnissen, die wenigstens in ihren Grundzügen gesichert sind, weil er den materiellen Arbeitsprozeß als die Quelle aller Erkenntnis entdeckt hat.

Aus diesem Arbeitsprozeß wachsen die Klassen hervor, und da die Klassen ihren besonderen Interessen förderliche Ideologien schaffen, die meistens die Wahrheit verschleiern oder entstellen, sind aus ihm, dem Arbeitsprozeß, auch die zahllosen Irrtümer in der Geschichte der Philosophie zu erklären. So löst sich das Rätsel, das letzte, das uns beschäftigen soll, wie es kommt, daß das Gespräch der Philosophen, das sich über die Jahrhunderte erstreckt, zunächst einen verwirrenden Eindruck macht, daß jeder mit der größten Selbstsicherheit in ihm das Wort ergreift, um seinem Vorredner zu widersprechen, weshalb man das Gespräch mit einem Jahrmarkt vergleichen konnte, auf dem jeder seine Ware anpreist und den Konkurrenten niederzuschreien sucht. Wenn es sich weniger um die Ermittlung der Wahrheit als um die Verteidigung der Ideologien von Klassen mit beschränkten Interessen handelt, dann ist die Tatsache gewiß begreiflich. Erst mit dem Auftreten einer Klasse, die sich nicht selbst befreien kann, ohne die ganze Gesellschaft zu befreien, mit dem Auftreten des Proletariats in der Weltgeschichte, wird die Bahn freigelegt für eine Wahrheit, die nicht mehr Klassenwahrheit ist, sondern die Wahrheit des Menschen. Diese Wahrheit ist die Wahrheit des Marxismus, die Wahrheit der marxistischen Weltanschauung und Wissenschaft. Sie ist zunächst bestimmt für den Befreiungskampf des Proletariats und dann für alle kommenden Generationen. Das Wahrheitskriterium der marxistischen Erkenntnistheorie ist die Praxis, ihre Losung die Parteilichkeit. Die Losung bedeutet: die Wahrheit nicht suchen außerhalb jeder Anteilnahme an den großen gesellschaftlichen Auseinandersetzungen, sondern im Parteinehmen für die Sache des menschlichen Fortschritts und gegen die Reaktion.

Die epochemachenden Ereignisse der Entstehung einer proletarischen Arbeiterbewegung und der Begründung des dialektischen und historischen Materialismus konnten nicht früher eintreten, als es die gesellschaftlichen Entwicklungsgesetze zuließen. Bis dahin mußte in der Philosophie eine idealistische, widerspruchsfeindliche Erkenntnistheorie das Feld beherrschen, wie ich mich in meinen Vorlesungen zu zeigen bemüht habe, indem ich die Geschichte der dialektischen Erkenntnistheorie unter dem Gesichtspunkt des Widerstandes der Philosophen gegen den vierten Satz der Dialektik Stalins behandelte.

Die Bedeutung des wissenschaftlichen Sozialismus für die Geschichte der Ethik[1]

(1960)

Moral und Ethik können und sollten unterschieden werden, obwohl die Grenze zwischen ihnen keine scharfe ist. Die Moral ist eine Disziplin, die zeigen will, welche Verhaltensregeln ein zu einer bestimmten Gesellschaft gehörender Mensch befolgen sollte, um in ihr als vollwertiges Mitglied anerkannt zu werden. Diese Regeln sind nach Raum und Zeit im einzelnen sehr verschieden. Indessen enthalten sie, worauf hingewiesen worden ist, einen gemeinsamen Kern, etwas Allgemeinmenschliches, so daß sich die Moral der Ethik nähern, ja in sie übergehen kann. Die Ethik geht darauf aus, den Menschen zur Erkenntnis eines höchsten Ideals des Handelns, eines summum bonum, zu verhelfen, demgegenüber alle anderen Güter zur Bedeutungslosigkeit herabsinken, ihnen, um es in religiöser Terminologie auszudrücken, eine Anweisung zum seligen Leben zu geben. Wenn ein Schriftsteller den Menschen sagt, wie sie auf der stets prekären Lebensreise verhältnismäßig am besten fahren, würden wir ihn eher als Moralisten denn als Ethiker bezeichnen, obwohl auch ersterer Name nicht recht zu passen scheint. Hiernach wäre Schopenhauer in seinem metaphysischen Hauptwerk, in dem er der Menschheit den Heilsweg verkündet, Ethiker, während wir die Maximen, die er in seinen Kleineren Schriften aufstellt, zur Morallehre rechnen würden.

Was das oberste Prinzip der Ethik anbetrifft, so kommt in der Geschichte der Ethik dem Eudämonismus eine dominierende Rolle zu. Nach dem Eudämonismus ist das höchste Gut für den Menschen sein höchstes Glück, mag er sich dessen klar bewußt sein oder nicht. Die antike Ethik war der Hauptsache nach eudämonistisch, das gilt nicht etwa nur vom Epikureismus, sondern auch beispielsweise, wie Schopenhauer mit Recht betont, von der Stoa. Plato steht im Gorgias wie sein Lehrer Sokrates auf dem Standpunkt des Eudämonismus. In seiner mittleren Periode wendet er sich von ihm ab, aber in seinem Alterswerk finden sich Worte, die sich als ein Bekenntnis zum Eudämonismus auffassen lassen. Jedenfalls kann der Neu-

[1] Vortrag, veröffentlicht in: Sitzungsberichte der Deutschen Akademie der Wissenschaften zu Berlin, 1960.

platonismus mit seiner Lehre von der Ekstase als der unbeschreiblichen Seligkeit der Rückkehr der Seele zum Einen für den Eudämonismus in Anspruch genommen werden. Die das Mittelalter beherrschende christlich-katholische Ethik ist nach überwiegender Lehre eudämonistisch. Den gleichen Charakter trägt in den ersten Jahrhunderten der Neuzeit die Ethik von Spinoza und die von Hobbes, und Leibniz sagt, daß wer das Glück aus der Ethik verbannt, Chimären nachjagt. In der Blütezeit der Aufklärung, im 18. Jahrhundert, herrscht, wie wohl niemand bezweifeln wird, der Eudämonismus. Eine höchst gewichtige Ausnahme muß allerdings gemacht werden: Kant tritt mit seiner formalen Ethik als Gegner der Glückseligkeitslehre auf (man denke nur an seinen berühmten Dithyrambus auf die Pflicht, der mit den Worten beginnt: Pflicht, du großer Name). Vom rein denkerischen Standpunkt gehört Kants Ethik u. E. nicht zu seinen größten Leistungen, aber sie hat auf die Folgezeit starken Einfluß ausgeübt. Sie wurde im 19. Jahrhundert in Deutschland, und nicht nur hier, fast zur offiziellen Schulethik, und namhafte Philosophen glaubten sich veranlaßt, von nun an mit Geringschätzung auf den „seichten" Eudämonismus zu blicken. Das ist leicht zu erklären. Im 18. Jahrhundert war unter den hohen Obrigkeiten weitgehend der Glaube verbreitet, daß sie ihren Untertanen, soweit sie ihnen überhaupt nähere Beachtung schenkten, Glück gewähren könnten. Sie hatten daher gegen den Eudämonismus nichts einzuwenden. Die Situation änderte sich, als im 19. Jahrhundert die breiten Volksmassen immer vernehmlicher über ihr elendes Los murrten, sich zu organisieren begannen und mit einer Revolution drohten, die nicht mehr eine bürgerliche, sondern eine Volksrevolution sein würde. Jetzt hatten die führenden Kreise der Gesellschaft ein Interesse daran, daß in der Ethik der Glückshascherei ein Ende gesetzt werde. Die Kantsche Pflichtethik mußte ihnen weit vorteilhafter erscheinen als die herkömmliche eudämonistische, besaßen sie doch die Machtmittel, den Inhalt der Pflicht so erscheinen zu lassen, wie es ihnen genehm war. Daß sie diesen Inhalt ganz anders bestimmten, als es dem humanen Geist des Autors der Pflichtethik entsprach, kümmerte sie wenig. Ich muß bei der Abkehr von der eudämonistischen Ethik, die sich im 19. Jahrhundert in erheblichem Umfang vollzog, immer an den Ausruf denken, der in Spittelers unsterblichem Gedicht „Der Olympische Frühling" Ananke, dem fühllosen Weltherrscher, entschlüpft, als er sieht, wie es sich die Götter bei Uranos wohlsein lassen und dauernd bei ihm bleiben wollen, anstatt ihr Amt auf dem Olymp zu übernehmen: „Ich glaube gar, die Unverschämten wollen Glück." Immerhin fehlt es auch im 19. Jahrhundert nicht an bedeutenden Denkern, die sich für den Eudämonismus einsetzen. Ich beschränke mich darauf, Tschernyschewski zu nennen. Manche Marxisten sehen hierin einen der wenigen Irrtümer des ihnen mit gutem Grund so sympathischen großen russischen revolutionären Demokraten. Mir scheint, man könnte sich mit ihnen über den Eudämonismus einigen, wenn man zweierlei betont. Einmal, daß unter Glück keineswegs nur Sinnenglück – das wäre Hedonismus –, sondern auch die Vielzahl der geistigen Güter und ganz besonders der unerschütterliche innerliche Friede, die volle Einigkeit des Menschen mit sich selbst, also das Glück, auf das die hellenistische eudämonistische Ethik das entscheidende Gewicht legte, zu verstehen ist. Sodann, daß wer tut, was zu tun ihm die höchste innere Befriedigung gewährt, dabei durchaus nicht das Bewußtsein eines gewollten Glückgewinns zu haben braucht.

Kant meint, daß die Ethik den Menschen nicht zu sagen brauche, daß sie nach ihrem Glück streben sollten, das täten sie schon ohnedies. Wenn das auch richtig ist, so wissen sie doch nicht, worin ihr wahres Glück beschlossen liegt und wie sie es finden können, und hierüber hat die Ethik sie eben aufzuklären. Darum hat sich denn auch die Ethik bemüht, und man kann nicht sagen, daß es ihr in keiner Weise gelungen sei. Wir wissen heutzutage alle oder nahezu alle, welches die Leitsterne unseres Handelns sein sollten, damit unser Leben besser und glücklicher werde, und daran werden die jahrhundertelangen Anstrengungen der Ethiker beteiligt sein. Aber wir verhalten uns nicht oder nur zu geringem Teil nach den Regeln, die wir rein theoretisch als richtig anerkennen. Da es nun aber das Anliegen jedes bedeutenderen Ethikers ist, die Menschheit tatsächlich auf den rechten Weg zu führen, mag auch der betreffende Autor erklären, daß ihm ein solcher Ehrgeiz fernliegt, hat die Ethik ihren eigentlichen Zweck verfehlt, was denn auch durch das landläufige Urteil über sie bestätigt wird. Dies gilt gleichermaßen für die religiöse wie die profane Ethik. Durch die Literatur der Völker zieht sich von den Anfängen an bis auf unsere Zeiten die Klage über das Weltübel. Die religiösen Schriften sind sogar besonders beredt in dieser Hinsicht. Die Religionen wollen, daß sich das Hauptinteresse der Menschen auf eine höhere, transzendente Welt bezieht. Eine diesseitige Religion ist, wie ein Philosoph der jüngsten Zeit sagt, das hölzernste aller Eisen! Trachten wir nach der ungetrübten Vereinigung der Seele mit Gott, die ewige Glückseligkeit ist. So lehrt die christliche Religion, und die transzendenten Philosophien lehren dem Ziel nach wesentlich das gleiche.

Die Ethik des Christentums, die historisch weitaus bedeutsamer als die transzendente Ethik Platos, Plotins, Spinozas und anderer Metaphysiker ist, stellte es auf einen grundsätzlichen Wandel des irdischen Lebens der Menschen ab. Man denke an die christliche Lehre, daß bei wahrhafter Christianisierung der Welt das Reich Gottes auf Erden wie ein Dieb über Nacht kommen werde. Aber der grundsätzliche Wandel der Gesellschaft nach dem die Menschheit sich sehnte, wollte und wollte sich nicht einstellen. Ein englischer Schriftsteller sagt, wir könnten dem Christentum nicht noch einmal zweitausend Jahre geben, um sich zu bewähren. Das trifft ganz besonders für unsere Zeit zu, in der der Gedanke an das Jenseits ganz offensichtlich nicht mehr der weltbewegende Faktor ist, der er in früheren Zeiten war. Schon im Hinblick auf die Renaissance hören wir von Jacob Burckhardt: Diese Menschen schielten nicht mehr auf das Jenseits. Das Faustische „Aus dieser Erde quellen meine Freuden, und diese Sonne scheinet meinen Leiden" ist seither immer nachdrücklicher geworden. Es ist das nicht zum wenigsten der Einstellung des modernen Menschen zur Wissenschaft, die ihn eine möglichst strenge wissenschaftliche Grundlage für seine Weltanschauung suchen läßt, und sodann der kapitalistischen Gesellschaftsordnung zuzuschreiben, die es so trefflich versteht, den Geist in den Niederungen festzuhalten.

In der weltlichen Ethik behauptet das Gebot der Nächstenliebe, dem in der christlichen Ethik der zweite Platz zukommt, meist den ersten. Die Nächstenliebe, der Altruismus, das „alterius delectatione delectari", wie Leibniz definiert, wird als der rechte Weg zum wahren Glück angesehen. Nun gibt es ja gewiß Menschen, die eine solche Anweisung zum seligen Leben an sich bestätigt gefunden haben. „Alles für andere, nichts für sich", steht auf dem Grabstein Pestalozzis, und wer möchte bezweifeln, daß der große Menschenfreund glücklich gewesen ist. Aber die weitaus meisten Menschen handeln doch wohl, mögen sie es zugeben oder nicht, nach dem entgegengesetzten Grundsatz: Jeder ist sich selbst der Nächste. Wie soll sich daran etwas ändern?

Sehen wir zu, ob die sozialistische Ethik die Lösung des Problems bringt. Wenden wir uns zunächst den Frühsozialisten oder, wie man auch sagt, utopischen Sozialisten zu. Dabei muß man sich vergegenwärtigen, daß die Frühsozialisten – wir haben vor allem das Dreigestirn St. Simon, Owen und Fourier vor Augen – nicht eigentlich als Ethiker auftraten, aber ihr Sozialismus, wennschon er nicht das war, was wir heute als ethischen Sozialismus bezeichnen, hatte wie jeder Sozialismus eine ethische Triebfeder, hatte eine Ethik zur Grundlage. Bei ihnen kam zum erstenmal der nicht ganz neue Gedanke zum Durchbruch, daß, wenn die Menschen besser und glücklicher werden sollen, dies nicht unmittelbar von innen durch eine „conversio cordis" kommen kann, daß hierzu vielmehr eine Änderung der äußeren Verhältnisse, der wirtschaftlichen Organisation der Gesellschaft erforderlich ist. Das bedeutete eine entscheidende Wendung in der Geschichte der Ethik. Es folgte daraus, gemäß dem in der Ethik von jeher eine hervorragende Rolle spielenden Altruismus, daß jeder sich nach besten Kräften bemühen müsse, an einem Wandel der Gesellschaft mitzuarbeiten, der der Menschheit ein glücklicheres Los als ihr bisheriges sichern werde. Fourier und Owen gingen in ihren Projekten der neuen Gesellschaft ins einzelne. Sie wollten zunächst ihre Pläne im kleinen Maßstab durchgeführt sehen. Fourier wartete in seinem Dachstübchen auf den Millionär, der ihm ein Phalanstère einrichten würde und der sich nicht einstellen wollte. Owen widmete seinen mit Scharfsinn durchdachten Gründungen seine Lebensarbeit und sein Vermögen. Sie prosperierten eine Zeitlang, um dann ein stilles Ende zu finden. Owen kam unter den Frühsozialisten dem Kommunismus am nächsten. Er wurde so alt, daß es ihm noch möglich war, das Kommunistische Manifest zu lesen. Er stimme, meinte er, in den Zielen mit Marx überein, nur hinsichtlich der Mittel bestehe eine Differenz. Fourier und Owen waren im Irrtum, wenn sie sich der Hoffnung hingaben, solche Unternehmungen wie die Fourierschen Phalanstères oder die Owenschen Assoziationen könnten allmählich die kapitalistische Umwelt nach ihren Bild umgestalten. So schön sie auch sein mochten, es war ihnen von vornherein bestimmt, von der Umwelt erstickt zu werden. Einen Irrtum anderer Art beging Henry de St. Simon. Er wollte, daß das gouvernement des hommes durch eine administration des choses ersetzt werde, die von Industriellen, Bankiers, hervorragenden Landwirten, Ingenieuren, Technikern, Wissenschaftlern aller Art unter dem Beirat von Akademien im Interesse der überwiegenden Majorität geleitet werden sollte. Er wandte sich an eine Elite unter seinen Zeitgenossen, um sie aufzurufen, den großen Wandel, den er im Auge hatte, in die Wege zu leiten. Er vertraute, daß sich unter ihr eine genügende Zahl von hommes généraux finden werde, daß heißt von Männern, die bereit wären, dem Gemeinwohl ihre persönlichen egoistischen Interesssen unterzuordnen. Kann man sich eine größere Illusion vorstellen? Eine Ironie des Schicksals ist es, wenn vor nicht langer Zeit ein französischer Nationalökonom in Erscheinungen wie dem Comité des Forges die beginnende Verwirklichung der Ideen St. Simons sieht, wobei er vergißt, daß St. Simon Sozialist war.

Bei allen Unzulänglichkeiten des Frühsozialismus, die seinen Lehren den Stempel des Utopischen aufdrücken, hat er das bleibende Verdienst, aufs eindringlichste darauf bestanden zu haben, daß eine entschiedene Wendung im Verhalten der Menschen zu den alten ethischen Forderungen nicht mitten aus der kapitalistischen Gesellschaft durch innere Selbstvervollkommnung der Individuen hervorgehen könne, daß hierzu vielmehr eine grundsätzliche Änderung der wirtschaftlichen Verhältnisse die unerläßliche Voraussetzung sei. Was dem Frühsozialismus fehlte, um die Welt durchgreifend umzugestalten, auch unter ethischem Gesichtspunkt umzugestalten, brachte der wissenschaftliche Sozialismus, der von Marx und Engels begründet wurde. Es war viel, es war nicht mehr und nicht weniger als eine neue Gesellschaftswissenschaft. Marx und Engels schufen, ein reiches Erbe der Vergangenheit verwertend, eine Wissenschaft, die, was auch immer im einzelnen gegen sie eingewendet werden mag, der Methode nach eine exakte ist, somit etwas, das vorher nicht existiert hatte. Sie ermittelten die

Bewegungs-, die Entwicklungsgesetze der menschlichen Gesellschaft. Sie zeigten, daß die kapitalistische Gesellschaftsordnung gemäß den ihr immanenten Widersprüchen nichts Ewiges ist, wie die Nationalökonomen und auch die Philosophen bisher gemeint hatten, daß im Kapitalismus gesetzmäßig eine Klasse, das Proletariat, zur Entstehung gelangt, deren materielle und geistige Lage allmählich so unerträglich wird, daß sie zu der Entschlossenheit, bewußten Zielsetzung und Organisation heranreift, die es ihr ermöglichen, in einer Revolution das kapitalistische Regime zu beseitigen und durch ein sozialistisches zu ersetzen. Das sozialistische Regime muß auf der Vergemeinschaftung des Eigentums an den wichtigsten Produktionsmitteln beruhen. Nur so kommt es dazu, daß die Gesellschaft zu einer alle Lebensgebiete umfassenden solidarischen Arbeitsgemeinschaft wird. In einer solchen Gemeinschaft kann jeder alle seine Fähigkeiten entfalten und wird dank der sich ständig steigernden Produktionsfähigkeit schließlich der Grundsatz verwirklicht: Jeder arbeitet nach seinen Fähigkeiten und konsumiert nach seinen Bedürfnissen. In ihr regiert das Volk wahrhaft sich selbst und kommt der Staat als Zwangsapparat mit der Zeit in Wegfall. In ihr wird denen, die mit Verständnis an ihr teilnehmen, das hohe Glück vergönnt, sich als eins zu fühlen mit der um steten Fortschritt ringenden Gesamtheit. Ist es nicht des Schweißes der Edlen wert, an der Erreichung der Ziele des wissenschaftlichen Sozialismus mitzuarbeiten? Dafür, daß diese Ziele die heute noch nirgends vollständig erreicht sind, erreicht werden, ist mancherlei erforderlich, wovon hier nicht des näheren die Rede sein kann. Vor allem muß die Erkenntnis der für unsere Epoche maßgeblichen gesellschaftlichen Gesetze in die weitesten Kreise der Arbeiterschaft hineingetragen werden, da diese andernfalls ihre historische Mission nicht erfüllen könnte. Daher muß eine Partei gebildet werden, die ausgerüstet mit der marxistischen Wissenschaft, die breiten Massen der Arbeiterschaft belehrt, wobei sie bereit zu sein hat, von ihnen zu lernen, und die Politik der Arbeiterbewegung in Strategie und Taktik gemäß dem, was die jeweilige gesellschaftliche Lage verlangt, richtig leitet. Eine solche Partei haben Marx und Engels, bei denen Theorie und Praxis stets eine unteilbare Einheit war, begründet, und später hat nach mancherlei Wendungen der Parteigeschichte in der Leninschen bolschewistischen Partei, die die siegreiche russische Oktoberrevolution durchführte, der marxistische Gedanke eine würdige Verkörperung gefunden. Der Sozialismus, der 1917 in einem Lande siegte, hat nach dem zweiten Weltkrieg in weiteren 11 Ländern Asiens und Europas gesiegt. Er ist zu einem Weltsystem geworden, das von der Elbe bis zum Stillen Ozean reicht und ca. eine Milliarde Menschen umfaßt. So wie einst der Übergang vom Feudalismus zum Kapitalismus, so bildet der Übergang vom Kapitalismus zum Sozialismus den wichtigsten Inhalt unserer Geschichtsperiode. Wenn sich in unserer Zeit allmählich alles eingestellt hat, was für den Übergang vom Kapitalismus zum Sozialismus erforderlich war, so ist das kein Zufall, sondern mußte nach gesellschaftlichem Gesetz so kommen, aber ein Zufall ist es, wenn diese oder jene Arbeiterpartei in der Übergangszeit wegen ungenügender Berücksichtigung der für sie maßgeblichen Einzelgesetzmäßigkeiten Fehler begeht, die unter Umständen die Entwicklung zum Sozialismus erheblich hemmen können. Ich betone das ausdrücklich, weil wenn man annimmt, daß bei der Verwirklichung des Sozialismus alles nach mechanischen, automatischen Gesetzen vor sich gehe – in diesem Sinne ist der Marxismus bisweilen mißverstanden worden –, die Beziehung des Sozialismus zur Ethik, die eine gewisse Freiheit der Entscheidungen voraussetzt, in Wegfall käme.

Weil Marx und Engels im Sozialismus nicht „einen Zustand, der gemacht werden soll", sondern eine sich vollziehende Bewegung sahen, wandten sie sich leidenschaftlich gegen alle Versuche, den Sozialismus ethisch oder religiös zu begründen und ihn damit in das vormarxistische Stadium zurückzuwerfen, ihm den Boden der historischen Notwendigkeit unter den Füßen wegzuziehen. Infolgedessen haben viele verständnislose Kritiker den Marxismus für „moralfrei" erklärt, wobei bisweilen sogar der Vorwurf der Immoralität anklingt. Worauf es ihnen ankam, war nicht ein Appell an den guten Willen, sondern der wissenschaftliche Nachweis, daß die Arbeiterklasse, sie und keine andere, durch geschichtliches Gesetz genötigt wird, das Joch des Kapitalismus zu brechen und damit nicht nur sich selbst, sondern die ganze Gesellschaft zu befreien, den Menschen aus der Entfremdung zu sich selbst auf höherer Stufe als der ursprünglichen zurückzuführen. Aber wenn Marx und Engels nicht sowohl von dem, was sein soll, als vielmehr von dem, was ist und sein wird, ausdrücklich sprechen, so hindert das nicht, daß ihre Lehre implizite eine Ethik enthält. Auf jeder Seite ihrer Werke wird eine ethische Präokkupation spürbar. Die Ziele, die sich die aus der Revolution hervorgehende neue Gesellschaft setzen wird und setzen muß, wenn sie nicht einer kapitalistischen Gegenrevolution zum Opfer fallen will, sind uns im wesentlichen aus der früheren Literatur bekannt, nur finden wir sie im wissenschaftlichen Sozialismus bereichert, präzisiert und systematisch geordnet wieder. Daß in der sozialistischen Gesellschaft jeder gleichermaßen alle seine Anlagen frei entwickeln können soll, daß ihm voller Anteil an sämtlichen materiellen und kulturellen Gütern zu gewähren ist und daß diese Gesellschaft bestimmt ist, in immer höherem Grade eine die Fülle der Lebensgebiete umfassende solidarische Arbeitsgemeinschaft zu werden, das unterscheidet den wissenschaftlichen Sozialismus nicht vom Frühsozialismus. Seine eigentliche Originalität besteht, wie ich schon sagte, darin, daß er zum erstenmal der Menschheit einen gangbaren, heute schon in zahlreichen Ländern begangenen

genen Weg gezeigt hat, wie die ihr vorschwebenden Ideale Ereignis werden können.

Man kann in der Entwicklung der dem wissenschaftlichen Sozialismus zugrunde liegenden Ethik zwei Stadien unterscheiden. Das erste reicht von seinen Anfängen bis zur siegreichen sozialistischen Revolution, das zweite beginnt mit der Begründung eines sozialistischen Regimes. Im ersten verlangt die sozialistische Ethik von denen, die sich zu ihr bekennen, daß sie opferbereit mit ihrer ganzen Persönlichkeit für den Sieg der sozialistischen Sache einstehen. Auch bei den Unzähligen, die sich bis zur Preisgabe ihres Lebens für die Ziele der Arbeiterbewegung einsetzen, auch bei diesen zum Teil unbekannten Soldaten der Armee des Sozialismus kommt der Eudämonismus zu seinem Recht. Denn sie finden in ihrer unbedingten, selbst vor dem Tode nicht zurückschreckenden Hingabe an ein hohes Ideal, trotz mancher Stunden des Zweifels, die nicht ausbleiben mögen, eine tiefe innere Befriedigung, die ein größeres Glück ist als jedes andere. Es gibt ein schönes Gedicht aus der „Libération", das diesem den parti des fusillés inspirierenden Gedanken ergreifenden Ausdruck verleiht. (Leider konnte ich es nicht mehr auffinden, sonst würde ich mir erlauben, Ihnen einiges daraus vorzutragen.)

Man begegnet häufig der Meinung, daß die Revolution stets ethisch verwerflich sei, weil wer an ihr teilnehme, sich sagen müsse, daß es in ihr unvermeidlich werde, von revolutionärer Seite zu Handlungen zu kommen, die vor dem Forum der Ethik verurteilt werden müßten. Letzteres ist eine Tatsache, aber der Schluß, der aus ihr gezogen wird, ist unzulässig. Jedes Unternehmen von geschichtlicher Tragweite, mag es reaktionären, konservativen oder revolutionären Charakter tragen, macht peinliche Opfer erforderlich. Es deshalb als unsittlich abstempeln hieße, den Menschen die aktive Teilnahme am Weltgeschehen untersagen. Handelt es sich um den geschichtlichen Fortschritt der Menschheit, so müssen solche Opfer in Kauf genommen werden. Die Ethik soll der Kondition des Menschen angemessen sein, der für die Gestaltung seines eigenen Geschicks selbst verantwortlich ist. Schiebt man freilich die Verantwortlichkeit einer höheren Macht zu, dann gelangt man zu einer anderen Ethik. Die Arbeiterparteien würden für die Sache des Sozialismus, das sei zwecks Vermeidung von Mißverständnissen gesagt, nicht soviel ausrichten, wie es tatsächlich der Fall ist, wenn sie unter ihren Angehörigen nicht solche hätten, die aus den verschiedensten Klassen stammen. Auch die Begründer des wissenschaftlichen Sozialismus kamen nicht aus der Arbeiterklasse. Lenin hat gezeigt, daß es nicht anders sein konnte.

Es wurde schon gesagt, daß das zweite Entwicklungsstadium der Ethik des Sozialismus mit der Begründung einer sozialistischen Gesellschaftsordnung einsetzt. Jetzt muß der Sozialismus aufgebaut werden, wozu sehr viele, die bisher dem Sozialismus fernstanden, heranzuziehen sind. Daher sind die allgemeinsten Leitsätze des wissenschaftlichen Sozialismus eingehend in einer für jedermann verständlichen Weise herauszuarbeiten, was bisher nicht so nötig war. Es ist denn auch eine umfangreiche Literatur über sozialistische Ethik entstanden. Ich möchte die Gelegenheit wahrnehmen, auf einen Gesichtspunkt hinzuweisen, der meines Erachtens nicht genügend betont zu werden pflegt. Hans Driesch sagt in seinem Buch „Die ethische Tat“, die Frage von Krieg und Frieden sei *die* ethische Frage unserer Zeit. Darin wird heute noch mehr als zur Zeit des Erscheinens des Buches jeder humane Mensch ihm zustimmen. Auch darüber dürfte weitestgehende Einigkeit bestehen, daß der Sozialismus ein prinzipieller Gegner des Krieges ist, und daß er dessen wirtschaftliche Wurzeln sehr eingehend enthüllt hat. Aber der Krieg hat noch eine besondere Seite, die in engerem Zusammenhang mit der Ethik steht, und diese Seite scheint mir in unserer Literatur zu wenig hervorgehoben zu werden. Ich denke dabei an folgendes.

Der amerikanische Psychologe und Philosoph William James hat eine sehr interessante Abhandlung geschrieben, die den Titel trägt: „Das moralische Äquivalent des Krieges“ und m. E. mehr Beachtung verdient hätte, als sie gefunden hat. James führt aus, daß der Krieg in der Vergangenheit ein machtvoller Erwecker moralischer Energien gewesen sei, und sucht, da er den Krieg als für unsere Zeit unerträglich ansieht, nach einem Äquivalent für ihn in dieser seiner Funktion. In der Tat hat der Krieg nach bisheriger Erfahrung in der durch schwere innere Gegensätze gespaltenen Gesellschaft, in der *antagonistischen Klassengesellschaft*, als der stärkste Integrationsfaktor gewirkt, insofern er die Energien aller Angehörigen eines Volkes sich bewußt auf die Erreichung eines Ziels konzentrieren läßt, in dem sie auf Gedeih und Verderb, d. h. solidarisch, verbunden sind. Als moralische kann man diese Energien freilich nur bezeichnen, wenn es sich um einen gerechten Krieg, einen Verteidigungskrieg, handelt, aber die meisten Kriege wurden dank der Propaganda der herrschenden Kreise auf beiden Seiten für Verteidigungskriege gehalten. James, der keinen Zugang zum Sozialismus hatte, sah nicht, daß das von ihm gesuchte Äquivalent im Sozialismus längst gefunden ist. Allerdings ist Voraussetzung, daß in der sozialistischen Gesellschaft die Individuen deren komplizierten Mechanismus hinlänglich durchschauen, um das unlösliche Verhältnis zwischen Einzelleistung und Gesamtleistung, zwischen Einzelnutzen und Gesamtnutzen, einigermaßen deutlich zu erkennen. Nur dadurch wird die solidarische Gemeinschaftsarbeit des Sozialismus zum machtvollen Erwecker moralischer Energie. Das ist einer der Gründe dafür, daß in den sozialistischen Staaten die Verbreitung gesellschaftswissenschaftlicher Erkenntnisse als eine vorrangige Aufgabe betrachtet wird.

Nicht nur von sozialistischer oder kommunistischer Ethik, sondern auch von sozialistischer oder kommunistischer Moral wird gegenwärtig mehr gesprochen als bisher. Die marxistischen Arbeiterparteien haben von jeher ihren Moralcodex gehabt, wie sie auch ihre Ethik gehabt haben. Seine Vorschriften waren in ihren Angehörigen lebendig, ohne daß ein Bedürfnis bestanden hätte, sie in Worte zu fassen und des längeren und breiteren zu diskutieren. Das wird in dem Augenblick anders, als dem Sozialismus die Aufgabe zufällt, seine Lehren im Aufbau einer sozialistischen Gesellschaft zu verwirklichen. Jetzt müssen der ganzen Bevölkerung die Forderungen deutlich vor Augen geführt werden, die ein sozialistischer oder den Sozialismus in die Wege leitender Staat an seine Bürger stellen muß. Sie alle kennen die Zehn Gebote der kommunistischen Moral, wie Walter Ulbricht sie auf dem V. Parteitag der Sozialistischen Einheitspartei Deutschlands formuliert hat. Sie lassen sich einpassen in die allgemeinen Prinzipien der Ethik des wissenschaftlichen Sozialismus und richten sich auch an diejenigen, die – ohne selber Sozialisten zu sein – am Aufbau des Sozialismus loyal mitarbeiten. Im Verhältnis zur Ethik stellen sie sich etwa als deren Spezifizierung auf die wichtigsten Gegenwartsfragen dar, sie sind zur gleichen Zeit eine Lehre für diejenigen, die behaupten, daß der Kommunismus ethisch indifferent sei.

Bei einer Ethik kommt es nicht nur auf das an, was sie fordert, sondern auch auf das, was sie wirkt. Der wissenschaftliche Sozialismus unter Einschluß seiner Ethik hat es in der verhältnismäßig kurzen Zeit, seit der es sozialistische Staaten gibt, dazu gebracht, daß die Bevölkerung dieser Staaten sich zum großen Teil zu ihm als einer Weltanschauung bekennt, der sie es zu danken hat, daß ihr ein besseres, gerechteres, zukunftsreicheres, glücklicheres Leben als das bisherige gewährt wird. Auch blicken Millionen aus den kapitalistisch regierten Ländern auf die sozialistischen Staaten in der Hoffnung, daß auch bei ihnen in der kommenden Zeit eine ähnliche Wendung eintreten werde, der die Bahn zu ebnen sie fest entschlossen sind. Bedenkt man, welchen Anteil die Ethik des wissenschaftlichen Sozialismus an der Verwirklichung der sozialistischen Ideen in den letzten Jahrzehnten gehabt hat, dann kommt man, glaube ich, zu dem Ergebnis, daß keine andere Ethik und auch keine Religion eine solche Wirkungskraft entfaltet hat wie sie. In der großen, die Menschheit bewegenden Auseinandersetzung zwischen Kapitalismus und Sozialismus, in der der Sozialismus von den einen ebenso leidenschaftlich verteidigt wie von den anderen bekämpft wird, stehe ich ungeteilt im Lager des Sozialismus. Ich bin persönlich davon überzeugt, daß der Sozialismus mitsamt seiner Ethik und ihrer Praxis dem Kapitalismus überlegen ist und ihn überwinden wird, daß er die Wahrheit auf seiner Seite hat.

Seine Wahrheit kann wissenschaftlich erwiesen werden, aber der Beweis läßt sich selbstverständlich im Rahmen eines Vortrages nicht in allen Punkten erbringen. Ich will daher, um den Schein der Voreingenommenheit zu vermeiden, mit einer Feststellung schließen, der sich auch diejenigen, die meine sozialistischen Überzeugungen nicht in jeder Hinsicht teilen, nicht zu entziehen vermögen: Der wissenschaftliche Sozialismus ist in den Annalen der Geschichte der Ethik als eine prometheische Tat der Menschheit im Kampf gegen das soziale Erbübel mit unverlöschlichen Lettern aufgezeichnet.

Baumgarten — Bibliographie

A Selbständige Schriften (Nr. 1–23)
B Aufsätze (Nr. 24–119)
C Rezensionen (Nr. 120–144)
D Übersetzungen (Nr. 145–153)

A Selbständige Schriften

1 Die Lehre von der Idealkonkurrenz und Gesetzeskonkurrenz. Dissertation, Schletter'sche Buchhandlung Breslau 1909, 105 S.

2 Notstand und Notwehr. Eine Studie im Hinblick auf das künftige Strafrecht, I. C. B. Mohr (Paul Siebeck), Tübingen 1911, 126 S.

3 Aufbau der Verbrechenslehre, I. C. B. Mohr (Paul Siebeck), Tübingen 1913, 274 S.

4 Moral, Recht und Gerechtigkeit, Stämpfli u. Co., Bern 1917, 158 S.

5 Die Wissenschaft vom Recht und ihre Methode, (Bd.) I, Theoretische Grundlegung, 403 S; (Bd.) II/III, Kasuistik und zusammenfassende Darstellung, 664 S., I. C. B. Mohr (Paul Siebeck), Tübingen 1920 und 1922.

6 Das Wesen der Strafrechtswissenschaft. Antrittsvorlesung, Helbing und Lichtenhahn, Basel 1925, 19 S.

7 Erkenntnis, Wissenschaft, Philosophie. Erkenntniskritische und methodologische Prolegomena zu einer Philosophie der Moral und des Rechts, I.C.B. Mohr (Paul Siebeck), Tübingen 1927, 658 S.

8 Rechtsphilosophie, in: Handbuch der Philosophie, R. Oldenbourg, München und Berlin 1929, 180 S.

9 Der Weg des Menschen. Eine Philosophie der Moral und des Rechts, I. C. B. Mohr (Paul Siebeck), Tübingen 1933, 600 S.

10 Wissenschaft und Sprache. Rektoratsprogramm der Universität Basel, Universitätsdruckerei F. Reinhardt, Basel 1936, 41 S.

11 Logik als Erfahrungswissenschaft, Verlag Pribacis, Kaunas 1938, 94 S.

12 Grundzüge der juristischen Methodenlehre, Hans Huber, Bern 1939, 192 S.

13 Mein Weg zum Sozialismus, in: Schriftenreihe der Schweizerischen Partei der Arbeit, Basel 1944, 13 S.

14 Geschichte der abendländischen Philosophie, im Selbstverlag, Basel 1945, 590 S.

15 Demokratie und Rechtsstaat in der Neuzeit, Franz Mittelbach-Verlag, Stuttgart 1946, 32 S.

16 Die deutsche Wissenschaft in ihrem Verhältnis zur Sowjetunion. Vorträge der Deutschen Akademie der Wissenschaften zu Berlin, Akademie-Verlag, Berlin 1952, H. 47, 16 S.

17 Die Idee der Strafe. Vorträge der Deutschen Akademie der Wissenschaften zu Berlin, Akademie-Verlag, Berlin 1952, H. 48, 12 S.
18 Ansprache an Kants 150. Todestag. Vorträge und Schriften der Deutschen Akademie der Wissenschaften, Akademie-Verlag, Berlin 1954, H. 53, 13 S.
19 Frieden und Völkerrecht. Zwei Vorträge, Aufbau-Verlag, Berlin 1954, 24 S.
20 Bemerkungen zur Erkenntnistheorie des dialektischen und historischen Materialismus, Akademie-Verlag, Berlin 1957, 181 S.
21 Die Bedeutung des wissenschaftlichen Sozialismus für die Geschichte der Ethik. Sitzungsberichte der Deutschen Akademie der Wissenschaften zu Berlin, Jahrgang 1960, Nr. 1, Akademie-Verlag, Berlin 1960, 15 S.
22 Vom Liberalismus zum Sozialismus, Akademie-Verlag, Berlin 1967, 129 S.
23 Rechtsphilosophie auf dem Wege, Akademie-Verlag, Berlin 1973, 578 S.

B *Aufsätze*

24 Zu § 70 Konkursordnung, in: Leipziger Zeitschrift für Handels-, Konkurs- und Versicherungsrecht, Jahrgang II, 1908 Nr. 3, S. 219–220
25 § 49 des Vorentwurfs zu einem Strafgesetzbuch überflüssig, in: Das Recht. Rundschau für einen deutschen Juristenstand, Hannover, Bd. XIII, 1909, S. 772
26 Blaise Pascal und seine Stellung zu dem Problem der Begriffs- und Zweckjurisprudenz, in: Deutsche Juristenzeitung, Berlin, Bd. XV, 1910, S. 60–61
27 Zur Kritik der §§ 269, 271 Strafgesetzbuch, Vorentwurf, in: Das Recht. Rundschau für den deutschen Juristenstand, Hannover, Bd. XIV, 1910, S. 405–408
28 Alte und neue Strafrechts- und Zivilrechtsauffassung, in: Schweizerische Zeitschrift für Strafrecht, Jahrgang 24, 1911, H. 4, S. 387–398
29 Zur Kritik von Bindings Normen, in: Zeitschrift für die gesamte Strafrechtswissenschaft, Bd. 37, 1915/1916, 1. Teil, A: S. 133–158, 2. Teil B: S. 386–415, 3. Teil, C: S. 517–537
30 Karl Binding, in: Schweizerische Zeitschrift für Strafrecht, 33. Jahrgang 1920, S. 187–191
31 Eugen Hubers Rechtsphilosophie, in: Archiv für Rechts- und Wirtschaftsphilosophie, Bd. XV, 1921, S. 341–385
32 Die Verbrechensformel, in: Schweizerische Zeitschrift für Strafrecht, Jahrgang 34, 1921, S. 58–104
33 Das aktuellste Problem, in: Die Westmark, Köln a. Rh., Januar 1922, S. 24–38
34 Materielles Strafrecht, Strafprozeßrecht, Strafvollzugsrecht, in: Schweizerische Zeitschrift für Strafrecht, Jahrgang 35, 1922, S. 241–256
35 Kritik der neukantischen Rechtsphilosophie, in: Archiv für Rechts- und Wirtschaftsphilosophie, Bd. XVI, 1922, S. 215–224
36 Neueste Richtungen der allgemeinen Philosophie und die Zukunftsaussichten der Rechtsphilosophie, in: Archiv für Rechts- und Wirtschaftsphilosophie, Bd. XVI, 1922, S. 237–320
37 Walter Rathenau. Eine Würdigung zu seinem Gedächtnis, von Max Scheler, Eduard Heimann, Arthur Baumgarten, Marcan-Block-Verlag, Köln 1922, S. 34–40

38 Der neue Vorentwurf zu einem italienischen Strafgesetzbuch, in: Monatsschrift für Kriminalpsychologie und Strafrechtsreform, Bd. XIII, 1922, S. 1–30
39 Liepmanns Kritik des Strafgesetzentwurfs vom Jahre 1919, in: Monatsschrift für Kriminalpsychologie und Strafrechtsreform, Winter, Heidelberg, Jahrgang XIII, 1922, S. 204–209
40 Zur „Rechtsphilosophie“ von M. E. Mayer, in: Rheinische Zeitschrift für Zivil- und Prozeßrecht, 1923, S. 255–260
41 Der deutsche Strafgesetzentwurf vom Jahre 1919, in: Monatsschrift für Kriminalpsychologie und Strafrechtsform, Bd. XIV, 1923. S. 97–108
42 Die reine Rechtstheorie der neuen Wiener Schule und ihre Gefahren, in: Monatsschrift für Kriminalpsychologie und Strafrechtsreform, Jahrgang XV, 1924, S. 225 bis 237
43 Das Problem der Wahrhaftigkeit im politischen Leben, in: Lux et Vita, Bern 1925, S. 57–64
44 Belings Methodik der Gesetzgebung, in: Philosophischer Anzeiger, Cohen, Bonn, Jahrgang 1925, S. 127–144
45 Leonhard Nelsons Rechtslehre und das Naturrecht der Aufklärung, in: Zeitschrift für Schweizerisches Recht, Bd. XLIV, 1925, H. 2, S. 326–343
46 Juristische Konstruktion und konstruktive Jurisprudenz, in: Festgabe für Paul Speiser, Basel 1926, S. 105–121
47 Die Gesamtpersönlichkeit im Licht der Jurisprudenz und der Rechtsphilosophie, in: Schweizerische Zeitschrift für Strafrecht, Jahrgang 40, 1927, S. 58–83
48 Julien Benda: Verrat der Geistigen (La trahison des clercs), in: Neue Schweizer Rundschau, H. 8, 1928, S. 586–598
49 Das Wesen des Völkerrechts, in: Zeitschrift für Schweizerisches Recht, Bd. XLVII, 1928, H. 1. S. 66–86
50 Das grundsätzlich Neue am Schweizerischen Strafgesetzentwurf, in: Schweizerische Zeitschrift für Strafrecht, Jahrgang 42, 1929, Festgabe für Carl Stooss, S. 1–17
51 Julien Bonnecase: Science du Droit et Romantisme, in: Kritische Vierteljahrsschrift, Bd. XXII, 1929, S. 330–369
52 Petraschek, Die Rechtsphilosophie des Pessimismus, in: Kritische Vierteljahrsschrift, Bd. XXIII, 1930, H. 4, S. 313–329
53 Vorwort zu Flournoy: William James (hrsg. v. Arthur Baumgarten, deutsche Übersetzung von Helene Baumgarten), I. C. B. Mohr (Paul Siebeck), Tübingen 1930, S. V–XVI
54 Die Idealkonkurrenz, in: Festgabe für R. v. Frank, I.C.B. Mohr (Paul Siebeck), Tübingen 1930, S. 188–209
55 Souveränität und Völkerrecht, in: Zeitschrift für ausländisches öffentliches Recht und Völkerrecht, 1931, Bd. II, Nr. 3/4, S. 305–334, und Bd. III, Nr. 2, 192–207
56 Paul Johann Anselm von Feuerbach, anläßlich seines 100. Todestages, in: Schweizerische Zeitschrift für Strafrecht, Jahrgang 47, 1933, H. 3, S. 293–310
57 Methodologische Bemerkungen zur Lehre von den Quellen des Völkerrechts, in: Recueil d'Etudes sur les Sources du droit en l'honneur de François Gény. Paris 1934, S. 317–327 (deutsch und französisch)

58 Zu: Simonius, August: Lex facit regem. Ein Beitrag zu der Lehre von den Rechtsquellen, in: Zeitschrift für Schweizerisches Recht, Basel, Jahrgang 53, 1934, H. 2, S. 298–314

59 Strafrecht und Willensfreiheit, in: Festschrift für Karl Joël, Helbing und Lichtenhahn, Basel 1934, S. 28–43

60 Bemerkungen zur Lehre von der „causa", in: Festschrift für Carl Wieland, Helbing und Lichtenhahn, Basel 1934, S. 28–43

61 Zum Tatbestand der üblen Nachrede im Basler Strafgesetzbuch, in: Festgabe für Fritz Goetzinger, Helbing und Lichtenhahn, Basel 1935, S. 9–14

62 Die Liszt'sche Strafrechtsschule und ihre Bedeutung für die Gegenwart, in: Schweizerische Zeitschrift für Strafrecht, Jahrgang 51, 1937, H. 1, S. 1–14

63 Psychologie des Staates, in: Freie Wissenschaft (hrsg. von E. J. Gumbel), Sebastian Brandt, Strasbourg 1938, S. 141–155

64 Strafen und sichernde Maßnahmen, in: Festgabe der Basler Juristenfakultät zur Schweizer Juristentagung 1942, Helbing und Lichtenhahn, Basel 1942, S. 33–100

65 Völkerrecht und Weltkrise, in: Friedenswarte, Polygraphischer Verlag, Zürich, Jahrgang XLII, 1942, H. 4/5, S. 161–170

66 Anläßlich eines neuen Buches über das Naturrecht, in: Friedenswarte, Polygraphischer Verlag, Zürich, Jahrgang XLIV, 1944, H. 5, S. 340–343

67 Geleitwort zu: Romain Rollands politische Sendung. Gedächtnisrede, Publ.: Kultur und Volk, Zürich 1945, S. 19–20

68 Zum Geleit, in: Sozialismus. Monatsschrift der Schweizerischen Partei der Arbeit, mitbegründet und herausgegeben von Arthur Baumgarten, Jahrgang 1, 1945, H. 1, S. 1–15

69 Carl Spitteler als Denker, ebenda, H. 1, S. 35–44

70 Zwei neue Werke: Benedetto Croce „Die Geschichte als Gedanke und Tat" und Ferrero „Macht", ebenda, H. 3, S. 143–147

71 Der 8. Mai 1945, ebenda, H. 4, S. 160–169

72 Friedrich Engels. Mitbegründer des wissenschaftlichen Sozialismus, ebenda, H. 5, S. 242–247

73 Der 10. Parteitag der KPF. Berichterstattung, ebenda, H. 6/7

74 Zum 2. Parteitag der PdA, ebenda, H. 8, S. 353–358

75 Nochmals Krieg und Faschismus, ebenda, H. 9, S. 417–420

76 Bildung und Halbbildung, in: Basler Schulblatt, Juni 1946, S. 57–59

77 Meine Eindrücke in Deutschland, in: Forum, Zeitschrift für das geistige Leben an den deutschen Hochschulen, Jahrgang 1, 1947, H. 2, S. 4–5

78 Geistesfreiheit und Universitäten, ebenda, Jahrgang 1, 1947, H. 6, S. 10–14

79 Die Begründung der Geschichtswissenschaft, ebenda, Jahrgang 2, 1948, H. 6, S. 2–7

80 Die Verordnung über die Erhaltung und Förderung der deutschen Kultur und Wissenschaft, ebenda, Jahrgang 3, 1949, H. 5, S. 2–4

81 Völkerrecht und Frieden, ebenda, Jahrgang 3, 1949, H. 6, S. 8–10

82 Geleitwort (zu:) Blackett: Militärische und politische Folgen der Atomenergie, Allgemeiner deutscher Verlag, Berlin 1949, S. 5–8

83 Das Verhältnis der Philosophie zu den Einzelwissenschaften und zur Bildungsaufgabe unserer Zeit (Rede, gehalten bei der Rektoratsübernahme an der Brandenburgischen Landeshochschule Potsdam, 1949) in: Volkshochschule, Berlin–Leipzig 1949, S. 194–205

84 Völkerrecht und Friede, in: Neue Justiz, Jahrgang 3, 1949, H. 7, S. 153–155

85 Über die Rechtspflege in der Ostzone, in: Neue Justiz, Berlin, Jahrgang 3, 1949, H. 11, S. 274–276

86 Das Verhältnis der Dialektik zur Identitätslogik, in: Miscellanea Academica Berolinensia, Akademie-Verlag, Berlin 1950, Bd. II/1, S. 1–4

87 Der völkerrechtliche Begriff der Aggression (Vortrag, gehalten auf dem Kongreß der IVDJ – in Berlin 1951), in: Neue Justiz, Berlin, Jahrgang 5, 1951, Nr. 10, S. 442–444; ebenfalls in: Juristen für den Frieden, 1951, S. 52–58

88 Das neue Völkerrecht und der Frieden, in: Wissenschaftler kämpfen für den Frieden, hrsg. vom Staatssekretariat für das Hochschulwesen aus Anlaß der 3. Weltjugendfestspiele in Berlin, Berlin 1951, S. 12–22 (mit Bild)

89 Die weltgeschichtliche Bedeutung des Marxismus-Leninismus, in: Wissenschaftliche Zeitschrift der Deutschen Verwaltungsakademie „Walter Ulbricht", Jahrgang 1952/1953, H. 1, S. 1–6

90 J. W. Stalin. Zu seinem Hinscheiden am 9. März, in: Staat und Recht, Jahrgang 1953, H. 2, S. 177–182

91 Humanes Recht, in: Staat und Recht, Jahrgang 1953, H. 5, S. 586–591

92 Zur Methodologie der Rechtswissenschaft, in: Deutsche Zeitschrift für Philosophie, Jahrgang 1, 1953, H. 2, S. 314–327

93 Das grundlegend Neue im sowjetischen Rechtswesen, in: Die neue Gesellschaft, Jahrgang 1953, Nr. 11, S. 819–823

94 Die Weltfriedensbewegung und ihre geschichtliche Bedeutung, in: Wissenschaftliche Zeitschrift der Karl-Marx-Universität Leipzig, Gesellschafts- und sprachwissenschaftliche Reihe, Jahrgang 1953/154, H. 2/3, S. 133–134

95 Zum neuen Jahr, in: Neue Justiz, Berlin, Jahrgang 8, 1954, Nr. 1, S. 1

96 Das Recht auf Frieden als Menschenrecht, in: Staat und Recht, Jahrgang 3, 1954, H. 2, S. 175–180

97 Gegensätzliche Blockbildung oder kollektives Sicherheitssystem in Europa, in: Die Deutschlandfrage und die europäische Sicherheit. Von Prof. Dr. Arthur Baumgarten und Prof. Dr. Herbert Kröger, Deutscher Verlag der Wissenschaften, Berlin 1954, S. 5–49

98 Überblick über die Entwicklung der neuzeitlichen Rechtslehre in ihren Grundlagen, in: Wissenschaftliche Zeitschrift der Deutschen Akademie für Staats- und Rechtswissenschaft „Walter Ulbricht", Jahrgang 4, 1954/1955, H. 2/3, S. 57–69

99 Über die Geschichte der dialektischen Erkenntnistheorie, in: Wissenschaftliche Zeitschrift der Deutschen Akademie für Staats- und Rechtswissenschaft „Walter Ulbricht", Jahrgang 4, 1954/1955, H. 5, S. 217–237

100 Helvetius, in: Grundposition der französischen Aufklärung. – Neue Beiträge zur Literaturwissenschaft, hrsg. von Werner Krauss u. Hans Mayer, Bd. 1, Rütten und Loening, Berlin 1955, S. 3–25

101 Bemerkungen zum Problem der Kausalität und der Freiheit, in: Festschrift für Ernst Bloch, Berlin 1955, S. 43–50

102 Glückwunsch für Georg Lukacs, in: Georg Lukacs zum 70. Geburtstag, Aufbau-Verlag, Berlin 1955, S. 7

103 Fragen der kollektiven Sicherheit in Europa. Bericht über die Tagung der Polnischen Akademie der Wissenschaften zu Warschau vom 3. –6. April 1955, in: Neue Justiz, Berlin, Jahrgang 9, 1955, Nr. 11, 324–326

104 Das Naturrecht in alter und neuer Zeit, in: Wissenschaftliche Zeitschrift der Martin-Luther-Universität Halle-Wittenberg. Gesellschafts- und sprachwissenschaftliche Reihe, Jahrgang 4, 1955, H. 5, S. 585–590

105 Epikur (Abdruck aus der „Geschichte der Abendländischen Philosophie"), in: Das Altertum, Akademie-Verlag, Berlin Bd. 2, 1956, H. 1, S. 8–14

106 Zu den Ereignissen in Ungarn und Ägypten in jüngster Zeit, in: Staat und Recht, Jahrgang 5, 1956, S. 957–976

107 Nachruf auf Hans Otto de Boor, in: Jahrbuch der Deutschen Akademie der Wissenschaften zu Berlin 1956 (ersch. 1957), S. 512

108 Rechtswissenschaft und Politik, in: Staat und Recht, Jahrgang 6, 1957, H. 10, S. 969–976

109 Die Rolle der Oktoberrevolution in der Geschichte. Vortrag, in: Mitteilungsblatt für die Mitarbeiter der Deutschen Akademie der Wissenschaften zu Berlin, H. 11/12, 1957, S. 266–270

110 Die etatistische Auffassung des Völkerrechts, in: Staat und Recht im Lichte des großen Oktober, VEB Deutscher Zentralverlag, Berlin 1957, S. 75–81

111 Die marxistische Lehre von der Wahrheit, in: Festschrift für Erwin Jacobi, VEB Deutscher Zentralverlag, Berlin 1957, S. 11–21

112 Das Menschenrecht der Völker auf Frieden, in: Neue Justiz, Jahrgang 12, 1958. Nr. 1, S. 1–3

113 Der demokratische Charakter des sowjetischen Entwurfs eines Friedensvertrages mit Deutschland, in: Demokratie und Recht, Jahrgang 1959, H. 1, S. 2–5

114 Abschiedsansprache, gehalten in Babelsberg am 29. 2. 1960, in: Staat und Recht, 9. Jahrgang 1960, H. 4, S. 538–539

115 Nachruf auf Rafael Taubenschlag, in: Jahrbuch der Deutschen Akademie der Wissenschaften zu Berlin 1960 (ersch. 1961), S. 130–131

116 Gedanken zur Schicksalsfrage der deutschen Nation, in: Staat und Recht, Jahrgang 12, 1963, H. 4, S. 573–579

117 Nachruf auf William Edward Burghardt Du Bois, in: Jahrbuch der Deutschen Akademie der Wissenschaften zu Berlin 1963 (ersch. 1964), S. 224–226

118 Nachruf auf Karl Polak, in: Jahrbuch der Deutschen Akademie der Wissenschaften zu Berlin 1963 (ersch. 1964), S. 230–231

119 Die großen revolutionären Bewegungen der Neuzeit und die katholische Kirche, in: Festschrift für Eduard Winter zum 70. Geburtstag, Akademie-Verlag, Berlin 1966, S. 573–579

120 Zu: Dr. med. Pierre Benoit, prakt. Arzt aus Bern: Alkoholiker-Fürsorge. Mit besonderer Berücksichtigung des Schweizerischen Zivilgesetzbuches und des Vorentwurfs zu einem Schweizerischen Strafgesetzbuch, Berlin 1914, in: Schweizerische Zeitschrift für Strafrecht, Jahrgang 29, 1916, S. 297–300

121 Zu: Dr. W. Sonderegger: Zeitbestimmungen nach biologisch-medizinischen Methoden in dem Gebiete der Rechtsmedizin, Zürich 1916, in: Schweizerische Zeitschrift für Strafrecht, Jahrgang 29, 1916, S. 300–301

122 Zu: Dr. jur. Kurt Rommel: Zur einfachen Sachbeschädigung aus § 303 des Reichsstrafgesetzbuches, Schlettersche Buchhandlung, Breslau 1914, XII und 123 S. ebenda, Jahrgang 29. 1916, S. 301–303

123 Zu: Dr. jur. Friedrich Ollendorf: Die Wegnahme von Sparkassenbüchern zum Zwecke der Erhebung von Teilbeträgen, Breslau 1914, X und 72 S.; ebenda, Jahrgang 29, 1916, S. 303–310

124 Zu: Dr. Hans Öttinger: Anklagetätigkeit des Privaten im Strafprozeß unter besonderer Berücksichtigung der Regelung im Baseler Recht, Stämpfli u. Cie, Bern; ebenda, Jahrgang 29, 1916, S. 310–313

125 Zu: Dr. jur. Lothar Käkell: Die Bedeutung des Strafgesetzbegriffes in der Lehre von der strafrechtlichen Rückwirkung Breslau 1915, XIII und 427 S.; ebenda; Jahrgang 29, 1916, S. 313–324

126 Zu: Erwin Riezler: Das Rechtsgefühl, München 1921, in: Monatsschrift für Kriminalpsychologie, 13. Jahrgang 1922, S. 357–359

127 Zu: Carl Schmitt, Politische Theologie, 1922, in: Monatsschrift für Kriminalpsychologie, 14. Jahrgang 1923, S. 315–319

128 Zu: Josef Popper-Lynkeus: Philosophie des Strafrechts, in: Monatsschrift für Kriminalpsychologie, Jahrgang XV, 1924, S. 359–360

129 Zu: Das Reichsstrafgesetzbuch. Erläutert von Dr. Ludwig Ebermayer, Berlin und Leipzig 1922, in: Monatsschrift für Kriminalpsychologie, Jahrgang XV, 1924, S 361

130 Zu: Max Grünhut: Anselm von Feuerbach und das Problem der strafrechtlichen Zurechnung, Hamburg 1922, in: Monatszeitschrift für Kriminalpsychologie, Jahrgang XV, 1924, S. 361–362

131 Zu: Dr. Fritz van Calker: Recht und Weltanschauung, 1924, in: Monatszeitschrift für Kriminalpsychologie, Jahrgang XVI, 1925, S. 94–96

132 Zu: Prof. Dr. Heinrich Gerland: Die Entstehung der Strafe. Rede, G. Fischer, Jena 1925, in: Monatszeitschrift für Kriminalpsychologie, Jahrgang XVIII, 1927, S. 52–53

133 Zu: Exner: Gerechtigkeit und Richteramt, in: Kritische Vierteljahrschrift, 3. Folge, Bd. XXI, 1928, S. 84–91

134 Zu: Ottokar Tesar: Die Überwindung des Naturrechts in der Dogmatik des Strafrechts (Schriften der Königsberger Gelehrten Gesellschaft), Halle 1928, in: Deutsche Literaturzeitung, Jahrgang 1929, S. 1881–1884

135 Zu: Max Rumpf: Rechtswissenschaft als Sozialwissenschaft, Nürnberg 1929, in: Kritische Vierteljahrschrift, 3. Folge, Bd. XXIII, 1930, S. 311–312

136 Zu: Geist der Juristen, Eine Anthologie. Von Dr. Franz M. Walter, 1928, in: Kritische Vierteljahrschrift, 3. Folge, Bd. XXIII, 1930, S. 311–312

137 Zu: Josef Kohler: Einführung in die Rechtswissenschaft, Leipzig 1929, in: Deutsche Literaturzeitung, Jahrgang 1930, S. 1724–1725

138 Zu: Benedetto Croce: Gesammelte Philosophische Schriften, I. C. B. Mohr (Paul Siebeck), Tübingen 1929, in: Archiv für Rechts- und Sozialphilosophie, Bd. XXIV/1–2, 1930, S. 255

139 Zu: Franz Sommer: Kritischer Realismus und positive Rechtswissenschaft, Meiner, Leipzig, in: Archiv für Rechts- und Sozialphilosophie, Bd. XXIV/1–2, 1930, S. 258–259

140 Zu: Dr. jur. et phil. Flandrak: Die Auswirkungen einer individualistischen und universalistischen Staatsauffassung auf die Gestaltung des Strafrechts, Wien 1934, in: Zentralblatt für die juristische Praxis, Wien, Jahrgang 1935, S. 446–448

141 Zu: Dr. Hugo Sinzheimer: Jüdische Klassiker der Deutschen Rechtswissenschaft, Amsterdam 1938, in: Bücherseite der Nationalzeitung, Basel, vom 10. April 1938, Nr. 167

142 Zu: Walter Burckhardt: Einführung in die Rechtswissenschaft, in: Literaturblatt der Baseler Nachrichten, vom 28. 5. 1939

143 Zu: Eduard Winter: Halle als Ausgangspunkt der deutschen Rußlandkunde im 18. Jahrhundert, Berlin 1953, in: Deutsche Zeitschrift für Philosophie, Jahrgang 3, 1955, S. 507–511

144 Zu: Die Pariser Verträge, in: Staat und Recht, 1957, H. 2, S. 219–220

D Übersetzungen

145 Unlidad de Decretos penales ante el Derecho de gentes. Por el Dr. Arthuro Baumgarten, in: Revista General de Legislación y Jurisprudencia, Madrid 1924, S. 86–92

146 Il rapporto del diritto con la morale, in: Revista Internazionale di Filosofia del diritto, diretta del Giorgio del Vecchio, Roma 1924, S. 115–120

147 La guerre et la politique socialiste des temps présents, in: Traits, Organe de la résistance intellectuelle romande. Lausanne, 5e année, 1945, S. 41–44

148 La fonction historique du fascisme, ebenda, Juillet 1945, S. 1–2

149 Il passato e l'avenire della filosofia occidentale (übersetzt aus der „Geschichte der Abendländischen Philosophie") in: Fatti e Teorie, Milano 1947, S. 3–34

150 Le droit à la paix en tant que droit de l'homme, in: Défence des libertés démocratiques. Edité par l'association internationale des Juristes démocrates, Bruxelles 1954; dasselbe in: La vie du droit, Vienne 1954: „Droit Humain", S. 1–7

151 Novoto mejdunarodno pravo i mirt, in: Sozialistischesko Pravo, Sofia 1954, S. 59–63

152 Zusammenfassung eines Referats, in: Sécurité Collective en Europe. Publication de L'Académié Polonaise des Sciences Warszawa 1955, S. 479–480

153 Novoje mejduradnoje pravo, Vortrag, gehalten an der Universität Leningrad, September 1961, in: Westnik Leningradscovo Universiteta, N. 5/1961, S. 115–118